Carl-Christian Freidank, Remmer Sassen
Kostenrechnung

Carl-Christian Freidank, Remmer Sassen

Kostenrechnung

Grundlagen des Management Accounting, Konzepte des Kostenmanagements und zentrale Schnittstellen

10., vollständig überarbeitete, aktualisierte und erweiterte Auflage

ISBN 978-3-11-063466-2
e-ISBN (PDF) 978-3-11-063478-5
e-ISBN (EPUB) 978-3-11-063520-1

Library of Congress Control Number: 2020933303

Bibliografische Information der Deutschen Nationalbibliothek
Die Deutsche Nationalbibliothek verzeichnet diese Publikation in der Deutschen
Nationalbibliografie; detaillierte bibliografische Daten sind im Internet über
http://dnb.dnb.de abrufbar.

© 2020 Walter de Gruyter GmbH, Berlin/Boston
Einbandabbildung: ClaudioVentrella/iStock/Getty Images Plus
Satz: Integra Software Services Pvt. Ltd.
Druck und Bindung: CPI books GmbH, Leck

www.degruyter.com

Vorwort zur 10. Auflage

Das in der 10. Auflage vorliegende Lehrbuch zur Kostenrechnung ist seit mehr als fünfunddreißig Jahren auf dem Markt und wurde in diesem Zeitraum permanent an internationalen Entwicklungen anpasst. Darüber hinaus ist stetig an einer Verbesserung der methodisch-didaktischen Präsentation des komplexen und komplizierten Fachgebiets der Kostenrechnung gearbeitet worden. Das Lehrbuch wurde vollkommen überarbeitet, aktualisiert, erweitert und neugestaltet. Insbesondere sind das Kapitel zur Kostenplanung um verhaltensorientierte Perspektiven ergänzt und ein sechster Teil aufgenommen worden, der sich mit zentralen Schnittstellen von Kostenrechnung und Controlling (z.B. Kennzahlen, Handelskalkulationen, der langfristigen Auftragsfertigung Corporate Governance-Regelungen und Nachhaltigkeitsaspekten) auseinandersetzt.

Das Lehrbuch wurde für Studierende der Fächer Betriebs- und Volkswirtschaftslehre, Ingenieur- und Rechtswissenschaft sowie Wirtschaftsinformatik an Universitäten, Fachhochschulen und Wirtschafts- und Verwaltungsakademien geschrieben, die an einer grundlegenden, anwendungsorientierten Einführung in das innerbetriebliche Rechnungswesen (Management Accounting), in Konzepte des Kosten- und Erfolgsmanagements (Cost Control) und Sonderbereiche der Kostenrechnung interessiert sind. Die Inhalte des Lehrbuchs decken den Lehrstoff der entsprechenden Module der jeweiligen Bachelor- und Masterstudiengänge ab. Darüber hinaus spricht die Abhandlung auch Praktiker aus den Bereichen Rechnungswesen, Controlling, Interne Revision, Wirtschaftsprüfung und Unternehmensberatung an, die eine praxisbezogene Einführung in die betriebliche Kostenrechnung wünschen oder ihre Kenntnisse auf dem in Rede stehenden Fachgebiet auffrischen oder vertiefen wollen.

Neben den traditionellen Bereichen des innerbetrieblichen Rechnungswesens (Kostenarten-, Kostenstellen- und Kostenträgerrechnung) behandelt das Lehrbuch weiterhin den Aufbau und Einsatz zentraler Gestaltungsformen der Kosten- und Leistungsrechnung (Plankosten-, Teilkosten-, Deckungsbeitrags- und Prozesskostenrechnung) zur Lösung von Entscheidungsaufgaben. Zudem erfolgt aus dem Blickwinkel der Zielkostenrechnung (Target Costing) ein Überblick über wichtige Bereiche des Kosten- und Erfolgsmanagements. Darüber hinaus wird dem Leser zu Beginn in knapper Form ein Überblick über die begrifflichen und theoretischen Grundlagen der Kostenlehre gegeben, die Voraussetzungen für das Verständnis der verrechnungstechnischen sowie planungs-, kontroll- und steuerungsbezogenen Aspekte des innerbetrieblichen Rechnungswesens darstellen. Bei der Abfassung der einzelnen Stoffgebiete wurden neben der verbalen und grafischen Darstellungsweise auf eine Vielzahl von Beispielen zurückgegriffen, die einerseits die Aufgabe haben, die angesprochenen Sachverhalte zu veranschaulichen und andererseits die Anwendung der Kostenrechnung in der betrieblichen Praxis aufzeigen sollen. Schließlich wurde darauf geachtet, auch die Entwicklungslinien der Kostenlehre grundlegend darzustellen, die im Kontext der deutschen Betriebswirtschaftslehre eine lange Tradition besitzen.

Das Lehrbuch wird ergänzt durch das im gleichen Verlag erschienene Übungsbuch (Freidank, Carl-Christian/Fischbach, Sven/Sassen, Remmer: Übungen zur Kostenrechnung), das nun auch in 8., vollständig überarbeiteten, aktualisierten, erweiterten und neugestalteten Auflage vorliegt. Diese auf das Lehrbuch abgestimmte Abhandlung soll durch zahleiche Übungsbeispiele, Fallstudien, Klausuraufgaben sowie ausführlich dargestellte Lösungen zum weiteren Verständnis der Ziele, Begriffe, Konzepte und Instrumente der Kostenrechnung beitragen sowie dem Leser die Möglichkeit eröffnen, sein erworbenes Wissen zu überprüfen.

Die Verfasser danken zunächst Vera Braun und Serap Salcan für die Unterstützung bei der Erstellung des Manuskripts sowie ihren Studierenden für viele Anregungen und Hinweise, die in die 10. Auflage des Lehrbuchs eingeflossen sind. Ferner geht ein besonderer Dank an Herrn Dr. Stefan Giesen vom Verlag Walter de Gruyter GmbH für die sehr gute Zusammenarbeit bei der Publikation des Lehrbuchs.

Hamburg
Dresden
im August 2020

Carl-Christian Freidank
Remmer Sassen

Inhaltsverzeichnis

Vorwort zur 10. Auflage —— V

Abkürzungsverzeichnis —— XV

Symbolverzeichnis —— XXI

Abbildungsverzeichnis —— XXVII

Erster Teil: Einführung und Begriffsklärungen

1	Kosten- und Betriebswirtschaftslehre —— 3	
2	Kosten- und Leistungsbegriff —— 6	
2.1	Grundlegendes —— 6	
2.2	Wertmäßiger Kostenbegriff —— 6	
2.2.1	Grundlegendes —— 6	
2.2.2	Güterverzehr —— 7	
2.2.3	Sachzielbezogenheit des Güterverzehrs —— 9	
2.2.4	Bewertung des sachzielorientierten Güterverzehrs —— 11	
2.3	Pagatorischer Kostenbegriff —— 13	
2.4	Abgrenzungen zwischen Auszahlungen, Ausgaben, Aufwendungen und Kosten —— 15	
2.4.1	Auszahlungen und Ausgaben —— 15	
2.4.2	Ausgaben und Aufwendungen —— 16	
2.4.3	Aufwendungen und Kosten —— 19	
2.5	Leistungsbegriff —— 22	
2.6	Abgrenzungen zwischen Einzahlungen, Einnahmen, Erträgen und Leistungen —— 23	
2.6.1	Einzahlungen und Einnahmen —— 23	
2.6.2	Einnahmen und Erträge —— 24	
2.6.3	Erträge und Leistungen —— 26	

Zweiter Teil: Grundbegriffe der Kostentheorie

1   Allgemeines —— 39

2   Zielsetzungen und Abbildungsinstrumente der Produktions- und Kostentheorie —— 41

3 Beschäftigung als Kosteneinflussgröße —— 44
3.1 Quantifizierung der Beschäftigung —— 44
3.2 Beschäftigungsunabhängige (fixe) Kosten —— 46
3.2.1 Absolut- und sprungfixe Kosten —— 46
3.2.2 Nutz- und Leerkosten —— 47
3.2.3 Fixkostendegression —— 50
3.3 Beschäftigungsabhängige (variable) Kosten —— 53
3.3.1 Maßgrößen zur Charakterisierung unterschiedlicher Kostenverläufe —— 53
3.3.2 Proportionale Kostenverläufe —— 54
3.3.3 Progressive variable Kosten —— 56
3.3.4 Degressive variable Kosten —— 58
3.3.5 Regressive variable Kosten —— 60
3.4 Analyse der Gesamtkosten —— 64
3.4.1 Grundlegendes —— 64
3.4.2 Lineare Gesamtkostenverläufe —— 67
3.4.3 Mathematische Kostenauflösung —— 71
3.4.4 Nichtlineare Gesamtkostenverläufe —— 73

4 Faktorqualität und Faktorpreise als Kostenbestimmungsgrößen —— 80

5 Betriebsgröße als Kostenbestimmungsfaktor —— 84
5.1 Auswirkungen der Betriebsgrößenvariation —— 84
5.2 Grenzen der Betriebsgrößendegression —— 87

6 Produktionsprogramm als Kosteneinflussgröße —— 89
6.1 Fertigungsplanung und Produktionsprogramm —— 89
6.2 Typenfixe und auflagefixe Kosten —— 89
6.3 Programmfixe und variable Kosten —— 93

7 Einfluss betrieblicher Adaptionsprozesse auf die Kostenstruktur —— 94
7.1 Grundlegendes —— 94
7.2 Zeitliche Anpassung —— 94
7.3 Quantitative Anpassung —— 95
7.4 Intensitätsmäßige Anpassung —— 100

Dritter Teil: Instrumentarium der Kostenrechnung

1 Stellung und Funktionen der Kostenrechnung im System des betrieblichen Rechnungswesens —— 105

2	**Teilbereiche der Kostenrechnung —— 111**	
2.1	Grundlegende Systematisierung —— 111	
2.2	Kostenartenrechnung —— 113	
2.2.1	Allgemeines —— 113	
2.2.2	Materialkosten —— 113	
2.2.2.1	Materialkostenarten und ihre Erfassung —— 113	
2.2.2.2	Bewertung der Verbrauchsmengen —— 117	
2.2.3	Personalkosten —— 122	
2.2.4	Sondereinzelkosten und sonstige Gemeinkosten —— 126	
2.2.5	Kalkulatorische Kostenarten —— 129	
2.2.5.1	Kalkulatorische Abschreibungen —— 129	
2.2.5.1.1	Allgemeines —— 129	
2.2.5.1.2	Abschreibungsmethoden zur Ermittlung des periodenbezogenen Anlagenverzehrs —— 131	
2.2.5.1.3	Bewertung des Betriebsmittelverzehrs und Sonderfragen —— 139	
2.2.5.2	Kalkulatorische Zinsen —— 143	
2.2.5.2.1	Kostencharakter und Ermittlung —— 143	
2.2.5.2.2	Ableitung des betriebsnotwendigen Kapitals aus dem Jahresabschluss (sog. Bilanzmethode) —— 144	
2.2.5.2.3	Verwendung eines Mischzinssatzes —— 149	
2.2.5.3	Kalkulatorische Wagnisse —— 155	
2.2.5.4	Kalkulatorischer Unternehmerlohn und kalkulatorische Miete —— 158	
2.3	Kostenstellenrechnung —— 159	
2.3.1	Funktionen und Strukturierungskriterien —— 159	
2.3.2	Verteilung der Kostenarten auf die Kostenstellen —— 163	
2.3.2.1	Aufbau eines Betriebsabrechnungsbogens —— 163	
2.3.2.2	Methoden der innerbetrieblichen Leistungsverrechnung —— 168	
2.3.2.2.1	Hauptkostenstellen- und Kostenstellenumlageverfahren —— 168	
2.3.2.2.2	Kostenstellenausgleichsverfahren —— 171	
2.4	Kostenträgerstückrechnung —— 177	
2.4.1	Grundlegendes —— 177	
2.4.2	Kalkulationsverfahren und ihre Anwendung —— 179	
2.4.2.1	Divisionsrechnung —— 179	
2.4.2.1.1	Systematisierung —— 179	
2.4.2.1.2	Methoden ohne Äquivalenzziffern —— 180	
2.4.2.1.3	Äquivalenzziffernkalkulation —— 186	
2.4.2.2	Varianten der Zuschlagskalkulation —— 188	
2.4.2.3	Kalkulationsverfahren bei Kuppelprodukten —— 195	
2.4.3	Kalkulation öffentlicher Aufträge —— 199	
2.5	Kurzfristige Erfolgsrechnung —— 200	
2.5.1	Funktionen und buchhalterische Organisation —— 200	

2.5.2	Kalkulatorische Herstellkosten und bilanzrechtliche Herstellungskosten —— 202
2.5.3	Gesamtkostenverfahren —— 205
2.5.4	Umsatzkostenverfahren —— 211

Vierter Teil: Systeme der Kostenrechnung

1	Gliederung und Charakteristika der Kostenrechnungssysteme —— 219
2	Prinzipien der Kostenzurechnung als theoretische Grundlagen —— 222
3	Systeme auf der Basis von Vollkosten —— 225
3.1	Istkostenrechnung —— 225
3.1.1	Funktionen der Istkostenrechnung —— 225
3.1.2	Kritik an den auf Istkosten basierenden Verfahren —— 226
3.2	Normalkostenrechnung —— 227
3.2.1	Aufbau und Einsatz —— 227
3.2.2	Kritische Beurteilung der Normalkostenrechnung —— 233
3.3	Plankostenrechnung —— 234
3.3.1	Begriff der Plankosten —— 234
3.3.2	Starre Form der Plankostenrechnung —— 235
3.3.3	Flexible Ausprägungen der Plankostenrechnung —— 239
3.3.3.1	Grundlegendes zum Aufbau und zur Abweichungsermittlung —— 239
3.3.3.2	Besonderheiten der flexiblen Plankostenrechnung —— 251
3.3.3.2.1	Kurzfristige Erfolgsrechnung und Abweichungsverteilung —— 251
3.3.3.2.2	Abweichungen höheren Grads —— 262
3.3.3.2.2.1	Darstellung der Grundproblematik —— 262
3.3.3.2.2.2	Komplexere Strukturen —— 268
3.3.3.2.3	Planung der Kosten —— 276
3.3.3.2.3.1	Allgemeines —— 276
3.3.3.2.3.2	Exkurs: Bedeutung des verhaltensorientierten Ansatzes für Kostenrechnung und Controlling —— 278
3.3.3.2.3.3	Kostentheorie als Basis der Kostenplanung —— 285
3.3.3.2.3.4	Methoden der Kostenplanung —— 287
3.3.3.2.3.4.1	Planung der Einzelkosten —— 287
3.3.3.2.3.4.2	Planung der Gemeinkosten —— 293
3.3.3.2.3.4.2.1	Kostenstellenbildung und Ermittlung der Plan-Bezugsgrößen —— 293
3.3.3.2.3.4.2.2	Technik der Gemeinkostenplanung —— 297

3.3.3.2.3.4.3	Planung und Erfassung von Änderungen des Intensitätsgrads —— 309	
3.3.3.3	Kritische Würdigung der flexiblen Plankostenrechnung auf der Grundlage von Vollkosten —— 311	
4	**Teilkosten- und Deckungsbeitragsrechnungen —— 317**	
4.1	Grundlegendes —— 317	
4.2	Direct Costing und Grenz-Plankostenrechnung —— 325	
4.3	Relative Einzelkostenrechnung —— 334	
4.4	Als Deckungsbeitragsrechnungen ausgebaute Systeme —— 337	
4.5	Einsatz von Partialkosten- und Deckungsbeitragsrechnungen zur Lösung kurzfristiger Entscheidungsaufgaben —— 347	
4.5.1	Innerbetriebliches Rechnungswesen als Entscheidungsrechnung —— 347	
4.5.2	Produktionsbereich —— 349	
4.5.2.1	Planung des kurzfristigen Fertigungsprogramms —— 349	
4.5.2.2	Planung des Produktionsvollzugs —— 358	
4.5.3	Absatzbereich —— 360	
4.5.3.1	Kurzfristige Absatzsteuerung —— 360	
4.5.3.2	Bestimmung von Preisuntergrenzen —— 366	
4.5.3.2.1	Allgemeines —— 366	
4.5.3.2.2	Ermittlung erfolgsorientierter Preisuntergrenzen —— 367	
4.5.3.2.3	Ermittlung liquiditätsorientierter Preisuntergrenzen —— 380	
4.5.3.3	Deckungspunktanalysen und Erfolgsplanungen —— 387	
4.5.3.3.1	Variable Produktions- und Absatzmengen —— 387	
4.5.3.3.2	Vorgegebene Produktions- und Absatzmengen —— 396	
4.5.4	Beschaffungsbereich —— 403	
4.5.4.1	Bestimmung von Preisobergrenzen —— 403	
4.5.4.1.1	Terminologische Grundlagen —— 403	
4.5.4.1.2	Erfolgsorientierte Preisobergrenzen beim Vorliegen freier Kapazitäten —— 405	
4.5.4.1.3	Erfolgsorientierte Preisobergrenzen beim Vorliegen von Engpässen —— 408	
4.5.4.2	Eigenfertigung oder Fremdbezug —— 415	
4.5.5	Zusammenfassung —— 420	

Fünfter Teil: **Weiterentwicklungen der Kostenrechnung und des Kostenmanagements**

1	**Prozesskostenrechnung —— 423**	
1.1	Anlässe zur Reform der Kostenrechnungssysteme —— 423	

1.2	Aufbau und Einsatz der Prozesskostenrechnung —— 427	
1.2.1	Darstellung des Systems —— 427	
1.2.2	Nutzungsvorteile —— 436	
1.3	Kritische Würdigung der Prozesskostenrechnung —— 441	
2	**Target Costing und Kostenmanagement** —— 443	
2.1	Einführung —— 443	
2.2	Planung und Realisierung der Zielkosten —— 447	
2.2.1	Grundlegendes —— 447	
2.2.2	Konzepte der Zielkostenfindung —— 448	
2.2.3	Bestimmung des Target Profit —— 450	
2.2.4	Spaltung der Zielkosten —— 455	
2.2.5	Value Engineering —— 460	
2.3	Ansatzpunkte für das Zielkostenmanagement —— 467	
2.3.1	Allgemeines —— 467	
2.3.2	Produktkostenmanagement —— 470	
2.3.3	Prozess(kosten)management —— 472	
2.3.4	Kostenstrukturmanagement —— 475	
2.3.4.1	Begriffliche Abgrenzung —— 475	
2.3.4.2	Gemeinkostenstrukturmanagement —— 475	
2.3.4.3	Fixkostenstrukturmanagement —— 476	
2.3.4.4	Outsourcing und Reengineering —— 478	
2.4	Zusammenfassung —— 482	

Sechster Teil: Schnittstellen von Kostenrechnung und Controlling

1	**Kosten- und Kennzahlenrechnung** —— 487	
2	**Kostenrechnung in Handelsunternehmen** —— 491	
2.1	Grundlegendes —— 491	
2.2	Kalkulationsarten —— 492	
2.2.1	Einzubeziehende Komponenten —— 492	
2.2.2	Progressive Kalkulation —— 493	
2.2.3	Retrograde Kalkulation und Differenz-Kalkulation —— 501	
2.3	Handelsspanne und Kalkulationsaufschlag —— 502	
2.4	Zusammenfassung —— 505	
3	**Langfristige Auftragsfertigung** —— 506	
3.1	Charakteristika und Abbildung im Rechnungswesen —— 506	

3.2		Einfluss der Percentage of Completion Methode auf die Kosten- und Erlösrechnung —— 510
3.3		Zusammenfassung —— 514

4 Prüfung der Kostenrechnung —— 516

5 Auswirkungen von Corporate Governance-Regelungen und nachhaltigkeitsorientierten Normen auf das Controlling —— 523
5.1 Grundlegendes —— 523
5.2 Systematisierung der Corporate Governance —— 524
5.3 Einflüsse organorientierter Normen —— 526
5.4 Einflüsse publizitätsorientierter Normen —— 528
5.5 Einflüsse überwachungsorientierter Normen —— 530

6 Nachhaltigkeitscontrolling —— 533
6.1 Ansatzpunkte und Anforderungen —— 533
6.2 Ökologische Nachhaltigkeitsdimension —— 534
6.3 Soziale Nachhaltigkeitsdimension —— 538
6.4 Zusammenfassung —— 542

Anhang

Anlage I: Verkürzte Fassung des Gemeinschaftskontenrahmens der Industrie (GKR) —— 545

Anlage II: Verkürzte Fassung des Industrie-Kontenrahmens (IKR) —— 548

Anlage III: Rechenregeln der Simplex-Methode —— 552

Literaturverzeichnis —— 553

Stichwortverzeichnis —— 569

Abkürzungsverzeichnis

à	zu je (französisch; besondere Kaufmannssprache)
a. a. O.	am angegebenen Ort
ABC	Activitiy-Based Costing
Abs.	Absatz
ABR	Allgemeiner Bereich
Abt.	Abteilung
ACF	Management-Handbuch Accounting, Controlling and Finance
AfA	Absetzung für Abnutzung
a. H.	auf Hundert
AK	Arbeitskreis
AktG	Aktiengesetz
a. M.	am Main
Anm.	Anmerkung
Aufl.	Auflage
außerordentl.	außerordentlich
BAB	Betriebsabrechnungsbogen
BaFin	Bundesanstalt für Finanzdienstleistungsaufsicht
BB	Der Betriebs-Berater (Zeitschrift)
Betr.	Betrieb
BewG	Bewertungsgesetz
BFuP	Betriebswirtschaftliche Forschung und Praxis (Zeitschrift)
BGH	Bundesgerichtshof
BiBu	Bilanz und Buchhaltung (Zeitschrift)
BImSchG	Gesetz zum Schutz vor schädlichen Umwelteinwirkungen durch Luftverunreinigung, Geräusche, Erschütterungen und ähnliche Vorgänge (Bundes-Immissionsschutzgesetz)
BMF	Bundesministerium für Finanzen
BWL	Betriebwirtschaftslehre
bzw.	beziehungsweise
ca.	circa
CAD	Computer Aided Design
CAE	Computer Aided Engineering
CAM	Computer Aided Manufacturing
CAP	Computer Aided Planing
CAPM	Capital Asset Pricing Model
CAQ	Computer Aided Quality Assurance
CCM	Complete Contract Methode
CGR	Corporate Governance Reporting
CIM	Computer Integrated Manufacturing
CM	Controller Magazin (Zeitschrift)
CMR	Controlling & Management Review (Zeitschrift)
Co_2	Carbon Dioxide
CSR	Corporate Social Responsibility
const.	konstant
(c)	urheberrechtlich geschützt
DAX	Deutscher Aktienindex
DB	Der Betrieb (Zeitschrift)
DBW	Die Betriebswirtschaft (Zeitschrift)

DCGK	Deutscher Corporate Governance Kodex
DIN	Deutsche Industrie-Norm
dgl.	dergleichen
d. h.	das heißt
dies.	dieselben
DPR	Deutsche Prüfstelle für Rechnungslegung e. V.
DStR	Deutsche Steuerrecht (Zeitschrift)
DSWR	Datenverarbeitung/Steuer/Wirtschaft/Recht (Zeitschrift)
€	Euro
E	Entwurf
EG	Einführungsgesetz zum Aktiengesetz; Europäische Gemeinschaften
EMAS	Eco-Management and Audit Scheme
ErbStG	Erbschaftsteuer- und Schenkungsteuergesetz
EMK	Einzelmaterialkosten
EN	Europäische Norm(en)
EStDV	Einkommensteuer-Durchführungsverordnung
EStG	Einkommensteuergesetz
EStR	Einkommensteuer-Richtlinien
et al.	et alii (und andere)
etc.	et cetera
e. V.	eingetragener Verein
f.	folgend
ff.	folgende
FAZ	Frankfurter Allgemeine Zeitung
FE	Journal of Financial Economics (Zeitschrift)
FB	Fertigungsbereich
FiFo	first in first out
gem.	gemäß
ges.	gesamte
ggf.	gegebenenfalls
GewStG	Gewerbesteuergesetz
GKR	Gemeinschafts-Kontenrahmen der Industrie
GmbH	Gesellschaft mit beschränkter Haftung
GoB	Grundsätze ordnungsmäßiger Buchhaltung
grds.	grundsätzlich
GRI	Global Reporting Initiative
GSP	Gesellschaft Systementwicklung und Projektgestaltung
GuV	Gewinn- und Verlust(rechnung)
H	Haben; Herstellungskosten
Hifo	highest in first out
HGB	Handelsgesetzbuch
HHL	Handelshochschule Leipzig
h. M.	herrschende(r) Meinung
Hrsg.	Herausgeber
HS	Halbsatz
IAS	International Accounting Standard(s)
h. B.	im Breisgau
i. d. F.	in der Fassung
i. d. R.	in der Regel

IDW	Institut der Wirtschaftsprüfer in Deutschland e. V.
i. e. S.	im engeren Sinne
IFRS	International Financial Reporting Standard(s)
i. H.	in Hundert
IIR	(Deutsches) Institut für Interne Revision e. V.
IIRC	International Integrated Reporting Council
IR	Interne Revision
i. S. e.	im Sinne einer(s)
ISO	International Organization for Standardization
IKR	Industrie-Kontenrahmen
IT	Information Technology
i. V. m.	in Verbindung mit
i. w. S.	im weiteren Sinne
JAR	Journal of Accounting Research (Zeitschrift)
JFE	Journal of Financial Economics (Zeitschrift)
Jg.	Jahrgang
JoF	Journal of Finance (Zeitschrift)
kalk.	kalkulatorische
kg	Kilogramm
Kl.	(Konten-)Klasse
km	Kilometer
KoR	Zeitschrift für internationale kapitalmarktorientiere Rechnungslegung
krp	Kostenrechnungspraxis (Zeitschrift)
KStG	Körperschaftsteuergesetz
kWh	Kilowattstunde
LCA	Life Cycle Assesment
Lifo	last in first out
lmi	leistungsmengeninduziert
lmn	leistungsmengenneutral
Lofo	lowest in first out
LSP	Leitsätze für die Preisermittlung auf Grund von Selbstkosten
m. E.	meines Erachtens
m. w. N.	mit weiteren Nachweisen
m^2	Quadratmeter
m^3	Kubikmeter
MB	Materialbereich
ME	Mengeneinheit(en)
Min.	Minute
Nm^3	Normalkubikmeter
Nr.	Nummer
No.	Nummero
o. g.	oben genannte(n)
OHG	offene Handelsgesellschaft
ordentl.	ordentliches
P	Passiva
PdR	Praxis des Rechnungswesens (Zeitschrift)
PH	Prüfungshinweis(e)
POCM	Percentage of Completion Methode
PRTR	Pollutant Release and Transfer Register

PS	Pferdestärke; Prüfungsstandard(s)
Pos.	Position
PublG	Gesetz über die Rechnungslegung von bestimmten Unternehmen und Konzernen (Publizitätsgesetz)
R	Richtlinie
R.	Rechnung
RE	Rechnungseinheiten
REFA	Reichsausschuß für Arbeitszeitermittlung (seit 1924), Reichsausschuß für Arbeitsstudien (seit 1936), heute (seit 1948): Verband für Arbeitsstudien RH
RH	Rechnungslegungshinweis(e)
RS	Stellungnahme(n) zur Rechnungslegung
Rz.	Randziffer
s.	siehe
SBK	Schlussbilanzkonto
SFAS	Statement of Financial Accounting Standards
sog.	so genannte(n)
S	Soll, Standard(s)
S.	Seite(n)
SEKF	Sondereinzelkosten der Fertigung
SEKV	Sondereinzelkosten des Vertriebs
Sp.	Spalte
SolZG	Solidaritätszuschlaggesetz
St.	Stück
StBp	Die steuerliche Betriebsprüfung (Zeitschrift)
Std.	Stunde
Stdn.	Stunden
StuW	Steuer und Wirtschaft (Zeitschrift)
t	Tonne
TR	Technical Report
Tsd.	Tausend
Tz.	Textziffer
u.	und
u. a.	unter anderem; und andere
US	United States
USA	United States of America
UStG	Umsatzsteuergesetz
u. U.	unter Umständen
verr.	verrechnete
VDI	Verein Deutscher Ingenieure
vgl.	vergleiche
v. H.	von Hundert
Vol.	Volume
VPöA	Verordnung PR Nr. 30/53 des Bundesministers für Wirtschaft über die Preise bei öffentlichen Aufträgen
VRB	Vertriebsbereich
VWB	Verwaltungsbereich
WA	Wertanalyse
WF	Work-Faktor-Methode
WiSt	Wirtschaftswissenschaftliches Studium (Zeitschrift)

WISTA	Wirtschaft und Statistik (Zeitschrift)
WISU	Das Wirtschaftsstudium (Zeitschrift)
WP	Wirtschaftsprüfer
WPg	Die Wirtschaftsprüfung (Zeitschrift)
WpHG	Gesetzt über den Wertpapierhandel
z. B.	zum Beispiel
ZCG	Zeitschrift für Corporate Governance
ZfB	Zeitschrift für Betriebswirtschaft
ZfbF	Zeitschrift für betriebswirtschaftliche Forschung
ZfCM	Zeitschrift für Controlling und Management
ZfC	Controlling - Zeitschrift für erfolgsorientierte Unternehmenssteuerung
ZfhF	Zeitschrift für handelswissenschaftliche Forschung
ZfU	Zeitschrift für Umweltpolitik und Umweltrecht
zfo	Zeitschrift für Organisation
ZIR	Zeitschrift Interne Revision
ZP	Zeitschrift für Planung und Unternehmenssteuerung [seit 2011: Journal of Management Control (JoMaC)]

Symbolverzeichnis

a	Ausbringungsgüterartenindex
a^*	Ausbringungsgüterartenindex für zu verdrängende Produktart
a^{**}	Ausbringungsgüterartenindex für verdrängende Produktart
A	Anzahl der gesamten Ausbringungsgüterarten mit $a = 1, 2, \ldots, A$
AB	Anfangsbestand
AG	Abgang
AK	Anschaffungs- bzw. Herstellungskosten
b	Periodenbedarf in Stück
BEP^m	mengenmäßiger Break-even-point
BEP^w	wertmäßiger Break-even-point
BG	Beschäftigungsgrad
ΔB	Beschäftigungsabweichung
c	Produktionsstufenindex mit $c = 1, 2, \ldots, C$
C	Anzahl der gesamten Produktionsstufen
d	Intensität
d^{opt}	Optimalintensität
db^p	absoluter Plan-Stückdeckungsbeitrag
db_{eng}	engpassbezogener Plan-Stückdeckungsbeitrag
db^p_{min}	minimaler absoluter Plan-Stückdeckungsbeitrag
dg^p	Plan-Stückdeckungsgrad
DB^p	gesamter Plan-Deckungsbeitrag
DBV^p	Plan-Deckungsbeitragsvolumen
e	Netto-Verkaufserlös pro Stück
e^p	Plan-Netto-Verkaufserlös pro Stück
eng^p	planmäßige Engpassbelastung (Engpass-Durchlaufzeit) pro Stück
E	gesamte Netto-Verkaufserlöse
E'	Grenzerlös
E^p	gesamte Plan-Netto-Verkaufserlöse
EB	Endbestand
EVA	Economic Value Added
ΔEB	gesamte stellenbezogene „echte" Beschäftigungsabweichung
ΔEBe	gesamte „echte" Beschäftigungsabweichung der Einzelmaterialkosten
F	Forderung
f, f	Funktionszeichen
g	Stückgewinn
g^p	Plan-Stückgewinn
G	gesamter Gewinn
G'	Grenzgewinn
G^p	gesamter Plan-Gewinn
h	Index für harte Funktionen
H	(aggregierte) Herstellungskosten
he	Hebesatz der Standardgemeinde in %
i	kalkulatorischer Zinssatz in %
i^A	Kapitalmarktzins einer risikofreien Alternativinvestition in %
i^E	Zinssatz für das Eigenkapital in %
i^F	Zinssatz für das Fremdkapital in %
i^W	erwartete Rendite eines Marktportfolios in %

ΔI	Intensitätsabweichung
j	Index für Aggregate
k	Kosten pro Bezugsgrößeneinheit
k_{min}	minimale Kosten pro Bezugsgrößeneinheit
k^i	Istkosten pro Bezugsgrößeneinheit
K^l	Leerkosten pro Bezugsgrößeneinheit
kp	Plankosten pro Bezugsgrößeneinheit
k_e^p	ersatzbedürftige Plankosten pro Stück
kf	fixe Kosten pro Bezugsgrößeneinheit
kf^i	fixe Istkosten pro Bezugsgrößeneinheit
kh	Stück-Herstellkosten
kh^i	Ist-Stück-Herstellkosten
kh^p	Plan-Stück-Herstellkosten
ko	Opportunitätskosten pro Stück
ks	Stück-Selbstkosten
kv	variable Kosten pro Bezugsgrößeneinheit
kv_{min}	minimale variable Kosten pro Bezugsgrößeneinheit
kv^{eff}	proportionale Plan-Gemeinkosten pro Bezugsgrößeneinheit auf der Basis eines effektiven Intensitätsgrads
kv^i	varibale Ist-Gemeinkosten pro Bezugsgrößeneinheit auf der Basis von Istpreisen(-werten)
kv^{i*}	variable Ist-Gemeinkosten pro Bezugsgrößeneinheit auf der Basis von Planpreisen(-werten)
kv^{opt}	proportionale Plan-Gemeinkosten pro Bezugsgrößeneinheit auf der Basis eines optimalen Intensitätsgrads
kv^p	proportionale Plan-(Gemein-)Kosten pro Bezugsgrößeneinheit
kv_e^p	ersatzbedürftige proportionale Plan-Stückkosten
kv_{ne}^p	nicht ersatzbedürftige proportionale Plan-Stückkosten
kve^p	proportionale Einzelmaterialkosten pro Bezugsgrößeneinheit
Δkv^{oe}	Abweichung zwischen variablen Plankosten auf der Basis des optimalen Intensitätsgrads und variablen Plankosten auf der Basis des effektiven Intensitätsgrads pro Bezugsgrößeneinheit
Δkv^{i*}	Abweichung zwischen variablen Ist-Gemeinkosten auf der Basis von Istpreisen(-werten) und variablen Ist-Gemeinkosten auf der Basis von Planpreisen(-werten) pro Bezugsgrößeneinheit
Δkv^{i*p}	Abweichung zwischen variablen Ist-Gemeinkosten auf der Basis von Planpreisen(-werten) und proportionalen Plan-Gemeinkosten pro Bezugsgrößeneinheit
K	Gesamtkosten, Primär- und Sekundärkosten einer Kostenstelle index für Komponenten
K'	Grenzkosten
K^A	Kosten der Abweichungsanalyse
K^B	Kosten der Abweichungsbeseitigung
$K^{eff}(x^i)$	effektive Soll-Gemeinkosten (= Plan-Gemeinkosten bei Ist-Beschäftigung auf der Basis eines effektiven Intensitätsgrads)
$K^i(x^i)$	Ist-Gemeinkosten auf der Basis von Istpreisen(-werten)
$K^{i*}(x^i)$	Ist-Gemeinkosten auf der Basis von Planpreisen(-werten)
K^l	Leerkosten
K^n	Nutzkosten
$K^{opt}(x^i)$	optimale Soll-Gemeinkosten (= Plan-Gemeinkosten bei Ist-Beschäftigung auf der Basis eines optimalen Intensitätsgrads)

Symbol	Bedeutung
$K^{opt}(x^p)$	optimale Plan-Gemeinkosten (= Plan-Gemeinkosten bei Plan-Beschäftigung auf der Basis eines optimalen Intensitätsgrads)
$K^{opt}(x^p) \cdot \dfrac{x^i}{x_p}$	verrechnete Plan-Gemeinkosten bei Ist-Beschäftigung auf der Basis eines optimalen Intensitätsgrads
K_e^p	gesamte ersatzbedürftige Plankosten
K_{sw}^p	planmäßig anfallende Stilllegungs-, Stillstands- und Wiederanlaufkosten
$K^p(x^i)$	Soll-Gemeinkosten [= Plan-(Gemein-)Kosten bei Ist-Beschäftigung]
$K^p(x^p) \cdot \dfrac{x^i}{x_p}$	Plan-(Gemein-)Kosten bei Plan-Beschäftigung
$K^p(x^p)$	verrechnete Plan-Gemeinkosten bei Ist-Beschäftigung
ΔK	gesamte Kostenabweichung
$Ke^i(x^i)$	Ist-Einzelmaterialkosten
$Ke^p(x^i)$	Soll-Einzelmaterialkosten
$Ke^p(x^p)$	Plan-Einzelmaterialkosten
KE^p	Plankosten bei Eigenfertigung
Kf	fixe Kosten
Kf^i	fixe Ist-Gemeinkosten
Kf^p	fixe Plan-Gemeinkosten
Kf_e^p	ersatzbedürftige fixe Plankosten
ΔKf_{ab}^p	während der Stillstandzeit abbaufähige fixe Plankosten
KF^p	Plankosten bei Fremdbezug
KH	gesamte Herstellkosten
KOG	Kostenobergrenze eines variablen Einsatzfaktors
KP	Primärkosten einer Kostenstelle
Kv	gesamte variable Kosten
$Kv^{i*}(x^i)$	proportionale Ist-(Gemein-)Kosten auf der Basis von Planpreisen (-werten)
$Kv^{opt}(x^p)$	proportionale Plan-Gemeinkosten auf der Basis eines optimalen Intensitätsgrads bei Plan-Beschäftigung
Kv^p	gesamte proportionale Plankosten
$Kv^p(x^p)$	proportionale Plan-(Gemein-)Kosten bei Plan-Beschäftigung
$Kv^{p*}(x^p)$	proportionale Gesamtkosten ohne Kostenanteil des zu untersuchenden variablen Einsatzfaktors
Kv_e^p	gesamte proportionale ersatzbedürftige Plankosten
KV^p	Plan-(Gemein-)Kostenverrechnungssatz
KWV	gesamte Verwaltungs- und Vertriebskosten
ΔKe	Abweichung zwischen Ist- und Plan-Einzelmaterialkosten
l	Steigungsmaß der Kosten
LG	Leistungsgrad
ΔL^p	planmäßige zusätzliche Veränderung der Liquiditätslage
m	Einsatzgüterartenindex
M	Anzahl der gesamten (primären und sekundären) Einsatzgüterarten (einer Kostenstelle)
$\overline{M}^p$	Anzahl der gesamten planmäßig benötigten Mengeneinheiten eines variablen Einsatzfaktors
MA	Marktwert des Abzugskapitals
Max!	Maximum
me	Steuermesszahl für den Gewerbeertrag in %
ME	Marktwert des Eigenkapitals
MF	Marktwert des Fremdkapitals
Min!	Minimum
n	Kostenstellenindex

N	Anzahl der gesamten Kostenstellen mit n = 1, 2, ... , N
NZ	Normalzeit
p	Preis pro Mengeneinheit
p^i	Istpreis pro Mengeneinheit
p^p	Planpreis pro Mengeneinheit
Δp	Abweichung zwischen Iststück- und Planstückpreis
pr	Produktionskoeffizient
POG	Preisobergrenze eines variablen Einsatzfaktors
POG_{eng}	engpassbezogene Preisobergrenze eines variablen Einsatzfaktors
PUG^e	erfolgsorientierte absolute Preisuntergrenze pro Stück
PUG^e_{eng}	erfolgsorientierte engpassbezogene Preisuntergrenze pro Stück
PUG^l	liquiditätsorientierte Preisuntergrenze pro Stück
PW	Produktionswert einer Fertigungsstufe
ΔP	gesamte stellenbezogene Preisabweichung
q	Abschreibungsbetrag
r	Verzehr pro Mengeneinheit
r^i	Istverzehr pro Mengeneinheit
r^p	Planverzehr pro Mengeneinheit
Δr	Abweichung zwischen Iststück- und Planstückverzehr
R	Rest- oder Schrottwert
ROCE	Return on Capital Employed
s	Absatz-Produktartenindex für Erzeugnisse, in die ein bestimmter variabler Einsatzfaktor eingeht
sd	Definitivsteuersatz der Körperschaftsteuer in %
se	Ertragsteuersatz
sESt	typisierender Einkommensteuersatz in %
sg	Gewerbesteuersatz
soli	Solidaritätszuschlag in %
S	Anzahl der gesamten Absatzprodukte, in die ein bestimmter variabler Einsatzfaktor eingeht
Si	Sicherheitsgrad
SK	Selbstkosten
St	(Kosten-)Stelle
St.	Stück
t	Periodenindex
T	Periodensumme, Nutzungsdauer mit t = 1, 2, ... , T
u	prozentuale Beschäftigungsvariation
v	Variator
ΔV	gesamte stellenbezogene Verbrauchsabweichung
ΔVe	gesamte Verbrauchsabweichung der Einzelmaterialkosten
w	Abschreibungsprozentsatz; Index für weiche Funktionen
wa	Wahrscheinlichkeit, dass einer Abweichung eine kontrollierbare Ursache zugrunde liegt
$\overline{w}a$	kritische Wahrscheinlichkeit
WACC	Weighted Average Cost of Capital
WB	bilanzielle Wertansätze
WS	Wertspannung
x	Beschäftigung, Ausbringungsmenge, Leistungsabgabe einer Kostenstelle
$\overline{x}$	Menge der abgesetzten Produkte; Rohstoff
x^i	Ist-Beschäftigung

x^l	alternative Losgröße in Stück
x^{opt}	Plan-Beschäftigung auf der Basis eines optimalen Intensitätsgrads
x^p	Plan-Beschäftigung (-Absatzmenge)
x^{po}	Plan-Beschäftigung auf der Basis eines optimalen Produktionsprogramms
ΔH	Veränderung der Herstellungskosten
Δx	Abweichung zwischen Ist- und Plan-Beschäftigung
y	prozentuale Gesamtkostenänderung
z	Äquivalenzziffer
zu	Zuschlagssatz
Z^p	gesamte Plan-Netto-Einzahlungen
ZA	Zusatzauftrag
ZG	Zugang
ZP	Zielkostenpunkt
ZW	Zeitwert
α	Winkelmaß
ß	Änderungsvielfaches des Plan-Stückdeckungsbeitrags; Risikomaß
ε	Elastizitätskoeffizient
=	Gleichheitszeichen
≥	größer oder gleich, größer als, mindestens gleich
≤	kleiner oder gleich, kleiner als, höchstens gleich
∞	unendlich
≈	fast gleich, ungefähr
Σ	Summe
≠	Ungleichheitszeichen
Δ	Veränderungszeichen; Differenz

Abbildungsverzeichnis

Abbildung 1	Verknüpfungen der einzelnen Bereiche der Kostenlehre	4
Abbildung 2	Systematik der Wirtschaftsgüter	7
Abbildung 3	Darstellung des Einwirkungsprinzips	10
Abbildung 4	Darstellung des Verursachungsprinzips	10
Abbildung 5	Spezifische Kostenbegriffe	14
Abbildung 6	Komponenten der Ausgaben	15
Abbildung 7	Abgrenzung von Auszahlungen und Ausgaben	16
Abbildung 8	Abgrenzung von Ausgaben und Aufwendungen	18
Abbildung 9	Abgrenzung von Aufwendungen und Kosten	21
Abbildung 10	Gliederung der Leistungen	23
Abbildung 11	Komponenten der Einnahmen	24
Abbildung 12	Abgrenzung von Einzahlungen und Einnahmen	24
Abbildung 13	Abgrenzung von Einnahmen und Erträgen	25
Abbildung 14	Abgrenzung von Erträgen und Leistungen	28
Abbildung 15	Verbuchungen im Einkreissystem	31
Abbildung 16	Verbuchungen im Zweikreissystem (Rechnungskreis I)	33
Abbildung 17	Verbuchungen im Zweikreissystem (Rechnungskreis II)	34
Abbildung 18	Gliederung der betrieblichen Produktionsfaktoren	40
Abbildung 19	Absolutfixe Kosten	46
Abbildung 20	Sprungfixe Kosten	47
Abbildung 21	Beispiel 6 zur Nutz- und Leerkostenanalyse	50
Abbildung 22	Degressionseffekt der fixen Kosten pro Stück	51
Abbildung 23	Degressionseffekt der sprungfixen Kosten pro Stück	52
Abbildung 24	Proportionale Gesamtkosten	56
Abbildung 25	Proportionale Stückkosten	57
Abbildung 26	Linear homogene Produktionsfunktion	57
Abbildung 27	Verlauf des Durchschnittsertrags	57
Abbildung 28	Progressive variable Gesamtkosten	59
Abbildung 29	Progressive variable Stückkosten	59
Abbildung 30	Degressive variable Gesamtkosten	60
Abbildung 31	Degressive variable Stückkosten	61
Abbildung 32	Regressive variable Gesamtkosten	62
Abbildung 33	Regressive variable Stückkosten	62
Abbildung 34	Charakteristika unterschiedlicher Kostenverläufe	63
Abbildung 35	Zusammenhänge zwischen Produktionskoeffizient und Faktormengenverbrauch	66
Abbildung 36	Lineare Gesamtkosten	69
Abbildung 37	Lineare Stückkosten	70
Abbildung 38	Zusammenhänge zwischen Gesamtkosten, Leerkosten und Kosten pro Bezugsgrößeneinheit	71
Abbildung 39	Bestimmung einer Kostenfunktion bei linearem Kostenverlauf	72
Abbildung 40	Nichtlinearer Kostenverlauf	75
Abbildung 41	Kritische Punkte bei nichtlinearem Kosten- und linearem Erlösverlauf	78
Abbildung 42	Beispiel einer Lernkurve	81
Abbildung 43	Ermittlung der kritischen Beschäftigung	82
Abbildung 44	Transformation von Leer- in Nutzkosten	86
Abbildung 45	Einfluss der Rüstkosten auf die gesamten Produktionskosten	91

https://doi.org/10.1515/9783110634785-206

Abbildung 46	Ermittlung der optimalen Losgröße —— 92	
Abbildung 47	Verlauf der Gesamtkostenkurve bei zeitlicher Anpassung —— 95	
Abbildung 48	Kostenverlauf bei quantitativer Anpassung —— 97	
Abbildung 49	Kostenstruktur bei selektiver Anpassung —— 98	
Abbildung 50	Kostenverlauf im Fall der Verknüpfung von zeitlicher und intensitätsmäßiger Anpassung —— 102	
Abbildung 51	Funktionsmodell einer Industrieunternehmung —— 106	
Abbildung 52	Erfolgsermittlung durch Bestandsvergleich —— 107	
Abbildung 53	Prospektive Kalkulation —— 108	
Abbildung 54	Retrograde Kalkulation —— 108	
Abbildung 55	Ziele der Kostenrechnung —— 110	
Abbildung 56	Elemente der betrieblichen Kostenrechnung —— 112	
Abbildung 57	Strukturierung der Betriebsabrechnung —— 112	
Abbildung 58	Beispiel eines Materialentnahmescheins —— 114	
Abbildung 59	Vorgehensweise der Skontrationsmethode —— 114	
Abbildung 60	Vorgehensweise der Befundrechnung —— 115	
Abbildung 61	Beispiel einer Stückliste —— 116	
Abbildung 62	Vorgehensweise der retrograden Methode —— 117	
Abbildung 63	Berechnung der bilanzrechtlichen Anschaffungskosten —— 118	
Abbildung 64	Sammelbewertungsverfahren des Bilanzrechts —— 119	
Abbildung 65	Bewertungen und Verbuchungen bei Anwendung der Durchschnitts- sowie der Lifo-Methode —— 121	
Abbildung 66	Beispiel eines Fertigungslohnscheins —— 125	
Abbildung 67	Lineare Abschreibung —— 137	
Abbildung 68	Digital-degressive Abschreibung —— 137	
Abbildung 69	Geometrisch-degressive Abschreibung —— 138	
Abbildung 70	Digital-progressive Abschreibung —— 138	
Abbildung 71	Leistungsabschreibung —— 139	
Abbildung 72	Kombination von Leistungs- und linearer Zeitabschreibung —— 140	
Abbildung 73	Ermittlung des betriebsnotwendigen Kapitals —— 143	
Abbildung 74	Verläufe der kalkulatorischen Zinskosten bei Rest- und Durchschnittswertberechnung —— 145	
Abbildung 75	Ermittlung des betriebsnotwendigen Kapitals aus der Bilanz —— 147	
Abbildung 76	Struktur eines Betriebsabrechnungsbogens —— 163	
Abbildung 77	Zusammenhänge zwischen Fertigungstypen und Kalkulationsverfahren —— 180	
Abbildung 78	Schema der elektiven Zuschlagskalkulation mit Rückgriff auf die Kostenstellenrechnung —— 191	
Abbildung 79	Berechnung der handelsrechtlichen Herstellungskosten —— 204	
Abbildung 80	Aktivierungspflichten, -wahlrechte und -verbote beim Ansatz der Herstellungskosten —— 205	
Abbildung 81	Struktur des Betriebsergebniskontos bei Anwendung des Gesamtkostenverfahrens —— 206	
Abbildung 82	Buchhalterischer Aufbau des Gesamtkostenverfahrens —— 208	
Abbildung 83	Struktur des Betriebsergebniskontos bei Anwendung des Umsatzkostenverfahrens —— 211	
Abbildung 84	Buchhalterischer Aufbau des Umsatzkostenverfahrens —— 212	
Abbildung 85	Verbuchungen im Einkreissystem auf der Basis des Umsatzkostenverfahrens —— 215	
Abbildung 86	Gliederung der Kostenrechnungssysteme —— 220	

Abbildung 87	Buchhalterischer Aufbau der Kurzfristigen Erfolgsrechnung auf der Basis von Normalkosten —— 231	
Abbildung 88	Kalkulation der Plan-Selbstkosten —— 236	
Abbildung 89	Abweichungsermittlung im System einer starren Plankostenrechnung —— 237	
Abbildung 90	Abweichungsermittlung im System einer flexiblen Plankostenrechnung auf Vollkostenbasis bei Unter- und Überbeschäftigung —— 246	
Abbildung 91	Entscheidungstableau für die Abweichungsauswertung —— 250	
Abbildung 92	Buchhalterischer Aufbau der flexiblen Plankostenrechnung auf Vollkostenbasis bei Unterbeschäftigung —— 255	
Abbildung 93	Buchhalterischer Aufbau der flexiblen Plankostenrechnung auf Vollkostenbasis bei Überbeschäftigung —— 257	
Abbildung 94	Verbuchungen im Fall der Erfassung von Preisdifferenzen beim Zugang —— 259	
Abbildung 95	Verbuchungen im Fall der Erfassung von Preisdifferenzen beim Abgang —— 260	
Abbildung 96	Charakteristika der Methoden zur Erfassung von Preisabweichungen —— 261	
Abbildung 97	Abweichungen ersten und zweiten Grads —— 266	
Abbildung 98	Kompensierende Mischabweichung —— 267	
Abbildung 99	Komponenten des Einstandspreises frei Lager —— 289	
Abbildung 100	Ermittlung der Auftragszeit nach REFA —— 290	
Abbildung 101	Bezugsgrößenplanung mit Hilfe eines Streupunktdiagramms —— 295	
Abbildung 102	Systematisierung der Bezugsgrößen —— 295	
Abbildung 103	Gemeinkostenplanung mit Hilfe eines Streupunktdiagramms —— 299	
Abbildung 104	Planmäßige Auflösung der Kosten —— 308	
Abbildung 105	Ermittlung der Intensitätsabweichung —— 310	
Abbildung 106	Vorgehensweise der flexiblen Plankostenrechnung auf Vollkostenbasis —— 315	
Abbildung 107	Struktur des Betriebsergebniskontos bei Anwendung des Umsatzkostenverfahrens auf Teilkostenbasis —— 319	
Abbildung 108	Buchhalterischer Aufbau der Kurzfristigen Erfolgsrechnung auf der Grundlage von Teilkosten —— 323	
Abbildung 109	Beschäftigungsabhängigkeit der Personalkosten —— 325	
Abbildung 110	Abweichungsermittlung im System einer Grenz-Plankostenrechnung —— 328	
Abbildung 111	Struktur einer möglichen Bezugsgrößenhierachie —— 335	
Abbildung 112	Aufbau einer stufenweisen Fixkostendeckungsrechnung —— 340	
Abbildung 113	Grundschema der Deckungsbeitragsrechnung —— 344	
Abbildung 114	Planung des optimalen Produktionsprogramms —— 357	
Abbildung 115	Entscheidungsregeln zur Planung des optimalen Fertigungsprogramms —— 358	
Abbildung 116	Planung von Preisuntergrenzen in Mehrproduktunternehmen beim Vorliegen eines Engpasses —— 374	
Abbildung 117	Deckungspunkt- und Deckungsbeitragsdiagramm —— 390	
Abbildung 118	Erfolgsplanungen in Zweiproduktunternehmen —— 395	
Abbildung 119	Erfolgsplanung beim Vorliegen mehrerer Engpässe —— 397	
Abbildung 120	Deckungspunktanalyse bei globaler Fixkostenbetrachtung —— 400	
Abbildung 121	Aktivitäten der Kostenstelle Einkauf —— 428	
Abbildung 122	Ermittlung der prozesskostenbezogenen Beschäftigungsabweichung —— 440	
Abbildung 123	Bestimmung der Zielkosten —— 444	
Abbildung 124	Prozess der Zielkostenfindung nach dem Market-into-Company-Konzept —— 445	
Abbildung 125	Methoden zur Festlegung der Zielkosten —— 449	
Abbildung 126	Bewertung der Methoden zur Zielkostenfindung —— 451	

Abbildung 127	Systematisierung produktspezifischer Kosten im Target Costing —— 453	
Abbildung 128	Definition harter Funktionen —— 457	
Abbildung 129	Definition weicher Funktionen —— 457	
Abbildung 130	Komponenten des Tintenschreibers —— 459	
Abbildung 131	Struktur eines Value Control Chart —— 464	
Abbildung 132	Lage der Zielkostenpunkte für die harten Funktionen —— 465	
Abbildung 133	Methoden des Kostenmanagements —— 468	
Abbildung 134	Struktur des Wertanalyse-Arbeitsplans nach DIN EN 12973 —— 473	
Abbildung 135	Einflussgrößen zur Beurteilung der Abbaufähigkeit fixer Personalkosten —— 477	
Abbildung 136	Struktur des Rentabilitäts-Liquiditäts-Kennzahlensystems —— 489	
Abbildung 137	Typen der Handelskalkulation —— 493	
Abbildung 138	Kostenungleiche Aufwendungen und kalkulatorische Kosten —— 495	
Abbildung 139	Struktur der progressiven Handelskalkulation (Angaben in €) —— 498	
Abbildung 140	Bestandteile des bilanziellen Gewinns —— 499	
Abbildung 141	Struktur der retrograden Handelskalkulation (Angaben in €) —— 501	
Abbildung 142	Schnittstellen von Kalkulation und Finanzbuchhaltung —— 502	
Abbildung 143	Bilanzielle Auswirkungen eines langfristigen Fertigungsauftrags bei Einhaltung des Realisationsprizips —— 509	
Abbildung 144	Ermittlung der Erfolgsbeiträge auf der Basis des Fertigstellungsgrads —— 513	
Abbildung 145	Verbuchungen nach der ersten Möglichkeit —— 515	
Abbildung 146	BAB auf der Grundlage von Istkosten —— 518	
Abbildung 147	Korrigierter BAB auf der Grundlage von Istkosten —— 521	
Abbildung 148	Ermittlung der handelsrechtlichen Herstellungskosten nach § 255 Abs. 2 HGB —— 522	
Abbildung 149	Corporate Governance System einer Aktiengesellschaft —— 525	

Erster Teil: **Einführung und Begriffsklärungen**

1 Kosten- und Betriebswirtschaftslehre

Dem Verständnis der Betriebswirtschaftslehre (BWL) wird im Folgenden das sog. **entscheidungsorientierte Konzept** zugrunde gelegt. Nach diesem Ansatz wird die BWL als eine angewandte, d. h. **praktisch-normative Wissenschaft** verstanden. Durch den Zusatz „praktisch" soll zum Ausdruck gebracht werden, dass sie einen Beitrag zur Bewältigung von Problemen in der betriebswirtschaftlichen Realität leisten will und nicht als kontemplative Disziplin methodologisch einzuordnen ist. Normativen Charakter trägt diese Richtung, da der Wissenschaftler aus einer vorgegebenen Norm, einer **axiomatischen Zielsetzung**, geeignete Handlungen zu ihrer Realisation ableitet. In diesem Zusammenhang steht die Frage im Mittelpunkt, wie aus der Menge der möglichen Alternativen diejenige herausgefunden werden kann, die im Hinblick auf das gesetzte Ziel am vorteilhaftesten ist. Bezüglich der Alternativensuche unterstellt die praktisch-normative BWL, die auch als **Entscheidungstheorie** verstanden wird, Rationalität bei der Auswahl der zur bestmöglichen Zielerfüllung führenden Handlungen.[1] In diesem Sinne stellt die BWL ein Konzept zur **Unterstützung von Führungsinstanzen** (d. h. des Managements) von Unternehmen dar, die auch mit dem Begriff „Entscheidungsträger" belegt werden.

Der Kostenlehre kommt im Rahmen einer angewandten BWL ganz allgemein die Aufgabe zu, kostenorientierte betriebliche Entscheidungsprozesse zu erklären sowie den in diesem Zusammenhang zu einer optimalen Zielrealisierung erforderlichen bewerteten Einsatz an Wirtschaftsgütern (Instrumentaleinsatz) aufzuzeigen. Das Gebiet der betriebswirtschaftlichen Kostenlehre zerfällt in Anlehnung an *Heinen*[2] nach der traditionellen Auffassung in drei elementare Teilbereiche (Abbildung 1): (1) die **Analyse des Kostenbegriffs**, (2) die **Kostentheorie** und (3) die **Kostenrechnung**.

Alle drei Bereiche zielen auf die **Untersuchung empirischer Kostenphänomene** ab, die im Hinblick auf den kostenbezogenen Instrumentaleinsatz in der betrieblichen Realität zu beobachten sind.

Durch den Kostenbegriff erfolgt eine **Abgrenzung** von Kostentheorie und Kostenrechnung gegenüber anderen betrieblichen Zielsetzungen und Mitteleinsätzen (z. B. gegenüber Investitions-, Bilanzierungs- und Finanzierungsvorgängen). Kostentheorie und Kostenrechnung untersuchen im Rahmen des Produktionsprozesses dieselben Einflussgrößen, die das Kostenniveau in der betrieblichen Realität determinieren. Während die Kostentheorie im Grundsatz den Führungsinstanzen unter Rückgriff auf **Modellbildungen** aufzeigt, welche Entscheidungen bezüglich der angestrebten Ziele optimalen Charakter tragen, stellt die Kostenrechnung ein **Instrumentarium zur Erfassung und Verrechnung der Kosten** dar, mit dessen Hilfe die

---

[1] Vgl. zu den Grundlagen der praktisch-normativen Entscheidungstheorie und zu anderen Ansätzen der BWL Wöhe/Döring/Brösel 2016, S. 13–24.
[2] Vgl. Heinen 1983, S. 37–39.

https://doi.org/10.1515/9783110634785-001

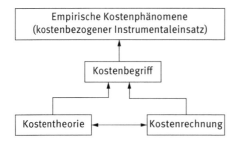

Abbildung 1: Verknüpfungen der einzelnen Bereiche der Kostenlehre.[3]

als optimal geltenden Entscheidungen realisiert werden können. Ferner bestehen Interdependenzen zwischen den Gebieten der Kostentheorie und der Kostenrechnung, auf die im weiteren Verlauf der Abhandlung noch im Detail einzugehen sein wird. So basieren zum einen die im Schrifttum und der Praxis existierenden Kostenrechnungssysteme zu großen Teilen auf den im Rahmen der Kostentheorie entwickelten Ergebnissen. Zum anderen bedürfen die modellhaft formulierten Hypothesen der Kostentheorie einer empirischen Überprüfung. Das zu diesem Zweck erforderliche Zahlenmaterial wird von der betrieblichen Kostenrechnung zur Verfügung gestellt.

Im Zusammenhang mit dem vorstehend diskutierten Problemkreis stellt sich zwangsläufig die Frage nach einer **geschlossenen Theorie der Kostenrechnung**. Da sich das innerbetriebliche Rechnungswesen aus pragmatischen Bedürfnissen entwickelt hat, stehen bezüglich der kostenrechnerischen Systemgestaltung in der BWL primär **Zweckmäßigkeitsaspekte** im Vordergrund der Betrachtung. So hat die Vielzahl der mit der Kostenrechnung verfolgten Zielsetzungen im Zeitablauf zu unterschiedlichen Gestaltungsformen der internen Abrechnung geführt. Darüber hinaus sind der Theorie der Kostenrechnung zunehmend Entscheidungsaufgaben übertragen worden, deren Lösung sich aus der Berücksichtigung von Erkenntnissen anderer Betriebswirtschaftstheorien (z. B. der Investitions-, Bilanz oder Finanzierungstheorie) ergibt.[4] Das Gebiet der Kostenlehre hat sich mithin in Wissenschaft und Praxis auf breiter Front durchgesetzt. Zwischenzeitlich besteht ein **einheitliches Meinungsbild** über den Begriff, die Aufgaben und die Instrumente der Kostenlehre. Darüber hinaus haben die Bestrebungen zugenommen, Ansätze für eine theoretische Fundierung[5] zu entwickeln, womit als Folge dieser Positionierung ein durchaus trennscharfes Konzept zu anderen Fachgebieten der BWL vorliegt.

---

3 Vgl. Heinen 1983, S. 37.
4 Vgl. Küpper 1990, S. 253–267; Schweitzer/Küpper/Friedl/Hofmann/Pedell 2016, S. 260–292; Müller 2003; Ossadnik 2009, S. 61–67.
5 Vgl. zur Theorie der Kostenrechnung auch Kloock 1998, S. 204–221; Pfaff/Weißenberger 2000, S. 109–163; Pfaff/Weber 1998, S. 151–165; Stepan/Sommersguter-Reichmann 2002, Sp. 1149–1157.

Im Folgenden soll das Gebiet der Kostenlehre in sechs Teilen behandelt werden, wobei es im Hinblick auf die Bereiche der **Kostentheorie** und **Kostenrechnung** sinnvoll erscheint, zunächst die Begriffe **Kosten** und **Leistungen** zu untersuchen sowie anschließend eine Abgrenzung gegenüber anderen Termini des Rechnungswesens vorzunehmen (erster Teil). Im zweiten Teil erfolgt eine knappe Darlegung der von der Kostentheorie erfassten betrieblichen Zusammenhänge. An diese Ausführungen schließt sich sodann im dritten Teil eine detaillierte Betrachtung des Systems der traditionellen **(Ist-)Kostenrechnung** an, wobei die drei Säulen des innerbetrieblichen Rechnungswesens, die Kostenarten-, die Kostenstellen- und die Kostenträgerrechnung, im Vordergrund der Analyse stehen. Im vierten Teil werden die traditionellen **Voll- und Teilkosten- sowie Deckungsbeitragsrechnungssysteme** und ihr Einsatz zur Lösung von kurzfristigen Kontroll- und Planungsaufgaben in unterschiedlichen betrieblichen Funktionsbereichen dargestellt. Der fünfte Teil behandelt Weiterentwicklungen in der **Kostenrechnung** (z. B. Prozesskostenrechnung) und im **Kostenmanagement** (Target Costing sowie Produkt-, Prozesskosten- und Kostenstrukturmanagement). Im sechsten Teil wird schließlich auf zentrale Schnittstellen von Kostenrechnung und Controlling wie z. B. Kennzahlen, Handelskalkulationen und die langfristige Auftragsfertigung sowie Auswirkungen von Corporate Governance-Regelungen und Nachhaltigkeitsfragen auf das Controlling eingegangen.

Die nachfolgenden Ausführungen beziehen sich wegen der herausragenden Bedeutung der Kostenrechnung für die Fertigungswirtschaft sowie aus methodisch-didaktischen Gründen primär **auf industrielle Produktionsprozesse**. Allerdings können sämtliche Darlegungen modifiziert auf die Gestaltung des innerbetrieblichen Rechnungswesens bei Unternehmungen anderer Wirtschaftszweige übertragen werden.[6]

---

6 Vgl. die Ausführungen im sechsten Teil zu Gliederungspunkt 2.

2 Kosten- und Leistungsbegriff

2.1 Grundlegendes

Quantitative betriebswirtschaftliche Begriffe, zu denen auch die Termini Kosten und Leistungen zu rechnen sind, lassen sich durch eine **Mengen-**, eine **Wert- und** eine **Bereichsextension** charakterisieren.[7] Da die Bereichsextension im Hinblick auf die nachstehende Begriffsanalyse nur zu einer zusätzlichen Einschränkung der Mengenkomponente führt, soll sie im Folgenden als Teil der Mengenextension aufgefasst werden. Die quantitativen Termini erlangen ihre Bedeutung für das betriebliche Rechnungswesen, im Gegensatz zu klassifikatorischen und komparativen Begriffen insbesondere dadurch, dass sie als **Maßgrößen in Geldeinheiten** zum Ansatz kommen können.

Hinsichtlich des Kosten- und Leistungsbegriffs beinhaltet die Mengenextension die Frage nach **Art und Quantum** der gesamten betrieblichen Einsatz- bzw. Ausbringungsgüter, während die Wertextension zu klären hat, mit welchen **Preisen** bzw. **Wertansätzen** diese Gütermengen multiplikativ verknüpft werden sollen.[8] In der BWL existiert eine Vielzahl allgemeiner Kostentermini, deren Wert- und Mengenkomponenten in der Abhängigkeit von der Zielsetzung des Entscheidungsträgers, seinen relevanten Handlungsalternativen und Präferenzen sowie den von ihm nicht beeinflussbaren Umweltsituationen festgelegt wird.[9] Da sich der heutige Stand der Diskussion ausschließlich auf die wertmäßige und pagatorische Interpretation des allgemeinen betriebswirtschaftlichen Kosten- und Leistungsbegriffs bezieht, beschränken sich die nachfolgenden Ausführungen auf diese beiden Termini und ihre Abgrenzung zu den Begriffen Auszahlungen, Ausgaben, Aufwendungen bzw. Einzahlungen, Einnahmen und Erträge.

2.2 Wertmäßiger Kostenbegriff

2.2.1 Grundlegendes

Im Sinne des wertmäßigen Kostenbegriffs[10] können Kosten nach h. M. allgemein als der **bewertete sachzielbezogene Güterverzehr einer Rechnungsperiode**

---

[7] Vgl. Szyperski 1962, S. 134–135.
[8] Vgl. Heinen 1983, S. 54.
[9] Vgl. zur historischen Entwicklung des Kostenbegriffs insbesondere Menrad 1965, S. 99–169.
[10] Die Grundgedanken dieses Kostenbegriffs gehen im Ursprung auf *Schmalenbach* zurück, während *Koch* die Einführung des Terminus „wertmäßiger Kostenbegriff" in die wissenschaftliche Diskussion zuzuschreiben ist. Schließlich wurde der in Rede stehende Kostenbegriff entscheidend von

umschrieben werden, wobei die Wertkomponente auf dem **monetären Grenznutzen** basiert. Zur gedanklichen Durchdringung des Sachverhalts bedarf es einer genaueren Umschreibung der Extensionskomponenten Güterverkehr, Sachzielbezogenheit und Bewertung.

2.2.2 Güterverzehr

In Bezug auf die **Mengenkomponente** muss der Kostenbegriff zunächst den gesamten Güterverzehr einer Rechnungsperiode umfassen. Erst durch die Berücksichtigung des zweiten Merkmals, der „Sachzielbezogenheit", kann eine weitere Einschränkung des gesamten Verzehrs erfolgen.

Güter können im weitesten Sinne allgemein als werthabende Dinge definiert werden. Der ökonomische Wertcharakter der Güter basiert aber nicht nur auf ihrer spezifischen Eignung für den Produktionsprozess, sondern ist auch auf ihre **mengenmäßige relative Knappheit** zurückzuführen. Werden Güter im Herstellungsprozess eingesetzt, bei denen keine relative Knappheit vorliegt (z. B. Naturschätze), so handelt es sich nicht um Güter im ökonomischen Sinne. Infolgedessen ist auch kein Äquivalent für den entsprechenden Verzehr in den Kostenbegriff einzubeziehen. Abbildung 2 vermittelt eine umfassende Systematik der ökonomischen Güter.

Wirtschaftsgüter (ökonomische Werte)	Realgüter		Nominalgüter
	Materielle	Immaterielle	stets immaterielle Güter

Ursprüngliche Güter	Sachgüter
	(a) unbeweglich
	(b) beweglich
		(1) Leistungswerte
		    (a) Arbeitsleistungen
		    (b) Dienstleistungen
		(2) Wirtschaftliche Tatbestände
		    (ökonomische Potenzen)
		(3) Kapital (abstrakte Vorrätigkeit)
			Geld

Abgeleitete Güter		Ansprüche auf ursprüngliche Realgüter (Rechtswerte) (a) Rechte auf materielle Realgüter (b) Rechte auf immaterielle Realgüter	Ansprüche auf ursprüngliche Nominalgüter (Geld) (a) Darlehenswerte (b) Beteiligungswerte

Abbildung 2: Systematik der Wirtschaftsgüter.[11]

Kosiol präzisiert. Vgl. im Einzelnen Schmalenbach 1919, S. 270–273; Koch 1958, S. 355–399; Kosiol 1958, S. 7–37.
11 Vgl. Kosiol 1964, S. 21.

Der Vorgang des Verzehrs ist aber getrennt von pagatorischen Größen (Auszahlungen, Ausgaben) zu betrachten und kann sowohl **gekaufte** als auch **unentgeltlich dem Unternehmen überlassene** sowie **selbsterstellte Güter** betreffen. Allerdings liegt nur dann ein interner erfolgswirksamer Verzehr von Wirtschaftsgütern vor, wenn der betreffende Abbau von Werten nicht unmittelbar mit einem der Unternehmung von außen zufließenden Äquivalent verknüpft ist. Als Beispiele für solche erfolgsunwirksamen Geschäftsvorfälle sind alle von der Unternehmung getätigten Gütertäusche zu nennen. Sobald die ökonomischen Einsatzgüter ihre Fähigkeit zur betrieblichen Leistungserstellung vollständig oder partiell verlieren, liegt ein Verzehr vor, der nach *Kosiol* in unterschiedlicher Art und Weise erfolgen kann:[12]

(1) **Willentlicher (beabsichtigter) Güterverzehr**
    (1.1) Kurzfristiger oder unmittelbarer Verzehr (Sofortverzehr)
    (1.2) Langfristiger oder mittelbarer Verzehr (Dauerverzehr)
(2) **Erzwungener (ungewollter) Güterverzehr**
    (2.1) Technisch-ökonomischer Zwangsverzehr (Vernichtung)
    (2.2) Staatlich-politischer Zwangsverzehr (Abgabe)
(3) **Zeitlicher Vorrätigkeitsverzehr (reine Kapitalnutzung)**.

Vom **willentlich kurzfristigen Verzehr** sind diejenigen Wirtschaftsgüter betroffen, die unmittelbar in einem **einzigen Verzehrvorgang** in den Herstellungsprozess eingehen. Dieser Art des Verzehrs können sämtliche Realgüter (Sachgüter, Arbeits- und Dienstleistungen sowie Rechtswerte) unterliegen, deren Quantitäten hinreichend teilbar sind. Bezüglich ökonomischer Potenzen wie etwa Standortvorteilen, Bezugsquellen, Kundenkreis und Mitarbeiterstamm kann ein Verzehr an Gütern ausnahmsweise dann auftreten, wenn beispielsweise Rationalisierungsvorteile mit der Hingabe einer ökonomischen Potenz erkauft werden. Ansonsten unterliegt diese immaterielle Güterart ebenso wie etwa Grundstücke prinzipiell der erfolgsneutralen Nutzung. Andererseits vollzieht sich der **willentlich langfristige Verzehr von quantitativ unteilbaren Realgütern** (Sachgüter und Rechtswerte) nicht in einem einmaligen Vorgang, sondern durch eine ganze Folge von Wertabgaben in den Produktionsprozess, die als Abschreibungen im betrieblichen Rechnungswesen zum Ansatz kommen.

Der erzwungene Güterverzehr basiert hingegen auf unternehmensexternen Einwirkungen und Vorfällen, die nicht zu beeinflussen sind und deshalb als unabwendbar gelten. So kann der **technisch-ökonomische Zwangsverkehr** von Sachgütern, der ohne Inanspruchnahme derselben eintritt, zunächst etwa auf Katastrophenfälle (z. B. Brand, Wassereinbruch), den Zugriff Unberechtigter

---
[12] Vgl. Kosiol 1964, S. 24.

(z. B. Diebstahl), ruhenden Verschleiß (z. B. Verwitterung, Zersetzung, Rosten), technischen Fortschritt, Bedarfsverschiebungen am Markt etc. zurückgeführt werden. Ein erzwungener Güterverzehr liegt ferner beim Ausfall von Kundenforderungen und anderen abgeleiteten Real- und Nominalgütern vor. Weiterhin kann er in Form sinkender Preise am Beschaffungs- und Absatzmarkt auftreten, die zu sogenannten Außenwertminderungen bei allen Realgütern und einigen abgeleiteten Nominalgütern führen. Als Beispiele sind etwa fallende Wertpapierkurse und das Absinken der Anschaffungspreise für Anlagegüter und Werkstoffe zu nennen.

Der staatlich-politische Zwangsverkehr erstreckt sich in erster Linie auf Geld und bestimmte Arbeits- und Dienstleistungen, die mit der Besteuerung zusammenhängen. Ähnliches gilt für Beiträge und Gebühren, wie sie z. B. von Gemeinden, Gemeindeverbänden, Körperschaften des öffentlichen Rechts mit Zwangsmitgliedschaft und Zwangsversicherungsträgern erhoben werden. Die mit Steuern belasteten Unternehmen erhalten für die Hingabe dieser Nominalgüter aber von außen keinen unmittelbaren Gegenwert, so dass aufgrund der verausgabten Menge an Geldeinheiten nur ein Verzehr in nomineller Form unterstellt werden kann. Hieraus folgt, dass die steuerliche **Äquivalenztheorie**, die eine Korrespondenz von individueller Steuerleistung und staatlicher Gegenleistung etwa in Form von Sicherheitsgarantien, Rechtsschutz und Bereitstellung von Infrastruktur unterstellt, im Hinblick auf den Nachweis eines Realgüterverzehrs der vom Staat empfangenen Dienstleistung abgelehnt wird, da zwischen den in Rede stehenden Abgaben und den empfangenden staatlichen Gegenleistungen nur ein unspezifischer und globaler, nicht äquivalenter Zusammenhang besteht. Ferner kann ein staatlich-politischer Verzehr durch die behördliche Beschlagnahme von Wirtschaftsgütern erzwungen werden.

Unter dem Begriff Kapital wird der Wert des in einer Unternehmung gebundenen Bestands an Wirtschaftsgütern verstanden. Das Kapital kann dabei als eine **abstrakte Wertziffer** für die auf Zeitdauer vorhandene **Vorrätigkeit** von **Real- und Nominalgütern** gekennzeichnet werden. Entscheidend ist in diesem Zusammenhang, dass sich die Nutzungsmöglichkeiten des Kapitals und somit auch des Bestands an Wirtschaftsgütern unaufhaltsam im Zeitablauf verzehren. Dieser zeitliche Vorrätigkeitsverzehr tritt unabhängig davon auf, ob es sich um Eigen- oder Fremdkapital handelt, das zur Finanzierung der Vermögensgüter verwendet wurde. Folgt man dieser Denkweise, so ergibt sich zwangsläufig die Einbeziehung **kalkulatorischer Zinsen** als Äquivalent für den bewerteten Verzehr von Nutzungsmöglichkeiten des knappen Guts Kapital in den Kostenbegriff.

2.2.3 Sachzielbezogenheit des Güterverzehrs

Im Rahmen der Mengenextension ist nun eine weitere Eingrenzung der Komponente „Güterverzehr" vorzunehmen. Dies geschieht anhand des Merkmals „Sachzielbezogenheit", nach dem der Verzehr von Real- und Nominalgütern nur dann zu Kosten führt, wenn er unmittelbar mit dem unternehmerischen Sachziel[13], das sich in Art, Menge und zeitlicher Verteilung der von der Unternehmung geplanten bzw. zu produzierenden und abzusetzenden betrieblichen Ausbringungsgüter konkretisiert, in Zusammenhang steht (z. B. die Herstellung von Büchern und Zeitschriften in einem Verlag oder die Produktion unterschiedlicher Biersorten in einer Brauerei). Die Realisation des Sachziels ist aber nicht schon mit der eigentlichen Herstellung und der Bevorratung von Absatzerzeugnissen erreicht, sondern erfordert ferner den Absatz der erstellten Produkte, wodurch auch der Verzehr von Wirtschaftsgütern im Vertriebsbereich sachzielbezogenen Charakter trägt.[14]

Eine genaue Kennzeichnung des sachzielbezogenen Güterverzehrs kann anhand des **Einwirkungsprinzips** vorgenommen werden. Ausgehend von einer **Kausalbeziehung** zwischen dem Verzehr ökonomischer Güter (= Ursache) und der geplanten Produkterstellung (= Wirkung) liegt nach dem Einwirkungsprinzip immer dann sachzielbezogener Real- und/oder Nominalgüterverzehr vor, wenn der Verzehr in der Art auf die Ausbringungsgüter des Sachziels einwirkt, dass ohne seine Existenz ihre Erstellung nicht möglich wäre (Abbildung 3).

Abbildung 3: Darstellung des Einwirkungsprinzips.

Im Gegensatz zum Einwirkungsprinzip basiert das **Verursachungsprinzip**, nach dem der Güterverzehr (Wirkung) als Mittel zur Erstellung der Güter des Sachziels betrachtet wird und deshalb als durch diese verursacht angesehen werden kann, auf einer **finalen Beziehung**. So ruft die Herstellung eines Produkts ursächlich den Sofortverzehr von Fertigungsmaterial hervor (Abbildung 4).

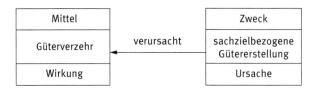

Abbildung 4: Darstellung des Verursachungsprinzips.

---

13 Im Gegensatz zum Sachziel bringt das Formalziel die Inhalte unternehmerischer Zielsetzungen wie Gewinnmaximierung, Kostendeckung oder Verlustminimierung zum Ausdruck.
14 Vgl. Schildbach/Homburg 2009, S. 31.

Allerdings existieren im Rahmen des Produktionsprozesses eine Vielzahl von Güterverzehren, die zwar der Herstellung sachzielorientierter Erzeugnisse dienen, aber auch dann anfallen, wenn diese Produkte nicht gefertigt werden. In diesem Zusammenhang sind insbesondere die erzwungenen Güterverzehre (Vernichtung und Abgabe) sowie der Vorrätigkeitsverzehr als Beispiele zu nennen. Um auch diese Verzehrarten mit in die Mengenkomponente des allgemeinen betriebswirtschaftlichen Kostenbegriffs einbeziehen zu können, erweiterte *Kosiol*[15] das Verursachungs- zum Einwirkungsprinzip.

2.2.4 Bewertung des sachzielorientierten Güterverzehrs

Von Kosten kann erst dann gesprochen werden, wenn im Rahmen der **Wertextension** die einzelnen sachzielbezogenen Einsatzgütermengen (r_m) multiplikativ mit den zugehörigen Kostenwerten (p_m) verknüpft werden. Hierdurch wird es möglich, die im Produktionsprozess verzehrten Einsatzgüter in gleichnamige, in einem Geldbetrag ausgedrückte Wirtschaftsgüter umzuformen. Somit kann die **Gesamtextension (K)** des wertmäßigen Kostenbegriffs algebraisch durch folgende Gleichung ausgedrückt werden:

$$K = \sum_{m=1}^{M} r_m \cdot p_m \quad \text{mit} \quad m = 1, 2, \ldots, M.$$

Hinsichtlich einiger Wirtschaftsgüter, insbesondere bei den langfristig verzehrten Sachgütern und allen immateriellen Realgütern, kann jedoch eine direkte Quantifizierung der Verzehre nicht vorgenommen werden, da es an einer physisch messbaren, dem Wirtschaftsgut selbst zu entnehmenden Mengenkomponente fehlt. In den angesprochenen Fällen sind Ersatzmaßstäbe zu finden, die als Mengengerüst dienen können. So bietet sich beispielsweise die betriebsgewöhnliche Nutzungsdauer als Maßgröße zur Erfassung des Mengengerüstes abnutzbarer Wirtschaftsgüter des Sachanlagevermögens an.

Strebt der Entscheidungsträger nach Gewinn, so lässt sich der Kostenwert nach h. M. als der monetäre Nutzen der besten nicht realisierten Verwendungsrichtung einer knappen Gütereinheit definieren. Dieser auch als **monetärer Grenznutzen** oder **Grenzertrag** bezeichnete Wertansatz setzt sich aus der **Grenzausgabe** und den **Opportunitätskosten** zusammen. Während die Grenzausgabe den Anschaffungsausgaben für die letzte verzehrte Gütereinheit entspricht, kennzeichnen die Opportunitätskosten den monetären Nutzenentgang für die nächstbeste, nicht gewählte Verwendungsmöglichkeit einer Einheit des in Rede stehenden knappen Produktionsfaktors. Allerdings nehmen die Opportunitätskosten dann den Wert von Null

---

15 Vgl. Kosiol 1958, S. 26–37.

an, wenn die Menge der betreffenden Einsatzgüter keinen Beschränkungen unterliegt. In diesem Fall entspricht die Grenzausgabe dem monetären Grenznutzen. Somit bezieht die wertmäßige Kostenkonzeption nicht nur den (Wieder-)Beschaffungspreis, sondern auch den Beitrag, der die **individuelle Nutzenvorstellung des Entscheidungsträgers** zum Ausdruck bringt, mit in die Wertkomponente ein. Wie noch zu zeigen sein wird, kann eine exakte Ermittlung des monetären Grenznutzens nur anhand eines **Entscheidungsmodells erfolgen**, dessen optimale Lösung die Opportunitätskosten in Form von **Dualwerten** liefert.[16] In der betriebswirtschaftlichen Praxis bleiben häufig aus Wirtschaftlichkeitsaspekten oder Gründen mangelnder Information bestimmte Bedingungen bezüglich der Lösung kostenrechnerischer Entscheidungsaufgaben unberücksichtigt. Bei derartigen Konstellationen sind die entsprechenden wertmäßigen Kosten nur **approximativ** zu bestimmen. Ein einfaches Beispiel soll abschließend die theoretische Konzeption der Kostenbewertung zum monetären Grenznutzen grundlegend verdeutlichen.

Beispiel 1:
Ein Industrieunternehmen hat folgende Mengeneinheiten (ME) eines bestimmten Rohstoffes zu unterschiedlichen Preisen und Zeitpunkten beschafft:

15. 1. 15 ME à 100 €
5. 5. 10 ME à 120 €
20. 11. 20 ME à 130 €.

Am 25.11. werden alle auf Lager befindlichen Rohstoffe in die Fertigung gegeben, obwohl ein Konkurrenzunternehmen für die aufgrund eines kurzfristigen Lieferungsengpasses knapp gewordene Rohstoffart 150 € pro ME bietet. Der monetäre Grenznutzen für eine Einheit des verbrauchten Fertigungsmaterials lässt sich nun **näherungsweise** wie folgt berechnen.

(1) Grenzausgabe	130 €
+ (2) Opportunitätskosten	20 €
= (3) monetärer Grenznutzen	150 €

Die Differenz zwischen dem monetären Grenznutzen und der Grenzausgabe (20 €) kann als entgangener Gewinn interpretiert werden, der durch den Verzicht auf die Realisation der nächstbesten, nicht gewählten Verwendungsalternative (Verkauf) einer Einheit des eingesetzten Rohstoffes entstanden ist. Unter den Prämissen des Beispiels würden die Opportunitätskosten dann einen Wert von Null annehmen, wenn auf dem Beschaffungsmarkt kein Engpass für diese Einsatzfaktoren bestehen würde. In diesem Fall wäre das angesprochene Konkurrenzunternehmen höchstens bereit, für eine Rohstoffeinheit den letzten Marktpreis (130 €) zu zahlen, womit Grenzausgabe und monetärer Grenznutzen wertmäßig übereinstimmen. Eine exakte Ermittlung der Opportunitätskosten für das Fertigungsmaterial ist aber nur dann

---

16 Vgl. die Ausführungen im vierten Teil zu Gliederungspunkt 4.5.3.2.2.

möglich, wenn der Bewertende von sämtlichen für ihn relevanten Verwendungs- und Aktionsmöglichkeiten Kenntnis hätte.

2.3 Pagatorischer Kostenbegriff

Im Gegensatz zum wertmäßigen Kostenbegriff werden in der Interpretationsform des pagatorischen Kostenterminus die sachzielbezogenen Verzehre der unterschiedlichen Wirtschaftsgüter mit den zugehörigen **historischen** oder **planmäßigen Anschaffungspreisen** (Ausgaben) bewertet. Aufgrund der Bindung des Begriffs an Zahlungsmittelbewegungen, differieren die Kostenwerte (p_m) der pagatorischen und der wertmäßigen Konzeption. Infolgedessen sind diejenigen sachzielbezogenen Güterverzehre, für die am Beschaffungsmarkt keine Entgelte entrichtet werden, mit Null zu bewerten

Eine **Modifikation des pagatorischen Kostenbegriffs** wird von *Koch*[17] vertreten, der durch die Einführung von **Hypothesen**, die nicht den realen Gegebenheiten entsprechen, auch andere als die faktisch gezahlten Geldbeträge in die Wertkomponente der pagatorischen Kosten einfließen lassen will. Dieser Erweiterung der pagatorischen Kosteninterpretation liegt offensichtlich der Gedanke zugrunde, dass die Kostenrechnung zur Realisation der von ihr verfolgten **Dokumentations-, Planungs- und Kontrollziele**[18] sich nicht auf einen Kostenbegriff stützen kann, der auf Ausgaben basiert. So unterstellt *Koch* bei einer Preissteigerung der Kostengüter im Zeitraum zwischen ihrer Beschaffung und dem Absatz der erstellten Leistungen, „daß der Unternehmer die Produktionsmittel erst am Umsatztag der entsprechenden Produkte beschafft hat und die Dauer des Herstellungsprozesses unendlich klein ist"[19], wodurch ein Ansatz des Güterverzehrs zu Wiederbeschaffungspreisen möglich wird. Ferner führt *Koch* im Rahmen der innerbetrieblichen Kostenkontrolle die Hypothese ein, daß zum Zweck des Soll-Ist-Vergleichs „die Anschaffungspreise der Materialien [...] im Zeitablauf konstant sind"[20]. Soll hingegen ein Unternehmensvergleich vorgenommen werden, so bedarf es „zur Herstellung gleicher Voraussetzungen etwa bei einem Einzelunternehmen der Hypothese, dass für die laufende Geschäftsführung ein Geschäftsführer angestellt ist – diese Hypothese führt zum Ansatz eines kalkulatorischen Geschäftsführergehaltes"[21]. Weiterhin trifft *Koch* im Fall unentgeltlich überlassener Wirtschaftsgüter die Annahme, „der Unternehmer habe seitens des Schenkenden eine Geldzuwendung erhalten und mit diesem Geldbetrag"[22] das betreffende Einsatzgut

---

17 Vgl. Koch 1958, S. 355–399.
18 Vgl. zu den Zielen der Kostenrechnung Abbildung 55 im Dritten Teil zu Gliederungspunkt 1.
19 Koch 1958, S. 371.
20 Koch 1958, S. 369–370.
21 Koch 1966, S. 57, Fußnote 21.
22 Koch 1958, S. 371.

gekauft wird. Durch die Modifikation des pagatorischen Kostenbegriffs erreicht *Koch* eine weitgehende Übereinstimmung der pagatorischen und der wertmäßigen Kosteninterpretation. Wie im Folgenden noch zu zeigen sein wird, können sich die beiden Kostenkonzeptionen aber hinsichtlich der Wertansätze der **kalkulatorischen Kosten** unterscheiden.

Aus den extensional abgegrenzten allgemeinen Kostenbegriffen, die den terminologischen Rahmen bilden, lassen sich spezifische Kostenunterbegriffe ableiten. Diese speziellen Termini resultieren aus bestimmten Merkmalsausprägungen, die die Besonderheiten einzelner Kostenarten charakterisieren. In diesem Zusammenhang existiert in der Kostenlehre eine Vielzahl unterschiedlicher kostenorientierter Subbegriffe. Abbildung 5 zeigt beispielhaft eine mögliche Ableitung und Systematisierung spezieller Kostentermini.

Merkmalsausprägungen	Kostenunterbegriffe
Art der Einsatzgüter	Materialkosten Personalkosten Abschreibungskosten Zinskosten Kostensteuern
Einsatzmenge	Vollkosten Teilkosten
Bezugsgröße	Stückkosten Bereichskosten Personalkosten Periodenkosten
Beschäftigungsabhängigkeit	fixe Kosten variable Kosten
Zurechenbarkeit	Einzelkosten Gemeinkosten
Herkunft der Einsatzgüter	Primärkosten Sekundärkosten
Produktions- bzw. Absatzreife der Ausbringungsgüter	Fertigungskosten Herstellkosten Selbstkosten
Zeitbezug	Istkosten Normalkosten Plankosten

Abbildung 5: Spezifische Kostenbegriffe.[23]

---

23 Vgl. Schweitzer/Küpper/Friedl/Hofmann/Pedell 2016, S. 98–101.

2.4 Abgrenzungen zwischen Auszahlungen, Ausgaben, Aufwendungen und Kosten

2.4.1 Auszahlungen und Ausgaben

Das **Geldvermögen** einer Unternehmung, das sich aus dem **Zahlungsmittelbestand** [= Bestand an Bargeld (Münzen und Banknoten) und an Buchgeld (jederzeit verfügbare Guthaben bei Kreditinstituten)] zuzüglich des **Bestands an (sonstigen) Geld-Forderungen** und abzüglich des **Bestands an (Geld-)Verbindlichkeiten** zusammensetzt, ist durch die **Stromgrößen** Auszahlungen (Ausgaben) und Einzahlungen (Einnahmen) laufenden Variationen unterworfen.[24] Während die **Ausgabensumme** einer Rechnungsperiode die **Abnahme des Geldvermögens** widerspiegelt, kennzeichnet die **Summe der periodenbezogenen Auszahlungen** hingegen die negative Veränderung des Zahlungsmittelbestands. Die Beziehungen zwischen Auszahlungen und Ausgaben eines Rechnungsabschnitts zeigen die Abbildung 6 und Abbildung 7 auf. **Ausgabenlose Auszahlungen** liegen immer dann vor, wenn eine negative Veränderung des Zahlungsmittelbestands mit einer Senkung der Geld-Verbindlichkeiten oder einer Erhöhung der Geld-Forderungen verbunden ist. Aufgrund der kompensatorischen Wirkung zwischen Auszahlungen und Schuldenab- bzw. Forderungszugängen liegen im Ergebnis Ausgaben in Höhe von Null vor. Als Beispiele sind die Rückzahlung eines in der Vorperiode aufgenommenen Bankkredits sowie die Vergabe eines Darlehens an einen Kunden zu nennen. **Ausgabengleiche Auszahlungen** entstehen durch Geschäftsvorfälle, die nur Auszahlungen und keine

---

Summe der Auszahlungen einer Periode
 – Abgänge von Geld-Verbindlichkeiten, bei denen gilt = Auszahlung, keine Ausgabe (z. B. Bezahlung von auf Ziel gelieferter Waren)
 + Zugänge von Geld-Verbindlichkeiten, bei denen gilt = Ausgabe, keine Auszahlung (z. B. Einkauf von Rohstoffen auf Ziel)
 – Zugänge von (sonstigen) Geld-Forderungen, bei denen gilt = Auszahlung, keine Ausgabe (z. B. Kreditgewährung an einen Schuldner in bar)
 + Abgänge von (sonstigen) Geld-Forderungen, bei denen gilt = Ausgabe, keine Auszahlung (z. B. Einkauf von Rohstoffen gegen Verrechnung bereits geleisteter Anzahlungen)

= Summe der Ausgaben einer Periode

Abbildung 6: Komponenten der Ausgaben.[25]

---

[24] Mit der Umschreibung (sonstige) Geld-Forderungen sind alle übrigen Forderungen gemeint, die nicht bereits in den Zahlungsmittelbestand einbezogen wurden.
[25] Durch die Ausgaben wird aber nur eine Verminderung des Geldvermögens erfasst, so dass Abgänge von Sachforderungen bzw. Zugänge von Sachverbindlichkeiten in diesem Zusammenhang keine Berücksichtigung finden. Gleiches gilt analog für den Begriff der Einnahmen.

Abbildung 7: Abgrenzung von Auszahlungen und Ausgaben.

Forderungs- oder Schuldenänderungen nach sich ziehen (z. B. Barentnahmen des Unternehmenseigners oder Einkauf von Rohstoffen gegen Barzahlung). In diesen Fällen wird lediglich der Zahlungsmittelbestand verändert, so dass stets gilt Auszahlung = Ausgabe. Schließlich treten **auszahlungslose Ausgaben bei Geschäftsvorfällen** auf, die den Zahlungsmittelbestand nicht negativ berühren (z. B. Einkauf von Rohstoffen auf Ziel oder Übernahme privater Schulden des Unternehmenseigners durch die Unternehmung), aber das Geldvermögen verändern.

Da die ausgabenlosen Auszahlungen zugrunde liegenden Geschäftsvorfälle stets zu **erfolgsunwirksamen Vermögensumschichtungen** (Aktivtausch, Aktiv-Passiv-Minderung) führen, die für die weiteren Betrachtungen keine Relevanz besitzen, beschränken sich die folgenden Analysen ausschließlich auf den Begriff der Ausgaben.

2.4.2 Ausgaben und Aufwendungen

Aufwendungen lassen sich aus der Sicht der Kostenlehre als die gesamten bewerteten Güterverzehre einer Rechnungsperiode definieren, wobei die entsprechenden Wertansätze aber an gesetzliche Bewertungsvorschriften des Handels- und Steuerrechts oder der International Financial Reporting Standards (IFRS)[26] geknüpft sind.[27]

---

[26] Vgl. im Einzelnen Freidank/Velte 2013, S. 257–846; Freidank/Velte/Weber 2016, S. 81–162.
[27] Zu beachten ist, dass das Steuerrecht einer anderen als der hier aufgezeigten Terminologie folgt. So definiert § 4 Abs. 4 EStG Aufwendungen als durch den Betrieb veranlasste Betriebsausgaben. Ähnliches gilt nach h. M. analog für den Begriff der Erträge. Allerdings sind Betriebsausgaben nicht mit dem vorstehend umschriebenen Aufwandsbegriff gleichzusetzen. So werden durch spezifische steuerrechtliche Regelungen einerseits Betriebsausgaben, die zugleich Aufwand der Periode darstellen, zu sog. nichtabzugsfähigen Betriebsausgaben erklärt (z. B. Aufwendungen für Geschenke, Gästehäuser etc. gemäß § 4 Abs. 5 EStG, die Gewerbesteuer nach § 4 Abs. 5b GewStG und die Körperschaftsteuer bei Kapitalgesellschaften nach § 10 Nr. 2 KStG). Andererseits existieren aber auch Fälle, die aus steuerrechtlicher Sicht zu abzugsfähigen Betriebsausgaben führen, handelsrechtlich aber nicht als Aufwand behandelt werden (z. B. Vornahme steuerrechtlicher Bewertungsvergünstigungen, die in der Handelsbilanz nicht angesetzt werden dürfen).

Prinzipiell verlangen diese Regelungen, dass bei der Bewertung des heterogenen Real- und Nominalgüterverzehrs von den effektiv anfallenden Beschaffungspreisen ausgegangen werden muss, sofern nicht ein niedrigerer Wertansatz geboten oder zulässig ist.

Ausgaben sind dann **aufwandgleich**, wenn Wirtschaftsgüter, für die Ausgaben getätigt wurden, auch in derselben Rechnungsperiode dem Verzehr unterliegen (**Ausgaben der Periode, Aufwendungen der Periode**). Erfolgt der Güterverzehr aber erst in einem der nächsten Rechnungszeiträume, so handelt es sich um Ausgaben, die erst in späteren Perioden zu Aufwendungen werden (**Ausgaben der Periode, Aufwendungen späterer Perioden**). Derartige **aufwandlose Ausgaben** speichert die Bilanz auf der Aktivseite.

> **Beispiel 2:**
> Die Anschaffungskosten eines linear abzuschreibenden abnutzbaren Wirtschaftsguts (betriebsgewöhnliche Nutzungsdauer 8 Jahre) betragen 40.000 €. Im ersten Nutzungsjahr fallen somit 5.000 € Abschreibungen an. Von den Ausgaben in Höhe von 40.000 € sind folglich 5.000 € durch produktionsbedingten Verschleiß zu Aufwendungen geworden, während die restlichen 35.000 € bei Anwendung der direkten Abschreibungsmethode auf der Aktivseite der Bilanz als aufwandslose Ausgaben erscheinen.

Liegen hingegen Werteverzehre von Wirtschaftsgütern vor, für die Ausgaben in früheren Rechnungsabschnitten getätigt wurden (**Aufwendungen der Periode, Ausgaben früherer Perioden**), so entstehen **ausgabenlose Aufwendungen**. Als Beispiel sind planmäßige Abschreibungen auf ein in der Vorperiode angeschafftes Wirtschaftsgut zu nennen. Aufwendungen, denen erst in späteren Rechnungsperioden Ausgaben folgen (Aufwendungen der Periode, Ausgaben späterer Perioden) kommen in der Bildung von Rückstellungen zum Ausdruck.

Ausgaben, die nie zu Aufwendungen werden, repräsentieren z. B. Barentnahmen der Eigner von Einzelunternehmen oder Personengesellschaften, die den Zahlungsmittelbestand der Unternehmung mindern. Derartige Ausgaben, die i. d. R. nicht zu Aufwendungen führen, sind ferner für Wirtschaftsgüter entrichtet worden, die keinem Wertverzehr unterliegen (z. B. Grundstücke, Beteiligungen). Außerplanmäßige Abschreibungen werden im Rahmen des **Niederstwertprinzips** nur dann relevant, wenn die vom Markt abgeleiteten Alternativwerte unter die Anschaffungskosten fallen. Schließlich bleibt noch der Ausnahmefall von Abschreibungen auf einen geschenkten Vermögensgegenstand zu erwähnen. Hier handelt es sich um Aufwendungen, denen niemals, auch nicht in einer anderen Rechnungsperiode, Ausgaben gegenüberstehen (**ausgabenlose Aufwendungen**). Abbildung 8 fasst die zeitliche und sachliche Unterscheidung von Ausgaben und Aufwendungen grafisch zusammen.

Diejenigen Ausgaben, die niemals oder erst in späteren Rechnungsperioden zu Aufwendungen führen, haben keinen Einfluss auf den Periodenerfolg der Unternehmung und werden deshalb als **erfolgsunwirksame Ausgaben** bezeichnet. Andererseits beeinflussen Wirtschaftsgüter, die innerhalb einer betrachte-

Abbildung 8: Abgrenzung von Ausgaben und Aufwendungen.

ten Rechnungsperiode dem Werteverzehr unterliegen, gleichgültig ob die entsprechenden Ausgaben aus einem früheren, dem augenblicklichen oder einem künftigen Rechnungsabschnitt resultieren, den Periodenerfolg negativ. Wichtig ist, dass diese erfolgswirksamen Ausgaben der Periode zugerechnet werden, in der auch der Werteverzehr erfolgte (**verursachungsgerechte Periodenzurechnung der Aufwendungen**). Würden die in Rede stehenden Ausgaben den Rechnungszeiträumen angelastet, in denen sie anfallen, dann wäre der Unternehmenserfolg beliebig manipulierbar, indem z. B. am Ende der Perioden nur Ausgaben getätigt werden. **Die Realisation der erfolgswirksamen Ausgaben erfolgt mithin stets zum Zeitpunkt des Güterverzehrs.**

Im Wesentlichen basiert der Begriff der Aufwendungen somit auf den **periodisierten (erfolgswirksamen) Ausgaben**, wenn der Ausnahmefall des Werteverzehrs geschenkter Wirtschaftsgüter unberücksichtigt bleibt. Aufgrund von Unsicherheiten bezüglich der Höhe des Werteverzehrs ist es bei einigen Wirtschaftsgütern nicht immer möglich, die entsprechenden erfolgswirksamen Ausgaben verursachungsgerecht zu periodisieren. Derartige Zurechnungsprobleme treten im Zusammenhang mit der Bemessung von Abschreibungen und Rückstellungen auf. Stellt sich in den folgenden Perioden heraus, dass die ursprünglich unterstellten Werteverzehre nicht der Realität entsprechen, dann sind die anteiligen Wertdifferenzen in den Erfolgsrechnungen späterer Rechnungsabschnitte (z. B. als periodenfremde Aufwendungen) zu berücksichtigen, da nachträgliche Korrekturen in den vergangenen Zeiträumen Änderungen der gesamten entsprechenden Jahresabschlüsse bewirken würden. **Infolgedessen können Aufwendungen abschließend als die gesamten, mit erfolgswirksamen Ausgaben bewerteten Güterverzehre einer Rechnungsperiode, unter Berücksichtigung von Aufwandskorrekturen früherer Zeiträume, definiert werden.**[28]

---

[28] Zu beachten ist, dass diese Begriffsbestimmung der Aufwendungen den Verzehr geschenkter Wirtschaftsgüter nicht mit einschließt.

2.4.3 Aufwendungen und Kosten

Zunächst unterscheiden sich die Begriffe Aufwendungen und Kosten durch die differente Erfassung des Güterverzehrs. Während die Aufwendungen die gesamten, entsprechend der gesetzlichen Regelung zu berücksichtigenden Verzehre an Wirtschaftsgütern einschließen, betrifft die Mengenextension der wertmäßigen und der pagatorischen Kosten ausschließlich den Teil des Verzehrs, der von den Ausbringungsgütern des unternehmerischen Sachziels der betrachteten Rechnungsperiode ausgelöst wird. Ferner muss der sachzielbezogene Güterverzehr im Rahmen eines üblichen Leistungserstellungsprozesses genau zu prognostizieren (d. h. **ordentlich**) sein, damit die **Planungs- und die Kontrollfunktion** der Kostenrechnung durch die Berücksichtigung von außergewöhnlichen sachzielbezogenen Güterverzehren nicht beeinträchtigt wird. Anstelle dieses außerordentlichen Äquivalents finden dann aber planmäßig zu erwartende durchschnittliche Verzehrmengen an Wirtschaftsgütern Eingang in den Bereich des kostenwirksamen ordentlichen Güterverzehrs, von denen angenommen wird, dass sie auf lange Sicht betrachtet ebenso groß sein werden, wie die im Zeitablauf variierende außerordentliche Güterhingabe. Diese durchschnittlich unterstellten Verzehre werden im Rahmen der **kalkulatorischen Kosten**, z. B. in Form von Wagnissen, erfasst.[29] Diejenigen Teile der gesamten aufwandsorientierten Güterverzehre, die weder **sachziel-, periodenbezogenen oder ordentlichen Charakter** tragen, führen zu kostenunwirksamen Verzehren bzw. bei Bewertung zu **neutralen Aufwendungen**. Grundsätzlich lassen sich in diesem Zusammenhang drei typische Arten von neutralen Aufwendungen unterscheiden.

1. Betriebsfremde Aufwendungen

Betriebsfremde Aufwendungen entstehen durch Geschäftsvorfälle, die mit dem Sachziel der Unternehmung nicht in Zusammenhang stehen. Als Beispiele können Stiftungen, Spenden, Schenkungen, Repräsentationsausgaben, soweit sie nicht der Förderung des Sachziels dienen, genannt werden. Ferner sind Aufwendungen für betriebsfremde Grundstücke, stillgelegte Anlagen, die keine Reserveanlagen darstellen, sowie außerplanmäßige Abschreibungen auf betriebsfremde Beteiligungen zu dieser Aufwandskategorie zu rechnen.

2. Periodenfremde Aufwendungen

Periodenfremde Aufwendungen sind durch die Leistungserstellung einer anderen Rechnungsperiode verursacht worden, kommen aber erst in der augenblicklichen Periode zur Verrechnung (z. B. Nachzahlung für Gewerbesteuer, Sonderabschreibungen,

---

[29] Vgl. zu den Arten der kalkulatorischen Kosten die Ausführungen im Dritten Teil zu Gliederungspunkt 2.2.5.

Aufwendungen für Prozesse, wenn diese die dafür gebildeten Rückstellungen übersteigen).

3. Außerordentliche Aufwendungen
Diese Aufwandsarten sind zwar durch das Sachziel der Unternehmung bedingt, können aber wegen ihres einmaligen Charakters, ihrer ungewöhnlichen Natur (sie geht der Höhe nach über das Übliche hinaus) nicht als Kosten Verrechnung finden. Als außerordentlich sind z. B. Aufwendungen bei Finanzierungsvorgängen zu nennen (Gründung, Kapitalerhöhung, Umwandlung etc.), Debitorenverluste, besondere Schadensfälle und Ordnungsstrafen sowie außerplanmäßige Abschreibungen auf sachzielbezogene Wirtschaftsgüter.

Ferner können Differenzen zwischen Aufwendungen und Kosten auch durch **unterschiedliche Wertkomponenten** verursacht werden. In diesem Zusammenhang führen Aufwandsbestandteile, bei denen der Wertansatz nicht mit dem der Kosten korrespondiert, ebenfalls zu neutralen Aufwendungen (**verrechnungsverschiedene Aufwendungen**). So können etwa bei der Bemessung kalkulatorischer und bilanzieller Abschreibungen die Wertkomponenten auseinanderfallen. Während das innerbetriebliche Rechnungswesen grundsätzlich frei von gesetzlichen Normen ist, basieren die Rechnungslegungsvorschriften des extern orientierten Rechnungswesens (Finanzbuchhaltung) auf bestimmten, vom Gesetzgeber erlassenen Vorschriften. Im Gegensatz zum normierten Bilanzrecht, das planmäßige Abschreibungen prinzipiell nur von den Anschaffungs- oder Herstellungskosten zulässt, besteht in der Betriebsbuchhaltung die Möglichkeit, kalkulatorische Abschreibungen z. B. anhand von Wiederbeschaffungspreisen für bestimmte Anlagegegenstände zu bemessen.

Andererseits werden diejenigen Kostenelemente, die im Hinblick auf die Mengen- und/oder Wertkomponente nicht mit den Aufwendungen übereinstimmen, in der Terminologie des betrieblichen Rechnungswesens als **kalkulatorische Kosten** bezeichnet. Sie lassen sich weiterhin in **aufwandsverschiedene Anderskosten und aufwandsfremde Zusatzkosten** trennen.[30] Als typische Beispiele für Anderskosten, denen Aufwendungen in anderer Höhe gegenüberstehen, sind kalkulatorische Abschreibungen und Wagnisse zu nennen. Die enge Beziehung von Anderskosten und neutralen Aufwendungen, denen Kosten in anderer Höhe entsprechen, ist in Abbildung 9 durch einen Pfeil gekennzeichnet. Außerdem existieren sachziel-, periodenbezogene und ordentliche Verzehre von Wirtschaftsgütern, die keinen Aufwand bewirken. Die aus diesen Güterverzehren resultierenden Kosten, etwa in Form von

---

[30] Während der Begriff Anderskosten von *Kosiol* geprägt wurde, geht der Terminus Zusatzkosten auf *Schmalenbach* zurück. Vgl. Kosiol 1964, S. 35–36 und Schmalenbach 1963, S. 10. Allerdings ist die Terminologie des Begriffs Zusatzkosten in der betriebswirtschaftlichen Literatur nicht einheitlich. So verstehen einige Fachvertreter Zusatzkosten im Sinne von aufwandsfremden Kosten, während eine andere Autorengruppe die Termini kalkulatorische Kosten und Zusatzkosten synonym gebraucht.

2.4 Abgrenzungen zwischen Auszahlungen, Ausgaben, Aufwendungen und Kosten — 21

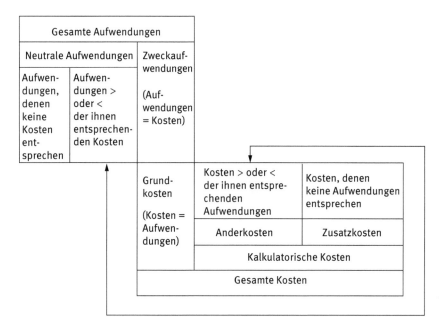

Abbildung 9: Abgrenzung von Aufwendungen und Kosten.

kalkulatorischen Zinsen auf das Eigenkapital und kalkulatorischem Unternehmerlohn, zählen zu den Zusatzkosten, sofern ihnen keine Aufwendungen im Sinne der gesetzlichen Rechnungslegungsvorschriften gegenüberstehen.

In welchem Umfang die Wertkomponenten von Aufwendungen und Kosten auseinanderfallen, hängt aber auch von dem der Betrachtung zugrunde gelegten Kostenbegriff ab. Hinsichtlich des ohne Hypothesen gebildeten pagatorischen Kostenbegriffs treten Wertunterschiede nur dann auf, wenn den Kosten planmäßige Wertansätze zugrunde gelegt wurden, die von den effektiven Beschaffungsmarktpreisen abweichen. Andererseits beschränken sich mögliche Unterschiede bei einem Ansatz zu modifizierten pagatorischen Kosten auf Differenzen zwischen Anschaffungswerten und den aufgrund von Hypothesen entstandenen fiktiven Wertkomponenten (z. B. „Schenkungs-", Wiederbeschaffungs- oder Festpreise). In Bezug auf den wertmäßigen Kostenbegriff können zusätzlich anteilige Wertdifferenzen durch die Einbeziehung von **Opportunitätskosten** entstehen.

Das die vorstehenden Ausführungen zusammenfassende, im Ursprung auf *Schmalenbach*[31] zurückgehende Balkendiagramm (Abbildung 9) zeigt die einzelnen Unterschiede zwischen Aufwendungen und Kosten abschließend in grafischer Form. Die Abgrenzung berücksichtigt dabei sowohl den wertmäßigen Kostenbegriff

---

31 Vgl. Schmalenbach 1963, S. 10.

als auch die beiden dargestellten pagatorischen Kosteninterpretationen. Bei einer wert- und mengenmäßigen Übereinstimmung des Güterverzehrs im Bereich der Kosten und der Aufwendungen wird in der betriebswirtschaftlichen Literatur, der Terminologie *Schmalenbachs* folgend, von **Grundkosten** bzw. **Zweckaufwendungen** gesprochen.

Aus der Abbildung 9 lassen sich nunmehr folgende Beziehungen ableiten:

(1) Gesamte Aufwendungen = Zweckaufwendungen (Grundkosten)
    + Neutrale Aufwendungen
(2) Gesamte Kosten = Zweckaufwendungen (Grundkosten)
    + Kalkulatorische Kosten
(3) Gesamte Kosten = Gesamte Aufwendungen − Neutrale Aufwendungen
    + Anderskosten + Zusatzkosten
(4) Gesamte Aufwendungen = Gesamte Kosten − Kalkulatorische Kosten
    + Neutrale Aufwendungen
(5) Kalkulatorische Kosten = Gesamte Kosten − Grundkosten (Zweckaufwendungen).

2.5 Leistungsbegriff

Analog zu den Kosten werden Leistungen **als die bewerteten, sachzielorientierten Real- und Nominalgütererstellungen**[32] **einer Rechnungsperiode definiert**, wobei der Wertansatz auf angefallenen oder künftigen Einnahmen (bzw. Erlösen) oder auf den für die Güterstellung angesetzten (wertmäßigen oder pagatorischen) Kosten basiert. Im Grundsatz lassen sich folgende **Leistungsarten** unterscheiden.

Während Absatzleistungen unmittelbar in den Markt übergehen, stellen Lagerleistungen Güterstellungen dar, die erst in späteren Rechnungsperioden abgesetzt werden. Im Gegensatz zu den auf Lager befindlichen Ausbringungsgütern, die sich in einer industriellen Unternehmung auf **speicherbare Leistungen** in Gestalt **unfertiger und fertiger Erzeugnisse** beziehen, schließt der Begriff der Absatzleistungen, neben den Produkten des Fertigungsprogramms, auch **nichtspeicherbare Leistungen** wie z. B. Reparatur-, Beratungs- oder Transportleistungen für Kunden der Unternehmung ein. Innerbetriebliche Leistungen unterscheiden sich von den beiden anderen Typen dadurch, dass sie nicht in den Absatzmarkt übergehen, sondern wieder im Produktionsprozess eingesetzt werden. Beispiele für solche Leistungen sind selbsterstellte Anlagen für Zwecke der Eigennutzung, selbst durchgeführte Reparaturen, eigene Versuchs- und Entwicklungsarbeiten sowie der Verbrauch oder die Nutzung von unfertigen oder fertigen Eigenerzeugnissen im Rahmen der Fertigung. Diese Beispiele zeigen, dass innerbetriebliche Leistungen speicherbaren und nichtspeicherbaren Charakter tragen können.

---

32 Leistungen in Nominalgüterform treten z. B. bei Banken bezüglich der Bereitstellung von Krediten auf.

2.6 Abgrenzungen zwischen Einzahlungen, Einnahmen, Erträgen und Leistungen

Wie schon eingangs erwähnt, ist die Kostenrechnung im Grundsatz an keine Vorschriften im Hinblick auf die Bewertung der unterschiedlichen Leistungsarten gebunden. Allerdings schreibt das Bilanzrecht prinzipiell vor, dass Absatzleistungen zu den effektiv erzielten Netto-Verkaufserlösen und Lagerleistungen sowie aktivierbare innerbetriebliche Leistungen, sofern kein niedrigerer Wertansatz geboten oder zulässig ist, zu Ist-Herstellungskosten in der Erfolgsrechnung anzusetzen sind. Analog zu den in Abbildung 5 dargelegten speziellen Kostenbegriffe existieren auch besondere Leistungstermini, die sich nach ähnlichen Merkmalsprägungen unterscheiden lassen (Abbildung 10).[33]

Abbildung 10: Gliederung der Leistungen.

2.6 Abgrenzungen zwischen Einzahlungen, Einnahmen, Erträgen und Leistungen

2.6.1 Einzahlungen und Einnahmen

Analog zu den Begriffen Auszahlungen und Ausgaben führen Einzahlungen und Einnahmen einer Rechnungsperiode stets zu einer Erhöhung des Zahlungsmittelbestands bzw. des Geldvermögens.[34] Der Zusammenhang zwischen den gesamten Einzahlungen und Einnahmen einer Periode wird durch die folgende Abbildung 11 und Abbildung 12 verdeutlicht.

Wird der Zahlungsmittelbestand der Unternehmung durch einen Geschäftsvorfall erhöht, der gleichzeitig zu einer Senkung der (sonstigen) Geld-Forderungen oder Steigerung der Geld-Verbindlichkeiten führt, so liegen **einnahmenlose Einzahlungen** vor (z. B. Rückzahlung eines Darlehens von einem Schuldner oder Aufnahme eines Kredits bei einer Bank). Ziehen Geschäftsvorfälle nur Einzahlungen, aber keine Variationen der (sonstigen) Geld-Forderungen und Geld-Verbindlichkeiten nach sich, dann handelt es sich um **einnahmengleiche Einzahlungen** (z. B. Bareinlage des Unternehmenseigners oder Verkauf von fertigen Erzeugnissen gegen

---

[33] Vgl. Abbildung 5 im ersten Teil zu Gliederungspunkt 2.3.
[34] Vgl. zu den Definitionen der Begriffe Zahlungsmittelbestand und Geldvermogen die Ausführungen im ersten Teil zu Gliederungspunkt 2.4.1.

Summe der Einzahlungen einer Periode
− Zugänge von Geld-Verbindlichkeiten, bei denen gilt = Einzahlung, keine Einnahme (z. B. Aufnahme eines Darlehens durch das Unternehmen)
+ Abgänge von Geld-Verbindlichkeiten, bei denen gilt = Einnahme, keine Einzahlung (z. B. Verkauf von fertigen Erzeugnissen gegen Verrechnung bereits geleisteter Anzahlungen)
− Abgänge von (sonstigen) Geld-Forderungen, bei denen gilt = Einzahlung, keine Einnahme (z. B. Forderungsbegleichung eines Kunden gegen Banküberweisung)
+ Zugänge von (sonstigen) Geld-Forderungen, bei denen gilt = Einnahme, keine Einzahlung (z. B. Verkauf von fertigen Erzeugnissen auf Ziel)
= Summe der Einnahmen einer Periode

Abbildung 11: Komponenten der Einnahmen.

Abbildung 12: Abgrenzung von Einzahlungen und Einnahmen.

Barzahlung). **Einzahlungslose Einnahmen** entstehen hingegen bei Geschäftsvorfällen, die den Zahlungsmittelbestand nicht tangieren (z. B. Verkauf von fertigen Erzeugnissen auf Ziel oder Übernahme von Verbindlichkeiten durch den Unternehmenseigner). Aus den schon im Rahmen der Abgrenzung von Auszahlungen und Ausgaben genannten Gründen beziehen sich die folgenden Analysen ausschließlich auf den Terminus der Einnahmen.[35]

2.6.2 Einnahmen und Erträge

Analog zum Begriff der Aufwendungen können Erträge aus dem Blickwinkel des innerbetrieblichen Rechnungswesens als **die gesamten bewerteten Gütererstellungen einer Rechnungsperiode definiert werden, wobei die entsprechenden Wertansätze an gesetzliche Bewertungsvorschriften geknüpft sind.** Auch in diesem Fall lassen sich Einnahmen in zeitlicher und sachlicher Hinsicht unterscheiden.

---
35 Vgl. die Ausführungen im ersten Teil zu Gliederungspunkt 2.4.1.

Einnahmen sind z. B. dann **ertraggleich**, wenn unfertige oder fertige Erzeugnisse in der Herstellungsperiode verkauft werden (**Einnahmen der Periode, Erträge der Periode**). Ferner lassen sich Einnahmen der augenblicklichen Rechnungsperiode feststellen, die erst in späteren Perioden zu Erträgen werden (**Einnahmen der Periode, Erträge einer späteren Periode**). Als Beispiele für solche **ertraglosen Einnahmen** sind im Voraus erhaltene Mieten für das Folgejahr zu nennen, die in der Bilanz als passiver Rechnungsabgrenzungsposten zum Ausweis kommen. Dadurch wird erreicht, dass im Voraus geleistete Zahlungen gespeichert und somit erst in der Periode zu Erträgen werden, in der die wirtschaftliche Verursachung erfolgt. **Einnahmenlose Erträge (Erträge der Periode, Einnahme einer früheren Periode)** liegen dann vor, wenn der passive Rechnungsabgrenzungsposten im Folgejahr aufgelöst wird. Ein weiterer Fall von einnahmelosen Erträgen ist in der Produktion von unfertigen oder fertigen Erzeugnissen auf Lager zu sehen. Die Bestandserhöhungen der aktuellen Periode repräsentieren Erträge, die erst in späteren Rechnungsperioden durch Umsätze zu Einnahmen werden. In diesem Zusammenhang sei noch die Lieferung von fertigen Erzeugnissen auf Ziel genannt, die erst in späteren Perioden durch Banküberweisung bezahlt werden sollen. Hier handelt es sich nicht um Erträge, denen erst in einem späteren Zeitraum Einzahlungen gegenüberstehen, da in der Periode der Ertragsentstehung entweder ein Zugang von (sonstigen) Geld-Forderungen oder ein Abgang von Geld-Verbindlichkeiten und damit eine Einnahme vorlag. Erträge und Einnahmen sind somit in derselben Rechnungsperiode entstanden.

Einnahmen, denen grundsätzlich keine Erträge, auch nicht in einer anderen Periode gegenüberstehen, werden durch Geschäftsvorfälle bewirkt, **die keinen Wertzuwachs für die Unternehmung darstellen** (z. B. zurückgezahlte Darlehen). In Abbildung 13 ist die sachliche und zeitliche Unterscheidung von Einnahmen und Erträgen in grafischer Form zusammengefasst worden.

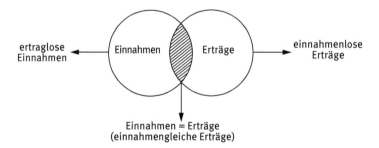

Abbildung 13: Abgrenzung von Einnahmen und Erträgen.

Analog zu den Ausgaben können auch hier **erfolgsneutrale und erfolgswirksame Einnahmen** festgestellt werden. Entscheidend ist, dass die erfolgswirksamen Einnahmen der Periode angelastet werden, in der der Wertezuwachs erfolgte. Zusammenfassend bleibt zu konstatieren, dass der Ertragsbegriff im Wesentlichen auf den periodisierten Erfolgseinnahmen basiert, wobei aber auch hier Korrekturen in Bezug auf Erträge früherer Rechnungsperioden vorgenommen werden müssen (z. B. erfolgswirksame Auflösung von Rückstellungen). **Somit können Erträge als die gesamten, mit Erfolgseinnahmen bewerteten Gütererstellungen einer Rechnungsperiode, unter Berücksichtigung von Ertragskorrekturen früherer Perioden, definiert werden.**

Gemäß der vorstehenden Begriffsbestimmung sind die den zukünftigen (ertragsorientierten) Einnahmen entsprechenden Erträge schon im Zeitpunkt der Gütererstellung in voller Höhe realisiert. Nach dem für die bilanzrechtliche Bewertung maßgeblichen **Realisationsprinzip** besteht aber ein grundsätzliches Ausweisverbot der noch nicht durch den Umsatzprozess verwirklichten Gewinne.[36] Diese gelten nach h. M. beim Verkauf von Wirtschaftsgütern erst vom Zeitpunkt des Gefahrenübergangs auf den Käufer als realisiert.[37] Mithin dürfen Gütererstellungen bezüglich aktivierbarer innerbetrieblicher Leistungen und auf Lager befindlicher Erzeugnisse die (noch) nicht durch den Umsatzprozess realisiert wurden, höchstens zu Herstellungskosten im Jahresabschluss angesetzt werden. Die künftigen (ertragsorientierten) Einnahmen können nach dem für die bilanzrechtliche Bewertung maßgeblichen **Niederstwertprinzip** nur dann im Jahresabschluss zum Ansatz gelangen, wenn sie unter den Herstellungskosten liegen.[38]

2.6.3 Erträge und Leistungen

Leistungen und Erträge fallen zunächst durch die unterschiedliche Erfassung der Gütererstellungen einer Rechnungsperiode auseinander. Während die Mengenkomponente des Leistungsbegriffs nur den Teil der erstellten Güter betrifft, der sachzielorientierten Charakter trägt, schließen die Erträge auch die gesamten, entsprechend der gesetzlichen Vorschriften zu berücksichtigenden Gütererstellungen ein. Um die Planungs- und Kontrollfunktion der Leistungsrechnung nicht zu beeinträchtigen, werden, analog zu den Kosten, nur diejenigen Gütererstellungen in den Mengenansatz der Leistungen einbezogen, die im Rahmen eines üblichen Produktionsprozesses exakt zu budgetieren, d. h. ordentlich sind. Als Ersatz für die auf außerordentlicher Basis erstellten Ausbringungsgüter finden dann aber planmäßig zu erwartende durchschnittliche Produktionsergebnisse Eingang in die leistungswirksamen Gütererstellungen, die bewertet als **kalkulatorische Leistungen (Andersleistungen)** Verrechnung fin-

---

36 Vgl. § 252 Abs. 1 Nr. 4 2. HS HGB sowie zu den Ausnahmen §§ 246 Abs. 2 Satz 3, 340e Abs. 3 Satz 1 HGB.
37 Vgl. Kreipl/Müller 2018, Rz. 99 zu § 252 HGB.
38 Vgl. zur Berechnung der Herstellungskosten aus handelsrechtlicher, steuerlicher und internationaler Sicht die Ausführungen im dritten Teil zu Gliederungspunkt 2.5.2.

den. Alle ertragsorientierten Gütererstellungen einer Periode, die weder sachziel-, periodenbezogenen noch ordentlichen Charakter tragen, führen zu einem leistungsunwirksamen Mengenzuwachs bzw. bei Bewertung zu **neutralen Erträgen**, die sich in folgende Arten aufspalten lassen.

1. Betriebsfremde Erträge
Betriebsfremde Erträge sind auf Geschäftsvorfälle zurückzuführen, die nicht im Zusammenhang mit dem Sachziel der Unternehmung stehen (z. B. Erträge aus Vermietung und Verpachtung, spekulativen Wertpapierverkäufen oder Gewährung von Darlehen an Kunden).

2. Periodenfremde Erträge
Diese Ertragsart fällt ebenfalls wie der periodenfremde Aufwand im Kontext der eigentlichen Betriebstätigkeit an, ist jedoch einer anderen Periode zuzurechnen und muss deshalb sachlich abgegrenzt werden (z. B. unerwartete Eingänge aus früher abgeschriebenen Forderungen, erfolgswirksame Auflösung von Rückstellungen).

3. Außerordentliche Erträge
Obwohl sie im Zusammenhang mit dem eigentlichen Sachziel der Unternehmung stehen, muss eine Abgrenzung vorgenommen werden, weil der Anfall dieser Ertragsart zufällig, einmalig oder unter nicht gewöhnlichen Bedingungen entstanden ist (z. B. Erträge aus Verkäufen von Wirtschaftsgütern des Anlagevermögens).

Ferner können die Begriffe Leistungen und Erträge auch aufgrund unterschiedlicher Wertkomponenten differieren. Während aus kalkulatorischen Gründen häufig eine Bewertung der erstellten Güter zu Plan-Erlösen oder anhand wertmäßiger Kosten vorgenommen wird, sind, wie gezeigt wurde, die Wertansätze im Bereich der Erträge an gesetzliche Vorschriften gebunden. So finden Ertragsbestandteile, deren Wertkomponenten nicht mit denen der Leistungen korrespondieren, auch als **neutrale Erträge** Verrechnung (**verrechnungsverschiedene Erträge**), während Leistungen, deren Wertansätze nicht mit denen der Erträge übereinstimmen, zu **Andersleistungen** führen. Leistungen, die im Hinblick auf die Mengen- und/oder Wertkomponente nicht mit den Erträgen identisch sind, werden als **kalkulatorische Leistungen** bezeichnet. Sie lassen sich weiter unterscheiden in **Zusatz- und Andersleistungen**. Als Beispiel für Zusatzleistungen, denen keine Erträge gegenüberstehen, können selbst geschaffene Markennamen genannt werden, für die nach den bilanzrechtlichen Vorschriften ein Aktivierungsverbot besteht (§ 248 Abs. 2 Satz 2 HGB und § 5 Abs. 2 EStG; siehe auch IAS 38.63). Eine Bewertung der Gütererstellungen mit Plan-Erlösen oder wertmäßigen Kosten führt hingegen zu Andersleistungen, denen Erträge in anderer Höhe entsprechen. Außerdem sind in diesem Zusammenhang Wertsteigerungen der Produktionsfaktoren (Gebäude, Maschinen etc.) über ihre Anschaffungs- oder Herstellungskosten hinaus zu nennen, die aufgrund des **Realisationsprinzips** im Jahresabschluss grundsätzlich nicht zum Ansatz kommen dürfen.[39] Die Verbindung zwischen Andersleistungen und neutralen Erträgen, denen Leistungen in anderer Höhe gegenüberstehen, wurde in Abbildung 14 durch einen Pfeil gekennzeichnet.

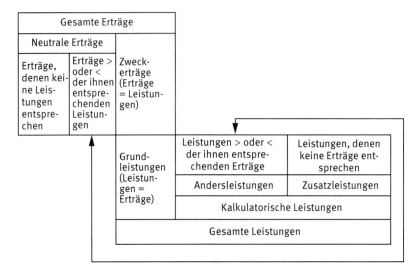

Abbildung 14: Abgrenzung von Erträgen und Leistungen.

Ferner ist auch die dem Leistungsbegriff zugrunde gelegte Wertkomponente (z. B. Plan-Erlöse, pagatorische oder wertmäßige Kosten) mit dafür verantwortlich, in welcher Höhe die Termini Leistungen und Erträge auseinanderfallen. Stimmen Leistungen und Erträge mengenmäßig überein, so wird auch in diesem Fall, analog den Kosten und Aufwendungen, von **Grundleistungen bzw. Zweckerträgen** gesprochen. Dies ist immer dann der Fall, wenn erstellte Wirtschaftsgüter sowohl in der Leistungs- als auch in der Ertragsrechnung mit denselben Werten und Mengen zum Ansatz gelangen. Das vorstehende Balkendiagramm[40] fasst die Zusammenhänge zwischen den Begriffen Erträge und Leistungen in grafischer Form zusammen.

Es lassen sich auch hier nachstehende Beziehungen herausstellen:
(1) Gesamte Erträge = Zweckerträge (Grundleistungen) + Neutrale Erträge
(2) Gesamte Leistungen = Zweckerträge (Grundleistungen)
   + Kalkulatorische Leistungen
(3) Gesamte Leistungen = Gesamte Erträge − Neutrale Erträge
   + Andersleistungen + Zusatzleistungen

---
39 Vgl. zu den Ausnahmen Freidank/Velte 2013, S. 535–537; Freidank/Velte/Weber 2016, S. 138–140.
40 Auch die Grundform dieses Schaubildes geht auf *Schmalenbach* zurück. Vgl. Schmalenbach 1963, S. 12.

(4) Gesamte Erträge = Gesamte Leistungen − kalkulatorische Leistungen
  + Neutrale Erträge
(5) Kalkulatorische = Gesamte Leistungen − Grundleistungen
  Leistungen (Zweckerträge).

Durch eine Gegenüberstellung der Begriffe Aufwendungen und Erträge bzw. Kosten und Leistungen lassen sich nachstehende **Erfolgsbegriffe** ableiten. Übersteigen die Erträge (Leistungen) einer Rechnungsperiode die ihnen entsprechenden Aufwendungen (Kosten), so belegt die Terminologie des betrieblichen Rechnungswesens diesen Differenzbetrag mit dem Begriff **Gewinn**, andernfalls mit den Terminus **Verlust**.

(1) Bilanzrechlicher Erfolg (Jahresergebnis) = Erträge − Aufwendung
(2) Neutraler Erfolg = Neutrale Erträge − Neutrale Aufwendungen
(3) Kalkulatorischer Betriebserfolg[41] = Leistungen − Kosten

Anhand eines Beispiels wird abschließend die vorstehend aufgezeigte Erfolgsermittlung sowie die buchhalterische Behandlung von Aufwendungen, Kosten, Erträgen und Leistungen verdeutlicht. Die Finanzbuchhaltung sowie die intern orientierte Betriebsbuchhaltung werden dabei sowohl in einem Abrechnungskreis (Einkreissystem) als auch in getrennten Abrechnungskreisen (Zweikreissystem) durchgeführt.[42]

Beispiel 3:
In einer einzelkaufmännischen Unternehmung, die industrielle Produkte herstellt, liegen am Ende der Rechnungsperiode folgende Informationen vor.

Grundkosten:
(1) Materialkosten	100.000 €
(2) Personalkosten	60.000 €
(3) Sonstige Gemeinkosten	70.000 €

Anderskosten:
(4) Kalkulatorische Abschreibungen	50.000 €
(5) Kalkulatorische Wagnisse	20.000 €

Zusatzkosten:
(6) Kalkulatorischer Unternehmerlohn	10.000 €

Neutrale Aufwendungen:
(7) Geleistete Spenden	22.000 €

---

41 Werden sowohl den Leistungen als auch den Kosten dieselben Mengen- und Wertkomponenten, z. B. nach der wertmäßigen oder pagatorischen Kostenkonzeption, zugrunde gelegt, so ergibt sich ein Betriebserfolg in Höhe von Null.
42 Vgl. zum Ein- und Zweikreissystem auch die Ausführungen im dritten Teil zu Gliederungspunkt 2.5.4. und Freidank/Velte 2013, S. 627–662.

(8) Gewerbesteuernachzahlungen, für die in der Vorperiode keine Rückstellung gebildet wurde — 25.000 €
(9) Außerplanmäßige Abschreibungen auf Maschinen wegen technischer Überholung — 83.000 €
(10) Bilanzielle (planmäßige) Abschreibungen auf bewegliche Wirtschaftsgüter — 40.000 €

Die Kosten und Aufwendungen der Periode setzen sich wie folgt zusammen.

Kosten	Aufwendungen
100.000 €	100.000 €
+ 60.000 €	+ 60.000 €
+ 70.000 €	+ 70.000 €
+ 50.000 €	+ 22.000 €
+ 20.000 €	+ 25.000 €
+ 10.000 €	+ 83.000 €
	+ 40.000 €
= 310.000 €	= 400.000 €

Grundleistungen:
(11) Absatzleistungen — 300.000 €
(12) Lagerleistungen — 30.000 €

Andersleistungen:
(13) Zuschreibungen auf betrieblich genutzte Grundstücke bis zu ihrem Marktwert in Höhe von — 180.000 €

Zusatzleistungen:
(14) Geschätzter Wert einer selbstgeschaffenen Marke — 70.000 €

Neutrale Erträge:
(15) Zinserträge aus Beteiligungen, die nicht dem Sachziel dienen — 15.000 €
(16) Eingang einer bereits in der Vorperiode abgeschriebenen Forderung — 30.000 €
(17) Zuschreibungen auf betrieblich genutzte Grundstücke bis zu ihren Anschaffungskosten — 135.000 €

Die Zusammenstellung sämtlicher Leistungen und Erträge hat nachstehendes Aussehen.

Leistungen	Erträge
300.000 €	300.000 €
+ 30.000 €	+ 30.000 €
+ 180.000 €	+ 15.000 €
+ 70.000 €	+ 30.000 €
	+ 135.000 €
= 580.000 €	= 510.000 €

2.6 Abgrenzungen zwischen Einzahlungen, Einnahmen, Erträgen und Leistungen — 31

Der Buchungsablauf ist in Abbildung 15 bei Zugrundelegung des Einkreissystems so gestaltet worden, dass auf dem Abschlusskonto „**Betriebsergebnis**" die gesamten Kosten (310.000 €) den gesamten Leistungen (580.000 €) gegenüberstehen und somit ein kalkulatorischer Betriebsgewinn von 270.000 € ausgewiesen wird. Durch die Einschaltung der Konten „**Verrechnete Kalkulatorische Kosten**" sowie „**Verrechnete kalkulatorische Leistungen**" in den Buchungskreislauf konnte erreicht werden, dass auf dem Gewinn- und Verlustkonto im Ergebnis der bilanzrechtliche Er-

S	Grundstücke	H	S	Abnutzbare Wirtschaftsgüter des Anlagevermögens		H
	€	€		€		€
AB	...		AB	...	(9)	83.000
(17)	135.000				(10)	40.000

S	Finanzkonten		H	S	Materialbestand		H
	€		€		€		€
AB	...	(2)	60.000	AB	...	(1)	100.000
(11)	300.000	(3)	70.000				
(15)	15.000	(7)	22.000				
(16)	30.000	(8)	25.000				

S	Fertige Erzeugnisse		H	S	Neutrale Aufwendungen		H
	€		€		€		€
AB	0	EB	30.000	(7)	22.000	(18)	170.000
(12)	30.000			(8)	25.000		
				(9)	83.000		
	30.000		30.000	(10)	40.000		
					170.000		170.000

S	Neutrale Erträge		H	S	Verrechnete Kalkulatorische Kosten		H
	€		€		€		€
(19)	180.000	(15)	15.000	(20)	80.000	(4)	50.000
		(16)	30.000			(5)	20.000
		(17)	135.000			(6)	10.000
	180.000		180.000		80.000		80.000

S	Verrechnete Kalkulatorische Leistungen		H	S	Materialkosten		H
	€		€		€		€
(13)	180.000	(21)	250.000	(1)	100.000	(22)	100.000
(14)	70.000						
	250.000		250.000				

Abbildung 15: Verbuchungen im Einkreissystem.

S	Personalkosten		H		S	Sonstige Gemeinkosten		H
	€		€			€		€
(2)	60.000	(23)	60.000		(3)	70.000	(24)	70.000

S	Kalkulatorische Kosten		H		S	Kalkulatorische Leistungen		H
	€		€			€		€
(4)	50.000	(25)	80.000		(28)	250.000	(13)	180.000
(5)	20.000						(14)	70.000
(6)	10.000							
	80.000		80.000			250.000		250.000

S	Bestandsveränderungen		H		S	Verkaufserlöse		H
	€		€			€		€
(27)	30.000	(12)	30.000		(26)	300.000	(11)	300.000

S	Betriebsergebniskonto		H		S	Neutrales Ergebnis		H
	€		€			€		€
(22)	100.000	(26)	300.000		(18)	170.000	(19)	180.000
(23)	60.000	(27)	30.000		(21)	250.000	(20)	80.000
(24)	70.000	(28)	250.000				(30)	160.000
(25)	80.000					420.000		420.000
(29)	270.000							
	580.000		580.000					

S	Gewinn- und Verlustkonto		H
	€		€
(30)	160.000	(29)	270.000
Gewinn	110.000		
	270.000		270.000

Abbildung 15 (fortgesetzt)

folg in Gestalt eines Gewinns von 110.000 € (= 510.000 € − 400.000 €) zum Ausweis kommt. Aufgrund der beiden angesprochenen Verrechnungskonten sowie der Konten „Neutrale Aufwendungen" und „Neutrale Erträge", die über das **Neutrale Ergebnis** abgeschlossen werden, wird das kalkulatorische Betriebsergebnis (270.000 €) an den gesetzlich zulässigen bilanzrechtlichen Periodengewinn (110.000 €) angepasst. Die entsprechende Korrekturgröße (160.000 €) setzt sich aus den Unterschiedsbeträgen zwischen kalkulatorischen Leistungen und kalkulatorischen Kosten (250.000 € − 80.000 € − 170.000 €) einerseits und neutralen Erträgen sowie neutralen Aufwendungen (180.000 € − 170.000 € = 10.000 €) andererseits

2.6 Abgrenzungen zwischen Einzahlungen, Einnahmen, Erträgen und Leistungen

S	Grundstücke		H		S	Abnutzbare Wirtschafts-güter des Anlagevermögens		H
	€		€			€		€
AB	...				AB	...	(6)	83.000
(12)	135.000						(7)	40.000

S	Materialbestand		H		S	Fertige Erzeugnisse		H
	€		€			€		€
AB	...	(1)	100.000		AB	0	EB	30.000
					(9)	30.000		
						30.000		30.000

S	Finanzkonten		H		S	Verkaufserlöse		H
	€		€			€		€
AB	...	(2)	60.000		(13)	300.000	(8)	300.000
(8)	300.000	(3)	70.000					
(10)	15.000	(4)	22.000					
(11)	30.000	(5)	25.000					

S	Bestandsveränderungen		H		S	Sonstige Erträge		H
	€		€			€		€
(14)	30.000	(9)	30.000		(15)	180.000	(10)	15.000
							(11)	30.000
							(12)	135.000
						180.000		180.000

S	Materialaufwendungen		H		S	Personalaufwendungen		H
	€		€			€		€
(1)	100.000	(16)	100.000		(2)	60.000	(17)	60.000

S	Abschreibungsaufwendungen		H		S	Sonstige Aufwendungen		H
	€		€			€		€
(7)	40.000	(18)	40.000		(3)	70.000	(19)	200.000
					(4)	22.000		
					(5)	25.000		
					(6)	83.000		
						200.000		200.000

S	Gewinn- und Verlustkonto		H		S	Aufwands- und ertragsbezogene Abgrenzung		H
	€		€			€		€
(16)	100.000	(13)	300.000		(17)	15.000	(15)	22.000
(17)	60.000	(14)	30.000		(18)	30.000	(16)	25.000
(18)	40.000	(15)	180.000		(19)	10.000	(20)	63.000
(19)	200.000				(21)	10.000	(22)	45.000
Gewinn	110.000				(26)	160.000	(23)	70.000
	510.000		510.000			225.000		225.000

Abbildung 16: Verbuchungen im Zweikreissystem (Rechnungskreis I).

S	Unternehmensbezogene Abgrenzung		H
	€		€
(15)	22.000	(17)	15.000
(16)	25.000	(18)	30.000
		(24)	2.000
	47.000		47.000

S	Kosten- und Leistungsrechnerische Korrekturen		H
	€		€
(20)	63.000	(19)	10.000
(22)	45.000	(21)	10.000
(23)	70.000	(25)	158.000
	178.000		178.000

S	Verrechnete Kosten und Leistungen		H
	€		€
(7)	30.000	(1)	100.000
(8)	300.000	(2)	60.000
(9)	180.000	(3)	70.000
(10)	70.000	(4)	50.000
		(5)	20.000
		(6)	10.000
		Betriebsgewinn	270.000
	580.000		580.000

S	Kostenartenkonten		H
	€		€
(1)	100.000	(11)	310.000
(2)	60.000		
(3)	70.000		
(4)	50.000		
(5)	20.000		
(6)	10.000		
	310.000		310.000

S	Bestandsveränderungen		H
	€		€
(12)	30.000	(7)	30.000

S	Verkaufserlöse		H
	€		€
(13)	300.000	(8)	300.000

S	Kalkulatorische Leistungen		H
	€		€
(14)	250.000	(9)	180.000
		(10)	70.000
	250.000		250.000

S	Betriebsergebniskonto		H
	€		€
(11)	310.000	(12)	30.000
(27)	270.000	(13)	300.000
		(14)	250.000
	580.000		580.000

S	Neutrales Ergebnis		H
	€		€
(24)	2.000	(26)	160.000
(25)	158.000		
	160.000		160.000

S	Gewinn- und Verlustkonoto		H
	€		€
(26)	160.000	(27)	270.000
Gewinn	110.000		
	270.000		270.000

Abbildung 17: Verbuchungen im Zweikreissystem (Rechnungskreis II).

zusammen. Das (positive) Neutrale Ergebnis von 10.000 € wird somit als Saldogröße nicht separat ausgewiesen.

Abbildung 16 zeigt, dass im Rechnungskreis I, der sich auf die **Finanzbuchhaltung** bezieht, ausschließlich Erträge und Aufwendungen verbucht werden. Mithin ergibt sich auf dem Gewinn- und Verlustkonto der bilanzrechtliche Periodengewinn in Höhe von 110.000 € als Differenz zwischen den gesamten Erträgen (510.000 €) und den gesamten Aufwendungen (400.000 €). Der in Abbildung 17 dargelegte Rechnungskreis II bezieht sich hingegen auf die **Betriebsbuchhaltung**. Zunächst werden hier sämtliche Kosten- und Leistungsarten unter Einbeziehung des Kontos „Verrechnete Kosten und Leistungen" verbucht. Durch diese Vorgehensweise lässt sich das kalkulatorische Betriebsergebnis von 270.000 € zweimal ermitteln. Allerdings wird dann nur der auf dem Betriebsergebniskonto erscheinende Saldobetrag auf das Gewinn- und Verlustkonto weitergebucht. Die Verbindung zwischen den beiden Buchhaltungskreisen erfolgt durch die Einschaltung der Konten „Aufwands- und Ertragsbezogene Abgrenzung" im Rechnungskreis I sowie „Unternehmensbezogene Abgrenzung" und „Kosten- und Leistungsrechnerische Korrekturen" im Rechnungskreis II. Während das Konto „Unternehmensbezogene Abgrenzung" lediglich die **betriebsfremden Aufwendungen** (47.000 €) **und Erträge** (45.000 €) aufnimmt, werden auf dem Konto „Kosten- und Leistungsrechnerische Korrekturen" die sich auf die Berücksichtigung von **Kalkulatorischen Kosten und Leistungen** beziehenden Unterschiedsbeträge zu den entsprechenden Aufwendungen und Erträgen (158.000 €) erfasst. Die Salden beider Konten in Höhe von 160.000 € stellen die Differenz zwischen dem bilanzrechtlichen Gewinn und dem kalkulatorischen Betriebsgewinn dar. Dieser Betrag ergibt sich einmal als Saldo auf dem Konto „Aufwands- und Ertragsbezogene Abgrenzung" im Rechnungskreis I und zum anderen auf dem Neutralen Ergebnis in Rechnungskreis II, von denen er sodann weiter auf das Gewinn- und Verlustkonto gebucht wird. Durch diese Vorgehensweise kann auch in der Betriebsbuchhaltung neben dem kalkulatorischen Betriebserfolg ebenfalls das bilanzrechtliche Ergebnis ermittelt werden. Zu berücksichtigen ist aber auch hier, dass das (positive) Neutrale Ergebnis von 10.000 € als Saldogröße nicht separat zum Ausweis kommt.

Zweiter Teil: **Grundbegriffe der Kostentheorie**

1 Allgemeines

Die Betrachtungsweise der **Kostentheorie** ist eng mit der **Produktionstheorie** verknüpft. Obgleich beide Theorien ihren Ursprung in der Volkswirtschaftslehre haben, stellen sie heute nach vielfachen Verfeinerungen und Korrekturen eines der bestausgebauten Kerngebiete der Betriebswirtschaftstheorie dar. Ferner stehen die Produktions- und Kostentheorie in enger Beziehung zur **Ingenieurwissenschaft** und der **Mathematik**. Die Gründe für diese Verbindungen liegen zum einen in dem **dominanten technischen Bezug** der mikroökonomischen Produktionstheorie und zum anderen in der zunehmenden **Komplexität industrieller Fertigungsprozesse** sowie der Tendenz zu ihrer **Integration in betriebswirtschaftliche Modelle**. Die folgenden Ausführungen beschränken sich auf die Darstellung der wichtigsten Grundlagen der Produktions- und Kostentheorie, die für das Verständnis der weiteren Gebiete der betrieblichen Kostenrechnung erforderlich sind.

Ebenso wie jede andere betriebswirtschaftliche Theorie kommt auch der Produktions- und Kostentheorie eine **Erklärungs-** sowie eine **Gestaltungsaufgabe** zu. Bezüglich der Produktionstheorie besteht die Erklärungsfunktion in der Erläuterung der Regeln, „die den Produktionsprozess als Kombinationsprozess bestimmen. [. . .] Gesucht ist das Gesetz der Faktorkombination"[43]. Eine Systematisierung der relevanten betrieblichen Produktionsfaktoren, die sich auf die **Realgüterebene** beziehen, wird von Abbildung 18[44] vorgenommen. Die **Elementarfaktoren** tragen, im Gegensatz zum **dispositiven Faktor**, Objektcharakter, da sie einen unmittelbaren Bezug zum Produktionsobjekt aufweisen. Hinsichtlich des dispositiven Faktors erscheint eine Aufspaltung in die derivativen Elemente Planung, Organisation und Kontrolle, deren Kompetenzen von den **Weisungen der Betriebsführung** bestimmt werden, und den originären Bestandteil des dispositiven Faktors sinnvoll, dessen Entscheidungsbefugnis in einem marktwirtschaftlichen System im Allgemeinen aus dem **Eigentum an den Produktionsfaktoren** resultiert.[45]

---

[43] Gutenberg 1983, S. 298. Vgl. zu den Grundlagen der Produktions- und Kostentheorie auch Corsten/Gössinger 2016, S. 51–168; Schweitzer/Küpper 1997.
[44] Vgl. Wöhe/Döring/Brösel 2016, S. 28.
[45] Vgl. Gutenberg 1983, S. 5–8.

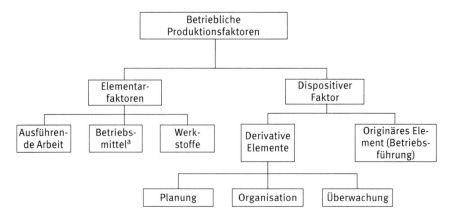

Abbildung 18: Gliederung der betrieblichen Produktionsfaktoren.
[a] *Gutenberg* definiert Betriebmittel als die gesamte technische Apparatur, deren sich eine Unternehmung bedient, um Sachgüter herzustellen oder Dienstleistungen bereitzustellen. Vgl. Gutenberg 1983, S. 70.

2 Zielsetzungen und Abbildungsinstrumente der Produktions- und Kostentheorie

Die Produktionstheorie stellt bezüglich der Erklärung des Kombinationsprozesses auf die **formalen Input-Output-Relationen** ab. Zu diesem Zweck muss das Mengengerüst jedes Produktionsfaktors (Input) und jeder Produktart (Output) eindeutig festgelegt werden. Die Erfassung der technischen Input-Output-Mengenverhältnisse erfolgt in der Betriebswirtschaftstheorie mittels **Produktionsfunktionen**, wobei der Output stets als **abhängige** und der Input als **unabhängige Variable** betrachtet werden. Bezeichnet man die Einsatzmengen der Faktorart m mit r (m = 1, 2, . . ., M) und die Ausbringungsmengen der Produktart a mit x (a = 1, 2, . . ., A), dann lässt sich die **allgemeine Produktionsfunktion** formulieren.

$$(x_1, x_2, \ldots, x_A) = f(r_1, r_2, \ldots, r_M) \tag{1}$$

Eine Produktionsfunktion bringt somit zum Ausdruck, wie sich die Ausbringung bei Variation des Faktoreinsatzes ändert.

Allerdings trägt die Produktionstheorie nicht nur deskriptiven Charakter, sondern sie soll darüber hinaus im Rahmen der **Gestaltungsfunktion** den Entscheidungsträgern Informationen bezüglich des optimalen Einsatzes der Produktionsfaktoren liefern, damit die gesetzten Unternehmensziele bestmöglich erreicht werden können. In diesem Zusammenhang besitzt die **Theorie der Anpassungsformen** an veränderte Produktionsbedingungen besondere Bedeutung.

Im Gegensatz zur Produktionstheorie besteht die **Erklärungsaufgabe der Kostentheorie** im Prinzip darin, aufzuzeigen, wie die Ausstoßmenge (abhängige Variable) bei Veränderung der bewerteten Einsatzmenge (unabhängige Variable) variiert. Die Betrachtung der Beziehungen zwischen In- und Output ist in der Kostentheorie folglich umgekehrt. Hier wird vornehmlich die Höhe der Produktionskosten in **Abhängigkeit von der Outputmenge und ihren Bestimmungsgrößen** analysiert. Unter Berücksichtigung der Ausbringungsmengen als elementare (Kosten-)Einflussgrößen kann nun die **allgemeine Kostenfunktion** (mit K für Gesamtkosten) formuliert werden.

$$K = f(x_1, x_2, \ldots, x_A) \tag{2}$$

Durch einfache Transformationen ist weiterhin die Überführung der aufgestellten Produktionsfunktion in eine Kostenfunktion vorzunehmen, indem ein Austausch der abhängigen und unabhängigen Variablen erfolgt. Allerdings wird dabei eine Bewertung der Einsatzmengen mit den entsprechenden (konstanten) Preisen pro Mengeneinheit (p) erforderlich, um aus dem Mengengerüst der eingesetzten Produktionsfaktoren die entsprechenden Kosten zu erhalten. Die sogenannte **monetäre Produktionsfunktion** hat dann nachstehendes Aussehen.

$$(x_1, x_2, \ldots, x_A) = f(r_1 \cdot p_1, r_2 \cdot p_2, \ldots, r_M \cdot p_M) \quad (3)$$

Summiert man die linke Seite zu $x = \sum_{a=1}^{A} x_a$ und die rechte Seite zu $K = \sum_{m=1}^{M} r_m \cdot p_m$ auf und bildet die Umkehrfunktion, so ergibt sich die allgemeine Kostenfunktion.[46]

$$\sum_{m=1}^{M} r_m \cdot p_m = f\left(\sum_{a=1}^{A} x_a\right) \quad \text{oder} \quad (4)$$

$$K = f(x) \quad (5)$$

Im Grundsatz wird somit durch eine Kostenfunktion zum Ausdruck gebracht, wie sich die Kosten bei einer Variation der Ausstoßmenge verändern. Treten in Kostenfunktionen neben der Outputmenge andere unabhängige Variablen als Einflussgrößen auf, handelt es sich um **erweiterte Kostenfunktionen**.

Die **Gestaltungsfunktion** der Kostentheorie basiert in Anlehnung an die adäquate Aufgabe der Produktionstheorie ganz allgemein auf einer Untersuchung der Alternativen hinsichtlich der zieloptimalen Kostenbeeinflussung mittels Variation der Kosteneinflussgrößen. Im Gegensatz zur Erklärungsfunktion, deren Betrachtungen **Ist-Größen** zugrunde liegen, bauen die Analysen im Rahmen der Gestaltungsfunktion auf **Plan-Größen** wie Plan-Produktionsmengen und Plan-Kosten auf.

Zusammenfassend besteht die Funktion der Kostentheorie somit prinzipiell in der Untersuchung der einzelnen **Bestimmungsfaktoren (Kosteneinflussgrößen)**, die die Höhe des Produktionskostenniveaus einer Unternehmung determinieren, um aus diesen Ergebnissen ggf. betriebspolitische Entscheidungen ableiten zu können. Da in der betriebswirtschaftlichen Realität **Interdependenzen** zwischen den Einflussgrößen bestehen, die Kostentheorie den einzelnen Bestimmungsfaktor aber isoliert in seiner Wirkung auf die Gesamtkostenhöhe analysieren will, bedarf es, wie auch in anderen wirtschaftswissenschaftlichen Bereichen, der **Bildung eines Modells**. Hier wird die Annahme getroffen, dass bei Variation der zu untersuchenden Kosteneinflussgröße alle anderen Konstanz aufweisen. Dem Ergebnis solcher kostentheoretischen Analysen ist stets der Satz „**unter sonst gleichen Bedingungen (ceteris paribus)**" hinzuzufügen, damit der Modellcharakter der vorgenommenen Untersuchung ersichtlich wird. Allerdings braucht der **praxisorientierte Aussagewert** der Modelle aufgrund dieser Prämisse nicht notwendigerweise beeinträchtigt zu werden, wenn die ausgeschlossenen Bestimmungsgrößen in Bezug auf das Analyseziel nur von untergeordneter Bedeutung sind.

Zunächst gilt es die Frage zu beantworten, auf welche Größen das Produktionsniveau einer Unternehmung zurückgeführt werden kann. Wie eingangs erwähnt wurde, hängt die Kostenhöhe von den **Faktoreneinsatzmengen** (Mengenkomponente) und den **Faktorpreisen** (Wertkomponente) ab. Das Mengengerüst der

---

46 Vgl. die Ausführungen im ersten Teil zu Gliederungspunkt 2.2.4.

Kosten wird einerseits durch das Verhältnis bestimmt, in dem die Einsatzmengen der Produktionsfaktoren zueinander stehen (**Faktorproportionen**), andererseits aber auch durch die technisch-organisatorische Beschaffenheit der Produktionsbedingungen (**Faktorqualität**). Somit sind Änderungen der Kostenhöhe einer Unternehmung auf die **drei Kostendeterminanten**
(1) **Faktorproportionen**,
(2) **Faktorqualitäten** und
(3) **Faktorpreise**

zurückzuführen. Zu beachten ist aber, dass Variationen der Beschäftigung, der Betriebsgröße sowie des Fertigungsprogramms stets Änderungen der Faktorproportionen und/oder der Faktorqualitäten bedingen. Aus diesem Grund nennt *Gutenberg*[47] folgende **fünf Hauptkosteneinflussgrößen**, die das Produktionskostenniveau einer Unternehmung bestimmen:
(1) **Beschäftigung**,
(2) **Faktorqualität**,
(3) **Faktorpreise**,
(4) **Betriebsgröße** und
(5) **Fertigungsprogramm**.

---

[47] Vgl. Gutenberg 1983, S. 344–456.

3 Beschäftigung als Kosteneinflussgröße

3.1 Quantifizierung der Beschäftigung

Unter dem Begriff Beschäftigung wird die **absolute periodenbezogene Nutzung** der Betriebsmittel einer Unternehmung verstanden. Im Fall der Fertigung nur eines homogenen Erzeugnisses ist die Beschäftigungsmessung durch die Anzahl der ausgebrachten Leistungseinheiten (Produktmenge) möglich. Bei der Herstellung mehrerer verschiedener Produkte, die die Betriebsmittel unterschiedlich in Anspruch nehmen (z. B. im Fall von Einzel-, Kleinserien- oder stark differenzierter Sortenfertigung), kann die Beschäftigung aufgrund **der geringen Vergleichbarkeit der einzelnen Erzeugnisse** nicht mehr anhand der ausgebrachten Leistungseinheiten gemessen werden. Um die Ausnutzung der in Anspruch genommenen Betriebsmittel exakt bestimmen zu können, bedarf es der Einführung von Hilfsgrößen wie z. B. Fertigungsminuten, Materialdurchsatz, verbrauchte Gewichteinheiten, Angestellten- oder Beschäftigtenzahl, Energieverbrauch, Herstellkosten. Finden innerhalb eines Unternehmens mehrere unterschiedliche **Hilfsgrößen** Verwendung, die nicht miteinander vergleichbar sind (z. B. Gewicht, Liter, Fertigungseinheiten), so kann die realisierte Beschäftigung nicht mehr für das ganze Unternehmen, sondern nur noch für die entsprechenden Teilbereiche angegeben werden. Stellt sich heraus, dass ein betrieblicher Teilbereich in Bezug auf die Beschäftigung als repräsentativ für das ganze Unternehmen gilt, genügt die Messung der Beschäftigung eben dieses Betriebsteils. Welche Hilfsgröße die richtige ist, kann nur betriebsindividuell entschieden werden. Als Entscheidungskriterien kommen hier z. B. die **betriebliche Organisation**, die **Art des Produktionsprozesses** und/oder die **Menge der hergestellten Leistungseinheiten** in Frage.

Die Angabe der realisierten Beschäftigung (Ist-Beschäftigung) in absoluten Werten (entweder in Form der Ausbringungsmenge oder einer Hilfsgröße) erweist sich jedoch als unvorteilhaft, da einerseits bei der Verwendung unterschiedlicher Bezugsgrößen ein **beschäftigungsbezogener Betriebsvergleich** nicht möglich ist und andererseits die Anwendung relativer Größen sowohl bei kostentheoretischen als auch bei kostenrechnerischen Untersuchungen hinsichtlich der Beschäftigung eine **Vereinfachung** bedeutet. Man gelangt zur relativen Beschäftigung, indem man die absolute Beschäftigung (Ist-Beschäftigung) ins Verhältnis setzt zum Leistungsvermögen des Betriebs bzw. der entsprechenden Betriebsmittel. **Die relative Beschäftigung wird in der BWL als Beschäftigungsgrad, das Leistungsvermögen auch als Kapazität bezeichnet**. Belegt man die Ist-Beschäftigung und das Leistungsvermögen (Plan-Beschäftigung) mit den Symbolen x^i bzw. x^p, so errechnet sich der Beschäftigungsgrad (BG) wie folgt.

$$BG = \frac{x^i}{x^p}$$

Da die **Maximalkapazität** aufgrund von Störungen innerhalb des betrieblichen Produktionsprozesses nur in seltenen Fällen zu realisieren ist, wird in der Praxis häufig als Maßgröße für das Leistungsvermögen die **Optimalkapazität** angesetzt, die die kostengünstigste Ausnutzung der Betriebsmittelkapazität repräsentiert.

Anhand der Beschäftigung soll weiterhin festgestellt werden können, wie sich ein Mehr- oder Wenigerproduzieren auf das Kostenniveau der Unternehmung auswirkt. Zu diesem Zweck reicht aber die Messung des reinen **zeitlichen Tätigkeitszustands** (z. B. Stunden, Minuten) nicht aus. Deshalb muss die Beschäftigung in eine **leistungs- bzw. ausbringungsorientierte Größe** transformiert werden, indem auch die **Intensität, d. h. die Beanspruchung der Betriebsmittel pro Zeiteinheit**, bei der Beschäftigungsmessung Berücksichtigung findet. Hinsichtlich der Unterscheidung von absoluter und relativer Intensität gilt das für den Beschäftigungsgrad Gesagte. Der Intensitätsgrad, der auch als Last- oder Leistungsgrad bezeichnet wird, kennzeichnet somit die relative Anspannung der Betriebsmittel pro Zeiteinheit. *Rummel* macht die Beschäftigung zu einer leistungsbezogenen Größe, indem er den Faktor **Zeitgrad** bei der Errechnung des Beschäftigungsgrads mit dem Faktor **Lastgrad** multipliziert.[48]

$$BG = \text{Zeitgrad} \times \text{Lastgrad} \quad (1)$$

$$\text{Zeitgrad} = \frac{\text{Fertigungszeit}}{\text{Kalenderzeit}} \quad (2)$$

$$\text{Lastgrad} = \frac{\text{Istleistung je Zeiteinheit}}{\text{Sollleistung je Zeiteinheit}} \quad (3)$$

Wichtig ist in diesem Zusammenhang, dass sich sowohl Zeit- als auch Lastgrad auf dieselbe Zeiteinheit beziehen müssen.

Beispiel 4:
Ein Industrieunternehmen, das Massenprodukte herstellt, weist eine monatliche Ist-Beschäftigung von 540 Stunden auf, wobei die dort installierte Fertigungsstraße mit einer Istleistung von 45 Ausbringungseinheiten pro Stunde in Anspruch genommen wurde (Sollleistung/Std. = 50 Stück). Der monatliche Beschäftigungsgrad lässt sich für das Unternehmen unter Berücksichtigung des Monats mit 30 Tagen bei der Bestimmung der Kalenderzeit folgendermaßen ermitteln:

$$\text{Zeitgrad} = \frac{540 \text{ Stdn.}}{720 \text{ Stdn.}} = 0,75 \quad (1)$$

$$\text{Lastgrad} = \frac{45 \text{ Stück}}{50 \text{ Stück}} = 0,9 \quad (2)$$

$$BG = 0,75 \cdot 0,9 = 0,675. \quad (3)$$

---

[48] Vgl. Rummel 1967, S. 61–63.

3.2 Beschäftigungsunabhängige (fixe) Kosten

3.2.1 Absolut- und sprungfixe Kosten

Diejenigen Bestandteile der gesamten Periodenkosten einer Unternehmung, die sich gegenüber Variationen der Beschäftigung indifferent verhalten, bezeichnet die betriebswirtschaftliche Kostenlehre als **beschäftigungsunabhängige** oder **fixe Kosten (Kf)**. Mit dem Begriff **beschäftigungsabhängige** oder **variable Kosten** werden hingegen solche Teile der Gesamtkosten belegt, die bei Veränderungen der Beschäftigung differieren. Die Unterscheidung in fixe und variable Kosten kann sich aber auch auf andere Objekte in der Unternehmung wie etwa betriebliche Teilbereiche, Aggregate, Kostenarten oder Erzeugnisse beziehen.

Absolutfixe Kosten entstehen allein durch die Existenz der Unternehmung, ohne Rücksicht darauf, ob produziert wird oder nicht. Diese auch als **Bereitschaftskosten**[49] bezeichnete Kategorie kann in Gestalt von kalkulatorischen Zinsen, Abschreibungen, Mieten etc. auftreten. Die folgende grafische Darstellung der **absolutfixen Kosten** zeigt (Abbildung 19), dass sie sich gegenüber Variationen des Beschäftigungsgrads unelastisch verhalten.[50]

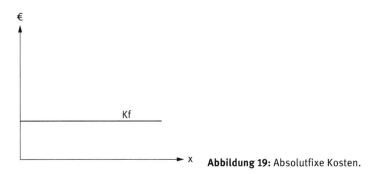

Abbildung 19: Absolutfixe Kosten.

Neben diesen absolutfixen Kosten existieren sogenannte **sprung-(intervall-)fixe Kosten**, die innerhalb eines Beschäftigungsintervalls auf Änderungen der Kapazitätsauslastung nicht reagieren, d. h. unelastischen Charakter tragen, beim Überschreiten der Ober- und Untergrenzen aber sprunghaft variieren (Abbildung 20). Im Gegensatz zu den absolutfixen Kosten, die bei jedem Beschäftigungsgrad Konstanz

---

49 Der Begriff der Betriebsbereitschaft wurde von *Schmalenbach* geprägt. „Die Betriebsbereitschaft besteht nicht nur in der Bereithaltung von Maschinen, Gebäuden usw., sondern sie bedeutet ein Inlaufsetzen und Inlaufhalten von Kräften und Kosten verursachenden Einrichtungen auch anderer Art." Schmalenbach 1963, S. 51.
50 Unter Elastitzität der Kosten versteht man den Grad der Kostenveränderung aufgrund von Beschäftigungsvariationen. Vgl. die Ausführungen im zweiten Teil zu Gliederungspunkt 3.3.1.

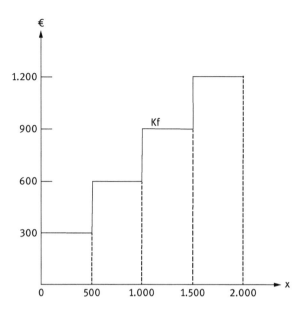

Abbildung 20: Sprungfixe Kosten.

aufweisen, können die intervallfixen Kosten somit in mehr oder weniger groben Stufen an die entsprechende Beschäftigungslage angepasst werden.

Beispiel 5:
Die Kapazität einer Presse beträgt 500 Stück. An fixen Kosten verursacht dieser Produktionsfaktor 300 €. Bei einer Erhöhung der Beschäftigung besteht für den Betrieb die Möglichkeit, weitere Pressen des gleichen Typs und gleicher Kostenstruktur einzusetzen, wodurch sich für die sprungfixen Kosten die in Abbildung 20 gezeigte **Treppenkurve** ergibt. Das Beispiel verdeutlicht, dass die Stufenbreite durch die Kapazität des jeweiligen Produktionsfaktors (500 Stück) und die Stufenhöhe durch die fixen Kosten (300 €) determiniert wird.

3.2.2 Nutz- und Leerkosten

Die fixen Kosten lassen sich ferner in **die Kosten der genutzten (Nutzkosten) und die Kosten der ungenutzten** Kapazität (**Leerkosten**) einteilen.[51] Um die Unterscheidung zwischen Nutz- und Leerkosten aufzeigen zu können, bedarf es zunächst einer genaueren Analyse der Entstehungsursachen der Fixkosten.[52] Diejenigen

---

[51] Während der Begriff Leerkosten von *Bredt* geprägt wurde, geht der Terminus Nutzkosten auf *Gutenberg* zurück. Vgl. Bredt 1939, S. 252; Gutenberg 1983, S. 348–354.
[52] Vgl. Gümbel 1964, S. 73–74.

Wirtschaftsgüter, die nicht sofort in vollem Umfang verbraucht werden, sondern ihren Wert erst durch langfristigen Gebrauch verlieren und somit das Nutzungspotenzial einer Unternehmung verkörpern, belegt die BWL deshalb auch mit dem Terminus **Potenzialfaktoren**. Sie sind nur in mehr oder weniger großen Quantitäten in den Produktionsprozess einzusetzen und lassen sich deshalb als **nicht beliebig teilbare Faktoren** charakterisieren[53] Da es der Unternehmung hinsichtlich der Potenzialfaktoren nicht möglich ist, stets diejenige Gütermenge zum Einsatz zu bringen, die der veränderten Beschäftigungslage entspricht, tragen Kosten, die bei der Nutzung der in Rede stehenden Wirtschaftsgüter anfallen, fixen Charakter.

Aufgrund der Bestimmung der Kapazität durch den Produktionsfaktor mit dem geringsten Leistungsvermögen (Engpassfaktor), sind immer Faktoren vorhanden, deren Kapazitätsausnutzung nicht in voller Höhe erfolgt. Eine Harmonisierung des gesamten Potenzialfaktorenbestands kann aber wegen des **Unteilbarkeitskriteriums** nicht realisiert werden, so dass **Überkapazitäten**, die nicht abzubauen sind, auftreten. Diejenigen Fixkostenbestandteile, die durch die partielle Auslastung der vorhandenen Produktionskapazitäten ungenutzt bleiben, stellen Leerkosten dar. Im Rahmen der Abweichungsanalyse der flexiblen Plankostenrechnung auf Vollkostenbasis werden kostenstellen- oder kostenartenbezogene Leerkosten auch mit dem Terminus (positive) **Beschäftigungsabweichung** belegt.[54]

Der zweite Grund für die Entstehung der fixen Kosten ist in den betriebspolitischen Entscheidungen der Unternehmensleitung zu sehen. Um eine gewisse Betriebsbereitschaft aufrechtzuerhalten, werden oft von den Führungsinstanzen Leerkosten in Kauf genommen, um auf Nachfrageerhöhungen und ggf. damit verbundene Produktionsausweitungen flexibler reagieren zu können. Diese Art der Leerkosten hängt somit von den Entscheidungen des Managements über die Höhe der aufrechtzuerhaltenden Betriebsbereitschaft ab und ist nicht auf die mangelnde Teilbarkeit der Produktionsfaktoren zurückzuführen. In der BWL spricht man in diesem Zusammenhang auch von der **Dispositionsbestimmtheit der fixen Kosten**. Schließlich bleibt der Hinweis, dass ferner **Änderungen des Fertigungsprogramms** dann Leerkosten nach sich ziehen, wenn die Nutzung der Produktionsfaktoren hierdurch verschoben wird. Weiterhin entsteht bei Verwendung qualitativ zu groß dimensionierter Faktoren (überqualifizierte Arbeitskräfte, zu hochwertiges Material, Überorganisation) eine Art von Leerkosten, die als **Kosten nicht genutzter qualitativer Kapazität** bezeichnet werden.

Ein wichtiges betriebswirtschaftliches Anliegen ist die Analyse des Fixkostenblocks, die darauf abzielt, zu ermitteln, wie das Unternehmen oder einzelne Teilbereiche hinsichtlich der anfallenden Fixkosten beschäftigungsmäßig ausgelastet sind.

---

53 Im Gegensatz zu den Potenzialfaktoren (z. B. Grundstücke, Maschinen, Dienstleistungen) gehen die beliebig teilbaren Produktionsfaktoren wie etwa Roh-, Hilfs- und Betriebsstoffe beim Einsatz in die Herstellung unmittelbar unter.

54 Vgl. die Ausführungen im vierten Teil zu Gliederungspunkt 3.3.3.1.

Mit einem einfachen Formelapparat lässt sich die Leer- und Nutzkostenanalyse arithmetisch wie folgt durchführen. Es gelten nachstehende Symbole

K^n = Nutzkosten (1)

K^l = Leerkosten (2)

$\dfrac{x^i}{x^p}$ = Beschäftigungsgrad (Grad der Auslastang der Kapazität) (3)

$\dfrac{(x^p - x^i)}{x^p}$ = Grad der Nichtauslastung der Kapazität (4)

Die Fix-, Nutz- und Leerkosten können nun folgendermaßen definiert werden.

$$Kf = K^n + K^l \qquad (1)$$

$$K^n = \dfrac{x^i}{x^p} \cdot Kf \qquad (2)$$

$$Kf = \dfrac{x^i}{x^p} \cdot Kf + K^l \qquad (3)$$

$$K^l = Kf - \dfrac{x^i}{x^p} \cdot Kf \qquad (4)$$

$$K^l = \left(1 - \dfrac{x^i}{x^p}\right) \cdot Kf \qquad (5)$$

Ferner lässt sich die Auslastung der Kapazität auch grafisch durch die Teilung des Fixkostenblocks mit Hilfe zweier Diagonalen darstellen. Die vom Nullpunkt nach oben laufende Diagonale repräsentiert die Nutz-, die andere Diagonale die Leerkosten. Das folgende Beispiel 6 in Abbildung 21 zeigt, dass für jede mögliche Beschäftigungslage die entsprechenden Nutz- und Leerkosten auf der Ordinate (Kostenachse) abzulesen sind. In diesem Fall liegt die realisierte Beschäftigung bei 1.500 Fertigungsstunden. Die Fixkosten spalten sich somit in 15.000 € Nutzkosten und 10.000 € Leerkosten auf. Die Grafik verdeutlicht noch einmal die Aussage der Nutz- und Leerkosten: **Je höher die realisierte Beschäftigung des Unternehmens, desto geringer die Leerkosten und desto höher die Nutzkosten (et vice versa).**

Auch arithmetisch können Nutz- und Leerkosten für das angeführte Beispiel durch Einsetzen in die entsprechenden Formeln ermittelt werden.

$$K^n = \dfrac{1.500 \text{ Stdn.}}{2.500 \text{ Stdn.}} \cdot 25.000 \,€ \qquad (1)$$

$$K^n = 0{,}6 \cdot 25.000 \,€ \qquad (2)$$

$$K^n = 15.000 \,€ \qquad (3)$$

$$K^l = \left(1 - \frac{1.500 \text{ Stdn.}}{2.500 \text{ Stdn.}}\right) \cdot 25.000 \text{ €} \qquad (4)$$

$$K^l = 0,4 \cdot 25.000 \text{ €} \qquad (5)$$

$$K^l = 10.000 \text{ €} \qquad (6)$$

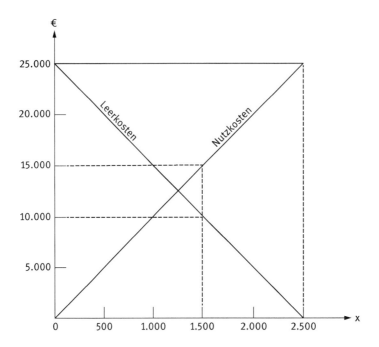

Abbildung 21: Beispiel 6 zur Nutz- und Leerkostenanalyse.

Die berechneten Ergebnisse bringen zum Ausdruck, dass 60% der Fixkosten durch die realisierte Beschäftigung genutzt werden, während 40% der beschäftigungsunabhängigen Kosten den Charakter von Leerkosten tragen.

3.2.3 Fixkostendegression

Dividiert man die gesamten Fixkosten durch die jeweilige Beschäftigung, so zeigt sich, dass die **fixen Kosten pro Bezugsgrößeneinheit (kf)** mit steigendem Beschäftigungsgrad sinken, da sich die gesamten fixen Kosten gemäß des **Durchschnittskostenprinzips** auf eine höhere Anzahl von Bezugsgrößeneinheiten verteilen. Diese Verhaltensweise der beschäftigungsunabhängigen Kosten bezeichnet die Kostenlehre als **Fixkostendegression**. Aus dem Gesagten geht hervor, dass die niedrigsten fixen Kosten pro Beschäftigungseinheit bei Vollauslastung der Kapazität zu realisieren sind. Durch Ausnutzung des Leistungsvermögens der Betriebsmittel bis an die **Kapazitätsgrenze** können somit die fixen Kosten pro Bezugsgrößeneinheit minimiert werden.

Beispiel 7:
Einer Maschine mit einem Leistungsvermögen von 1.000 Stück (x^p) werden 300 € Fixkosten (Kf) zugerechnet. Der Degressionseffekt der fixen Kosten pro Stück (kf) lässt sich wie folgt darstellen (Tabelle 1 und Abbildung 22).

Tabelle 1:

x	in Stück	1	2	6	10	100	200	500	1.000
$\frac{Kf}{x}$ = kf	in €	300	150	50	30	3	1,5	0,6	0,3

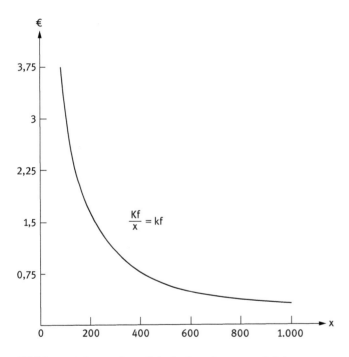

Abbildung 22: Degressionseffekt der fixen Kosten pro Stück.

Handelt es sich um sprungfixe Kosten, so weist die Kurve der gesamten Fixkosten, wie gezeigt wurde, beim Überschreiten der Intervallgrenzen Sprünge auf. Auch bei den entsprechenden fixen Kosten pro Bezugsgrößeneinheit sind neben dem Degressionseffekt die typischen Kostensprünge zu beobachten, die beim Einsatz neuer Produktionsfaktoren in den Herstellungsprozess entstehen. Die Kurve der intervallfixen

Kosten pro Stück lässt sich unter Verwendung der Daten des Beispiels 5 folgendermaßen kennzeichnen (Tabelle 2 und Abbildung 23).

Tabelle 2:

Anzahl der Pressen	in Stück	in €	
	x	K_f	$\frac{K_f}{x} = k_f$
1	100	300	3
	300	300	1
	500	300	0,6
2	600	600	1,0
	800	600	0,75
	1.000	600	0,6
3	1.100	900	0,82
	1.300	900	0,7
	1.500	900	0,6
4	1.600	1.200	0,75

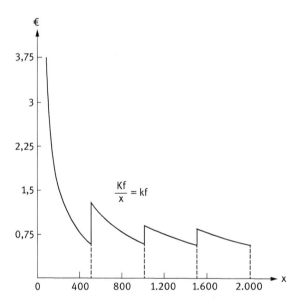

Abbildung 23: Degressionseffekt der sprungfixen Kosten pro Stück.

3.3 Beschäftigungsabhängige (variable) Kosten

3.3.1 Maßgrößen zur Charakterisierung unterschiedlicher Kostenverläufe

Diejenigen Komponenten der Gesamtkosten betrieblicher Untersuchungsobjekte, die sich bei Variationen der Beschäftigung von einer Bezugsgrößeneinheit verändern, werden als **variable Kosten (Kv)** bezeichnet. Je nachdem, in welchem Verhältnis die variablen Kosten gegenüber Änderungen der Beschäftigung differieren, unterscheidet man **proportionale, progressive, degressive und regressive Kosten**. Um die vier Grundtypen variabler Kostenverläufe näher kennzeichnen zu können, erscheint es sinnvoll, eine Maßzahl einzuführen, die den Änderungsgrad der Kosten aufgrund von Beschäftigungsvariationen angibt. Diese Kostenänderung wird in der BWL als **Kostenelastizität** bzw. der Grad der Änderung als **Elastizitätsgrad** oder auch **Elastizitätskoeffizient** (ε) bezeichnet. **Der Elastizitätsgrad gibt an, um wieviel Prozent sich die Kosten ändern, wenn die Beschäftigung um 1 Prozent variiert.** Unter Zugrundelegung einer **endlichen Betrachtung der Variationsgrößen** lässt sich der Elastizitätsgrad der Kosten allgemein wie folgt errechnen:

$$\varepsilon = \frac{\text{prozentuale (relative) Kostenänderung}}{\text{prozentuale (relative) Beschäftigungsänderung}} \quad \text{oder} \quad (1)$$

$$\varepsilon = \frac{\Delta K}{K} : \frac{\Delta x}{x}. \quad (2)$$

> **Beispiel 8:**
> Anhand eines einfachen Zahlenbeispiels lässt sich nun nachweisen, dass der Elastizitätsgrad der absolutfixen Kosten immer **gleich Null** ist, da dieser Kostentyp auf Änderungen des Beschäftigungsgrads stets unelastisch reagiert (Tabelle 3).

Tabelle 3:

x	Kf
in Stück	in €
10	5.000
⇒20	5.000
30	5.000
40	5.000

Die Beschäftigung wird nun von 20 Stück auf 30 Stück, d. h. um 50%, erhöht:

$$\varepsilon = \frac{0\,\text{€}}{5.000\,\text{€}} : \frac{10\,\text{Stück}}{20\,\text{Stück}} = 0.$$

Die Elastizität der sprungfixen Kosten nimmt bei Beschäftigungsvariationen innerhalb der einzelnen Intervalle ebenfalls den Wert von Null an. Beim Über- oder Unterschreiten der entsprechenden Intervallgrenzen reagiert aber auch diese Kostenart elastisch, da dann neben der Änderung des Beschäftigungsgrads auch eine Kostenvariation vorliegt. Allerdings weist der Grad der Elastizität bei einigen Kostenverläufen keine Konstanz auf. Dies ist auf den unterschiedlichen Charakter der einzelnen Kostenfunktionen zurückzuführen. In diesem Zusammenhang sei darauf hingewiesen, dass die flexible Plankostenrechnung auf Vollkostenbasis statt des Elastizitätsgrads auch den Begriff Variator verwendet. Der Variator gibt an, um wieviel Prozent sich die Kosten ändern, wenn die Beschäftigung um 10 Prozent zu- oder abnimmt.[55]

Neben der Bestimmung der gesamten variablen Kosten (Kv) ist es auch möglich, die **variablen Kosten pro Bezugsgrößeneinheit (kv)** zu ermitteln. Sie ergeben sich, indem man die gesamten variablen Kosten durch die jeweilige Beschäftigung dividiert. Da die proportionalen Kosten pro Bezugsgrößeneinheit das Verhältnis determinieren, in dem sich die gesamten proportionalen Kosten bei Beschäftigungsvariationen verändern, repräsentieren sie das **Steigungsmaß (l)** der Gesamtkostenfunktion. Kostenverläufe, die in jeder Phase das gleiche Steigungsmaß aufweisen, werden auch als **lineare Kostenfunktionen** bezeichnet. Von **gekrümmten** oder **nichtlinearen Kostenverläufen** spricht man hingegen, wenn das Steigungsmaß von Einheit zu Einheit variiert. Im Gegensatz zu den linearen Funktionen besteht bei dieser Kostenkategorie keine Identität von Steigungsmaß und variablen Kosten pro Bezugsgrößeneinheit. Bei nichtlinearem Verlauf der Gesamtkostenkurve liegt ferner keine einheitliche Kostenelastizität vor, da die Kosten ihre Verhaltensweise bei unterschiedlichen Beschäftigungsgraden ändern.

3.3.2 Proportionale Kostenverläufe

Steigen oder fallen variable Kosten im gleichen Verhältnis zur Beschäftigung, so spricht man von **proportionalen Kosten**. Da proportional zu jeder neuen Bezugsgrößeneinheit Kosten entstehen, muss der Elastizitätsgrad gleich 1 sein, wodurch der voll variable Charakter dieser Kostenart zum Ausdruck gebracht wird. Proportionale Kosten treten z. B. beim Verbrauch von Fertigungsmaterial, Energien und zum Teil auch bei den Fertigungslöhnen auf. Somit können die proportionalen Kosten, die sich im gleichen Verhältnis zur Beschäftigung verändern, durch die **lineare Funktion $Kv = kv \cdot x$** allgemein definiert werden. Steigt oder fällt die Beschäftigung beispielsweise um 12%, so verändern sich die proportionalen Kosten auch um diesen Prozentsatz. **Der Elastizitätsgrad ist folglich für den gesamten proportionalen Kostenverlauf konstant.**

Bezeichnet man den gesamten Verzehr einer identischen Rohstoffart m zur Erstellung der Produktionsmenge x eines homogenen Erzeugnisses a mit r und unterstellt

---

55 Vgl. zur Variatorenrechnung die Ausführungen im vierten Teil zu Gliederungspunkt 3.3.3.2.3.3.2.2.

man weiterhin, dass der Verzehr pro Einheit mit konstanten Beschaffungsmarktpreisen p bewertet wird, dann lässt sich die entsprechende proportionale Kostenfunktion für dieses Erzeugnis auch wie folgt formulieren:

$$Kv_a = \frac{r_m}{x_a} \cdot p_m \cdot x_a \quad \text{oder} \tag{1}$$

$$r_m \cdot p_m = \frac{r_m}{x_a} \cdot p_m \cdot x_a. \tag{2}$$

Der Quotient $\frac{r_m}{x_a}$ kennzeichnet den Verbrauch pro Ausbringungseinheit und wird deshalb auch als **Durchschnittsverbrauch** oder **Produktionskoeffizient** (pr_m) bezeichnet. Löst man Gleichung (2) nach r_m auf, so ergibt sich die **lineare Verbrauchsfunktion**, die bis auf die Wertkomponente p_m mit der proportionalen Kostenfunktion korrespondiert:

$$r_m = pr_m \cdot x_a. \tag{3}$$

Bei einer Auflösung der Verbrauchsfunktion nach x_a lässt sich die entsprechende **linear homogene Produktionsfunktion** ableiten. Hier repräsentiert der Quotient $\frac{x_a}{r_m}$ die Ausbringung pro Einsatzfaktoreinheit, die auch mit dem Terminus **Durchschnittsertrag** bezeichnet wird.

$$x_a = \frac{1}{pr_m} \cdot r_m \tag{4}$$

Ein Zahlenbeispiel soll abschließend den grundlegenden Zusammenhang zwischen Kosten-, Verbrauchs- und Produktionsfunktionen verdeutlichen.

Beispiel 9:
Die folgende Tabelle 4 zeigt die Auflistung der einzelnen Werte für alternative Ausbringungsmengen eines homogenen Erzeugnisses. Zur Erstellung dieses Produkts sind ausschließlich 4 Rohstoffeinheiten einer Einsatzart erforderlich, die 0,50 € pro Einheit bei der Beschaffung gekostet haben. Es lässt sich nun anhand der ermittelten Werte nachweisen, dass sowohl die Kosten- als auch die Produktionsfunktion einen **Elastizitätsgrad von 1** aufweisen (Ausgangspunkt x = 20 Ausbringungseinheiten).

Tabelle 4:

in Mengeneinheiten				in €		
x	r	pr	$\frac{1}{pr}$	p	Kv	$\frac{Kv}{x} = pr \cdot p = kv = l$
10	40	4	1/4	1/2	20	2
⇒20	80	4	1/4	1/2	40	2
30	120	4	1/4	1/2	60	2
40	160	4	1/4	1/2	80	2
50	200	4	1/4	1/2	100	2

(1) Beschäftigungserhöhung um 50%

(1.1) Kostenelastizität:

$$\varepsilon = \frac{20}{40} : \frac{10}{20} = 1.$$

(1.2) Produktionselastizität:

$$\varepsilon = \frac{10}{20} : \frac{40}{80} = 1.$$

(2) Beschäftigungserhöhung um 100%

(2.1) Kostenelastizität:

$$\varepsilon = \frac{40}{40} : \frac{20}{20} = 1.$$

(2.2) Produktionselastizität:

$$\varepsilon = \frac{20}{20} : \frac{80}{80} = 1.$$

Die proportionalen Gesamtkosten und die proportionalen Kosten pro Bezugsgrößeneinheit sowie die entsprechenden Produktionsfunktionen lassen sich nun für das vorstehende Beispiel wie folgt grafisch darstellen (Abbildung 24, Abbildung 25, Abbildung 26 und Abbildung 27).

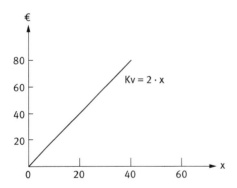

Abbildung 24: Proportionale Gesamtkosten.

3.3.3 Progressive variable Kosten

Verändern sich die variablen Kosten stärker als die Beschäftigung, so liegen **progressive Kosten** vor. Das Steigungsmaß erhöht sich folglich mit wachsendem

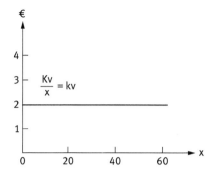

Abbildung 25: Proportionale Stückkosten.

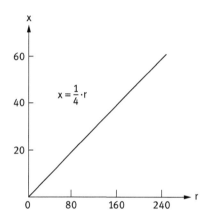

Abbildung 26: Linear homogene Produktionsfunktion.

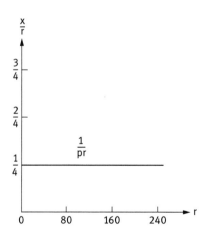

Abbildung 27: Verlauf des Durchschnittsertrags.

Beschäftigungsgrad (et vice versa). Dieser Kostentyp tritt häufig bezüglich der Werkstoffverbräuche bei Überbeanspruchungen von Betriebsmitteln sowie der Zahlung von Überstundenzuschlägen auf.

Beispiel 10:
In diesem Fall sei die progressive Kostenfunktion $Kv = \frac{x^2}{5}$ gegeben. Auch hier sollen die Elastizitätskoeffizienten für Beschäftigungserhöhungen von (1) 50% und 100% berechnet werden (Ausgangspunkt x = 20 Ausbringungseinheiten) (Tabelle 5).

Tabelle 5:

in Mengeneinheiten x	Kv	$\frac{Kv}{x} = kv \neq l$
10	20	2
⇒20	80	4
30	180	6
40	320	8
50	500	10

(1) Beschäftigungserhöhung um 50%

$$\varepsilon = \frac{100}{80} : \frac{10}{20} = 2,5.$$

(2) Beschäftigungserhöhung um 100%:

$$\varepsilon = \frac{240}{80} : \frac{20}{20} = 3.$$

Das Beispiel zeigt, dass die ermittelten Elastizitätsgrade nicht für die gesamte Kostenkurve konstant sind, sondern nur für die entsprechenden Beschäftigungserhöhungen von 20 auf 30 bzw. 40 Ausbringungseinheiten Gültigkeit haben. So steigen die variablen Kosten bei einer 100%igen Beschäftigungsausweitung um 240 €, was einem Satz von 300% entspricht. Der **Elastizitätskoeffizient der progressiven Kosten ist folglich immer > 1**, da sich dieser Kostentyp im Verhältnis stärker ändert als die Beschäftigung. Die progressiven Gesamtkosten und die progressiven Stückkosten weisen für die gegebene Kostenfunktion die in Abbildung 28 und Abbildung 29 dargestellten Verläufe auf.

3.3.4 Degressive variable Kosten

Variieren die variablen Kosten relativ schwächer als die Beschäftigung, dann handelt es sich um **degressive Kosten**. Das Steigungsmaß dieser Kostenart nimmt folglich mit wachsender Beschäftigung ab (et vice versa). Als charakteristische degressive Kosten sind Rabattwirkungen beim Einkauf von Produktionsfaktoren sowie sinkende Werkstoffverbräuche aufgrund von Lernprozessen bei den Arbeitskräften zu nennen.

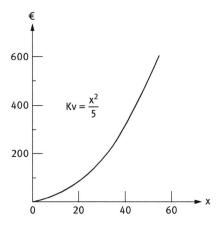

Abbildung 28: Progressive variable Gesamtkosten.

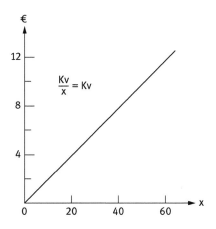

Abbildung 29: Progressive variable Stückkosten.

Beispiel 11:
Die Werte in der folgenden Tabelle 6 beziehen sich auf die degressive Kostenfunktion $Kv = 5\sqrt{x}$. Analog zu den beiden vorstehenden Beispielen sollen auch in diesem Fall die Elastizitätskoeffizienten für Beschäftigungssteigerungen von (1) 50% und (2) 100%, ausgehend von x = 20 Ausbringungseinheiten, berechnet werden.

(1) **Beschäftigungserhöhung um 50%:**

$$\varepsilon = \frac{5,03}{22,36} : \frac{10}{20} = 0,45.$$

(2) **Beschäftigungserhöhung um 100%:**

$$\varepsilon = \frac{9,26}{22,36} : \frac{20}{20} = 0,42.$$

Tabelle 6:

in Mengen-einheiten	in €	
x	Kv	$\dfrac{Kv}{x} = kv \neq l$
10	15,81	1,58
⇒20	22,36	1,12
30	27,39	0,91
40	31,62	0,79
50	35,36	0,71

Da sich die variablen Kosten in geringerem Umfang ändern als die Beschäftigung, jedoch nicht absolut, sondern nur relativ sinken, bewegt sich der **Elastizitätskoeffizient stets in folgendem Wertebereich: 0 < ε < 1**. Die im Beispiel unterstellte 100%ige Beschäftigungsausweitung zieht somit Kostensteigerungen von 42% nach sich. Schließlich zeigen Abbildung 30 und Abbildung 31 die Verläufe der degressiven Gesamtkosten sowie der degressiven Stückkosten für die Beispiel 11 zugrunde liegende Kostenfunktion.

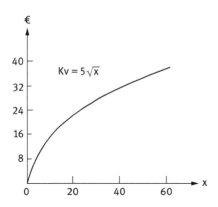

Abbildung 30: Degressive variable Gesamtkosten.

3.3.5 Regressive variable Kosten

Fallen die variablen Kosten bei Beschäftigungserhöhungen absolut, so tragen sie **regressiven Charakter.** Das Steigungsmaß dieses Kostentyps weist somit stets ein negatives Vorzeichen auf. Als Beispiele für regressive variable Kosten, die in der betriebswirtschaftlichen Realität selten anzutreffen sind, können Heizkosten in einem Kino und Nachtwächterkosten bei Schichtarbeit genannt werden.

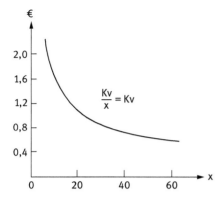

Abbildung 31: Degressive variable Stückkosten.

Beispiel 12:
Für die regressive Kostenfunktion $Kv = \frac{600}{x}$ sollen die Elastizitätskoeffizienten bei einer Erhöhung der Beschäftigung von (1) 50% und (2) 100% errechnet werden (Ausgangspunkt: x = 20 Ausbringungseinheiten) (Tabelle 7).

Tabelle 7:

in Mengen-einheiten	in €	
x	Kv	$\frac{Kv}{x} = kv \neq l$
10	60	6
⇒20	30	1,5
30	20	0,67
40	15	0,38
50	12	0,24

(1) **Beschäftigungserhöhung um 50%:**

$$\varepsilon = \frac{-10}{30} : \frac{10}{20} = -0,67.$$

(2) **Beschäftigungserhöhung um 100%:**

$$\varepsilon = \frac{-15}{30} : \frac{20}{20} = -0,5.$$

Das negative Vorzeichen des Elastizitätskoeffizienten spiegelt das absolute Sinken der regressiven Kosten wider, wodurch der **Elastizitätskoeffizient in den Wertebereich ε < 0** fällt. Bei der gezeigten 100%igen Beschäftigungssteigerung fallen die regressiven variablen Kosten somit absolut um 50%. Die entsprechenden Grafiken für die im Beispiel verwendete regressive Kostenfunktion lassen sich wie folgt darstellen (Abbildung 32 und Abbildung 33).

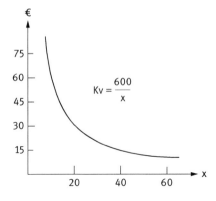

Abbildung 32: Regressive variable Gesamtkosten.

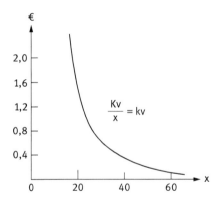

Abbildung 33: Regressive variable Stückkosten.

Die folgende Abbildung 34 zeigt die Charakteristika der betrachteten fixen und variablen Kostenverläufe noch einmal zusammenfassend auf. Abschließend sei darauf hingewiesen, dass die analysierten Grundtypen der variablen Kostenfunktionen in der betrieblichen Realität häufig unstetige Verläufe aufweisen und ferner auch in Kombinationsformen[56] anzutreffen sind.

---

56 Vgl. Beispiel 15 im zweiten Teil zu Gliederungspunkt 3.4.4.

Kostenverläufe / Merkmale	absolutfixe Kosten	variable Kostenverläufe – lineare proportionale	variable Kostenverläufe – nichtlineare progressive	variable Kostenverläufe – nichtlineare degressive	variable Kostenverläufe – nichtlineare regressive
Elastizitätskoeffizient (ε)	$\varepsilon = 0$	$\varepsilon = 1$	$\varepsilon > 1$	$0 < \varepsilon < 1$	$\varepsilon > 0$
Verhältnis von K_1 zu K_2	$K_1 = K_2$	$K_1 < K_2$	$K_1 < K_2$	$K_1 < K_2$	$K_1 > K_2$
Reaktion der Gesamtkosten auf Beschäftigungserhöhungen	0	proportional steigend	progressiv steigend	degressiv steigend	degressiv fallend
Reaktion der Kosten pro Bezugsgrößeneinheit auf Beschäftigungserhöhungen	degressiv fallend	konstant	linear oder progressiv* steigend	degressiv fallend	degressiv fallend
Identität von Kosten pro Bezugsgrößeneinheit und Steigungsmaß (l)	nein	ja	nein	nein	nein
Konstanz des Elastizitätskoeffizienten	ja	ja	nein	nein	nein
Auftreten der Kostenarten (Beispiele)	– (Zeit-)Abschreibungskosten – Mietkosten – Kosten für Gehälter	– Verbrauch von Fertigungsmaterial – Energiekosten	– Überstundenzuschläge – Werkstoffverbräuche bei Überbeanspruchungen von Betriebsmitteln	– Rabattwirkungen beim Einkauf – Werkstoffverbräuche bei Lernprozessen	– Heizkosten in einem Kino

Abbildung 34: Charakteristika unterschiedlicher Kostenverläufe.

* Dieser Fall wurde in dem vorstehenden Beispiel 10 im zweiten Teil zu Gliederungspunkt 3.3.3. nicht betrachtet.

3.4 Analyse der Gesamtkosten

3.4.1 Grundlegendes

Setzen sich die Kosten eines betrieblichen Bezugsobjekts sowohl aus fixen als auch aus variablen Komponenten zusammen, so liegen **Misch- oder Gesamtkosten (K)** vor. Es gilt nun die Frage zu klären, mit welchen Kostenverläufen die BWL in erster Linie arbeitet. Zu diesem Zweck muss kurz auf die in der **Produktionstheorie** vorgenommene grundsätzliche Abgrenzung zwischen **limitationalen und substitutionalen Produktionsfaktoren** eingegangen werden, da aus dieser Unterscheidung zwei elementare Arten von Produktions- bzw. Kostenfunktionen resultieren. Während limitationale Produktionsfaktoren nur in einer ganz bestimmten Mengenrelation in den Fertigungsprozess einzusetzen sind, besteht bei substitutionalen Produktionsfaktoren zur Erstellung der gleichen Ausbringungsmenge die Möglichkeit, die entsprechenden Produktionsfaktoren in bestimmten Verhältnissen zu ersetzen. Können die Einsatzfaktoren vollständig ausgetauscht werden, so liegt eine **alternative Substitution** vor, während bei einem partiellen Ersatz auch von **peripherer Substitution** gesprochen wird.

Substitutionale Einsatzfaktoren stellen den Ausgangspunkt für die **Produktionsfunktion vom Typ A** (Ertragsgesetz oder Gesetz vom abnehmenden Ertragszuwachs) dar,[57] auf der wiederum der **ertragsgesetzliche Gesamtkostenverlauf** basiert. Das Ertragsgesetz geht davon aus, dass bei zunehmendem Einsatz eines Faktors in die Herstellung und Konstanz aller anderen zur Produktion erforderlichen Gütermengen der variierte Faktor Erträge erwirtschaftet, die erst progressiv wachsen, dann degressiv weitersteigen und schließlich regressiven Charakter aufweisen.[58] Der aus der Produktionsfunktion vom Typ A resultierende typische **S-förmige Verlauf der Gesamtkostenkurve** wurde aber von *Gutenberg* als nicht relevant für die industrielle Produktion abgelehnt, da die Prämissen, auf denen das Ertragsgesetz basiert, nicht mit der betrieblichen Realität korrespondieren. Aus diesem Grund entwickelte *Gutenberg*, von limitationalen Einsatzfaktoren ausgehend, **die Produktionsfunktion von Typ B**, indem er eine unmittelbare Beziehung zwischen Verbrauchsmengen und **Intensitäten** bzw. **technischen Eigenschaften** betrieblicher Teilbereiche (Abteilungen, Aggregate, Arbeitsplätze) nachwies.[59] Folglich ist der Faktormengenverzehr nicht direkt, sondern indirekt von der Beschäftigung abhängig „und zwar über die zwischengeschalteten Produktionsstätten (Betriebsmittel, Arbeitsplätze, Anlageteile)"[60]. Unter der Voraussetzung konstanter techni-

---

[57] Vgl. Gutenberg 1983, S. 301–302 und S. 312.
[58] Vgl. zur Darstellung des Ertragsgesetzes insbesondere Gutenberg 1983, S. 303–325 und Wöhe/Döring/Brösel 2016, S. 301–305.
[59] Vgl. im Einzelnen Gutenberg 1983, S. 318–337.
[60] Gutenberg 1983, S. 328.

scher Eigenschaften variiert der Verzehr an Einsatzfaktoren pro Produkteinheit (Produktionskoeffizienten) für jeden Intensitätsgrad, so dass sich für die einzelnen betrieblichen Aggregate und Teilbereiche unterschiedlicher Arten von Verbrauchsfunktionen ergeben. Bezeichnet man den Verbrauch eines Aggregates j der Faktorart m mit r_{mj} und die von diesem Betriebsmittel verlangte Intensität mit d_j, dann lässt sich unter der Voraussetzung konstanter technischer Eigenschaften des Aggregates die **Verbrauchsfunktion** wie folgt formulieren:

$$r_{mj} = f_{mj}(d_j). \tag{1}$$

Berücksichtigt man, dass die von einem Aggregat verlangte Intensität wiederum abhängig ist von der Ausstoßmenge x_j, so ergibt sich weiterhin nachstehende **Leistungsfunktion**:[61]

$$d_j = f_j(x_j). \tag{2}$$

Die entsprechende **erweiterte Verbrauchsfunktion** folgt aus der Zusammenfassung der Gleichungen (1) und (2):

$$r_{mj} = f_{mj}\left[f_j(x_j)\right]. \tag{3}$$

Der gesamte Faktorverbrauch für alle Aggregate der Unternehmung lässt sich durch die Addition sämtlicher Verbrauchsfunktionen berechnen. **Die Kennzeichnung der Produktionsfunktion vom Typ B erfolgt somit durch ein System von Verbrauchsfunktionen.**

Die folgende Abbildung 35[62] zeigt die Zusammenhänge zwischen dem Produktionskoeffizienten pr_m und dem Faktorverbrauch r_m eines Aggregates bei unterschiedlichen Intensitätsgraden mit d^{opt} als Optimalintensität. Die der Grafik zugrunde gelegte quadratische Verbrauchsfunktion ist typisch für den **Verzehr von Betriebsstoffen bei Verbrennungsmotoren sowie den Verbrauch von Werkstoffen**. Die linke Abbildung verdeutlicht, dass der Produktionskoeffizient mit zunehmendem Intensitätsgrad degressiv sinkt, dann einen Optimalwert erreicht und von diesem an progressiv steigt. Die in der rechten Seite der Abbildung eingezeichneten **Prozessstrahlen** präsentieren lineare Verbrauchsfunktionen für eine gewählte Intensität (d). Der Gesamtverbrauch ($r_m = pr_m \cdot x$) kann nun für jede vorgegebene Ausbringungsmenge x[63] aus dem rechten Teil der Grafik abgelesen werden. Allerdings ist zu berücksichtigen, dass die Verbindung der beiden Grafiken ausschließlich für die Ausbringungsmenge $x = 1$ Gültigkeit

---

[61] Vgl. Gutenberg 1983, S. 332.
[62] Vgl. Kern 1992, S. 33.
[63] Im Rahmen der Theorie der Anpassungsprozesse ist hingegen die Betrachtungsweise auf die Frage verlagert, wie die Outputmengen bei gegebener Produktionszeit unter verbrauchs-(kosten-)orientierten Aspekten durch Änderungen des Intensitätsgrades variiert werden können.

besitzt, da nur bei dieser Bedingung die Produktionskoeffizienten und Faktormengenverzehre übereinstimmen. Ferner wird durch Abbildung 35 verdeutlicht, dass zwischen der vom Aggregat verlangten Leistung (z. B. Drehzahl, Schnittgeschwindigkeit) und den Inputmengen **feste (limitationale) Beziehungen** bestehen. Für einen bestimmten Intensitätsgrad kommt folglich nur eine bestimmte Einsatzmenge in Betracht. Im Fall **konstanter Intensitätsgrade** bleiben alle Produktionskoeffizienten bei unterschiedlichem Ausstoß unverändert. Somit variieren die Einsatzmengen der Faktoren je Ausbringungseinheit nicht, wodurch **lineare Verbrauchsfunktionen** und bei konstanten Faktorpreisen auch **lineare Kostenfunktionen** vorliegen.

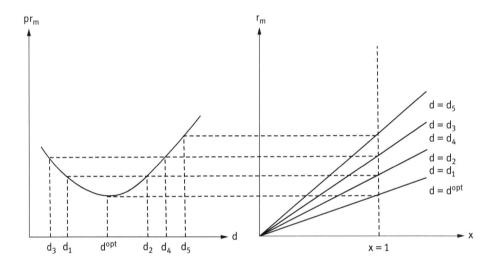

Abbildung 35: Zusammenhänge zwischen Produktionskoeffizient und Faktormengenverbrauch.

Die Untersuchungen *Gutenbergs* münden in dem Ergebnis, dass unter der Prämisse konstanter Intensität der Betriebsmittel **die aus den Verbrauchsfunktionen resultierenden Gesamtkostenverläufe stets linearen Charakter tragen**.[64] Obwohl, wie noch zu zeigen sein wird, bei **intensitätsmäßigen Anpassungsprozessen**[65] der Betriebsmittel an veränderte Beschäftigungslagen auch im Rahmen der Produktionsfunktion vom Typ B nichtlineare Kostenfunktionen auftreten können, wird aufgrund der Forschungsergebnisse *Gutenbergs* im Schrifttum vornehmlich von **linearen Gesamtkostenverläufen** ausgegangen, da zum einen den industriellen Produktionsprozessen primär konstante (optimale) Intensitätsgrade

---

[64] Vgl. Gutenberg 1983, S. 336–337. Zwischenzeitlich wurde eine Vielzahl ergänzender Ansätze zur Produktionstheorie vorgelegt. Sie stellen im Grundsatz Erweiterungen und Spezialfälle der Produktionsfunktion vom Typ B dar. Vgl. Corsten/Gössinger 2016, S. 82–126.
[65] Vgl. zu den intensitätsmäßigen Anpassungsprozessen die Ausführungen im zweiten Teil zu Gliederungspunkt 7.4. und im vierten Teil zu Gliederungspunkt 3.3.3.2.3.3.3.

zugrunde liegen sowie zum anderen eine Vielzahl von Werkstoffverbräuchen sich völlig **indifferent zur Leistungsinanspruchnahme der Betriebsmittel verhält** (z. B. der Verbrauch von Rädern bei der Produktion von Kraftfahrzeugen) und damit unmittelbar von der Ausbringung abhängt.

3.4.2 Lineare Gesamtkostenverläufe

Ein linearer Gesamtkostenverlauf weist als besondere Eigenschaft immer das gleiche Steigungsmaß (l) auf, das auch hier identisch ist mit den variablen Kosten pro Bezugsgrößeneinheit (kv). Somit kann dieser Typ des Gesamtkostenverlaufs allgemein auf die Ausgangsgleichung (Funktion 1. Grads) **K = Kf + kv · x** zurückgeführt werden. Auch in diesem Fall liegen **degressive Kosten** vor, da sich die Gesamtkosten nicht proportional zur Beschäftigung verändern, sondern relativ geringer als der Beschäftigungsgrad variieren. Dieses Verhalten der Gesamtkosten ist auf den konstanten Faktor (fixe Kosten) zurückzuführen, der einer proportionalen Veränderung entgegensteht. **Der Elastizitätsgrad der degressiven (linearen) Kosten liegt somit in folgendem Wertebereich: 0 < ε < 1.** Analog zur Berechnung der fixen und variablen Kosten pro Bezugsgrößeneinheit ergeben sich die **Gesamtkosten pro Beschäftigungseinheit (k)**, indem man die Summe aus fixen und variablen Kosten durch die jeweilige Beschäftigung dividiert:

$$k = \frac{(Kf + Kv)}{x}.$$

Unter dem Begriff **Grenzkosten** ist hingegen die Gesamtkostenveränderung aufgrund einer Beschäftigungsvariation um eine Bezugsgrößeneinheit zu verstehen.

$$\text{Grenzkosten} = \frac{\text{Kostenzuwachs } (K_2 - K_1)}{\text{Beschäftigungszuwachs } (x_2 - x_1)}$$

Bei allen linearen Gesamtkostenverläufen entsprechen die Grenzkosten den variablen Kosten pro Bezugsgrößeneinheit, die in jeder Phase der Kostenfunktion konstant bleiben. Aus diesem Grund werden die Begriffe variable Kosten pro Beschäftigungseinheit und Grenzkosten oft synonym gebraucht. Für die linearen (Gesamt-)Kostenverläufe gilt mithin: **Variable Kosten pro Bezugsgrößeneinheit (kv) = Steigungsmaß (l) = Grenzkosten.**

Beispiel 13:
In einem betrieblichen Abrechnungsbereich fallen in einer Periode 20.000 € absolutfixe Kosten und 50 € variable Kosten pro Ausbringungseinheit an. Somit lautet die lineare Kostenfunktion K = 20.000 € + 50 € · x. Die folgende Tabelle 8 zeigt das Verhalten der Gesamt- und Stückkosten bei unterschiedlichen Beschäftigungslagen bis zur Kapazitätsgrenze von 2.000 Ausbringungseinheiten der betrachteten Kostenstelle.

Tabelle 8:[66]

1	2	3	4	5	6	7	8
x	Kf	Kv	K	kf	kv	k	K'
			Spalte 2 + 3	Spalte 2:1	Spalte 3:1	Spalte 4: 1 oder 5 + 6	Grenzkosten
0	20.000	0	20.000	∞	0	∞	50
2	20.000	100	20.100	10.000	50	10.050	50
4	20.000	200	20.200	5.000	50	5.050	50
6	20.000	300	20.300	3.333,$\overline{3}$	50	3.383,$\overline{3}$	50
8	20.000	400	20.400	2.500	50	2.550	50
10	20.000	500	20.500	2.000	50	2.050	50
⋮	⋮	⋮	⋮	⋮	⋮	⋮	⋮
25	20.000	1.250	21.250	800	50	850	50
⋮	⋮	⋮	⋮	⋮	⋮	⋮	⋮
150	20.000	7.500	27.500	133,$\overline{3}$	50	183,$\overline{3}$	50
⋮	⋮	⋮	⋮	⋮	⋮	⋮	⋮
1.000	20.000	50.000	70.000	20	50	70	50
⋮	⋮	⋮	⋮	⋮	⋮	⋮	⋮
2.000	20.000	100.000	120.000	10	50	60	50

Abbildung 36 und Abbildung 37 verdeutlichen die Charakteristika der einzelnen Kostenverläufe noch einmal in grafischer Form. Abbildung 36 zeigt, dass sich die Gesamtkosten grafisch durch eine Parallelverschiebung der proportionalen Kosten auf den Fixkostenblock darstellen lassen. Ferner dokumentiert Abbildung 37 den Degressionseffekt der fixen Stückkosten. Die variablen Kosten pro Stück (kv) bleiben hingegen konstant, wodurch die gesamten Stückkosten (k), die sich aus der Summe von kf + kv zusammensetzen, nie unter die Grenze der variablen Kosten pro Stück fallen können. Das **Betriebsoptimum (niedrigste Stückkosten)** der Kostenstelle liegt folglich aufgrund des Degressionseffektes an der Kapazitätsgrenze (k = 60 €). Bei einer Beschäftigungserhöhung von 800 auf 1.600 Aus-

---

[66] Bis auf die x-Spalte, die Mengeneinheiten ausweist, beziehen sich die Werte in den anderen Spalten ausschließlich auf Beträge in Euro.

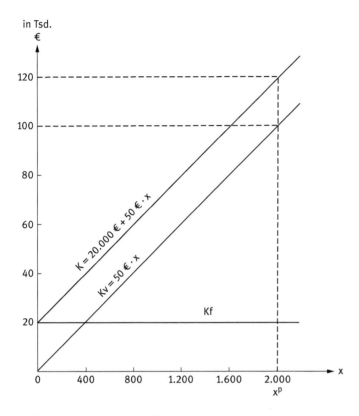

Abbildung 36: Lineare Gesamtkosten.

bringungseinheiten errechnet sich der Elastizitätsgrad für die oben dargestellte Kostenfunktion wie folgt:

$$\varepsilon = \frac{40.000\ \text{€}}{60.000\ \text{€}} : \frac{800\ \text{Stück}}{800\ \text{Stück}} = 0,\overline{66}.$$

Die 100%ige Beschäftigungssteigerung zieht somit eine 66,66%ige Kostenerhöhung nach sich.

Wie gezeigt wurde[67], errechnen sich die gesamten Leerkosten für eine Ist-Beschäftigung x^i allgemein aus

$$K^l = \left(1 - \frac{x^i}{x^p}\right) \cdot Kf. \tag{1}$$

---

67 Vgl. die Ausführungen im zweiten Teil zu Gliederungspunkt 3.2.2.

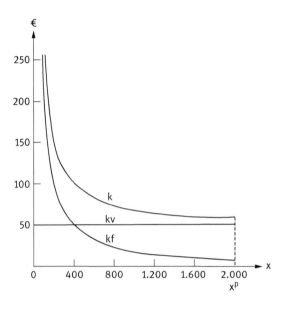

Abbildung 37: Lineare Stückkosten.

Demgegenüber können die Leerkosten pro Bezugsgrößeneinheit (k^l) ermittelt werden durch

$$k^l = \frac{Kf}{x^i} - \frac{Kf}{x^p}. \qquad (2)$$

Da bei linearem Kostenverlauf die variablen Kosten pro Bezugsgrößeneinheit konstant sind, gilt außerdem

$$k^l = \frac{(Kf + kv \cdot x^i)}{x^i} - \frac{(Kf + kv \cdot x^p)}{x^p} \quad \text{oder} \qquad (3)$$

$$k^l = k^i - k^p. \qquad (4)$$

Die anfallenden Leerkosten (K^l, k^l) sind für den realisierten Beschäftigungsgrad (x^i) aus Abbildung 38 abzulesen. In der Grafik ist die Ist-Beschäftigung an der Stelle eingezeichnet worden, an der variable Kosten pro Bezugsgrößeneinheit und Leerkosten pro Bezugsgrößeneinheit übereinstimmen. Dieses Verhältnis ergibt sich durch Gegenüberstellung[8] folgender Stückkosten

$$k^i - k^p = k^l - kf^i.^{69}$$

---

[68] Eine Identität von variablen Kosten pro Stück und Leerkosten pro Stück ergibt sich bezüglich Beispiel 13 im zweiten Teil zu Gliederungspunkt 3.4.2. bei einer Ist-Beschäftigung von 333 Ausbringungseinheiten:

$$\frac{36.650 \text{ €}}{333 \text{ Stück}} - \frac{120.000 \text{ €}}{2.000 \text{ Stück}} = 50 \text{ €}.$$

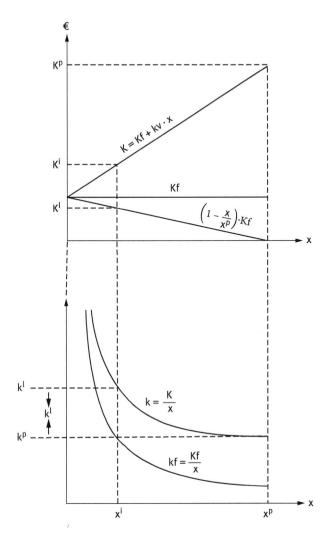

Abbildung 38: Zusammenhänge zwischen Gesamtkosten, Leerkosten und Kosten pro Bezugsgrößeneinheit.

3.4.3 Mathematische Kostenauflösung

Im Fall eines proportionalen Verlaufs der variablen Gesamtkosten weisen die Grenzkosten, die wiederum den variablen Kosten pro Bezugsgrößeneinheit entsprechen, Konstanz für jeden gewählten Beschäftigungsgrad auf. Hierdurch wird es möglich, die Grenzkosten bei linearem Gesamtkostenverlauf mit Hilfe der sogenannten Zweipunktformel im Rahmen der **mathematischen Kostenauflösung** zu ermitteln. Sind von einer linearen Gesamtkostenfunktion $K = Kf + kv \cdot x$ zwei Punkte $P_1\,(x_1, K_1)$

und $P_2(x_2, K_2)$ bekannt, so lassen sich das Steigungsmaß (l) und damit die Grenzkosten wie folgt ermitteln:

$$l = \tang \alpha = \frac{\text{Gegenkathete}}{\text{Ankathete}} = \text{Grenzkosten} = \frac{K_2 - K_1}{x_2 - x_1} = kv.$$

Dieser Sachverhalt ist noch einmal in Abbildung 39 zusammenfassend dargestellt worden.

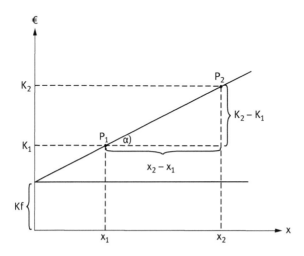

Abbildung 39: Bestimmung einer Kostenfunktion bei linearem Kostenverlauf.

Nach der Ermittlung der variablen Kosten pro Bezugsgrößeneinheit ergeben sich die fixen Kosten aus

$$Kf = K_1 - x_1 \cdot kv \quad \text{oder} \tag{1}$$

$$Kf = K_2 - x_2 \cdot kv. \tag{2}$$

Sind Steigungsmaß und fixe Kosten der linearen Funktion bestimmt, so lassen sich die Gesamtkosten für jeden beliebigen Beschäftigungsgrad berechnen. Bei nichtlinearen Gesamtkostenverläufen sind die Grenzkosten aber in jedem Punkt der Kostenkurve verschieden. In diesem Fall kann das Steigungsmaß nur mit Hilfe der **Differentialrechnung** ermittelt werden, wodurch die **Grenzkosten auch mit der Abkürzung K'** (= erste Ableitung der Gesamtkostenfunktion) belegt werden.

Beispiel 14:
In einer Kostenstelle wurden bei einer Beschäftigung von 13.000 Stück 120.000 € Kosten und bei einer Kapazitätsauslastung von 21.000 Stück 160.000 € Kosten gemessen. Im Fall eines linearen Gesamtkostenverlaufs errechnet sich die entsprechende Kostenfunktion 1. Grads wie folgt:

$$kv = \frac{(160.000\ € - 120.000\ €)}{(21.000\ \text{Stück} - 13.000\ \text{Stück})} = 5\ €/\text{Stück} \tag{1}$$

$$Kf = 120.000 \text{ €} - 13.000 \text{ Stück} \cdot 5 \text{ €/Stück} = 55.000 \text{ €} \quad \text{oder} \tag{2}$$

$$Kf = 160.000 \text{ €} - 21.000 \text{ Stück} \cdot 5 \text{ €/Stück} = 55.000 \text{ €} \tag{3}$$

$$K = 55.000 \text{ €} + 5 \text{ €/Stück} \cdot x. \tag{4}$$

3.4.4 Nichtlineare Gesamtkostenverläufe

Als repräsentatives Beispiel einer Gesamtkostenkurve, die sowohl **proportionale, degressive** als auch **progressive Elemente** aufweist, soll anhand des typisch S-förmigen Verlaufs der ertragsgesetzlichen Kostenfunktion dargestellt werden. Diese Art des Gesamtkostenverlaufs kann sich aber auch auf der Grundlage der Produktionsfunktion vom Typ B ergeben. Zeigen z. B. die Verbrauchsfunktionen der Betriebsmittel U-förmige Verläufe, so trägt bei ausschließlich intensitätsmäßigen Anpassungsprozessen der Unternehmung die entsprechende Gesamtkostenkurve ebenfalls den Charakter einer ertragsgesetzlichen Kostenfunktion, obwohl sich dieser Kostenverlauf auf der Basis eines anderen theoretischen Hintergrundes ergibt.

Beispiel 15:
Durch kostenanalytische Untersuchungen wurde ermittelt, dass für eine industrielle Unternehmung, die ausschließlich ein homogenes Produkt herstellt, die Gesamtkostenfunktion $K = 50.000 \text{ €} + 7.000 \text{ €} \cdot x - 160 \text{ €} \cdot x^2 + 2 \text{ €} \cdot x^3$ in Bezug auf eine Rechnungsperiode Gültigkeit besitzt. Tabelle 9 und Abbildung 40 zeigen das Verhalten der Gesamt-, Stück- und Grenzkosten bis zur möglichen Maximalkapazität der Unternehmung von x = 70 Ausbringungseinheiten. Abbildung 40 zeigt zunächst die drei kritischen Punkte A, B und C, die für das Unternehmen von besonderer Bedeutung sind.

Tabelle 9:[69]

x	Kv	Kf	K	kv	kf	k	K' *
0	0	500	500	0	∞	∞	70
1	68,42	500	568,42	68,42	500	568,42	66,86
10	560	500	1.060	56	50	106	44
20	920	500	1.420	46	25	71	30
30	1.200	500	1.700	40	16,66	56,66	28
40	1.520	500	2.020	38	12,5	50,5	38

---

[69] Bis auf die x-Spalte, die Mengeneinheiten ausweist, beziehen sich die Werte in den anderen Spalten ausschließlich auf Beträge in Hundert Euro.

Tabelle 9 (fortgesetzt)

x	Kv	Kf	K	kv	kf	k	K′ *
50	2.000	500	2.500	40	10	50	60
60	2.760	500	3.260	46	8,3̄	54,3̄	94
70	3.920	500	4.420	56	7,14	63,14	140

* Die Grenzkosten ergeben sich aus der ersten Abteilung der Gesamtkostenfunktion.

(1) Punkt A

Dieser erste kritische Punkt spiegelt einerseits die **Wende der Gesamtkostenfunktion** wider und gibt andererseits auch das **Minimum der Grenzkostenfunktion** an. Ab hier greift die Progression der Gesamtkosten durch, die sich aufgrund des Durchschnittskostenprinzips bei den variablen Kosten pro Ausbringungseinheit aber erst im Punkt B bemerkbar macht. Besonders deutlich zeigt sich der Beginn der Kostenprogression in der vom Punkt A ausgehenden überproportionalen Steigung der Grenzkosten. Analytisch lässt sich das Minimum der Grenzkosten wie folgt bestimmen:[70]

$$K = 50.000\ € + 7.000\ € \cdot x - 160\ € \cdot x^2 + 2\ € \cdot x^3 \quad (1.1)$$
(Gesamtkostenfunktion)

$$\frac{dK}{dx} = K' = 7.000\ € - 320\ € \cdot x + 6\ € \cdot x^2 \quad (1.2)$$
(Grenzkostenfunktion) $\Rightarrow$ Min!

$$K'' = -320\ € + 12\ € \cdot x \quad (1.3)$$

$$0 = -320\ € + 12\ € \cdot x \quad (1.4)$$

$$x = 26,6\overline{6}\ \text{Stück.}[71] \quad (1.5)$$

(2) Punkt B

Das Minimum der variablen Kosten pro Stück liegt dort, wo die Funktion der variablen Stückkosten die der Grenzkosten schneidet. Dieser kritische Punkt wird häufig auch als **Betriebsminimum** bezeichnet, denn die variablen Stückkosten repräsentieren die **kurzfristige Preisuntergrenze**. Die Produktion müsste nach betriebswirtschaftlichen Gesichtspunkten eingestellt werden, wenn der Absatzpreis zumindest diese Kosten nicht deckt. Analytisch lässt sich der in Rede stehende kritische Punkt

---

[70] Vgl. Corsten/Gössinger 2016, S. 148–151.
[71] Da die 3. Ableitung von K″ > 0, repräsentiert das Ergebnis von (1.5) das Minimum der Grenzkostenfunktion.

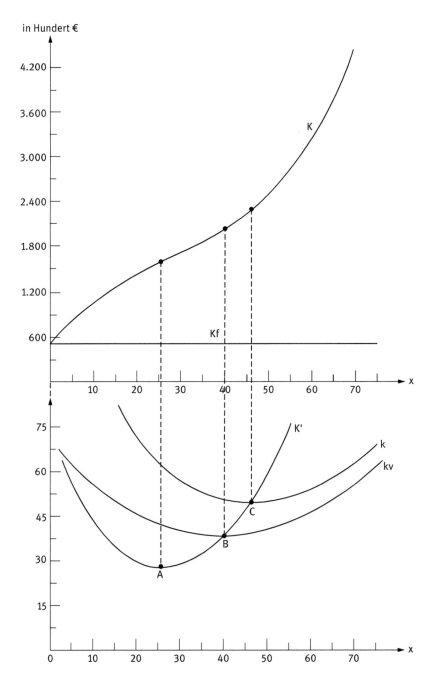

Abbildung 40: Nichtlinearer Kostenverlauf.

durch Minimierung der variablen Stückkostenfunktion, oder, wie nachstehend gezeigt, durch Gleichsetzung der beiden Funktionen ermitteln:

$$Kv = 7.000\ € \cdot x - 160\ € \cdot x^2 + 2\ € \cdot x^3 \text{ (variable Gesamtkostenfunktion)} \tag{2.1}$$

$$\frac{Kv}{x} = kv = 7.000\ € - 160\ € \cdot x + 2\ € \cdot x^2 \text{ (variable Stückkostenfunktion)} \tag{2.2}$$

$$7.000\ € - 320\ € \cdot x + 6\ € \cdot x^2 = 7.000\ € - 160\ € \cdot x + 2\ € \cdot x^2 \tag{2.3}$$

$$x = 40\ \text{Stück} \tag{2.4}$$

$$kv_{min} = 7.000\ € - 160\ € \cdot 40\ \text{Stück} + 2\ € \cdot 40\ \text{Stück}^2 \tag{2.5}$$

$$kv_{min} = 3.800\ € \tag{2.6}$$

(3) Punkt C

Dieser Punkt (Minimum der gesamten Stückkosten) wird häufig auch als **Betriebsoptimum** bezeichnet, denn hier ist das Verhältnis von Beschäftigung und Gesamtkosten am günstigsten. Zwangsläufig muss die Grenzkostenkurve die gesamte Durchschnittskostenfunktion in ihrem Minimum schneiden, da von diesem Optimalpunkt an die Progression der variablen Stückkosten stärker ist als die Degression der fixen Kosten pro Stück. Ferner wird hierdurch eine **langfristige Preisuntergrenze** fixiert, da auf lange Sicht der Absatzpreis mindestens die optimalen Stückkosten decken muss. Der in Rede stehende kritische Punkt kann auch in diesem Fall durch die Gleichsetzungsmethode oder die Minimierung der Stückkostenfunktion berechnet werden.

$$K = 50.000\ € + 7.000\ € \cdot x - 160\ € \cdot x^2 + 2\ € \cdot x^3 \tag{3.1}$$
(Gesamtkostenfunktion)

$$\frac{K}{x} = k = \frac{50.000\ €}{x} + 7.000\ € - 160\ € \cdot x + 2\ € \cdot x^2 \tag{3.2}$$
(Stückkostenfunktion) $\Rightarrow$ Min!

$$k' = -\frac{50.000\ €}{x^2} - 160\ € + 4\ € \cdot x \tag{3.3}$$

$$0 = -\frac{50.000\ €}{x^2} - 160\ € + 4\ € \cdot x \tag{3.4}$$

$$x = 45,93\ \text{Stück} \tag{3.5}$$

$$k_{min} = \frac{50.000\ €}{45,93\ \text{Stück}} + 7.000\ € - 160\ € \cdot 45,93\ \text{Stück} + 2\ € \cdot 45,93\ \text{Stück}^2 \tag{3.6}$$

$$k_{min} = 4.958,95\ € \tag{3.7}$$

Durch Einbezug einer **linearen Erlösfunktion** $E = 6.000\ € \cdot x$ in die Analyse lassen sich weitere kritische Punkte ermitteln. So repräsentiert Punkt D als **Nutzenschwelle** den Eintritt in den Gewinnbereich und Punkt E als **Nutzengrenze** den Austritt der

Unternehmung aus dem Gewinnbereich. Diese Punkte ergeben sich zum einen durch die Schnittpunkte von Gesamtkosten- und Gesamterlösfunktion und zum anderen durch die Schnittpunkte von Stückkosten- und Stückerlösfunktion.[72] Der Gewinnbereich der Unternehmung ist in Abbildung 41 durch schraffierte Flächen gekennzeichnet.

(4) Punkt F
Von besonderem Interesse für die Entscheidungsträger ist diejenige Produktions- und Absatzmenge, bei deren Realisation die Unternehmung den Gewinn maximiert. Analytisch lässt sich dieser kritische Punkt wie folgt ermitteln

$$G = 50.000 \; € + 7.000 \; € \cdot x - 160 \; € \cdot x^2 + 2 \; € \cdot x^3 \\ - 6.000 \; € \cdot x$$
(Gesamtgewinnfunktion) $\Rightarrow$ Max! (4.1)

$$\frac{dG}{dx} = G' = \underbrace{7.000 \; € - 320 \; € \cdot x + 6 \; € \cdot x^2}_{K'} - \underbrace{6.000 \; €}_{E'}$$
(Gesamtgewinnfunktion) $\Rightarrow$ Max! (4.2)

$$0 = 1.000 \; € - 320 \; € \cdot x + 6 \; € \cdot x^2 \quad (4.3)$$

$$x = 50 \text{ Stück.}[73] \quad (4.4)$$

Das **Gewinnmaximum** liegt somit bei einer Ausstoß- und Absatzmenge von 50 Stück des betrachteten homogenen Erzeugnisses. In Abbildung 41 wird dieser kritische Wert zum einen vom Schnittpunkt zwischen Grenzkosten- und Grenzerlösfunktion sowie von den Maxima der Gesamtgewinnfunktion und der Stückgewinnfunktion gekennzeichnet.[74]

Zu berücksichtigen ist, dass das Gewinnmaximum nicht an der Stelle liegt, an der die höchsten Stückgewinne (g = e − k) erzielt werden,[75] sondern dort, wo die **Grenzkosten den Grenzerlösen** entsprechen. Es ist damit für die Unternehmung lohnend, die Produktion solange über das Betriebsoptimum hinaus auszudehnen, wie die zusätzlich anfallenden Kosten pro Ausbringungseinheit die zusätzlich erzielbaren Erlöse pro Absatzeinheit nicht übersteigen. Der vorstehend diskutierte Sachverhalt ist zusammenfassend noch einmal in Tabelle 10 dargestellt worden.

---

[72] $e = \frac{E}{x}$.
[73] Da die 2. Ableitung von G bei x = 50 Stück < 0 ist, repräsentiert das Ergebnis von (4.4) das Maximum der Grenzgewinnfunktion.
[74] $g = \frac{G}{x}$.
[75] Die höchsten Stückgewinne werden im vorliegenden Beispiel im Punkt C, d. h. bei Realisierung des Betriebsoptimums, erwirtschaftet (g = 6.000 € − 4.958,95 € = 1.041,05 €).

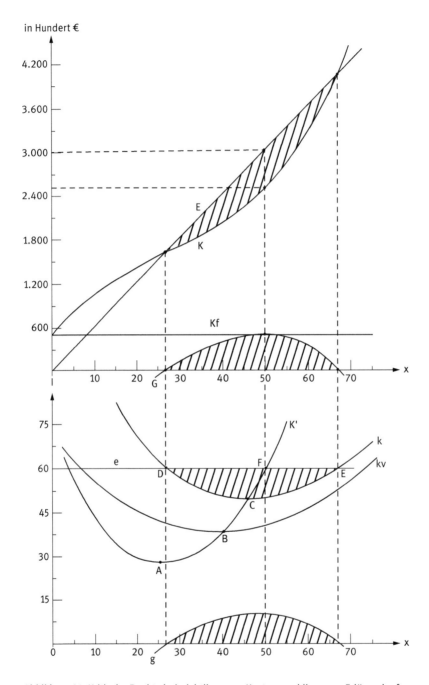

Abbildung 41: Kritische Punkte bei nichtlinearem Kosten- und linearem Erlösverlauf.

Tabelle 10:[76]

1	2	3	4	5	6	7	8
x	K	K'	k	E	G	e = E'	g
			Spalte 2:1	Spalte 1·7	Spalte 5 − 2 oder 1·8	Spalte 5:1	Spalte 6:1 oder 7 − 4
20	1.420	30	71	1.200	− 220	60	− 11
30	1.700	28	56,6̄6̄	1.800	100	60	3,3̄3̄
40	2.020	38	50,5	2.400	380	60	9,5
⇒50	2.500	60	50	3.000	500	60	10
60	3.260	94	54,3̄3̄	3.600	340	60	5,6̄6̄
70	4.420	140	63,14	4.200	− 220	60	− 3,14

---

[76] Auch hier beziehen sich alle Spaltenwerte bis auf die x-Spalte, die Mengeneinheiten ausweist, auf Beträge in Hundert Euro.

4 Faktorqualität und Faktorpreise als Kostenbestimmungsgrößen

Unterschiede in der Beschaffenheit eines Produktionsfaktors beeinflussen zum einen die Menge des Einsatzes dieses Faktors und zum anderen das Einsatzquantum der übrigen Wirtschaftsgüter, die im Herstellungsprozess mit dem ersten Faktor kombiniert werden. So hat beispielsweise die Qualität eines Werkstoffes nicht nur Einfluss auf die Höhe des Materialverbrauchs, sondern auch auf den Umfang des Arbeitseinsatzes, der Maschinenleistung und der dispositiven Tätigkeit. Ähnliche Wirkungen gehen von der Qualität der Betriebsmittel, den menschlichen Arbeitsleistungen und der Unternehmensführung aus. In Anlehnung an *Gutenberg*[77] lassen sich grundsätzlich drei Formen unterscheiden, bei denen Änderungen der Faktorqualität auftreten.

(1) Oszillative Schwankungen der Faktorqualität
Die Beschaffenheit der Produktionsfaktoren pendelt in diesem Fall um eine bestimmte qualitative Norm, wie etwa Leistungsschwankungen der menschlichen Arbeitskraft während eines Tages oder Schwankungen der physikalisch-chemischen Eigenschaften von Werkstoffen innerhalb einer Toleranz. Bei Betrachtung eines längeren Zeitraums gleichen sich die positiven und negativen Qualitätsabweichungen von der Norm jedoch aus, so dass diese Veränderungen keine entscheidende Variation der Produktionskosten bewirken.

(2) Stetige Variationen der Faktorqualität
In diesem Zusammenhang sind z. B. stetige Verbesserungen der Fertigungstechnik oder Verbesserungen des Herstellungsablaufs durch Ausbau der Arbeitsvorbereitung zu nennen, die sich auf das Produktionskostenniveau des Betriebs positiv auswirken. Beispiele für permanente Veränderungen des Faktors ausführende Arbeit stellen die Lernkurven dar. Lernvorgänge im Fertigungsprozess äußern sich darin, dass nach der Einführung eines neuen Produkts oder eines neuen Verfahrens die Fertigungszeit und der Materialverbrauch je Fertigungseinheit sowie der Ausschuss mit wachsender Fertigungsmenge abnehmen. Die fertigungswirtschaftlichen Lernvorgänge folgen bestimmten Gesetzmäßigkeiten und sind damit systematischen Prognosen zugänglich. Versuche im Flugzeug- und Werkzeugmaschinenbau, bei der Stahl-, Glas- und Papiererzeugung sowie in anderen Fertigungen haben ergeben, dass während der Anlaufzeit eines neuen Produkts oder eines neuen Fertigungsverfahrens zwischen der direkten Fertigungszeit je hergestellter Einheit und der kumulierten Ausbringungsmenge ein statistischer Zusammenhang besteht. So sinkt mit jeder Verdoppelung der Zahl der hergestellten Erzeugnisse die direkte Fertigung der letzten

---

[77] Vgl. Gutenberg 1983, S. 394–456.

Erzeugniseinheit auf einen im Zeitablauf konstanten Prozentsatz (Lernrate) der jeweiligen Ausgangszeit ab. Tendenziell weist die entsprechende Lernkurve dann nachstehenden Verlauf auf (Abbildung 42).

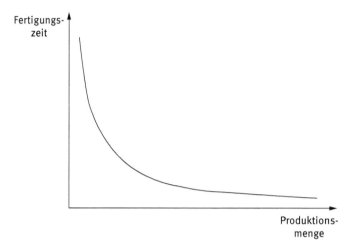

Abbildung 42: Beispiel einer Lernkurve.

(3) Sprunghafte Variationen der Faktorqualität

Als repräsentatives Beispiel für abrupte Veränderungen der Produktionsfaktoren ist die Einführung neuer technologischer Verfahren, etwa der Übergang von Hand- zur Maschinenfertigung, zu nennen. Dieser Prozess führt i.d.R. zu einer starken Veränderung in der Kostenstruktur der Unternehmung, indem variable Kosten durch fixe substituiert werden. So bewirkt die Einführung neuer Produktionsverfahren im Verhältnis zu älteren Betriebsmitteln aufgrund der höheren Zeitabschreibungen und kalkulatorischen Zinsen grundsätzlich eine Steigerung der beschäftigungsunabhängigen Kosten, während die variablen Kosten der neuen Aggregate, bedingt durch die bessere Technologie, tendenziell ein niedrigeres Niveau aufweisen. Der Wechsel zu einem technologisch neueren Verfahren lohnt sich aber erst von einer bestimmten (kritischen) Beschäftigung (x_k) an, von der ein Verfahren beginnt (aufhört) vorteilhafter zu sein als ein anderes. Im Fall eines linearen Kostenverlaufs errechnet sich die angesprochene Beschäftigung wie folgt.

$$\text{Kosten altes Verfahren:} \quad K_{alt} = Kf_{alt} + kv_{alt} \cdot x \quad (1)$$

$$\text{Kosten neues Verfahren:} \quad K_{neu} = Kf_{neu} + kv_{neu} \cdot x \quad (2)$$

$$Kf_{alt} + kv_{alt} \cdot x = Kf_{neu} + kv_{neu} \cdot x \quad (3)$$

$$x \cdot (kv_{alt} - kv_{neu}) = Kf_{neu} - Kf_{alt} \quad (4)$$

$$x_k = \frac{(Kf_{neu} - Kf_{alt})}{(kv_{alt} - kv_{neu})} = \frac{\text{Fixkostenzuwachs}}{\text{Einsparung an proportionalen Kosten pro Bezugsgrößeneinheit}} \quad (5)$$

Dieser Sachverhalt lässt sich auch grafisch darstellen (Abbildung 43).

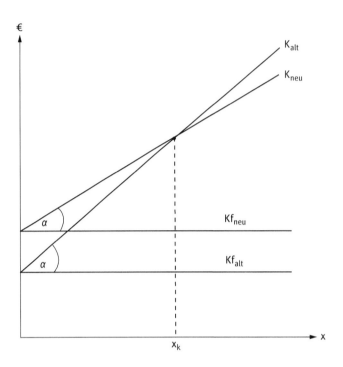

Abbildung 43: Ermittlung der kritischen Beschäftigung.

Unterstellt man die Faktorpreise als konstant, so ergeben sich Kostenkurven, die **das Mengengerüst** der verzehrten Produktionsfaktoren widerspiegeln. Bei diesen Kurven, die auch als **technische Kostenfunktionen** bezeichnet werden, ändert sich das Betriebsoptimum (= niedrigste Durchschnittskosten) durch Preisvariationen nicht. Lässt man hingegen die Faktorpreise als Variablen zu, dann bestimmen sie zusätzlich die Gestalt des Kostenverlaufs. Trifft die Preisänderung die Fixkosten, so verschieben sich lediglich die Kostenkurven im Koordinationssystem nach oben oder unten, während bei einer Preisvariation der variablen Kosten sich der Anstieg der Gesamtkostenfunktion ändert. Im Gegensatz zu den technischen Kostenfunktionen werden diejenigen Kostenverläufe, denen variierende Faktorpreise zugrunde liegen, als **pretiale (= geldbezogene) Kostenkurven** bezeichnet. Die Preiserhöhung des variablen Faktors kann derart geschehen, dass sich der Preis nach dem Erreichen einer bestimmten Einsatzmenge erhöht, wobei die Preissteigerung aber nur für die nach Realisierung dieser

Grenze zugeführten Einsatzmenge gilt. Eine solche Situation ist für **Überstundenzuschläge** charakteristisch. Nach dem Überschreiten der normalen Arbeitszeit verläuft die Kostenkurve steiler.

> **Beispiel 16:**
> Die lineare Kostenfunktion eines betrieblichen Abrechnungsbereichs lautet für eine Rechnungsperiode K = 2.000 € + 800 € · x. Geht die Ausbringungsmenge über x = 10 hinaus, werden für den variablen Faktor 25% mehr bezahlt (Überstundenzuschlag). Bei einer Produktion von mehr als 12 Ausbringungseinheiten erhält der variable Faktor einen Zuschlag von 50%. Aus den genannten Daten errechnet sich folgende Tabelle 11.

Tabelle 11:[78]

x	Kf	Kv	K	K'*	kf	kv	k
0	2	0	2	0,8	∞	0	∞
1	2	0,8	2,8	0,8	2	0,8	2,8
2	2	1,6	3,6	0,8	1	0,8	1,8
9	2	7,2	9,2	0,8	0,22	0,8	1,02
10	2	8,0	10,0	0,8	0,20	0,8	1,0
⇒11	2	9,0	11,0	1,0	0,18	0,82	1,0
⇒12	2	10,0	12,0	1,0	0,17	0,83	1,0
13	2	11,2	13,2	1,2	0,15	0,86	1,01
14	2	12,4	14,4	1,2	0,14	0,89	1,02

* Die Grenzkosten (K') sind in diesem Fall als Differenzkosten zu verstehen, die sich als Unterschiedsbeträge zwischen den einzelnen Gesamtkostenwerten (K) ergeben.

Die Ausweitung der Produktion durch Überstunden ist solange für diesen betrieblichen Teilbereich günstig, wie die Degression der Fixkosten stärker ist als die Progression der variablen Kosten. Das Betriebsoptimum, repräsentiert durch die Identität von Stück- und Grenzkosten, liegt im obigen Beispiel zwischen 11 und 12 Ausbringungseinheiten.

Darüber hinaus können die Produktionskosten aber auch mittelbar durch Variationen der Faktorpreise beeinflusst werden, indem ein Ersatz der im Preis gestiegenen Einsatzgüter durch preiswertere vorgenommen wird. Erfolgt die Substitution durch Faktoren jeweils andersartiger Eigenschaften (**alternative Substitution**), so kann sich außerdem das Mengengerüst der Kosten ändern.

---

78 Bis auf die x-Spalte, die Mengeneinheiten ausweist, beziehen sich die Werte der anderen Spalten ausschließlich auf Beträge in Tausend Euro.

5 Betriebsgröße als Kostenbestimmungsfaktor

5.1 Auswirkungen der Betriebsgrößenvariation

Grundsätzlich sind zwei Arten von Betriebsgrößenvariationen zu unterscheiden.[79] Bei der **multiplen Form** verändern sich die betrieblichen Kapazitäten, indem der bisherige Anlagenbestand um eine mehr oder weniger große Anzahl von gleichartigen Produktionsmitteln und Arbeitsplätzen variiert wird, die parallel zu den bisherigen arbeiten. Eine wesentliche Umgestaltung der Verfahren, mit denen die Unternehmung arbeitet, ist deshalb keine unmittelbare Folge dieses Prozesses. In der reinen Form wird die **multiple Betriebsgrößenänderung** in der Realität wohl selten vorkommen, vielmehr ist eine Verknüpfung mit dem mutativen Variationstyp wahrscheinlicher. Im Fall einer **mutativen Betriebsvariation** verändert das Unternehmen die Ausbringungsmöglichkeiten durch produktionstechnische Um- und Neugestaltung der Herstellungsbedingungen. Bei dieser Form ändern sich die technisch-organisatorischen Grundlagen der Leistungserstellung insbesondere durch den Übergang auf neue Fertigungsverfahren. Betriebsgrößenvariationen bewirken unmittelbar eine Änderung der eingesetzten Produktionsfaktoren im Hinblick auf ihre Proportionen, ihre Qualitäten und ihre Preise. Diese Zusammenhänge sollen im Folgenden bezüglich ihres Einflusses auf das Kostenniveau des Betriebs untersucht werden.

Nur im Grenzfall sind in einer Unternehmung alle Produktionsfaktoren hinsichtlich ihrer Kapazitäten genau aufeinander abgestimmt. In allen anderen Situationen, in denen eine solche Harmonisierung nicht gegeben ist, lässt sich die Lage der Unternehmung durch das Vorhandensein von Engpassfaktoren und durch Einsatzgüter kennzeichnen, die im Überfluss vorhanden sind. Die Ursache des disharmonischen Aufbaues liegt in der **mangelnden Teilbarkeit** und der **unzureichenden Disponierbarkeit** der Produktionsfaktoren. Bei einer Vergrößerung der Unternehmung sind somit nicht alle Produktionsfaktoren zu erweitern, da ein Teil schon im Überfluss vorhanden ist. Wird mit zunehmender Betriebsgröße eine wachsende Harmonie der Teilkapazitäten erreicht, dann ergibt sich eine günstigere Kostensituation, da nun die Möglichkeit einer **Transformation von Leer- in Nutzkosten** besteht.

Beispiel 17:
Eine industrielle Unternehmung setzt zur Leistungserstellung in einem betrieblichen Abrechnungsbereich nachstehende Produktionsfaktoren ein, die folgende Periodenkosten verursachen.

(1) **Produktionsfaktor I (Grundstücke und Gebäude)**
(1.1) Kapazität pro Einsatzfaktor: 1.800 Ausbringungseinheiten
(1.2) fixe Kosten pro Einsatzfaktor: 6.000 €

---

[79] Vgl. Gutenberg 1983, S. 421–444.

(2) Produktionsfaktor II (Maschinen)
(2.1) Kapazität pro Einsatzfaktor: 600 Ausbringungseinheiten
(2.2) fixe Kosten pro Einsatzfaktor: 3.000 €
(2.3) proportionale Kosten pro Ausbringungseinheit: 5 €

Erweitert das Unternehmen nun die Kapazitäten der Kostenstelle im Rahmen einer multiplen Betriebsgrößenvariation, dann ergibt sich der in Tabelle 12 und in der folgenden Abbildung 44 dargestellte Kostenverlauf. Die bei den unterschiedlichen Beschäftigungslagen anfallenden Leerkosten sind in der angesprochenen Grafik durch eine schraffierte Fläche gekennzeichnet worden.

Tabelle 12:[80]

x	Kf	Kv	K	k	K^l
600	9.000	3.000	12.000	20	4.000
1.200	12.000	6.000	18.000	15	2.000
1.800	15.000	9.000	24.000	$13,\overline{3}$	–
2.400	24.000	12.000	36.000	15	4.000
3.000	27.000	15.000	42.000	14	2.000
3.600	30.000	18.000	48.000	$13,\overline{3}$	–
4.200	39.000	21.000	60.000	14,29	4.000

Die vorstehende Wertetafel zeigt die **Transformation der Leerkosten in Nutzkosten bezüglich der latent vorhandenen Kapazitäten**, die aufgrund von Disharmonien in der Struktur der Produktionsfaktoren bestehen. Weiterhin wird transparent, dass im Fall einer vollständigen Abstimmung der beiden Einsatzfaktoren die Leerkosten und die gesamten Stückkosten bei einer Produktion bis an die Kapazitätsgrenze ihr Minimum erreichen. Im Hinblick auf diese Kostenstruktur müssten sich die Führungsinstanzen bezüglich des Ziels der Kostenminimierung dafür entscheiden, die Beschäftigung in der beispielhaft betrachteten Kostenstelle entweder auf 1.800 oder 3.600 Ausbringungseinheiten auszurichten.

Ferner brauchen die Zahl der Reserveanlagen und die Ersatzteile zur Beseitigung zufälliger Störungen bei wachsender Unternehmensgröße **nicht proportional zur Zahl der Produktionsmittel erhöht** zu werden. Ähnliches gilt für die Personalreserve, die Größe der Vorräte und auch für die Liquiditätsreserve, durch die Schwankungen der Produktion, des Ausschusses, der Nachfrage oder auch Fluktuationen bei der Anlieferung aufgefangen werden sollen. Weiterhin wachsen bei einer Vergrößerung der Kapazitäten durch Vermehrung der Zahl der Produktionsanlagen die Möglichkeiten, von der **wechselnden Produktion** (zeitliche Hintereinanderschaltung) auf die **parallele Produktion** (zeitliche Nebeneinanderschaltung) überzugehen.

---

[80] Bis auf die x-Spalte, die Mengeneinheiten ausweist, beziehen sich die Werte der anderen Spalten ausschließlich auf Beträge in Euro.

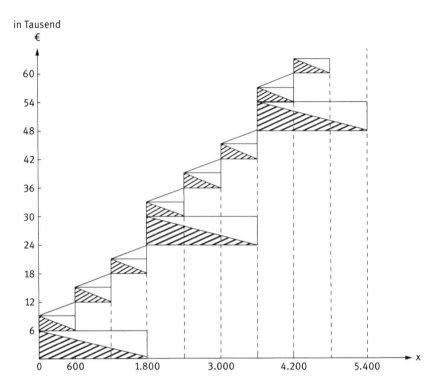

Abbildung 44: Transformation von Leer- in Nutzkosten.[81]

Durch die Methode der parallelen Fertigung sinken die **Umstellungshäufigkeiten** bei den einzelnen Aggregaten und somit auch die Rüstkosten. Darüber hinaus steigen bei konstantem Beschäftigungsgrad die Nutzungsdauern der Betriebsmittel, da diese aufgrund der Vermehrung der Fertigungseinrichtungen nun einer geringeren Beanspruchung unterliegen.

Die Ausweitung der Beschäftigtenzahl führt grundsätzlich zu einer Veränderung der Beschaffenheit des Produktionsfaktors Arbeit. So ergibt sich in diesem Zusammenhang die Möglichkeit der **Arbeitsteilung**, insbesondere die Spezialisierung auf bestimmte Verrichtungen. Ferner besteht mit wachsender Betriebsgröße die Aussicht, die **Qualität der Führungsspitze** der Unternehmung personell und in Bezug auf die technischen und organisatorischen Hilfsmittel zu steigern. Diese qualitativen Verbesserungen der Arbeitsleistungen führen zu einem wirtschaftlicheren und damit kostengünstigeren Einsatz aller Produktionsfaktoren. Weiterhin können Betriebsgrößenerweiterungen aber auch **qualitative Verbesserungen im Hinblick auf die Produktionsanlagen** bewirken, wenn etwa Maschinen mit einem höheren

---

[81] Vgl. Gutenberg 1983, S. 381.

Grad der Spezialisierung, der Mechanisierung und der Automatisierung eingesetzt werden oder bei der Fertigung von Einzelanlagen zu integrierten, IT-gesteuerten Systemen übergegangen wird (mutative Betriebsgrößenvariationen). Diese qualitativen Veränderungen der Betriebsmittel führen grundsätzlich zu höheren Fixkosten, denen jedoch beim Übergang auf bessere technologische Produktionsverfahren geringere variable Kosten gegenüberstehen.

Außerdem besteht für das expandierende Unternehmen die Möglichkeit, mit zunehmender Betriebsgröße hinsichtlich der Beschaffungspreise für Roh-, Hilfs- und Betriebsstoffe beim Einkauf größerer Mengen **Preisnachlässe** zu erzielen und ferner, aufgrund der stärker gewordenen Position am Beschaffungsmarkt, mit den Lieferanten **günstigere Zahlungsbedingungen** auszuhandeln bzw. ihnen ggf. sogar die **Lagerfunktion** zu übertragen. Weitere Vorteile liegen im **Finanzierungsbereich**, da für Großunternehmungen der Zugang zum Kapitalmarkt mit geringeren Schwierigkeiten verbunden ist und außerdem bei höheren Kreditvolumina günstigere Zins- und Tilgungskonditionen zu realisieren sind.

5.2 Grenzen der Betriebsgrößendegression

Dem mit der Betriebsgrößenerweiterung verbundenen Vorteil des Degressionseffekts der Stückkosten werden in der Realität Schranken gesetzt, die die Unternehmungen dazu veranlassen, ihre Produktionskapazitäten nicht unbeschränkt auszudehnen. Im Folgenden sollen die Grenzen des Degressionseffektes anhand von vier repräsentativen Unternehmensbereichen beispielhaft aufgezeigt werden.

1 Produktions- und Absatzbereich
Die aufgrund der Betriebsgrößenerweiterung erhöhte Ausbringungsmenge kann nur mit wachsenden Kosten für Werbung, Produktgestaltung und Vertriebsorganisation abgesetzt werden. Außerdem ist die Ausnutzung der Vorteile der Betriebsgrößendegression für viele Unternehmungen nur durch Aufnahme neuer Erzeugnisse in das Produktionsprogramm möglich. Die gezielte Ausweitung des Fertigungsprogramms auf grundsätzlich neue Leistungsbereiche der Unternehmung wird in der BWL als **Diversifikation** bezeichnet. Die Nachteile einer derartigen Diversifikationspolitik, die auf die Realisierung eines **langfristigen Wachstums** sowie eines **Risikoausgleiches** ausgerichtet ist, kommen
(1.1) in Qualitätseinbußen der heterogenen Produktarten im Fall unveränderter Sachmittel- und Personalkapazität,
(1.2) in Kostensteigerungen bei der Substitution von Spezial- durch Universalanlagen und bei verstärktem Personaltraining sowie

(1.3) in Organisationsschwierigkeiten beim Vorliegen von Übergrößen zum Ausdruck.[82]

2 Beschaffungsbereich

Je mehr das Unternehmen seinen Bedarf an Roh-, Hilfs- und Betriebsstoffen aufgrund der Produktionserhöhung ausdehnt, desto stärker wachsen auch die anfallenden **Transportkosten**. Diese Tendenz tritt auch dann ein, wenn sich zunächst beim Bezug größerer Mengen Transportkosteneinsparungen ergeben. Die Ausnutzung der Größendegression kann ferner dadurch in Frage gestellt werden, dass es der Unternehmung nicht gelingt, **neue Märkte für den Produktionsfaktor Arbeit** zu erschließen. Andererseits ist zu berücksichtigen, dass die Lohn-, Gehalts- und Sozialkosten mit wachsender Betriebsgröße tendenziell steigen.

3 Finanzierungsbereich

Ferner können **fehlende Kreditmöglichkeiten und Störungen im finanziellen Gleichgewicht**, z. B. infolge unerwarteter Steuernachzahlungen, die Unternehmung daran hindern, durch Investitionen die Produktionskapazitäten auszuweiten, um den Vorteil der Betriebsgrößendegression ausnutzen zu können.

---

[82] Vgl. Freidank 2012, S. 67.

6 Produktionsprogramm als Kosteneinflussgröße

6.1 Fertigungsplanung und Produktionsprogramm

Durch das Produktionsprogramm einer Unternehmung, welches das „Ergebnis von zugleich absatzpolitischen, produktionstechnischen, finanziellen, beschaffungswirtschaftlichen und anderen betrieblichen Daten Überlegungen und Maßnahmen"[83] darstellt, wird im Grundsatz festgelegt, welche Erzeugnisarten und -mengen innerhalb einer Rechnungsperiode hergestellt werden sollen. Die Planung des Produktionsprogramms stellt eine Komponente der **Fertigungsplanung** dar, zu der weiterhin die **Ablaufplanung** sowie die **Bereitstellungsplanung** gehören.[84] Im Rahmen der **lang- oder mittelfristigen Planung** des Leistungsprogramms, die eng mit der **Absatz-, Investitions- und Finanzplanung** der Unternehmung verknüpft ist, wird über die Basisstruktur des Produktions- und Absatzprogramms, über die anzuwendenden Fertigungsverfahren und damit über Art und Umfang der benötigten Einsatzgüterarten entschieden. Da durch die lang- und mittelfristige Planung die einzusetzenden Potenzialfaktoren und Werkstoffe bereits festgeschrieben sind, besteht für die Entscheidungsträger im Rahmen der **kurzfristigen Programmplanung** lediglich die Möglichkeit, auf der Basis vorgegebener Fertigungskapazitäten Menge und Art der herzustellenden Produkte zu variieren. Die **Produktionsablaufplanung** zielt hingegen auf die Organisation des Fertigungsablaufs ab, wobei in dieser Phase festgelegt wird, welche **Herstellungsverfahren** zum Einsatz kommen sollen sowie innerhalb welchen **Zeitraums** und in welchen **Kostenstellen** die geplanten Produktmengen zu erzeugen sind. Die nachstehenden Ausführungen zielen darauf ab, den Einfluss des Fertigungsprogramms auf das Produktionskostenniveau der Unternehmung näher zu beleuchten.

6.2 Typenfixe und auflagefixe Kosten

Jedes Erzeugnis, das neu in das Produktionsprogramm aufgenommen wird, verursacht spezifische **erzeugnisart-** oder **typenfixe (typenabhängige) Kosten**. Es handelt sich hier z. B. um Kosten für die Entwicklung und Konstruktion, für Arbeitsunterweisungen, Spezialvorrichtungen, Spezialwerkzeuge und Lehren, die Lagerkosten für einen Mindestbestand an Materialien und fertigen Erzeugnissen sowie die Kosten der Vorlagen für Lieferanten. Bezüglich des Vertriebsbereichs sind in diesem Zusammenhang etwa die Kosten der Musterung, der Prospekte, der Preislisten und der

---

[83] Gutenberg 1983, S. 444.
[84] Vgl. zu diesen begrifflichen Unterscheidungen im Rahmen der Fertigungsplanung etwa Wöhe/Döring/Brösel 2016, S. 311–345.

Vertreterunterrichtung als repräsentative Beispiele zu nennen. Derartige Kosten tragen fixen Charakter, da sie unabhängig von der zu erstellenden Menge für die einzelne Type anfallen. Grundsätzlich ist davon auszugehen, dass die **typenfixen Kosten mit der Erweiterung des Produktionsprogramms steigen**.

Typenfixe Kosten können – wenigstens zum Teil – vermieden werden, wenn für die Erstellung der unterschiedlichen Typen dieselben Einrichtungen, dieselben Werkzeuge und Maschinen zu benutzen sind. Diese Einsparung der typenfixen Kosten bewirkt aber den Anfall von **Sortenwechselkosten** (Rüstkosten), die immer auftreten, wenn eine neue Type in die Produktion gegeben wird. Als Beispiele für Sortenwechselkosten können Material- und Energieverluste beim Auslaufen des bisherigen Arbeitsprozesses, Reinigungskosten, insbesondere dann, wenn für das folgende Fertigungslos[85] anderes Material zum Einsatz kommt, Einrichtungskosten für das Einstellen oder Umbauen von Maschinen, Material- und Energieverluste beim Anlaufen und Testen des neuen Arbeitsprozesses, Kosten der Verwaltung für jedes Fertigungslos, etwa die Kosten der Terminplanung, Arbeitsvorbereitung und Kontrolle, genannt werden. **Die Sortenwechselkosten tragen im Hinblick auf das Fertigungslos fixen Charakter, sinken aber mit wachsender Losgröße aufgrund der geringeren Umstellungs- und Einrichtungshäufigkeiten (Auflagendegression).** Bei der Gesamtbetrachtung der Produktionskosten (K) entsteht eine treppenförmige Kurve, wobei die Stufenhöhe vom Umfang der Rüstkosten (auflagefixen Kosten), die Stufenbreite hingegen von der gewählten Losgröße abhängt (Abbildung 45).

Die Ausnutzung der Auflagendegression, mit dem Ziel, die losfixen Kosten so niedrig wie möglich zu halten, wird aber begrenzt durch die **Kosten der Lagerung der Produkte** (z. B. Kosten für die Kapitalnutzung, das Lagerrisiko und die Lagerhaltung), die mit wachsender Losgröße steigen. Für die Entscheidungsträger gilt es nun, die optimale Losgröße zu finden, bei der die **Summe aus losfixen Kosten und auflageproportionalen (Lager-)Kosten ein Minimum ergibt**. Analytisch lässt sich die optimale Losgröße (x^1_{opt}) vereinfacht für einen konstanten Periodenverbrauch wie folgt ermitteln.[86]

$$b \quad = \text{Periodenbedarf in Stück} \tag{1}$$

$$x^1 \quad = \text{alternative Losgröße in Stück} \tag{2}$$

$$kv_{auf} = \text{auflageproportionale Stückkosten} \tag{3}$$

$$Kf_{auf} = \text{auflagefixe Kosten} \tag{4}$$

---

[85] Die Menge einer Sorte oder Serie, die jeweils in den Produktionsprozess eingesetzt wird, bezeichnet die industrielle BWL als Fertigungslos.
[86] Vgl. zu komplexeren Losgrößenmodellen etwa Corsten/Gössinger 2016, S. 499–502; Hansmann 2006, S. 299–319; Steven/Wasmuth 2008, S. 89–97.

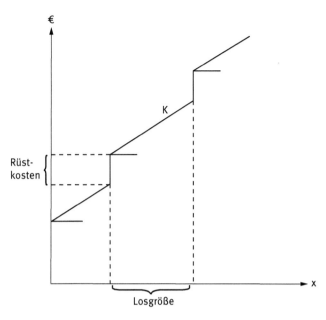

Abbildung 45: Einfluss der Rüstkosten auf die gesamten Produktionskosten.

Unterstellt man, dass im Zeitablauf nur die Hälfte der Ausbringungsmenge x durchschnittlich in den Lagerbeständen gebunden ist, dann ergibt sich nachstehende, zu minimierende Kostenfunktion:

$$K = kv_{auf} \cdot \frac{x^l}{2} + \frac{b}{x^l} \cdot Kf_{auf} \Rightarrow \text{Min!} \tag{5}$$

$$\frac{dK}{dx^l} = \frac{kv_{auf}}{2} - \frac{b}{x^{l2}} \cdot Kf_{auf} = 0 \tag{6}$$

$$x^l_{opt} = \sqrt{\frac{2 \cdot Kf_{auf} \cdot b}{kv_{auf}}} \tag{7}$$

Beispiel 18:
In einer Brauerei werden 4 Biersorten auf einer Anlage hintereinander abgefüllt. Von der Arbeitsvorbereitung wurden konstante Rüstkosten für die Sorte „Export" in Höhe von 50 € und proportionale Lagerkosten pro Bierflasche im Umfang von 0,075 € ermittelt. Der Periodenbedarf der Brauerei beträgt für diese Biersorte 12.000 Flaschen. Nach Formel (7) errechnet sich nun die optimale Losgröße aus

$$x^l_{opt} = \sqrt{\frac{2 \cdot 50\,\text{€} \cdot 12.000\,\text{Stück}}{0,075\,\text{€}}} = 4.000\,\text{Flaschen.}$$

Bei einem Periodenbedarf von 12.000 Flaschen ergeben die Gesamtkosten dann ein Minimum, wenn jeweils 4.000 Flaschen der Sorte „Export" hergestellt werden, bevor ein Sortenwechsel erfolgt. Zu diesem Zweck sind insgesamt drei Fertigungslose zu produzieren. Zur Verdeutlichung des Sachverhaltes wird die Berechnung der optimalen Losgröße nachstehend noch einmal in grafischer Form gezeigt (Abbildung 46).

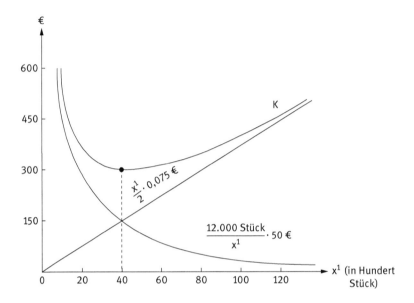

Abbildung 46: Ermittlung der optimalen Losgröße.

Allerdings schränken die dem dargestellten Losgrößenmodell zugrunde liegenden Prämissen seine Anwendbarkeit in der industriellen Praxis stark ein. So erscheinen insbesondere die Annahme **unendlicher Produktions- und konstanter Absatzgeschwindigkeit** sowie die Unterstellung von im **Zeitablauf unveränderten Sortenwechselkosten, konstanten Lagerkosten und unbegrenzter Lagerkapazität** realitätsfern.[87]

Die auflagefixen Kosten werden im **Bereich der Beschaffung** mit dem Begriff **bestellfixe Kosten** belegt. Sie fallen etwa an für das Einholen von Angeboten, die Aufgabe der Bestellungen, die Annahme der Ware und ihre Prüfung, die Rechnungskontrolle und das Anweisen von Zahlungen. Beabsichtigt die Unternehmung eine Ausweitung des Produktionsprogramms, so ist insbesondere bei nicht produktionsverwandten Artikeln damit zu rechnen, dass die Anzahl der einzukaufenden Materialen, die Zahl der Lieferanten und damit auch die Häufigkeit des Anfalls bestellfixer

---

[87] Vgl. zur Kritik an den Prämissen des einfachen Losgrößenmodells etwa Corsten/Gössinger 2016, S. 500–502; Wöhe/Döring/Brösel 2016, S. 336.

Kosten steigt. Schließlich bleiben in diesem Zusammenhang noch die **auftragsfixen Kosten** zu erwähnen, die im **Vertriebsbereich** z. B. für die Auftragseinholung und -bearbeitung, die Ausfertigung der Versandpapiere und der Rechnungen sowie die Zahlungskontrolle (Mahnung, Inkasso) entstehen. Analog zu den bestellfixen Kosten wird auch hier die Häufigkeit des Anfalls der auftragsfixen Kosten mit wachsendem Fertigungsprogramm vor allem dann steigen, wenn nicht absatzverwandte Artikel in das Programm aufgenommen werden.

6.3 Programmfixe und variable Kosten

Dem Begriff programmfixe Kosten werden jene Kostenbestandteile subsumiert, die für das gesamte Fertigungsprogramm unabhängig von der tatsächlichen Beschäftigung anfallen. Es handelt sich somit im Grundsatz um alle beschäftigungsunabhängigen Kosten, die im Ein- und Verkauf, in der Lagerwirtschaft, der Fertigung und der Verwaltung entstehen.

Die Möglichkeit, Breite und Zusammensetzung des Produktionsprogramms zu variieren, wird begrenzt durch die **qualitative und quantitative Kapazität** einer Produktionsstätte. Da grundsätzlich jedes Unternehmen für einen bestimmten Zweck angelegt ist, auf eine bestimmte quantitative und qualitative Leistung hin entworfen wurde, weisen seine Aufbau- und Ablauforganisation nur ein begrenztes Maß an **fertigungstechnischer Elastizität** auf. Werden Leistungen erstellt, die der Eignung der Unternehmung nicht entsprechen, so liegt eine qualitative Unter- oder Überforderung der Kapazität vor, die zu **Leerkosten bzw. Kosten der Überbeanspruchung** führen. Eine Änderung in der Art und der Zusammensetzung des Fertigungsprogramms bedingt somit eine Anpassung des betrieblichen Leistungsvermögens an den Verwendungszweck mittels **Ab- oder Ausbau der Kapazität**, wodurch entweder ein Wegfall oder Zuwachs programmfixer Kosten bewirkt wird. Die Erweiterung des Produktionsprogramms trifft infolge der unterschiedlichen Proportionierungen der Kapazitäten der einzelnen Teilbereiche zuerst den **Engpass**, die Stelle mit der geringsten Elastizität, und erzwingt hier einen kapazitiven Ausbau. Allerdings besteht aber auch die Möglichkeit, dass in Folge der Erweiterung des Programms Unternehmensteile, deren qualitative und quantitative Kapazität bisher nicht voll genutzt war, nun besser ausgelastet sind, womit im Grundsatz eine Transformation von Leer- in Nutzkosten erfolgt.

Durch ein enges Produktionsprogramm können auf der anderen Seite aber auch die **Vorteile der Spezialisierung** genutzt werden. Dies führt zu einer wachsenden Geschicklichkeit der Arbeitskräfte im Produktionsvollzug und in der Materialausnutzung. Ferner zieht die **Arbeitsteilung** eine größere Routine der Beschäftigten nach sich, wodurch weniger Ausschuss produziert wird und weiterhin die Arbeitszeit pro Fertigungseinheit tendenziell abnimmt. Diese genannten Auswirkungen eines engen Produktionsprogramms führen prinzipiell, im Verhältnis zu umfangreicheren Programmen, zu einem **Sinken der variablen Produktionskosten**.

7 Einfluss betrieblicher Adaptionsprozesse auf die Kostenstruktur

7.1 Grundlegendes

Variiert die Absatzlage einer Unternehmung, so stellt sich für die Entscheidungsträger die Aufgabe, die Leistungsmenge an die veränderte Absatzsituation anzupassen. Bei der Herstellung **speicherbarer Leistungen** besteht in gewissen Grenzen die Möglichkeit, die angesprochenen Schwankungen durch eine zielgerichtete **Lagerpolitik** aufzufangen. Häufig können jedoch derartige Variationen der Absatzmenge nur durch (zusätzliche) Adaptionen der personellen und/oder technischen Produktionsstruktur an die veränderten Bedingungen ausgeglichen werden. *Gutenberg*[88] unterscheidet in diesem Zusammenhang den **zeitlichen, den quantitativen und den intensitätsmäßigen Anpassungsprozess**. Diese drei genannten Adaptionsformen und ihre Kombinationsmöglichkeiten sollen im Folgenden hinsichtlich des Einflusses auf die Kostenstruktur der Unternehmung grundlegend analysiert werden.

7.2 Zeitliche Anpassung

Im Rahmen der zeitlichen Anpassung wird die Beschäftigung bei konstantem Potenzialfaktorenbestand (Kapazitätsquerschnitt) und bei konstanter Intensität **allein durch die Veränderung der Arbeitszeit erhöht oder vermindert** (z. B. durch Variation der Schichten, Übergang zur Kurzarbeit, Einlegen von Überstunden, Samstags- und Sonntagsarbeit). Grundsätzlich trägt die zeitliche Anpassungsform **kurzfristigen Charakter**.

Die fixen Kosten unterliegen im Fall eines zeitlichen Anpassungsprozesses keinen Veränderungen, da der Kapazitätsquerschnitt nicht beeinflusst wird. Ferner weist das Steigungsmaß der beschäftigungsabhängigen Kosten aufgrund konstanter Intensitätsgrade keine Variationen auf. Die Höhe der variablen Kosten verändert sich deshalb proportional zur Zeit bzw. zur Ausbringung. Für diese beiden Bezugseinheiten gilt somit das **Gesetz der Austauschbarkeit der Maßgrößen**. Infolgedessen müssen die Gesamtkosten einer Unternehmung, deren Beschäftigung nur mit Hilfe des zeitlichen Anpassungsprozesses variiert wird, linear und ohne Sprünge verlaufen.

Hinsichtlich der Lohnkosten treten bei der zeitlichen Adaption über die normale Arbeitszeit hinaus Überstunden- und Nachtarbeits- sowie Sonntags- und

---

88 Vgl. Gutenberg 1983, S. 361–389.

Feiertagszuschläge auf. Die Gesamtkostenkurve weist dann beim Überschreiten der normalen Arbeitszeit infolge der Preisänderung für den Faktor Arbeit einen Knick auf und verläuft anschließend im Bereich der Mehrarbeitszone wieder linear (Abbildung 47).

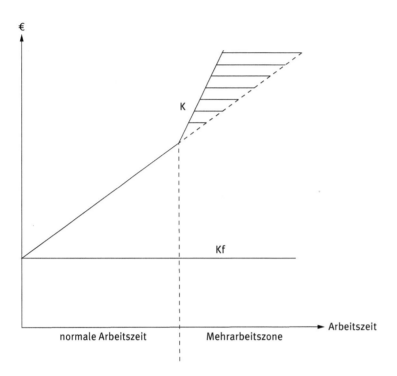

Abbildung 47: Verlauf der Gesamtkostenkurve bei zeitlicher Anpassung.

Tritt der Fall ein, dass ein Unternehmen beim Übergang zur Kurzarbeit die Wahl hat, entweder die tägliche Beschäftigungszeit zu kürzen oder nur an wenigen Tagen der Woche arbeiten zu lassen, dann sind für eine solche Entscheidung die **Anlauf- und Abrüstkosten** von großer Bedeutung. Bei hohen Anlaufkosten wird es im Grundsatz vorteilhafter sein, nur an wenigen Tagen der Woche arbeiten zu lassen als täglich mehrere Stunden.

7.3 Quantitative Anpassung

Die Ausbringung wird in diesem Fall bei konstanter Intensität und konstanter Arbeitszeit **allein durch die Veränderung der Anzahl begrenzt teilbarer Produktionsfaktoren variiert**, wodurch ein quantitativer Anpassungsprozess grundsätzlich

mittel- bis langfristigen Charakter trägt (z. B. Kauf neuer Maschinen, Inbetriebnahme zusätzlicher Gebäude, Einstellung von Arbeitskräften). Eine Kapazitätsreduktion kann prinzipiell auf zwei Arten erfolgen:
(1) Durch Verkauf oder Vermietung der stillgelegten Anlagen oder
(2) durch Beibehaltung der betreffenden Aggregate in Betriebsbereitschaft.

Zunächst soll unterstellt werden, dass die Unternehmenseinrichtungen aus einer Gruppe identischer Aggregate bestehen. Das Steigungsmaß der variablen Kosten wird in diesem Fall durch die Variation des Kapazitätsquerschnitts nicht beeinflusst, da die Produktionsmittel eine identische Kostenstruktur aufweisen und weiterhin konstante Intensitätsgrade vorliegen. Aufgrund der Veränderung des begrenzt teilbaren Potenzialfaktorenbestands verlaufen die intervallfixen Kosten treppenförmig. Somit ist, wie auch das Beispiel 19 zeigt, für die quantitative Anpassungsform ein durch **Stufen unterbrochener Gesamtkostenverlauf** typisch.

Beispiel 19:
In einem betrieblichen Abrechnungsbereich wird mit zwei Potenzialfaktoren gearbeitet, für die folgende Daten im Hinblick auf eine Periode vorliegen (Tabelle 13).

Tabelle 13:

Potenzialfaktoren	Kapazität in Produktionseinheiten	Fixkosten in €
Gebäude	180	3.000
Maschine	60	2.000

Entscheiden sich die Führungsinstanzen für die quantitative Anpassungsform, indem Maschinen gleicher Art zusätzlich im Produktionsprozess eingesetzt werden, so haben die Kostenfunktionen für die Ausbringungseinheiten x = 60, x = 120 und x = 180, unter Zugrundelegung von 50 € variabler Stückkosten für die einzelnen Aggregate, folgendes Aussehen:

$$K_{60} = 3.000\ € + 2.000\ € + 50\ € \cdot 60\ \text{Stück} = 8.000\ € \tag{1}$$

$$K_{120} = 3.000\ € + 4.000\ € + 50\ € \cdot 120\ \text{Stück} = 13.000\ € \tag{2}$$

$$K_{180} = 3.000\ € + 6.000\ € + 50\ € \cdot 180\ \text{Stück} = 18.000\ €. \tag{3}$$

Dieser Sachverhalt kann auch in grafischer Form dargestellt werden (Abbildung 48).
Bei einer rein quantitativen Anpassung lässt sich die Beschäftigung nur in ganz bestimmten, durch die Kapazität der betrieblichen Teileinheiten gegebenen Mengen variieren. In dem betrachteten Beispiel sind von der Treppenkurve A-B-C-D-E-F nur die über x = 0, x = 60, x = 120 und x = 180 liegenden Kostenwerte realisierbar. Es

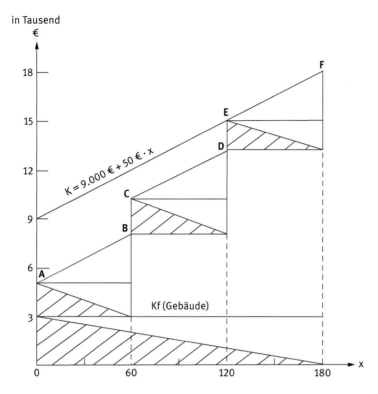

Abbildung 48: Kostenverlauf bei quantitativer Anpassung.[89]

werden also nur vollbeschäftigte Einheiten der begrenzt teilbaren Produktionsfaktoren zusätzlich eingesetzt oder ausgeschieden. In ihrer reinen Form kommt die quantitative Anpassung nicht oder nur in seltenen Fällen vor. Erst wenn die quantitative Anpassung mit der zeitlichen Adaption kombiniert wird, sind auch die Punkte der Treppenkurve realisierbar, bei denen die Teilkapazitäten nicht voll ausgenutzt werden. Die schraffierten Dreiecke lassen erkennen, wie sich bei einer kombinierten zeitlichen und quantitativen Anpassung die intervallfixen Kosten sukzessiv von Leer- in Nutzkosten umwandeln (et vice versa). Erfolgt etwa eine Kapazitätsreduktion durch Verkauf oder Vermietung der stillgelegten Aggregate, so werden alle abbaufähigen Leerkosten sofort ausgeschieden.

In der Praxis weisen die in Anspruch genommenen begrenzt teilbaren Produktionsfaktoren jedoch in den seltensten Fällen qualitative Konstanz auf. Dies ist immer dann der Fall, wenn der Maschinenpark aus Aggregaten älterer und jüngerer Bauart besteht. Erfolgt nun ein Einsatz von qualitativ unterschiedlichen Maschinen, Anlagen, Arbeitskräften etc. im Herstellungsprozess, so werden bei rückläufiger

---

[89] Vgl. Gutenberg 1983, S. 381.

Beschäftigung zuerst die qualitativ schlechteren Produktionsfaktoren ausgeschieden, während bei steigender Beschäftigung zuerst die qualitativ besseren Faktoren zum Einsatz kommen. Diese Vorgehensweise bezeichnet die BWL als **selektive (auswählende) Anpassungsform**.

Die selektive Anpassung verändert die Kostenstruktur des Betriebs insofern, als neben der sprunghaften Variation der fixen Kosten auch, bedingt durch die unterschiedliche Qualität der eingesetzten oder ausgeschiedenen Produktionsfaktoren, die variablen Kosten betroffen sind.[90] Aus dem Gesagten hinsichtlich des Selektionsprozesses geht hervor, dass die Kosten für den letzten Fertigungsabschnitt relativ höher sind als für die vorhergehenden, wodurch sich für diese Anpassungsform eine progressiv steigende Gesamtkostenkurve ergibt.

Beispiel 20:
Die folgende Abbildung 49 zeigt eine Gesamtkostenkurve, die aus einer Aggregation der Kosten von drei auf unterschiedlichem Qualitätsniveau basierenden Maschinen besteht.

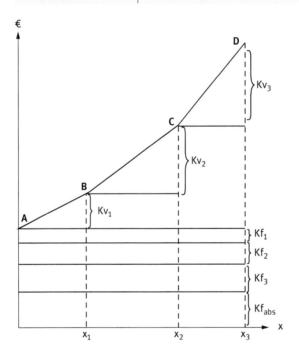

Abbildung 49: Kostenstruktur bei selektiver Anpassung.

---

90 Eine selektive Anpassung ist aber auch ohne Veränderung des Potenzialfaktorbestands durchzuführen, indem eine Stilllegung dieser Produktionsmittel vorgenommen wird, wodurch nur die variablen Kostenbestandteile entfallen bzw. bei einer Inbetriebnahme wieder neu entstehen.

Im Fall einer Beschäftigung von x_3 setzen sich die Gesamtkosten aus den absolutfixen Kosten (Kf_{abs}), der Summe der sprungfixen Kosten (Kf_1 bis Kf_3) und der Summe der variablen Kosten (Kv_1 bis Kv_3) aller drei Aggregate zusammen. Bei einer Kapazitätsreduktion durch Vermietung oder Verpachtung entfallen die entsprechenden sprungfixen und variablen Kosten der ausgeschiedenen begrenzt teilbaren Produktionsfaktoren. Würde sich die Unternehmungsleitung jedoch dafür entscheiden, die angesprochenen Aggregate lediglich stillzulegen, aber in voller Betriebsbereitschaft zu halten, dann wären von diesem Anpassungsprozess nur die variablen Kosten betroffen. Die Punkte A bis D in der Abbildung 49 zeigen dann die bei den betreffenden Beschäftigungsgraden anfallenden Gesamtkosten. Entscheidend ist, dass die sprungfixen Kosten der einzelnen Maschinen aufgrund der Beibehaltung der Betriebsbereitschaft keinen Veränderungen unterworfen werden.

Beabsichtigt eine Unternehmung bei rückläufiger Beschäftigung die volle Betriebsbereitschaft aufrechtzuerhalten, dann bedeutet das einen Verzicht auf den Abbau intervallfixer Kosten. Aus diesem Grund wird auch von der **Remanenz (Weiterbestehen) der Fixkosten** gesprochen. Im Rahmen des Entscheidungsprozesses hinsichtlich der Stilllegung einzelner Aggregate sind aber nicht nur die entsprechenden sprungfixen Kosten zu berücksichtigen, sondern auch die eventuell anfallenden Kosten für besondere Stillstandspflege, Bewachung und die spätere Wiederinbetriebnahme der Anlagen müssen von den Führungsinstanzen mit in das Entscheidungskalkül einbezogen werden. Die Höhe dieser Kosten ist abhängig von der Stillstandszeit und des Grads der Betriebsbereitschaft, den die Unternehmung beibehalten will.[91]

> **Beispiel 21:**
> Geht die Beschäftigung des im Beispiel 19 angesprochenen betrieblichen Abrechnungsbereichs von $x = 180$ auf $x = 120$ Ausbringungseinheiten zurück, dann könnten sprungfixe Kosten dieser Kostenstelle in Höhe von 2.000 € abgebaut werden. Entscheidet sich die Unternehmensleitung hingegen für die Stilllegung dieser Maschine, so sind die intervallfixen Kosten des dritten Aggregats abbaufähige, aber nicht abgebaute Fixkosten. Ebenso besteht die Möglichkeit, bei einem Absinken der Beschäftigung auf $x = 60$ Produktionseinheiten die sprungfixen Kosten des zweiten Aggregats abzubauen. Durch den Verzicht auf die quantitative Anpassung gilt somit für jede zwischen 0 und $x = 180$ liegende Produktionsmenge die lineare Kostenfunktion $K = 9.000\ € + 50\ € \cdot x$.

Als Gründe für die Remanenz fixer Kosten können beispielsweise genannt werden:[92]
(1) Gesetzliche Kündigungsbestimmungen und Tarifverträge stehen einem kurzfristigen Abbau des Produktionsfaktors Arbeit entgenen.
(2) Die Führungsinstanzen rechnen damit, dass der Beschäftigungsrückgang nur zeitlich befristet ist.
(3) Die späteren Anlern- und Anlaufkosten können höher sein als die Leerkosten.

---

[91] Vgl. Gutenberg 1983, S. 382, Fußnote 1.
[92] Vgl. Kilger 1958, S. 103–105; Schweitzer/Küpper 1997, S. 333.

(4) Bei einem Abbau der Überkapazität muss mit der Abwanderung eingearbeiteter Beschäftigter zur Konkurrenz gerechnet werden. In diesem Fall wird die Unternehmensleitung bemüht sein, die Arbeitskräfte durch erhöhte Hilfs- und Nebenarbeiten (z. B. Ordnungs-, Aufräum- und Instandsetzungsarbeiten) zu beschäftigen. Es erfolgt damit eine zeitliche Vorwegnahme bestimmter Kosten, die später ohnehin anfallen würden.

(5) Gebrauchte Aggregate können nur unter Verlusten verkauft werden.

(6) Die Führungsinstanzen durchschauen die Kostenstruktur und die technisch-organisatorischen Zusammenhänge des Unternehmens nicht in genügendem Maße, um erkennen zu können, dass durch quantitative Anpassungsprozesse intervallfixe Kosten zu vermeiden sind (z. B. überbesetzte Verwaltung).

Im Bereich der **variablen Kosten** kommen Remanenzerscheinungen seltener vor als bei den intervallfixen Kosten. Als Beispiele sind in diesem Zusammenhang etwa steigende Materialpreise bei geringeren Abnahmemengen zu nennen oder nachlassende Arbeitsintensität der Beschäftigten bei rückläufiger Produktion, da die Arbeiter aus Furcht vor Arbeitszeitverkürzungen und Entlassungen die ihnen übertragenen Aufgaben strecken.

7.4 Intensitätsmäßige Anpassung

Die Beschäftigung wird in Bezug auf diesen Anpassungsprozess bei konstantem Kapazitätsquerschnitt und konstanter Arbeitszeit **allein durch die Veränderung der Intensität erhöht und vermindert**. Während die Fixkosten aufgrund der Konstanz des Potenzialfaktorenbestands keinen Schwankungen unterworfen sind, variieren die variablen Kosten entsprechend den Verbrauchsfunktionen, die somit bei der intensitätsmäßigen Anpassungsform den Verlauf der Gesamtkostenkurve bestimmen.[93] In der betrieblichen Praxis finden intensitätsmäßige Anpassungsprozesse seltener Anwendung als die zeitliche und die quantitative Form, da fast jedes Aggregat einen **optimalen Leistungsgrad** besitzt, bei dem die Kosten pro Beschäftigungseinheit am geringsten sind. Ferner wird die Intensität oft von den Lieferanten der Anlagen vorgeschrieben oder andere, in den Herstellungsprozess eingesetzte Faktoren (z. B. Arbeitskräfte, Material, Maschinen) lassen nur eine begrenzte Intensitätsvariation zu. Auf die intensitätsbezogene Adaption wird vorwiegend in Unternehmungen zurückgegriffen, die mit Hilfe eines **Systems starr verbundener technischer Anlagen** produzieren, deren Stilllegung entweder unmöglich oder sehr unwirtschaftlich ist (z. B. in der chemischen Industrie oder bei Fließbandfertigung in der Automo-

---

93 Vgl. die kostentheoretischen Ausführungen im zweiten Teil zu Gliederungspunkt 3.4.1 und zu Gliederungspunkt 3.4.4.

bilindustrie). Ferner findet diese Anpassungsform dann Anwendung, wenn innerhalb der Unternehmung **Engpasssituationen** auftreten, die **kurzfristig** durch zeitliche oder quantitative Adaptionen nicht auszugleichen sind.

Beispiel 22:
In einer Kostenstelle werden die Produktionsfaktoren zunächst mit konstanten Intensitätsgraden in der Fertigung eingesetzt, bei denen die verbrauchsbedingten Stückkosten ihr Minimum erreichen. Innerhalb der verfügbaren Arbeitszeit lässt sich bei diesem kostenoptimalen Leistungsgrad die maximale Produktmenge x = 7 herstellen. Die entsprechende lineare Kostenfunktion lautet bis zu dieser Ausbringung K = 200 € + 40 € · x. Kostenanalytische Untersuchungen haben gezeigt, dass im Fall einer Beschäftigungssteigerung durch Erhöhung der Intensität sich die Kostengleichung wie folgt ändert:

$$K_8 = 200 + 41 \cdot x \qquad (1)$$

$$K_9 = 200 + 43 \cdot x \qquad (2)$$

$$K_{10} = 200 + 47 \cdot x. \qquad (3)$$

Aus den vorliegenden Informationen lässt sich Tabelle 14 errechnen.

Tabelle 14:[94]

x	Kf	Kv	K	K'*	kf	kv	k
0	200	–	200	40	∞	–	∞
1	200	40	240	40	200	40	240
2	200	80	280	40	100	40	140
3	200	120	320	40	66,6̄	40	106,6̄
4	200	160	360	40	50	40	90
5	200	200	400	40	40	40	80
6	200	240	440	40	33,3̄	40	73,3̄
7	200	280	480	40	28,57	40	68,57
8	200	328	528	48	25	41	66
9	200	387	587	59	22,22	43	65,22
10	200	470	670	83	20	47	67

* Die Grenzkosten (K') sind als Differenzkosten zu verstehen, die sich als Unterschiedsbeträge zwischen den einzelnen Gesamtkostenwerten (K) ergeben.

In dem vorstehenden Beispiel wird die Beschäftigung bis x = 7 ohne Veränderung der Intensität erhöht, wodurch die variablen Kosten pro Stück (kv) und die Grenzkosten (K') Konstanz aufweisen. Die Gesamtkostenkurve verläuft somit bis zu dieser Produktionsmenge linear. Bei einer Erhöhung des Intensitätsgrads steigen die variablen

---

[94] Bis auf die x-Spalte, die Mengeneinheiten ausweist, beziehen sich die anderen Spaltenwerte auf Beträge in Euro.

Stückkosten (kv), die Grenzkosten (K') und die Gesamtkosten (K) progressiv an. Die gesamten Stückkosten (k) fallen hingegen solange degressiv, bis sie den Grenzkosten entsprechen, um dann progressiv zu steigen. Bis zu einem gewissen Grad kann die Degression der fixen Stückkosten (kf) somit die Kosten der Überbeanspruchung kompensieren. Bei einer Ausbringungsmenge über x = 9 hinaus ist jedoch die Progression der variablen Kosten stärker als die Degression der fixen Stückkosten, wodurch auch die gesamten Stückkosten von diesem Punkt an progressiv steigen.

Wird der optimale (konstante) Intensitätsgrad zum Zweck einer Ausbringungserhöhung verlassen und zusätzlich diese gewählte Adaptionsform noch mit der zeitlichen Anpassung kombiniert, dann weist die Gesamtkostenkurve folgende allgemeine Struktur auf. Der schraffierte Bereich kennzeichnet die Kosten der Überbeanspruchung sowie die entsprechenden Mehrarbeitszuschläge (Abbildung 50).

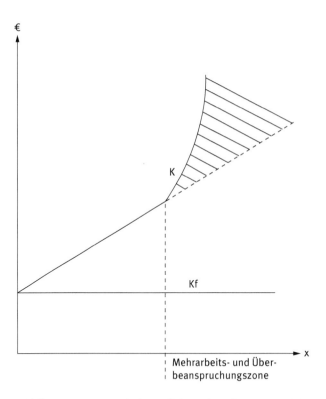

Abbildung 50: Kostenverlauf im Fall der Verknüpfung von zeitlicher und intensitätsmäßiger Anpassung.

Dritter Teil: **Instrumentarium der Kostenrechnung**

1 Stellung und Funktionen der Kostenrechnung im System des betrieblichen Rechnungswesens

Innerhalb der industriellen Unternehmung findet ein Transformationsprozess statt, indem durch die Kombination der von außen beschafften Produktionsfaktoren Leistungen hervorgebracht werden, die auf den **Absatzmärkten** Verwertung finden sollen. Allerdings steht die Unternehmung nicht nur mit den **Beschaffungs- und Absatzmärkten** in Verbindung, sondern weist auch zu den **Geld- und Kapitalmärkten** sowie zum **Staat** Beziehungen auf. Diese Verbindungen zwischen der Unternehmung und den genannten externen Bereichen stellt Abbildung 51[95] modellhaft dar. Die aus den dargelegten Beziehungen resultierenden Geldströme werden im Rahmen der **Finanz- oder Geschäftsbuchhaltung**, die den **pagatorischen Teil des Rechnungswesens** repräsentiert, erfasst. Ausflüsse dieses Systems sind die periodisch erstellte Bilanz sowie die Gewinn- und Verlustrechnung (= Jahresabschluss), die in erster Linie auf die **unternehmensexterne Dokumentation** von Vermögen, Kapital und Erfolg abzielen. Die Kosten- und Leistungsrechnung als **kalkulatorischer Teil des Rechnungswesens** befasst sich hingegen ausschließlich mit der **innerbetrieblichen Sphäre** und knüpft zu diesem Zweck an mengenmäßige Vorgänge (Verbrauch und Entstehung von Leistungen) an. Ferner beschränkt sich das Interesse der Kosten- und Leistungsrechnung auf den Teil des Erfolgs, der im Zusammenhang mit der Realisation des unternehmerischen Sachziels steht.

Das betriebliche Rechnungswesen lässt sich nach der traditionellen Gliederung in fünf Teilgebiete grundlegend aufspalten:[96]
(1) Finanzbuchhaltung
(2) Betriebsbuchhaltung
(3) Kalkulation
(4) Statistik und Vergleichsrechnung
(5) Planungsrechnung

Die Entwicklung der Buchhaltung als einfache Bestandsrechnung zu einem umfassenden betrieblichen Rechnungswesen ist in den erhöhten Anforderungen begründet, die die industrielle Praxis im Zeitablauf an das herkömmliche System stellte. Während die **Bilanz** die Ergebnisse aller aktiven und passiven Bestandskonten zusammenfassend am Ende der Rechnungsperiode aufzeigt, erfolgt in der **Gewinn- und Verlustrechnung** eine Gegenüberstellung aller Aufwendungen und Erträge der Rechnungsperiode, die nach Aufwands- und Ertragsarten gegliedert zum Ausweis

---

[95] Ähnliche Darstellungen finden sich auch bei Busse von Colbe/Laßmann 1991 sowie Schildbach/Homburg 2009, S. 3.
[96] Vgl. z. B. Eisele/Knobloch 2019, S. 8–12; Freidank 2019a, S. 27–31; Horváth/Gleich/Seiter 2015, S. 242–247; Wöhe/Döring/Brösel 2016, S. 631–633.

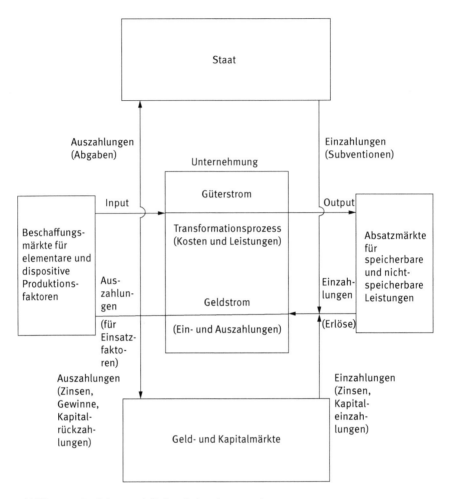

Abbildung 51: Funktionsmodell einer Industrieunternehmung.

kommen. Die Gewinn- und Verlustrechnung macht somit die **Quellen des Erfolgs** sichtbar. Die Bilanz übernimmt als Ausfluss der Anlage- und Kapitalkonten, der Finanzkonten, der Stoff- und Warenkonten und der Bestandskonten der Erzeugnisse die Ermittlung des Periodenerfolgs der Unternehmung durch Gegenüberstellung zweier Bestandsgrößen. Der pagatorische (bilanzrechtliche) Erfolg lässt sich einerseits durch Bestandsvergleich anhand der Anfangs- und Schlussbilanz einer Periode wie folgt ermitteln (Abbildung 52).

Andererseits kann der (bilanzrechtliche) Unternehmenserfolg auch anhand der Gewinn- und Verlustrechnung durch Saldierung der gesamten Aufwendungen und Erträge einer Periode berechnet werden, die ihren Niederschlag in Form von erfolgswirksamen Geschäftsvorfällen auf den oben genannten Bilanzkonten finden und somit eine Veränderung des Eigenkapitalbestands der Unternehmung bewir-

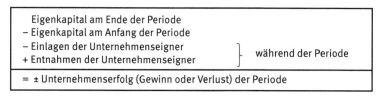

Abbildung 52: Erfolgsermittlung durch Bestandsvergleich.

ken. Der Unternehmenserfolg lässt sich folglich auf zwei Arten ermitteln (**Doppik des Rechnungswesens**), die stets zum gleichen Ergebnis führen müssen.

Um die Quellen des Erfolgs im Hinblick auf den Prozess der betrieblichen Leistungserstellung noch genauer analysieren zu können, werden schließlich im Rahmen der **Betriebsbuchhaltung** die gesamten Aufwendungen und Erträge einer Periode in durch das unternehmerische Sachziel bewirkte **Zweckaufwendungen** bzw. **Zweckerträge** und in neben der Realisierung des Sachziels anfallende **neutrale Aufwendungen** bzw. **neutrale Erträge** aufgespalten. Über die **Grundkosten** hinaus finden aber auch **kalkulatorische Kosten** bzw. **kalkulatorische Leistungen** Eingang in die Betriebsbuchhaltung. Auf dem Betriebsergebniskonto, welches das Abschlusskonto der Betriebsbuchhaltung darstellt, werden alle Kosten und Leistungen einer Abrechnungsperiode gegenübergestellt, wobei der Saldo (Betriebsergebnis) den **sachzielbezogenen Unternehmenserfolg** widerspiegelt.[97] Somit können Finanz- und Betriebsbuchhaltung im Prinzip als **periodenbezogene Erfolgserfassungssysteme** definiert werden, die sich aber bezüglich der zugrunde gelegten **Rechengrößen** (Aufwendungen, Erträge und Kosten, Leistungen) sowie i.d.R. auch hinsichtlich des **Abrechnungszeitraumes** unterscheiden. Während die aufgrund gesetzlicher Vorschriften zu erstellende Abschlussrechnung im Grundsatz den Charakter eines **jahresbezogenen Systems** trägt, wird die Betriebsabrechnung zum Zweck einer kurzfristigen Kontrolle und Steuerung des sachzielbezogenen Unternehmenserfolgs in der Praxis häufig **monats- oder quartalsorientiert** durchgeführt.

Zum Zweck von Preis- und Kostenentscheidungen bedarf es der Ermittlung der Selbstkosten pro Erzeugniseinheit anhand des **Instrumentariums der Kalkulation**. Darüber hinaus werden aber auch für die Bewertung von unfertigen und fertigen Erzeugnissen sowie aktivierbaren innerbetrieblichen Leistungen in der **Kurzfristigen Erfolgsrechnung** sowie im **handels-, steuerrechtlichen und internationalen Jahresabschluss** die Herstell(ungs)kosten pro Trägereinheit benötigt. Die Berechnung der Selbst- und Herstellkosten pro Produkteinheit wird jedoch nicht mit Hilfe der Betriebsbuchhaltung durchgeführt, sondern separat neben ihr. In diesem Zusammenhang

---

[97] Vgl. zu diesen verrechnungstechnischen Grundlagen der Kostenrechnung die Ausführungen im ersten Teil zu Gliederungspunkt 2.4.3. und zu 2.6.3.

wurde eine Vielzahl von **Kalkulationsverfahren** entwickelt, deren Anwendung sich nach der Struktur des entsprechenden Produktionsprogramms richtet. Speziell im industriellen Bereich kommt der Preiskalkulation eine besondere Bedeutung zu. In Abhängigkeit von der Marktstruktur (Verkäufer- oder Käufermarkt) ist zu unterscheiden zwischen Kalkulation der **Angebots- und der Nachfragepreise**. Im ersten Fall wird der Preis durch prospektive Kalkulation ermittelt (Abbildung 53).

Abbildung 53: Prospektive Kalkulation.

Im zweiten Fall ist der Marktpreis für den Produzenten ein Datum, von dem er auf die aufwendbaren Werte und Mengen für die einzelnen Kostenelemente und die Höhe seines gewählten Gewinnzuschlages schließt (Abbildung 54).

Abbildung 54: Retrograde Kalkulation.

Um zukünftigen Entwicklungen nicht unvorbereitet gegenüberzustehen, erhob sich schon früh die Forderung nach der Integration einer Vorausschaurechnung in das betriebliche Rechnungswesen, die zunächst durch die Statistik ihre planungstechnische Grundlage erhielt. Die Planungsrechnung hat mit der **Plankosten- und Planleistungsrechnung** im Zeitablauf in der innerbetrieblichen Sphäre eine spezifische Ausformung erfahren. Diese Planungsfunktion der Kostenrechnung steht in engem Zusammenhang mit der **Wirtschaftlichkeitskontrolle** der an der Leistungserstellung beteiligten Individuen, Betriebsmittel und Werkstoffe. Die Effizienz (Wirtschaftlichkeit) wird durch den **Soll-Ist-Vergleich** gemessen und ist durch nachstehenden Koeffizienten allgemein zum Ausdruck zu bringen:

$$\text{Wirtschaftlichkeitskoeffizient} = \frac{\text{Leistung}}{\text{Kosten}} \quad \text{oder} \quad \frac{\text{Sollkosten}}{\text{Istkosten}}.$$

Das Ziel einer Unternehmung sollte immer dahin ausgerichtet sein, einen Wirtschaftlichkeitskoeffizienten von > 1 zu realisieren. Sind die Kosten größer als die Leistungen, entsteht ein negatives Betriebsergebnis und damit ein Koeffizient von < 1. So kann der Soll-Ist-Vergleich mit Hilfe der Kostenstellenrechnung für jede beliebige Betriebsabteilung durchgeführt werden. Hier findet ein Vergleich der effektiv angefallenen Kosten (Istkosten) mit den Dispositionsgrößen **Normal- oder Plankosten**, die auch dem **Begriff Sollkosten** subsumiert werden, statt. Durch Feststellung der Abweichungen der Istwerte von den Dispositionsgrößen ist es möglich, Schwachstellen im Unternehmen aufzudecken. Die Führungsinstanzen haben somit durch Verbesserung des Wirtschaftlichkeitskoeffizienten die Möglichkeit, positiv auf den Unternehmenserfolg einzuwirken. Diese Ausführungen zeigen, dass Wirtschaftlichkeitskontrollen ohne Dispositionsgrößen innerhalb einer Unternehmung nicht zu verwirklichen sind. Ferner können mit Hilfe besonderer Kosten- und Leistungsrechnungssysteme Erfolgsplanungen durchgeführt werden, auf die zur Lösung **kurzfristiger Entscheidungsaufgaben im Produktions-, Absatz- und Beschaffungsbereich** zurückgegriffen wird. Als Beispiele sind in diesem Zusammenhang etwa Preisgrenzenbestimmungen, Ermittlung optimaler Produktionsprogramme und Entscheidungen bezüglich Eigenfertigung oder Fremdbezug zu nennen.

Die vorstehenden Ausführungen haben gezeigt, dass sich die Kostenrechnung durch alle Bereiche des betrieblichen Rechnungswesens zieht. Als Schwerpunkte sind **Betriebsbuchhaltung, Vergleichs- und Planungsrechnung** anzusehen. Mit dem Jahresabschluss als Ergebnis der Finanzbuchhaltung sollen vorrangig Ziele der Rechenschaftslegung und Information realisiert werden. Aufgrund des Interesses von Externen (Gläubigern, Eignern, Investoren, Fiskus, Öffentlichkeit) sind diese Rechnungslegungsinstrumente an gesetzliche Vorschriften geknüpft (HGB, IFRS, AktG, PublG, EStG, KStG etc.). Die Kostenrechnung ist hingegen grundsätzlich frei von gesetzlichen Normen. Eine Ausnahme stellt lediglich die Ermittlung von Selbstkosten im Rahmen der Vergabe öffentlicher Aufträge dar. In diesem Fall ist die kalkulierende Unternehmung auch an spezifische Vorschriften des öffentlichen Auftraggebers gebunden. Somit stellt die Kostenrechnung ein Instrument dar, das sowohl externen Dokumentations- als auch kurzfristigen Planungs- und Kontrollaufgaben dienen soll. Abbildung 55 zeigt noch einmal zusammenfassend die wichtigsten Ziele der Kostenrechnung, auf die im weiteren Verlauf der Abhandlung detailliert eingegangen wird.[98]

---

[98] Vgl. zu den Zielen der Kostenrechnung auch Freidank/Velte 2013, S. 602–612, 631–636; Schildbach/Homburg 2009, S. 13–18 sowie Schweitzer/Küpper/Friedl/Hofmann/Pedell 2016, S. 49–58.

externe Dokumentationsaufgaben	interne (kurzfristige) Planungsaufgaben	interne (kurzfristige) Kontrollaufgaben

– Ermittlung **der Herstellungskosten** zum Zweck der Bewertung unfertiger und fertiger Erzeugnisse sowie aktivierbarer innerbetrieblicher Leistungen im **handels-, steuerrechtlichen und internationalen Jahresabschluss**
– Ermittlung der **Ergebnisbeiträge** für die vorzeitige Gewinnrealisierung langfristiger Fertigungsaufträge im internationalen Jahresabschluss
– Kalkulation der **Selbstkosten** im Rahmen der Vergabe **öffentlicher Aufträge**
	– **Produktionsbereich**
	  – Planung des Fertigungsprogramms
	  – Produktionsvollzugsplanung
	– **Absatzbereich**
	  – Preisuntergrenzenermittlungen
	  – Deckungspunktanalysen und Erfolgsplanungen
	  – Plan-Kalkulationen auf Voll- und Teilkostenbasis
	– **Beschaffungsbereich**
	  – Preisobergrenzenbestimungen für Einsatzgüter
	  – Wahl zwischen Eigenfertigung und Fremdbezug
		– Erfolgsarten- und/oder erfolgsstellenbezogener **Soll-Ist-Vergleich** (Wirtschaftlichkeitskontrolle)
		– Kontrolle des Periodenerfolgs mit Hilfe der **Kurzfristigen Erfolgsrechnung** (Kostenträgerzeitrechnung)

Abbildung 55: Ziele der Kostenrechnung.

2 Teilbereiche der Kostenrechnung

2.1 Grundlegende Systematisierung

Um die im vorstehenden Kapitel genannten Ziele des innerbetrieblichen Rechnungswesens zu realisieren, bedarf es eines Instrumentariums, mit dessen Hilfe die in der Unternehmung entstandenen Kosten erfasst und auf die Leistungen verrechnet werden. Dies geschieht durch die einzelnen Teilbereiche der Kosten- und Leistungsrechnung. Die Aufgabe, sämtliche anfallenden Kosten zu erfassen, übernimmt die **Kostenartenrechnung**. Weiterhin lastet die **Kostenstellenrechnung** den einzelnen betrieblichen Bereichen diejenigen Kostenarten an, die dort zum Zweck der Leistungserstellung entstanden sind. Durch diese Kostenzurechnung, die möglichst **nach Maßgabe des Verursachungsprinzips** vorgenommen werden sollte, wird eine genaue Wirtschaftlichkeitskontrolle anhand des Vergleichs von Soll- und Istkosten in den einzelnen Kostenstellen möglich. Der nächste Schritt geht dahin, dass sämtliche Kosten den gesamten Leistungen einer Abrechnungsperiode zugerechnet und den entsprechenden Verkaufserlösen im Rahmen der **Kostenträgerzeitrechnung (Kurzfristige Erfolgsrechnung)** gegenübergestellt werden. Mit ihrer Hilfe ist es jederzeit möglich, den sachzielbezogenen Erfolg einer Unternehmung für kürzere Zeiträume festzustellen. Die Betriebsabrechnung stützt sich somit auf die drei Säulen **Kostenarten-, Kostenstellen- und Kostenträgerzeitrechnung.**

Neben der Betriebsabrechnung kommt der Kostenträgerstückrechnung eine besondere Bedeutung zu. Sie führt anhand der Kostenartenrechnung, und in manchen Fällen auch unter Rückgriff auf die Kostenstellenrechnung, eine möglichst verursachungs- bzw. einwirkungsadäquate Verteilung der anfallenden Kosten auf die einzelnen Leistungen (Kostenträger) durch. Die Kostenträgerstückrechnung als **Selbstkostenrechnung** liefert somit die Grundlage für eine exakte Preiskalkulation. Wird die Kalkulation vor Erstellung der Betriebsleistung durchgeführt, spricht die BWL von **Vor-**, andernfalls von **Nachkalkulation**. Weiterhin stellt die Kostenträgerstückrechnung auch die Grundlage für die Bestandsbewertung selbsterstellter Erzeugnisse im Rahmen der Kurzfristigen Erfolgsrechnung und hinsichtlich des handels-, steuerrechtlichen und internationalen Jahresabschlusses dar. Die einzelnen Teilbereiche der Kosten- und Leistungsrechnung lassen sich zusammenfassend wie folgt systematisieren (Abbildung 56).

Diejenigen Kostenarten, die den Kostenträgern direkt (ohne Schlüsselung) nach Maßgabe des Verursachungsprinzips zuzurechnen sind **(Einzelkosten),** werden unmittelbar in die Kostenträgerrechnung übernommen und umgehen somit die Kostenstellenrechnung. Für die anderen Kostenarten **(Gemeinkosten)**, die nicht als Einzelkosten erfassbar sind und deshalb den Kostenträgern nicht unmittelbar angelastet werden können, erfolgt anhand bestimmter Schlüsselgrößen (Gemeinkostenschlüssel) eine Verteilung der Gemeinkosten unter Zugrundelegung des **Durchschnittsprinzips** auf

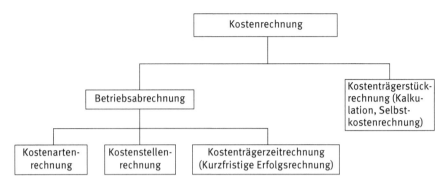

Abbildung 56: Elemente der betrieblichen Kostenrechnung.

die einzelnen betrieblichen Abrechnungsbereiche. Nach dieser stellenbezogenen Umlage der Gemeinkosten mit Hilfe des **Betriebsabrechnungsbogens (BAB)** werden auch sie anhand bestimmter Bezugsgrößen in die Kostenträgerzeitrechnung übertragen. Somit ist durch Gegenüberstellung von Kosten und Leistungen einer bestimmten Rechnungsperiode der Betriebserfolg jederzeit kurzfristig zu ermitteln. Die Aussagefähigkeit einer Kurzfristigen Erfolgsrechnung lässt sich ferner durch die Zurechnung der gesamten Periodenkosten und -leistungen auf einzelne Produktarten oder Produktgruppen weiter steigern. Häufig werden aber auch die Einzelkosten in der Stellenrechnung erfasst, um für die jeweiligen Betriebsbereiche ebenfalls hinsichtlich dieser Kosten eine Wirtschaftlichkeitskontrolle im Rahmen des kostenstellenbezogenen Soll-Ist-Vergleichs durchführen zu können. Vereinfacht kann die Struktur des abrechnungstechnischen Ablaufs zwischen Kostenarten-, Kostenstellen- und Kostenträgerrechnung wie folgt dargestellt werden (Abbildung 57).

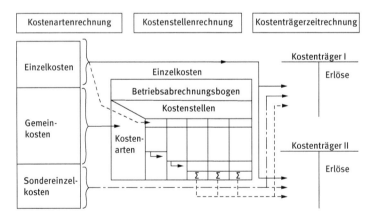

Abbildung 57: Strukturierung der Betriebsabrechnung.[99]

---

[99] Vgl. Schönfeld/Möller 1995, S. 52.

2.2 Kostenartenrechnung

2.2.1 Allgemeines

Die Funktion der Kostenartenrechnung besteht darin, die in einer Rechnungsperiode anfallenden Kosten zu erfassen. Dieses Rechnungssystem sammelt im Prinzip alle aufwandsgleichen (Grundkosten), aufwandsverschiedenen (Anderskosten) sowie aufwandsfremden (Zusatzkosten) Kostenarten einer Periode. Voraussetzung für die exakte Erfassung der Grundkosten ist eine **ausgeprägte Organisation des Nebenbuchhaltungswesens** (z. B. Material-, Lohn- und Anlagenbuchhaltung). Darüber hinaus bedarf es zur genauen Ermittlung der kalkulatorischen Kostenarten teilweise **umfangreicher Sonderrechnungen**. Nachfolgend wird auf die Erfassung und Berechnung derjenigen Kostenarten eingegangen, die die Höhe der gesamten Selbstkosten einer industriellen Unternehmung wesentlich beeinflussen.

2.2.2 Materialkosten

2.2.2.1 Materialkostenarten und ihre Erfassung

Den primären Anteil der Materialkosten repräsentieren die **Rohstoffe**, unter die alle Werkstoffarten fallen, die zum **wesentlichen Bestandteil** des Erzeugnisses werden. **Unwesentliche Bestandteile des Erzeugnisses** stellen hingegen Hilfsstoffe (z. B. Farbe, Leim, Schweißmaterial) dar. Dem Begriff Betriebsstoffe werden hingegen solche Stoffe subsumiert, die bei der Fertigung verbraucht bzw. genutzt werden (z. B. Schmieröle, Treib- und Brennstoffe, Putzmaterial) und nicht in das Endprodukt eingehen. Im **Bilanzrecht** werden Roh-, Hilfs- und Betriebsstoffe, unfertige und fertige Erzeugnisse sowie Waren auch unter dem Terminus **Vorräte** zusammengefasst. Während verbrauchte Rohstoffe i. d. R. aufgrund ihrer eindeutigen verursachungsgerechten Zurechnungsmöglichkeit auf die Produkteinheit zu den **Einzelmaterialkosten** zählen, können in die Fertigung gegebene Hilfs- und Betriebsstoffe in Abhängigkeit von ihrer Erfassung und Zurechenbarkeit auf den Kostenträger sowohl Einzel- als auch Gemeinkostencharakter tragen. Gelingt aus **Nachlässigkeit** oder **Wirtschaftlichkeitsgründen** eine einzelkostenbezogene Zurechnung dieser Stoffe auf die Trägereinheiten nicht, dann fallen die entsprechenden Verbräuche unter den Begriff **Gemeinkostenmaterial**. Ihre Umlage auf die gefertigten Erzeugnisse erfolgt mit Hilfe von Schlüsselgrößen über die Kostenstellen des Material-, Fertigung- und Vertriebsbereichs. Dagegen stellen **Materialgemeinkosten** die Stellenkosten des Material- und Einkaufsbereichs dar (z. B. Personalkosten, Gemeinkostenmaterialen, Abschreibungen, Heizungs- und Beleuchtungskosten, kalkulatorische Zinsen).

Die Erfassung und Zurechnung der Verbrauchsmengen an Fertigungsmaterial (Einzelmaterialkosten) und Gemeinkostenmaterial kann auf unterschiedliche Art und Weise erfolgen. So können **Materialentnahmescheine** vor und während des Erzeugungsvorgangs ausgestellt werden, die die entnommene Menge, die Materialart, den Entnahmetag, die entnehmende und zu belastende Kostenstelle, die Auftragsnummer und eventuell den Preis enthalten (Abbildung 58).

Entnehmende Kostenstelle	Zu belastende Kostenstelle	Auftragsnummer	
Art	Anzahl	Abmessung	Preis/Einheit	Gesamtpreis
Datum	Betr.-/Abt.-Leiter	Meister	Ausgeber

Abbildung 58: Beispiel eines Materialentnahmescheins.

In der Lager- bzw. Materialbuchhaltung, wo für jede Materialart separate Aufzeichnungen (z. B. Karteikarten oder Standardsoftware) geführt werden, dienen die Entnahmescheine als Unterlage für Entnahmebuchungen, der Kostenrechnung hingegen als Zurechnungsbasis von Materialverbräuchen auf Kostenträger und Kostenstellen. Dieses genaue Verfahren zur Erfassung des Fertigungsmaterials ist aber sehr aufwendig und verursacht somit entsprechend hohe Kosten. Durch die laufende Verbrauchserfassung mit Hilfe von Entnahmescheinen wird eine permanente Bestandsfortschreibung möglich, so dass eine Ermittlung von **Fehlmengen**, die z. B. auf Schwund oder den Zugriff Unberechtigter zurückzuführen sind, anhand des Vergleiches von rechnerischem Soll- und Inventurbestand pro Materialart jederzeit realisierbar ist. Dieses auch als **Skontrationsmethode** bezeichnete Verfahren lässt sich vereinfacht wie folgt darstellen (Abbildung 59).

```
  Anfangsbestand
+ Zugänge
− Abgänge ( = Verbräuche, erfasst durch Materialentnahmescheine)
= (rechnerischer) Soll- Endbestand
```

Abbildung 59: Vorgehensweise der Skontrationsmethode.

Einfacher geht die **Befundrechnung** vor, die aus Anfangsbeständen, Zugängen und durch Inventur ermittelten Endbeständen die Verbräuche pro Periode und Materialart berechnet. Die Zurechnung auf die Kostenstelle oder den Kostenträger gelingt aber nur dann, wenn jeweils eine(r) dieses Material benötigt, d. h., es ist nur die periodenbezogene Erfassung des Gesamtverbrauchs pro Materialart möglich (Abbildung 60).

Anfangsbestand + Zugänge – Endbestand (laut Inventur)
= Abgänge (= Ist-Verbräuche)

Abbildung 60: Vorgehensweise der Befundrechnung.

Sollen die Materialverbräuche mit Hilfe der Befundrechnung z. B. zum Zweck der Durchführung einer Kurzfristigen Erfolgsrechnung für kürzere Perioden als die der jährlichen bilanziellen Rechnungslegungszeiträume ermittelt werden, so sind zusätzliche Inventuren erforderlich. Bei einer Vielzahl von Materialarten kann hierdurch ein erheblicher **Arbeits- und Kostenaufwand** entstehen. Darüber hinaus rechnet die Befundrechnung der Kostenstelle oder dem Kostenträger auch diejenigen Ist-Materialverbräuche zu, die auf Fehlmengen basieren. Aufgrund dieser Vorgehensweise wird eine **aussagefähige Kostenkontrolle erschwert**, da die in den Materialverbrauchsmengen enthaltenen Fehlmengen nicht durch den eigentlichen Produktionsprozess verursacht worden sind.[100]

Ferner besteht die Möglichkeit, den gesamten Materialverzehr in Form von Stücklisten zu erfassen, die der Betriebsabrechnung von den Abteilungen zur Verfügung gestellt werden, die die einzelnen Erzeugnisse konstruiert und ihre Zusammensetzung festgelegt haben. Eine Stückliste enthält die Auflistung aller Materialverbräuche pro Einheit eines hergestellten Produkts (Abbildung 61). Durch multiplikative Verknüpfung der einzelnen Verbrauchsmengen mit den entsprechenden Wertansätzen lassen sich somit die (Plan-)Einzelmaterialkosten pro Erzeugniseinheit ermitteln.

Anhand der einzelnen Stücklisten und der Zahlen der in einer Periode produzierten unterschiedlichen Erzeugniseinheiten kann durch Multiplikation von Verbrauch pro Stück und ausgebrachten Stückzahlen der gesamte **Soll-Materialverbrauch** ermittelt werden. Aufgrund der Rückrechnung von den produzierten Erzeugniszahlen mit Hilfe von Stücklisten oder Rezepturen auf die entsprechenden Materialverbräuche wird dieses Verfahren auch als **retrograde Methode** bezeichnet (Abbildung 62).

---

100 Vgl. zur Ermittlung von Verbrauchsabweichungen im System einer Plankostenrechnung die Ausführungen im vierten Teil zu Gliederungspunkt 3.3.3.1.

Stückliste		Produkt: Automatisches Feuerzeug		Zeichnung-Nr.: 163–000	
Pos.-Nr.	St. je Einheit	Benennung	Zeichnungs-Nr., DIN-Nr.	Werkstoff und Abmessungen	Bemerkungen
1	1	Tank	163–001	Ms 63 weich 0,8	vernickelt
2	1	Hülse	163–002	Ms 63 weich 0,8	glatt, vernickelt, mit Prägung
3	1	Plattform	163–003	Ms 63 weich 0,6	vernickelt
4	1	Rahmen	163–004	Ms 58 weich 0,8	vernickelt
5	1	Drucktaste	163–005	Ms 63 weich 0,8	vernickelt
6	1	Dochtkappe	163–006	Ms 58 weich 0,8	vernickelt
7	1	Deckel	163–007	Al 98 weich 0,5	
8	1	Schaltfeder	163–008	Federbandstahl 10 × 0,2	weiß poliert
9	1	Gelenk	163–009	Ms 63 halbhart 0,8	
10	1	Zugfedereinhänghaken	163–010	Ms 63 halbhart 16 × 6 × 1,0	
11	1	Reibrad			Fremdbezug
12	1	Verschlusskappe	163–011	Ms 63 weich 0,5	vernickelt
13	1	Dochtrohr	163–012	Ms 58 3 Ø	vernickelt
14	1	Streinrohr	163–013	Ms 58 3 Ø	
15	1	Achsschraube zur Drucktaste	163–014	St 33–2	vernickelt
16	1	Zugfeder			Fremdbezug
17	1	Steinfeder			Fremdbezug
18	2	Zylinderschraube	DIN 84	St 33–4	
19	1	Steinschraube	163–015	Ms 58	
20	1	Rechtsschraube für Dochtkappe	163–016	St 33–2	vernickelt
21	1	Linksschraube für Dochtkappe	163–016	St 33–2	vernickelt
22	1	Lagerrohr für Reibrad	163–017	St 50–1 2,3 Ø	
23	1	Lagerschraube für Reibrad	163–018	St 33–2	vernickelt
24	1	Bolzen zur Steinfeder	163–019	St 33–2	

Abbildung 61: Beispiel einer Stückliste.[101]

---

[101] Vgl. Hammer 1977, S. 187.

```
Anfangsbestand
+ Zugänge
– Abgänge ( = Soll-Verbräuche, erfasst durch Stücklisten order Rezepturen)
= (rechnerischer) Soll-Endbestand
```

Abbildung 62: Vorgehensweise der retrograden Methode.

Das Rückrechnungsverfahren eignet sich insbesondere zur Ermittlung der mengenmäßigen Vorgabegrößen pro Material- und Kostenart im Rahmen der Kostenplanung. Zum Zweck einer aussagefähigen kostenarten- und/oder kostenstellenbezogenen Abweichungsanalyse müssen dann aber die entsprechenden effektiven Materialverbräuche anhand der Skontrationsmethode mit Hilfe von Materialentnahmescheinen neu ermittelt werden. Darüber hinaus sind etwaige Fehlmengen pro Materialart, die nicht auf Unwirtschaftlichkeiten bei der Realisierung der Produktion basieren, durch den Vergleich des um ggf. entstandene verbrauchsbedingte Mengenabweichungen korrigierten Soll-Endbestands mit dem durch Inventur ermittelten Endbestand feststellbar. Die Anwendung der retrograden Methode ist allerdings an die Voraussetzung geknüpft, dass für die gewünschten Ermittlungszeiträume des Materialverbrauchs die entsprechenden Produktionszahlen der unfertigen und/oder fertigen Erzeugnisse auf Ist- oder Planbasis vorliegen.

Für bestimmte Kleinteile und Betriebsstoffe, die in der Periode ihrer Beschaffung verbraucht werden, bietet es sich an, den Verzehr schon zum Zeitpunkt der Anlieferung als realisiert zu unterstellen. Durch eine derartige Vorgehensweise wird die aufwendige Erfassung dieser Materialien zum Verbrauchszeitpunkt vermieden. Schließlich besteht noch die Möglichkeit, die einzelnen Materialverbräuche durch **Schätzungen** zu ermitteln. Dieses Verfahren sollte aber nur dann Anwendung finden, wenn für die entsprechenden Fertigungsmaterialien weitgehend konstante Lagerbestände vorliegen und somit die Zugänge einer Periode auch als Abgänge (Materialverbräuche) unterstellt werden können.

2.2.2.2 Bewertung der Verbrauchsmengen

Die Bewertung der verzehrten Materialien wird im Rahmen einer Istkostenrechnung anhand der für die einzelnen Fertigungsmaterialien effektiv gezahlten Beschaffungsmarktpreise vorgenommen. In diesem Zusammenhang bietet es sich an, die nach den **bilanzrechtlichen Vorschriften** anzusetzenden Anschaffungskosten auch als Kostenwerte zu übernehmen.[102] Demnach sind die von Lieferanten gewährten Nachlässe (Rabatte, Skonti, Boni) nicht in die Bilanzansätze einzubeziehen, da nur die effektiven Ausgaben der Unternehmung aktiviert werden dürfen. Andererseits stellen

---

102 Vgl. im Einzelnen Leinen 2018, Rz. 1–78 zu § 255 HGB; Freidank/Velte 2013, S. 479–481.

sogenannte Anschaffungsnebenkosten wie etwa Eingangsfrachten und Transportversicherungen aktivierungspflichtigen Aufwand dar, der die Anschaffungskosten der bezogenen Materialien erhöht. Vorsteuerbeträge, die ein Unternehmer an seine Lieferanten entrichtet hat, tragen im Fall eines vollständig möglichen Vorsteuerabzugs **keinen Kostencharakter**, da sie durch den Vorsteuererstattungsanspruch **im Rechnungswesen erfolgsmäßig neutralisiert werden** (§ 15 Abs. 1 UStG). Aus diesem Grund verbietet auch § 9b Abs. 1 EStG den **Einbezug von Vorsteuern in die Anschaffungs- oder Herstellungskosten** eines Wirtschaftsguts. Allerdings sind konsequenterweise solche Vorsteuerbeträge, die nicht nach § 15 UStG von der Umsatzsteuer abgesetzt werden können, in diejenigen Anschaffungs- oder Herstellkosten der Wirtschaftsgüter einzubeziehen, auf deren Anschaffung oder Herstellung sie entfallen (§ 9b Abs. 1 EStG).[103] Da in diesem Fall eindeutig ein **Wertverzehr in nomineller Form** vorliegt, weisen die **nicht abzugsfähigen Vorsteuerbeträge**, sofern sie nicht auf Anschaffung oder Herstellung sachzielfremder Wirtschaftsgüter entfallen, aus betriebswirtschaftlicher Sicht stets **Kosteneigenschaft** auf. Die Ermittlung der bilanzrechtlichen Anschaffungskosten lässt sich zusammenfassend wie folgt darstellen (§ 255 Abs. 1 HGB; IAS 2.10–2.11) (Abbildung 63).

```
  Anschaffungspreis ( = Brutto-Rechnungspreis)
+ Anschaffungsnebenkosten (Eingangsfrachten, Versicherungen etc.)
– Nachlässe (Skonti, Boni, Rabatte)
– Umsatzsteuer ( = im Sinne des Umsatzsteuergesetzes abzugsfähige Vorsteuerbeträge)
= Anschaffungskosten
```

Abbildung 63: Berechnung der bilanzrechtlichen Anschaffungskosten.

Eine Bewertung der verbrauchten Materialmengen mit bilanzrechtlichen Anschaffungskosten ist aber unter dem Aspekt der **Substanzerhaltung des Unternehmenskapitals** nur dann sinnvoll, wenn die Fertigungsmaterialien sofort verbraucht werden und/oder ihre Beschaffungspreise keinen Änderungen unterliegen. Im Fall längerer Lagerdauern und Preissteigerungen würde die Erhaltung der (mengenmäßigen) Unternehmenssubstanz gefährdet werden, da die über die Absatzpreise erfolgenden Rückflüsse der historischen Beschaffungskosten nur eine mengenmäßig geringere **Wiederbeschaffung** der entsprechenden Materialien ermöglichen.

Bewertungsschwierigkeiten treten dann auf, wenn die Beschaffungspreise der Fertigungsmaterialien innerhalb der Rechnungsperiode schwanken und bei gemeinsamer Lagerung identischer Werkstoffe die individuellen Anschaffungspreise dieser Materialien nicht mehr festgestellt werden können. In diesen Fällen bietet es sich an, die entsprechenden Kostenwerte anhand der handelsrechtlich uneingeschränkt,

---

[103] Vgl. im Einzelnen auch R 9b EStR.

steuerrechtlich und international aber nur eingeschränkt zulässigen **Sammelbewertungsverfahren**[104] für das Vorratsvermögen zu ermitteln.[105] Abbildung 64 gibt einen Überblick über die Vorgehensweise der Bewertung bei Anwendung dieser Verfahren.

Methode	Bewertung des Verbrauchs	Bewertung des Bestands
Durchschnittsmethode	durchschnittliche Anschaffungskosten als arithmetisches Mittel aus dem Anfangsbestand und allen Zugängen der Materialien (= durchschnittlicher Buchbestandswert)	
Last in first out (Lifo)*	Anschaffungskosten der zuletzt gekauften Materialien	Anschaffungskosten der zuerst gekauften Materialien
First in first out (Fifo)**	Anschaffungskosten der zuerst gekauften Materialien	Anschaffungskosten der zuletzt gekauften Materialien

* nach IFRS nicht zulässig   ** steuerrechtlich grds. nicht zulässig

Abbildung 64: Sammelbewertungsverfahren des Bilanzrechts.

Im Fall steigender Preise ist das Lifo-Verfahren am geeignetsten, um die **Substanzerhaltung** zumindest partiell zu sichern, da die Materialverbräuche mit den höchsten Anschaffungskosten bewertet werden. Alle aufgezeigten Sammelbewertungsmethoden können als **einfache Periodenverfahren** oder als aufwendigere **(permanente) Methoden** zum Einsatz kommen. Während die Periodenverfahren die Verbrauchs- und Bestandbewertung der Materialien erst am Ende der Rechnungsperiode vornehmen, wird bei den permanenten Methoden nach jedem Abgang eine entsprechende Verbrauchs- und (Zwischen-)Bestandsbewertung durchgeführt.

Beispiel 23:
In einem metallverarbeitenden Unternehmen liegen folgende Zu- und Abgänge einer Rohstoffart während eines Rechnungsabschnitts vor, wobei diese Vorräte nicht nach beschafften Partien gelagert werden. Ferner zeigt Tabelle 15 die monoton steigende Entwicklung der Anschaffungskosten der Materialien während der betrachteten Periode auf (ME = Mengeneinheiten, ZB = Zwischenbestand).

---

104 Vgl. §§ 256 i.V.m. 240 Abs. 3 und Abs. 4 HGB; IAS 2.25, 2.27 sowie R 6.8 Abs. 3 und Abs. 4, R 6.9 EStR.
105 Vgl. zu diesen Methoden und den Voraussetzungen ihrer Anwendung Freidank/Velte 2013, S. 538–557.

Tabelle 15:

1.1.	Anfangsbestand (AB)	100 ME à 33 €
10.2.	Zugang (ZG)	40 ME à 35 €
3.4.	Abgang (AG)	120 ME
25.4.	Zugang	90 ME à 40 €
8.5.	Zugang	60 ME à 55 €
15.6.	Abgang	70 ME
30.6.	Endbestand (EB)	100 ME

Nachstehend ist die Bestands- und Verbrauchsbewertung der Materialien sowohl für die Durchschnitts- als auch die Lifo-Methode dargestellt worden (Abbildung 65).

Das Beispiel verdeutlicht, dass mit Hilfe des Perioden-Lifo-Verfahrens im Fall steigender Anschaffungskosten die Materialverbräuche (Abgänge) mit den höchsten Wertansätzen (8.300 €) in die Betriebsabrechnung eingehen. Legt man aber die Anschaffungskosten des letzten Zugangs pro Mengeneinheit (55 €) als Wiederbeschaffungskosten zugrunde, dann wird deutlich, dass durch einen etwaigen Rückfluss der Materialkosten über den Absatzmarkt die Wiederbeschaffung der verbrauchten Rohstoffe, zu der insgesamt 10.450 € (= 55 € · 190 ME) nötig wären, nicht zu realisieren ist. Im Ergebnis führt somit die kostenrechnerische Bewertung der Materialverbräuche nach dem Lifo-Verfahren zu einem nominellen Verlust der Unternehmenssubstanz in Höhe von 2.150 € (= 10.450 € − 8.300 €), da 39 Mengeneinheiten (= 2.150 € : 55 €) des Rohstoffes nicht wiederbeschafft werden können.

Die vorstehenden Ausführungen lassen erkennen, dass in Zeiten steigender Beschaffungspreise die Erhaltung der Unternehmenssubstanz nur durch die Bewertung der Materialverbrauchsmengen mit **Wiederbeschaffungskosten** in der Kostenrechnung erreicht werden kann, vorausgesetzt, die Weitergabe dieser Wertansätze über die Absatzpreise an die Abnehmer der Erzeugnisse gelingt. Da die Wiederbeschaffungspreise der Materialien in zukünftigen Beschaffungszeitpunkten nicht bekannt sind, müssen sie **geschätzt** werden. Aufgrund der Unsicherheit derartiger Ansätze bewertet man in der Praxis die entsprechenden Verbrauchsmengen häufig zu i.d.R. ohne Schwierigkeiten feststellbaren **Tagespreisen.**

Schließlich werden den Ist-Verbrauchsmengen in der Betriebsbuchhaltung vielfach **feste Verrechnungspreise** zugrunde gelegt, damit aussagefähige (Mengen-) Abweichungen im Rahmen des Soll-Ist-Vergleiches zu ermitteln sind. Da das Ziel der Kostenkontrolle darin besteht, **Preisschwankungen der Kostengüter zu isolieren**, um quantitative innerbetriebliche Unwirtschaftlichkeiten bestmöglich feststellen zu können, werden die Istkosten der verzehrten Fertigungsmaterialien mit den gleichen Verrechnungspreisen angesetzt wie die entsprechenden Plankosten, so dass Verbrauchsabweichungen im Grundsatz mit Festpreisen bewertete Mengendifferenzen darstellen. Ein Abweichen von den bilanzrechtlich zulässigen

(1) Durchschnitts-Methode
(1.1) gewogene Durchschnitte

S			Rohstoffbestandskonto			H
AB	100 ME à 33 € =	3.300 €	AG	190 ME à 40 € =	7.600 €	
ZG	40 ME à 35 € =	1.400 €	EB	100 ME à 40 € =	4.000 €	
ZG	90 ME à 40 € =	3.600 €				
ZG	60 ME à 55 € =	3.300 €				
		11.600 €			11.600 €	

$$\frac{11.600 \text{ €}}{290 \text{ ME}} = 40 \text{ €/ME (=durchschnittlicher Buchbestandswert)}$$

(1.2) permanente Durchschnitte

```
  AB   100 ME à 33,000 € = 3.300,00 €
+ ZG    40 ME à 35,000 € = 1.400,00 €
= ZB   140 ME à 33,570 € = 4.700,00 €
− AG   120 ME à 33,570 € = 4.028,40 €
+ ZG    90 ME à 40,000 € = 3.600,00 €
+ ZG    60 ME à 55,000 € = 3.300,00 €
= ZB   170 ME à 44,539 € = 7.571,60 €
− AG    70 ME à 44,539 € = 3.117,73 €
= EB   100 ME à 44,539 € = 4.453,87 €
```

S		Rohstoffbestandskonto			H
dito		AG	120 ME à 33,570 € =	4.028,40 €	Σ AG = 7.146,13 €
		AG	70 ME à 44,539 € =	3.117,73 €	
		EB	100 ME à 44,539 € =	4.453,87 €	
	11.600 €			11.600 €	

(2) Lifo-Methode
(2.1) Perioden-Lifo

S		Rohstoffbestandskonto			H
dito		AG	60 ME à 55 € =	3.300 €	Σ AG = 8.300 €
		AG	90 ME à 40 € =	3.600 €	
		AG	40 ME à 35 € =	1.400 €	
		EB	100 ME à 33 € =	3.300 €	
	11.600 €			11.600 €	

Abbildung 65: Bewertungen und Verbuchungen bei Anwendung der Durchschnitts- sowie der Lifo-Methode.

Wertansätzen bei der Bewertung des verbrauchten Fertigungsmaterials führt im Bereich der Kostenrechnung zu Anderskosten und im System der Aufwandsrechnung zu neutralen Aufwendungen.

(2.2) **permanentes Lifo**

```
  AB    100 ME à 33 € =  3.300 €
+ ZG     40 ME à 35 € =  1.400 €
- AG     40 ME à 35 € =  1.400 €
- AG     80 ME à 33 € =  2.640 €
= ZB     20 ME à 33 € =    660 €
+ ZG     90 ME à 40 € =  3.600 €
+ ZG     60 ME à 55 € =  3.300 €
- AG     60 ME à 55 € =  3.300 €
- AG     10 ME à 40 € =    400 €
= EB  {  20 ME à 33 € =    660 €
         80 ME à 40 € =  3.200 €
```

S	Rohstoffbestandskonto			H
dito	AG	40 ME à 35 € =	1.400 €	
	AG	80 ME à 33 € =	2.640 €	Σ AG = 7.740 €
	AG	60 ME à 55 € =	3.300 €	
	AG	10 ME à 40 € =	400 €	
	EB {	20 ME à 33 € =	660 €	
		80 ME à 40 € =	3.200 €	
11.600 €			11.600 €	

Abbildung 65 (fortgesetzt)

2.2.3 Personalkosten

Die Personalkosten einer Unternehmung setzen sich zunächst aus den **Fertigungslöhnen** einerseits und den **Hilfslöhnen und Gehältern** andererseits zusammen. Darüber hinaus fallen unter den Begriff Personalkosten alle von der Unternehmung gesetzlich oder freiwillig entrichteten Sozialkosten (z. B. Sozialversicherungsbeiträge, Gratifikationen). Während zu den **Lohngemeinkosten** die Stellenkosten des Lohnbüros und der Lohnbuchhaltung gehören, werden dem Terminus **Gemeinkostenlöhne** alle diejenigen Arbeitsentgelte subsumiert, deren Zurechnung auf die einzelnen Erzeugnisse nur indirekt, d. h. über Verteilungsschlüssel mit Hilfe der Kostenstellenrechnung, gelingt (z. B. Hilfslöhne). Fertigungslöhne und die entsprechenden gesetzlichen Sozialkosten stellen hingegen im Grundsatz **Einzelkosten** dar, da sie i. d. R. produktbezogen zu erfassen und zuzurechnen sind. Andererseits können Gehalts- und anhängende gesetzliche Sozialkosten nur vereinzelt als **(Sonder-)Einzelkosten** ohne Rückgriff auf die Stellenrechnung den Erzeugnissen zugerechnet werden. Sie tragen prinzipiell den Charakter von **Gemeinkosten**.

Zur Ermittlung der Personalkosten greift die Betriebsabrechnung auf die Ergebnisse der Lohn- und Gehaltsbuchhaltung zurück, in der Bruttolöhne und -gehälter, Art der Tätigkeit, beschäftigender betrieblicher Abrechnungsbereich und die betreffenden freiwilligen und gesetzlichen Sozialkosten, die von der Unternehmung zu tragen sind, buchhalterisch erfasst werden.[106] In diesem Zusammenhang ist auf eine exakte periodenbezogene Abgrenzung der einzelnen Personalkostenarten zu achten. Da die betrieblichen Sozialausgaben zu einem Großteil nicht kontinuierlich anfallen (z. B. Weihnachtsgeldzahlungen), besteht die Gefahr, dass die Kostenstruktur der Unternehmung in den entsprechenden Monaten stark verzerrt wird. Deshalb empfiehlt sich die Verrechnung eines konstanten Sozialkostenbetrags in der Betriebsabrechnung, der als Prozentsatz in Abhängigkeit von der gesamten Lohn- und Gehaltssumme bemessen werden kann.

Je nachdem, welches Lohnsystem Anwendung findet, unterscheidet sich die Erfassung der Mengen- und Wertkomponente der Lohnkosten.[107] Beim Vorliegen eines **Zeitlohnsystems** erfolgt die Ermittlung der Anwesenheitszeiten der Arbeitskräfte etwa anhand von Stempelkarten, Aufschreibungen oder digitalen Systemen, wobei die dort erfassten Zeiteinheiten dann multiplikativ mit den tariflich oder außertariflich vereinbarten Lohnsätzen pro Zeiteinheit verknüpft werden. Im Fall von **Akkord- oder Prämienlohnsystemen** bereitet die Ermittlung der Lohnkosten jedoch weitaus mehr Schwierigkeiten. So unterscheidet man im Rahmen der Akkordlöhne zwei Grundtypen, den **Geld- und Zeitakkord**. Ausgangspunkt für die Berechnung beider Akkordlohnsysteme ist stets der durch tarifliche oder außertarifliche Vereinbarung festgelegte **Akkordrichtsatz** (Arbeitsentgelt pro Stunde), der sich wiederum aus dem **Normallohnsatz** (Normallohnsatz pro Stunde) und dem **Akkordzuschlag** zusammensetzt. Der Normallohnsatz (Mindestlohn) spiegelt das Arbeitsentgelt wider, das ein Zeitlohnarbeiter bei normaler Leistung erhalten würde. Der auf diesen Lohnsatz gezahlte Akkordzuschlag wird im Allgemeinen durch die beim Akkordlohn erforderliche höhere Arbeitsintensität begründet. Ferner können im Rahmen der Akkordberechnung **Zusatzlöhne** auftreten, die den Arbeitskräften für von ihnen nicht zu vertretende Mehrverbräuche an Zeit (z. B. aufgrund von Maschinenstörungen, Werkzeug- und Materialmängel) gezahlt werden. Während beim Geldakkord (Stückakkord) ein bestimmter Lohnbetrag für eine Arbeitsleistung pro Zeiteinheit vorgegeben wird, erfolgt die Berechnung des Zeitakkords unter Zugrundelegung einer **Vorgabezeit** für das Hervorbringen einer bestimmten Arbeitsleistung. Die Lohnberechnung lässt sich für den Geld- und Zeitakkord allgemein wie folgt charakterisieren.[108]

(1) **Geldakkord**

$$\frac{\text{Akkordrichtsatz (€/Std.)}}{\text{Normalleistung (St./Std.)}} = \text{Lohnbetrag/St.} \qquad (1.1)$$

---

[106] Vgl. im Einzelnen Freidank/Velte 2013, S. 243–250.
[107] Vgl. zu den einzelnen Lohnformen auch Corsten/Gössinger 2016, S. 344–366; Wöhe/Döring/Brösel 2016, S. 140–148.
[108] Vorgabezeit und Geldfaktor müssen sich stets auf die gleiche Zeiteinheit beziehen. In diesem Falle wurden der Berechnung Minuten zugrunde gelegt.

$$\text{Lohnbetrag/St.} \cdot \text{Istmenge} = \text{Gesamtlohn} \qquad (1.2)$$

(2) Zeitakkord

$$\frac{\text{Akkordrichtsatz (€/Std.)}}{60} = \text{Geldfaktor} \,(= \text{Lohnbetrag/Min.}) \qquad (2.1)$$

$$\text{Geldfaktor} \cdot \text{Istmenge} \cdot \text{Vorgabezeit} = \text{Gesamtlohn} \qquad (2.2)$$

Die zum Zweck der Berechnung des Geldakkords erforderliche **Normalleistung** stellt das Arbeitsergebnis dar, „das ein durchschnittlich Veranlagter nicht nur vorübergehend, sondern auf die Dauer und im Mittel der betrieblichen Arbeitszeit ohne Gefährdung seiner Gesundheit zu schaffen in der Lage ist"[109]. Da nicht objektiv festgestellt werden kann, welche Leistung als normal anzusehen ist, bleibt nur die Möglichkeit, eine durch Erfahrung gewonnene Bezugsleistung anzusetzen. Ausgangspunkt zur Berechnung der **Vorgabezeit** im Rahmen des Zeitakkords ist die Bestimmung der **Normalzeit (NZ)**, die sich durch Multiplikation des geschätzten **Leistungsgrads (LG)** der einzelnen Arbeitskräfte mit der durch **Zeitstudien** ermittelten Istzeit ergibt. Als Hilfsgrößen zur Schätzung des Leistungsgrads können z. B. die Arbeitsintensität (Bewegungsgeschwindigkeit) oder die Effizenz des Arbeitsvollzugs herangezogen werden.[110]

$$LG = \frac{\text{Istleistung}}{\text{Normalleistung}} \cdot 100 \qquad (1)$$

$$NZ = \frac{LG}{100} \cdot \text{Istzeit} \qquad (2)$$

Die aufgrund von Zeitaufnahmen und Leistungsgradschätzungen berechnete Normalzeit ist aber in der industriellen Praxis nicht mit der Vorgabezeit identisch. Zusätzlich werden neben der **Grundzeit** (regelmäßig anfallende Arbeitszeit) sowie der **Rüstzeit** (auftragsbezogene Vorbereitungszeit der auszuführenden Arbeit) noch Zeitzuschläge in Form von **Verteilzeiten** (nicht kontinuierlich anfallende Rüst- oder Ausführungszeiten) und **Erholungszeiten** berücksichtigt.[111]

---

[109] Gutenberg 1983, S. 56.
[110] Durch die Berücksichtigung des Leistungsgrads wird erreicht, dass der Arbeiter bei der Istzeitaufnahme die Vorgabezeiten nicht willkürlich beeinflussen kann.
[111] Vgl. zu dieser Arbeitszeitgliederung nach REFA im Detail die Ausführungen im vierten Teil zu Gliederungspunkt 3.3.3.2.3.3.1.

Beispiel 24:
Die Tabelle 16 zeigt die Berechnung des Geld- und des Zeitakkords, wobei als effektive Leistung des Akkordlohnarbeiters 150 Stück für einen Auftrag unterstellt worden sind.

Tabelle 16:

Akkordsystem	Akkordrichtsatz	Normalgrößen	Vorgabe	Lohnberechnung
Geldakkord	48 €/Std.	4 Stück/Std.	12 €/St.**	12 €/St. · 150 St. = 1.800 €
Zeitakkord	48 €/Std.	15 Min./St.*	15 Min./St.	0,8 €/Min. · 150 St. · 15 Min./St. = 1.800 €

* $\frac{60 \text{ Min.}}{4 \text{ St.}} = 15$ Min./St.

** $\frac{48 \text{ €/Std.}}{4 \text{ St.}} = 12$ €/St.

Das Beispiel verdeutlicht, dass die Ermittlungen des Akkordlohns mit Hilfe des Geld- oder Zeitakkords stets zum gleichen Ergebnis führen. Zur Erfassung der Akkordlohnkosten finden häufig **Fertigungslohnscheine** Verwendung, die unter Zugrundelegung des **Zeitakkords** folgendes Aussehen haben können (Abbildung 66).

Personal-Nr.	Kostenstelle	Maschinengruppe	Auftrags-Nr.
Arbeitsart	Vorgabezeit	Geldfaktor	Istmenge
Akkordlohn	Datum	Unterschrift des Meisters	

Abbildung 66: Beispiel eines Fertigungslohnscheins.

Der dargestellte Fertigungslohnschein enthält alle Informationen, die zur Weiterverrechnung und Kontrolle der angefallenen Akkordlohnkosten im Rahmen der Kostenrechnung von Bedeutung sind.

Kommen darüber hinaus zur Entlohnung des Faktors Arbeit **Prämienlohnsysteme** zum Einsatz, die dadurch gekennzeichnet sind, dass zu vereinbarten Grundlöhnen fixe oder variable Zuschläge gezahlt werden, deren Höhe auf einer **objektiv und materiell feststellbaren Mehrleistung** der einzelnen Arbeitskräfte beruhen, so wird die Erfassung der entsprechenden Lohnkosten sehr kompliziert und arbeitsaufwendig. Am einfachsten ist hingegen die Ermittlung der Gehälter. In diesem Fall sind nur die tariflich oder außertariflich vereinbarten Arbeitsentgelte pro Monat als Gehaltskosten in der Kostenartenrechnung anzusetzen.

2.2.4 Sondereinzelkosten und sonstige Gemeinkosten

Die den Erzeugnissen über die Einzelmaterial- und Fertigungslohnkosten hinaus direkt zurechenbaren Kosten der Fertigung und des Vertriebs werden als **Sondereinzelkosten** bezeichnet, da sie nur für ganz bestimmte Produkte des Fertigungsprogramms anfallen. Im Hinblick auf die **Sondereinzelkosten der Fertigung** handelt es sich um alle erzeugnisorientiert erfassbaren Fertigungskosten, wie z. B. Werkzeugkosten, Patent- und Lizenzkosten, Kosten für Materialanalysen und Modelle sowie Entwicklungskosten. Als Beispiele bezüglich der **Sondereinzelkosten des Vertriebs** sind alle produktorientiert zu erfassenden Vertriebskosten wie etwa Frachtkosten, Zölle, Provisionen, Versicherungen und Verpackungen zu nennen.

Den Charakter von (sonstigen) Gemeinkosten, die den Erzeugnissen auf indirektem Weg angelastet werden, tragen i. d. R. z. B. Hilfslohn- und Gehaltskosten, Energiekosten, Instandhaltungskosten, Gebühren und Beiträge, Miet- und Pachtkosten, Lizenzkosten, Reise- und Rechtsberatungskosten, Vertreter- und Werbekosten, Telefonkosten, Portokosten, Kosten für Büromaterial und Abschreibungskosten. Entsprechend der Zurechnung auf die einzelnen betrieblichen Hauptkostenstellen werden die indirekten Kosten im Rahmen der Betriebsabrechnung mit den Termini **Material-, Fertigungs-, Verwaltungs- und Vertriebsgemeinkosten** belegt. Die Erfassung der auf **Zweckaufwendungen** basierenden Sondereinzel- und Gemeinkosten bereitet grundsätzlich keine Schwierigkeiten, da auf die Daten der Finanzbuchhaltung, etwa in Gestalt der Lohn- und Gehaltsabrechnung, der Anlagekartei zur Bemessung der Betriebsmittelkosten (Abschreibungskosten) und der vorhandenen Buchungsbelege zurückgegriffen werden kann. Wie im Folgenden zu zeigen sein wird, erfordert die genaue Ermittlung von **kalkulatorischen Kosten** jedoch den Einsatz von **Nebenrechnungen**, sofern die entsprechenden Anders- oder Zusatzkosten nicht auf willkürlichen Schätzgrößen beruhen sollen.

Ein besonderes Problem stellt die **Erfassung und Verrechnung der Unternehmensteuern** in der Kostenrechnung dar. Legt man der Konkretisierung des sachzielbezogenen Güterverzehrs das auf einer Kausalbeziehung zwischen Güterverzehr und Gütererstellung basierende klassische (Kosten-)Einwirkungsprinzip zugrunde, dann tragen alle diejenigen **Ertrag-** (Einkommen-, Körperschaft-, Gewerbesteuer), **Substanz-** (z. B. Erbschaft- und Schenkungsteuer sowie Grundsteuer), **Verkehr-** (z. B. Umsatz- und Grunderwerbsteuer) sowie **Verbrauchsteuerarten** (z. B. Bier-, Tabak- und Branntweinsteuer) Kostencharakter, ohne deren Zahlung die Realisation des unternehmerischen Sachziels nicht möglich wäre.[112] Hieraus folgt, dass Steuerbeträge, deren Anfälle durch sachzielfremde (neutrale) betriebliche Aktivitäten ausgelöst worden sind, nicht zu den Kostensteuern gehören.

---

[112] Vgl. zum Kostencharakter der betrieblichen Steuern im Einzelnen Freidank 2008a, S. 434–440; Freidank/Sassen 2013c, S. 91–113.

Die Erfassung des gesamten anfallenden Ist-Steueraufwands am Ende eines Geschäftsjahres bereitet keine Schwierigkeiten, da die relevanten Beträge entweder aus schon vorliegenden Steuerbescheiden entnommen oder durch Anwendung der entsprechenden Steuersätze auf die feststellbaren Steuerbemessungsgrundlagen der einzelnen Steuerarten ermittelt werden können.[113] Rechnerische Probleme treten aber bei der Abspaltung des sachzielfremden (neutralen) Steueraufwands und bezüglich der Feststellung der monatlichen Kostensteuern auf. Ein exaktes Verfahren besteht darin, die Bemessungsgrundlagen der einzelnen Steuerarten auf ihren Sachzielbezug zu prüfen und nach ggf. vorzunehmender Korrektur mittels der entsprechenden Steuersätze die in der Kostenrechnung anzusetzenden Steuerbeträge zu berechnen sowie den einzelnen Perioden anteilig anzulasten. Schwierigkeiten ergeben sich aber insbesondere bezüglich der **Wahl des Einkommensteuersatzes** bei Einzel- und Personenunternehmungen, der von der Höhe der(s) zu versteuernden Einkommen(s) der Mitunternehmer bzw. des Einzelunternehmens abhängt (§ 32a und § 34a EStG). Da eine genaue Ermittlung der gesamten Einkommensteuerbelastung in der Praxis an dem erforderlichen **hohen Rechenaufwand** und an **mangelnden Informationen** über die individuellen Verhältnisse der einzelnen Unternehmenseigner (z. B. Sonderausgabenabzüge, Freibeträge, Verlustausgleichsmöglichkeiten, Veranlagungsformen, Tarifbegünstigungen) scheitern wird, bietet es sich an, den **Spitzen- oder einen Durchschnittssteuersatz** auf den steuerrechtlichen Unternehmensgewinn anzuwenden.[114] Die Integration der Einkommensteuer in die Kostenrechnung führt dann zu **kalkulatorischen (Zusatz-)Kosten**.[115]

Im Grundsatz können alle sachzielbezogenen Steuerbeträge mit Hilfe von **Nebenrechnungen** aus der Finanzbuchhaltung sowie **steuerrechtlichen Aufzeichnungen** abgeleitet werden. Da die vorstehend dargestellte exakte Ermittlung der Kostensteuern nur durch einen relativ **hohen zusätzlichen Rechenaufwand** zu realisieren ist, wird teilweise im Schrifttum vorgeschlagen, die Feststellung der Steuern für kostenrechnerische Zwecke anhand der **angesetzten Steuervorauszahlungen** vorzunehmen und diese Ergebnisse ggf. unter Einbeziehung der **Steuerbelastungen früherer Rechnungsabschnitte** zu berichtigen.[116] Aufgrund der bei vielen Steuerarten nicht exakt zu ermittelnden periodenbezogenen (z. B. monatlichen) Bemessungsgrundlagen werden die Kostensteuern in der Praxis häufig nur als **zeitlicher Durchschnittswert** im innerbetrieblichen Rechnungswesen zum Ansatz kommen können.

---

113 Vgl. im Einzelnen Freidank/Velte 2013, S. 143–159, 251–255, 440–442, 695–728, 737–740.
114 Vgl. im Einzelnen die Ausführungen im dritten Teil zu Gliederungspunkt 2.2.5.2.3.
115 Da die Einkommensteuer von dem (den) Unternehmenseigner(n) zu tragen ist und damit den betrieblichen Bereich nicht tangiert, kommen auch keine entsprechenden Steueraufwendungen in der Finanzbuchhaltung zur Verrechnung. Bei Kapitalgesellschaften findet aus handelsrechtlicher Sicht allerdings die Körperschaftsteuer (und auch die Gewerbesteuer) Eingang in die Ergebnisrechnung (§ 275 Abs. 2 Nr. 14 sowie Abs. 3 Nr. 13 HGB).
116 Vgl. Schildbach/Homburg 2009, S. 119–120.

Wie schon erwähnt wurde, tragen Vorsteuerbeträge nur dann Kostencharakter, wenn sie zu den im Sinne des Umsatzsteuergesetzes nicht abzugsfähigen Vorsteuern zählen und mithin nicht durch den Vorsteuererstattungsanspruch neutralisiert werden. Sobald durch den Unternehmer ein steuerbarer Umsatz ausgeführt wird, stellt die auf den Umsatzerlös entfallende Umsatzsteuerbelastung grundsätzlich eine abzugsfähige **Betriebsausgabe** im Sinne von § 4 Abs. 4 EStG dar, weil dieser Aufwand durch das Unternehmen veranlasst wurde. In der Finanzbuchhaltung erfolgt bei der Erfolgsermittlung durch Vermögensvergleich aber aufgrund § 277 Abs. 1 HGB eine saldierende Erfassung der Umsatzsteuer als erfolgsneutraler Durchlaufposten, indem folgende Standardbuchung zur Anwendung kommt: Forderungen aus Lieferungen und Leistungen (Bruttorechnungsbetrag einschließlich Umsatzsteuer) an Umsatzerlöse (Nettorechnungsbetrag ohne Umsatzsteuer) und an Verbindlichkeiten gegenüber dem Finanzamt (Umsatzsteuer).[117] Berücksichtigt man, dass die in Rede stehende Umsatzsteuer an den Vertrieb der sachzielbezogenen Wirtschaftsgüter gebunden ist, d. h. mit einer wichtigen Funktion der Unternehmung in ursächlichem Zusammenhang steht, dann trägt auch sie in Bezug auf die Besteuerung des betrieblichen Absatzprozesses aus dem Blickwinkel des Einwirkungsprinzips zweifellos Kostencharakter. Eine andere Möglichkeit der kostenrechnerischen Behandlung besteht darin, **die Umsatzsteuer vollständig mit in die Betriebsabrechnung einzubeziehen**. In diesem Fall führt die an die Lieferanten gezahlte **Vorsteuer** sowie der **positive Differenzbetrag** (= Umsatzsteuer-Vorsteuerabzug), der die an das Finanzamt abzuführende **Zahllast** darstellt, zu Kosten, die automatisch über die Kostenarten- und Kostenstellenrechnung auf die Kostenträger überwälzt werden und somit in den kalkulatorischen Ergebnissen enthalten sind. Eingang in die Leistungsrechnung als Erträge müssen weiterhin die von den Kunden erhaltene **Umsatzsteuer** sowie ggf. der **negative Unterschiedsbetrag** (= Umsatzsteuer-Vorsteuerabzug) finden.[118]

Kostensteuern stellen bezüglich ihrer Zurechenbarkeit auf die Produkte im Grundsatz **Gemeinkosten** dar, da sie nur über die Kostenstellenrechnung den einzelnen Leistungseinheiten anzulasten sind. Allerdings besteht bei einigen **Verkehr- und Verbrauchsteuerarten** auch die Möglichkeit, sie als **Einzelkosten** zu erfassen. So kann die **Umsatzsteuer** bei einer Einbeziehung in die Betriebsbuchhaltung auch im Rahmen der **Sonder(einzel)kosten des Vertriebs** erzeugnisorientiert erfasst und verrechnet werden. **Einzelkostencharakter** tragen z. B. auch die **Bier-, Tabak- und Branntweinsteuer**. Alle anderen Kostensteuern müssen aber in Gestalt von **Stellen-Einzelkosten** (z. B. Verrechnung der Mineralölsteuer im verbrauchenden Fertigungsbereich) oder mit Hilfe mehr oder weniger willkürlich gewählter Schlüsselgrößen als **Stellen-Gemeinkosten** den einzelnen betrieblichen Abrechnungsbereichen anteilig

---

117 Vgl. Rose/Watrin 2013, S. 238–239.
118 Vgl. Schildbach/Homburg 2009, S. 119–120.

angelastet werden.[119] Aus betriebswirtschaftlicher Sicht erscheint diese durchschnittliche Verrechnung der Steuern jedoch unbefriedigend, da vor allem zur Lösung spezifischer kurzfristiger Entscheidungsaufgaben dann die (Voll-)Kostenrechnung nicht in der Lage ist, die relevanten Kalkulationsgrößen zur Verfügung zu stellen.

2.2.5 Kalkulatorische Kostenarten

2.2.5.1 Kalkulatorische Abschreibungen

2.2.5.1.1 Allgemeines
Abschreibungen haben im Rahmen des betrieblichen Rechnungswesens grundsätzlich die Aufgabe, **alle Wertminderungen am ruhenden Vermögen einer Unternehmung buchhalterisch zu erfassen**. Während die **bilanzielle (planmäßige) Abschreibung**, die bestimmten handels-, steuerrechtlichen und internationalen Bewertungsvorschriften zu entsprechen hat, im Interesse einer periodenadäquaten Aufwandsverrechnung die Anschaffungs- oder Herstell(ungs)kosten der Anlagegüter auf die Jahre der Nutzung verteilt, stellt die **kalkulatorische Abschreibung** eine Methode zur Erfassung des bewerteten Güterverzehrs derjenigen abnutzbaren Wirtschaftsgüter dar, die laufend dem Sachziel der Unternehmung dienen. Der Umfang der kalkulatorischen Abschreibungen ist aus diesem Grund ex ante so zu ermitteln, dass sie dem während einer Abrechnungsperiode zu erwartenden Betriebsmittelverzehr möglichst genau entsprechen. Sowohl bei der bilanziellen als auch der kalkulatorischen Abschreibung können den mit Hilfe bestimmter Methoden zu erfassenden Wertminderungen verschiedene Ursachen zugrunde liegen, die i. d. R. nicht exakt feststellbar sind, sondern auf **Hypothesen** beruhen. Die kalkulatorischen Abschreibungen erfassen die nachstehenden Ursachen des Verzehrs abnutzbarer Anlagegüter.[120]
(1) **Abnuntzungsbedingter Verschleiß** durch Gebrauch.
(2) **Substanzbedingte Wertminderungen**, die z. B. bei Bergwerken, Kies- und Sandgruben, Ölfeldern, Steinbrüchen vorkommen.
(3) **Natürlicher (ruhender) Verschleiß**, wie etwa Verwittern, Verrosten, Verdunsten, Zersetzen, Fäulnis.
(4) **Technische Überholung**, die z. B. durch neue Erfindungen, Einführung neuer Werkstoffe oder Weiterentwicklung von Maschinen hervorgerufen wird.

---

119 Vgl. zu den Begriffen der Stellen-Einzel- und -Gemeinkosten die Ausführungen im dritten Teil zu Gliederungspunkt 2.3.2.
120 Vgl. Kosiol 1979, S. 142–143.

(5) **Wirtschaftliche Überholung.** Dieser Wertminderungstyp kann etwa durch Geschmacksänderungen oder Modewechsel bewirkt werden, die zu einem Absatzrückgang und damit auch zu einer Verkürzung der Nutzungsdauer der entsprechenden Betriebsmittel führen. Technisch können die in Rede stehenden Anlagen durchaus noch nutzungsfähig sein, während sie wirtschaftlich bereits überholt sind.

(6) **Fristablauf.** Die Nutzungsdauer ist z. B. vertraglich befristet bei Patenten, Lizenzen, Konzessionen, Urheberrechten. Nach Ablauf der Frist liegt eine wirtschaftliche Erschöpfung der Kapazitäten dieser Anlagegüter vor, die es planmäßig in Form von Abschreibungen zu berücksichtigen gilt.

Außerplanmäßige Abschreibungen, etwa in Form von Außenwertminderungen (Sinken der Marktpreise unter die Buchwerte) sowie **steuerrechtliche Sonderabschreibungen**, die im handels-, steuerrechtlichen bzw. internationalen Jahresabschluss zum Ansatz kommen können, finden hingegen durch die kalkulatorischen Abschreibungen keine Berücksichtigung.

Die bilanziellen (planmäßigen) Abschreibungen erscheinen auf der Aufwandseite der Gewinn- und Verlustrechnung und erfahren somit eine Aufrechnung gegen die ausgewiesenen Erträge, wodurch das Periodenergebnis entsprechend negativ beeinflusst wird. Dies hat zur Folge, dass Ertragsbestandteile an die Unternehmung gebunden werden und somit nicht der Besteuerung bzw. der Ausschüttung an die Eigner unterliegen. Nach Ablauf der Nutzungsdauer der einzelnen Anlagegegenstände sollen so viele Mittel innerhalb der Unternehmung gespeichert worden sein, dass eine **Ersatzbeschaffung** möglich wird. Dieser Forderung nach Erhaltung der Unternehmenssubstanz kann aber aufgrund inflatorischer Preisentwicklungen nur in seltenen Fällen nachgekommen werden, da die Abschreibungen laut den maßgeblichen Bewertungsvorschriften für den handels-, steuerrechtlichen und internationalen Jahresabschluss grundsätzlich anhand von **(historischen) Anschaffungs- oder Herstellungskosten** zu bemessen sind. Aufgrund der **nominellen Erhaltungskonzeption des Bilanzrechts** werden darüber hinaus diejenigen Teile des Periodengewinns, die in Zeiten steigender Preise zur Sicherung des Unternehmenskapitals erforderlich wären (Scheingewinne), der Besteuerung und Ausschüttung unterworfen, so dass eine substanzielle (mengenmäßige) Kapitalerhaltung mit Hilfe des handels-, steuerrechtlichen und internationalen Jahresabschlusses nicht realisierbar ist. Deshalb kommt der Kostenrechnung die Aufgabe zu, über eine entsprechende **inflationsorientierte Ermittlung** der in die Kalkulation eingehenden Kostenarten die reale Wiederbeschaffung der Produktionsfaktoren über den Absatzmarkt sicherzustellen. So gehen die kalkulatorischen Abschreibungen in die Selbstkosten der Erzeugnisse ein und sollen den Ersatz des Verzehrs abnutzbarer Anlagegüter im **Absatzpreis** sicherstellen. Aus dem Gesagten ergibt sich zwangsläufig das Erfordernis, bei der Bemessung der kalkulatorischen Abschreibungshöhe von den **Wiederbeschaffungspreisen der Betriebsmittel** auszugehen.

Allerdings hängt der Rückfluss kalkulatorischer Abschreibungen dann allein von den Verkaufspreisen der Erzeugnisse ab, die am Absatzmarkt erzielt werden.[121]

2.2.5.1.2 Abschreibungsmethoden zur Ermittlung des periodenbezogenen Anlagenverzehrs

Der **linearen Abschreibungsmethode** liegt die Annahme zugrunde, dass der Verzehr abnutzbarer Anlagegüter sich **in Abhängigkeit vom Zeitablauf vollzieht** und die Abschreibungsbeträge pro Periode (q_t) für die gesamte Nutzungsdauer (T)[122] der Betriebsmittel **Konstanz** aufweisen. Bei der Festlegung der planmäßigen Abschreibungsbasis muss, wie auch bei den anderen Abschreibungsverfahren, ein eventuell am Ende der Nutzungsdauer verbleibender **Rest- oder Schrottwert** (R_T) Berücksichtigung finden, da nur der planmäßig zu erwartende Verzehr der Potenzialfaktoren in die kalkulatorische Rechnung einfließen soll. Von den Anschaffungs- bzw. Herstellungskosten der abzuschreibenden Betriebsmittel (AK) müssen deshalb zunächst ggf. entstehende Rest- oder Schrottwerte abgesetzt werden. Für die lineare Abschreibung gelten somit folgende Beziehungen (w_t = Abschreibungsprozentsatz pro Periode):

$$AK - R_T = \sum_{t=1}^{T} q_t \tag{1}$$

$$q_t = \frac{(AK - R_T)}{T} \tag{2}$$

$$w_t = \frac{q_t}{(AK - R_T)} \cdot 100 \quad \text{oder} \tag{3}$$

$$w_t = \frac{1}{T} \cdot 100 \tag{4}$$

$$q_t = \frac{w_t}{100} \cdot (AK - R_T) \quad \text{für} \quad t = 1, 2, \ldots, T \text{ und } q_t, w_t = \text{const.} \tag{5}$$

Die lineare Abschreibungsform kann Anwendung finden zur Berücksichtigung des **natürlichen Verschleißes, der technischen und wirtschaftlichen Überholung**, des **Fristablaufs** und zur Erfassung des Gebrauchsverschleißes. Allerdings muss im letzten Fall gesichert sein, dass der Beschäftigungsgrad keinen Schwankungen unterliegt. Aufgrund ihrer rechentechnischen Einfachheit und Stetigkeit in der Belas-

---

[121] Sofern ein fallendes Preisniveau bei den Wiederbeschaffungswerten vorliegt, ist die Substanzerhaltung der Betriebsmittel durch die von den Anschaffungs- bzw. Herstellungskosten berechneten bilanzrechtlichen Abschreibung zu erreichen. Einer Einkalkulierung (höherer) kalkulatorischer Abschreibungen in die Verkaufspreise bedarf es dann nicht.
[122] Bilanzsteuerrechtlich sind die betriebsgewöhnlichen Nutzungsdauern für nahezu alle abnutzbaren Wirtschaftsgüter in sog. AfA-Tabellen vorgeschrieben.

tung der einzelnen Nutzungsperioden wird im Rahmen der Kostenrechnung vorwiegend auf die lineare Abschreibungsmethode zurückgegriffen.

Im Gegensatz zur linearen Form geht die degressive Methode von **sinkenden Abschreibungsbeträgen** aus, unterstellt aber auch eine **funktionale Beziehung zwischen dem Betriebsmittelverzehr und dem Zeitablauf**. Diese Abschreibung findet Anwendung, wenn

(1) die Zeitwerte der Wirtschaftsgüter nicht linear, sondern aufgrund **technischer oder wirtschaftlicher Überholungen** in den ersten Jahren schneller als in späteren fallen,
(2) die Gebrauchsfähigkeit der Anlagen in den ersten Nutzungsperioden höher ist als in den folgenden und/oder
(3) in späteren Jahren mit **ansteigenden Reparatur- und Instandhaltungsarbeiten** gerechnet werden muss. Diese Vorgehensweise zielt darauf ab, die gesamten Anlagekosten (= Summe an Abschreibungen und Reparaturen) gleichmäßig auf die einzelnen Nutzungsjahre zu verteilen.

Die in Rede stehende Abschreibungsform kann entweder als **digital-degressives Verfahren** oder als **geometrisch-degressive Methode** in der Kostenrechnung zum Einsatz kommen.[123] Das digital-degressive Verfahren geht, ebenso wie die lineare Abschreibung, bei der Bemessung der fallenden Quoten stets von der Abschreibungsbasis $AK - R_T$ aus. Für diese Methode lassen sich nachstehende Beziehungen herausstellen:

$$AK - R_T = \sum_{t=1}^{T} q_t \qquad (1)$$

$$q_t = (T - t + 1) \cdot \frac{(AK - R_T)}{(1 + 2 + 3 + \ldots + T)} \qquad (2)$$

$$w_t = \frac{q_t}{(AK - R_T)} \cdot 100 \qquad (3)$$

$$q_t = \frac{w_t}{100} \cdot (AK - R_T) \quad \text{für } t = 1, 2, \ldots, T. \qquad (4)$$

Das **Buchwertverfahren** als geometrisch-degressive Methode berechnet die entsprechenden Abschreibungsquoten hingegen durch Anwendung eines konstanten Prozentsatzes auf die jeweiligen Restbuchwerte (R_{t-1}), wodurch die Abschreibungsbeträge pro Nutzungsperiode mit stets kleiner werdenden Raten fallen. Da bei

---

123 Die Anwendung der degressiven Abschreibungsmethode auf bewegliche Wirtschaftsgüter, die nach dem 31.12.2010 angeschafft oder hergestellt wurden, ist im (Bilanz-)Steuerrecht künftig nicht mehr möglich. Für nach dem 31.12.2008 und vor dem 01.01.2011 angeschaffte oder hergestellte bewegliche Wirtschaftsgüter des Anlagevermögens darf der Degressionssatz maximal 25% und das Zweieinhalbfache der linearen Abschreibung nicht überschreiten (§ 7 Abs. 2 Satz 1 und Satz 2 EStG).

diesem Verfahren immer vom jeweiligen Restbuchwert ausgegangen wird, kann sich für die geometrisch-degressiv abgeschriebenen Anlagegüter am Ende der Nutzungsdauer **niemals ein Restwert von Null** ergeben. Abschreibungsbeträge und -prozentsätze lassen sich nun wie folgt errechnen.

$$q_t = \frac{w_t}{100} \cdot R_{t-1} \tag{1}$$

$$w_t = \frac{q_t}{R_{t-1}} \cdot 100 \quad \text{für } t = 1, 2, \ldots, T \text{ und } w_t = \text{const. mit } R_0 = AK. \tag{2}$$

Da der Abschreibungsbetrag einer Nutzungsperiode beim Buchwertverfahren immer $\left(1 - \frac{w_t}{100}\right)$ der Abschreibung der Vorperiode beträgt, ergibt sich der Restbuchwert am Ende der Nutzungsdauer (R_T) bei gegebenem Abschreibungsprozentsatz aus

$$R_t = \left(1 - \frac{w_t}{100}\right)^T \cdot AK. \tag{3}$$

Durch Umstellen der Formel errechnet sich der Abschreibungsprozentsatz dann nach

$$w_t = \left(1 - \sqrt[T]{\frac{R_T}{AK}}\right) \cdot 100. \tag{4}$$

Ist nun am Anfang der Nutzungszeit des Anlageguts ein ggf. verbleibender Schrottwert bekannt, dann lassen sich der Abschreibungsprozentsatz und damit die Abschreibungsbeträge ebenfalls beim Buchwertverfahren so bestimmen, dass auch hier gilt

$$AK - R_T = \sum_{t=1}^{T} q_t. \tag{5}$$

Da die Kostenrechnung bezüglich der Höhe des Abschreibungsprozentsatzes w_t keinen Restriktionen unterliegt, kann für das innerbetriebliche Rechnungswesen somit anhand des Buchwertverfahrens ohne Einschränkungen ein Abschreibungsplan erstellt werden, der sämtliche Betriebsmittelkosten auf die Jahre der Nutzung verteilt.

Beispiel 25:
Eine Industrieunternehmung möchte mit Hilfe der Buchwertabschreibungsmethode den Werteverzehr einer Fertigungsanlage, die in der Periode t = 1 zu 220.000 € angeschafft wurde und 8 Perioden genutzt werden soll, vollständig im innerbetrieblichen Rechnungswesen erfassen. Laut Auskunft eines Sachverständigen wird der Schrottwert der angesprochenen Anlage nach Ablauf der Nutzungsdauer noch 3.000 € betragen.
Zunächst gilt es, den entsprechenden Abschreibungsprozentsatz zu berechnen

$$w_t = \left(1 - \sqrt[8]{\frac{3.000\ \text{€}}{220.000\ \text{€}}}\right) \cdot 100 \tag{1}$$

$$w_t = 41{,}5429\% \tag{2}$$

Der Abschreibungsplan für diese Anlage hat dann nachstehendes Aussehen (Tabelle 17).

Tabelle 17:

t	q_t in €	R_t in €
t = 1	91.394,38	128.605,62
t = 2	53.426,5041	75.179,1159
t = 3	31.231,5849	43.947,531
t = 4	18.257,0789	25.690,4521
t = 5	10.672,5588	15.017,8933
t = 6	6.238,8684	8.779,0249
t = 7	3.647,06154	5.131,9634
t = 8	2.131,9664	3.000,00
$\sum_{t=1}^{8} q_t$	217.000,00	–

Die **progressive Abschreibung** stellt das Gegenstück zum degressiven Verfahren dar, denn sie berechnet die planmäßige Abnutzung der Betriebsmittel in **Abhängigkeit vom Zeitablauf anhand von steigenden Abschreibungsquoten**. Analog zur degressiven Abschreibung kann die progressive Methode in **digitaler** oder **geometrischer Ausprägung** zum Einsatz kommen. Im Folgenden soll nur auf die digital-progressive Abschreibung eingegangen werden, da die Darstellung und Anwendung des geometrisch-progressiven Verfahrens sich grundsätzlich in umgekehrter Form zum geometrisch-degressiven Ansatz vollzieht. Zu berücksichtigen ist aber, dass es eine dem Buchwertabschreibungsverfahren analoge geometrisch-progressive Methode, die einen konstanten Abschreibungsprozentsatz aufweist, nicht geben kann, da die progressive Abschreibung im Zeitablauf steigende Quoten voraussetzt, die aber durch Anwendung eines konstanten Satzes auf fallende Restbuchwerte nicht zu ermitteln sind. Für die **digital-progressive Methode** gelten nachstehende Beziehungen:

$$AK - R_T = \sum_{t=1}^{T} q_t \qquad (1)$$

$$q_t = t \cdot \frac{(AK - R_T)}{(1 + 2 + 3 + \ldots + T)} \qquad (2)$$

$$w_t = \frac{q_t}{(AK - R_T)} \cdot 100 \qquad (3)$$

$$q_t = \frac{w_t}{100}(AK - R_T) \quad \text{für } t = 1, 2, \ldots, T. \qquad (4)$$

Die progressive Abschreibung[124] findet in erster Linie zur Erfassung des **gebrauchsbedingten Verschleißes** von Anlagegütern Verwendung, die erst langsam in ihre volle Kapazitätsauslastung hineinwachsen. Da sowohl die degressive als auch die progressive Abschreibungsmethode zu einer unterschiedlichen Kostenbelastung in den einzelnen Nutzungsperioden führt, wird im Rahmen der Kostenrechnung auf diese beiden Verfahren nur selten zurückgegriffen.

Der Einsatz der **Leistungs- oder Mengenabschreibung** setzt voraus, dass der **Gebrauchsverschleiß** oder die **substanzbedingten Wertminderungen** die elementaren Entwertungsursachen darstellen, während der natürliche Verzehr und die technische und wirtschaftliche Überholung keinen nennenswerten Einfluss ausüben.[125] Die Leistungsabschreibung basiert auf der Annahme, dass die **Höhe des Betriebsmittelverzehrs durch die Anzahl der ausgebrachten oder abgebauten Einheiten einer Rechnungsperiode** (x_t) bestimmt wird. Die für diese Methode geltenden Beziehungen lauten wie folgt:

$$AK - R_T = \sum_{t=1}^{T} q_t \tag{1}$$

$$q_t = (AK - R_T) \cdot \frac{x_t}{\sum_{t=1}^{T} x_1} \tag{2}$$

$$w_t = \frac{x_t}{\sum_{t=1}^{T} x_1} \cdot 100 \tag{3}$$

$$q_t = \frac{w_t}{100} \cdot (AK - R_T) \quad \text{für } t = 1, 2, \ldots, T. \tag{4}$$

> **Beispiel 26:**
> Tabelle 18 zeigt die rechentechnische Anwendung aller dargestellten Abschreibungsmethoden für ein abnutzbares Anlagegut, das einer Nutzungsdauer von fünf Rechnungsperioden unterliegt und zu Anschaffungskosten von 60.000 € erworben wurde. Ein Schrottwert fällt am Ende der Nutzungszeit nicht an. Die Verläufe der einzelnen Abschreibungsmethoden sind in den Abbildung 67, Abbildung 68, Abbildung 69, Abbildung 70 und Abbildung 71 grafisch dargestellt worden.

Kombinationen von linearer Abschreibung und Leistungsabschreibung können in der Kostenrechnung dann zum Einsatz kommen, wenn sowohl die Zeit als auch die

---

[124] Steuerrechtlich wird die progressive Abschreibungsmethode weder im Einkommensteuergesetz sowie in der Einkommensteuer-Durchführungsverordnung noch in den Einkommensteuer-Richtlinien erwähnt. Nach h. M. darf sie nur dann Anwendung finden, wenn sie sich im Ergebnis mit der Leistungsabschreibung deckt.
[125] Vgl. zur Zulässigkeit der Leistungsabschreibung im (Bilanz-)Steuerrecht § 7 Abs. 1 Satz 6 und Abs. 6 EStG.

Tabelle 18:[126]

t	linear (w_t = 20%)		digital-degressiv		Abschreibungsverfahren Buchwertabschreibung (w_t = 25%)		digital-progressiv		Leistungsabschreibung		
	q_t	R_t	q_t	R_t	q_t	R_t	q_t	R_t	x_t	q_t	R_t
t = 1	12.000	48.000	20.000	40.000	15.000	45.000	4.000	56.000	1.000	12.000	48.000
t = 2	12.000	36.000	16.000	24.000	11.250	33.750	8.000	48.000	1.200	14.400	33.600
t = 3	12.000	24.000	12.000	12.000	8.437,5	25.312,5	12.000	36.000	800	9.600	24.000
t = 4	12.000	12.000	8.000	4.000	6.328,125	18.984,375	16.000	20.000	900	10.800	13.200
t = 5	12.000	0	4.000	0	4.746,094	14.238,281	20.000	0	1.100	13.200	0
$\sum_{t=1}^{5} q_t$	60.000	–	60.000	–	45.761,719	–	60.000	–	5.000	60.000	–
AK	60.000		60.000		60.000		60.000			60.000	

---

[126] Bis auf die Spalte x_t, die Mengeneinheiten ausweist, beziehen sich die Werte aller anderen Spalten auf Euro-Beträge.

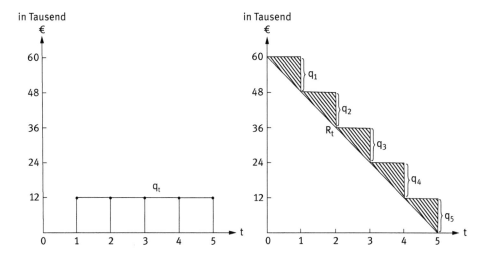

Abbildung 67: Lineare Abschreibung.

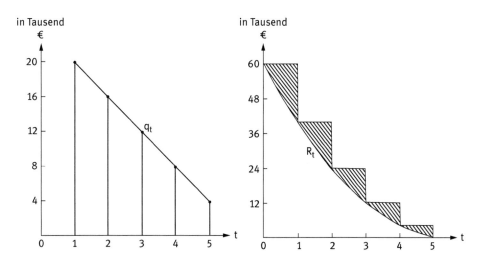

Abbildung 68: Digital-degressive Abschreibung.

Leistung den Werteverzehr eines Betriebsmittels bestimmen. In diesen Fällen erfasst die lineare Zeitabschreibung den natürlichen Verschleiß sowie die technische und wirtschaftliche Überholung, während die Leistungsabschreibung sich ausschließlich auf den Gebrauchsverschleiß bezieht (Beispiel 27).

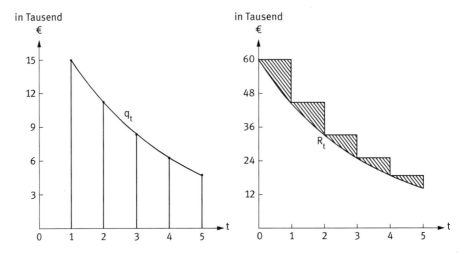

Abbildung 69: Geometrisch-degressive Abschreibung.

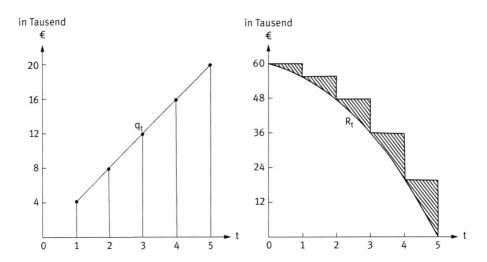

Abbildung 70: Digital-progressive Abschreibung.

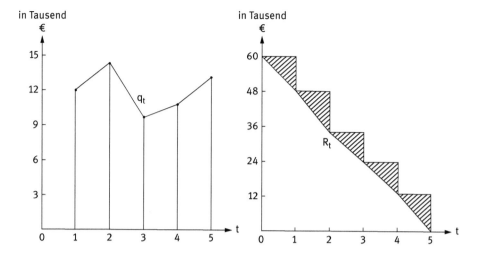

Abbildung 71: Leistungsabschreibung.

Beispiel 27:
Eine Unternehmung möchte den kalkulatorischen Werteverzehr einer vollautomatischen Fertigungsanlage, die in der Periode t = 1 zu 200.000 € angeschafft wurde, zu 60% durch eine Leistungs- und zu 40% durch eine lineare Zeitabschreibung erfassen. Es liegen nachstehende Daten vor.
(1) Nutzungsdauer: 8 Perioden
(2) Gesamtkapazität: 50.000 Stück
(3) Leistung in t = 4: 7.500 Stück

Der sich aus der Kombination von Leistungs- und Zeitabschreibung ergebende Werteverzehr ist nun folgendermaßen zu ermitteln:

$$q_4 = \frac{200.000\,€}{50.000\,\text{Stück}} \cdot 7.500\,\text{Stück} \cdot 0{,}6 + \frac{200.000\,€}{8\,\text{Perioden}} \cdot 0{,}4$$

$$q_4 = 18.000\,€ + 10.000\,€$$

$$q_4 = 28.000\,€.$$

Die entsprechenden gesamten Abschreibungsbeträge für die einzelnen Nutzungsperioden lassen sich bei Kenntnis der von dem Aggregat in den Rechnungsabschnitten ausgebrachten Stückzahlen auch aus Abbildung 72 ablesen.

2.2.5.1.3 Bewertung des Betriebsmittelverzehrs und Sonderfragen

Bezüglich der bilanziellen Abschreibungen ist der Wertansatz für den Verzehr der Betriebsmittel auf der Basis effektiver Anschaffungs- oder Herstellungskosten zu berechnen. Im Rahmen des innerbetrieblichen Rechnungswesens wird die Wertkomponente der Kosten jedoch in Abhängigkeit von dem mit der Kostenrechnung

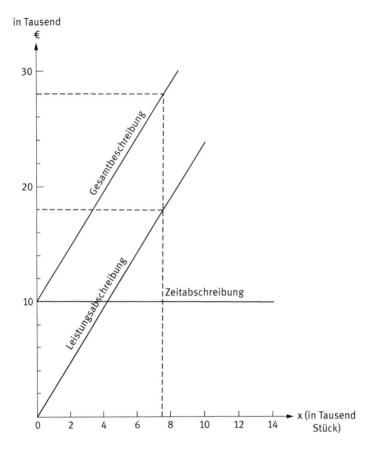

Abbildung 72: Kombination von Leistungs- und linearer Zeitabschreibung.

verfolgten Ziel oder Zielbündel festgelegt. Hinsichtlich der kalkulatorischen Abschreibungen ist die Zielsetzung primär auf die Wiederbeschaffung der Betriebsmittel ausgerichtet, so dass in der Kostenartenrechnung für preispolitische Zwecke in Bezug auf die Bewertung des Anlagenverzehrs von **Zeitwerten (Tages- oder Wiederbeschaffungspreisen)** ausgegangen wird. Zur Bestimmung der Zeitwerte bieten sich zwei Möglichkeiten an:

(1) Einzelermittlung der Zeitwerte für jeden Gegenstand des abnutzbaren Anlagevermögens.
(2) Umrechnung der Anschaffungspreise mit Indizes, die entweder dem Statistischen Jahrbuch oder der Zeitschrift Wirtschaft und Statistik (WISTA), herausgegeben vom Statistischen Bundesamt, entnommen werden.

Beispiel 28:
Die Tabelle 19 zeigt die prozentuale Preisentwicklung gewerblicher Arbeitsmaschinen.

Tabelle 19:

t	Index	Umrechnungsfaktor für t = 6
t = 1	100%	1,81
t = 2	131%	1,3817
t = 3	156%	1,1603
t = 4	158%	1,1456
t = 5	176%	1,0284
t = 6	181%	1

Somit errechnet sich der Zeitwert einer in t = 3 zu 50.000 € angeschafften Maschine für die Periode t = 6 aus

$$\frac{50.000\ € \cdot 181\%}{156\%} = 58.012,82\ €.$$

Sowohl die Zeitwerte als auch die entsprechenden kalkulatorischen Abschreibungen sind periodenbezogen dann neu zu ermitteln, wenn **Schwankungen der Preisindizes** vorliegen. Um die Rechnung zu vereinfachen, empfiehlt es sich, für jede Periode eine Tabelle mit Umrechnungsfaktoren (Tabelle 19) aufzustellen, aus der dann die einzelnen Faktoren hinsichtlich der zu unterschiedlichen Zeitpunkten beschafften Aggregate zu entnehmen sind. Diese Koeffizienten sind allgemein wie folgt zu ermitteln:

$$\frac{\text{Index der Bewertungsperiode}}{\text{Index der Anschaffungsperiode}}$$

Die Berechnung kalkulatorischer Abschreibungen auf Basis der Wiederbeschaffungswerte von **Anlagen gleicher Funktion und/oder Leistungsfähigkeit** führt jedoch zu ungenauen Ergebnissen, da die Vergleichbarkeit der Marktpreise durch die technische und wirtschaftliche Entwicklung erheblich beeinträchtigt wird. Aus Vereinfachungsgründen lehnt sich die betriebliche Praxis bei der Ermittlung der kalkulatorischen Abschreibungen häufig an die bilanzrechtlichen Anschaffungs- oder Herstellungskosten der Betriebsmittel an. Diese Vorgehensweise ist in Zeiten steigender Preise mit der Gefahr verbunden, dass die Wiederbeschaffung der abnutzbaren Anlagegüter in Frage gestellt wird.

Aufgrund der Schwierigkeit, Nutzungsdauer und/oder Gesamtkapazität zu Beginn der Inanspruchnahme der Anlagen zutreffend zu schätzen, wird es immer wieder vorkommen, dass

(1) entweder Restwerte verbleiben, wenn Betriebsmittel vorzeitig aus dem Produktionsprozess ausscheiden, oder
(2) Anlagegüter bereits bilanziell oder kalkulatorisch abgeschrieben sind, aber dennoch an der Leistungserstellung mitwirken.

Fehler in der Schätzung der Nutzungsdauer wirken sich, wie die drei nachstehenden Beispiele belegen, in der pagatorischen und kalkulatorischen Rechnung unterschiedlich aus.

Beispiel 29:
Die Anschaffungskosten einer Fertigungsanlage betrugen 100.000 € bei einer geschätzten Nutzungsdauer von zehn Perioden. Nach Ablauf des 6. Rechnungsabschnitts stellt sich heraus, dass das kalkulatorisch und bilanziell linear abgeschriebene Anlagegut nicht mehr genutzt werden kann.
  Die **kalkulatorische Abschreibung** endet in diesem Fall mit dem Ausscheiden des Anlageguts aus dem Produktionsprozess. Der Fehler, der durch die Überschätzung der Nutzungsdauer verursacht wurde und zu einer geringeren Belastung der vergangenen Perioden mit Abschreibungen führte, lässt sich nicht mehr korrigieren. In der **Finanzbuchhaltung** erfolgt eine **außerplanmäßige Abschreibung** in Höhe des Restwerts (= 40.000 €), die den Charakter von neutralem Aufwand trägt.

Beispiel 30:
In diesem Fall sollen die Anschaffungskosten einer Fertigungsanlage, der eine planmäßige Nutzungsdauer von zehn Perioden zugrunde gelegt wurde, 120.000 € betragen. Nach Ablauf der 10. Periode stellt ein Sachverständiger fest, dass die Anlage, die in der kalkulatorischen und bilanziellen Rechnung linear abgeschrieben wurde, noch zwei weitere Perioden zu nutzen ist.
  Bilanziell können hier keine weiteren planmäßigen Abschreibungen vorgenommen werden, da die Anschaffungskosten schon auf die Jahre der Nutzung verteilt wurden. Allerdings ist dieses Anlagegut nach den **Grundsätzen ordnungsmäßiger Buchführung** im Jahresabschluss mit einem **Erinnerungswert** von 1 € anzusetzen, solange es nicht aus dem Produktionsprozess ausscheidet. Aus **kalkulatorischer Sicht** müssen aber weitere Abschreibungen zum Ansatz kommen, weil die laufende und die folgende Periode aus dem Vorhandensein der Anlage noch Nutzen ziehen und in diesen Zeiträumen ein Betriebsmittelverzehr vorliegt. Da aufgrund der zu niedrig geschätzten Nutzungsdauer die bisherigen Abschreibungen zu hoch angesetzt waren, empfiehlt es sich, für die 11. und 12. Periode einen Abschreibungsbetrag von 10.000 € (= 120.000 € : 12 Perioden) in der Betriebsbuchhaltung zu verrechnen.

Beispiel 31:
In Bezug auf die in Beispiel 30 angesprochene Fertigungsanlage wird nun unterstellt, dass nach Ablauf der 5. Periode ein Sachverständigengutachten vorliegt, nach dem diese Anlage nur noch drei Rechnungsabschnitte genutzt werden kann.
  Die in den ersten fünf Nutzungsperioden zu niedrig verrechneten Abschreibungen sind nicht mehr zu korrigieren. Um aber für die restlichen drei Abschnitte Fehler beim Ansatz der kalkulatorischen Abschreibungen zu vermeiden, sollten nach kostenrechnerischen Gesichtspunkten für die 6., 7. und 8. Periode 15.000 € (= 120.000 € : 8 Perioden) der Kostenartenrechnung angelastet werden. Bilanzrechtlich besteht hingegen nur die Möglichkeit, den Restbuchwert von 60.000 €, der noch nicht zu Aufwand gewordene Ausgaben darstellt, mit einem Wert von jeweils 20.000 € (= 60.000 € : 3 Perioden) in den restlichen drei Nutzungsabschnitten erfolgswirksam zu verrechnen.[127]

---

[127] Vgl. Hensinger-Lange 2018, Rz. 190 zu § 253 HGB m.w.N.

2.2.5.2 Kalkulatorische Zinsen

2.2.5.2.1 Kostencharakter und Ermittlung

Zinsen können allgemein als das Entgelt für die Überlassung von Kapital definiert werden. Die Frage, ob und in welchem Umfang Zinskosten in der Betriebsabrechnung zum Ansatz kommen sollen, ist in der BWL noch immer umstritten. Im Schrifttum überwiegt aber die Auffassung, dass kalkulatorische Zinsen für das gesamte in der Unternehmung **gebundene Eigen- und Fremdkapital**, losgelöst von den Fremdkapitalzinsen, in der Betriebsbuchhaltung zu verrechnen sind.[128] Zur Begründung des Kostencharakters der Zinsen bedarf es folgender Überlegungen: Im Kapital, d. h. in den Beständen der Real- und Nominalgüter, die der Unternehmung zur Realisation des Sachziels zur Verfügung stehen, steckt eine Nutzungsmöglichkeit, die sich unaufhaltsam im Zeitablauf verzehrt. Den kalkulatorischen Zinsen kommt die Aufgabe zu, den Verzehr dieser Nutzungsalternativen zu erfassen. Würde das Kapital nicht in der Unternehmung eingesetzt, sondern einem Kreditsuchenden zur Verfügung gestellt, so erhielte die kreditgebende Unternehmung für die Herausgabe des Kapitals Zinsen. Dieser **entgangene Nutzen (Opportunitätskosten)** soll durch den Ansatz von kalkulatorischen Zinsen in der Kostenrechnung erfasst werden. Die effektiv gezahlten Zinsen, die in der Finanzbuchhaltung als Aufwand Verrechnung finden, sind für die Erfassung des kalkulatorischen Werteverzehrs deshalb ungeeignet, weil sie sich nur auf das Fremdkapital erstrecken und die hierfür gezahlten Zinsen je nach der Finanzierungsart und dem jeweiligen Risiko unterschiedlich hoch sind. Für die Kostenrechnung ist es aber unerheblich, aus welchen Quellen das Kapital fließt. **Die Höhe der Zinskosten darf deshalb nicht von der Finanzierungsart abhängen.**

Ausgangspunkt für die Berechnung der kalkulatorischen Zinsen, die aufgrund der ihnen in der Finanzbuchhaltung als Aufwand gegenüberstehenden Fremdkapitalzinsen den Charakter von **Anderskosten** tragen, ist die Ermittlung des **betriebsnotwendigen Kapitals**. Die folgende Abbildung 73 zeigt, dass zu diesem Zweck zwei Rechenschritte notwendig sind.

Gesamtvermögen
− betriebsfremdes Vermögen
+ nicht bilanzielles Vermögen
= betriebsnotwendiges Vermögen
− Abzugskapital
= betriebsnotwendiges Kapital

Abbildung 73: Ermittlung des betriebsnotwendigen Kapitals.

---
128 Vgl. im Einzelnen Männel 1998, S. 83–97 m.w.N.

2.2.5.2.2 Ableitung des betriebsnotwendigen Kapitals aus dem Jahresabschluss (sog. Bilanzmethode)

Zunächst gilt es, das **betriebsnotwendige Vermögen** zu bestimmen, das den Wert aller dem Sachziel dienenden Teile des Anlage- und des Umlaufvermögens der Unternehmung repräsentiert. Infolgedessen sind zunächst aus dem **bilanzierten Vermögen** alle Gegenstände zu eliminieren, die nicht zur Realisation des unternehmerischen Sachziels beitragen (z. B. Beteiligungen und Wertpapiere, die der finanzpolitischen Kapitalanlage dienen, stillgelegte Anlagen, außerhalb des Sachziels genutzte Grundstücke, überhöhte Kassen- und Bankbestände). Ferner müssen **stille Reserven**, die in den bilanziellen Wertansätzen des Anlage- und des Umlaufvermögens enthalten sind, aufgelöst werden, um die einzelnen Marktwerte bestimmen zu können. Schließlich ist das nicht bilanzierte Vermögen (z. B. selbst erstellte immaterielle Vermögensgegenstände des Anlagevermögens wie selbst geschaffene Marken oder Human Capital) hinzuzurechnen.[129]

Der Ansatz des **betriebsnotwendigen Umlaufvermögens** sollte zu den in der Rechnungsperiode **durchschnittlich gebundenen Werten (= kalkulatorischen Mittelwerten)** erfolgen, da hierdurch Schwankungen der Zinskosten im Zeitablauf, die die Planungs- und Kontrollfunktion der Kostenrechnung stören, vermieden werden. Bezüglich der Vorräte sind die Aufzeichnungen der Lagerbuchhaltung heranzuziehen, während bei den übrigen Umlaufgütern Durchschnittswerte aus den Bilanzansätzen mehrerer Stichtage berechnet werden können. Ferner sind unfertige und fertige Erzeugnisse sowie selbsterstellte Gegenstände des Anlagevermögens zu Herstellungskosten anzusetzen. Geringwertige Wirtschaftsgüter müssen unabhängig von den steuerrechtlichen Abschreibungsmöglichkeiten[130] in die kalkulatorische Rechnung einfließen.

Zum Zweck der Ermittlung des **betriebsnotwendigen Anlagevermögens**, das anhand der **Durchschnitts-, der Restwertmethode** oder einer Kombination aus beiden Verfahren bestimmt werden kann, greift man auf die kalkulatorischen Werte (Zeitwerte) der Anlagenabrechnung zurück. Bei der Durchschnittsmethode erfolgt die Zinsberechnung von der Hälfte des Ausgangswerts des betreffenden abnutzbaren Anlagegegenstands, denn dieser Betrag ist bei **linearer Abschreibung** während der gesamten Nutzungsdauer im Durchschnitt in der Unternehmung gebunden. Unter Berücksichtigung eines Schrottwerts (R_T) am Ende der Nutzungszeit sowie eines kalkulatorischen Zinssatzes (i) errechnen sich die kalkulatorischen Zinskosten für ein abnutzbares Anlagegut dann aus (ZW = Zeitwert)

$$\text{Zinskosten} = \frac{i}{100} \cdot \frac{(ZW + R_T)}{2}.$$

---

129 Vgl. Arbeitskreis Externe Unternehmensrechnung 2002, S. 2337–2340.
130 Vgl. § 6 Abs. 2 EStG und im Einzelnen Freidank/Velte 2013, S. 523–524.

Zu fallenden Zinskosten führt hingegen die Berechnung des betriebsnotwendigen abnutzbaren Anlagevermögens anhand **kalkulatorischer Restwerte**. Dieser Unterschied lässt sich bei im Zeitablauf **konstanten Marktwerten** der Anlagegüter sowie linearer Abschreibung wie in Abbildung 74 gezeigt darstellen.

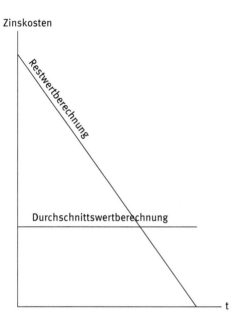

Abbildung 74: Verläufe der kalkulatorischen Zinskosten bei Rest- und Durchschnittswertberechnung.

Beispiel 32:
Die Anschaffungskosten einer Fertigungsanlage betrugen 240.000 €. Die Bemessung der (linearen) bilanziellen Abschreibung erfolgte auf der Basis einer zwölfperiodigen Nutzungsdauer. Bei einem Zeitwert der Maschine von 300.000 € errechnet sich der kalkulatorische Restwert nach einer Nutzungszeit von acht Perioden wie folgt.

Zeitwert	300.000 €
– Summe der linearen Abschreibungen zum Zeitwert $\left[= 300.000\, € \cdot \dfrac{8\ \text{Perioden}}{12\ \text{Perioden}} \right]$	200.000 €
= kalkulatorischer Restwert	100.000 €

Auf den ersten Blick mag die vorstehend dargelegte Kontroverse zwischen Durchschnitts- und Restwert für Unternehmen mit heterogener Alterszusammensetzung des Betriebsmittelbestands, der laufenden Ersetzungen unterliegt, irrelevant sein. Dies trifft für ganze Unternehmen im Grundsatz auch zu, nicht aber für die anteilig in den Kalkulationssätzen der betrieblichen Abrechnungsbereiche enthaltenen kalkulatorischen Zinskosten, deren Umfang in Abhängigkeit von den individuellen Strukturen der Anlagebestände der einzelnen Kostenstellen bei Durchschnitts- oder Restwertberechnung i. d. R. differieren wird.

Beispiel 33:
Unter Bezugnahme auf die Daten von Beispiel 26 und Tabelle 18 zeigt Tabelle 20 bei Zugrundelegung des linearen Abschreibungsverfahrens die Ermittlung der kalkulatorischen Zinsen für das dort angesprochene abnutzbare Anlagegut.[131] Dabei wurde unterstellt, dass die Anschaffungskosten den Wiederbeschaffungskosten entsprechen und der kalkulatorische Zinssatz 6% beträgt. Neben der Rest- und Durchschnittsmethode werden auch die Ergebnisse im Fall einer möglichen Kombination beider Verfahren zur Berechnung der kalkulatorischen Zinsen dargestellt. Während bei der Durchschnittsmethode die Verzinsung stets von dem zu sechs Zeitpunkten (t = 0 bis t = 5) durchschnittlich gebundenen Kapital von 30.000 € (180.000 € : 6 Zeitpunkte) berechnet wird, setzt sich die Verzinsungsbasis bei der Kombinationsmethode jeweils aus dem arithmetischen Mittel von Rest- und Durchschnittswert zusammen.

Tabelle 20:

t	Restwertmethode	Durchschnittsmethode	Kombinationsmethode
t = 1	2.880 €*	1.800 €**	2.340 €***
t = 2	2.160 €	1.800 €	1.980 €
t = 3	1.440 €	1.800 €	1.620 €
t = 4	720 €	1.800 €	1.260 €
t = 5	–	1.800 €	900 €
Summe	7.200 €	9.000 €	8.100 €

* $0{,}06 \cdot 48.000\ € = 2.880\ €$

** $\dfrac{0{,}06}{6} \cdot (60.000\ € + 48.000\ € + 36.000\ € + 24.000\ € + 12.000\ € + 0\ €) = 1.800\ €$

*** $\dfrac{0{,}06}{2} \cdot (30.000\ € + 48.000\ €) = 2.340\ €$

Zur Verhinderung einer **Doppelerfassung der Zinskosten** sind als nächster Schritt die Fremdkapitalbeträge mit scheinbarer Zinsfreiheit (z. B. Lieferantenkredite und Kundenzahlungen), das sogenannte **Abzugskapital**, aus dem betriebsnotwendigen Vermögen zu eliminieren. Scheinbare Zinsfreiheit bedeutet, dass das Kapital nur

---

[131] Vgl. Beispiel 26 und Tabelle 18 im dritten Teil zu Gliederungspunkt 2.2.5.1.2.

der Bezeichnung nach der Unternehmung zinsfrei zur Verfügung gestellt wird, in Wirklichkeit erfolgt die Verzinsung und Erfassung bereits in anderer Form. Beispielsweise finden **Lieferantenkredite** ihr tatsächliches Zinsentgelt regelmäßig im Warenpreis. Der Zins wird beim Ansatz des verbrauchten Materials zum Einstandspreis in Form der Materialkosten verrechnet. Im Hinblick auf die **Kundenanzahlungen** gilt ähnliches, da in diesem Fall der Verkaufswert der Erzeugnisse um die Zinsen niedriger angesetzt wird. Die so vorgenommene „Kürzung des Umsatzes entspricht formal einer Kostenerhöhung"[132]. Abbildung 75 verdeutlicht zusammenfassend die Technik zur bilanziellen Ableitung des betriebsnotwendigen Kapitals.[133] Mit dieser Vorgehensweise wird jedoch der am Anfang aufgestellte Grundsatz der einheitlichen, von der Finanzierungsweise unabhängigen Verzinsung zum Teil aufgegeben, da die für das Abzugskapital kalkulierten Zinsen auf individuell effektiv gezahlten Beträgen basieren. Eine gewisse Begründung liegt darin, dass dieser Zins verdeckt ist, sich in den angesprochenen Fällen kaum exakt bestimmen und damit nicht einwandfrei neutralisieren lässt.

	Aktiva	Bilanz	Passiva	
betriebs-notwendiges Vermögen (bilanziell)	**betriebsnotwendiges Kapital**		Eigenkapital	
			Fremdkapital	
	durch Lieferantenkredite finanziertes Vermögen		Lieferanten-verbindlichkeiten	Abzugs-kapital
	liquide Mittel aus Vorauszahlungen		Kundenanzahlungen	

Abbildung 75: Ermittlung des betriebsnotwendigen Kapitals aus der Bilanz.

Im betriebsnotwendigen Vermögen sind gelegentlich Posten enthalten, für die von Dritten ein Zins oder eine zinsähnliche Vergütung erstattet wird (z. B. Bankguthaben, Beteiligungen, Warenforderungen, wenn in dem Preis die Zinsvergütung für das normale Zahlungsziel einkalkuliert ist). Es handelt sich also um Posten, die den Aufwand ihrer Finanzierung ganz oder zum Teil selbst erbringen. Somit müssen zur Verhinderung einer **Doppelerfassung** die von dem betriebsnotwendigen Vermögen ermittelten kalkulatorischen Zinsen um die **effektiven Zinseinnahmen** gekürzt werden.

---

[132] Lücke 1965, S. 8.
[133] Modifiziert entnommen von Coenenberg 2003, S. 48.

Die in der Kostenrechnung anzusetzenden kalkulatorischen Zinsen errechnen sich durch Multiplikation des ermittelten betriebsnotwendigen Kapitals mit einem zu bestimmenden kalkulatorischen Zinssatz, wenn Vermögensposten mit Zinsertrag unberücksichtigt bleiben. Die auf diesem Weg berechneten Zinsen tragen Gemeinkostencharakter, da sie den Erzeugnissen nur auf indirektem Weg zugerechnet werden können. In der Literatur findet man häufig den Vorschlag, den kalkulatorischen Zinssatz am **landesüblichen Zins**, der sich auf sichere Kapitalanlagen bezieht, zuzüglich einer Risikoprämie und unter Berücksichtigung von Steuerwirkungen zu bemessen.[134] In der Korrektur durch diesen Risikozuschlag kommt zum Ausdruck, dass der Kalkulationszinssatz eine betriebsindividuelle, relative Größe darstellt, die nur annähernd bestimmt werden kann. Grundsätzlich ist für die Wahl des Zinssatzes entscheidend, (1) zu welchem Zinssatz Kapital auszuleihen ist und (2) zu welchem Zinssatz Kapital anderweitig zur Anlage kommen kann.

Zu (1) Das betriebsnotwendige Kapital ist mindestens mit dem Satz zu verzinsen, der für die letzte zusätzlich benötigte Kapitaleinheit **(Grenzausgabe)** gezahlt wurde. Dieser Zinssatz kann durchaus über der landesüblichen Verzinsung liegen.

Zu (2) Im Hinblick auf die Kapitalanlage sollte derjenige Zinssatz gewählt werden, der dem Investor bei der nächstbesten, nicht gewählten Verwendungsrichtung **(Opportunitätskosten)** entgeht.

Beispiel 34:
Anhand der nachstehenden verkürzten Schlussbilanz und den Informationen des Rechnungswesens einer Industrieunternehmung, die in der Rechtsform einer Kapitalgesellschaft mit Sitz im Inland geführt wird, sollen die gesamten kalkulatorischen Zinsen, unter Zugrundelegung eines risiko- und steuerangepassten kalkulatorischen Zinssatzes von 6%, berechnet werden (Tabelle 21).

(1) Ein Gebäude zum Buchwert von 90.000 € wird nicht zur Leistungserstellung benötigt.
(2) Der Marktwert der betrieblich genutzten Gebäude beträgt 410.000 €.
(3) Die Maschinen beinhalten stille Reserven in Höhe von 70.000 €.
(4) Es sind geringwertige Wirtschaftsgüter von insgesamt 20.000 € sofort abgeschrieben worden.
(5) Die Beteiligungen dienen dem unternehmerischen Sachziel und erbringen einen Gewinnanteil von 8%. Sie sind zum Tageskurs (gleich Anschaffungskurs) von 200% bilanziert.
(6) Die Bewertung der Roh-, Hilfs- und Betriebsstoffe, die zur Hälfte zu Spekulationszwecken angeschafft wurden, erfolgte zu Anschaffungskosten (= Marktwerten).

---

134 Vgl. Freidank 2019a, S. 370–378; Götze 2014, S. 138–144, 377–385; Wöhe/Döring/Brösel 2016, S. 871–872.

Tabelle 21:

Aktiva		Passiva	
	Schlussbilanz (in €)		
Bebaute Grundstücke	400.000	Eigenkapital	600.000
Maschinen	200.000	Bankverbindlichkeiten	320.000
Beteiligungen	140.000	Kundenanzahlungen	60.000
Roh-, Hilfs- und Betriebsstoffe	110.000	Verbindlichkeiten aus Lieferungen und Leistungen	80.000
Fertige Erzeugnisse	120.000		
Forderungen	70.000		
Kasse Bank	20.000		
	1.060.000		1.060.000

Ansonsten entsprechen die übrigen Bilanzwerte den kostenrechnerischen Zielsetzungen.

Tabelle 22 und Tabelle 23 zeigen die Berechnung des betriebsnotwendigen Vermögens und der kalkulatorischen Zinsen.

Tabelle 22:

Vermögensgegenstande	Buchwerte in €	betriebsfremd	betriebsnotwendig	Umbewertung	Marktwerte in €
Bebaute Grundstücke	400.000	90.000	310.000	100.000	410.000
Maschinen	200.000		200.000	70.000	270.000
Beteiligungen	140.000		140.000		140.000
Geringwertige Wirtschaftsgüter				20.000	20.000
Roh-, Hilfs- und Betriebsstoffe	110.000	55.000	55.000		55.000
Fertige Erzeugnisse	120.000		120.000		120.000
Forderungen	70.000		70.000		70.000
Kasse Bank	20.000		20.000		20.000
Summe	1.060.000	145.000	915.000	190.000	1.105.000

2.2.5.2.3 Verwendung eines Mischzinssatzes

Wie bereits angesprochen wurde, setzen sich die kalkulatorischen Zinsen einerseits aus **pagatorischen Komponenten**, insbesondere aus Fremdkapitalzinsen für die Inanspruchnahme von zinspflichtigen (Fremd-)Kapitalanteilen, und andererseits aus **wertmäßigen Bestandteilen** in Gestalt entgangener Kapitalerträge (Opportunitätskosten) zusammen, die durch den alternativen Einsatz des übrigen anteiligen Vermö-

Tabelle 23:

(1) Betriebsnotwendiges Vermögen	1.105.000 €
– (2) Abzugskapital	
(2.1) Kundenanzahlungen	60.000 €
(2.2) Verbindlichkeiten aus Lieferungen	80.000 €
= (3) Betriebsnotwendiges Kapital	965.000 €
(4) Vorläufige kalkulatorische Zinsen	
(6% von 965.000 €)	57.900 €
– (5) Effektive Zinseinnahmen	
(8% von 70.000 €)	5.600 €
= (6) Kalkulatorische Zinsen	52.300 €

gens hätten erzielt werden können. Die Unmöglichkeit, den jeweiligen Fremd- und Eigenkapitalquellen einzelne Vermögensgegenstände genau zuzurechnen, hat zu der Überlegung geführt, für eine genauere Ermittlung der kalkulatorischen Zinsen einen **Mischsatz** zu verwenden, der auch als **Weighted Average Cost of Capital (WACC)** im betriebswirtschaftlichen Schrifttum bezeichnet und aus der **(Ziel-)Kapitalstruktur** des Unternehmens abgeleitet wird.[135]

Der WACC, definiert als geforderte **Mindestrendite** für das vom Unternehmen eingesetzte Vermögen, die in Form von **Kapitalkosten** neben den übrigen Kosten durch seine Leistungen erwirtschaftet werden soll, setzt sich aus folgenden Bestandteilen zusammen.[136]

$$\text{WACC} = \frac{i^F}{100} \cdot \frac{(MF - MA)}{(ME + MF - MA)} \cdot (1 - se) + \frac{i^E}{100} \cdot \frac{ME}{(ME + MF - MA)}$$

Die Formel verdeutlicht, dass der Zinssatz für die Aufnahme des Fremdkapitals (i^F) und der (risiko- und steuerangepasste) Zinssatz für das Eigenkapital (i^E) nach Maßgabe des Verhältnisses der Marktwerte des Fremdkapitals (MF) und des Eigenkapitals (ME) gewichtet und zusammengefasst werden, wodurch zum einen der Finanzierungs- und Leistungsbereich zu separieren sind und zum anderen die Möglichkeit besteht, den **Verschuldungsgrad** und damit das **Haftungsrisiko** des Unternehmens bei der Berechnung der kalkulatorischen Zinsen mit zu berücksichtigen. Darüber hinaus muss auch hier der Marktwert des sog. Abzugskapitals (MA) vom Marktwert des Fremdkapitals mit dem Ziel der Vermeidung einer Doppelverzinsung sowohl im Hinblick auf die WACC-Formel als auch auf die Bemessungsgrundlage, auf die der endgültige WACC-Faktor zur Ermittlung der kalkulatorischen Zinsen im Ergebnis angewandt wird, abge-

---
[135] Vgl. Busse von Colbe 1998, S. 99.
[136] Vgl. im Einzelnen Freidank/Ceschinski 2019, S. 4–9.

zogen werden.[137] Aufgrund der Schwierigkeit, jeweils die genauen aktuellen Marktwerte des Fremd- und Eigenkapitals zu bestimmen, bietet es sich auch hier an, von den Ergebnissen der jeweiligen Jahresabschlüsse nach Maßgabe der bereits weiter oben dargestellten **Bilanzmethode** auszugehen und diese durch Korrekturen soweit wie möglich den Marktwerten im Hinblick auf die Berechnung des betriebsnotwendigen Kapitals anzupassen.

Die Bestimmung des Fremdkapitalkostensatzes (i^F) kann z. B. auf Basis **vertraglicher Kreditvereinbarungen, effektiver Zinszahlungen** oder **aktueller Marktkonditionen** erfolgen.[138] Darüber hinaus besteht auch die Möglichkeit, den Fremdkapitalkostensatz aus dem **Jahresabschluss** abzuleiten, indem die dort ausgewiesenen Zinsaufwendungen, Nebenkosten der Fremdfinanzierung sowie Disagien usw. addiert und zum Bestand des nicht kurzfristigen Fremdkapitals in Beziehung gesetzt werden. Durch die Integration des Ertragsteuersatzes (se) in die WACC-Formel soll die Abzugsfähigkeit der Fremdkapitalkosten von den Bemessungsgrundlagen der Gewerbe-, Körperschaft- bzw. Einkommensteuer annähernd mit berücksichtigt werden. So lässt sich etwa für **Kapitalgesellschaften** im Hinblick auf die Wirkung der Gewerbe- und Körperschaftsteuer ein kombinierter Ertragsteuersatz (se) wie folgt vereinfachend ermitteln.

Zunächst gilt es, den Faktor für die **Gewerbesteuer** (sg) unter Berücksichtigung der Steuermesszahl für den Gewerbeertrag (§ 11 Abs. 2 GewStG) (me), des Hebesatzes der Standortgemeinde (§ 16 Abs. 1 GewStG) (he) und des Verbots der Abzugsfähigkeit der Gewerbesteuer als Betriebsausgabe von ihrer eigenen Bemessungsgrundlage (§ 7 Abs. 1 Satz 1 GewStG i.V.m. § 4 Abs. 5 b EStG) zu berechnen.

$$sg = \frac{me}{100} \cdot \frac{he}{100}$$

Im Hinblick auf die **Körperschaftsteuer** bietet es sich an, den Definitivsteuersatz (§ 23 Abs. 1 KStG) (sd), ggf. zuzüglich des **Solidaritätszuschlages**, zugrunde zu legen. Unter Berücksichtigung des Verbots der Abzugsfähigkeit der Gewerbesteuer als Betriebsausgabe von der Bemessungsgrundlage der Körperschaftsteuer (§ 8 Abs. 1 Satz 1 KStG i.V.m. § 4 Abs. 5b EStG) und der Integration des Solidaritätszuschlags (soli), der auf die Körperschaftsteuer erhoben wird (§ 2 Nr. 3 SolZG), lässt sich der kombinierte Ertragsteuersatz (se) wie nachstehend gezeigt berechnen.

$$se = sg + (1 + soli) \cdot sd$$

---

[137] Vgl. Pedell 2007, S. 50.
[138] Vgl. Arbeitskreis Finanzierung 1996, S. 543–578.

Beispiel 35:
Für die im Beispiel 34 angesprochene Kapitalgesellschaft sollen folgende Werte gelten, aus denen sich dann der nachstehende kombinierte Ertragsteuersatz (se) errechnen lässt.[139]

$$me = 3{,}5\%$$
$$he = 500\%$$
$$sd = 15\%$$
$$soli = 5{,}5\%$$

$$sg = \frac{3{,}5}{100} \cdot \frac{500}{100} = 0{,}175$$

$$se = 0{,}175 + \left[1 + \frac{5{,}5}{100}\right] \cdot \frac{15}{100} = 0{,}33325$$

Im Rahmen der wertorientierten **Unternehmenssteuerung**[140] kapitalmarktorientierter Gesellschaften hat sich die Auffassung durchgesetzt, die Kosten für die Verzinsung des Eigenkapitals nicht mehr aus dem Rechnungswesen zu gewinnen, sondern sie, soweit dies möglich ist, empirisch aus **Kapitalmarktdaten** zu erheben. In diesem Kontext wird vorgeschlagen, auf das **Capital Asset Pricing Model (CAPM)**[141] zurückzugreifen. Das CAPM gibt die **Renditeerwartung** von aktuellen und potenziellen Investoren bezüglich eines Wertpapiers in Abhängigkeit von dessen Risiko wieder. Diese Renditeforderung ist nun genau der gesuchte Eigenkapitalkostensatz (i^E), der als **Erwartungswert** zu verstehen ist und sich sowohl aus den **Kurssteigerungen** des betreffenden Wertpapiers als auch den **Dividendenzahlungen** des betrachteten Unternehmens zusammensetzt. Er berechnet sich grundsätzlich aus dem risikolosen, nicht steuerangepassten Kapitalmarktzins einer **Alternativinvestition** (i^A), zuzüglich des **Risikozuschlags**, der sich wiederum aus dem Produkt der Risikoprämie ($i^W - i^A$) und dem Faktor für das **relative Risikomaß (ß)** des analysierten Wertpapiers errechnet. Es muss also folgende Gleichung zur Ermittlung der Zinsen für das Eigenkapital gelten (i^W = erwartete Rendite eines Marktportfolios).

$$i^E = \left[\frac{i^A}{100} + \underbrace{\left(\frac{i^W - i^A}{100}\right) \cdot \beta}_{\text{Risikozuschlag}}\right] \cdot 100$$

Der Risikozuschlag umfasst das **allgemeine Risiko** der Investition in eine Unternehmung, wie z. B. Missmanagement, feindliche Übernahmen, Streik, Preissteigerungen, Nachfrageverschiebungen etc., sowie das **systematische Risiko**, das die Schwan-

---

139 Vgl. Beispiel 34 im dritten Teil zu Gliederungspunkt 2.2.5.2.2.
140 Vgl. Freidank 2019a, S. 247–273.
141 Vgl. Günther 1997, S. 163–169; Perridon/Steiner/Rathgeber 2017, S. 289–299; Sharpe 1964, S. 425–442.

kungen der Rendite des betrachteten Wertpapiers im Vergleich zum Marktportfolio als Ausdruck für die Renditeentwicklung des Gesamtkapitalmarkts beschreibt.

Die Risikoprämie entspricht dem Unterschied zwischen der erwarteten Rendite des Marktportfolios (i^W) und der risikofreien Rendite (i^A) in Gestalt des Kapitalmarktzinses, der üblicherweise durch den Zinssatz von sicheren, langfristigen Geldanlagen (meistens Staatsanleihen) als Alternativinvestition bestimmt wird. Für das Marktportfolio, häufig durch Aktienindizes wie z. B. den DAX repräsentiert, und den Kapitalmarktzins liegen i. d. R. Vergangenheitsdaten vor. Um nun einen durchschnittlichen Wert für die Risikoprämie zu erhalten, wird grundsätzlich das arithmetische oder geometrische Mittel verwendet, wobei die Ergebnisse in Abhängigkeit von den betrachteten **Kapitalmärkten** und **Wirtschaftszweigen** häufig differieren werden.

Das relative Risikomaß (ß), auch als Risiko-Gewichtungsfaktor oder **Unternehmensbeta** bezeichnet, soll das systematische Risiko erfassen und damit beschreiben, wie stark die Rendite des zu bewertenden Wertpapiers von der Rendite des Gesamtmarkts abweicht. Je größer sich das Beta darstellt, desto unsicherer ist die Rendite, wodurch der Risikozuschlag steigen muss. Hierdurch kommt zum Ausdruck, dass Investoren nur dann bereit sind, ein Wertpapier mit einem hohen Betarisiko zu halten, wenn sie eine entsprechende Rendite erwarten können. Das Beta kann empirisch durch eine **Regressionsanalyse** ermittelt werden, indem ein linearer Zusammenhang zwischen der Aktien- und Gesamtmarktentwicklung angenommen wird, der seinen Ausdruck in Form der **CAPM-Geraden** findet.[142] Da es sich um ein monokausales Verhältnis handelt, d. h. der Einfluss z. B. des DAX auf das einzelne Wertpapier ist wesentlich stärker als umgekehrt, kann bei der Berechnung der Regression die Methode der kleinsten Quadrate angewendet werden.[143] Dies bedeutet, bei einem Beta von Null haben die Schwankungen keine Auswirkungen auf den Kurs der Aktien haben, so dass sich überhaupt kein Risikozuschlag ergibt. Bei einem Beta von Eins wären sie identisch und bei einem Beta größer bzw. kleiner als Eins ist die Schwankung und damit das systematische Risiko größer bzw. kleiner als die Entwicklung des Marktportfolios. Mithin kann sich das Unternehmensbeta (ß) in folgenden Wertebereichen bewegen.[144]

ß = 0 **Keine Auswirkungen** der Schwankungen des Marktportfolios auf den Aktienkurs des betrachteten Wertpapiers

ß = 1 Schwankungen des Marktportfolios **entsprechen** denjenigen des Aktienkurses des betrachteten Wertpapiers

ß < 1 Schwankungen des Marktportfolios sind **größer** als diejenigen des Aktienkurses des betrachteten Wertpapiers

---

[142] Vgl. Perridon/Steiner/Rathgeber 2017, S. 293–298.
[143] Vgl. die Ausführungen im vierten Teil zu Gliederungspunkt 3.3.3.2.3.3.2.2.
[144] Vgl. Günther 1997, S. 166–167.

ß > 1 Schwankungen des Marktportfolios sind **kleiner** als diejenigen des Aktienkurses des betrachteten Wertpapiers

Sofern es sich um Gesellschaften handelt, die keine Börsennotierung und damit auch keinen individuellen Kurswert aufweisen, besteht die Alternative, **vergleichbare (kapitalmarktorientierte) Unternehmen** in die Regressionsanalyse einzubeziehen, wodurch dann auch eine (ersatzweise) Bestimmung des Unternehmensbetas und damit eines unternehmensspezifischen, angepassten Eigenkapitalkostensatzes i. S.e. **benchmarkorientierten Festlegung** des kalkulatorischen Zinssatzes möglich wird.

Obwohl in die vorstehende Grundformel zur Berechnung des Eigenkapitalkostensatzes (i^E) keine Steuerwirkungen eingeflossen sind, geht das Schrifttum von einer Berechnung der kalkulatorischen Zinsen **nach persönlichen (Ertrag-)Steuern** (Einkommen- und Kirchensteuer unter Berücksichtigung des Solidaritätszuschlags) aus.[145] Diese Vorgehensweise wird von der Auffassung getragen, dass sich im Eigenkapitalkostensatz die Rendite einer **Alternativinvestition** am Kapitalmarkt widerspiegeln muss, deren Steuerwirkungen durch eine Korrektur desselben zu erfassen sind. Hierdurch kann nach Maßgabe des **relevanten Steuersystems** die unterschiedliche Besteuerung der Kapitalmarktrenditen berücksichtigt werden. In diesem Zusammenhang wird unterstellt, dass ein rational handelnder Investor die Anlage im **Privatvermögen** halten wird, wodurch nach deutschem Steuerrecht eine Belastung mit Gewerbesteuer entfällt und mithin nur die Wirkungen der **Einkommensteuer** mit seinem persönlichen Steuersatz zu erfassen sind. Zu diesem Zweck wird von einem **typisierenden (durchschnittlichen) Einkommensteuersatz** (sESt) i. S.v. § 32a bzw. § 32d EStG z. B. unter Einbezug der Wirkungen von Kirchensteuer und Solidaritätszuschlag ausgegangen, wobei es aber auch möglich ist, die Wirkungen der Einkommensteuer genauer zu bestimmen.[146] Sofern man **vereinfachend** unterstellt, dass der typisierende Einkommensteuersatz (sESt) in voller Höhe auf die gesamte Kapitalmarktrendite einwirkt, kann das oben dargestellte Standardmodell zum sog. **Tax-CAPM** wie folgt weiterentwickelt werden.

$$i^E = \left[\frac{i^A}{100} \cdot \left(1 - \frac{sESt}{100}\right) + \left(\frac{i^W - i^A}{100}\right) \cdot \left(1 - \frac{sESt}{100}\right) \cdot \beta\right] \cdot 100$$

Beispiel 36:
Sofern man von einem typisierenden Einkommensteuersatz von 35% ausgeht, errechnet sich der kalkulatorische Eigenkapitalzins (i^E) für die in Beispiel 34 angesprochene Kapitalgesellschaft unter Berücksichtigung des Tax-CAPM und der nachstehenden Angaben wie folgt.[147]

---

[145] Vgl. z. B. IDW S 1 2020, Tz. 93; Pedell 2007, S. 52–55.
[146] Vgl. Freidank 2019a, S. 462–468; IDW 2012, S. 324.
[147] Vgl. Beispiel 34 im dritten Teil zu Gliederungspunkt 2.2.5.2.2.

$i^A = 5\%$

$i^W = 9\%$

$\beta = 1{,}577$

$sESt = 35\%$

$i^E = \left[\dfrac{5}{100} \cdot \left(1 - \dfrac{35}{100}\right) + \left(\dfrac{9-5}{100}\right) \cdot \left(1 - \dfrac{35}{100}\right) \cdot 1{,}577\right] \cdot 100$

$i^E = 7{,}35\%$

Trotz vieler Einwände gegen das CAPM muss berücksichtigt werden, dass es derzeit keinen von Theorie und Praxis akzeptierten besseren Erklärungsansatz gibt, der in der Lage wäre, Risiken in Form von Risikoprämien **quantitativ** und **intersubjektiv nachvollziehbar** zu erfassen.[148] Wenn es gelingt, die relevanten Steuerwirkungen mit hinreichender Genauigkeit zu integrieren, stellt das CAPM eine wichtige Komponente im Rahmen des WACC-Konzepts zur Bestimmung des kalkulatorischen Zinssatzes dar.

Beispiel 37:
Unter Rückgriff auf die Daten der Beispiele 34, 35 und 36 soll nun abschließend die Bestimmung des kalkulatorischen Zinssatzes mit Hilfe der aus dem WACC-Modell abgeleiteten Formel verdeutlicht werden, wobei von einem Zinssatz für die Aufnahme des Fremdkapitals von 5,2 % und einer proportionalen Umrechnung der Wertkorrekturen aller Vermögensgegenstände in Höhe von 45.000 € (1.105.000 € − 1.060.000 €) auf das buchmäßige Eigen- (600.000 €) und Fremdkapital (460.000 €) ausgegangen wird.[149] Die nach Maßgabe der Ermittlung des betriebsnotwendigen Kapitals gefertigte Schlussbilanz der betreffenden Kapitalgesellschaft zeigt dann das in Tabelle 24 dargestellte Bild.

2.2.5.3 Kalkulatorische Wagnisse

Mit Hilfe der kalkulatorischen Wagnisse werden außerordentliche Aufwendungen, deren Auftreten „der Zeit und der Höhe nach unregelmäßig, plötzlich, stoßartig, unerwartet, das heißt zufällig erfolgt"[150] und deshalb die Planungs- und Kontrollfunktion der Kostenrechnung stören würde, **in durchschnittliche Kostenbeträge transformiert**. Durch kalkulatorische Wagniskosten werden spezifische Einzelrisiken, die sich in Industrieunternehmen vor allem auf die Fertigung und den Vertrieb erstrecken, erfasst, nicht hingegen das **allgemeine Unternehmenswagnis**, das die Unternehmung als Ganzes bedroht und das weder messbar noch im Voraus bewertbar ist. Dieses all-

---

148 Vgl. Diedrich 2005, S. 15–19; Günther 1997, S. 169.
149 Der Umrechnungsfaktor ergibt sich aus 1 + (45.000 € : 1.060.000 €) = 1,04245283.
150 Kosiol 1979, S. 123.

Tabelle 24:

Schlussbilanz (in €)			
Aktiva		**Passiva**	
Bebaute Grundstücke	410.000	Eigenkapital	625.472*
Maschinen	270.000	Bankverbindlichkeiten	333.585
Beteiligungen	140.000	Kundenanzahlungen	62.547
Geringwertige Wirtschaftsgüter	20.000	Verbindlichkeiten aus Lieferungen	83.396
Roh-, Hilfs- und Betriebsstoffe	55.000		
Fertige Erzeugnisse	120.000		
Forderungen	70.000		
Kasse Bank	20.000		
	1.105.000		1.105.000

* 625.472 € = 1,04245283 · 600.000 €.

$$WACC = \underbrace{\frac{5,2}{100} \cdot \frac{(479.528\ € - 145.943\ €)}{(1.105.000\ € - 145.943\ €)} \cdot (1 - 0,33325)}_{0,0121} + \underbrace{\frac{7,35}{100} \cdot \frac{625.472\ €}{(1.105.000\ € - 145.943\ €)}}_{0,0479}$$

$WACC = 0,06$

gemeine Wagnis, dessen Ursachen überwiegend in der außerbetrieblichen Sphäre liegen, ergibt sich z. B. aus der gesamtwirtschaftlichen Entwicklung, dem allgemeinen technischen Fortschritt, der verstärkten Konkurrenz, der Wahl eines unzweckmäßigen Standortes, dem Verlust von Absatzgebieten. Das Unternehmerwagnis trägt jedoch nicht Kostencharakter, sondern muss seine Deckung im Gewinn finden. Einzelne Wagnisse sind in allen Funktionsbereichen der Unternehmung anzutreffen. Nachfolgend werden die wichtigsten Arten kurz dargestellt.[151]

(1) Beständewagnis (Lagerungs- oder Vorrätewagnis)
Durch diesen Wagnistyp sollen Wertminderungen der Vorräte erfasst werden, die etwa auf Schwund, technischem und wirtschaftlichem Fortschritt und Güteminderung beruhen können.

---
151 Vgl. Freidank 2012, S. 65–71.

(2) Anlagewagnis

Hierzu zählen Verluste der Anlagegüter, die durch Katastrophen sowie Betriebs- oder Verkehrsunglücke hervorgerufen werden können. Ferner fällt unter diese Wagnisart auch das Abschreibungswagnis, das die Auswirkungen von Fehlern bei der Schätzung der Nutzungsdauer oder der Totalkapazität beschreibt.

(3) Fertigungswagnis

Dem Fertigungswagnis werden ungewöhnliche Mehrkosten (Ausschuss, Nacharbeit) infolge von Material-, Arbeits- und Konstruktionsfehlern subsumiert. Regelmäßig auftretende, meist genau bestimmbare Mehrkosten kommen hingegen in der entstandenen Höhe unmittelbar als Kosten zum Ansatz.

(4) Gewährleistungswagnis

Hierunter fallen alle Nacharbeiten an bereits gelieferten Erzeugnissen, ferner unentgeltliche Ersatzlieferungen sowie Gutschriften aufgrund von Garantieverpflichtungen gegenüber den Kunden.

(5) Entwicklungswagnis

Zum Entwicklungswagnis gehören die Kosten für misslungene Forschungsarbeiten, Konstruktionen und Versuche. Da das augenblickliche Fertigungsprogramm ständig der Gefahr der technischen und wirtschaftlichen Überholung ausgesetzt ist, wird die Unternehmung zu einer laufenden Entwicklungsarbeit gezwungen. Aus diesem Grund erscheint es aus kostenrechnerischer Sicht sinnvoll, ggf. stoßweise auftretende Entwicklungskosten ebenfalls im Rahmen des Entwicklungswagnisses gleichmäßig auf die einzelnen Rechnungsperioden zu verteilen.

(6) Vertriebswagnis

Diese Wagnisart umfasst Zahlungsausfälle, Kulanznachlässe sowie Währungsverluste (z. B. Kursschwankungen bei Forderungen in ausländischer Währung).

Die Höhe der kalkulatorischen Wagniskosten wird nach der **Wahrscheinlichkeit des Anfalls der einzelnen Wagnisarten** festgesetzt. Die Berechnung der Wagnissätze erfolgt anhand von **Durchschnittsrechnungen**, die sich auf mehrere Perioden beziehen. Es genügt in diesem Zusammenhang nicht, absolute Durchschnittswerte im Hinblick auf die Wagnisverluste zu ermitteln, sondern diese müssen in Relation zu den Größen gesehen werden, von denen die Wagnisse abhängen. Ferner ist der **Entwicklungstrend** bei der Bemessung der Wagniskosten zu berücksichtigen.

> **Beispiel 38:**
> Zur Ermittlung des Vertriebswagnisses werden, wie die folgende Tabelle 25 zeigt, die Forderungsausfälle zu den Außenständen in Beziehung gesetzt und ein Wagniszuschlag als Prozentsatz auf die Außenstände errechnet.

Tabelle 25:

t	effektive Forderungsausfalle in €	Außenstände in €	Wagniszuschlag in %
t = 1	5.200	260.000	2,0
t = 2	5.800	350.000	1,7
t = 3	900	360.000	0,3
t = 4	6.300	400.000	1,6
t = 5	8.200	420.000	2,0
Summe	26.400	1.790.000	–

Der Durchschnittsprozentsatz von 1,5%[152], der sich durch Gegenüberstellung der gesamten Forderungsausfälle und Außenstände ergibt, wurde durch die günstigen Verhältnisse in der Periode t = 3 stark beeinflusst. Es ist hier anzuraten, für die Periode t = 6 höhere kalkulatorische Wagniskosten des Vertriebs als den Durchschnittswert von 5.280 € (= 26.400 € : 5 Perioden) in der Kostenartenrechnung anzusetzen.

Die Bestimmung der Wagniszuschläge und auch die spätere Weiterverrechnung sowie die Planung und Kontrolle der Wagniskosten kann es erforderlich machen, die Wagnisse stärker nach **Wagnisarten, Kostenträgergruppen und Kostenstellen** zu untergliedern. Darüber hinaus bietet sich für das **Vertriebswagnis** eine Aufspaltung in **Kundengruppen und Absatzgebiete** und bezüglich des **Beständewagnisses** eine Unterteilung in **einzelne Materialarten an**.

2.2.5.4 Kalkulatorischer Unternehmerlohn und kalkulatorische Miete

Der kalkulatorische Unternehmerlohn kommt nur bei **Einzelunternehmungen und Personengesellschaften** zum Ansatz, da in diesen Fällen dem leitenden Unternehmenseigner i. d. R. kein Gehalt gezahlt wird.[153] Für die dispositive Arbeitsleistung der Unternehmensleitung wird in Kapitalgesellschaften ein Entgelt entrichtet, das als Aufwand in der Finanzbuchhaltung und als Kosten in der Betriebsbuchhaltung Verrechnung findet. Dem Unternehmerlohn stehen somit bei Einzelunternehmungen und Personengesellschaften keine Aufwendungen (allenfalls Entnahmen) gegenüber, wodurch er immer den Charakter von **Zusatzkosten** trägt.

Zwei Zielsetzungen liegen der Berücksichtigung von Unternehmerlohn in der kalkulatorischen Buchhaltung zugrunde: Zum einen die volle Erfassung des Güterverzehrs (die Leistung des Unternehmers geht in die Erzeugnisse ein) und zum anderen die Eliminierung des Einflusses unterschiedlicher Rechtsformen auf die Kostenstruktur. Diese beiden Ziele führen zu alternativen Ansätzen für den kalkulatorischen Unternehmerlohn. So kann sich seine Bestimmung einerseits an den Vergütungen

---

152 $\frac{26.400\,€}{1.790.000\,€} \cdot 100 = 1,5\%$.
153 Vgl. im Einzelnen Freidank/Velte 2013, S. 667–713; Knief, 2010, S. 289–295.

orientieren, die der leitende Eigentümer erzielen könnte, wenn er die attraktivste sich ihm bietende Anstellung annehmen würde (**Opportunitätsprinzip**) oder andererseits an den Gehältern vergleichbarer Angestellter (Vorstandsmitglieder, Geschäftsführer) in Kapitalgesellschaften. Geht man hingegen von der Annahme aus, dass die Leistung des Unternehmers sich anhand des Umsatzes oder Gewinns einer Rechnungsperiode messen lässt, dann ist der Unternehmerlohn **umsatz- bzw. gewinnabhängig** zu berechnen. Für die **Seifenindustrie** hatte sich in der Vergangenheit folgende Formel als signifikant zur Bestimmung des Unternehmerlohns erwiesen, die aber nicht ohne weiteres auf andere Industriezweige projiziert werden konnte und in der neueren Kostenrechnung keine Bedeutung mehr besitzt:

$$\text{Unternehmerlohn} = 18\sqrt{\text{Umsatz}}.$$

Aufwandsgleiche Mietkosten treten nur bei Unternehmen auf, die in gemieteten Räumen arbeiten und dafür einen Zins zu zahlen haben. Entsprechend dem **Opportunitätskostengedanken** muss aber bei Unternehmen mit eigenen Geschäfts- und Fabrikgebäuden der **kalkulatorische Mietwert** für eigengenutzte betriebliche Räume als Kostenbestandteil Verrechnung finden. Als **kalkulatorische Miete** ist dann der höchste Mietzins anzusetzen, den die Unternehmung erzielen könnte, wenn sie die in Rede stehenden betrieblichen Räume vermieten würde. Die entsprechenden Kostenwerte sind beispielsweise aus den ortsüblichen Mieten, ggf. unter Rückgriff auf die von den Gemeindeverwaltungen erstellten **Mietspiegel**, abzuleiten.

2.3 Kostenstellenrechnung

2.3.1 Funktionen und Strukturierungskriterien

Im **Gegensatz zur Kostenartenrechnung**, der die Aufgabe zukommt, alle entstandenen Kosten zu erfassen, zielt die **Kostenstellenrechnung** prinzipiell darauf ab, darzulegen, **in welchen betrieblichen Abrechnungsbereichen die einzelnen Kostenarten angefallen sind**. Prinzipiell lassen sich zwei elementare Funktionen der Kostenstellenrechnung aufzeigen.
(1) Durch die Zurechnung der Kosten auf die Kostenstellen soll eine differenzierte (möglichst verursachungsgerechte) **Verteilung der angefallenen Gemeinkosten** auf die Kostenträger erfolgen. Produziert ein Unternehmen mehrere verschiedene Erzeugnisse, die die einzelnen Kostenstellen in unterschiedlichem Maße beanspruchen, so kann eine Aufteilung der Gemeinkosten auf die Kostenträger proportional zu dem auf sie einwirkenden Werteverzehr nur dann stattfinden, wenn zunächst die Kosten pro Kostenstelle und dann die Beanspruchung der Kostenstelle durch den Kostenträger ermittelt werden. Unter dem Gesichtspunkt der Kostenzurechnung auf die Träger ist im Fall der Fertigung ausschließlich

eines homogenen Erzeugnisses (Einproduktunternehmung) eine Kostenstellenrechnung nicht erforderlich, da hier die Stückkosten mittels Division aller angefallenen Kosten durch die Zahl der Leistungseinheiten zu ermitteln sind.[154]

(2) Weiterhin soll die Kostenstellenrechnung eine **Kontrolle des betrieblichen Produktionsprozesses** durch einen Vergleich der in den einzelnen Abrechnungsbereichen angefallenen Istkosten mit möglichst aussagefähigen Maßgrößen (z. B. Normal- oder Plankosten) gewährleisten (sogenannter **Soll-Ist-Vergleich**), um Schwachstellen innerhalb der sachzielbezogenen Unternehmenstätigkeit aufdecken zu können.

Im Schrifttum werden folgende vier Prinzipien diskutiert, nach denen unter kostenrechnerischen Gesichtspunkten die Bildung von Kostenstellen innerhalb der Unternehmung erfolgen kann.

(1) Räumliche Prinzipien
Im Hinblick auf die **Kostenstellenbildung nach dem Ort (Raum)** werden alle räumlich abgegrenzten Betriebsteile zu einer Kostenstelle zusammengefasst. Eine solche Vorgehensweise bringt zwei elementare Nachteile mit sich. Arbeiten beispielsweise in einem Raum mehrere Einsatzfaktoren (Maschinen, Arbeiter etc.) mit verschiedenen Kostenstrukturen, so kann die Gemeinkostensumme dieses Abrechnungsbereichs häufig nur undifferenziert den einzelnen Trägereinheiten zugerechnet werden, da „sich die unterschiedlichen Kosten der produktiven Kombinationen vermischen und somit in der Summe der Gemeinkosten verborgen bleiben"[155]. Schwierigkeiten treten ferner auf, wenn sich die räumliche Kostenstelleneinteilung nicht mit den einzelnen Verantwortungsbereichen deckt. So kann es bei der Analyse der Kostenabweichungen im Rahmen des Soll-Ist-Vergleichs geschehen, dass aufgrund von **Kompetenzüberschneidungen** sich die Abweichungsursachen nicht eindeutig klären lassen, da jeder Bereichsleiter die Verantwortung für die Kostenüberschreitungen auf die jeweils anderen Führungskräfte abwälzt. Infolgedessen wird auch die Beseitigung der Unwirtschaftlichkeiten in den einzelnen Kostenstellen mit Problemen verbunden sein, weil sich kein Bereichsleiter für die Verursachung dieser Abweichungen verantwortlich fühlt. Die Einfachheit der räumlichen Kostenstellenbildung gleicht die Nachteile in den Bereichen der Kostenzurechnung und -kontrolle nicht aus.

(2) Funktionale Prinzipien
Die **Kostenstellenbildung nach der Funktion (Verrichtung)** fasst gleichartige Arbeitsgänge in einer Kostenstelle zusammen (z. B. alle Webstühle in einer Weberei).

---
[154] Vgl. zu diesem Kalkulationsverfahren die Ausführungen im dritten Teil zu Gliederungspunkt 2.4.2.1.
[155] Schildbach/Homburg 2009, S. 121.

Liegen innerhalb der gleichartigen Arbeitsgänge noch starke Unterschiede in Bezug auf die mit ihnen verbundenen Kosten vor, weil sich Anlagen mit unterschiedlicher Leistungsfähigkeit gegenüberstehen, kann eine weitere Differenzierung stattfinden, so dass die entstandenen Kostenstellen nur noch Arbeitsgänge annähernd gleichen Werts umfassen, wodurch eine leistungsadäquate Verteilung der Gemeinkosten auf die Kostenträger zu realisieren ist. Diese Strukturierung kann zu einer sogenannten **Platzkostenrechnung** führen, bei der das Unternehmen bezüglich seiner Kostenstellen bis zu einzelnen Arbeitsplätzen aufgespalten wird. Stimmt die Einteilung der Kostenstellen nicht mit der der Verantwortungsbereiche überein, so treten auch hier die schon bei der räumlichen Kostenstellenbildung erwähnten Probleme bezüglich der Kostenkontrolle auf.

(3) Verantwortungsbezogene Prinzipien

Unter dem Aspekt einer genauen Kostenkontrolle zielt die **Kostenstellenbildung nach Verantwortungsbereichen** darauf ab, dass jede Kostenstelle mit dem Verantwortungsbereich jeweils genau eines Vorgesetzten korrespondiert. Eine solche Einteilung ermöglicht die Klärung und Beseitigung eventuell auftretender Unwirtschaftlichkeiten mit Hilfe der einzelnen Kostenstellenleiter, da in diesem Fall die Kompetenzbereiche eindeutig abgegrenzt sind.

(4) Rechentechnische Prinzipien

Bei einer **Kostenstellenbildung nach rechnungstechnischen Kriterien** werden die Kosten auf jeden Arbeitsplatz separat zugerechnet, der seinerseits nach Maßgabe zeitlicher Inanspruchnahme (z. B. Maschinenstundensätze)[156] durch die Erzeugnisse die Gemeinkosten auf die Produkte überwälzt. Derartige Kostenstelleneinteilungen finden dann Anwendung, wenn innerhalb der industriellen Unternehmung Produktionsfaktoren mit unterschiedlichen Kostenstrukturen vorhanden sind. Zum Zweck einer leistungsadäquaten Zurechnung der Gemeinkosten auf die einzelnen Erzeugnisse werden in diesem Fall diejenigen Einsatzfaktoren mit annähernd gleichem Kostenniveau zu einer Kostenstelle aggregiert. Dem Vorteil einer genauen Kostenzurechnung auf die Trägereinheiten steht bei dieser Methode der Kostenstellenbildung aber der Nachteil eines hohen Aufwands hinsichtlich der Organisation und der Abrechnung gegenüber.

Welche der vier aufgezeigten Prinzipien der Kostenstellenbildung Anwendung finden soll, kann nur betriebsindividuell entschieden werden. Darüber hinaus sind aber auch **Kombinationsformen** der verschiedenen Kriterien möglich. In diesem Fall muss jedoch von den Organisatoren der innerbetrieblichen Abrechnung berücksichtigt werden, dass **Konflikte** im Hinblick auf die mit den einzelnen Prinzipien der

---

[156] Vgl. zur Maschinenstundensatzkalkulation die Ausführungen im dritten Teil zu Gliederungspunkt 2.4.2.2.

Kostenstelleneinteilung verfolgten Zielsetzungen auftreten können und dann nur **Kompromisslösungen** zu realisieren sind.

Neben dem Problem der Kostenstellenbildung tritt ferner die Frage nach einer **sinnvollen Gruppierung der Kostenstellen zum Zweck der innerbetrieblichen Abrechnung** auf. In der Kostenrechnung hat sich unter dem Aspekt der **direkten oder indirekten Beteiligung** der einzelnen betrieblichen Abrechnungsbereiche an der Erstellung der Endleistung die folgende Systematisierung der Kostenstellen durchgesetzt. In diesem Zusammenhang wird unterschieden in:

(1) **Hauptkostenstellen**, die unmittelbar an der Fertigung und ggf. am Vertrieb von absatzbestimmten Hauptprodukten beteiligt sind.
(2) **Nebenkostenstellen,** die unmittelbar an der Herstellung von absatzfähigen Nebenprodukten mitwirken (z. B. Verarbeitung der Abfälle von Hauptprodukten zu Nebenprodukten).
(3) **Hilfskostenstellen**, die ihre Leistungen allein an andere Kostenstellen abgeben, also nur mittelbar an der absatzbestimmten Leistungserstellung mitwirken.

Ferner werden die Kostenstellen unter dem Gesichtspunkt betrieblicher Funktionsbereiche in Kostenstellengruppen zusammengefasst. Dies geschieht grundsätzlich in folgender Form:

(1) Allgemeine Hilfsstellen
Sie geben ihre Leistungen an alle anderen innerbetrieblichen Abrechnungsbereiche ab.

(2) Fertigungshilfsstellen
Diese Art der Hilfskostenstellen erbringen ausschließlich Leistungen an andere Haupt-, Neben- und Hilfskostenstellen des Fertigungsbereichs. Hierunter fallen auch diejenigen Kostenstellen, in denen Forschungs- und Entwicklungsarbeiten vorgenommen werden.

(3) Verwaltungsstellen
Da sie nicht unmittelbar an der Erstellung des Produkts mitarbeiten, tragen sie den Charakter von Hilfskostenstellen. Im Rahmen der Betriebsabrechnung werden sie aber als Hauptkostenstellen behandelt, weil sich die Abgabe von Verwaltungsleistungen (z. B. Arbeiten im Rahmen des Rechnungswesens, der Digitalisierung, der Organisation und Disposition) an andere Abrechnungsbereiche nur mit Schwierigkeiten messen lässt und deshalb die Gefahr einer ungenauen innerbetrieblichen Leistungsverrechnung besteht.

(4) Fertigungsstellen
Diese Hauptkostenstellen umfassen diejenigen betrieblichen Abrechnungsbereiche, in denen sich der eigentliche Fertigungsprozess vollzieht.

(5) Materialstellen
Hierunter fallen z. B. die Bereiche des Einkaufs, der Roh-, Hilfs- und Betriebsstofflager und der Materialkontrolle.

(6) Vertriebsstellen
Es handelt sich um Hauptkostenstellen, in denen Vertriebsleistungen für die absatzbestimmten Erzeugnisse nach Abschluss der eigentlichen Produktionstätigkeit erbracht werden.

2.3.2 Verteilung der Kostenarten auf die Kostenstellen

2.3.2.1 Aufbau eines Betriebsabrechnungsbogens
Die Kostenstellenrechnung lässt sich einerseits in **Kontenform** durchführen, indem für jeden gebildeten betrieblichen Abrechnungsbereich in der Betriebsbuchhaltung ein Konto eröffnet wird.[157] Die Praxis bevorzugt aber andererseits den **Betriebsabrechnungsbogen (BAB)**, der in der Vertikalen alle Kostenarten und in der Horizontalen alle Kostenstellen enthält (Abbildung 76).

Gemein- kostenarten \ Kostenstellen	Allgemeine Hilfsstellen	Fertigungshilfsstellen	Fertigungsstellen	Materialstellen	Verwaltungsstellen	Vertriebsstellen
– Gemeinkostenmaterial – Kosten für Hilfslöhne und Gehälter – Energiekosten – Kostensteuern – Kalkulatorische Kosten – etc.						
Summe der primären Gemeinkosten	Σ	Σ	Σ	Σ	Σ	Σ
Umlage der sekundären Gemeinkosten		(Σ)	...	...	...	...
Summe der Gemeinkosten nach Kostenstellenumlage	0	0	Σ	Σ	Σ	Σ

Abbildung 76: Struktur eines Betriebsabrechnungsbogens.

---

157 Vgl. zur Durchführung der Kostenstellenrechnung in Kontenform im Einzelnen Kosiol 1979, S. 308–320; Mellerowicz 1974, S. 107–122.

Zuerst werden die sogenannten **primären Gemeinkosten**, die aus dem Verzehr der vom Beschaffungsmarkt bezogenen Güter resultieren, mittelbar, d. h. unter Zuhilfenahme von **Schlüsselgrößen**, den einzelnen Abrechnungsbereichen als Stellen-Gemeinkosten zugerechnet. Gemeinkostenarten, die nur einer Kostenstelle anzulasten sind, werden dieser als **Stellen-Einzelkosten** unmittelbar (d. h. ohne Schlüsselung) angelastet. Die gewählten Schlüsselgrößen sollten sowohl zu der von einer Kostenstelle in Anspruch genommenen Leistung als auch zu den Kosten einer Kostenart in einem proportionalen Verhältnis stehen und zudem ohne Schwierigkeiten messbar sein. Dieser Forderung kann in der Praxis nur in den seltensten Fällen nachgekommen werden, da i. d. R. mehrere Faktoren existieren, die die Kostenhöhe bzw. das Ausmaß der Inanspruchnahme von Leistungen bestimmen. Die Anwendung gemischter Schlüssel ist aber in vielen Fällen zu kompliziert, so dass die Praxis häufig Bezugsgrößen benutzt, die nur annähernd eine richtige Verteilung der Kosten auf die Kostenstellen ermöglichen. Im Grundsatz lassen sich **Mengen- und Wertschlüssel** unterscheiden, die im Folgenden beispielhaft dargestellt worden sind:[158]

(1) Mengenschlüssel
(1.1) Zählgrößen (Zahl der eingesetzten, hergestellten oder abgesetzten Stücke, Zahl der Buchungen etc.)
(1.2) Zeitgrößen (Kalender-, Fertigungszeit, Maschinenstunden, Rüstzeit, Meisterstunden etc.)
(1.3) Raumgrößen (Länge, Fläche, Rauminhalt etc.)
(1.4) Gewichtsgrößen (Einsatzgewichte, Transportgewichte, Produktmengen in Gewichtseinheiten etc.)
(1.5) Technische Maßgrößen (kWh, PS, Kalorien etc.)

(2) Wertschlüssel
(2.1) Kostengrößen (Fertigungslohn, Fertigungsmaterial, Fertigungskosten, Herstellkosten etc.)
(2.2) Einstandsgrößen (Wareneingangswert, Lagerzugangswert etc.)
(2.3) Absatzgrößen (Warenumsatz, Kreditumsatz etc.)
(2.4) Bestandsgrößen (Bestandswerte an Stoffen, Zwischenprodukten oder Endprodukten, Anlagenbestandswert etc.)
(2.5) Verrechnungsgrößen (Verrechnungspreise etc.)

Beispiel 39:
Die Heizungskosten einer industriellen Unternehmung betragen in einer Rechnungsperiode 120.000 €. Der gemessene Rauminhalt aller betrieblichen Abrechnungsbereiche ist mit 90.000m³

---

[158] Vgl. Schweitzer/Küpper/Friedl/Hofmann/Pedell 2016, S. 149.

angegeben. Fertigungshauptstelle I, die einen Rauminhalt von 15.000 m³ aufweist, ist demnach mit 20.000 € zu belasten.

$$\frac{15.000 \text{ m}^3}{90.000 \text{ m}^3} \cdot 120.000 \text{ €} = 20.000 \text{ € Heizungskosten}$$

Beispiel 40:
Die Urlaubslöhne einer Rechnungsperiode in Höhe von 450.000 € sollen auf der Basis der Lohn- und Gehaltssumme verteilt werden. Die gesamte Lohn- und Gehaltssumme beläuft sich auf 3.000.000 €, die der Fertigungshauptstelle I auf 150.000 €. Der Kostenanteil für die Urlaubslöhne dieses betrieblichen Abrechnungsbereichs errechnet sich aus

$$\frac{150.000 \text{ €}}{3.000.000 \text{ €}} \cdot 450.000 \text{ €} = 22.500 \text{ €}.$$

Da grundsätzlich alle gewählten Schlüsselgrößen die Gefahr der Vereinfachung in sich bergen und deshalb zu einer ungenauen Zurechnung der Gemeinkosten führen, sollte die Gruppe der zu schlüsselnden Kostenarten klein gehalten werden. Nach der Verteilung der Gemeinkosten auf die einzelnen Abrechnungsbereiche wird für jede Kostenstelle die Summe der primären Gemeinkosten ermittelt. Anschließend gilt es, die **sekundären Gemeinkosten** zu verrechnen, die durch den Verzehr **innerbetrieblicher Leistungen** bewirkt wurden. Diese Leistungen der Unternehmung werden in keinem unmittelbaren Bezug zu den eigentlichen Produkten erstellt, sollten aber aus **Kontroll- und/oder Planungsgründen** so auf die einzelnen Abrechnungsbereiche zur Verteilung kommen, dass ersichtlich wird, in welche Erzeugnisart oder -einheit solche innerbetrieblichen Leistungen eingeflossen sind und in welchen Kostenstellen derartige Leistungen verzehrt wurden. Im Rahmen der innerbetrieblichen Leistungsverrechnung können prinzipiell zwei Rechenschritte unterschieden werden:
(1) Verteilung der Gesamtkosten der (leistenden) allgemeinen Hilfskostenstellen auf die (empfangenden) anderen betrieblichen Abrechnungsbereiche.
(2) Verteilung der Gesamtkosten der (leistenden) Fertigungshilfsstellen auf die (empfangenden) Haupt-, Neben- oder Hilfskostenstellen des Fertigungsbereichs.

Die Umlage der sekundären Gemeinkosten der einzelnen Kostenstellen erfolgt unter Berücksichtigung der **Leistungsabgabe** an andere betriebliche Abrechnungsbereiche. Wie noch zu zeigen sein wird, greift die Sekundärkostenverrechnung in diesem Fall überwiegend auf Schlüssel-(Bezugs-)größen mengenmäßigen Charakters zurück. Vereinfacht lässt sich die Verteilung der primären und sekundären Kostenarten mit Hilfe des Betriebsabrechnungsbogens wie in Abbildung 76 darstellen. Die in der untersten Zeile des Betriebsabrechnungsbogens errechneten Gemeinkosten-(End-)Kostensummen der einzelnen Haupt-(End-)Kostenstellen bilden im Rahmen der Kostenträgerzeit-

und der Kostenträgerstückrechnung die Grundlagen zur kurzfristigen Erfolgsermittlung bzw. zur Kalkulation der Selbst- und Herstell(ungs)kosten pro Erzeugniseinheit.

Beispiel 41:
Eine Unternehmung stellt in Serienfertigung hochwertige Desktop-Computer her. Die folgenden Daten der Kostenartenrechnung geben die effektiv angefallenen Kosten für eine abgelaufene Rechnungsperiode wieder.

(1) **Einzelkosten**

(1.1) Einzelmaterialkosten	851.200 €
+ (1.2) Einzellohnkosten	625.000 €
+ (1.3) Sondereinzelkosten der Fertigung	23.800 €
= (1.4) Summe der Einzelkosten	1.500.000 €

(2) **Gemeinkosten**

(2.1) Gemeinkostenmaterial	200.000 €
+ (2.2) Stromkosten	60.000 €
+ (2.3) Kosten für Gehälter	800.000 €
+ (2.4) Kostensteuern	500.000 €
+ (2.5) Sonstige Kosten	18.000 €
+ (2.6) Kalkulatorische Kosten	222.000 €
= (2.7) Summe der Gemeinkosten	1.800.000 €

Aus dem vorliegenden Datenmaterial soll ein Betriebsabrechnungsbogen unter Berücksichtigung der nachstehenden Angaben entwickelt werden.

(3) Die interne betriebliche Abrechnung ist in folgende 6 Kostenstellen untergliedert.
    (3.1) Allgemeiner Bereich (ABR)   } Hilfskostenstellen
    (3.2) Fertigungsbereich I (FB I)
    (3.3) Fertigungsbereich II (FB II)
    (3.4) Materialbereich (MB)   } Hauptkostenstellen
    (3.5) Verwaltungsbereich (VWB)
    (3.6) Vertriebsbereich (VRB)

(4) Die primären Gemeinkosten sind folgendermaßen zu verrechnen:
    (4.1) Laut den Verbräuchen von Gemeinkostenmaterialien, die mit Hilfe von Entnahmescheinen erfasst wurden, sind 10% dieser Kostenart dem Materialbereich und 30% bzw. 60% Fertigungsbereich I und II anzulasten.

(4.2) Der Stromverbrauch wird in den einzelnen Kostenstellen anhand von Zählern gemessen. Es liegen nachstehende Verbräuche für die abgelaufene Rechnungsperiode vor.

ABR: 10.000 kWh   FB II: 80.000 kWh   VWB: 35.000 kWh
FBI: 40.000 kWh   MB: 15.000 kWh   VRB: 20.000 kWh

Der Verrechnungssatz pro kWh ergibt sich dann aus 60.000 € / 200.000 kWh = 0,30 €/kWh.

(4.3) Gemäß den von der Lohn- und Gehaltsabrechnung geführten Listen sind den einzelnen Kostenstellen folgende Beträge zuzurechnen.

ABR: 70.000 €   FB II: 80.000 €   VWB: 400.000 €
FBI: 60.000 €   MB: 40.000 €   VRB: 150.000 €

(4.4) Da eine eindeutige Zurechnung der Kostensteuern als Stellen-Einzelkosten nicht möglich ist, hat sich die Unternehmung entschlossen, diese Kostenart in folgendem Verhältnis auf die einzelnen Abrechnungsbereiche zu verteilen.

ABR: ½   FB II: 3   VWB: 1
FB I: 2   MB: 3   VRB: ½

Der Verrechnungssatz für die Kostensteuern ergibt sich dann aus $\frac{500.000 €}{10}$ = 50.000 €.

(4.5) Die sonstigen Kosten, die sich in erster Linie aus Heizungskosten zusammensetzen, sollen entsprechend der zu beheizenden Fläche in den Kostenstellen verrechnet werden.

ABR: 400 m^2 FB II: 5.000 m^2 VWB: 1.000 m^2
FB I: 3.000 m^2 MB: 2.000 m^2 VRB: 600 m^2

Der Verrechnungsbetrag pro m^2 ist zu ermitteln aus $\frac{18.000 €}{12.000 \text{ m}^2}$ = 1,50 €/m^2.

(4.6) Die kalkulatorischen Abschreibungen wurden anhand der Anlagenkartei für die einzelnen Abrechnungsbereiche wie folgt ermittelt.

ABR: 31.400 €   FB II: 60.500 €   VWB: 32.200 €
FB I: 50.500 €   MB: 18.500 €   VRB: 19.900 €

Ferner sind 9.000 € kalkulatorische Kosten für das Vertriebswagnis zu verrechnen. Andere kalkulatorische Kostenarten sollen nicht zum Ansatz kommen.

(5) Bei der innerbetrieblichen Leistungsverrechnung ist zu berücksichtigen, dass der allgemeine Bereich ausschließlich inner- und außerbetriebliche Transportleistungen für die Fertigungshilfsstelle und die anderen Hauptkostenstellen erbringt. Die sekundären Gemeinkosten müssen deshalb nach Maßgabe der gefahrenen Kilometer umgelegt werden.

FB I: 2.000 km   MB: 15.000 km   VRB: 35.000 km
FB II: 8.500 km   VWB: 4.500 km

Der innerbetriebliche Verrechnungssatz dieser allgemeinen Hilfskostenstelle errechnet sich sodann aus $\frac{130.000\,€}{65.000\,km} = 2\,€/km$.

Da die Fertigungshilfsstelle ausschließlich alle Leistungen an die Fertigungshauptstelle abgibt, müssen auch sämtliche dort angefallenen Gemeinkosten der angesprochenen Hauptkostenstelle angelastet werden.

Aus den vorstehenden Daten lässt sich nun folgender Betriebsabrechnungsbogen erstellen (Tabelle 26).

Tabelle 26:

Kostenstellen / Gemeinkostenarten in €	ABR	FB I	FB II	MB	VWB	VRB	Summe
– Gemeinkostenmaterial		60.000	120.000	20.000			200.000
– Stromkosten	3.000	12.000	24.000	4.500	10.500	6.000	60.000
– Kosten für Gehälter	70.000	60.000	80.000	40.000	400.000	150.000	800.000
– Kostensteuern	25.000	100.000	150.000	150.000	50.000	25.000	500.000
– Sonstige Kosten	600	4.500	7.500	3.000	1.500	900	18.000
– Kalkulatorische Kosten	31.400	50.500	60.500	18.500	32.200	28.900	222.000
Summe der primären Gemeinkosten	130.000	287.000	442.000	236.000	494.200	210.800	1.800.000
Umlage der sekundären Gemeinkosten	(–130.000)	4.000	17.000	30.000	9.000	70.000	0
		(–291.000)	291.000				0
Endkosten	0	0	750.000	266.000	503.200	280.800	1.800.000

2.3.2.2 Methoden der innerbetrieblichen Leistungsverrechnung

2.3.2.2.1 Hauptkostenstellen- und Kostenstellenumlageverfahren

Die **Hauptkostenstellenverfahren** basieren auf einer Einteilung der Unternehmung ausschließlich in Hauptkostenstellen. Grundsätzlich lassen sich zwei Methoden unterscheiden. Das **Nullverfahren** verrechnet keine innerbetrieblichen Leistungen, wodurch die Endkostenstellen keine sekundären Gemeinkostenbeträge enthalten. Das **Kostenartenverfahren** berücksichtigt hingegen innerbetriebliche Leistungsbeziehungen, wobei die liefernde Kostenstelle dem(n) empfangenden betrieblichen Abrechnungsbereich(en) aber nur die direkt zurechenbaren Material- und Lohnkosten, d. h. nur die Einzelkosten der innerbetrieblichen Leistungen, überträgt, während die Gemeinkosten der leistenden Kostenstelle in diesem Abrechnungsbereich verbleiben. Sowohl das Null- als auch das Kostenartenverfahren sind nicht in der Lage, differenzierte innerbetriebliche Leistungsverflechtungen zu erfassen.

Die **Kostenstellenumlageverfahren** unterscheiden, im Gegensatz zu den Hauptkostenstellenmethoden, Haupt-, Neben- und Hilfskostenstellen bezüglich der innerbetrieblichen Leistungsverrechnung. Allerdings bleiben bei diesen Verfahren sämtliche Verflechtungen zwischen den Haupt- und Nebenkostenstellen sowie gegenseitige Beziehungen zwischen den einzelnen Hilfskostenstellen untereinander unberücksichtigt. Im Folgenden sollen das **Block- und das Treppenverfahren** dargestellt werden.

Beim **Blockverfahren** werden die Kosten der Hilfsstellen „en bloc" unmittelbar auf die Haupt- und Nebenkostenstellen verrechnet, andere Hilfskostenstellen werden jedoch nicht belastet. Für den Fall, dass **keine Verflechtungen** zwischen den Kostenstellen bestehen, führt das Blockverfahren zu einer exakten innerbetrieblichen Leistungsverrechnung. Der **innerbetriebliche Verrechnungssatz** der n-ten Hilfskostenstelle lässt sich bei dieser Methode wie folgt ermitteln:

$$\frac{\text{Summe der Primärkosten der n-ten Hilfskostenstelle}}{\text{Summe der Leistungsabgabe der n-ten Hilfskostenstelle}}$$
an die Neben- und=oder Hauptkostenstellen.

Durch Multiplikation dieses Verrechnungssatzes mit den einzelnen Leistungsabgaben an die Neben- und/oder Hauptkostenstellen errechnen sich sodann die Sekundärkosten der entsprechenden End-Kostenstellen.[159]

> **Beispiel 42:**
> Eine industrielle Unternehmung mit gemischter Fertigung ist in zwei allgemeine Hilfskostenstellen (St_1, St_2) eine Fertigungshilfsstelle (St_3) und drei Hauptkostenstellen (St_4, St_5, St_6) aufgegliedert. Der folgende Betriebsabrechnungsbogen zeigt die innerbetriebliche Leistungsverrechnung bezüglich des Blockverfahrens. Da die Hilfskostenstellen stets alle Leistungen an Neben- und/oder Hauptkostenstellen abgeben, müssen, wie auch die Tabelle 27 zeigt, ihre Endkosten immer zu einem Wert von 0 führen.

Das Blockverfahren führt aber bei ein- oder wechselseitigen Leistungsbeziehungen der einzelnen Kostenstellen zu keiner exakten Verrechnung der innerbetrieblichen Leistungen.

---

[159] Vgl. Beispiel 41 im dritten Teil zu Gliederungspunkt 2.3.2.1.

Tabelle 27:

Kostenarten in Hundert €	Kostenstellen — Hilfskostenstellen			Hauptkostenstellen		
	St_1	St_2	St_3	St_4	St_5	St_6
primäre Kosten	400 (−400)	900 (−900)	1.500 (−1.500)	5.000	8.000	6.000
Sekundärkostenverrechnung				+ 150	+ 200	+ 50
				+ 400	+ 300	+ 200
					+ 700	+ 800
Endkosten	0	0	0	5.550	9.200	7.050

Legende: − = Entlastung; + = Belastung der Kostenstellen.

Beim **Treppen- oder Stufenleiterverfahren** können die vorgelagerten betrieblichen Abrechnungsbereiche alle folgenden Kostenstellen belasten, während eine Rückbelastung jedoch ausgeschlossen wird. Die Verrechnungstechnik vollzieht sich im Rahmen des Betriebsabrechnungsbogens in Form einer Treppe, woher auch der Name dieser Methode stammt. Zum Zweck einer genauen Leistungsverrechnung setzt das Treppenverfahren folglich eine **Ordnung der Kostenstellen** voraus, bei der am Anfang der Reihe Abrechnungsbereiche stehen, die möglichst viele der nachgelagerten Stellen beliefern, ihrerseits aber von den folgenden keine Leistungen erhalten. Ferner sind am Ende der Reihe diejenigen Stellen anzuordnen, die zwar von den vorgelagerten Abrechnungsbereichen beliefert werden, diese aber selbst nicht mit innerbetrieblichen Leistungen versorgen. Gelingt eine solche Ordnung, wird also in keinem Fall eine Rückbelastung notwendig, so liegt eine **einseitige Verflechtung** der Kostenstellen vor. Für genau diesen Fall führt das Treppenverfahren zu einer exakten Verrechnung der innerbetrieblichen Leistungen. Aufgrund der stufenweisen Abrechnungstechnik lässt sich der (innerbetriebliche) Verrechnungssatz für die n-te Kostenstelle in diesem Fall berechnen aus

$$\frac{\left[\begin{array}{c}\text{Summe der Primärkosten} \\ \text{der n-ten Kostenstelle}\end{array} + \begin{array}{c}\text{Summe der n-ten Kostenstelle von vorgelagerten} \\ \text{Kostenstellen zugerechnete Sekundärkosten}\end{array}\right]}{\text{Summe der Leistungsabgabe der n-ten Kostenstelle an andere Kostenstellen und/oder den Absatzmarkt.}}$$

Mit diesen pro Kostenbereich ermittelten Verrechnungssätzen sind nun wiederum die Leistungsabgaben an andere, im Betriebsabrechnungsbogen nachgelagerte Kostenstellen und/oder den Absatzmarkt zu multiplizieren, um die entsprechenden

Sekundärkosten der empfangenden Kostenstellen bzw. die den absatzbestimmten Leistungen anzulastenden Kostenbeträge zu erhalten.[160]

> **Beispiel 43:**
> Das folgende Beispiel bezieht sich ebenfalls auf eine industrielle Unternehmung mit gemischter Fertigung, die aber das Stufenleiterverfahren zur Verrechnung der Sekundärkosten angewendet hat. Tabelle 28 zeigt den charakteristischen treppenförmigen Aufbau dieser Methode.

Tabelle 28:

Kostenstellen Kostenarten in Hundert €	Hilfskostenstellen			Hauptkostenstellen		
	St_1	St_2	St_3	St_4	St_5	St_6
primäre Kosten	400 (−400)	900	1.500	5.000	8.000	6.000
Sekundärkostenverrechnung	↳	+ 100 (−1.000)	+ 50		+ 200	+ 50
		↳	+ 350 (−1.900)	+ 400		+ 250
			↳	+ 800	+ 700	+ 450
Endkosten	0	0	0	6.200	8.900	6.700

Allerdings ist das hier gezeigte ausschließliche Hervorbringen innerbetrieblicher Leistungen nur von den Hilfskostenstellen nicht zwingende Voraussetzung bei diesem Verfahren. Von der innerbetrieblichen Leistungsabgabe können auch Neben- und/oder Hauptkostenstellen betroffen sein.

2.3.2.2.2 Kostenstellenausgleichsverfahren

Im Gegensatz zur Treppenmethode können mit dem Kostenstellenausgleichsverfahren auch **wechselseitige Leistungsverflechtungen** zwischen den einzelnen Kostenstellen berücksichtigt werden, so dass eine Verrechnung innerbetrieblicher Leistungen von vor- auf nachgelagerte Abrechnungsbereiche und umgekehrt möglich wird. Bei diesem Verfahren besteht somit wie bei der Treppenmethode die Möglichkeit, dass auch Neben- und Hauptkostenstellen innerbetriebliche Leistungen hervorbringen. Da

---

[160] Vgl. Beispiel 81 im vierten Teil zu Gliederungspunkt 4.2, das die innerbetriedliche Leistungsverrechnung nach dem Treppenverfahren unter Berücksichtigung sowohl von Voll- als auch von Teilkosten verdeutlicht.

im Fall wechselseitiger Leistungsbeziehungen die einzelnen Abrechnungsbereiche ihre Gesamtkosten aufgrund der ihnen von anderen Kostenstellen belasteten Kostenbeträge nicht unabhängig voneinander berechnen und verteilen können, sind bei diesem Verfahren besondere Vorgehensweisen zu beachten. Die gesamten Kosten jedes betrieblichen Abrechnungsbereichs müssen daher aus den primären Kosten der Stelle mit Hilfe eines **simultanen Gleichungssystems** bestimmt werden. Unter Verwendung der nachstehenden Symbole lässt sich das angesprochene Gleichungssystem allgemein wie folgt umschreiben.

(1) $KP_1, KP_2, \ldots, KP_N$ = Primärkosten der Kostenstellen $1, 2, \ldots, N$.

(2) $K_1, K_2, \ldots, K_N$ = gesamte Primär- und Sekundärkosten der Kostenstellen $1, 2, \ldots, N$

(3) $\dfrac{K_1}{x_1}, \dfrac{K_2}{x_2}, \ldots, \dfrac{K_N}{x_N}$ = Verrechnungssatze der Kostenstellen $1, 2, \ldots, N$

(4) x = mengenmäßige Leistungsabgabe der einzelnen Kostenstellen; während im Folgenden der erste Index die liefernde Kostenstelle klassifiziert, bezeichnet der zweite Index die empfangende Kostenstelle

$$K_1 = KP_1 + \frac{K_1}{x_1} \cdot x_{1,1} + \frac{K_2}{x_2} \cdot x_{2,1} + \frac{K_3}{x_3} \cdot x_{3,1} + \ldots + \frac{K_N}{x_N} \cdot x_{N,1}$$

$$K_2 = KP_2 + \frac{K_1}{x_1} \cdot x_{1,2} + \frac{K_2}{x_2} \cdot x_{2,2} + \frac{K_3}{x_3} \cdot x_{3,2} + \ldots + \frac{K_N}{x_N} \cdot x_{N,2}$$

$$K_3 = KP_3 + \frac{K_1}{x_1} \cdot x_{1,3} + \frac{K_2}{x_2} \cdot x_{2,3} + \frac{K_3}{x_3} \cdot x_{3,3} + \ldots + \frac{K_N}{x_N} \cdot x_{N,3}$$

$$\vdots$$

$$K_N = KP_N + \frac{K_1}{x_1} \cdot x_{1,N} + \frac{K_2}{x_2} \cdot x_{2,N} + \frac{K_3}{x_3} \cdot x_{3,N} + \ldots + \frac{K_N}{x_N} \cdot x_{N,N}$$

Beispiel 44:
Eine Industrieunternehmung mit gemischtem Fertigungsprogramm weist in ihrem Betriebsabrechnungsbogen zwei Hilfs- und drei Hauptkostenstellen auf, die wechselseitig innerbetriebliche Leistungen austauschen. Tabelle 29 zeigt die primären Kosten, die einzelnen Bezugsgrößen und die Struktur des Leistungsaustauschs. Das aus diesen Daten resultierende simultane Gleichungssystem, das die primären Gemeinkosten der einzelnen Kostenstellen und der ihnen von anderen Abrechnungsbereichen angelasteten sekundären Gemeinkosten beinhaltet, schließt unmittelbar an Tabelle 29 an.

Tabelle 29:

Kostenstellen Kosten/ Bezugsgrößen	Hilfskostenstellen		Hauptkostenstellen		
	St$_1$	St$_2$	St$_3$	St$_4$	St$_5$
Primäre Kosten	70.000 €	40.000 €	630.000 €	520.000 €	210.000 €
Bezugsgrößen	300.000 kWh	240 Stdn.	35.000 Min.	4.000 Stück	Herstellkosten der Absatzleistungen
innerbetrieblicher Leistungsaustausch		60.000 kWh	90.000 kWh	81.000 kWh	69.000 kWh
	18 Stdn.		48 Stdn.	72 Stdn.	102 Stdn.
	700 Min.	2.100 Min.		8.400 Min.	
	24 Stück	18 Stück			360 Stück

$$K_1 = 70.000\,€ + 0 \cdot K_1 + \frac{18\,\text{Stdn.}}{240\,\text{Stdn.}} \cdot K_2 + \frac{700\,\text{Min.}}{35.000\,\text{Min}} \cdot K_3 + \frac{24\,\text{Stück}}{4.000\,\text{Stück}} \cdot K_4 + 0 \cdot K_5$$

$$K_2 = 40.000\,€ + \frac{60.000\,\text{kWh}}{300.000\,\text{kWh}} \cdot K_1 + 0 \cdot K_2 + \frac{2.100\,\text{Min.}}{3.5000\,\text{Min.}} \cdot K_3 + \frac{18\,\text{Stück}}{4.000\,\text{Stück}} \cdot K_4 + 0 \cdot K_5$$

$$K_3 = 630.000\,€ + \frac{90.000\,\text{kWh}}{300.000\,\text{kWh}} \cdot K_1 + \frac{48\,\text{Stdn.}}{240\,\text{Stdn.}} \cdot K_2 + 0 \cdot K_3 + 0 \cdot K_4 + 0 \cdot K_5$$

$$K_4 = 520.000\,€ + \frac{81.000\,\text{kWh}}{300.000\,\text{kWh}} \cdot K_1 + \frac{72\,\text{Stdn.}}{240\,\text{Stdn.}} \cdot K_2 + \frac{8.400\,\text{Min.}}{35.000\,\text{Min.}} \cdot K_3 + 0 \cdot K_4 + 0 \cdot K_5$$

$$K_5 = 210.000\,€ + \frac{69.000\,\text{kWh}}{300.000\,\text{kWh}} \cdot K_1 + \frac{102\,\text{Stdn.}}{240\,\text{Stdn.}} \cdot K_2 + 0 \cdot K_3 + \frac{360\,\text{Stück}}{4.000\,\text{Stück}} \cdot K_4 + 0 \cdot K_5$$

Durch Umstellung des Gleichungssystems und unter Berücksichtigung der **Matrizenschreibweise** ergibt sich sodann

$$\begin{bmatrix} -1 & 0,075 & 0,02 & 0,006 & 0 \\ 0,2 & -1 & 0,06 & 0,0045 & 0 \\ 0,3 & 0,2 & -1 & 0 & 0 \\ 0,27 & 0,3 & 0,24 & -1 & 0 \\ 0,23 & 0,425 & 0 & 0,09 & -1 \end{bmatrix} \cdot \begin{bmatrix} K_1 \\ K_2 \\ K_3 \\ K_4 \\ K_5 \end{bmatrix} = \begin{bmatrix} -70.000 \\ -40.000 \\ -630.000 \\ -520.000 \\ -210.000 \end{bmatrix}.$$

Um die einzelnen Werte für K_1 bis K_5 bestimmen zu können, muss das Gleichungssystem entsprechend transformiert werden. Dies geschieht durch die Bildung der **Kehrmatrix** wie folgt.[161]

$$\begin{bmatrix} K_1 \\ K_2 \\ K_3 \\ K_4 \\ K_5 \end{bmatrix} = \begin{bmatrix} -1{,}0268 & -0{,}0844 & -0{,}0272 & -0{,}0065 & 0 \\ -0{,}2285 & -1{,}0325 & -0{,}068 & -0{,}006 & 0 \\ -0{,}3537 & -0{,}2318 & -1{,}0217 & -0{,}0032 & 0 \\ -0{,}4307 & -0{,}3882 & -0{,}273 & -1{,}0043 & 0 \\ -0{,}3721 & -0{,}4932 & -0{,}06 & -0{,}0945 & -1 \end{bmatrix} \cdot \begin{bmatrix} -70.000 \\ -40.000 \\ -630.000 \\ -520.000 \\ -210.000 \end{bmatrix}$$

Die Lösung des Gleichungssystems führt nach der Matrizenmultiplikation zu nachstehenden Ergebnissen:

$K_1 = 95.770,3852\ €$ $K_3 = 679.380,3905\ €$ $K_5 = 342.496,3869\ €$.
$K_2 = 103.246,3749\ €$ $K_4 = 739.883,2102\ €$

Unter Berücksichtigung der Leistungsverflechtungen können nun die zu verrechnenden sekundären Gemeinkosten (Tabelle 30) und anschließend die Endkosten der Hauptkostenstellen (Tabelle 31) ermittelt werden. Tabelle 30 zeigt, dass die beiden Hilfskostenstellen ihre gesamten Leistungen an andere Kostenstellen abgeben, während die Hauptkostenstellen St_3 und St_4 68 % bzw. 89,95 % ihrer zugerechneten Kosten auf die absatzbestimmten Leistungen überwälzen und lediglich 32 % bzw. 10,05 % innerbetrieblich weiterverrechnen. Die Hauptkostenstelle St_5 verrechnet hingegen alle primären und sekundären Gemeinkosten ausschließlich auf absatzbestimmte Kostenträger.

Das Kostenstellenausgleichsverfahren erfordert im Gegensatz zu den anderen Methoden der Leistungsverrechnungen einen höheren Rechenaufwand, der aber durch den Einsatz von **Standard-Softwareprogrammen** in ökonomischen Grenzen gehalten werden kann. Beim Vorliegen wechselseitiger Verflechtungen der einzelnen Kostenstellen führt jedoch allein das Kostenstellenausgleichsverfahren zu einer exakten Erfassung der innerbetrieblichen Leistungsbeziehungen.

Zu den Methoden der innerbetrieblichen Leistungsverrechnung wird häufig auch noch das **Kostenträgerverfahren** gerechnet. Bei dieser Methode erfolgt primär für **selbst erstellte aktivierbare Leistungen** eine Führung von separaten Kostenstellen, denen die Einzelkosten für Großreparaturen und Anlagen sowie die von

---

161 Vgl. zur Darstellung simultaner Gleichungssysteme in Matrizenform und den Möglichkeiten ihrer Lösung Müller-Merbach 1973, S. 214–237; Ohse 2005, S. 98–276, sowie im Hinblick auf die innerbetriebliche Leistungsverrechnung Münstermann 1969, S. 89–154. Beim Vorliegen komplexer innerbetrieblicher Leistungsstrukturen empfiehlt es sich, Tabellenkalkulationsprogramme einzusetzen, die in aller Regel integrierte Funktionen zur Berechnung simultaner Gleichungssysteme enthalten. Vgl. Braun 2000, S. 683–689.

Tabelle 30:

Leistungsverflechtung	Verrechnungsgröße	zu verrechnender Gesamtkostenbetrag in €	zu verrechnende sekundäre Gemeinkosten in €
St_1 an St_2	0,2	95.770,3852	19.154,0770
St_1 an St_3	0,3		28.731,1156
St_1 an St_4	0,27		25.858,0040
St_1 an St_5	0,23		22.027,1886
	= 1		= 95.770,3852
St_2 an St_1	0,075	103.246,3749	7.743,4781
St_2 an St_3	0,2		20.649,2750
St_2 an St_4	0,3		30.973,9125
St_2 an St_5	0,425		43.879,7093
	= 1		= 103.246,3749
St_3 an St_1	0,02	679.380,3905	13.587,6078
St_3 an St_2	0,06		40.762,8235
St_3 an St_4	0,24		163.051,2937
	= 0,32	679.380,3905	217.401,7250
	0,68		461.978,6655
	= 1		= 679.380,3905
St_4 an St_2	0,006	739.883,2102	4.439,2993
St_4 an St_2	0,0045		3.329,4744
St_4 an St_5	0,09		66.589,4889
	0,1005	739.883,2102	= 74.358,2626
	0,8995		= 665.524,9476
	= 1		= 739.883,2102

anderen Abrechnungsbereichen zum Zweck der Erstellung dieser Leistungen zugerechneten sekundären Gemeinkosten angelastet werden. Durch die Einrichtung derartiger **Ausgliederungsstellen** für aktivierbare innerbetriebliche Leistungen wird es möglich, sowohl zum Zweck der Bewertung in der Kurzfristigen Erfolgsrechnung als auch im handels-, steuerrechtlichen oder internationalen Jahresabschluss die entsprechenden Kostenansätze aus dem Betriebsabrechnungsbogen ableiten zu können. Die Berücksichtigung dieser Kostenbeträge im Rahmen der Betriebsabrechnung erfolgt in späteren Nutzungsperioden durch kalkulatorische Abschreibungen, indem die einzelnen Abrechnungsbereiche nach Maßgabe der von ihnen in Anspruch ge-

Tabelle 31:

Kostenstellen	Hilfskostenstellen		Hauptkostenstellen			Summen
Kostenarten in €	St₁	St₂	St₃	St₄	St₅	
Summe der primären Gemeinkosten	70.000	40.000	630.000	520.000	210.000	1.470.000
Umlage der sekundären Gemeinkosten	−19.154,0770	+19.154,0770				
	−28.731,1156		+28.731,1156			
	−25.858,0040			+ 25.858,0040		
	−22.027,1886				+ 22.027,1886	
	+ 7.743,4781	− 7.743,4781				
		−20.649,2750	+20.649,2750			
		−30.973,9125		+ 30.973,9125		
		−43.879,7093			+ 43.879,7093	
	+13.587,6078	+40.762,8235	−13.587,6078			
			−40.762,8235			
			−163.051,2937	+163.051,2937		
	+ 4.439,2993			− 4.439,2993		
		+ 3.329,4744		− 3.329,4744		
				− 66.589,4889	+ 66.589,4889	
Endkosten	0	0	461.978,6656	665.524,9476	342.496,3868	1.470.000

nommenen aktivierten innerbetrieblichen Leistungen die entsprechenden Kosten zu tragen haben.[162]

2.4 Kostenträgerstückrechnung

2.4.1 Grundlegendes

Die Aufgabe der Kostenträgerstückrechnung (Selbstkostenrechnung, Kalkulation) besteht im Grundsatz darin, mit Hilfe bestimmter Kalkulationsmethoden die Selbstkosten und die **Herstellkosten pro betrieblicher Erzeugniseinheit** zu ermitteln. Während die Selbstkosten pro Stück zum Zweck von **Preis- und Kostenentscheidungen** benötigt werden, dienen die Herstellkosten pro Einheit der **Bestandsbewertung** in der **Kurzfristigen Erfolgsrechnung** und im **handels-, steuerrechtlichen und internationalen Jahresabschluss**. Alle existierenden Kalkulationsmethoden zur Ermittlung der Selbst- und Herstellungskosten greifen auf die Daten der Kostenarten- und ggf. der Kostenstellenrechnung zurück.

Wenn die Kalkulation für Planungszwecke (z. B. der Angebotsabgabe) zeitlich vor Beginn der Leistungserstellung durchgeführt wird, spricht man von einer **Vorkalkulation**. In diesem Fall erfolgt die Ermittlung der Selbst- und Herstellkosten auf der Grundlage von erwarteten Mengen und Preisen. Die **Zwischenkalkulation** wird hingegen nach Beginn, aber vor Beendigung der Fertigung vorgenommen. Soweit sie sich auf bereits vollzogene Leistungserstellungen bezieht, greift sie auf angefallene Kosten zurück. Fungiert die Zwischenkalkulation aber als Planungsrechnung im Hinblick auf noch durchzuführende Produktionsprozesse, dann arbeitet sie mit geschätzten Werten. Der Zwischenkalkulation kommt einerseits die Aufgabe zu, die entsprechenden Istkosten zur Bewertung unfertiger Erzeugnisse zu liefern, während sie andererseits aber auch einer laufenden Kontrolle durch Gegenüberstellung von Sollkosten und den tatsächlich entstandenen Kosten dient. Mit Hilfe der **Nachkalkulation**, die erst nach Beendigung des Leistungserstellungsprozesses durchgeführt wird und deshalb stets auf Istgrößen basiert, soll zum einen kontrolliert werden, ob die Planwerte der Vorkalkulation eingehalten wurden. Zum anderen dienen die Ergebnisse der Nachkalkulation der Erfolgsermittlung und -kontrolle im Rahmen der Kurzfristigen Erfolgsrechnung sowie der Bestandsbewertung von Eigenerzeugnissen im handels-, steuerrechtlichen und internationalen Jahresabschluss. Schließlich bleibt der Hinweis, dass die ermittelten Daten der Nachkalkulation häufig auch die Grundlage für zukünftige Vorkalkulationen bei ähnlichen oder vergleichbaren Erzeugnissen bilden.

Grundsätzlich lassen sich zwei Typen der Kostenträgerstückrechnung unterscheiden, die in der Praxis in erweiterten Formen und Kombinationen Anwendung

---

[162] Vgl. Freidank 1994b, S. 41–57.

finden. Die **Divisionskalkulation** geht von den Gesamtkosten der Kalkulationsperiode aus, ohne diese in Einzel- und Gemeinkosten aufzuspalten. Die Stückkosten ergeben sich dann aufgrund der Division der Gesamtkosten durch eine Schlüsselgröße als Divisor. Während die Verfahren der reinen Divisionsrechnung als Verteilungsbasis stets die Menge der absatzbestimmten Produkte zugrunde legen, verwendet die **Äquivalenzziffernrechnung** bei der Verteilung der Kosten auf die Erzeugnisse Verhältniszahlen als Schlüsselgrößen. Die **Zuschlagskalkulation** unterscheidet hingegen die Gesamtkosten in Einzel- und Gemeinkostenbestandteile. Während die Einzelkosten den zu kalkulierenden Erzeugnissen direkt angelastet werden, erfolgt die Gemeinkostenzurechnung anhand von wert- oder mengenmäßigen Schlüsselgrößen (z. B. Einzelkosten oder Maschinenstunden).

Da eine möglichst verursachungsgerechte Verteilung der Gesamtkosten auf die einzelnen Leistungseinheiten angestrebt wird, hängt die Wahl des Kalkulationsverfahrens vom **Produktionsprogramm** der industriellen Unternehmung ab. Je differenzierter das Fertigungsprogramm bezüglich der Produktarten strukturiert ist, desto unterschiedlicher nehmen die einzelnen Erzeugnisse die im Herstellungsprozess eingesetzten Wirtschaftsgüter in Anspruch. In Bezug auf die Zuordnung der Kalkulationsverfahren zu den einzelnen Fertigungsprogrammtypen wie **Massen-, Sorten-, Serien- und Einzelfertigung** wird deshalb davon ausgegangen, „dass die Produktionsprozesse und die Einsatzmengen an Werkstoffen, Betriebsmittel- und Arbeitsleistungen von der Übereinstimmung zwischen den Produkten beeinflusst werden"[163]. Die angesprochenen vier Produktionstypen lassen sich wie folgt näher unterscheiden.

(1) **Massenfertigung:** Das Fertigungsprogramm besteht nur aus einem Erzeugnis, dessen Herstellung sich über einen längeren Zeitraum hinweg permanent wiederholt (z. B. Strom, Zement).
(2) **Sortenfertigung:** Es handelt sich in diesem Fall um die Fertigung verschiedener, unkomplizierter Produktarten innerhalb einer Erzeugnisgattung (z. B. Biersorten, Dachziegel). Die Produkte unterscheiden sich nur nach Dimension und/oder Qualität (längerfristige Fertigung).
(3) **Serienfertigung:** Dieser Fertigungstyp umfasst die Herstellung komplizierter, unterschiedlicher Erzeugnistypen, die nach einiger Zeit durch Produktarten neuer Serien verdrängt werden (z. B. Automobilproduktion).
(4) **Einzelfertigung:** Von einer Einzelfertigung wird dann gesprochen, wenn jedes Erzeugnis individuell und abweichend von den bisher erstellten Produkten gefertigt wird (z. B. Brücken- und Schiffsbau). Somit ist auch dieser Fertigungstyp zeitlich begrenzt.

---

163 Schweitzer/Küpper/Friedl/Hofmann/Pedell 2016, S. 202.

Neben diesen Fertigungstypen ist noch die sogenannte **Kuppelproduktion** zu nennen, die durch die Entstehung verschiedener Erzeugnisse in einem einheitlichen Herstellungsverfahren charakterisiert ist (z. B. im Rahmen von chemischen Produktionsprozessen). Im Gegensatz zu den Fertigungsverfahren bei unverbundener Herstellung können im Fall der Kuppelproduktion die oben genannten Kalkulationsverfahren keine Anwendung finden, da die gesamten Fertigungskosten des verbundenen Herstellungsprozesses den Spalterzeugnissen nicht verursachungsgerecht zugeordnet werden können. Es kommen deshalb zum Zweck der Kostenträgerstückrechnung **Hilfsverfahren** zum Einsatz, die die Gesamtkosten nach dem **Tragfähigkeitsprinzip** auf die Leistungseinheiten verteilen.

Wie noch darzulegen sein wird, spielen neben der Struktur des Fertigungstyps auch die **Anzahl der Fertigungsstufen** und in diesem Zusammenhang ggf. vorliegende schwankende Bestandswerte in Zwischenlagern im Hinblick auf die Wahl des Kalkulationsverfahrens eine entscheidende Rolle. Abbildung 77 zeigt zusammenfassend eine Zuordnung der oben angesprochenen Fertigungstypen zu den wichtigsten betriebswirtschaftlichen Kalkulationsverfahren. Die durchzogenen Linien charakterisieren die in der betrieblichen Realität primär zur Anwendung kommenden Verfahren bezüglich der einzelnen Produktionstypen. So wird durch die Grafik dokumentiert, dass im Fall einer Massen- oder Sortenfertigung das Divisionsverfahren in Form der Divisions- oder Äquivalenzziffernkalkulation primär Anwendung findet, während bei differenzierter Serien- oder Einzelfertigung die industrielle Praxis vorwiegend auf Zuschlagskalkulationen zurückgreift.

2.4.2 Kalkulationsverfahren und ihre Anwendung

2.4.2.1 Divisionsrechnung

2.4.2.1.1 Systematisierung

Die Formen der Divisionskalkulation sind, wie schon gezeigt wurde, dadurch gekennzeichnet, dass sie bei der Ermittlung der Selbst- oder Herstellungskosten die gesamte Kostensumme **ohne Differenzierung in Einzel- und Gemeinkosten** mittels einer geeigneten Schlüsselgröße (z. B. absatzbestimmte Produkte oder Äquivalenzziffern) als Divisor den einzelnen Leistungseinheiten zurechnen. Die einfache Form der Divisionskalkulation (ohne Äquivalenzziffern) errechnet die Stückkosten mittels Division der gesamten angefallenen Periodenkosten durch die Summe der in diesem Zeitabschnitt erstellten und abgesetzten Leistungen, die etwa in Gewichtseinheiten, Stückzahlen oder Volumina im Nenner Verrechnung finden können. Beachtet werden muss, dass die zu verteilende Kostensumme auch für die im Nenner auszuweisende Menge der absatzbestimmten Produkte angefallen ist, da ansonsten, wie noch zu zeigen sein wird, bei Bestandsveränderungen die Selbst- und Herstellkosten unzutreffend ermittelt würden. Je nachdem, ob die zu verrechnenden

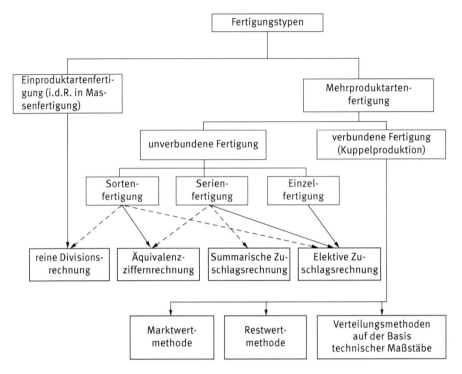

Abbildung 77: Zusammenhänge zwischen Fertigungstypen und Kalkulationsverfahren.[163]

Gesamtkosten kumuliert in die Divisionsrechnung einfließen oder weiter in Teilbeträge aufgespalten werden, die den absatzbestimmten Erzeugnissen differenziert zuzurechnen sind, unterscheidet die BWL **einstufige, mehrstufige oder mehrfache Methoden der Divisionskalkulation.**

2.4.2.1.2 Methoden ohne Äquivalenzziffern

Die Anwendung der **einstufigen Form der Divisionskalkulation** ist an zwei grundlegende Voraussetzungen geknüpft. Zum einen darf die Unternehmung nur eine einheitlich hergestellte (homogene) Erzeugnisart produzieren und zum anderen dürfen keine Lagerbestandsveränderungen an unfertigen und fertigen Erzeugnissen auftreten. Im Prinzip wird die erste Bedingung bei Unternehmungen der Grundstoffindustrie und Energieerzeugung (z. B. Erdölgewinnung, Sand- und Kiesgruben, Elektrizitäts- und Wassererzeugung) erfüllt sein. Allerdings ist das Vorliegen der zweiten Voraussetzung nur bei Unternehmen anzutreffen, die entweder **nichtspeicherbare Absatzleistun-**

---

164 Modifiziert übernommen von Eisele/Knobloch 2019, S. 946.

gen herstellen (z. B. Verkehrsbetriebe) oder die stets **konstante Bestände** an unfertigen und fertigen Erzeugnissen aufweisen. Bezeichnet man die in einer Rechnungsperiode angefallenen gesamten Kosten mit K und belegt die während dieses Zeitraums gefertigte und abgesetzte Produktmenge mit dem Symbol x, dann errechnen sich die Stück-Selbstkosten (ks) nach der einstufigen Form der Divisionskalkulation aus

$$ks = \frac{K}{x}.$$

> **Beispiel 45:**
> In einem Kraftwerk wurden in einer Rechnungsperiode 18.900.000 kWh Strom erzeugt. Für diese Stromproduktion fielen Gesamtkosten in Höhe von 4.800.000 € an. Die Selbstkosten pro kWh betragen somit 4.800.000 € / 18.900.000 kWh = 0,254 €/kWh.

Da bei dieser Kalkulation die Unternehmung den Charakter einer Produktionseinheit trägt, dient die Kostenstellenrechnung hier ausschließlich der **Wirtschaftlichkeitskontrolle** und nicht einer genauen Verteilung der Gemeinkosten auf die einzelnen betrieblichen Abrechnungsbereiche.

Schwierigkeiten treten immer dann auf, wenn sich die Fertigung der homogenen Produkte in mehreren Herstellungsstufen vollzieht und damit die Möglichkeit besteht, dass Bestände an unfertigen Erzeugnissen in den einzelnen Produktionsabschnitten auftreten können. Die dargestellte einfache Form der Divisionskalkulation bleibt aber in diesem Fall nur dann anwendbar, wenn sich die Lagerbestände der in Rede stehenden Produkte nicht ändern. Eine Variation würde bedeuten, dass bei einer Bestandserhöhung die der Kalkulation zugrunde zu legenden Gesamtkosten der Periode Elemente enthalten, die auf die Produktion höherer Bestände an unfertigen Erzeugnissen zurückzuführen sind und im Fall einer Bestandsverminderung in der Gesamtkostensumme der Rechnungsperiode Kostenbestandteile fehlen. Ändert sich auch der Bestand an fertigen Erzeugnissen, so sind bei einer Bestandsveränderung die Gesamtkosten der Periode nicht allein den abgesetzten Erzeugnissen anzulasten, womit etwa im Fall einer Bestandserhöhung Teile der Periodenkosten lediglich den hergestellten und nicht den verkauften Produkten zugerechnet werden müssen.[165] Die Ausführungen verdeutlichen, dass die einfache Divisionskalkulation in diesen Fällen wegen des ausschließlichen Rückgriffs bei der Gesamtkostenverteilung auf die Bezugsgröße x die entsprechenden **Stückkosten falsch ermittelt**. Ferner können aus den kalkulatorischen Ergebnissen dieses Verfahrens nicht die erforderlichen Größen zur Bestandsbewertung von unfertigen und fertigen Erzeugnissen abgeleitet werden, da die einstufige Form der Divisionskalkulation nicht dazu in der Lage ist, die Herstellungskosten pro gefertigter Produkteinheit zu liefern.

---

[165] Vgl. Schildbach/Homburg 2009, S. 145–146.

Weist der Produktionsprozess für ein **homogenes Erzeugnis mehrere Stufen auf, die sukzessiv hintereinandergeschaltet sind**, so findet die Stufendivisionskalkulation Anwendung. Die unfertigen und fertigen Erzeugnisse können hierbei in ihren Beständen schwanken und die kalkulatorischen Ergebnisse auch zum Zweck der Bestandsbewertung eingesetzt werden. Die Bildung der Fertigungsstellen erfolgt gemäß den einzelnen Produktionsstufen, auf denen diejenigen Kosten erfasst werden, die in einer Rechnungsperiode zur Bearbeitung der Kostenträger auf dieser Stufe angefallen sind. Somit setzt die Methode der Stufendivisionskalkulation eine differenzierte, **produktionsstufenorientierte Kostenstellenrechnung** voraus. Außer den Selbstkosten für abgesetzte fertige Erzeugnisse können ferner auch die Herstellungskosten für gelagerte unfertige und fertige Erzeugnisse kalkuliert werden. Im Folgenden sollen nachstehende Symbole gelten:

(1) $kh_1, kh_2, \ldots, kh_C$ Stück-Herstellkosten der Fertigungsstufen $c = 1, 2, \ldots, C$.

(2) $KH_1, KH_2, \ldots, KH_C$ gesamte Herstellkosten der Fertigungsstufen $c = 1, 2, \ldots, C$.

(3) $PW_1, PW_2, \ldots, PW_{C-1}$ gesamte, jeweils an die nächste Stufe weitergegebene Produktionswerte der Fertigungsstufen $c = 1, 2, \ldots, C-1$.

(4) $x_1, x_2, \ldots, x_C$ Leistungseinheiten der Fertigungsstufen $c = 1, 2, \ldots, C$.

(5) KWV gesamte Verwaltungs- und Vertriebskosten

(6) $\bar{x}$ Absatzmenge des homogenen fertigen Erzeugnisses.

Allgemein lassen sich die Stück-Herstellkosten der einzelnen Fertigungsstufen nach der Stufendivisionsmethode wie folgt errechnen, wobei kh_c die Stück-Herstellkosten des gesamten Produktionsprozesses zum Ausdruck bringt.

$$kh_1 = \frac{KH_1}{x_1}$$

$$kh_2 = \frac{(PW_1 + KH_2)}{x_2}$$

$$kh_3 = \frac{(PW_2 + KH_3)}{x_3}$$

$$\vdots \quad \vdots$$

$$kh_c = \frac{(PW_{C-1} + KH_C)}{x_C}$$

Die Stück-Selbstkosten für eine Produkteinheit (ks) lassen sich ermitteln, wenn die auf die Absatzmenge bezogenen gesamten Verwaltungs- und Vertriebskosten zu den Herstellkosten pro Einheit des gesamten Produktionsprozesses (kh_c) addiert werden.[166]

$$ks = kh_c + \frac{KWV}{\bar{x}}$$

Obwohl die Verwaltungskosten, im Gegensatz zu den Vertriebskosten, auch für die auf Lager befindlichen Erzeugnisse angefallen sind, werden sie im Rahmen der Kostenrechnung aus Vereinfachungs- und Wirtschaftlichkeitsgründen prinzipiell nur den abgesetzten Erzeugnissen angelastet.[167]

> **Beispiel 46:**
> In einer Unternehmung wird ausschließlich das homogene Produkt Zement in drei Fertigungsstufen hergestellt, denen von außen keine weiteren Einsatzfaktoren zugeführt werden und die auch keine Leistungen an externe Unternehmensbereiche abgeben. Die gesamten Herstellkosten der Abrechnungsperiode betragen 419.000 € sowie die Verwaltungs- und Vertriebskosten 90.000 €. Aus den Daten der folgenden Tabelle 32 sind die Selbstkosten für eine Tonne Zement und die Herstellkosten pro Tonne Zement zur Bestandsbewertung in den einzelnen Fertigungsstufen zu berechnen. Eine Analyse der Verbrauchsfolge hat ergeben, dass die zuletzt produzierten Mengen an unfertigen und fertigen Erzeugnissen zuerst wieder in den Herstellungsprozess eingesetzt bzw. als Endprodukt verkauft werden.

Tabelle 32:

Fertigungsstufen	Unfertige bzw. fertige Erzeugnisse Leistungseinheiten der Periode pro Fertigungsstufe in Tonnen	Lagerbestände aus der Vorperiode in Tonnen	Endbestände der Periode in Tonnen	Gesamte Herstellkosten der Periode pro Fertigungsstufe in €
1. Stufe (Rohmaterialförderung)	8.000	2.000	1.000	176.000
2. Stufe (Aufbereitung)	9.000	3.000	5.000	173.000
3. Stufe (Verpackung)	7.000	2.000	4.000	70.000
Summe	–	–	–	419.000

---

166 Vgl. zu komplexeren Verfahren der Stufendivisionskalkulation etwa Huch 1986, S. 113–116; Kosiol 1979, S. 416–441; Mellerowicz 1980, S. 103–108.
167 Wie noch zu zeigen sein wird, erlaubt das deutsche Bilanzrecht eine anteilige Einbeziehung der Verwaltungskosten in den handels- und steuerrechtlichen Herstellungskostenansatz. Aus internationaler Sicht besteht allerdings eine Verpflichtung zur Aktivierung der (produktionsbezogenen) Verwaltungskosten. Vgl. die Ausführungen im dritten Teil zu Gliederungspunkt 2.5.2.

Die Lagerbestände der Vorperiode wurden pro Fertigungsstufe mit nachstehenden Herstellkosten für eine Tonne Zement bewertet:
1. Stufe = 20 €
2. Stufe = 45 €
3. Stufe = 54 €.

Die Stufenkalkulation ist nun wie folgt durchzuführen.

1. Stufe

(1) $\dfrac{176.000\ \text{€}}{8.000\ \text{Tonnen}} = 22\ \text{€/Tonne}$

(Stück-Herstellkosten der unfertigen Erzeugnisse in der 1. Stufe);

(2) Bewertung der Endbestände in der 1. Fertigungsstufe zu Herstellkosten der Vorperiode:
1.000 Tonnen · 20 € = 20.000 €;

(3) gesamter Produktionswert der in die nächste Stufe eingesetzten unfertigen Erzeugnisse:
1.000 Tonnen · 20 € + 8.000 Tonnen · 22 € = 196.000 €.

2. Stufe

(1) $\dfrac{(196.000\ \text{€} + 173.000\ \text{€})}{9.000\ \text{Tonnen}} = 41\ \text{€/Tonne}$

(Stück-Herstellkosten der unfertigen Erzeugnisse in der 2. Stufe);

(2) Bewertung der Endbestände in der 2. Fertigungsstufe zu Herstellkosten der Vor- und Referenzperiode:
3.000 Tonnen · 45 € + 2.000 Tonnen · 41 € = 217.000 €;

(3) gesamter Produktionswert der in die letzte Stufe eingesetzten unfertigen Erzeugnisse:
7.000 Tonnen · 41 € = 287.000 €.

3. Stufe

(1) $\dfrac{(287.000\ \text{€} + 70.000\ \text{€})}{7.000\ \text{Tonnen}} = 51\ \text{€/Tonne}$

(Stück-Herstellkosten der fertigen Erzeugnisse in der 3. Stufe);

(2) Bewertung der Endbestände in der 3. Fertigungsstufe zu Herstellkosten der Vor- und Referenzperiode:
2.000 Tonnen · 54 € + 2.000 Tonnen · 51 € = 210.000 €;

(3) gesamte Herstellkosten der abgesetzten fertigen Erzeugnisse:
5.000 Tonnen · 51 € = 255.000 €.

Die Verwaltungs- und Vertriebskosten sind ausschließlich den abgesetzten Erzeugnissen zuzurechnen, so dass sich die Selbstkosten für eine Tonne Zement wie folgt ermitteln lassen:

$$ks = 51\ \text{€/Tonne} + \frac{90.000\ \text{€}}{5.000\ \text{Tonnen}} \qquad (1)$$

$$ks = 69\ \text{€/Tonne}. \qquad (2)$$

Die **mehrfache Form der Divisionskalkulation** findet dann Anwendung, wenn in einer Unternehmung **mehrere gleichartige Erzeugnisse durch unterschiedliche, voneinander unabhängige Fertigungsprozesse hergestellt werden**. Läuft die Produktion der einzelnen homogenen Erzeugnisse ohne Zwischenlagerung in einem Teilbetrieb oder einer Kostenstelle ab, so erfasst jeder Abrechnungsbereich die Kosten separat und kalkuliert dann die Herstell- bzw. Selbstkosten anhand der einstufigen Divisionskalkulation. Andernfalls muss auch hier auf das mehrstufige Kalkulationsverfahren zurückgegriffen werden.

Beispiel 47:
Eine industrielle Unternehmung stellt vier homogene Erzeugnisarten in jeweils vier betrieblichen Fertigungsbereichen her. Die Herstellung wird in allen Kostenstellen durch einstufige Produktionsprozesse vollzogen. Die Tabelle 33 zeigt die in den einzelnen Teilbereichen angefallenen Herstell-, Verwaltungs- und Vertriebskosten sowie die Menge der während einer Rechnungsperiode gefertigten und abgesetzten Erzeugnisse. Die Verkäufe der Rechnungsperiode wurden ausschließlich aus den Produktionsmengen dieses Zeitabschnitts getätigt.

Tabelle 33:

Erzeugnisarten Kosten in € und Mengen	$a = 1$	$a = 2$	$a = 3$	$a = 4$	Summe
KH_a	300.000	400.000	150.000	350.000	1.200.000
KWV_a	45.000	80.000	27.000	70.000	222.000
Fertigungsmengen (x_a)	20.000	25.000	12.000	14.000	71.000
Absatzmengen ($\bar{x}_a$)	18.000	20.000	10.000	14.000	62.000

Unter Berücksichtigung der gesamten Verwaltungs- und Vertriebskosten der Periode von 222.000 € errechnen sich die Stück-Herstellkosten sowie die Stück-Selbstkosten für die einzelnen homogenen Erzeugnisse unter Anwendung der nachstehenden, für die zweistufige Divisionskalkulation typischen Formeln allgemein aus

$$kh_a = \frac{KH_a}{x_a} \qquad (1)$$

$$ks_a = \frac{KH_a}{x_a} + \frac{KWV_a}{\bar{x}_a}. \qquad (2)$$

Tabelle 34 zeigt die entsprechenden Kalkulationsergebnisse für die in Beispiel 47 dargelegte Aufgabenstellung.

Tabelle 34:

Stückkosten in € \ Erzeugnisarten	a = 1	a = 2	a = 3	a = 4
kh_a	15	16	12,5	25
ks_a	17,5	20	15,2	30

2.4.2.1.3 Äquivalenzziffernkalkulation

Die Kalkulation mit Äquivalenzziffern zur Ermittlung der Herstell- oder Selbstkosten pro Erzeugniseinheit findet vorwiegend in Unternehmungen Anwendung, **die verschiedene, sich nur geringfügig unterscheidende Erzeugnisarten (Sorten) in den gleichen Fertigungsbereichen produzieren.** Die Äquivalenzziffern stellen bei diesem Kalkulationsverfahren einen Kostenzurechnungsschlüssel dar, der das unterschiedliche Kostenverhältnis zwischen den einzelnen Sorten zum Ausdruck bringt. Die Ermittlung der Ziffern erfolgt anhand fertigungstechnischer Analysen, wobei die berechneten Verhältniszahlen so lange als konstant angenommen werden können, bis eine Änderung der Kosteneinflussgrößen eine Neuberechnung erforderlich macht. Grundsätzlich werden eine Erzeugnisart als **Einheits-(Basis-)Sorte** gewählt und die Kostenunterschiede der anderen Produkte durch je eine Äquivalenzziffer, bezogen auf diese Einheitssorte, ausgedrückt. Im Gegensatz zu den anderen Typen der Divisionsrechnung erfolgt die Berechnung der stückbezogenen Herstellkosten nicht mehr mittels Division der angefallenen Herstellkosten durch die Menge der gefertigten Produkte, sondern durch die **Summe der Rechnungseinheiten,** wobei die Kosten pro Rechnungseinheit anschließend noch mit den ermittelten Verhältnisziffern pro Sorte zu multiplizieren sind. Letztlich bleibt der Hinweis, dass die Äquivalenzziffernkalkulation primär z. B. in Ziegeleien, Brauereien, Säge- und Walzwerken Anwendung findet.

Beispiel 48:
Eine Brauerei stellt innerhalb einer Rechnungsperiode vier Biersorten her, für die folgende Daten ermittelt wurden. Tabelle 35 zeigt, dass den Sorten Weizenbier und Doppelbock in Bezug auf die Einheitssorte Vollbier um 30% weniger bzw. um 20% mehr Kosten bei der Kalkulation zuzurechnen sind. Unter Zugrundelegung von 432.000 € Herstellkosten der Periode (KH) lassen sich die Herstellkosten pro Erzeugniseinheit und pro Sorte wie in Tabelle 36 dargestellt errechnen (für a = 1, 2, ..., A).

Tabelle 35:

Biersorten	a	Äquivalenzziffern (z_a)	produzierte Flaschenmengen (x_a)
Weizenbier	1	0,7	120.000
Weizenbock	2	0,8	80.000
Vollbier	3	1	140.000
Doppelbock	4	1,2	60.000
Summe	–	–	400.000

Tabelle 36:

Biersorten	Rechnungseinheiten (RE)	Herstellkosten pro Rechnungseinheit in € (KH/RE)*	Äquivalenzziffern	Herstellkosten pro Produkteinheit in € (kh_a)	Gesamte Herstellkosten pro Sorte in € (KH_a)
a	$z_a \cdot x_a$	$\dfrac{KH}{\sum_{a=1}^{A} z_a \cdot x_a}$	z_a	$KH/RE \cdot z_a$	$kh_a \cdot x_a$
1	84.000	1,2	0,7	0,84	100.800
2	64.000	1,2	0,8	0,96	76.800
3	140.000	1,2	1	1,2	168.000
4	72.000	1,2	1,2	1,44	86.400
Summe	360.000	–	–	–	432.000

* $KH/RE = \dfrac{432.000 \text{ €}}{360.000 \text{ RE}} = 1,2 \text{ €/RE}.$

Zur Berechnung der Selbstkosten pro Erzeugnisart können die entsprechenden Verwaltungs- und Vertriebskosten der Periode analog der gezeigten Äquivalenzziffernrechnung auf die abgesetzten Produkte zur Verteilung kommen. Weicht aber die Kostenstruktur zwischen den Sorten von dem für den Herstellungsbereich gültigen

Verhältnis ab, so muss die Kalkulation der Verwaltungs- und Vertriebskosten auf der Basis einer anderen Äquivalenzziffernreihe durchgeführt werden.[168]

2.4.2.2 Varianten der Zuschlagskalkulation

Prägt eine **differenzierte Serien- oder Einzelfertigung** den Produktionscharakter der Unternehmung, so können aufgrund der Verschiedenartigkeit der Leistungen nur einige Teile der gesamten Kosten (Einzelkosten) den absatzbestimmten Kostenträgern direkt zugerechnet werden. Die restlichen Kostenbestandteile (Gemeinkosten) sind den Erzeugnissen auf indirektem Weg mit Hilfe von Schlüsselgrößen und Zuschlagssätzen anzulasten. Dabei sollte als Schlüssel ein Merkmal gewählt werden, das allen Produkten gemeinsam ist und weiterhin „eine Zurechnung der Kosten zu einem Kalkulationsobjekt proportional zur Leistung oder Inanspruchnahme"[169] ermöglicht. Je nach Art und Zahl der verwendeten Schlüsselgrößen oder Zuschlagsgrundlagen lassen sich verschiedene Formen der Zuschlagskalkulation unterscheiden. Während die **summarische Zuschlagskalkulation** die gesamten Gemeinkosten einer Unternehmung auf Basis einer Zuschlagsgrundlage den Leistungen zurechnet, wird bei den verfeinerten Formen (**elektive Zuschlagskalkulation** oder **Bezugsgrößenkalkulation**) die Summe der Gemeinkosten in Teilbeträge aufgespalten und durch unterschiedliche Zuschlagsbasen bzw. Schlüsselgrößen (z. B. Einzelkosten oder Maschinenstunden) den absatzbestimmten Kostenträgern angelastet. Bezüglich der differenzierenden Formen der Zuschlagskalkulation kann die Aufteilung der Gemeinkosten einerseits anhand der **Kostenstellenrechnung** geschehen, indem unmittelbar auf die Endkosten der verschiedenen Hauptkostenstellen oder Kostenplätze zurückgegriffen wird, andererseits besteht aber auch die Möglichkeit, mit Hilfe der **Kostenartenrechnung, ohne Rückgriff auf die Stellenrechnung**, entsprechende Gemeinkostenbeträge zu ermitteln.

Die **summarische Zuschlagskalkulation** rechnet die gesamten primären Gemeinkosten einer Unternehmung kumulativ, auf der Grundlage einer Zuschlagsbasis, den absatzbestimmten Leistungseinheiten zu. Außer zu Kontrollzwecken wird deshalb eine Kostenstellenrechnung nicht benötigt. Im Rahmen dieses sehr globalen Kalkulationsverfahrens können als Zuschlagsgrundlage wahlweise nachstehende drei Einzelkostensummen Verwendung finden.[170]

(1) Summe der Einzelmaterialkosten (Fertigungsmaterial)
(2) Summe der Einzellohnkosten (Fertigungslohn)
(3) Summe aus Fertigungsmaterial und Fertigungslohn (ggf. zuzüglich Sondereinzelkosten der Fertigung)

---

168 Vgl. zur Kalkulation mit Äquivalenzziffern beim Vorliegen von mehr als zwei Produktionsstufen etwa Huch 1986, S. 116–122; Kosiol 1979, S. 454–460.
169 Schönfeld/Möller 1995, S. 137.
170 Vgl. Eisele/Knobloch 2019, S. 934.

Somit lässt sich der Zuschlagssatz für die gesamten Gemeinkosten wie folgt ermitteln.

$$\text{Zuschlagssatz (in \%)} = \frac{\text{Gemeinkostensumme}}{\text{gewählte Einzelkostensumme}} \cdot 100$$

Beispiel 49:
In Anlehnung an Beispiel 41[171] sollen nun für einen Desktop-Computer vom Typ A, dem 600 € an Fertigungsmaterial und 200 € an Fertigungslohn direkt zugerechnet werden können, die Selbstkosten und der Netto-Angebotspreis bei einem Gewinnzuschlag von 5% kalkuliert werden (Tabelle 37). Als Zuschlagsgrundlage für die Gemeinkosten wird die Summe aus Fertigungsmaterial und Fertigungslohn gewählt. Der Zuschlagssatz für die Gemeinkosten errechnet sich dann aus

$$\frac{1.800.000\ \text{€}}{1.476.200\ \text{€}} \cdot 100 = 121,935\%.$$

Tabelle 37:

Kalkulationsschema für einen Desktop-Computer vom Typ A	
Fertigungsmaterial	600,00 €
+ Fertigungslohn	200,00 €
+ Gemeinkosten (121,935%, bezogen auf 800 €)	975,48 €
= Selbstkosten	1.775,48 €
+ Gewinnzuschlag (5%, bezogen auf 1.775,48 €)	88,774 €
= Netto-Angebotspreis (ohne Umsatzsteuer)	1.864,254 €

Zum Zweck der Bestandsbewertung unfertiger und fertiger Erzeugnisse zu Herstellungskosten muss bei dieser Form der Zuschlagskalkulation ein summarischer Gemeinkostenzuschlagssatz ohne die entsprechenden Verwaltungs- und/oder Vertriebskosten gebildet werden. Je nachdem, auf welcher Bezugsgrundlage der Zuschlagssatz für die Gemeinkosten ermittelt wird, differieren die kalkulierten Selbst- bzw. Herstellkosten für identische Trägereinheiten. Somit können bei Anwendung der summarischen Zuschlagsrechnung **elementare Ungenauigkeiten** bezüglich der Ermittlung kalkulatorischer Ergebnisse auftreten.

Die **elektive (auswählende) Form der Zuschlagskalkulation** berücksichtigt bei der Berechnung der Herstell- und Selbstkosten pro Erzeugniseinheit, dass die **Gemeinkostensumme von unterschiedlichen Einflussgrößen abhängig ist.** Infolgedessen werden die Gemeinkosten so gruppiert, dass zwischen den Gemeinkosten

---

[171] Vgl. Beispiel 41 im dritten Teil zu Gliederungspunkt 2.3.2.1.

jeder Gruppe und den entsprechenden Einzelkostenarten als Zuschlagsgrundlagen ein **möglichst proportionales Verhältnis** besteht. Diese Gruppierung der Gemeinkostenarten kann **ohne und mit Rückgriff auf die Kostenstellenrechnung** vorgenommen werden. Im ersten Fall erfolgt die Aufspaltung anhand der Kostenartenrechnung, indem z. B. nachstehende Gemeinkostengruppierungen denkbar sind.[172]

(1) **Gemeinkostengruppe A:** materialabhängige Gemeinkosten (Zuschlagsbasis: Fertigungsmaterial)

(2) **Gemeinkostengruppe B:** lohnabhängige Gemeinkosten (Zuschlagsbasis: Fertigungslöhne)

(3) **Gemeinkostengruppe C:** alle restlichen Gemeinkosten, die auf der Grundlage wertmäßiger Zuschlagsbasen (z. B. Summe der Einzelkosten) verrechnet werden können.

Die einzelnen Zuschlagssätze sind bei diesem Verfahren, im Gegensatz zur summarischen Zuschlagskalkulation, für jede Gemeinkostengruppe wie folgt separat zu ermitteln.

(1) $\text{Zuschlagssatz Gruppe A (in \%)} = \dfrac{\text{materialabhängige Gemeinkosten}}{\text{Fertigungsmaterial}} \cdot 100$

(2) $\text{Zuschlagssatz Gruppe B (in \%)} = \dfrac{\text{lohnabhängige Gemeinkosten}}{\text{Fertigungslöhne}} \cdot 100$

(3) $\text{Zuschlagssatz Gruppe C (in \%)} = \dfrac{\text{restliche wertabhängige Gemeinkosten}}{\text{gewählte wertmäßige Zuschlagsbasis}} \cdot 100$

Zur Berechnung der Herstellungskosten müssen die ermittelten Zuschlagssätze um die in ihnen enthaltenen Verwaltungs- und/oder Vertriebsgemeinkosten, die nur den abgesetzten Produkten anzulasten sind, korrigiert werden.

Genauer, aber auch komplizierter, wird die elektive Zuschlagskalkulation, wenn sie auf einer Verrechnung über Kostenstellen basiert. In diesem Fall setzt die differenzierende Zuschlagskalkulation die Existenz einer **Kostenstellenrechnung**, etwa in Form des Betriebsabrechnungsbogens, voraus. Sofern unterstellt wird, dass die Gemeinkostensumme der Materialstellen auf der Grundlage der Kosten für das Fertigungsmaterial verrechnet wird, die einzelnen Fertigungshauptkostenstellen die in ihnen angesammelten Gemeinkosten in Prozentsätzen auf der Basis angefallener Fertigungslöhne überwälzen und die Kosten des Verwaltungs- und Vertriebsbereichs den Kostenträgern in Prozentsätzen auf die Herstellkosten der absatzbestimmten

---

[172] Vgl. Schildbach/Homburg 2009, S. 157.

Fertigungsmaterial	Material-kosten		Selbst-kosten	Netto-Angebots-preis
Materialgemeinkosten (in %, bezogen auf das Fertigungsmaterial)		Herstell-kosten		
Fertigungslohn	Fertigungs-kosten			
Fertigungsgemeinkosten (in %, bezogen auf den Fertigungslohn, für jede Fertigungshauptstelle separat)				
Sondereinzelkosten der Fertigung				
Verwaltungsgemeinkosten (in %, bezogen auf die Herstellkosten)	Verwaltungs- und Vertriebs-kosten			
Vertriebsgemeinkosten (in %, bezogen auf die Herstellkosten)				
Sondereinzelkosten des Vertriebs				
Gewinnzuschlag (in %, bezogen auf die Selbstkosten)				

Abbildung 78: Schema der elektiven Zuschlagskalkulation mit Rückgriff auf die Kostenstellenrechnung.[173]

Erzeugnisse zugerechnet werden, so ergibt sich das in Abbildung 78 angeführte Kalkulationsschema.

Beispiel 50:
Unter Bezugnahme auf Beispiel 49 soll der dort angesprochene Desktop-Computer vom Typ A nun nach Maßgabe des vorstehenden Schemas kalkuliert werden. Zu diesem Zweck sind zunächst die entsprechenden Zuschlagssätze der Gemeinkosten anhand der in Beispiel 41 ausgewiesenen Werte zu kalkulieren.

$$\text{Zuschlagssatz für die Materialgemeinkosten (in \%)} = \frac{\text{Materialgemeinkosten}}{\text{Fertigungsmaterial}} \cdot 100$$

$$= \frac{266.000\,€}{851.200\,€} \cdot 100 = 31,25\% \quad (1)$$

$$\text{Zuschlagssatz für die Fertigungsgemeinkosten (in \%)} = \frac{\text{Fertigungsgemeinkosten}}{\text{Fertigungslohn}} \cdot 100$$

$$= \frac{750.00\,€}{625.000\,€} \cdot 100 = 120\% \quad (2)$$

---

[173] Vgl. Schönfeld/Möller 1995, S. 176.

Da die Verwaltungs- und Vertriebsgemeinkosten auf der Basis der Herstellkosten zuzuschlagen sind, muss dieser Wert, der weder aus der Kostenarten- noch der Kostenstellenrechnung zu entnehmen ist, zunächst analog des in Abbildung 78 angeführten Schemas berechnet werden (Tabelle 38).

Tabelle 38:

Fertigungsmaterial	851.200 €
+ Materialgemeinkosten	266.000 €
+ Fertigungslohn	625.000 €
+ Fertigungsgemeinkosten	750.000 €
+ Sondereinzelkosten der Fertigung	23.800 €
= Herstellkosten	2.516.000 €
+ Verwaltungsgemeinkosten	503.200 €
+ Vertriebsgemeinkosten	280.800 €
= Selbstkosten	3.300.000 €*

*Dieser Wert repräsentiert die Summe der in der Rechnungsperiode angefallenen Einzel- und Gemeinkosten.

$$\text{Zuschlagssatz für die Verwaltungsgemeinkosten (in \%)} = \frac{\text{Verwaltungsgemeinkosten}}{\text{Herstellkosten}} \cdot 100 \qquad (3)$$

$$= \frac{503.000\ \text{€}}{2.516.000\ \text{€}} \cdot 100 = 20\%$$

$$\text{Zuschlagssatz für die Verwaltungsgemeinkosten (in \%)} = \frac{\text{Verwaltungsgemeinkosten}}{\text{Herstellkosten}} \cdot 100 \qquad (4)$$

$$= \frac{280.000\ \text{€}}{2.516.000\ \text{€}} \cdot 100 = 11,1606\%$$

Tabelle 39 zeigt die Kalkulation der Herstell- und Selbstkosten sowie des Netto-Angebotspreises für einen Desktop-Computer vom Typ A.

Wie die vorstehenden Ausführungen gezeigt haben, ist bei Anwendung der elektiven Zuschlagskalkulation die Höhe der auf die einzelnen Erzeugnisse verrechneten Gemeinkosten **wesentlich vom Umfang der Einzelkosten abhängig**, auf deren Basis die einzelnen Gemeinkostenarten zugeschlagen werden. Vor allem die elektive Zuschlagskalkulation mit Rückgriff auf die Kostenstellenverrechnung führt aber im Bereich der Fertigungskosten dann zu ungenauen Ergebnissen, wenn infolge zunehmender **Automatisierung und Rationalisierung** die Fertigungslöhne sinken und die Fertigungsgemeinkosten aufgrund wachsender fixer Kosten (z. B. kalkulatorische Abschreibungs- und Zinskosten) steigen. Die auf die individuellen Fertigungslöhne der einzelnen Erzeugnisse anzuwendenden Zuschlagssätze für die

Tabelle 39:

Fertigungsmaterial = 600 €	Material-kosten = 787,50 €			
Materialgemeinkosten = 187,50 € (31,25%)		Herstellkosten = 1.227,50 €	Selbstkosten = 1.610 €	Netto-Angebotspreis = 1.690,50 €
Fertigungslohn = 200 €	Fertigungs-kosten = 440 €			
Fertigungsgemeinkosten = 240 € (120%)				
Sondereinzelkosten der Fertigung				
Verwaltungs-gemeinkosten (20%) = 245,50 €		Verwaltungs- und Vertriebskosten = 382,50 €		
Vertriebsgemeinkosten = 137 € (11,1606%)				
Sondereinzelkosten des Vertriebs				
Gewinnzuschlag (5%) = 80,50 €				

Fertigungsgemeinkosten können dann extrem hohe Werte aufweisen, obwohl die ursprünglich unterstellte proportionale Beziehung zwischen den in Rede stehenden Einzel- und Gemeinkosten nicht mehr vorliegt. Darüber hinaus besteht die Gefahr, dass bei einer derartigen Konstellation geringe Fehler bezüglich der Erfassung der gesamten Fertigungskosten grobe Ungenauigkeiten im Rahmen der Kostenträgerstückrechnung nach sich ziehen. In derartigen Fällen empfiehlt es sich, die Fertigungsgemeinkosten nicht mehr auf der Basis der Fertigungslöhne zu verteilen, sondern anhand von **Mengenschlüsseln** wie etwa Fertigungszeiten, Gewichteinheiten oder erstellten Erzeugnismengen zu verrechnen. Im Hinblick auf eine solche verfeinerte Zuschlagsrechnung, die als **Bezugsgrößenkalkulation** oder bei der Verteilung der nach Kostenstellen, Kostenplätzen sowie einzelnen Aggregaten aufgespaltenen Fertigungs(gemein)kosten mit Hilfe von Maschinenstunden auch als **Maschinenstundensatzkalkulation** bezeichnet wird, ist darauf zu achten, dass zwischen den gewählten Schlüsselgrößen und den zu verrechnenden Fertigungskosten ein möglichst proportionales Verhältnis besteht.

Beispiel 51:
Ein Automobilhersteller wendet zur Ermittlung der kalkulatorischen Ergebnisse pro Fahrzeug eine Bezugsgrößenkalkulation auf der Basis von Maschinenstunden an. Am Ende der Rechnungsperiode weisen die Endkostenstellen im Betriebsabrechnungsbogen folgende Kosten und Bezugsbasen auf (Tabelle 40).

Tabelle 40:

Kosten, Bezugsgrößen \ Kostenstellen	Material	Fertigung I	Fertigung II	Fertigung III	Fertigung IV	Verwaltung und Vertrieb
Endkosten	144.000 €	480.000 €	250.000 €	600.000 €	810.000 €	1.184.100 €
Bezugsbasen der Kalkulation	Fertigungsmaterial: 1.600 Stdn.	Maschinenstunden: 1.600 Stdn.	Maschinenstunden: 2.000 Stdn.	Maschinenstunden: 1.200 Stdn.	Maschinenstunden: 1.800 Stdn.	Herstellkosten der Absatzleistungen

Es soll nun die Kalkulation eines Fahrzeuges vom Typ 270 SEL zu Herstell- und Selbstkosten erfolgen, dem 6.000 € an Fertigungsmaterial direkt zuzurechnen ist und für das laut Arbeitsvorbereitung nachstehende Montagezeiten in den einzelnen Kostenstellen benötigt werden.

Fertigung I: 3 Stdn.   Fertigung III: 4,8 Stdn.
Fertigung II: 1,4 Stdn. Fertigung IV: 2,5 Stdn.

Ferner ist zu berücksichtigen, dass für die Herstellung von 700 Fahrzeugen der zu kalkulierenden Type 63.000 € Sondereinzelkosten der Fertigung im Rahmen von Entwicklungsarbeiten angefallen sind, die auf die in Rede stehenden Erzeugnisse gleichmäßig verteilt werden sollen.

Zunächst sind die Kalkulationssätze pro End-Kostenstelle zu ermitteln

$$\text{Zuschlagssatz für die Materialgemeinkosten (in \%)} = \frac{144.000 \,€}{1.600.000 \,€} \cdot 100 \quad (1)$$
$$= 9\%$$

$$\text{Kalkulationssatz für den Bereich Fertigung I (in Euro)} = \frac{480.000 \,€}{1.600 \,\text{Stdn.}} \quad (2)$$
$$= 300 \,€/\text{Std.}$$

$$\text{Kalkulationssatz für den Bereich Fertigung II (in Euro)} = \frac{250.000 \,€}{2.000 \,\text{Stdn.}} \quad (3)$$
$$= 125 \,€/\text{Std.}$$

$$\text{Kalkulationssatz für den Bereich Fertigung III (in Euro)} = \frac{600.000 \,€}{1.200 \,\text{Stdn.}} \quad (4)$$
$$= 500 \,€/\text{Std.}$$

$$\text{Kalkulationssatz für den Bereich Fertigung IV (in Euro)} = \frac{810.000 \,€}{1.800 \,\text{Stdn.}} \quad (5)$$
$$= 450 \,€/\text{Std.}$$

Tabelle 41:

Fertigungsmaterial	1.600.000 €
+ Materialgemeinkosten	144.000 €
+ Fertigungslohn	
(a) Bereich I	480.000 €
(b) Bereich II	250.000 €
(c) Bereich III	600.000 €
(d) Bereich IV	810.000 €
(e) Sondereinzelkosten der Fertigung	63.000 €
= Herstellkosten	3.947.000 €
+ Verwaltungs- und Vertriebsgemeinkosten	1.184.100 €
= Selbstkosten	5.131.100 €

Um den Zuschlagssatz für die Verwaltungs- und Vertriebsgemeinkosten berechnen zu können, bedarf es zunächst der Ermittlung der gesamten Herstellkosten der Periode als Zuschlagsbasis (Tabelle 41).

$$\text{Zuschlagssatz für die Verwaltungs- und Vertriebsgemeinkosten} = \frac{1.184.100 €}{3.947.000 €} \cdot 100 \quad (6)$$
$$= 30\%$$

Nunmehr lässt sich die Kalkulation für ein Fahrzeug des Typs 270 SEL vornehmen (Tabelle 42).

2.4.2.3 Kalkulationsverfahren bei Kuppelprodukten

Im Gegensatz zu den einzelnen Divisions- und Zuschlagsmethoden treten bei der Kalkulation komplementärer Produkte Schwierigkeiten auf, da die verschiedenen Kuppelerzeugnisse die in den Fertigungsprozess eingesetzten Wirtschaftsgüter gemeinsam verzehren und somit die daraus resultierenden Herstellkosten für alle komplementären Leistungen zusammen entstehen. Infolgedessen kann eine Verteilung der gesamten Herstellkosten des Kuppelprozesses auf die einzelnen Trägereinheiten, mit Ausnahme der Folgekosten, die nur für eine Erzeugnisart anfallen, nicht nach Maßgabe des Verursachungs- oder des Einwirkungsprinzips vorgenommen werden. Aus diesem Grund stützen sich die entsprechenden kalkulatorischen Methoden auf das Tragfähigkeits- oder das Durchschnittsprinzip.[174] Allerdings ist zu berücksichtigen, dass diejenigen Kosten, die nach der gemeinsamen Herstellung

---

[174] Vgl. zur grundlegenden Darstellung der in der betrieblichen Kostenrechnung existierenden Zurechnungsprinzipien die Ausführungen im vierten Teil zu Gliederungspunkt 2.

Tabelle 42:

Fertigungsmaterial	6.000 €
+ Materialgemeinkosten	540 €
(9% von 6.000 €)	
+ Fertigungslohn Bereich I	900 €
(3 Stdn. · 300 €/Std.)	
+ Fertigungslohn Bereich II	175 €
(1,4 Stdn. · 125 €/Std.)	
+ Fertigungslohn Bereich III	2.400 €
(4,8 Stdn. · 500 €/Std.)	
+ Fertigungslohn Bereich IV	1.125 €
(2,5 Stdn. · 450 €/Std.)	
+ Sondereinzelkosten der Fertigung	90 €
(63.000 € : 700 Stück)	
= Herstellkosten	11.230 €
+ Verwaltungs- und Vertriebsgemeinkosten	3.369 €
(30% von 11.230 €)	
= Selbstkosten	14.599 €

der komplementären Leistungen bei der Weiterverarbeitung der Erzeugnisse anfallen, als Folgekosten dem jeweiligen Kuppelprodukt entsprechend des Verursachungs- oder Einwirkungsprinzips zuzurechnen sind. Anschließend werden die drei elementaren Grundformen der Kalkulation von Komplementärerzeugnissen verdeutlicht.

Als erstes kalkulatorisches Verfahren zur Berechnung der Herstellkosten pro Erzeugniseinheit ist die auf dem Kostentragfähigkeitsprinzip basierende **Marktwertmethode** zu nennen. Bei diesem Verfahren werden die gegebenen Marktpreise der einzelnen Erzeugnisse als Äquivalenzziffern benutzt und mit Hilfe einer Durchschnittsrechnung die Herstellkosten je Einheit der unterschiedlichen Produkte ermittelt. Die im Hinblick auf die Verteilung der verbundenen Herstellkosten maßgebenden Erlöse sind aber zuvor um ggf. vorliegende Folgekosten für die Weiterverarbeitung einzelner Komplementärerzeugnisse zu berichtigen. Die Zurechnung der Herstellkosten auf die einzelnen Kuppelprodukte erfolgt somit proportional zu ihren Verkaufserlösen.

Beispiel 52:
In einem Unternehmen der chemischen Industrie werden in einem Fertigungsprozess die fünf Kuppelprodukte A, B, C, D und E hergestellt. Die Tabelle 43 zeigt die Herstellkosten des gesamten Kuppelproduktionsprozesses, die Fertigungsmengen und die Marktpreise der einzelnen Erzeugnisarten.

Tabelle 43:

Erzeugnisarten	a	gesamte Herstellkosten des Kuppelproduktionsprozesses in € (KH)	Herstellmengen in Tonnen (x_a)	Marktpreis pro Tonne in € (p_a)
A	1		1.200	400
B	2		300	160
C	3	450.000	250	120
D	4		450	80
E	5		60	100

Zunächst gilt es, eine Verhältniszahl zu ermitteln, die den Anteil der gesamten Herstellkosten des Kuppelproduktionsprozesses an der Summe der Marktwerte und damit die Herstellkosten pro Rechnungseinheit (KH/RE) zum Ausdruck bringt.

$$KH/RE = \frac{KH}{\sum_{a=1}^{A} x_a \cdot p_a} \quad \text{mit } a = 1, 2, \ldots, A$$

Die nach der vorstehenden Formel ermittelten Herstellkosten pro Marktwert müssen dann mit den entsprechenden Marktwerten der einzelnen Erzeugnisarten multipliziert werden, um die Herstellkosten pro Kuppelprodukt ermitteln zu können (Tabelle 44, alle Werte außer KH/RE in €).

Tabelle 44:

a	$x_a \cdot p_a$	KH/RE	$KH_a = KH/RE \cdot x_a \cdot p_a$	$kh_a = KH_a : X_a$
1	480.000	0,75*	360.000	300
2	48.000	0,75	36.000	120
3	30.000	0,75	22.500	90
4	36.000	0,75	27.000	60
5	6.000	0,75	4.500	75
Summe	600.000	–	450.000	–

* $KH/RE = \dfrac{450.000\,€}{600.000\,€} = 0,75\,(\text{Herstellkosten pro Marktwert}).$

Bei Anwendung der **Restwertrechnung** wird hingegen eines der gemeinsam gewonnenen Erzeugnisse als **Hauptprodukt**, die anderen als **Neben- oder Abfallerzeugnisse** angesehen. Die Neben- oder Abfallprodukte haben anteilige Herstellkosten in Höhe ihrer Erlöse, abzüglich der noch anfallenden Folgekosten, zu tragen. Die Herstellkosten des Hauptprodukts ergeben sich, indem die den Neben- oder Abfallerzeugnissen zugerechneten Marktwerte (abzüglich der Folgekosten) von den gesamten Herstellkosten des Kuppelproduktionsprozesses subtrahiert und als Restwert dem Hauptprodukt angelastet werden. Allerdings führt die Restwertmethode zu irrelevanten Ergebnissen, wenn die gesamten Marktwerte der Neben- oder Abfallprodukte größer oder nur geringfügig kleiner sind als die Summe der Herstellkosten, da in diesem Fall dem Haupterzeugnis keine bzw. im Vergleich zu den anderen Erzeugnissen lediglich unverhältnismäßig niedrige Kosten zugerechnet werden könnten. Bei derartigen Konstellationen ist die Restwertmethode zur Kalkulation von Kuppelprodukten abzulehnen.

Beispiel 53:
Das vorstehende Beispiel soll derart modifiziert werden, dass Produkt A den Charakter eines Hauptprodukts trägt, die übrigen Erzeugnisse hingegen als Nebenprodukte anzusehen sind. Etwaige Folgekosten sind nicht zu berücksichtigen. Die nachstehenden Ausführungen verdeutlichen, dass für die Kostenverteilung die Kenntnis der Verkaufserlöse des Hauptprodukts nicht erforderlich ist. Die Herstellkosten für die Produktart A errechnen sich nun aus

$$KH_1 = KH - \sum_{a=2}^{5} x_a \cdot p_a \quad \text{mit } a = 2, \ldots, 5.$$

Stimmen die einzelnen Kuppelprodukte hinsichtlich charakteristischer technischer Eigenschaften (z. B. Wärmeeinheiten, Gewichte, Volumina) überein, so können diese Größen als Schlüssel (z. B. Gewicht pro Mengeneinheit) zur Verteilung der Herstellkosten des Fertigungsprozesses auf die einzelnen Erzeugnisse herangezogen werden. Hinter diesen, auf dem **Durchschnittsprinzip** basierenden **Kostenverteilungsmethoden** verbirgt sich der Gedanke, dass jede technische Maßgröße mit gleichen Kostenanteilen zu belasten ist (Tabelle 45, alle Werte in €).

Tabelle 45:

a	$x_a \cdot p_a$	KH_a	$kh_a = KH_a : x_a$
1	480.000	330.000*	275
2	48.000	48.000	160
3	30.000	30.000	120
4	36.000	36.000	80
5	6.000	6.000	100
Summe	600.000	450.000	–

* KH_1 = 450.000 € – 120.000 € = 330.000 €.

Im Gegensatz zu den dargestellten Methoden der Divisions- und der Zuschlagskalkulation sind die Ergebnisse der Kuppelkalkulation aufgrund ihrer Ungenauigkeit im Hinblick auf die Kostenzurechnung für dispositive (insbesondere preis- und absatzpolitische) Zwecke nicht geeignet. Die Bedeutung der Kalkulation komplementärer Erzeugnisse liegt vielmehr in der Ermittlung der Herstellungskosten für die Bestandsbewertung in der Kurzfristigen Erfolgsrechnung und im handels-, steuerrechtlichen und internationalen Jahresabschluss.[175]

2.4.3 Kalkulation öffentlicher Aufträge

Die Aufträge des Bundes, der Länder, der Gemeinden und Gemeindeverbände und der sonstigen juristischen Personen des öffentlichen Rechts sind unter Berücksichtigung der aufgrund von § 2 des Preisgesetzes vom 10.4.1948 ergangenen Verordnung PR Nr. 30/53 des Bundesministers für Wirtschaft über die Preise bei öffentlichen Aufträgen vom 21.11.1953 (**VPöA**) mit bestimmten Preisen zu bewerten. Hier wird im Einzelnen vorgeschrieben, auf welche Preisform die Vertragspartner zurückgreifen müssen. Grundsätzlich ist nach der VPöA **Marktpreisen der Vorzug vor Kostenpreisen** zu geben. Kostenpreise sind zum einen für Leistungen zulässig, die nicht marktgängig sind und für die weder in allgemeinen noch in besonderen staatlichen Preisvorschriften ein Preis fixiert ist und zum anderen dann statthaft, wenn eine Mangellage vorliegt oder der **Wettbewerb auf der Anbieterseite beschränkt ist** und hierdurch eine Preisbildung nach marktgängigen Leistungen nicht nur unerheblich beeinflusst wird (§ 5 Abs. 1 VPöA). Da mit der Bildung von Kostenpreisen die Gefahr unwirtschaftlicher Leistungserstellung bzw. hoher Entgelte verbunden ist, hat der Gesetzgeber zur Kalkulation von Kostenpreisen Leitsätze für die Preisermittlung aufgrund von Selbstkosten (**LSP**) erlassen, die als Anlage der VPöA beigefügt sind. Grundsätzlich sind laut dieser Verordnung nur diejenigen Kostenbestandteile in die Selbstkosten einzubeziehen, die bei **wirtschaftlicher Betriebsführung** zur Erstellung der Leistung entstehen. Ferner beinhalten die Leitsätze bestimmte Vorschriften hinsichtlich der Anforderungen, die das Rechnungswesen erfüllen muss und weiterhin Regelungen in Bezug auf die Ermittlung des Kostenpreises. Schließlich stehen dem öffentlichen Auftraggeber in gewissen Grenzen Auskunfts-, Prüfungs- und Feststellungsrechte im Rahmen der Preisbildung zu (§§ 9,10 VPöA).[176]

---

[175] Vgl. zu diesem Themenkreis Bachem 1997, S. 1037–1044; Hartung 1997, S. 1627–1632; Schäfer 1985, S. 43.
[176] Vgl. zu Einzelfragen hinsichtlich der Kalkulation öffentlicher Aufträge Coenenberg/Fischer/Günther 2016, S. 158; Franz 1991, S. 831–835; Franz 1992a, S. 40–45.

2.5 Kurzfristige Erfolgsrechnung

2.5.1 Funktionen und buchhalterische Organisation

Im Rahmen der Kurzfristigen Erfolgsrechnung oder Kostenträgerzeitrechnung werden prinzipiell die gesamten Kosten den gesamten Leistungen einer Rechnungsperiode gegenübergestellt, um den sachzielorientierten Unternehmenserfolg ermitteln zu können. Die Aufgabe dieses Rechnungssystems liegt in der **laufenden Kontrolle der Wirtschaftlichkeit des Leistungserstellungs- und Leistungsverwertungsprozesses** der industriellen Unternehmung, mit dem Ziel, den Entscheidungsträgern Informationen zur frühzeitigen Erkennung und Beseitigung von Fehlentwicklungen und Schwachstellen sowie ggf. zum Zweck einer flexiblen Anpassung an unvorhersehbare betriebliche Abläufe zu liefern. Darüber hinaus stellen die Ergebnisse der Kostenträgerzeitrechnung Grundlagen für die Adaption von Plänen und Budgets dar. Durch eine differenzierte Aufspaltung des sachzielbezogenen Unternehmenserfolgs nach **Produkt- und Kundengruppen**, einzelnen **Erzeugnisarten** sowie **Verantwortungs- und Absatzbereichen** lässt sich der Informationsgehalt des in Rede stehenden Erfolgsrechnungssystems weiter steigern. Wie im weiteren Verlauf der Abhandlung noch zu zeigen sein wird, besteht ferner die Möglichkeit, alle angesprochenen Analysen des Betriebsergebnisses auch unter Berücksichtigung von **Normal-, Plan- und/ oder Teilkosten** bzw. **-leistungen** vorzunehmen. Um die Vielzahl der mit diesem Rechnungssystem verfolgten Zielsetzungen bestmöglich erfüllen zu können, bedarf es einer Durchführung der Betriebsergebnisrechnung in Zeitintervallen, die kürzer sind als ein Jahr (z. B. Quartale, Monate, Wochen). Der mit einer derartigen Vorgehensweise verbundene steigende Abrechnungsaufwand kann durch IT-Stützung und den Einsatz von **Standard-Software** für die Betriebsabrechnung in ökonomischen Grenzen gehalten werden.

Die handelsrechtliche und internationale Gewinn- und Verlustrechnung ist für eine wirksame Erfolgskontrolle und -analyse insbesondere aus folgenden Gründen nicht geeignet:[177]

(1) Die bilanzrechtliche Abrechnungsperiode von i. d. R. einem Jahr ist für kurzfristige Steuerungsmaßnahmen im Rahmen der **Preispolitik** und/oder der **Planung optimaler Produktions- und Absatzmengen** zu lang.

(2) Die bilanzrechtlich ausgewiesenen Gesamtaufwendungen und -erträge entsprechen **nicht** den Gesamtkosten bzw. -leistungen.

(3) Die bilanzrechtliche Erfolgsrechnung gliedert die Aufwendungen nach Maßgabe bestimmter Kostenarten bzw. Abrechnungsbereiche, während die Erträge primär produktbezogen zum Ausweis kommen. Hierdurch wird eine **erzeugnis- (gruppen)orientierte Erfolgsanalyse** unmöglich.

---

[177] Vgl. § 275 Abs. 2, Abs. 3 HGB, IAS 1.97–1.105 und Freidank 2019a, S. 139–147.

Die buchhalterische Ermittlung des sachzielbezogenen Erfolgs bereitet keine Schwierigkeiten in Unternehmen, die entweder nichtspeicherbare Leistungen herstellen oder deren Bestandswerte an unfertigen und fertigen Erzeugnissen im Periodenablauf Konstanz aufweisen. In diesen Fällen ergibt sich der Periodenerfolg aus dem Differenzbetrag zwischen den gesamten Kosten und Leistungen eines Rechnungsabschnitts. Wurde aber in einer Periode mehr auf Lager produziert als weiterverarbeitet bzw. am Markt abgesetzt (Bestandserhöhung) oder mehr in die Herstellung gegeben bzw. verkauft als produziert (Bestandsverminderung), so gilt es, diese **Bestandsveränderungen** von unfertigen und fertigen Erzeugnissen bei der Ermittlung des Periodenerfolgs mit zu berücksichtigen.

Im Fall einer Produktion auf Lager sind die nicht ein- bzw. abgesetzten unfertigen und fertigen Erzeugnisse den entsprechenden Kosten als Leistungen, die mit **Herstell(ungs)kosten** zur Bewertung kommen, in der Kurzfristigen Erfolgsrechnung gegenüber zu stellen. Mit dieser Vorgehensweise wird erreicht, dass die durch die angefallenen Fertigungskosten verursachten Erfolgsauswirkungen bis zum Verkauf der auf Lager befindlichen Erzeugnisse in der Betriebsergebnisrechnung **neutralisiert** werden. Allerdings ist eine vollständige Neutralisierung nur bei einer Bewertung der Lagerleistungen mit den gesamten, für ihre Herstellung angefallenen Kosten möglich.

Werden hingegen in der Kontrollperiode unfertige oder fertige Erzeugnisse im Produktionsprozess eingesetzt bzw. verkauft, die in einer Vorperiode hergestellt und auf Lager genommen wurden, dann sind in der Kostenträgerzeitrechnung den entstandenen Leistungen analog die Herstell(ungs)kosten dieser Erzeugnisse aus der (den) entsprechenden Vorperiode(n) gegenüber zu stellen. Allerdings wird im Rahmen der Kurzfristigen Erfolgsrechnung auf eine Einbeziehung der Verwaltungsgemeinkosten in die Wertansätze der Lagerleistungen verzichtet. Obwohl eine anteilige Zurechnung möglich wäre, werden sie aus **Vereinfachungs- und/oder Wirtschaftlichkeitsgründen** prinzipiell nur den **abgesetzten Erzeugnissen** angelastet. Diese Vorgehensweise führt bei stark schwankenden Lagerbeständen und/oder im Periodenablauf variierenden Verwaltungsgemeinkosten zu **Ungenauigkeiten** bezüglich der Erfolgsermittlung.

Wie anschließend zu zeigen ist, besteht aus **handels- und steuerrechtlicher Sicht** ein Einbeziehungswahlrecht der Verwaltungsgemeinkosten in die **Wertansätze** unfertiger und fertiger Erzeugnisse sowie selbsterstellter Anlagegüter, während die IFRS für produktionsbezogene Verwaltungsgemeinkosten eine Aktivierungspflicht im internationalen Jahresabschluss vorschreiben. Die (buchhalterische) Organisation der Kurzfristigen Erfolgsrechnung und der bilanzrechtlichen Gewinn- und Verlustrechnung kann entweder nach dem **Gesamtkosten- oder dem Umsatzkostenverfahren** vorgenommen werden. Beide Methoden führen, wie noch darzulegen sein wird, unter Berücksichtigung identischer Prämissen hinsichtlich der Kosten- und Leistungserfassung zum gleichen Ergebnis.[178]

---

[178] Vgl. zur Darstellung des Gesamtkosten- und Umsatzkostenverfahrens im Rahmen des handelsrechtlichen Jahresabschlusses Freidank/Velte 2013, S. 627–662.

2.5.2 Kalkulatorische Herstellkosten und bilanzrechtliche Herstellungskosten

Dem Begriff Herstellungskosten können im Grundsatz alle direkten und indirekten Kosten subsummiert werden, die vom Zeitpunkt der Disposition des Materials bis zum Zeitpunkt der Lagerung als unfertiges oder fertiges Erzeugnis bzw. der Inbetriebnahme als selbsterstelltes Anlagegut anfallen. Allerdings ist zu berücksichtigen, dass auch die Wert- und Mengenkomponente der stückbezogenen Herstellkosten von der Zielsetzung des Benutzers der Kosteninformation und der Struktur seines Entscheidungsfeldes abhängen. Hieraus folgt, dass sich aus **betriebswirtschaftlicher Sicht kein eindeutiger Herstellkostenbegriff ableiten lässt.** Unterstellt man hinsichtlich der Herstellkosten konstante Wertansätze, dann existieren so viele Herstellkostentermini, wie Zurechnungsgrundsätze zu unterscheiden sind. Wird diese unrealistische Prämisse aufgehoben und außerdem noch der Kostenwert als Variable in die Betrachtung einbezogen, so erhöht sich die Anzahl der erdenklichen Herstellkostenbegriffe, da nun die Möglichkeit besteht, die aufgrund der verschiedenen Verteilungsprinzipien anzusetzenden Güterverzehre mit den divergierenden Wertansätzen zu kombinieren.[179] Wie schon gezeigt wurde, wird im Rahmen der Kostenrechnung im Allgemeinen eine Einbeziehung der Verwaltungsgemeinkosten in die Herstellkosten nicht vorgenommen.[180]

Sowohl die handelsrechtlichen als auch die steuerrechtlichen Gesetzesnormen bestimmen, dass selbsterstellte Wirtschaftsgüter des Anlage- und des Umlaufvermögens in der **Handels- bzw. der Ertragssteuerbilanz mit Herstellungskosten** zu bewerten sind, sofern nicht ein niedrigerer Wertansatz geboten oder zulässig ist (§ 252–§ 255 HGB und § 6 Abs. 1 Nr. 1 und Nr. 2 EStG; IAS 2.9 und IAS 16.15). Obwohl den Herstellungskosten als Grundwert **bilanzrechtlicher** Bewertung im Rahmen des Jahresabschlusses elementare Bedeutung zukommt, weist das Bilanzrecht jedoch keine eindeutige Definition des Herstellungskostenbegriffs auf. Im Gegensatz zu den Herstellungskosten des Bilanzrechts, die spezifische bilanzrechtliche Wertkonventionen repräsentieren, tragen die kalkulatorischen Herstellkosten grundsätzlich den Charakter von **Entscheidungswerten**. Während die Wertkonventionen des Bilanzrechts an **pagatorischen Größen** in Form von Ausgaben und Einnahmen anknüpfen, die dann periodisiert als Aufwand oder Ertrag einer bestimmten Periode zuzurechnen sind, löst sich die Kostenrechnung von den Zufälligkeiten der Geldbewegungen der Vergangenheit und legt der kalkulatorischen Erfolgsermittlung die bewerteten sachzielbezogenen Güterverzehre und Gütererstellungen einer Rechnungsperiode zugrunde.

Da der handels- und steuerrechtliche sowie internationale Jahresabschluss ausschließlich auf Zahlungsvorgängen basiert, schließen auch die bilanzrechtlichen

---

179 Vgl. zu diesen grundlegenden terminologischen Fragen auch Freidank 1985, S. 108–111.
180 Vgl. die Ausführungen im dritten Teil zu Gliederungspunkt 2.4.2.1.2.

Herstellungskosten im Grund nur periodisierte Ausgaben (= Aufwendungen) ein. Daraus folgt, dass kalkulatorische Herstellungskosten, die den Charakter von **Anderskosten** (z. B. kalkulatorische Abschreibungen, Wagnisse und Zinsen) tragen, nur in Höhe der ihnen entsprechenden Aufwendungen, **Zusatzkosten** (z. B. kalkulatorischer Unternehmerlohn) hingegen überhaupt nicht aktiviert werden können. Besonders deutlich wird dieser Unterschied im Fall steigender Wiederbeschaffungspreise für Rohstoffe. Im Rahmen der Herstellungskosten des Handels- und Steuerrechts und nach IFRS dürfen deshalb nur die effektiven Einstandspreise der Materialien Berücksichtigung finden, und nicht, wie es aus kalkulatorischer Sicht erforderlich sein kann, die höheren Wiederbeschaffungspreise.

Weiterhin verdeutlicht die terminologische Einengung auf den zur Herstellung erforderlichen Aufwand, dass **neutrale Aufwandsbestandteile**, die weder sachziel- noch periodenbezogenen oder ordentlichen Charakter tragen, hinsichtlich der bilanzrechtlichen Herstellungskosten ausgeschlossen sind. Infolgedessen kommen für eine Aktivierung selbsterstellter Erzeugnisse in der Handels- oder Ertragssteuerbilanz sowie nach IFRS nur solche Herstellkosten in Betracht, denen tatsächliche Aufwendungen zugrunde liegen. Zur besseren Kennzeichnung des pagatorischen Charakters der Herstellkosten ist deshalb im Schrifttum schon wiederholt vorgeschlagen worden, den Begriff „Herstellungskosten" durch den Terminus „**Herstellungsaufwand**" zu substituieren. Da jedoch die betriebswirtschaftliche Literatur in zunehmendem Maße auch Nicht-Istkosten den Herstellungskosten zugrunde legt, ist ein einheitlicher Sprachgebrauch nicht mehr feststellbar und folglich nicht auszuschließen, dass die Wertkonventionen des Handels- und Steuerrechts sowie nach IFRS ein **Abgehen** von den **tatsächlichen Ausgaben decken**.[181]

In Bezug auf die Berechnung der bilanzrechtlichen Herstellungskosten ist der Bilanzierende nicht an ein bestimmtes Kalkulationsergebnis der Kostenrechnung gebunden, sondern im Rahmen der vom Handelsrecht eingeräumten Freiheit bei der Wahl der Bewertungsmethode besteht für ihn die Möglichkeit, alternativ auf **unterschiedliche betriebswirtschaftlich anerkannte Kalkulationsverfahren** zurückzugreifen.[182] Hierdurch kommen grundsätzlich alle im innerbetrieblichen Rechnungswesen existierenden Voll- und Teilkostenrechnungssysteme, die auf Ist-, Normal- oder Plankosten aufbauen können, zum Zweck der Bewertung selbsterstellter Anlagen und Erzeugnisbestände in der Handelsbilanz in Betracht. Allerdings muss gewährleistet sein, dass die aus der gewählten Kalkulationsmethode resultierenden Herstellkosten den gesetzlichen Vorschriften entsprechen, mit den Grundsätzen ordnungsmäßiger Buchführung (Handels- und Steuerrecht) bzw. dem Rahmenkonzept (IFRS) in Einklang stehen und weiterhin hinsichtlich Kapitalgesellschaften und ihnen gesetzlich gleichgestellte Unter-

---

181 Vgl. Freidank 1983, S. 1375–1382 und S. 1454–1456.
182 Vgl. Schubert/Hutzler 2020, Rz. 413–414 zu § 255 HGB und die Ausführungen im dritten Teil zu Gliederungspunkt 2.4.2.

nehmen ein den tatsächlichen Verhältnissen entsprechendes Bild der Vermögens-, Finanz- und Ertragslage vermitteln. Im Grundsatz lassen sich bezüglich der Berechnung der handelsrechtlichen Herstellungskosten die in Abbildung 79 angeführten Kostenkategorien ableiten, für die in der Handelsbilanz eine Aktivierungspflicht, ein Aktivierungsverbot oder ein Aktivierungswahlrecht besteht. Für die Ertragsteuerbilanz gilt das handelsrechtliche Aktivierungswahlrecht für die allgemeinen (nicht herstellungsbezogenen) Verwaltungs(gemein)kosten sowie Aufwendungen für soziale Einrichtungen des Betriebs, für freiwillige soziale Leistungen und für die betriebliche Altersversorgung i. S.d. § 255 Abs. 2 Satz 3 HGB dem Grundsatz der **formellen Maßgeblichkeit** folgend nur dann, wenn auf die Aktivierung angemessener Teile diese Aufwandsarten auch in der Handelsbilanz verzichtet wird (§ 6 Abs. 1 Nr. 1b EStG).[183] Andernfalls besteht für die in Rede stehenden Aufwandsarten eine Einbeziehungspflicht in den steuerlichen Herstellungskostenansatz.[184]

Pflichtkosten	Einzelkosten (Einzelmaterial-, Einzellohnkosten und Sondereinzelkosten der Fertigung) und Gemeinkosten (Material-, Fertigungs- und herstellungsbezogene Verwaltungsgemeinkosten)
Verbotskosten	Vertriebskosten, kalkulatorische Zusatzkosten sowie Anderskosten in dem Umfang, in dem sie die ihnen gegenüberstehenden Aufwendungen übersteigen; unangemessene Unterbeschäftigungskosten (Leerkosten)*
Wahlkosten	Alle übrigen (notwendigen) Herstellungskosten

* Vgl. zur Eliminierung von Leerkosten aus den kalkulierten Herstellkosten Freidank 1984, S. 32–36.
Abbildung 79: Berechnung der handelsrechtlichen Herstellungskosten.

Sofern in die vergleichende Analyse zwischen Handels- und Steuerrecht noch die Regelungen von IAS 2 und IAS 16 zur Bemessung der Herstellungskosten im internationalen Jahresabschluss einbezogen werden, erhält man das in Abbildung 80 gezeigte Ergebnis, wobei die Terminologie bezüglich der einzelnen Kostenarten hier der elektiven Zuschlagskalkulation folgt.

---

183 Vgl. im Einzelnen Freidank/Velte 2010a, S. 185–194; Freidank/Velte 2010b, S. 296–301.
184 Vgl. R 6.3 Abs. 1 EStR 2012. Allerdings darf auf die Einbeziehung der Aufwandsarten in die Herstellungskosten solcher Wirtschaftsgüter verzichtet werden, mit deren Herstellung vor Veröffentlichung der Einkommensteuer-Änderungsrichtlinien 2012 im Bundessteuerblatt begonnen wurde (R 6.3 Abs. 9 EStR 2012).

Kostenarten	§ 255 Abs. 2 HGB	R 6.3 EStR 2012	IAS 2, 16
Materialeinzelkosten	Pflicht	Pflicht	Pflicht
Fertigungseinzelkosten	Pflicht	Pflicht	Pflicht
Sondereinzelkosten der Fertigung	Pflicht	Pflicht	Pflicht
Variable Material- und Fertigungsgemeinkosten	Pflicht	Pflicht	Pflicht
Fixe Material- und Fertigungsgemeinkosten	Pflicht	Pflicht	Pflicht
Allgemeine Verwaltungsgemeinkosten (herstellungsbezogen)	Pflicht	Pflicht	Pflicht
Allgemeine Verwaltungsgemeinkosten (nicht herstellungsbezogen)	Wahlrecht	Pflicht*	Verbot
Sondereinzelkosten des Vertriebs	Verbot	Verbot	Verbot
Vertriebskosten	Verbot	Verbot	Verbot

* Bei Verzicht auf Einbeziehung in den handelsrechtlichen Herstellungskostenansatz besteht ebenfalls ein Wahlrecht.

Abbildung 80: Aktivierungspflichten, -wahlrechte und -verbote beim Ansatz der Herstellungskosten.

2.5.3 Gesamtkostenverfahren

Diese Methode zur buchhalterischen Durchführung der Kurzfristigen Erfolgsrechnung geht von den **gesamten Periodenkosten** der Unternehmung aus, die nach **Kostenarten** gegliedert auf der Sollseite des Betriebsergebniskontos zum Ausweis kommen. Ihnen werden auf der Habenseite die gesamten Verkaufserlöse des betreffenden Rechnungsabschnitts gegenübergestellt. Da die Summe der angefallenen Kostenarten unverändert Eingang in das Betriebsergebniskonto findet, bedarf es beim Vorliegen von Bestandsveränderungen einer **Anpassung der gesamten Periodenkosten an die entsprechenden Verkaufserlöse**. Bestandserhöhungen von unfertigen und fertigen Erzeugnissen repräsentieren zusätzliche (Lager-)Leistungen und müssen deshalb auf der Habenseite des Betriebsergebniskontos korrigierend Verrechnung finden. Liegen aber Bestandsverminderungen der angesprochenen Erzeugnisse vor, so bedarf es einer Adaption auf der Sollseite des Betriebsergebniskontos, da in diesem Fall die gesamten Periodenkosten nicht mit den auf der Habenseite angesetzten Verkaufserlösen für unfertige und/oder fertige Erzeugnisse korrespondieren. Die entsprechenden Bestandsveränderungen ergeben sich als Saldogrößen auf den aktiven Bestandskonten „Unfertige und Fertige Erzeugnisse". Hieraus folgt, dass das Gesamtkostenverfahren stets an eine **mengenmäßige Bestandsaufnahme** der unfertigen und fertigen Erzeugnisse gebunden ist. Ferner setzt diese Methode eine **Kostenträgerstückrechnung** zum Zweck der Bewertung der Bestände zu Herstellkosten voraus. Bei Anwendung des Gesamtkostenverfahrens lässt sich die Struktur des Betriebsergebniskontos vereinfacht wie folgt darstellen (Abbildung 81).

S	Betriebsergebniskonto		H
	Mit Herstellkosten bewertete Lagerbestandsverminderungen	Mit Herstellkosten bewertete Lagerbestandserhöhungen	
Selbstkosten der Periode	Herstellkosten der Periode	Verkaufserlöse der Periode	
	Verwaltungs- und Vertriebskosten der Periode		
	Kalkulatorischer Betriebsgewinn		

Abbildung 81: Struktur des Betriebsergebniskontos bei Anwendung des Gesamtkostenverfahrens.

Der **kalkulatorische Betriebsgewinn** ergibt sich, wenn im Rahmen der Kurzfristigen Erfolgsrechnung neben den Grundkosten und Grundleistungen auch kalkulatorische Kosten und/oder Leistungen Verrechnung finden.[185]

Beispiel 54:
Unter Zugrundelegung der Daten von Beispiel 41[186] wird nun der Aufbau der Kurzfristigen Erfolgsrechnung auf der Basis des Gesamtkostenverfahrens gezeigt (Abbildung 82). Für die drei Kostenträger A, B und C (Desktop-Computer Typ A, B und C) werden die in Tabelle 46 angeführten Bestandsbewegungen an fertigen Erzeugnissen unterstellt. Bestände an unfertigen Erzeugnissen sind nicht zu berücksichtigen.

Tabelle 46:

Kostenträger	in Stück			
	AB	Zugänge	Abgänge	EB
A	200	400	500	100
B	0	500	350	150
C	0	200	120	80

Ferner sind nachstehende Daten zu beachten:
(1) Die Anfangsbestände des Kostenträgers A (Desktop-Computer Typ A) wurden mit Stück-Herstellungskosten in Höhe von 1.400 € bewertet.
(2) Den Kostenträgern B und C (Desktop-Computer Typ A und Typ B) können im Rahmen der Kostenträgerstückrechnung 800 € bzw. 1.056 € an Einzelmaterialkosten und 400 € bzw. 1.725 € an Einzellohnkosten direkt zugerechnet werden.

---

185 Vgl. zu den Erfolgsbegriffen des betrieblichen Rechnungswesens die Ausführungen im ersten Teil zu Gliederungspunkt 2.6.3.
186 Vgl. die Ausführungen im dritten Teil zu Gliederungspunkt 2.3.2.1.

Die Sondereinzelkosten der Fertigung in Höhe von 23.800 € sind ausschließlich für Entwicklungsarbeiten bezüglich des Kostenträgers C angefallen. Aus diesen Informationen und den ermittelten Zuschlagssätzen für die Gemeinkosten lassen sich die Stück-Herstellungskosten für die Kostenträger B und C auf der Basis der elektiven Zuschlagskalkulation mit Rückgriff auf die Kostenstellenrechnung nun wie folgt ableiten (Tabelle 47).[187]

Tabelle 47:

Kostenarten (in €)	Kostenträger	
	B	C
Fertigungsmaterial	800	1.056
+ Materialgemeinkosten (31,25%)	250	330
+ Fertigungslohn	400	1.725
+ Fertigungsgemeinkosten (120%)	480	2.070
+ Sondereinzelkosten der Fertigung	–	119*
= Herstellkosten	1.930	5.300

* 23.800 € : 200 Stück = 119 €.

(3) Die gesamten Netto-Verkaufserlöse der drei Kostenträger A, B und C belaufen sich auf 1.800 €, 2.600 € bzw. 8.000 € pro Erzeugnis.
(4) Schließlich ist zu beachten, dass aufgrund der Organisation des Fertigerzeugnislagers die zuletzt hergestellten Desktop-Computer stets zuerst ausgeliefert werden.

Dem Vorteil der **Einfachheit des rechentechnischen Aufbaues** stehen beim Gesamtkostenverfahren zwei elementare Nachteile gegenüber. Zum einen ist die Ermittlung der Lagerbestände der unfertigen und fertigen Erzeugnisse nicht rechnerisch, sondern nur durch **körperliche Inventuren** möglich. Die somit erforderlichen Bestandsaufnahmen führen speziell bei Unternehmungen mit vielen Produktionsstufen und differenzierten Fertigungsprogrammen zu beträchtlichen zusätzlichen **Arbeits- und Kostenbelastungen**, so dass sie sich in der Praxis neben den gesetzlich vorgeschriebenen Inventuren (§ 240 f. HGB) häufig kaum durchführen lassen. Zum anderen gibt diese nach Kostenarten gegliederte Erfolgsrechnung keinen Aufschluss darüber, welche Produkte das Betriebsergebnis günstig beeinflusst haben und bei welchen Erzeugnissen Verluste aufgetreten sind. Insbesondere in **Mehrproduktunternehmen** ist das Gesamtkostenverfahren weder zum Zweck der **Erfolgsanalyse** noch zur **Absatzsteuerung** geeignet. Das Gesamtkostenverfahren kann allenfalls in Einproduktunternehmungen oder im Rahmen der einfachen Sortenfertigung zum Einsatz kommen.

---

187 Vgl. zur Kalkulation des Kostenträgers A Tabelle 39 im dritten Teil zu Gliederungspunkt 2.4.2.2.

2 Teilbereiche der Kostenrechnung

S	Einzelmaterialkosten	H		S	Einzellohnkosten	H
	€ 851.200	(1) € 851.200			€ 625.000	(2) € 625.000

S	Sondereinzelkosten der Fertigung	H		S	Materialgemeinkosten	H
	€ 23.800.	(3) € 23.800			€ 266.000	(4) € 266.000

S	Fertigungsgemeinkosten	H		S	Verwaltungsgemeinkosten	H
	€ 750.000	(5) € 750.000			€ 503.200	(6) € 503.200

S	Vertriebsgemeinkosten	H		S	Fertige Erzeugnisse A	H
	€ 280.800	(7) € 280.800		AB	€ 280.000	EB (11) € 140.000[a] 140.000
					280.000	280.000

S	Fertige Erzeugnisse B	H		S	Fertige Erzeugnisse C	H
AB (12)	€ 0 289.500	EB € 289.500[b]		AB (13)	€ 0 424.000	EB € 424.000[c]
(12)	289.500	289.500			424.000	424.000

S	Bestandsveränderungen	H		S	Verkaufserlöse Erzeugnis A	H
(11) (14)	€ 140.000 573.500	(12) (13) € 289.500 424.000		(8)	€ 900.000	€ 900.000
	713.500	713.500				

S	Verkaufserlöse Erzeugnis B	H		S	Verkaufserlöse Erzeugnis C	H
(9)	€ 910.000	€ 910.000		(10)	€ 960.000	€ 960.000

[a] 100 Stück · 1.400 € = 140.000 €.
[b] 150 Stück · 1.930 € = 289.500 €.
[c] 80 Stück · 5.300 € = 424.000 €.

Abbildung 82: Buchhalterischer Aufbau des Gesamtkostenverfahrens.

S	Betriebsergebniskonto		H
	€		€
(1) Einzelmaterialkosten	851.200	(8) Verkaufserlöse der Erzeugnisse A	900.000
(2) Einzellohnkosten	625.000	(9) Verkaufserlöse der Erzeugnisse B	910.000
(3) Sondereinzelkosten der Fertigung	23.800	(10) Verkaufserlöse der Erzeugnisse C	960.000
(4) Materialgemeinkosten	266.000	(14) Bestandserhöhungen an fertigen Erzeugnissen	573.500
(5) Fertigungsgemeinkosten	750.000		
(6) Verwaltungsgemeinkosten	503.000		
(7) Vertriebsgemeinkosten	280.000		
Kalkulatorischer Betriebsgewinn	43.500		
	3.343.500		3.343.500

Abbildung 82 (fortgesetzt)

Allerdings besteht auch im Rahmen des Gesamtkostenverfahrens durch die Erstellung einer **Zusatzrechnung** die Möglichkeit, den Periodenerfolg pro Erzeugnisart zu ermitteln. Zu diesem Zweck wird auf das **Kostenträgerzeitblatt,** das häufig mit dem Begriff Betriebsabrechnungsbogen II belegt wird, zurückgegriffen. Der mögliche Aufbau einer derartigen zusätzlichen Kurzfristigen Erfolgsrechnung soll nun anhand der Daten des vorstehenden Beispiels 54 für die drei Kostenträger A, B und C gezeigt werden (Tabelle 48).

Tabelle 48:

Zeile	Kostenarten (in €)	Kostenträger			Summe
		A	B	C	
1	Fertigungsmaterial	240.000[a]	400.000[b]	211.200	851.200
2	+ Materialgemeinkosten (31,25% von Zeile 1)	75.000	125.000	66.000	266.000
3	+ Fertigungslöhne	80.000[c]	200.000[d]	345.000	625.000
4	+ Fertigungsgemeinkosten (120% von Zeile 3)	96.000	240.000	414.000	750.000
5	+ Sondereinzelkosten der Fertigung			23.800	23.800
6	– Herstellkosten der Periode	491.000	965.000	1.060.000	2.516.000
7	– Bestandserhöhungen		289.500	424.000	713.500
8	+ Bestandsverminderungen	140.000			140.000
9	– Herstellkosten des Umsatzes	631.000	675.500	636.000	1.942.500
10	+ Verwaltungsgemeinkosten (25,9048% von Zeile 9)	163.459	174.987	164.754	503.200

Tabelle 48 (fortgesetzt)

Zeile	Kostenarten (in €)	Kostenträger			Summe
		A	B	C	
11	+ Vertriebsgemeinkosten (14,4556% von Zeile 9)	91.215	97.647	91.938	280.800
12	– Selbstkosten des Umsatzes	885.674	948.134	892.692	2.726.500
13	Verkaufserlöse	900.000	910.000	960.000	2.780.000
14	Kalkulatorischer Betriebserfolg (Zeile 13 – Zeile 12)	14.326	–38.134	67.308	43.500

[a] 400 Stück · 600 € = 240.000 €.
[b] 500 Stück · 800 € = 400.000 €.
[c] 400 Stück · 200 € = 80.000 €.
[d] 500 Stück · 400 € = 200.000 €.

Erst durch eine kostenträgerbezogene differenzierte Erfolgsrechnung lässt sich der gesamte Betriebsgewinn von 43.500 € nach Erzeugnisarten aufspalten. Bei dieser Analyse mit Hilfe des Kostenträgerzeitblatts zeigt sich, dass das Produkt B Verluste (–38.134 €) erwirtschaftet hat, während bei den Erzeugnissen A und C Gewinne aufgetreten sind. Die auf die Herstellkosten des Umsatzes zur Anwendung kommenden Zuschlagssätze für die Verwaltungs- und Vertriebsgemeinkosten mussten neu berechnet werden, da sich die zum Zweck der Angebotskalkulation ermittelten Prozentsätze (20% und 11,1606%)[188] auf die **Herstellkosten der Periode** beziehen und somit nicht zu einer vollständigen ergebniswirksamen Verrechnung der gesamten Verwaltungs- und Vertriebsgemeinkosten führen würden. Die neuen Zuschlagssätze lassen sich wie folgt ermitteln:

$$\text{Zuschlagssatz für die Verwaltungsgemeinkosten (in \%)} = \frac{503.200\,€}{1.942.500\,€} \cdot 100 = 25,9048\% \qquad (1)$$

$$\text{Zuschlagssatz für die Verwaltungsgemeinkosten (in \%)} = \frac{280.800\,€}{1.942.500\,€} \cdot 100 = 14,4556\%. \qquad (2)$$

---

188 Vgl. die Ausführungen zu Beispiel 50 im dritten Teil zu Gliederungspunkt 2.4.2.2.

2.5.4 Umsatzkostenverfahren

Das Umsatzkostenverfahren geht, anders als das Gesamtkostenverfahren, von den **Verkaufserlösen einer Periode** aus und stellt diesen nur die den **Umsätzen entsprechenden Selbstkosten** der verkauften Erzeugnisse (= Herstellkosten + Verwaltungs- und Vertriebskosten) gegenüber, die daher auch als Umsatzkosten bezeichnet werden. Diese Methode der Kurzfristigen Erfolgsrechnung erfordert zur Ermittlung der Selbstkosten der verkauften unfertigen und fertigen Erzeugnisse ebenfalls den Einsatz einer Kostenträgerstückrechnung, setzt aber **keine Bestandsaufnahme** voraus. Bestandsveränderungen brauchen beim Umsatzkostenverfahren nicht berücksichtigt werden, da auf der Sollseite des Betriebsergebniskontos keine Gesamtkosten zum Ausweis kommen, die an die ihnen gegenüberstehenden Verkaufserlöse durch Bestandserhöhungen bzw. Bestandsminderungen anzupassen wären. Vereinfachend lässt sich das Betriebsergebniskonto wie folgt darstellen (Abbildung 83).

S	Betriebsergebniskonto		H
Selbstkosten der verkauften Produkte	Herstellkosten der verkauften Produkte	Verkaufserlöse der Periode	
	Verwaltungs- und Vertriebskosten der Periode		
	Kalkulatorischer Betriebsgewinn		

Abbildung 83: Struktur des Betriebsergebniskontos bei Anwendung des Umsatzkostenverfahrens.

Wie anhand eines Beispiels nachfolgend gezeigt wird, lässt sich der buchhalterische Aufbau des Umsatzkostenverfahrens so gestalten, dass auf dem Betriebsergebniskonto die Selbstkosten der abgesetzten Erzeugnisarten den entsprechenden Verkaufserlösen gegenübergestellt werden können und damit der produktspezifische Erfolg ohne die Durchführung einer zusätzlichen Rechnung aus diesen Ergebnissen abzuleiten ist. Darüber hinaus kann das Umsatzkostenverfahren auch in **tabellarischer Form** zur Anwendung kommen.[189] Diese Gestaltungsform ist insbesondere beim Vorliegen differenzierter Fertigungsprogramme mit vielen unterschiedlichen Erzeugnisarten aus Gründen der Übersichtlichkeit zu empfehlen. Die mit dem Gesamtkostenverfahren verbundenen Nachteile bezüglich der buchhalterischen Organisation der Kurzfristigen Erfolgsrechnung werden vom Umsatzkostenverfahren vermieden.

---

[189] Vgl. die Ausführungen im vierten Teil zu Gliederungspunkt 4.1.

S	Einzelmaterialkosten	H		S	Einzellohnkosten	H
	€ 851.200	(1) € 851.200			€ 625.000	(3) € 625.000

S	Sondereinzelkosten der Fertigung	H		S	Materialgemeinkosten	H
	€ 23.800	(5) € 23.800			€ 266.000	(2) € 266.000

S	Fertigungsgemeinkosten	H		S	Verwaltungsgemeinkosten	H
	€ 750.000	(4) € 750.000			€ 503.200	(9) € 163.459
						(10) 174.987
						(11) 164.754
					503.200	503.200

S	Vertriebsgemeinkosten	H		S	Fertige Erzeugnisse A	H
	€ 180.800	(9) € 91.215		AB	€ 280.000	EB € 140.000
		(10) 97.647		(1)	240.000	(6) 631.000
		(11) 91.938		(2)	75.000	
	280.800	280.800		(3)	80.000	
				(4)	96.000	
					771.000	771.000

S	Fertige Erzeugnisse B	H		S	Fertige Erzeugnisse C	H
AB	€ 0	EB € 289.500		AB	€ 0	EB € 424.000
(1)	400.000	(7) 675.500		(1)	211.200	(8) 636.000
(2)	125.000			(2)	66.000	
(3)	200.000			(3)	345.000	
(4)	240.000			(4)	414.000	
				(5)	23.800	
	965.000	965.000			1.060.000	1.060.000

S	Verkaufserlöse Erzeugnis A	H		S	Verkaufserlöse Erzeugnis B	H
(12)	€ 900.000	€ 900.000		(13)	€ 910.000	€ 910.000

S	Verkaufserlöse Erzeugnis C	H
(14)	€ 960.000	€ 960.000

Abbildung 84: Buchhalterischer Aufbau des Umsatzkostenverfahrens.

S	Betriebsergebniskonto		H
	€		€
(6) Herstellkosten der abgesetzten fertigen Erzeugnisse A	631.000 [a]	(12) Verkaufserlöse der Erzeugnisse A	900.000
(7) Herstellkosten der abgesetzten fertigen Erzeugnisse B	675.500 [b]	(13) Verkaufserlöse der Erzeugnisse B	910.000
(8) Herstellkosten der abgesetzten fertigen Erzeugnisse C	636.000 [c]	(14) Verkaufserlöse der Erzeugnisse C	960.000
(9) Verwaltungs- und Vertriebsgemeinkosten der abgesetzten fertigen Erzeugnisse A	254.674 [d]		
(10) Verwaltungs- und Vertriebsgemeinkosten der abgesetzten fertigen Erzeugnisse B	272.634 [e]		
(11) Verwaltungs- und Vertriebsgemeinkosten der abgesetzten fertigen Erzeugnisse C	256.692 [f]		
Kalkulatorischer Betriebsgewinn	43.500		
	2.770.000		2.770.000

[a] 400 Stück · 1.227,50 € + 100 Stück · 1.400 € = 631.000 €
[b] 350 Stück · 1.930 € = 675.500 €
[c] 120 Stück · 5.300 € = 636.000 €
[d] 631.000 € · 0,259048 + 631.000 € · 0,144556 = 254.674 €
[e] 675.000 € · 0,259048 + 675.500 € · 0,144556 = 272.634 €
[f] 636.000 € · 0,259048 + 636.000 € · 0,144556 = 256.692 €

Abbildung 84 (fortgesetzt)

Beispiel 55:
In Anlehnung an die Daten von Beispiel 54 zeigt Abbildung 84 die buchhalterische Struktur des Umsatzkostenverfahrens.[190]

Abschließend wird die buchhalterische Verknüpfung von Finanz- und Betriebsbuchhaltung in Form eines in sich geschlossenen Kontensystems (Einkreissystem)

---

[190] Vgl. Beispiel 54 im dritten Teil zu Gliederungspunkt 2.5.3.

auf der Basis des Gemeinschaftskontenrahmens der Industrie[191] noch einmal durch Abbildung 85 zusammenfassend dargestellt.[192] Während die **Kontenklasse 2 als Abgrenzungsbereich** sämtliche neutralen Aufwendungen und Erträge sowie als Gegenposition zur Kontenklasse 4 bzw. 8 alle verrechneten kalkulatorischen Kosten und Leistungen aufnimmt, weist **Kontenklasse 4** alle von der Kostenartenrechnung erfasste Kosten aus. Die **Kontenklassen 5 und 6** sind frei gehalten für die Durchführung der Kostenstellenrechnung sowie der Kurzfristigen Erfolgsrechnung in Kontenform. Bestände an unfertigen und fertigen Erzeugnissen werden in **Kontenklasse 7** erfasst. **Kontenklasse 8** kommt hingegen primär die Aufgabe zu, alle Leistungen sowie sämtliche Leistungskorrekturen auszuweisen. Inner- und außerbetrieblicher Bereich werden am Ende der Rechnungsperiode durch die Ermittlung des Gesamtergebnisses in **Kontenklasse 9** mit Hilfe der Abschlusskonten wieder zusammengeführt. Zu diesen Abschlusskonten zählen das **Betriebsergebniskonto,** das **neutrale Ergebniskonto** sowie das **Gewinn- und Verlustkonto.** Allerdings besteht auch die Möglichkeit, Finanz- und Betriebsbuchhaltung im Rahmen eines **Zweikreissystems** getrennt zu führen. Die Verbindung zwischen den beiden Buchhaltungsbereichen wird dann durch zwei Übergangskonten herbeigeführt, wobei jedes der beiden Konten im jeweils anderen Bereich ein spiegelbildliches Konto besitzt.[193]

---

191 Sowohl der Gemeinschaftskontenrahmen der Industrie (GKR) als auch der IndustrieKontenrahmen (IKR) befinden sich als verkürzte Fassungen im Anhang unter Anlage I bzw. Anlage II auf S. 545–551.
192 Vgl. zu dieser Abbildung Bussmann 1979, S. 171–175.
193 Während der Gemeinschaftskontenrahmen der Industrie dem Einkreissystem folgt, basiert der Industrie-Kontenrahmen auf zwei voneinander unabhängigen Buchungskreisen (Zweikreissystem). Vgl. zur buchhalterischen Organisation von Finanz- und Betriebsbuchhaltung als Zweikreissystem im Detail Freidank/Velte 2013, S. 628–630.

2.5 Kurzfristige Erfolgsrechnung — 215

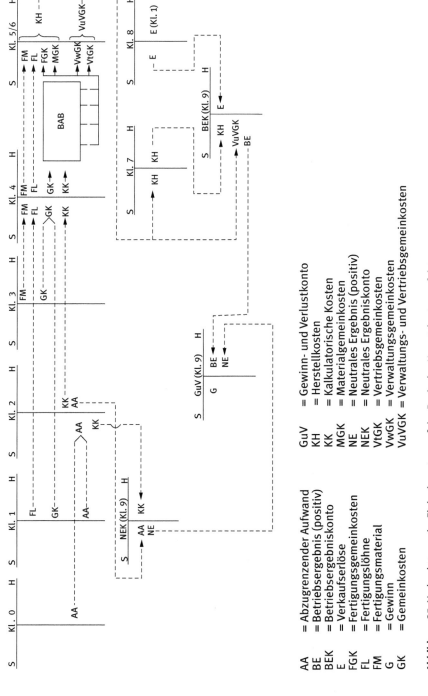

AA	= Abzugrenzender Aufwand
BE	= Betriebsergebnis (positiv)
BEK	= Betriebsergebniskonto
E	= Verkaufserlöse
FGK	= Fertigungsgemeinkosten
FL	= Fertigungslöhne
FM	= Fertigungsmaterial
G	= Gewinn
GK	= Gemeinkosten
GuV	= Gewinn- und Verlustkonto
KH	= Herstellkosten
KK	= Kalkulatorische Kosten
MGK	= Materialgemeinkosten
NE	= Neutrales Ergebnis (positiv)
NEK	= Neutrales Ergebniskonto
VtGK	= Vertriebsgemeinkosten
VwGK	= Verwaltungsgemeinkosten
VuVGK	= Verwaltungs- und Vertriebsgemeinkosten

Abbildung 85: Verbuchungen im Einkreissystem auf der Basis des Umsatzkostenverfahrens.

Vierter Teil: Systeme der Kostenrechnung

1 Gliederung und Charakteristika der Kostenrechnungssysteme

Die von der Praxis an das industrielle Rechnungswesen gestellten erhöhten Anforderungen haben im Zeitablauf dazu geführt, den Umfang und den Inhalt der Kostenrechnung sowie die Mengen- und Wertansätze der in die Betriebsbuchhaltung und die Kalkulation einfließenden Kostenarten entsprechend den mit dem innerbetrieblichen Rechnungswesen verfolgten **Dokumentations-, Planungs- und Kontrollzielen**[194] zu gestalten. Die aus diesem Entwicklungsprozess resultierenden zahlreichen Kostenrechnungssysteme lassen sich nach verschiedenen Kriterien unterscheiden.[195]

Unter dem Gesichtspunkt der Preiskalkulation kann es sich z. B. als zweckmäßig erweisen, alle Kosten in Gestalt eines **Vollkostensystems** verrechnungstechnisch zu berücksichtigen. Erstreckt sich die Zielsetzung der Kostenrechnung hingegen auf die Preisbeurteilung, etwa in Form von Preisunter- oder Preisobergrenzenbestimmungen oder aber auf die Unternehmenskontrolle[196], bei der lediglich Kosten derjenigen Bereiche zu überwachen sind, die durch die Verantwortlichen beeinflusst werden können, so genügt die Erfassung eines bestimmten Teils der Kosten im Rahmen einer **Partialkostenrechnung**. Werden hingegen effektiv angefallene Mengen und Preise der Verrechnung zugrunde gelegt, dann kommt das System der **Istkostenrechnung** zum Zuge. Das Rechnen mit Istkosten ist dadurch gekennzeichnet, dass grundsätzlich alle zufälligen Beschäftigungs- und Produktionsschwankungen Berücksichtigung finden, wodurch eine laufende Änderung der Kostenrechnung relevant werden kann. Zum Zweck der Eliminierung dieser Schwankungen und aufgrund der rechentechnischen Schwerfälligkeit dieses Verfahrens sind Systeme konzipiert worden, die Kosten mit Normal- oder Plancharakter in die Verrechnung einfließen lassen. Da die **Normalkostenrechnung** auf durchschnittlichen Istkosten aufbaut und somit keine ausreichende Möglichkeit der Kostenkontrolle bietet, wurden Systeme entwickelt, bei denen dem Güterverzehr geplante anstatt effektive oder durchschnittliche Mengen und Werte zugrunde gelegt werden. Der Rückgriff auf ein Ist-, Normal- oder Plankostenrechnungssystem bedeutet jedoch nicht zwingend die Hindurchführung sämtlicher Kostenbestandteile durch alle betrieblichen Abrechnungsstufen. Infolgedessen kann auch eine Ist-, Normal- oder Plankostenrechnung sowohl auf Voll- als auch auf Partialkosten basieren. Die **Prozesskostenrechnung** stellt eine Weiterentwicklung der traditionellen Vollkostenrechnungssysteme dar und hat insbesondere im Rahmen der Gemeinkostenkalkulation und des Kostenmanagements Bedeutung erlangt.

---

194 Vgl. zu den Zielen der Kostenrechnung Abbildung 55 im dritten Teil zu Gliederungspunkt 1.
195 Vgl. zu den Entwicklungsstufen der Kostenrechnung im Einzelnen Kilger/Pampel/Vikas 2012, S. 49–112.
196 Vgl. zum Aufbau und Einsatz betriebswirtschaftlicher Kontrollrechnungen Freidank 2012, S. 90–115.

Die Lösung von Planungs- und Kontrollaufgaben im Beschaffungs-, Produktions- und Absatzbereich der industriellen Unternehmung erfordert oft aber auch die Einbeziehung der Leistungs- bzw. Erlösseite in die entsprechenden Entscheidungskalküle, so dass vor allem die auf Teilkosten beruhenden Verfahren häufig als **kombinierte Kosten- und Leistungsrechnungen,** die auch als **Deckungsbeitragsrechnungen** bezeichnet werden, ausgebaut sind.

Abbildung 86 zeigt zusammenfassend eine Gliederung der wichtigsten in Literatur und Praxis existierenden Kostenrechnungssysteme. Aus Gründen der Systematik werden im weiteren Verlauf der Abhandlung zuerst die auf Vollkosten basierenden Ist-, Normal- und Plankostenrechnungen in Bezug auf ihren Aufbau und Einsatz dargestellt und diskutiert. An diesen Themenkreis schließt sich sodann die Betrachtung der auf Teilkosten beruhenden Kostenrechnungssysteme an. Der Aufbau und Einsatz der Prozesskostenrechnung, die auf Ist-, Normal- oder Plankostenbasis durchgeführt werden kann, wird im fünften Teil des Buchs verdeutlicht.[197] Als Ausgangspunkt für die in Rede stehenden weiteren Ausführungen erscheint es aber sinnvoll, zunächst die elementaren **Kostenzurechnungsgrundsätze** aufzuzeigen, die den innerbetrieblichen Rechnungssystemen zugrunde liegen.

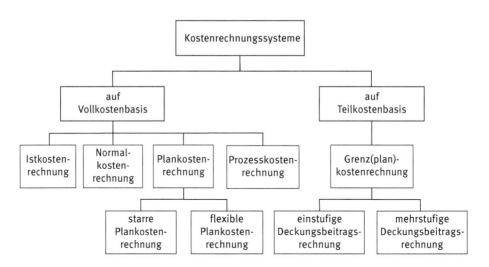

Abbildung 86: Gliederung der Kostenrechnungssysteme.

Sämtliche Kostenrechnungssysteme stellen wichtige **Instrumente des Controllings** dar, die zum Zweck der Unternehmenssteuerung eingesetzt werden können. Der Schwerpunkt ihrer Verwendbarkeit liegt aber in der **operativen Unternehmenssteuerung,** die alle **Maßnahmen zur Sicherung von Erfolgen** umfasst. Wie

---

[197] Vgl. die Ausführungen im fünften Teil zu Gliederungspunkt 1.

im weiteren Verlauf des Buchs zu zeigen sein wird, kommen in jüngerer Zeit spezifische Kostenrechnungssysteme auch im Bereich des **strategischen Controllings** zum Einsatz. Hier werden zum Zweck der langfristigen Existenzsicherung des Unternehmens **Vorsteuerungsgrößen** für zukünftige Erfolge, d. h. **Erfolgspotentiale**, gesucht (z. B. für Markteintritts- oder -austrittsentscheidungen, die Entwicklung innovativer Produkte oder Unternehmenszusammenschlüsse im Hinblick auf die Nutzung von Synergieeffekten[198]). Darüber hinaus wird vereinzelt auch vom finanzwirtschaftlichen Controlling im Rahmen der Maßnahmen zur Erhaltung der ständigen Zahlungsbereitschaft auf Kostenrechnungssysteme zurückgegriffen.

---

198 Vgl. im Einzelnen Freidank 2019c, S. 197–207.

2 Prinzipien der Kostenzurechnung als theoretische Grundlagen

Die mit Hilfe der Kostenrechnung verfolgten spezifischen Zielsetzungen haben dazu geführt, dass in der betriebswirtschaftlichen Literatur eine Vielzahl von Zurechnungsgrundsätzen entwickelt wurden, die alle zu klären versuchen, in welcher Relation die Kosten zu den einzelnen Kalkulationsobjekten (z. B. Kostenarten, -stellen, -träger) stehen.[199] Die Wahl eines Kostenzurechnungsprinzips aus der Menge der möglichen Grundsätze erfolgt immer nach der speziellen Eignung dieses Prinzip zur Realisation des von dem Entscheidungsträger angestrebten Dokumentations-, Planungs- oder Kontrollziels. Hieraus lässt sich schließen, dass es keinen einheitlichen Grundsatz der Kostenzurechnung geben kann,[200] womit alle in der BWL existierenden Verteilungsprinzipien hinsichtlich der Zuordnung der Kosten auf die einzelnen Kalkulationsobjekte in Betracht zu ziehen sind.

Unterstellt man, dass der betrieblichen Kostenrechnung im Grundsatz die Aufgabe zukommt, das reale Wirtschaftsgeschehen innerhalb der Unternehmung abzubilden, dann muss auch die Zurechnung der entweder nach der wertmäßigen oder pagatorischen Kostenkonzeption[201] bewerteten Güterverzehre auf die Kalkulationsobjekte nach **einem** Prinzip erfolgen, dem eine in der Realität existierende Beziehung zwischen Güterverzehr und Leistungsentstehung zugrunde liegt. Sind diese Zusammenhänge kausaler oder finaler Natur, lassen sich allgemeingültige Zurechnungsgrundsätze sachlogisch ableiten, da nur **Kausal- und Finalbeziehungen** wirklich und damit eindeutig bestimmbar sind.[202] Im Gegensatz zum **Kosteneinwirkungsprinzip**, dem ein Kausalzusammenhang zwischen Güterverzehr (= Ursache) und sachzielorientierter Gütererstellung (= Wirkung) zugrunde liegt, basiert das **Kostenverursachungsprinzip**, nach dem der Güterverzehr als Mittel zur Erstellung der Güter des unternehmerischen Sachziels betrachtet wird und deshalb als durch diese verursacht werden kann, auf einer finalen (teleologischen) Beziehung.[203] Alle anderen Güterverzehr-Leistungsmengen-Beziehungen tragen formellen Charakter und basieren auf in der Realität nicht gegebenen Annahmen,[204] wodurch die Bildung eines sachlogisch fundierten Verteilungsprinzips in diesen Fällen nicht möglich ist. Legt man der Betrachtung das Kosteneinwirkungsprinzip zugrunde, dann sind den Kalkulationsobjekten alle diejenigen bewerteten

---

[199] Vgl. Lingnau 2000, S. 256–263; Möller/Hüfner/Ketteniß 2011, S. 66–75.
[200] Vgl. Schneider 1961, S. 693.
[201] Vgl. die Ausführungen im ersten Teil zu Gliederungspunkt 2.2. und Gliederungspunkt 2.3.
[202] Vgl. Ehrt 1967, S. 5.
[203] Häufig werden im Schrifttum die Begriffe Einwirkungs- und Verursachungsprinzip synonym gebraucht. Dabei wird der Grundsatz der Verursachung aber immer so verstanden, dass die bewerteten Güterverzehre die Leistungserstellung verursachen und nicht umgekehrt.
[204] Vgl. Ehrt 1967, S. 5.

Güterverzehre anzulasten, ohne welche die Leistungserstellung nicht zu realisieren wäre. Bei Anwendung des teleologischen Kostenverursachungsprinzips können hingegen die bewerteten Äquivalente des willentlich langfristigen Dauerverzehrs (z. B. der natürliche Verschleiß von Produktionsanlagen) oder der erzwungene Verzehr (z. B. Steuerzahlungen) nicht in die den Kalkulationsobjekten zuzurechnenden Kosten einbezogen werden.[205]

Aufgrund der Kritik am Verursachungsgrundsatz wurde von *Riebel* das **Identitätsprinzip** und von *Koch* das **Leistungsentsprechungsprinzip** entwickelt.[206] Im Hinblick auf das Identitätsprinzip sind den einzelnen Kalkulationsobjekten nur diejenigen Kosten anzulasten, die durch dieselbe Entscheidung ausgelöst werden, wie die Existenz der betreffenden Bezugsgröße selbst.[207] Nach der theoretischen Konzeption des Leistungsentsprechungsprinzips, das von einer Zweckverbundenheit zwischen dem gesamten bewerteten Güterverzehr und der Gesamtleistungsmenge ausgeht, sind die objektbezogenen Kosten als der auf die einzelne Kalkulationsgröße entfallende bewertete Anteil des zur Leistungserstellung erforderlichen Güterverzehrs zu definieren.[208] Im Gegensatz zum Identitätsprinzip werden nach dem Leistungsentsprechungsprinzip etwa im Hinblick auf die Kostenträgerstückrechnung noch die in Verbindung mit dem Produktions- und Absatzprozess anfallenden Kosten (z. B. Forschungs-, Entwicklungs- und Verwaltungskosten) anteilig den Herstelleistungen zugerechnet.[209]

Alle bisher dargestellten Verteilungsprinzipien zeigen unterschiedliche Möglichkeiten auf, Kosten anhand belegbarer Beziehungen den einzelnen Kalkulationsobjekten zuzurechnen. Gelingt aber der Nachweis eines solchen Zusammenhangs nicht oder wird aus **Wirtschaftlichkeitsgründen** auf den Einsatz eines exakten Zurechnungsgrundsatzes verzichtet, finden in der betrieblichen Kostenrechnung häufig **Anlastungsprinzipien** Anwendung, zu denen das **Proportionalitäts-, das Durchschnitts-** und das **Tragfähigkeits-** oder **Deckungsprinzip** zu zählen sind. Nach dem Proportionalitätsprinzip erfolgt die Verteilung der Kosten auf die Bezugsgrößen anhand von Maßeinheiten, die sowohl zu diesen Kosten als auch zu den betreffenden Kalkulationsobjekten in einem (zumindest näherungsweise) proportionalen Verhältnis stehen. Wird hingegen den betrachteten Objekten der im Durchschnitt auf sie entfallende Kostenbetrag zugerechnet, so kommt das Durchschnittsprinzip zum Zuge, das häufig dann Anwendung findet, wenn Maßgrößen zur proportionalen Kostenzurechnung nicht zu ermitteln sind. Hinsichtlich des Deckungsprinzips richtet sich die

---

205 Vgl. zu den unterschiedlichen Arten des Güterverzehrs die Ausführungen im ersten Teil zu Gliederungspunkt 2.2.2.
206 Vgl. zur Kritik am Verursachungsprinzip insbesondere Riebel 1969, S. 49–64 und Koch 1966, S. 98–106.
207 Vgl. Riebel 1974, S. 510.
208 Vgl. Koch 1965, S. 331.
209 Vgl. Herzig 1970, S. 119.

Verteilung der Kosten auf die gewählten Bezugseinheiten nach der Tragfähigkeit der einzelnen Objekte. Als Maßstab für die Ermittlung der Tragfähigkeit wird dabei die Differenz zwischen den dem einzelnen Kalkulationsobjekt zugerechneten Leistungen (Erlösen) und den ihm bereits (z. B. nach dem Verursachungs- oder Identitätsprinzip) angelasteten Kosten herangezogen. Je größer diese Differenz hinsichtlich einer Bezugsgröße ausfällt, umso mehr (restliche) Kosten sollen von ihr gedeckt werden.

3 Systeme auf der Basis von Vollkosten

3.1 Istkostenrechnung

3.1.1 Funktionen der Istkostenrechnung

Die Grundform einer Istkostenrechnung auf Vollkostenbasis liegt dann vor, wenn alle während eines Abrechnungszeitraumes effektiv in der Kostenartenrechnung erfassten Beträge durch sämtliche Abrechnungsstufen hindurchgeführt und auf die Kostenträger der gleichen Periode verteilt werden (sogenannte **Kostenüberwälzung**).[210] Die Aufgabe eines derartigen Systems besteht im Grundsatz darin, mit Hilfe der Divisions-, der Äquivalenzziffern-, der Zuschlags- oder der Kuppelkalkulation die Selbstkosten und die Herstellkosten pro betrieblicher Erzeugniseinheit zu ermitteln. Während die Selbstkosten zum Zweck von **Preis- und Kostenentscheidungen** benötigt werden, dienen die Herstellkosten pro Trägereinheit der **Bestandsbewertung in der Kurzfristigen Erfolgsrechnung sowie im handels-, steuerrechtlichen und internationalen Jahresabschluss**.

Da die angesprochenen Kalkulationsverfahren im Rahmen von Istkostenrechnungen hinsichtlich der Bestandsbewertung und der Erfolgskontrolle ex post durchgeführt werden, tragen sie in diesem Sinne den Charakter von **Nachkalkulationen**. Bei Produkten, deren Fertigungsdauer sich über mehrere Rechnungsabschnitte erstreckt, sind ferner für Zwecke der Disposition und der Bestandsbewertung unfertiger Erzeugnisse **Zwischenkalkulationen** am Ende der einzelnen Perioden erforderlich.

Durch die Anwendung der unterschiedlichen Kalkulationsmethoden werden aber auch solche Kostenbestandteile auf die einzelnen Produkte verrechnet, deren Verursachung bzw. Einwirkung nicht eindeutig bestimmbar ist. So nehmen diese Verfahren im Rahmen eines auf Vollkosten basierenden Rechnungssystems keine Aufspaltung der gesamten Kosten in fixe und variable Bestandteile hinsichtlich Beschäftigungsvariationen vor, wodurch eine undifferenzierte Zurechnung der beiden Kostenkategorien auf die Leistungseinheiten erfolgt. Eine derartige Vorgehensweise nach Maßgabe des Durchschnittsprinzips wird von der Zielsetzung getragen, dass letztlich sämtliche angefallenen Periodenkosten der Unternehmung durch die Verkaufserlöse zu decken sind.

Zu berücksichtigen ist aber, dass nicht alle in der Istkostenrechnung zum Ansatz kommenden Mengen und/oder Werte auch auf effektiv angefallene Kosten zurückzuführen sind, da durch die **zeitliche und kalkulatorische Abgrenzung**

---

210 Wie noch an anderer Stelle zu zeigen sein wird (vgl. hierzu die Ausführungen im vierten Teil zu Gliederungspunkt 4.1, 4.2, 4.3 und 4.4), setzt diese Überwälzung der bewerteten sachzielbezogenen Güterverzehre durch alle betrieblichen Kostenstellen jedoch nicht zwingend die Weiterverrechnung aller Kostenbestandteile voraus, so dass auch eine Istkostenrechnung den Charakter eines Teilkostensystems tragen kann.

innerhalb des Rechnungswesens ebenfalls Normal- oder Planwerte in die Kostenrechnung einfließen. Als Gründe sind in diesem Zusammenhang zu nennen:
(1) Die zeitliche Abgrenzung von Ausgabenstößen, z. B. von Urlaubslöhnen, Versicherungsbeiträgen und Weihnachtsgeld ist ohne Plan- oder Normalwerte nicht möglich.
(2) Die kalkulatorischen Kosten sind ausnahmslos geplante Werte. So werden hinsichtlich der kalkulatorischen Abschreibungen Ausgangswerte und Nutzungsdauern geschätzt und für die Abschreibungsbeträge Normalverläufe festgelegt. Ferner wird bei den kalkulatorischen Zinsen eine durchschnittliche Größe für das Kapital und häufig ein normalisierter Zinssatz gewählt, während die kalkulatorischen Wagnisse normalisierten Zufallsaufwand darstellen.
(3) Eine Schlüsselung der Kosten auf die Kostenstellen und Kostenträger muss schematisch erfolgen, wodurch die Verteilung der Kosten nur in wenigen Fällen der Wirklichkeit, d. h. der Beanspruchung, entsprechen wird.

In der Grundform der Istkostenrechnung werden Normal- oder Plankosten allein zum Zweck der richtigen Kostenabgrenzung und -erfassung verwendet. Eine darüber hinausgehende Normierung bzw. Planung der Mengen- und/oder Wertkomponente der Kosten findet in diesem System nicht statt. Vielfach werden in der Literatur Kostenrechnungssysteme, bei denen zumindest dem Mengengerüst weitgehend Istgrößen zugrunde liegen, noch als Istkostenrechnungen bezeichnet.

3.1.2 Kritik an den auf Istkosten basierenden Verfahren

Der schwerwiegendste Einwand besteht darin, dass mit Hilfe der Istkostenrechnung **keine Möglichkeit für eine permanente bezugsgrößenorientierte Kostenkontrolle** geschaffen werden kann, da das Rechnen mit Istkosten ausschließlich einen Zeitvergleich erlaubt. Eine wirksame Kostenkontrolle ist jedoch nur anhand spezifischer Vergleichsgrößen möglich, die den Charakter von **Normal-, Plan- oder Sollkosten** tragen können. Weiterhin repräsentieren die den Kalkulationsobjekten durchschnittlich zugerechneten Istkosten das komplexe Ergebnis aller Kosteneinflussgrößen. Hierdurch wird es unmöglich, die Auswirkungen einzelner innerbetrieblicher Unwirtschaftlichkeiten auf die Kosten genau zu ermitteln.

Einen erheblichen Nachteil stellt ferner die **rechentechnische Schwerfälligkeit** der Istkostenrechnung im Hinblick auf folgende Ansatzpunkte dar:
(1) Die Bewertung der Verbrauchsmengen für Roh-, Hilfs- und Betriebsstoffe mit den zugehörigen Istpreisen bereitet erhebliche Schwierigkeiten, wenn diese zu unterschiedlichen Istpreisen beschafft wurden, aber zusammen lagern. Eine Bewertung dieser Güterverbräuche mit Normal- oder Planpreisen würde eine beträchtliche Arbeitsvereinfachung bedeuten.
(2) Die Durchführung der Sekundärkostenverrechnung auf der Basis von Ist-Mengen und -Preisen ist rechentechnisch kompliziert, da in jeder Periode neue Ist-

Verrechnungssätze für innerbetriebliche Leistungen ermittelt werden müssen. Durch die Verwendung von Normal- oder Plangrößen kann die Sekundärkostenverrechnung, wie nachstehend gezeigt wird, rationeller gestaltet werden.

(3) Weiterhin resultiert die abrechnungstechnische Schwerfälligkeit einer Istkostenrechnung daraus, dass aufgrund der Bildung neuer Ist-Kalkulationssätze in jeder Periode die Nach- und teilweise ebenfalls die Zwischenkalkulation darauf warten müssen, bis alle Kostenstellen ihre Endkostensummen ermittelt haben. Auch dieser elementare Nachteil wird bei der Anwendung einer Normal- oder Plankostenrechnung vermieden.

Außerdem liefert ein auf vollen Istkosten beruhendes System zur Lösung vieler kurzfristiger Planungsaufgaben **nicht die entscheidungsrelevanten Kostendaten**. Wie noch im Detail zu zeigen sein wird, können Grundlage für kurzfristige betriebliche Entscheidungen nur zukünftig zu erwartende Partialkosten sein.

Zusammenfassend bleibt herauszustellen, dass das Ziel einer Istkostenrechnung in erster Linie darin besteht, die durch die Kostenartenrechnung erfassten Kosten einer Periode möglichst lückenlos auf die Kostenträger des gleichen Rechnungsabschnitts zu verteilen. Schwerpunkt dieses Systems ist daher die Nachkalkulation, der sich alle anderen kostenrechnerischen Teilgebiete unterzuordnen haben. Die Kostenstellenrechnung übt deshalb lediglich eine Hilfsfunktion bezüglich der (Gemein-)Kostenverteilung aus. Um die rechentechnische Schwerfälligkeit zu überwinden, wurde die reine Form der Istkostenrechnung schon sehr früh weiterentwickelt[211], indem man zunächst alle extern bezogenen Roh-, Hilfs- und Betriebsstoffe, Arbeitsleistungen sowie die innerbetrieblichen Leistungen mit **festen Verrechnungspreisen** bewertet. Durch die mit dieser Vorgehensweise verbundene Eliminierung der Preisschwankungen wurde ferner eine wesentliche Voraussetzung für die Kostenkontrolle geschaffen. Von dieser Entwicklungsform war es nur noch ein kleiner Schritt zur Konzeption der **Normalkostenrechnung**.

3.2 Normalkostenrechnung

3.2.1 Aufbau und Einsatz

Die Charakteristika der Grundform einer Normalkostenrechnung sind, wenn man die Existenz einer Kostenstellenrechnung im innerbetrieblichen Rechnungswesen voraussetzt, **normalisierte Kalkulationssätze der Hauptkostenstellen und**

---

[211] Da die erweiterten Istkostenverfahren (Istkostenrechnung mit festen Verrechnungspreisen oder mit Planwerten für die Einzelkosten) in der betriebswirtschaftlichen Kostenrechnung nur eine untergeordnete Rolle spielen, wird im Folgenden auf eine separate Darstellung dieser Systeme verzichtet. Vgl. im Detail Kilger/Pampel/Vikas 2012, S. 49–53 m.w.N.

normalisierte Verrechnungssätze der innerbetrieblichen Leistungen.[212] Die Normalkosten stellen dabei einen **Durchschnittswert** dar, der aus einer größeren Anzahl von Istkostenbeträgen abgelaufener Rechnungsperioden ermittelt wird. Hauptsächlich in den USA und vereinzelt auch in Deutschland werden statt der Bezeichnung Normalkostenrechnung die Termini **Standard- oder Budgetkostenrechnung** synonym gebraucht.[213] Allerdings gilt diese Begriffsgleichheit nur sofern und solange die Kostensätze aus Istkosten abgeleitet sind. Wird hingegen die Grundlage der Istkosten im Hinblick auf die Standard- und Budgetkostenrechnung vollkommen verlassen, so tragen auch diese Systeme den Charakter von Plankostenrechnungen. Während unter dem Begriff Standardkostenrechnung vorwiegend eine **Kostenkontrollrechnung** verstanden wird, dient die Budgetkostenrechnung „der Kostenvorschau und damit der Prognose des zukünftigen Isterfolgs"[214].

Die Auswahl der einzelnen Istwerte kann einerseits ohne Rücksicht auf künftige Entwicklungen der Kosten vorgenommen werden, wodurch die aus diesen Größen resultierenden Mittelwerte **statischen Charakter** tragen. Erfolgt andererseits die Selektion in der Art, dass aus den abgelaufenen Perioden gezielt diejenigen Istwerte der Durchschnittsbildung zugrunde gelegt werden, in denen ähnliche Verhältnisse vorlagen wie sie künftig zu erwarten sind, so spricht man bezüglich der Normalkosten von **aktualisierten Mittelwerten**.[215]

Das System der Normalkostenrechnung verzichtet in seiner Grundform darauf, die tatsächlich angefallenen Gemeinkosten auf die Kostenträger zu verrechnen. Die Vorkalkulation der Gemeinkosten wird zur laufenden Abrechnung erhoben und zugleich durch eine permanente Beobachtung der zwischen Ist- und Normalkosten auftretenden **Über- bzw. Unterdeckungen**[216] kontrolliert, wobei aber diese Abweichungen keine Verrechnung auf die Kostenträgereinheiten finden, sondern direkt auf das Betriebsergebniskonto übernommen werden. Hierdurch wird der Grundsatz der Überwälzung sämtlicher Gemeinkosten auf die Kostenträger sowohl für das Mengen- als auch das Wertgerüst der Kosten endgültig verlassen.

---

212 Dies bedeutet jedoch nicht, dass die Kalkulation mit Normalkosten an das Vorliegen einer Kostenstellenrechnung gebunden ist. Vielmehr können kalkulatorische Ergebnisse auf der Grundlage von Normalkosten mit Hilfe der Methoden der Divisions-, Äquivalenzziffern- und Zuschlagsrechnung ermittelt werden, die auch ohne Kostenstellenrechnung zum Einsatz kommen können. Ferner besteht die Möglichkeit, die Kalkulation komplementärer Erzeugnisse, unter Zugrundelegung der existierenden Verfahren der Kuppelkalkulation, auch auf der Basis von Normalkosten durchzuführen.
213 Vgl. zur Standard- und Budgetkostenrechnung Käfer 1964; Marettek 1964, S. 408–414.
214 Marettek 1964, S. 408.
215 Vgl. Schildbach/Homburg 2009, S. 197.
216 Abweichungen eines Kontrollobjekts in der Normalkostenrechnung (Istkosten – Normalkosten):
    (1) Istkosten < Normalkosten = Überdeckung (–)
    (2) Istkosten > Normalkosten = Unterdeckung (+)

Beispiel 56:
In einer industriellen Unternehmung mit gemischter Fertigung, die zur Ermittlung der kalkulatorischen Ergebnisse auf die elektive Zuschlagskalkulation zurückgreift, sind für die vier Hauptkostenstellen Material, Fertigung, Verwaltung und Vertrieb folgende (normalisierte) Zuschlagsgrundlagen und -sätze ermittelt worden (Tabelle 49). Tabelle 50 zeigt die in der abgelaufenen Rechnungsperiode angefallenen Istkosten und die in den einzelnen Kostenstellen auftretenden Über- und Unterdeckungen.

Tabelle 49:

Kostenstellen Kostenarten in € und %	Hauptkostenstellen			
	Material	Fertigung	Verwaltung	Vertrieb
normalisierte Gemeinkosten der Hauptkostenstellen	10.000	18.000	3.600	5.400
normalisierte Bezugsgrundlagen	Fertigungs-material 50.000	Fertigungs-löhne 12.000	Herstellkosten 90.000	Herstellkosten 90.000
normalisierte Zuschlagssätze	20%	150%	4%	6%

Tabelle 50:[217]

Kostenstellen Kostenarten in €	Hauptkostenstellen				Summe
	Material	Fertigung	Verwaltung	Vertrieb	
Ist-Gemeinkosten der Hauptkostenstellen	6.000	23.000	3.000	5.200	37.200
Ist-Bezugsgrundlagen	Fertigungs-material 40.000	Fertigungs-löhne 15.000	Herstell-kosten 85.500	Herstell-kosten 85.500	
normalisierte Zuschlagssätze angewandt auf Ist-Bezugsgrundlagen	8.000	22.500	3.420	5.130	39.050
Unterdeckung (+) Überdeckung (−)	− 2.000	+ 500	− 420	+ 70	+ 570 − 2.420

Das Beispiel verdeutlicht, dass die Kostenträgerkalkulation zur Ermittlung der Selbst- und Herstellkosten pro Leistungseinheit schon **während der Rechnungsperiode** vorgenommen werden kann, indem jedes Erzeugnis nach Maßgabe seiner

---

[217] Die Herstellkosten als Bezugsgrundlagen beinhalten neben den Ist-Einzelkosten von 55.000 € normalisierte Gemeinkosten in Höhe von 30.500 €.

individuellen Zuschlagsgrundlage (Fertigungsmaterial, Fertigungslöhne bzw. Herstellkosten) und der entsprechenden normalisierten Gemeinkostenzuschläge belastet wird. Die Ermittlung der Über- und Unterdeckungen und ihre Verbuchung auf das Betriebsergebniskonto können hingegen frühestens am Ende der Periode vorgenommen werden, da erst zu diesem Zeitpunkt die insgesamt angefallenen und verrechneten Kosten verfügbar sind.

Beispiel 57:
Unter Zugrundelegung der Ausgangsdaten von Beispiel 56 soll die Durchführung der Kostenträgerkalkulation sowie der Kurzfristigen Erfolgsrechnung auf der Basis des Gesamtkostenverfahrens gezeigt werden. Die Bewertung der auf Lager befindlichen Erzeugnisse erfolgt zu Ist-Herstellkosten. Die elektive Zuschlagskalkulation eines Erzeugnisses A, das alle vier Hauptkostenstellen durchläuft und dem 50 € Ist-Einzelmaterialkosten sowie 30 € Ist-Einzellohnkosten direkt zuzurechnen sind, hat dann auf Normalkostenbasis folgendes Aussehen (Tabelle 51).

Tabelle 51:

Ist-Fertigungsmaterial	50,00 €
+ Normal-Materialgemeinkosten (20%)	10,00 €
+ Ist-Fertigungslöhne	30,00 €
+ Normal-Fertigungsgemeinkosten (150%)	45,00 €
= Normal-Herstellkosten	135,00 €
+ Normal-Verwaltungsgemeinkosten (4%)	5,40 €
+ Normal-Vertriebsgemeinkosten (6%)	8,10 €
= Normal-Selbstkosten	148,50 €

Der buchhalterische Ablauf der kurzfristigen Erfolgsrechnung mit Hilfe des **Gesamtkostenverfahrens** lässt sich nun zusammenfassend wie in Abbildung 87 gezeigt durchführen. Gegeben ist ein Anfangsbestand auf den Kostenträgerkonten in Höhe von 30.000 €. Die Summe der Verkaufserlöse beläuft sich auf 200.000 €. Ferner wurde unterstellt, dass die Bestandserhöhungen der Periode (13.350 €) ausschließlich auf 100 Stück des vorstehend angesprochenen Erzeugnisses A, das hier zu Ist-Herstellkosten (133,50 €)[218] **nachkalkuliert** worden ist, zurückzuführen sind.

Der mit der Normalkostenrechnung beabsichtigte Rationalisierungseffekt ist aber nur dann ganz zu verwirklichen, wenn auch die Nachkalkulation im Hinblick auf die Bewertung selbsterstellter Anlagen und Erzeugnisbestände in der Kurzfristigen Erfolgsrechnung und im handels-, steuerrechtlichen sowie internationalen Jah-

---

[218] Fertigungsmaterial 50,00 € + Materialgemeinkosten (15%) 7,50 € + Fertigungslöhne 30,00 € + Fertigungsgemeinkosten (153,33%) 46,00 € = Ist-Herstellkosten 133,50 €.

S	Kostenartenkonten		H
	€		€
Gesamte Ist-Einzelkosten	55.000	(1) Betriebsergebniskonto	55.000
Gesamte Ist-Gemeinkosten	37.200	(3) Kostenstellenkonten	37.200
	92.200		92.200

S	Kostenstellenkonten		H
	€		€
(3) Ist-Gemeinkosten	37.200	(2) Gesamte Normal-Gemeinkosten [ermittelt auf Ist-Bezugsgrundlagen]	
(6) Gesamte Gemeinkostenüberdeckung	1.850		39.050
	39.050		39.050

S	Kostenträgerkonten		H
	€		€
Anfangsbestand	30.000	Endbestand	43.350
(5) Bestandserhöhungen	13.350		
	43.350		43.350

S	Verkaufserlöse		H
	€		€
(4) Betriebsergebniskonto	200.000	Gesamte Verkaufserlöse	200.000

S	Betriebsergebniskonto		H
	€		€
(1) Gesamte Ist-Einzelkosten	55.000	(4) Gesamte Verkaufserlöse	200.000
(2) Gesamte Normal-Gemeinkosten [ermittelt auf Ist-Bezugsgrundlagen]	39.050	(5) Bestandserhöhungen	13.350
		(6) Gesamte Gemeinkostenüberdeckung	1.850
Ist-Betriebsgewinn	121.150		
	215.200		215.200

Abbildung 87: Buchhalterischer Aufbau der Kurzfristigen Erfolgsrechnung auf der Basis von Normalkosten.

resabschluss entfallen kann. Bezüglich der Kurzfristigen Erfolgsrechnung geht eine Bewertung mit Normal-Herstellkosten, die von den entsprechenden Ist-Herstellkosten abweichen, zu Lasten der Genauigkeit der Kostenträgerzeitrechnung, wodurch der Betriebserfolg unrichtig ausgewiesen wird.[219] Da der handels-, steuerrechtliche und internationale Jahresabschluss ausschließlich auf Zahlungsvorgängen basiert, und deshalb auch die bilanziellen Herstellungskosten im Grund nur **periodisierte Ausgaben (= Aufwendungen)** beinhalten dürfen, verstößt eine Bewertung von aktivierbaren innerbetrieblichen Leistungen und Eigenerzeugnissen mit von den effektiv für die Produktion angefallenen Kosten abweichenden Normal-Herstellkosten prinzipiell gegen die Wertkonventionen des Handels- und Steuerrechts sowie der

---

[219] Bezüglich des vorstehenden Beispiels würde eine Bestandserhöhung von 100 Stück zu Normal-Herstellkosten bedeuten (135 € · 100 Stück = 13.500 €), dass der Betriebsgewinn nun 121.300 € beträgt.

IFRS. Allerdings lassen unter bestimmten Voraussetzungen[220] die Vorschriften des Bilanzrechts eine Bewertung mit Normal- oder Planherstellungskosten, die nicht mit den entsprechenden Istkostenwerten korrespondieren, zu. Nimmt man in diesen Fällen ferner die geringfügigen Abweichungen in der Kurzfristigen Erfolgsrechnung in Kauf, dann **erübrigt sich eine laufende Nachkalkulation** auf Istkostenbasis zur Berechnung der Herstellkosten. Hierdurch „eröffnen sich **Rationalisierungsmöglichkeiten** im betrieblichen Rechnungswesen, die sich umso stärker auswirken können, je breiter das Produktionsprogramm und je komplizierter die kostenträgerindividuelle Kostenzurechnung ist"[221].

Aus Gründen der Vereinfachung und Beschleunigung der innerbetrieblichen Abrechnung wird in einem Normalkostensystem auch die Sekundärkostenverrechnung anstelle mit variierenden Istkostensätzen mit **festen (normalisierten) Verrechnungssätzen** für innerbetriebliche Leistungen durchgeführt.

Beispiel 58:
Zur Verdeutlichung soll nun die Sekundärkostenverrechnung auf Normalkostenbasis mit Hilfe des Treppenverfahrens gezeigt werden. Die nachstehend betrachtete industrielle Unternehmung mit gemischter Fertigung weist zwei allgemeine Hilfskostenstellen (St_1, St_2), eine Fertigungshilfsstelle (St_3) und drei Hauptkostenstellen (St_4, St_5, St_6) auf (Tabelle 52).

Tabelle 52:

Kostenstellen / Kostenarten in Hundert €	Hilfskostenstellen St_1	St_2	St_3	Hauptkostenstellen St_4	St_5	St_6	Summe
Primäre Istkosten	400 (−400)	900	1.500	5.000	8.000	6.000	21.800
Sekundärkostenverrechnung auf Normalkostenbasis		+100 (−1.200)	+50		+200	+50	
			+400 (−1.600)	+550		+250	
				+800	+600	+200	
Überdeckung (−)		−200		−150		−500	−850
Unterdeckung (+)			+350		+200		+550
normalisierte Endkosten	0	0	0	6.500	8.600	7.000	22.100

Während in der Hilfskostenstelle St_1 keine Differenz von Ist- und Normalkosten auftritt, wird in St_2 mehr (Überdeckung) und in St_3 weniger (Unterdeckung) auf die folgenden

---

[220] Vgl. im Einzelnen Freidank 1983, S. 1377–1380.
[221] Wohlgemuth 1970, S. 406.

Kostenstellen verrechnet, als diesen Abrechnungsbereichen effektiv anzulasten wäre. Der Korrekturbetrag von –30.000 €, der auf das Betriebsergebnis übernommen werden muss, ergibt sich aus der Differenz der spaltenbezogenen Quersummen der Über- und Unterdeckungen aller Hilfs- und Hauptkostenstellen (–30.000 € = 55.000 € – 85.000 €).

3.2.2 Kritische Beurteilung der Normalkostenrechnung

Durch den Einsatz genormter Kosten im innerbetrieblichen Rechnungswesen, die aus durchschnittlichen Mengen und Werten der Vergangenheit ermittelt werden, gelingt es, die in einer Istkostenrechnung auftretenden periodischen Schwankungen der Kosten „zu nivellieren, auszugleichen bzw. zu normalisieren"[222]. Die Normalisierung der Kalkulations- und Verrechnungssätze in den Endkostenstellen bzw. im Rahmen der Sekundärkostenverrechnung führt zu einer **Beschleunigung und Vereinfachung der innerbetrieblichen Abrechnungstechnik**. So liegen die Normalkostensätze schon in der Periode vor, während die Istkostensätze erst nach Abschluss des Zeitabschnitts und umfangreichen Rechenarbeiten verfügbar sind. Ferner entsteht durch die Anwendung der Normalkostenrechnung – im Vergleich zur Istkostenrechnung – in Betrieben mit langfristiger Fertigung (z. B. im Schiff-, Brücken- und Kraftwerkbau) nicht das Problem, dass Kostenträger, deren Produktion mehrere Abschnitte in Anspruch nehmen, in jeder Abrechnungsperiode mit anderen Gemeinkostensätzen kalkuliert werden müssen, wodurch eine Kontinuität der Kalkulationsergebnisse gewährleistet ist.

Da die dargestellte Grundform der Normalkostenrechnung bei der Ermittlung der normalisierten Gemeinkostenzuschläge von einem bestimmten, fest vorgegebenen Beschäftigungsgrad ausgeht, wird sie auch als **„starre Normalkostenrechnung"** bezeichnet. Die mit Hilfe dieses Systems festgestellten Über- und Unterdeckungen zwischen den Istkosten und den verrechneten Normalkosten beziehen sich jedoch auf alle Kosteneinflussgrößen und liefern deshalb **wenig aussagefähige Ergebnisse für eine genaue Abweichungsanalyse**. Im Laufe der Zeit sind aber einige Typen der Normalkostenrechnung entstanden, die sich von der starren Verrechnung der Normal-Gemeinkosten getrennt haben. So berücksichtigt die **„flexible Normalkostenrechnung"** spezifische Normalkosten, die zum Zweck einer exakten Kostenkontrolle laufend an Beschäftigungsgradänderungen angepasst werden. Hierdurch ist es möglich, die Wirkung der Kosteneinflussgröße „Beschäftigung" zu isolieren und somit die Differenz zwischen Ist- und Normalkosten weiter in eine Verbrauchs- und eine Beschäftigungsabweichung aufzuspalten. Da die flexible Form der Normalkostenrechnung, die in Gestalt eines **Voll- oder Teilkostensystems** zum Einsatz kommen

---

[222] Bussmann 1979, S. 120.

kann, hinsichtlich Aufbau und Anwendung der noch später darzustellenden flexiblen Plankostenrechnung auf Voll- oder Grenzkostenbasis weitgehend gleicht, wird an dieser Stelle auf eine eingehende Betrachtung verzichtet.[223]

3.3 Plankostenrechnung

3.3.1 Begriff der Plankosten

Die Weiterentwicklung der innerbetrieblichen Rechnungssysteme führte dazu, dass man sich bei der Ermittlung der Normalkosten in der Kostenstellen- und Kostenträgerrechnung von den vergangenheitsorientierten Istkosten löste und dazu tendierte, nur noch Plankosten anzusetzen. Grundsätzlich basieren Plankosten immer auf zwei Einflussgrößen, dem **Planverbrauch** und dem **Planwert(-preis)**. Der Mengenverzehr der künftigen Plankostenarten hängt wiederum von verschiedenen Bestimmungskomponenten, wie **Betriebsgröße**, **Fertigungsprogramm**, **Beschäftigung** und **Faktorqualität** ab, während die **Wertkomponente** der einzelnen Kostenarten grundsätzlich als Hauptkosteneinflussgröße betrachtet wird.[224] Allerdings braucht die Kostenbudgetierung nicht unbedingt zum Ausdruck zu bringen, wie sich die Kosten verändern, wenn sämtliche genannten Einflussgrößen Variationen unterliegen. Vielmehr kann sich die Kostenplanung darauf beschränken, einige oder alle Bestimmungsfaktoren der Kosten als unveränderbar zu unterstellen. Bei der Annahme der Konstanz aller Kosteneinflussgrößen ist nur ein Betrag pro Kostenart zu planen. Sollen hingegen eine oder mehrere Bestimmungsgrößen als variabel gelten, so ist die Auswirkung „der Variation dieser Größe (dieser Größen) auf die Plankosten zu untersuchen und für jede mögliche Ausprägung dieser Einflussgröße (der Kombination dieser Einflussgrößen) ein Plankostenbetrag anzusetzen"[225]. Die Planung der Verbrauchsmengen erfolgt hierbei über **technische Berechnungen** wie Verbrauchsfunktionen, Zeit- und Materialstudien und Methoden der Arbeitswissenschaft.[226] Somit können Plankosten abschließend als nach **wissenschaftlichen Methoden mit Hilfe von Verbrauchsmessungen und Kostenanalysen auf der Basis bestimmter Plandaten im Voraus festgelegte Plangrößen** definiert werden. Unter den Begriff Plankostenrechnungen fallen demzufolge im Grundsatz alle Kostenrechnungssysteme, bei denen „unabhängig von den Istkosten vergangener

---

[223] Vgl. zur flexiblen Normalkostenrechnung im Einzelnen Kilger/Pampel/Vikas 2012, S. 56.
[224] Vgl. zum System der Kosteneinflussgrößen die Ausführungen im zweiten Teil zu Gliederungspunkt 3., 4., 5. und 6.
[225] Kloock/Sieben/Schildbach 1993, S. 199.
[226] Vgl. zur Technik der Kostenplanung im Einzelnen die Ausführungen im vierten Teil zu Gliederungspunkt 3.3.3.2.3.3.

Perioden für bestimmte Planungszeiträume sowohl für die Einzelkosten als auch für die über Kostenstellen verrechneten Kosten geplante Kostenbeträge festgelegt werden"[227].

3.3.2 Starre Form der Plankostenrechnung

Bei der starren Form der Plankostenrechnung, die den Charakter eines **Vollkostensystems** trägt, erfolgt die Ermittlung der Plankosten auf der Basis **fest vorausgeplanter Kostenbestimmungsfaktoren**. Die Berechnung der Plankosten vollzieht sich dabei in folgenden Stufen:

(1) Für jede Kostenstelle wird eine (Plan-)Bezugsgröße (z. B. Fertigungs-, Maschinenstunden, Ausbringungseinheiten, Gewichteinheiten oder Beschäftigtenzahl) festgelegt.
(2) Unter Abstimmung mit dem System der gesamtbetrieblichen Planung wird die voraussichtliche **Plan-Beschäftigung**, möglichst für jeden Abrechnungsbereich separat, ermittelt.
(3) Anhand der Plan-Beschäftigung erfolgt die Berechnung der **Plan-Einzelkosten**, getrennt nach einzelnen primären Kostenarten
(4) Mit Hilfe der Plan-Beschäftigung wird die Ermittlung der **Plan-Gemeinkosten** für jede Kostenstelle, getrennt nach einzelnen primären Kostenarten, vorgenommen.
(5) Die Sekundärkostenrechnung erfolgt anhand fester Verrechnungssätze der Plan-(Gemein-)Kosten für die innerbetrieblichen Leistungen der einzelnen Kostenstellen. Der **Plan-(Gemein-)Kostenverrechnungssatz** einer Kostenstelle ergibt sich, indem man die gesamten Plan-(Gemein-)Kosten dieses Abrechnungsbereichs durch die jeweilige Plan-Beschäftigung der betrachteten Kostenstelle dividiert.
(6) Die Kalkulation der Plan-Selbst- oder -Herstellkosten für die einzelnen absatzbestimmten Trägereinheiten bei Plan-Beschäftigung wird nach den Kalkulationsverfahren der Istkostenrechnung (Divisions- oder Zuschlagsrechnung) mit Hilfe der ermittelten Plan-(Gemein-)Kostenverrechnungssätze durchgeführt.[228] Vereinfacht lässt sich die **kumulative Zuschlagskalkulation** der Plan-Selbstkosten eines Produkts im System der starren Plankostenrechnung wie folgt darstellen (Abbildung 88).

---

227 Kilger/Pampel/Vikas 2012, S. 57.
228 Im Falle einer Kuppelproduktion sind die gesamten Plan-Herstellkosten des Kuppelprozesses mit Hilfe der entsprechenden Kalkulationsmethoden für komplementäre Produkte auf die einzelnen Kuppelerzeugnisse zu verteilen. Etwaige Folgekosten können z. B. anhand der einzelnen Plan-(Gemein-)Kostenverrechnungssätze den Komplementärprodukten separat zugerechnet warden.

Plan-Einzelkosten des Produkts
+ Plan-Gemeinkosten des Produkts (= Anteil des Produkts an der Plan-Beschäftigung multipliziert mit dem Plan-Gemeinkostenverrechnungssatz)
= Plan-Selbstkosten des Produkts

Abbildung 88: Kalkulation der Plan-Selbstkosten.

Beispiel 59:
Der Kostenstelle „Fertigung" wurden für eine Rechnungsperiode folgende Plan-Gemeinkostenarten zugrunde gelegt (Tabelle 53).

Tabelle 53:

Gemeinkostenmaterial	9.000 €
Energiekosten	7.000 €
Hilfslöhne	4.000 €
Gehaltskosten	5.000 €
Sozialkosten	1.400 €
Kostensteuern	2.600 €
Mietkosten	3.500 €
Kalkulatorische Abschreibungen	7.500 €
Plan-Gemeinkostensumme [$K^p(x^p)$]	= 40.000 €

Die festgelegte Plan-Beschäftigung (x^p) für die hier betrachtete Fertigungskostenstelle ist mit 5.000 Maschinenstunden angegeben. Somit lässt sich der Plan-Gemeinkostenverrechnungssatz dieser Kostenstelle (KV^p) wie folgt errechnen:

$$KV^p = \frac{K^p(x^p)}{x^p} \qquad (1)$$

$$KV^p = \frac{40.000\,€}{5.000\,Stdn.} \qquad (2)$$

$$KV^p = 8\,€/\,Std. \qquad (3)$$

Sollen nun die Plan-Fertigungsgemeinkosten des Produkts A (k_A^p) kalkuliert werden, das den in Rede stehenden Abrechnungsbereich mit 60 Fertigungsstunden beansprucht, dann ist der entsprechende Plan-Gemeinkostenverrechnungssatz mit der Plan-Fertigungszeit des Produkts (x_A^p) zu multiplizieren.

$$k_A^p = KV^p \cdot x_A^p \qquad (1)$$

$$k_A^p = 8\,€/\,Std. \cdot 60\,Stdn. \qquad (2)$$

$$k_A^p = 480\ €\qquad(3)$$

Am Ende der Kontrollperiode werden in der betrachteten Kostenstelle 35.000 € Ist-Gemeinkosten und eine Ist-Beschäftigung von 3.000 Fertigungsstunden gemessen. Aus den vorliegenden Daten lassen sich nun, wie auch die Abbildung 89 zeigt, zwei Kostenabweichungen ermitteln.

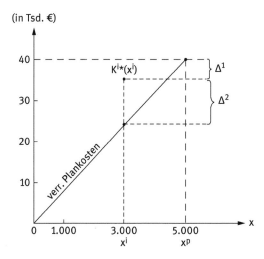

Abbildung 89: Abweichungsermittlung im System einer starren Plankostenrechnung.

Die erste Abweichung (Δ^1) errechnet sich aus der Differenz zwischen den verrechneten Plan-Gemeinkosten bei Plan-Beschäftigung [$K^p(x^p)$] und den Ist-Gemeinkosten bei Ist-Beschäftigung [$K^{i*}(x^i)$], denen feste Wertansätze zugrunde liegen:

$$\begin{aligned}(1)\ & K^p(x^p) = 40.000\ €^{229}\\ -(2)\ & K^{i*}(x^i) = 35.000\ €\\ \hline (3)\ & \Delta^1\quad\ = 5.000\ €.\end{aligned}$$

Diese Abweichung lässt jedoch keine exakte Aussage über die Wirtschaftlichkeit der Kostenstelle zu, da nicht genau zu trennen ist, ob die Differenz von 5.000 € auf einer ungenügenden Auslastung der Fertigungskapazität (= **Beschäftigungsabweichung**) und/oder auf einem unplanmäßigen Verzehr an Wirtschaftsgütern (= **Verbrauchsabweichung**) basiert. **Preis- und Lohnsatzabweichungen** können hingegen in der betrachteten Differenz nicht enthalten sein, da unterstellt wurde, dass die Istkosten der

---

[229] 8 €/Std. · 5.000 Stdn. = 40.000 €.

Kostenstelle mit festen Verrechnungssätzen [$K^{i*}(x^i)$] bewertet worden sind.[230] Zum Zweck einer aussagefähigen Abweichungsanalyse müssen aber diejenigen Kosten als Vergleichsgrößen ermittelt werden, die bei wirtschaftlichem Verhalten unter Zugrundelegung der Ist-Beschäftigung anfallen würden. Diese auch als **Sollkosten** bezeichneten Äquivalente kommen in der starren Form der Plankostenrechnung jedoch nicht zum Ausweis.

Die zweite Abweichung (Δ^2) zwischen den verrechneten Plan-Gemeinkosten bei Ist-Beschäftigung [$K^p(x^p) \cdot \frac{x^i}{x^p}$] und den Ist-Gemeinkosten errechnet sich wie folgt:

$$
\begin{aligned}
(1) \quad & K^{i*}(x^i) & = 35.000\ \text{€} \\
-(2) \quad & K^p(x^p) \cdot \frac{x^i}{x^p} & = 24.000\ \text{€}^{231} \\
\hline
(3) \quad & \Delta^2 & = 11.000\ \text{€.}
\end{aligned}
$$

Auch diese ermittelte Kostendifferenz ist wenig aussagefähig, da aufgrund der **Proportionalisierung der Plan-Fixkosten** in den verrechneten Plan-Gemeinkosten bei Ist-Beschäftigung fixe Kostenbestandteile enthalten sind. Infolgedessen kann die Abweichung von 11.000 € sowohl auf einen übermäßigen Verzehr an Wirtschaftsgütern als auch auf eine ungenügende Kapazitätsauslastung zurückgeführt werden. Eine aussagefähige Kostenkontrolle der betrachteten Fertigungsstelle ist nur dann möglich, wenn Plan- und Ist-Beschäftigung korrespondieren. Unterstellt man für das vorstehende Beispiel, dass die Istkosten von 35.000 € bei einer Ist-Beschäftigung (= Plan-Beschäftigung) von 5.000 Fertigungsstunden angefallen sind, dann wäre die Differenz von 5.000 € zwischen den Plan-Gemeinkosten bei Plan-Beschäftigung und den Ist-Gemeinkosten bei Ist-Beschäftigung, unter Annahme fester Verrechnungspreise für die Produktionsfaktoren und der Existenz keiner Planungsfehler, eindeutig als Verbrauchsabweichung zu deklarieren.

Grundsätzlich können die Unterschiede zwischen den gesamten effektiv angefallenen Istkosten einer Periode und den insgesamt auf die erstellten Leistungen verrechneten Plankosten aus folgenden Abweichungen bestehen:
(1) Preis- und Lohnsatzabweichungen der Einzel- und Gemeinkostenarten, da dem System feste Verrechnungspreise zugrunde liegen.
(2) Einzelkostenabweichungen der Materialarten und der Kostenstellen.

---

230 Außerdem können noch Abweichungen aufgrund von Fehlern in der Planung entstehen, die auch als Budgetdifferenzen bezeichnet werden. Diese Abweichungen lassen sich ermitteln, indem man die Plandaten zum Planungs- und Kontrollzeitpunkt gegenüberstellt. Der kostenstellen- bzw. kostenartenbezogenen Wirtschaftlichkeitskontrolle sind dann die um Planungsfehler berichtigten Plankosten zum Kontrollzeitpunkt zugrunde zu legen.
231 $40.000\ \text{€} \cdot \frac{3.000\ \text{Stdn.}}{5.000\ \text{Stdn.}} = 24.000\ \text{€.}$

(3) Abweichungen der Kostenstellen, die sich aber auch für die einzelnen Gemeinkostenarten ermitteln lassen.

Darüber hinaus ist eine **produktbezogene Abweichungsermittlung und -analyse** möglich.

Ebenso wie das System der inflexiblen Normalkostenrechnung bietet auch die starre Plankostenrechnung die Möglichkeit einer stellenweisen Kostenkontrolle. Allerdings lässt sich eine **Abweichungsanalyse nach einzelnen Kosteneinflussgrößen**, mit Ausnahme der Bestimmungsgröße „Faktorpreise", nicht durchführen. So kann auch in der starren Plankostenrechnung der Einfluss einer Beschäftigungsabweichung nicht eliminiert werden. Dieser Nachteil führte zur Konzeption verschiedener Ausprägungen der flexiblen Plankostenrechnung, die im Folgenden zunächst auf der Basis von Vollkosten darzustellen sind.

3.3.3 Flexible Ausprägungen der Plankostenrechnung

3.3.3.1 Grundlegendes zum Aufbau und zur Abweichungsermittlung

In der flexiblen Plankostenrechnung auf Vollkostenbasis werden, im Gegensatz zur starren Form, die Plankosten bezüglich ihrer funktionalen Abhängigkeit von den Kosteneinflussgrößen erfasst.[232] Während die Standardform der flexiblen Plankostenrechnung **nur die Beschäftigung als Kosteneinflussgröße** betrachtet und **für alle anderen Bestimmungsfaktoren konstante Plandaten** unterstellt, findet in der „vollflexiblen" Plankostenrechnung darüber hinaus auch die Variation des Fertigungsprogramms Berücksichtigung. Die von *Neumayer*[233] konzipierte **„voll-flexible"** oder **„doppelt-flexible" Plankostenrechnung** konnte sich aber weder in der Literatur noch in der Praxis durchsetzen, da die weitere Entwicklung der flexiblen Plankostenrechnung zeigte, dass sich der störende Einfluss schwankender Auftragszusammensetzungen und variabler Seriengrößen durch eine Verfeinerung der Kostenstelleneinteilung und durch die Verwendung mehrerer Bezugsgrößen ausschalten lässt.[234] Aus diesem Grund beziehen sich die weiteren Betrachtungen ausschließlich auf die Standardform der flexiblen Plankostenrechnung.

Die Berechnung der Plankosten vollzieht sich im System der flexiblen Standardform bis auf zwei Ausnahmen analog zur starren Plankostenrechnung. So werden bei der flexiblen Form zusätzlich, getrennt nach einzelnen primären Kostenarten, die **Einzelkosten als (beschäftigungs-)proportionale Plankosten [$Kv^p(x^p)$] ermittelt und ferner die Plan-Gemeinkosten in (beschäftigungs-)proportionale**

---

[232] Vgl. Schildbach/Homburg 2009, S. 230–231.
[233] Vgl. zum Aufbau und Einsatz der vollflexiblen Plankostenrechnung Neumayer 1950, S. 403–411; Neumayer 1951, S. 397–409.
[234] Vgl. Kilger/Pampel/Vikas 2012, S. 68–69.

[Kv^p(x^p)] und (beschäftigungs-)fixe (Kf^p) Bestandteile aufgespalten.[235] Für die n-te Kostenstelle ergeben sich nun die Sollkosten $K_n^p(x_n^i)$ aus

$$K_n^p(x_n^i) = Kf_n^p + \frac{Kv_n^p(x_n^p)}{x_n^p} \cdot x_n^i = Kf_n^p + kv_n^p \cdot x_n^i.$$

Die Kalkulation der Plan-Selbst- bzw. der Plan-Herstellkosten für die absatzbestimmten Kostenträgereinheiten erfolgt aber, genau wie bei der starren Plankostenrechnung, nach den Methoden der Divisions- und Zuschlagskalkulation mit Hilfe der ermittelten Plan-(Gemein-)Kostenverrechnungssätze.

Durch den Einsatz der flexiblen Plankostenrechnung auf Vollkostenbasis wird es im Rahmen der Kostenkontrolle möglich, **neben der Preisabweichung die Gesamtabweichung einer Kostenstelle (oder einer Kostenart) in eine Beschäftigungs- und eine Verbrauchsabweichung zu zerlegen**. Die Berechnung der Beschäftigungsabweichung zielt in den einzelnen Kostenstellen lediglich auf eine **Auslastungskontrolle des Fixkostenblocks** (Nutz- und Leerkostenanalyse)[236] ab, wobei eine Identität von fixen Istkosten und fixen Sollkosten [= fixe Plan-(Gemein-)Kosten bei Ist-Beschäftigung] unterstellt wird. Wurde der Kapazitätsquerschnitt eines betrieblichen Abrechnungsbereichs während der Kontrollperiode durch planmäßig vorgesehene quantitative Anpassungsprozesse verändert, so entstehen jedoch echte Kostenabweichungen zwischen den effektiv angefallenen Fixkosten und den ursprünglichen fixen Sollkosten. Diese Abweichungen sollen, im Gegensatz zu den Beschäftigungsabweichungen, in Anlehnung an *Kilger* als „**Abweichungen der intervallfixen Kosten**" bezeichnet werden.[237]

Beim Vorliegen einer Unterbeschäftigung gibt die (positive) Beschäftigungsabweichung (ΔB) die Höhe der Leerkosten (K^l) in dem betreffenden Abrechnungsbereich an. Somit gilt einerseits für die n-te Kostenstelle bei $x_n^i < x_n^p$ und $Kf_n^i < Kf_n^p$ allgemein

$$K_n^l = \Delta B_n = Kf_n^p \cdot \left(1 - \frac{x_n^i}{x_n^p}\right).$$

---

235 Vgl. zu den Verfahren der Kostenauflösung in fixe und proportionale Bestandteile im Einzelnen die Ausführungen im vierten Teil zu Gliederungspunkt 3.3.3.2.3.3.2.2.
236 Vgl. die kostentheoretischen Betrachtungen im zweiten Teil zu Gliederungspunkt 3.2.2.
237 Vgl. Kilger 1993, S. 655.

Andererseits ergibt sich die Beschäftigungsabweichung aber auch aus der Differenz zwischen Sollkosten und verrechneten Plankosten bei Ist-Beschäftigung. Dies lässt sich für die n-te Kostenstelle unter der Prämisse $Kf_n^i = Kf_n^p$ wie folgt nachweisen:

$$\underbrace{Kf_n^p + kv_n^p \cdot x_n^i}_{\text{Sollkosten}} - \underbrace{(Kf_n^p + kv_n^p \cdot x_n^p) \cdot \frac{x_n^i}{x_n^p}}_{\text{verrechnete Plankosten bei Ist-Beschäftigung}} =$$

$$Kf_n^p + kv_n^p \cdot x_n^i - Kf_n^p \cdot \frac{x_n^i}{x_n^p} - kv_n^p \cdot x_n^i =$$

$$Kf_n^p - Kf_n^p \cdot \frac{x_n^i}{x_n^p} = Kf_n^p \cdot \left(1 - \frac{x_n^i}{x_n^p}\right).$$

Zum Zweck einer genauen Analyse der Leerkosten empfiehlt *Kosiol*[238], diese in **Leerkosten aufgrund kapazitativer Disharmonien** und **Leerkosten infolge von Markteinflüssen** aufzugliedern. Diese Aufspaltung muss ergänzt werden um **Leerkosten aufgrund innerbetrieblicher Ursachen**, wie etwa dispositive Entscheidungen im Hinblick auf die Remanenz bestimmter Fixkostenbestandteile, den Ausfall von Fertigungsanlagen, schlechte Sortenschaltungen oder zu geringe Intensitätsgrade der Betriebsmittel. Zu berücksichtigen ist aber, dass die Beschäftigungsabweichung nur unter der Voraussetzung der **Kapazitätsplanung** die Leerkosten einer Kostenstelle vollständig angibt, da bei einer **Engpassplanung** die Plan-Beschäftigung mehr oder weniger weit unter der zu realisierenden Maximalkapazität liegt und damit Unterbeschäftigungskosten nur partiell ausgewiesen werden.[239]

Da die Plankalkulation mit Verrechnungssätzen durchgeführt wird, die sich auf die festgelegte Plan-Beschäftigung beziehen, werden im Fall von $x^i < x^p$ keine **Unterbeschäftigungskosten auf die Kostenträgereinheiten verrechnet**. Beim Überschreiten der Plan-Beschäftigung ist hingegen die nun anfallende (negative) Beschäftigungsabweichung **nicht identisch mit den Leerkosten**, weil bei einer derartigen Konstellation der Fixkostenblock über seine Plankapazität hinaus in Anspruch genommen wird und somit alle fixen Plankosten den Charakter von Nutzkosten tragen. Für die n-te Kostenstelle gilt nunmehr bei $x_n^i > x_p^i$ und $Kf_n^i = Kf_n^p$

$$K_n^l \neq -\Delta B_n = Kf_n^p \cdot \left(1 - \frac{x_n^i}{x_n^p}\right).$$

Negative Beschäftigungsabweichungen treten einerseits bei **Engpassplanungen** auf, wenn die latent vorhandenen Kapazitäten der übrigen Betriebsmittel über das

---

[238] Vgl. Kosiol 1965, S. 61.
[239] Vgl. zu den Begriffen „Kapazitätsplanung" und „Engpassplanung" im Einzelnen die Ausführungen im vierten Teil zu Gliederungspunkt 3.3.3.2.3.3.2.1.

Leistungsvermögen des Minimumsektors hinaus in Anspruch genommen werden. Andererseits können Abweichungen dieser Art auch bei einer **Kapazitätsplanung** vorkommen. Dies ist dann der Fall, wenn die geplante Schichtzeit in einer Kostenstelle durch zusätzliche Arbeitsstunden überschritten wird. Schließlich können sowohl negative als auch positive Beschäftigungsabweichungen auf **Planungsfehlern** im Hinblick auf Fehleinschätzungen der Kapazität einer Kostenstelle beruhen.

Die auf dem Durchschnittsprinzip basierende Plankalkulation verrechnet im Fall von $x^i > x^p$ **zu viele Fixkostenbestandteile auf die einzelnen absatzbestimmten Produkte**, die *Kilger*[240] als „**kalkulierte Leerkosten**" bezeichnete. Auch in der starren Normal- und Plankostenrechnung werden den Kostenträgereinheiten beim Überschreiten der fixierten Normal- bzw. Plan-Beschäftigung durch die entsprechenden Methoden der Divisions- oder Zuschlagskalkulation mehr fixe Kosten angelastet als dem realisierten Beschäftigungsgrad entsprechen. Allerdings kommt die gesamte Beschäftigungsabweichung bei diesen Systemen im Rahmen der Kostenkontrolle nicht separat zum Ausweis, sondern ist Bestandteil der ermittelten Differenz (Über- oder Unterdeckung) zwischen den angefallenen Istkosten und den verrechneten Normal- bzw. Plankosten der betrachteten Kostenstelle.

Der Unterschiedsbetrag zwischen den Sollkosten [Plan-(Gemein-)Kosten bei Ist-Beschäftigung] und den Istkosten eines betrieblichen Abrechnungsbereichs oder einer Gemein- bzw. Einzelkostenart wird im System der flexiblen Plankostenrechnung als **Verbrauchsabweichung (ΔV)** bezeichnet. Unter der Prämisse Soll-Fixkosten = Ist-Fixkosten spiegelt die Verbrauchsabweichung in der auf Vollkosten basierenden Standardform die kostenstellen- bzw. kostenartenbezogene Differenz zwischen variablen Istkosten und (beschäftigungs-)proportionalen Sollkosten wider.[241] Für die n-te Kostenstelle errechnet sich die Verbrauchsabweichung wie folgt:

$$K_n^{i*}(x_n^i) = Kf_n^i + kv_n^{i*} \cdot x_n^i \quad (= \text{Istkosten auf der Basis fester Verrechnungspreise})$$

$$- K_n^p(x_n^i) = Kf_n^p + kv_n^p \cdot x_n^i \quad (= \text{Sollkosten})$$

$$= \pm \Delta V_n = \Delta kv_n^{i*p} \cdot x_n^i \quad (= \text{Verbrauchsabweichung})$$

Da das Ziel der Kostenkontrolle darin besteht, **Preis- und Lohnsatzschwankungen der Kostengüter zu isolieren, um quantitative innerbetriebliche Unwirtschaftlichkeiten bestmöglich feststellen zu können**, werden den Istkosten die gleichen Verrechnungspreise zugrunde gelegt wie den Sollkosten, so dass Verbrauchsabweichungen prinzipiell mit festen Verrechnungspreisen bewertete Mengendifferenzen darstellen. Spezifische Abweichungen der variablen Kosten (z. B. Verfahrens-,

---

240 Vgl. Kilger 1977, S. 562.
241 Treten aber während der Kontrollperiode quantitative Anpassungsprozesse auf, die nicht Eingang in die Planung der fixen Kosten gefunden haben, so wirken sich im Rahmen der Kostenkontrolle diese Abweichungen der intervallfixen Kosten als Verbrauchsabweichungen aus.

Rezept- oder Intensitätsabweichungen) sind in der Mehrzahl der Fälle jedoch "in der Verbrauchsabweichung enthalten und werden, soweit sie von größerer Bedeutung sind, durch fallweise vorzunehmende Sonderrechnungen ermittelt"[242].

Die Ausschaltung von Preisschwankungen durch den Ansatz fester Verrechnungspreise ist aber nur möglich bei Kostengütern, deren **Mengengerüst eindeutig determiniert ist** (z. B. Fertigungsmaterial, Hilfs- und Betriebsstoffkosten, Strom- und Wasserkosten). Bei Kostenarten, denen keine fest umrissene Mengenkomponente zugrunde liegt, wie etwa Gebühren, Kostensteuern und Wagniskosten, können die störenden Preiseinflüsse hingegen nicht eliminiert werden.

Das Idealziel der flexiblen Plankostenrechnung ist dann erreicht, wenn eine kostenarten- oder kostenstellenbezogene **Verbrauchsabweichung als Restabweichung** ermittelt werden kann, die eine reine (mengenmäßige) Wirtschaftlichkeitsdifferenz darstellt. Dieses Ziel kann aus nachstehenden Gründen aber nur in seltenen Fällen realisiert werden:[243]

(1) Die zeitliche Abgrenzung der Kontrollgrößen (Istkosten) lässt sich nicht immer genauso durchführen wie die der Vergleichsgrößen (Sollkosten), so dass auftretende Kostenstöße wie etwa Reparaturen oder Werkzeugverschleiß die Restabweichung verzerren.

(2) Preiseinflüsse und Lohnsatzschwankungen sind nicht oder nicht sorgfältig genug eliminiert worden.

(3) In den einzelnen Kostenstellen können kleinere organisatorische und technische Änderungen auftreten, die bei der Planung nicht prognostizierbar waren.

(4) Die in einem Abrechnungsbereich auftretenden Kostenabweichungen sind z. B. infolge einer ungenauen innerbetrieblichen Leistungsverrechnung von anderen Kostenstellen verursacht worden.

(5) Fehler in der Gemeinkostenplanung haben zu falschen Sollvorgaben geführt und die Restabweichung verfälscht.

(6) Infolge von Fehlkontierungen besteht die Möglichkeit, dass Ist-Gemeinkostenbeträge falschen Kostenstellen und Kostenarten zugerechnet worden sind.

(7) In vielen Kostenstellen sprechen ökonomische Gründe dagegen, Gemeinkostenpläne mit mehreren Bezugsgrößen zu verwenden, da die Einflüsse anderer Kostenbestimmungsfaktoren als der Beschäftigung im Durchschnitt betrachtet nur gering sind. Weichen in einer Abrechnungsperiode diese Einflussgrößen stark von ihren durchschnittlich geplanten Werten ab, so stellen die Verbrauchsabweichungen nicht mehr Maßstäbe für Kostenwirtschaftlichkeiten dar, sondern

---

[242] Nowack 1961, S. 85. Vgl. zur Berechnung spezieller Abweichungen, auf die im Rahmen dieser Abhandlung bis auf die Intensitätsabweichung (vgl. hierzu die Ausführungen im vierten Teil zu Gliederungspunkt 3.3.3.2.3.3.3) nicht näher eingegangen wird, Coenenberg/Fischer/Günther 2016, S. 267–268; Haberstock 2008, S. 320–364; Kilger/Pampel/Vikas 2012, S. 371–383.
[243] Vgl. Kilger 1977, S. 526–528.

enthalten auch Kostenbestandteile, die auf die nun variierenden, ursprünglich als konstant unterstellten Bestimmungsfaktoren zurückzuführen sind.

Diese Beispiele zeigen, dass die Entstehung positiver Verbrauchsabweichungen **nicht immer auf innerbetriebliche Unwirtschaftlichkeiten zurückzuführen ist** und deshalb auch nicht pauschal von den einzelnen Kostenstellenleitern vertreten werden muss. Erst durch spezifische Analysen lassen sich aus den Verbrauchsabweichungen die von den Verantwortlichen der betrieblichen Abrechnungsbereiche zu vertretenden Wirtschaftlichkeitsabweichungen ermitteln. Die Auswertung der Verbrauchsmengenabweichungen erfolgt in Form von **monatlichen Kostendurchsprachen** mit den verantwortlichen Meistern und Abteilungsleitern. Der Leiter einer Kostenstelle kann wegen der oben angeführten Gründe nicht für die Entstehung, jedoch für die Aufklärung der Abweichungen verantwortlich gemacht werden.

Im Gegensatz zur Beschäftigungsabweichung charakterisiert die „echte" **Beschäftigungsabweichung (ΔEB)**[244] diejenige kostenstellen- bzw. kostenartenbezogene Differenz, die sich bei einem Abweichen von der Plan-Beschäftigung ergibt. Dies lässt sich für die n-te Kostenstelle folgendermaßen zum Ausdruck bringen:

$$\overline{K_n^p(x_n^i) = Kf_n^p + kv_n^p \cdot x_n^i} \quad (= \text{Sollkosten})$$

$$- K_n^p(x_n^p) = Kf_n^p + kv_n^p \cdot x_n^p \quad (= \text{Plankosten bei Plan-Beschäftigung})$$

$$= \pm \Delta EB_n = \Delta kv_n^p \cdot \Delta x_n \quad (= \text{„echte" Beschäftigungsabweichung}).$$

Ebenso wie Abweichungen, die auf Planungsfehlern beruhen, sind auch „echte" Beschäftigungsabweichungen von denjenigen Abrechnungsbereichen zu vertreten, die die Kostenplanungen vorgenommen haben. Handelt es sich um Kostenstellen, die ausschließlich Budgetierungsfunktionen ausüben, dann ermöglichen die in Rede stehenden Abweichungen eine Kontrolle dieser Planungsabteilungen.[245]

Unter Zugrundelegung der Daten von Beispiel 59[246] soll nun die Ermittlung der Beschäftigungs-, der Verbrauchs- und der „echten" Beschäftigungsabweichung im System der flexiblen Plankostenrechnung auf Vollkostenbasis bezüglich der dort betrachteten Hauptkostenstelle verdeutlicht werden.

Beispiel 60:
Für die Fertigungshauptstelle wurden 10.000 € an fixen und 30.000 € an variablen Plan-Gemeinkosten auf der Basis einer Plan-Beschäftigung von 5.000 Fertigungsstunden festgelegt. Tabelle 54 zeigt nachstehend die Berechnung der Verbrauchs- und Beschäftigungsabweichung sowohl

---

[244] Diese Abweichung wird im Schrifttum auch als budgetbezogene Plan-/Istabweichung oder als „eigentliche" Beschäftigungsabweichung bezeichnet. Sie ist nicht zu verwechseln mit der oben dargestellten Beschäftigungsabweichung, die auf eine Auslastungskontrolle des (stellenbezogenen) Fixkostenblocks abzielt.
[245] Vgl. Kloock/Sieben/Schildbach 1993, S. 235.
[246] Vgl. Beispiel 59 im vierten Teil zu Gliederungspunkt 3.3.2.

für eine Unter- als auch für eine Überbeschäftigung. Dabei wurde unterstellt, dass die fixen Plan-Gemeinkosten den fixen Ist-Gemeinkosten entsprechen. Die grafische Darstellung des Sachverhalts findet sich in Abbildung 90.

Tabelle 54:

Zeile	Kosten- und Abweichungsbezeichnung	Unterbeschäftigung (x^i = 3.000 Stdn.)	Überbeschäftigung (x^i = 6.000 Stdn.)
1	$K^{i*}(x^i)$	10.000 € + 25.000 € = 35.000 €	10.000 € + 45.000 € = 55.000 €
2	$K^p(x^i)$	10.000 € + 6 € · 3.000 Stdn. = 28.000 €	10.000 € + 6 € · 6.000 Stdn. = 46.000 €
3	$K^p(x^p)$	10.000 € + 6 € · 5.000 Stdn. = 40.000 €	10.000 € + 6 € · 5.000 Stdn. = 40.000 €
4	$K^p(x^p) \cdot \frac{x^i}{x^p}$	40.000 € · $\frac{3.000 \text{ Stdn.}}{5.000 \text{ Stdn.}}$ = 24.000 €	40.000 € · $\frac{6.000 \text{ Stdn.}}{5.000 \text{ Stdn.}}$ = 48.000 €
5	ΔV (Zeile 1 – Zeile 2)	+ 7.000 €	+ 9.000 €
6	ΔEB (Zeile 2 – Zeile 3)	– 12.000 €	+ 6.000 €
7	ΔB (Zeile 2 – Zeile 4)	+ 4.000 € (= Leerkosten)	– 2.000 € (= „kalkulierte" Leerkosten)

Für ein Produkt A, das die angesprochene Kostenstelle bei seiner Herstellung mit 60 Fertigungsstunden planmäßig in Anspruch nimmt, sind die entsprechenden Plan-Fertigungsgemeinkosten mit Hilfe des Plan-Kostenverrechnungssatzes, der sich für die n-te Kostenstelle allgemein ergibt aus

$$\frac{K_n^p(x_n^p)}{x_n^p},$$

ebenso wie im System einer starren Plankostenrechnung zu kalkulieren:

$$\frac{40.000 \,\text{€}}{5.000 \,\text{Stdn.}} \cdot 60 \,\text{Stdn.} = 480 \,\text{€}.$$

Beispiel 61:
Betrachtet man unter Zugrundelegung der Daten von Beispiel 60 ausschließlich die Kalkulation der beschäftigungsunabhängigen Kosten auf Plan- und Istbasis, so zeigt Tabelle 55, dass im Unterbeschäftigungsfall die **Plankalkulation** 1,3$\overline{3}$ €/Std. **zu wenig** Fixkostenbestandteile auf die Produkte verrechnet, wodurch eine gesamte **Unterdeckung** (Leerkosten) von 4.000 € (=1,3$\overline{3}$ €/Std. · 3.000 Stdn.) ausgelöst wird. Im Überbeschäftigungsfall werden hingegen 0,3$\overline{3}$ €/Std. **zu viele** Fixkostenbestandteile den Erzeugnissen zugerechnet, wodurch eine Überdeckung („kalkulierte" Leerkosten) von 2.000 € (= 0,3$\overline{3}$ €/Std. · 6.000 Stdn.) entsteht.

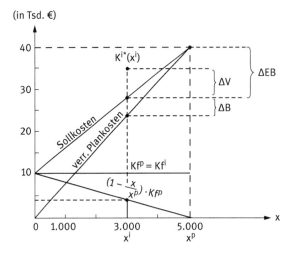

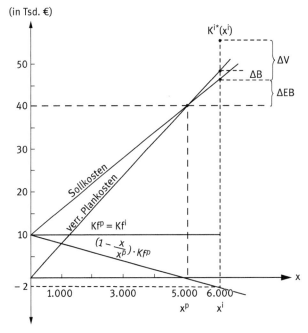

Abbildung 90: Abweichungsermittlung im System einer flexiblen Plankostenrechnung auf Vollkostenbasis bei Unter- und Überbeschäftigung.

Empfängt die betrachtete Kostenstelle innerbetriebliche Leistungen, dann müssen in die zu schlüsselnde Plan-Gemeinkostensumme neben den primären auch die sekundären Gemeinkosten einbezogen werden. Gibt ein Abrechnungsbereich seine Leistungen nicht nur an absatzbestimmte Produkte ab, sondern auch an andere

Tabelle 55:

Kalkulationsergebnisse	Unterbeschäftigungsfall (x^i = 3.000 Stdn.)	Überbeschäftigungsfall (x^i = 6.000 Stdn.)
Plan-Kalkulation	10.000 € / 5.000 Stdn. = 2 €/Std.	10.000 € / 5.000 Stdn. = 2 €/Std.
– Ist-Kalkulation	10.000 € / 3.000 Stdn. = 3,3̄3 €/Std.	10.000 € / 6.000 Stdn. = 1,6̄6 €/Std.
= Abweichung des Kalkulationssatzes	– 1,3̄3 €/Std.	0,3̄3 €/Std.
Zu deckende Fixkosten	10.000 €	10.000 €
– Deckung der Fixkosten durch Plan-Kalkulation	2 €/Std. · 3.000 Stdn. = 6.000 €	2 €/Std. · 6.000 Stdn. = 12.000 €
= Fixkostendeckung	4.000 € (Unterdeckung = Leerkosten)	– 2.000 € (Überdeckung = „kalkulierte" Leerkosten)

Kostenstellen, so wird in diesen Fällen die **Sekundärkostenverrechnung ebenfalls mit Hilfe des Plan-Kostenverrechnungssatzes** vorgenommen. Soll beispielsweise die im Beispiel 60 angesprochene Fertigungskostenstelle in der Planperiode 900 Meisterstunden an den Materialbereich abtreten, so müsste planmäßig eine Entlastung der Fertigungsstelle mit 7.200 € (= 900 Stdn. · 8 €/Std.) und eine Belastung der empfangenden Materialstelle mit dem gleichen sekundären Plan-Gemeinkostenbetrag erfolgen.

Eventuell auftretende kostenarten- bzw. kostenstellenbezogene **Preis- und Lohnsatzabweichungen (ΔP)** lassen sich bei Kostengütern, deren Mengengerüst eindeutig determiniert ist, durch die Gegenüberstellung von Istkosten, bewertet zu Istpreisen(-werten) [$K^i(x^i)$], und Istkosten auf der Basis fester Verrechnungspreise (-werte) ermitteln. Dieser Sachverhalt kann für die n-te Kostenstelle wie folgt dargestellt werden.[247]

$$K_n^i(x_n^i) = Kf_n^i + kv_n^i \cdot x_n^i \quad (= \text{Istkosten auf der Basis von Istpreisen})$$

$$\underline{K_n^{i*}(x_n^i) = Kf_n^i + kv_n^{i*} \cdot x_n^i \quad (= \text{Istkosten auf der Basis fester Verrechnungspreise})}$$

$$\pm \Delta P_n = \Delta kv_n^{i*} \cdot x_n^i \quad (= \text{Preisabweichung})$$

---

[247] Da eine mengen- und wertbezogene Veränderung der fixen Kosten im Modell der flexiblen Plankostenrechnung auf Vollkostenbasis ausgeschlossen wird, können auch keine Preisabweichungen der Potenzialfaktoren auftreten.

Um die Frage nach den Verantwortlichen für die Entstehung von Preisabweichungen zu klären, bedarf es zunächst einer Untersuchung ihrer Ursachen. Die am Markt für Produktionsfaktoren zu zahlenden Ist-Beschaffungspreise sind jedoch nur zu einem geringen Teil durch eine zielgerichtete Einkaufspolitik zu beeinflussen. Vielmehr wird die Preishöhe **primär durch exogene Faktoren**, die von den Verantwortlichen des Einkaufsbereichs als gegeben hingenommen werden müssen, bestimmt. Da außerdem auch keine Möglichkeit besteht, die Preisabweichung hinsichtlich dieser beiden Ursachen aufzuspalten, werden Differenzen zwischen Ist- und Verrechnungspreisen „nur selten als Maßstab für die Wirtschaftlichkeit der Einkaufstätigkeit herangezogen"[248]. Ferner hängt die Aussagefähigkeit der ermittelten Preisabweichung auch zu einem großen Teil von der Höhe der gewählten Festwerte als Vergleichsmaßstab ab. Als repräsentative Vergleichsgrößen können aber für Kontrollzwecke nur solche Verrechnungspreise gewählt werden, die unter der Voraussetzung einer **optimalen Einkaufspolitik** am Beschaffungsmarkt zu erzielen sind.

Analog der kostenstellen- und kostenartenbezogenen Gemeinkostenkontrolle, mit der Berechnung von Preis-, Verbrauchs- und „echten" Beschäftigungsabweichungen, **kann die Kontrolle der Einzelmaterialkosten vorgenommen werden**. Im Hinblick auf die gesamte Einzelmaterialverbrauchs- und -preisabweichung einer Kostenstelle besteht dann die Möglichkeit, sie nach **Material- und Produktarten zu differenzieren**, wodurch die Grundlage für eine genaue Abweichungsanalyse und für eine spätere Weiterverrechnung auf die zugehörigen Produktgruppen in der Kostenträgererfolgsrechnung geschaffen wird. Die Einzellohnkosten werden zum Zweck einer wirksamen Kostenkontrolle trotz ihrer direkten Beziehung zu den betrieblichen Erzeugnissen in der Plankostenrechnung **grundsätzlich über die Kostenstellen abgerechnet**, weil sie stets durch Arbeitsvorgänge der einzelnen betrieblichen Fertigungsbereiche verursacht worden sind. „Hierdurch wird die Einzellohnkontrolle in den kostenstellenweisen Soll-Ist-Kosten-Vergleich einbezogen".[249]

Im Hinblick auf die kostenstellen- und/oder kostenartenbezogene Kontrolle der Einzel- und Gemeinkosten stellt sich für die Unternehmensleitung die Frage, ob sämtliche Kostenarten in die Abweichungsanalyse einzubeziehen sind (**geschlossener Soll-Ist-Vergleich**) oder aber lediglich die durch die Kostenstellenleiter **beeinflussbaren Kosten** (z. B. Personalkosten, Hilfs- und Betriebsstoffkosten, Reparatur- und Instandhaltungskosten und Energiekosten) im Sinne eines **Responsibility Accounting** Gegenstand der Betrachtung sein sollen. Während für die geschlossene Form spricht, dass den Kontrollinstanzen und den Kostenstellenleitern jederzeit ein Überblick über die gesamte Kosten- und Abweichungsstruktur der entsprechenden Abrechnungsbereiche gegeben werden kann, besteht der Vorteil des partiellen Soll-Ist-Vergleichs in

---

[248] Arbeitskreis Diercks 1964, S. 649.
[249] Kilger 1977, S. 284.

der schnelleren Durchführung.[250] Allerdings dürfte dieses Argument im Verhältnis zum geschlossenen Vergleich vor dem Hintergrund der Möglichkeit **IT-gestützter Abweichungsermittlungen** und der Umsetzung von **Digitalisierungsstrategien**[251] zwischenzeitlich an Gewicht verloren haben.

Beim Aufbau und Einsatz von Kontrollrechnungen stellt sich stets die Frage, welchen **Wert** derartige Systeme für das Unternehmen schaffen und wie dieser Wert **gemessen** werden kann. Während die Implementierungs-, Auswertungs- und Informationskosten von Kontrollrechnungen mit den Instrumenten des Rechnungswesens noch hinreichend zuverlässig zu messen sind, bestehen doch große Schwierigkeiten, ihren **erwarteten Nutzen** zu quantifizieren, der von den zusätzlichen Informationen für die Entscheidungsträger abhängt.

Zur Lösung dieses Problems hat sich die **Kontrolltheorie** schon früh damit beschäftigt, im Rahmen stochastischer Modelle Verhaltensempfehlungen für die Abweichungsauswertung zu entwickeln, wobei in kontrollierbare (zufallsbedingte) und unkontrollierbare (systematische) Abweichungsursachen unterschieden wird.[252] Während zufallsbedingte Abweichungen zu **vermeiden** sind und folglich eine Auswertung **rechtfertigen** (z. B. erhöhte Materialverbräuche infolge veralteter Produktionsverfahren), ist gegen systematische Abweichungen nichts zu unternehmen, womit eine Auswertung **unterbleiben** kann (z. B. sinkende Kapitalrenditen infolge einer weltweiten Rezession). Diese Überlegung wird von der Auffassung getragen, dass die Auswertung unkontrollierbarer Abweichungen ausschließlich Kosten auslöst ohne einen Nutzen zu bewirken, während das Unterlassen der Auswertung von kontrollierbaren Differenzen in der Zukunft wiederum zu Abweichungen führt, die (vermeidbare) Kosten verursachen. Im Folgenden wird ein **einperiodiges Modell** vorgestellt, bei dem die Entscheidung zur Abweichungsauswertung nach Maßgabe des **Erwartungswerts der Kosten** getroffen wird.[253]

Angenommen, den Entscheidungsträgern eines Unternehmens bieten sich die zwei in Abbildung 91 angeführten Strategien zur Auswertung einer Abweichung an, der eine kontrollierbare oder eine unkontrollierbare Ursache zugrunde liegen kann.

Sofern eine Abweichungsanalyse durchgeführt wird, die Kosten von K^A auslöst, zielt diese darauf ab, in Erfahrung zu bringen, ob die Abweichung auf einer kontrollierbaren oder einer unkontrollierbaren Ursache basiert. Stellt sich heraus, dass es sich um eine kontrollierbare Ursache handelt, die eine Beseitigungsmaßnahme nach sich zieht, fallen weiterhin Kosten in Höhe von K^B an. Wird hingegen die Unterlassungsstrategie gewählt, entstehen weder Analyse- noch Beseitigungskosten, aber es fallen Opportunitätskosten in Höhe von k_O bei der kontrollierbaren Abweichungsursache an,

---
250 Vgl. Kilger 1977, S. 349.
251 Vgl. im Einzelnen Freidank 2019b, S. 80–85 und S. 135–139.
252 Vgl. Ewert/Wagenhofer 2014, S. 347–381; Kaplan 1975, S. 311–337; Lüder 1970, S. 632–649; Streitferdt 1983, S. 68–159.
253 Modifiziert entnommen von Ewert/Wagenhofer 2014, S. 351–357.

Auswertungsstrategie		Abweichungsursache	
		kontrollierbar	unkontrollierbar
I	Analyse und Beseitigung	$K^A + K^B$	K^A
II	Unterlassung	ko	0

K^A = Kosten der Abweichungsanalyse
K^B = Kosten der Abweichungsbeseitigung
ko = Opportunitätskosten, die bei Nichtbeseitigung kontrollierbarer Abweichungsursachen anfallen
wa = Wahrscheinlichkeit, dass der Abweichung eine kontrollierbare Ursache zugrunde liegt (mit $0 \leq wa \leq 1$)

Abbildung 91: Entscheidungstableau für die Abweichungsauswertung.

die z. B. durch Unwirtschaftlichkeiten in künftigen Perioden infolge des Korrekturverzichts ausgelöst werden.

$$wa \cdot (K^A + K^B) + (1 - wa) \cdot K^A < wa \cdot ko \quad (1)$$

$$K^A + wa \cdot K^B < wa \cdot ko \quad (2)$$

$$wa > \overline{wa} = \frac{K^A}{(ko - K^B)} \quad (3)$$

Hieraus folgt, dass dann eine Abweichungsauswertung vorzunehmen ist, wenn die Wahrscheinlichkeit (wa) die kritische Wahrscheinlichkeit ($\overline{wa}$) übersteigt. In diesem Fall liegen die erwarteten Opportunitätskosten (wa · ko) stets über den erwarteten Analyse- und Beseitigungskosten ($K^A + wa \cdot K^B$).

Je höher einerseits die Kosten der Abweichungsanalyse (K^A) oder die Kosten der Abweichungsbeseitigung (K^B) sind, desto eher werden sich die Zielträger für die Unterlassungsalternative entscheiden. Andererseits wird bei höheren Opportunitätskosten (ko) die Entscheidung der Verantwortlichen eher in der Durchführung einer Abweichungsauswertung bestehen. Aus diesen Tendenzaussagen lassen sich folgende Extremwerte ableiten:

$$\frac{K^A}{(ko - K^B)} \geq 1 \quad \text{bzw.} \quad ko \leq K^A + K^B \quad (4)$$

$$K^A = 0 \quad \text{und} \quad ko > K^B. \quad (5)$$

Bei Erfüllung der Bedingung (4) ist es niemals günstig, eine Auswertung durchzuführen, da keine Kostenvorteile bezüglich einer Abweichungsanalyse und -beseitigung im Vergleich zur Unterlassungsalternative zu erwarten sind. Im zweiten Extremfall [Bedingung (5)] muss eine Abweichungsauswertung vorgenommen werden, da die erwarteten Opportunitätskosten stets über den erwarteten Kosten für die Abweichungsbeseitigung liegen.

> **Beispiel 62:**
> Auf Basis der in Tabelle 56 unterstellten Szenarien, zeigt Tabelle 57 das Ergebnis der erwarteten Kostendifferenzen zwischen der Auswertungsstrategie einer Abweichung „Analyse und Beseitigung" und „Unterlassung" in Abhängigkeit von unterschiedlichen Wahrscheinlichkeiten (wa). Szenario I in Tabelle 57 verdeutlicht, dass beim Überschreiten der kritischen Wahrscheinlichkeit ($\bar{w}a$) die erwarteten Opportunitätskosten, die aus der Unterlassungsalternative resultieren, sämtliche erwarteten Analyse- und Beseitigungskosten übersteigen. Von diesem kritischen Wert an sollten sich die Verantwortlichen für die Strategie „Abweichungsanalyse und -beseitigung" entscheiden. Das Erfordernis, diese Strategie zu wählen, steigt unter sonst gleichen Bedingungen mit zunehmender Wahrscheinlichkeit, dass die Abweichung eine kontrollbedingte Ursache besitzt. Die beiden anderen Szenarien bringen zum Ausdruck, dass in den oben dargestellten Extremfällen sich die Verantwortlichen entweder für die Unterlassungsalternative (Szenario II) oder die Auswertungsalternative (Szenario III) entscheiden sollten. Mit zunehmender Wahrscheinlichkeit des Eintretens einer kontrollbedingten Abweichungsursache sinkt aber auch hier die in Gestalt erwarteter Kostenunterschiede gemessene Vorteilhaftigkeit sowohl bei der Unterlassungs- als auch bei der Auswertungsalternative.

Tabelle 56:

Kosten \ Szenarien	Szenario I	Szenario II	Szenario III
K^A	800 €	5.000 €	0 €
ko	7.000 €	7.000 €	7.000 €
K^B	3.000 €	3.000 €	3.000 €
$\dfrac{K^A}{(ko - K^B)}$	0,2	1,25	0

3.3.3.2 Besonderheiten der flexiblen Plankostenrechnung

3.3.3.2.1 Kurzfristige Erfolgsrechnung und Abweichungsverteilung

Anhand eines Buchungsbeispiels soll nun die Durchführung der Kurzfristigen Erfolgsrechnung im System einer flexiblen Plankostenrechnung auf Vollkostenbasis unter Zugrundelegung des **Umsatzkostenverfahrens** für den Unter- und Überbeschäftigungsfall gezeigt werden. Aus Gründen der Übersichtlichkeit wird aber auf eine produktbezogene Erfolgsermittlung verzichtet.

Tabelle 57:

alternative Wahrscheinlichkeiten (wa)	erwartete Kostenunterschiede (ΔK) $\Delta K = K^A + wa \cdot K^B - wa \cdot ko$		
	Szenario I	Szenario II	Szenario III
0	800 €	5.000 €	0 €
0,2	0 €	4.200 €	– 800 €
0,4	– 800 €	3.400 €	– 1.600 €
0,6	– 1.600 €	2.600 €	– 2.400 €
0,8	– 2.400 €	1.800 €	– 3.200 €
1	– 3.200 €	1.000 €	– 4.000 €

Beispiel 63:
In Abänderung von Beispiel 60[254] wird aus Vereinfachungsgründen unterstellt, dass in der dort betrachteten Unternehmung neben der Fertigungshauptstelle keine weiteren Endkostenstellen existieren und ferner Ist- und Planpreise der verzehrten Kostengüter übereinstimmen. Bei der Kostenplanung wurde festgelegt, dass im Fall der Realisierung der Plan-Beschäftigung von 5.000 Fertigungsstunden insgesamt mit einem Fertigungsmaterialverbrauch von 15.000 Kilogramm zu rechnen ist. In die Einzelmaterialkosten des bei der Bestandsbewertung zu berücksichtigenden Produkts A fließt nur eine Materialart ein, für die bei der Budgetierung 5 € proportionale Plankosten pro Bezugsgrößeneinheit angesetzt worden sind. Weiterhin liegen dem Beispiel auf der Basis der Bezugsgröße „Kilogramm" die in Tabelle 58 aufgelisteten Werte zugrunde.

Der buchhalterische Ablauf der Kurzfristigen Erfolgsrechnung lässt sich nun wie folgt darstellen. Dabei wurde sowohl für den Unter- als auch den Überbeschäftigungsfall angenommen, dass keine Anfangsbestände an unfertigen bzw. fertigen Erzeugnissen vorlagen, und sich am Ende der Rechnungsperiode 5 Stück des Fertigprodukts A auf Lager befinden, deren Plan- und Ist-Fertigungszeiten von 60 Stdn. pro Einheit übereinstimmen. Unterstellt man weiterhin, dass in das Erzeugnis A planmäßig 20 Kilogramm Fertigungsmaterial einfließen sollen, aber effektiv nur 18 Kilogramm benötigt wurden, dann sind zum Zweck der Bewertung der Bestände zu Ist-Herstellkosten zunächst die ermittelten Abweichungen anteilig auf die kalkulier-

---

[254] Vgl. Beispiel 60 im vierten Teil zu Gliederungspunkt 3.3.3.1.

Tabelle 58:

Zeile	Einzelkosten- und Adweichungsbezeichnung	Unterbeschäftigung (effektiver Materialverbrauch: x^i = 9.000 kg)	Überbeschäftigung (effektiver Materialverbrauch: x^i = 20.000 kg)
1	Ist-Einzelmaterialkosten [$Ke^i(x^i)$]	39.000 €	110.000 €
2	Soll-Einzelmaterialkosten [$Ke^p(x^i)$]	45.000 €	100.000 €
3	Plan-Einzelmaterialkosten [$Ke^p(x^p)$]	75.000 €	75.000 €
4	Verbrauchsabweichung der Einzelmaterialkosten [(ΔVe) Zeile 1 – Zeile 2]	– 6.000 €	+ 10.000 €
5	„echte" Beschäftigungsabweichung der Einzelmaterialkosten [(ΔEBe) Zeile 2 – Zeile 3]	– 30.000 €	+ 25.000 €

ten Plan-Herstellkosten von Produkt A (kh_A^p) zu verrechnen. Die kumulative Plan-Zuschlagskalkulation hat in diesem Fall nachstehendes Aussehen:

$$kh_A^p = 5 \, €/kg \cdot 20 \, kg + 8 \, €/Std. \cdot 60 \, Stdn. \tag{1}$$

$$kh_A^p = 100 \, € + 480 \, € \tag{2}$$

$$kh_A^p = 580 \, €. \tag{3}$$

Unterbeschäftigungsfall:

Zunächst gilt es, die Ist-Herstellkosten des Produkts A (kh_A^i) zu ermitteln, indem die Verbrauchs- und Beschäftigungsabweichung[255] auf die entsprechenden Plan-Herstellkosten verrechnet werden.[256]

---

[255] Da die handels-, steuerrechtlichen und internationalen Rechnungslegungsvorschriften eine Einbeziehung von Unterbeschäftigungskosten in den Bilanzansatz selbsterstellter Erzeugnisse nur akzeptieren, wenn die Variationen der Beschäftigung auf einer technischen, saisonalen oder branchenüblichen Unterauslastung beruhen, dürfen somit positive Beschäftigungsabweichungen ausschließlich im Rahmen dieser Schwankungsbreite auf die kalkulierten Plan-Herstellkosten der Eigenerzeugnisse verrechnet werden. Vgl. im Detail Freidank 1984, S. 29–36 und IAS 2.13.
[256] Es soll angenommen werden, dass die in den Gemeinkosten enthaltenen kalkulatorischen Kosten der Fertigungskostenstelle den bilanziell zulässigen Aufwendungen entsprechen. Vgl. Tabelle 53 im vierten Teil zu Gliederungspunkt 3.3.2.

$$kh_A^i = (18\,kg - 20\,kg) \cdot 5\,€/kg + 100\,€ +$$
$$+ \left(\frac{7.000\,€}{3.000\,Stdn.} + \frac{4.000\,€}{3.000\,Stdn.} + 8\,€/Std. \right) \cdot 60\,Stdn. \quad (1)$$

$$kh_A^i = -10\,€ + 100\,€ + 140\,€ + 80\,€ + 480\,€ \quad (2)$$

$$kh_A^i = 790\,€ \quad (3)$$

Die gesamten Ist-Herstellkosten der fünf auf Lager befindlichen Einheiten von Produkt A betragen somit 3.950 € (= 790 € · 5 Stück). Abbildung 92 zeigt den buchhalterischen Aufbau der flexiblen Plankostenrechnung auf Vollkostenbasis bei Unterbeschäftigung.

Während die Endbestände zu effektiv angefallenen Kosten bewertet wurden, liegen den Abgängen Soll-Herstellkosten zugrunde (66.100 € = 45.000 € − 450 € − 50 € + 8 €/Std. · 2.700 Stdn.). Um auch hier zu den entsprechenden Ist-Herstellkosten zu gelangen, muss der Wert von 66.100 € noch um diejenigen Verbrauchs- und Beschäftigungsabweichungen korrigiert werden, die sich auf die Abgänge beziehen (66.100 € − 5.590 € + 6.300 € + 3.600 € = 70.050 €)[257]. Hiermit ist der Buchungsablauf so gestaltet worden, **dass sich auf dem Betriebsergebniskonto ausschließlich Istkosten und Ist-Verkaufserlöse gegenüberstehen.** Der Ausweis der von den Verantwortlichen der Produktion zu vertretenden **Verbrauchsabweichungen** erfolgt auf den entsprechenden **Kostenstellenkonten**, während die diesem Personenkreis nicht anrechenbaren **Beschäftigungsabweichungen** auf den **Kostenträgerkonten** erscheinen.

Überbeschäftigungsfall:

Als erstes müssen wiederum die Ist-Herstellkosten des Produkts A durch entsprechende Abweichungsverrechnung ermittelt werden.

$$kh_A^i = (18\,kg - 20\,kg) \cdot 5\,€/kg + 100\,€ +$$
$$+ \left(\frac{9.000\,€}{6.000\,Stdn.} + \frac{-2.000\,€}{6.000\,Stdn.} + 8\,€/Std. \right) \cdot 60\,Stdn.$$

$$kh_A^i = -10\,€ + 100\,€ + 90\,€ + -20\,€ + 480\,€ \quad (2)$$

$$kh_A^i = 540\,€ \quad (3)$$

Im Überbeschäftigungsfall betragen somit die gesamten Ist-Herstellkosten der Bestände 3.200 € (= 640 € · 5 Stück).

Durch das vorstehende Beispiel konnte ferner verdeutlicht werden, dass im Rahmen der Plankalkulation die Übernahme der **Plan-Einzelmaterialkosten** aus den je-

---

[257] Die Probe lässt sich auf Ist-Kostenbasis folgendermaßen durchführen:
Abgänge = 39.000 € − 18 kg/Stück · 5 € · 5 Stück + + $\frac{35.000\,€}{3.000\,Stdn.}$ · 2.700 Stdn. = 70.050 €.

S	Kostenartenkonten		H
	€		€
Ke^i(x^i)	39.000	(3) Ke^i(x^i)	39.000
K^i(x^i)	35.000	(4) K^i(x^i)	35.000
	74.000		74.000

S	Kostenstellenkonto		H
	€		€
(3) Ke^i(x^i)	39.000	(1) Ke^p(x^p)	75.000
(4) K^i(x^i)	35.000	(2) K^p(x^p)	40.000
(5) ΔEBe	30.000	(8) ΔV	7.000
(6) ΔEB	12.000		
(7) ΔVe	6.000		
	122.000		122.000

S	Kostenträgerkonten		H
	€		€
Anfangsbestand	0	Endbestand	3.950
(1) Ke^p(x^p)	75.000	(5) ΔEBe	30.000
(2) K^p(x^p)	40.000	(6) ΔEB	12.000
(8) ΔV	700[b]	(7) ΔVe	50[a]
		(9) ΔB	3.600[c]
		(10) Abgänge	66.100
	115.700		115.700

S	Verkaufserlöse		H
(11) Betriebsergebniskonto	150.000	Gesamte Verkaufserlöse	150.000

S	Betriebsergebniskonto		H
	€		€
(8) ΔV	6.300	(7) ΔVe	5.950
(9) ΔB	3.600	(11) Gesamte Verkaufserlöse	150.000
(10) Abgänge	66.100		
Betriebsgewinn	79.950		
	155.950		155.950

[a] −10 € · 5 Stück = −50 € (= auf die Bestände verrechnete negative einzelkostenbezogene Verbrauchsabweichung).
[b] 140 € · 5 Stück = 700 € (= auf die Bestände verrechnete positive stellenbezogene Verbrauchsabweichung).
[c] 4.000 € − 80 € · 5 Stück = 3.600 € (= positive Beschäftigungsabweichung, die sich auf die Abgänge bezieht).

Abbildung 92: Buchhalterischer Aufbau der flexiblen Plankostenrechnung auf Vollkostenbasis bei Unterbeschäftigung.

weiligen **Planungsprozessen** erfolgt, während die **Plan-Gemeinkosten** sich durch Multiplikation der **Plan-Gemeinkostenverrechnungssätze** mit den zugehörigen **Plan-Bezugsgrößen je Kostenträgereinheit** ergeben. Grundsätzlich werden die Plankalkulationswerte während der gesamten Planperiode in unveränderter Höhe beibehalten; nur bei elementaren Kostenverschiebungen sind Korrekturen vorzunehmen.

Einerseits besteht die Möglichkeit, auf eine Nachkalkulation zu verzichten und alle eingetretenen Abweichungen im Monat ihrer Entstehung, ohne Verteilung auf die Kostenträger, auf das Betriebsergebniskonto zu übernehmen. Andererseits wirkt sich das Fehlen einer Nachkalkulation dann störend aus, wenn kein Ausgleich der Differenzen untereinander erfolgt oder eine Nivellierung der Abweichungen durch Änderung der Plankalkulation nicht möglich ist. In diesem Fall kann die Plankalkulation auch nicht unmittelbar als Grundlage der Vorkalkulation und der Preispolitik sowie der bilanziellen Bewertung selbsterstellter Wirtschaftsgüter dienen, da sie weder die realisierten noch die erwarteten Istkosten ausweist. Abhilfe schafft hier, wie auch in Beispiel 63 gezeigt wurde, nur eine **möglichst verursachungsgerechte Verteilung der ermittelten Abweichungen auf die einzelnen Trägereinheiten**. In Abbildung 93 wird der Buchungskreislauf für den Überbeschäftigungsfall verdeutlicht.

Kostenstellenbezogene Verbrauchs-, Preis- und Beschäftigungsabweichungen stehen in keiner direkten Beziehung zu den Leistungseinheiten und sind deshalb **über die verbrauchenden betrieblichen Abrechnungsbereiche** den Kostenträgern zuzurechnen. Bei einer produktindividuellen Abweichungsverrechnung muss für alle betrieblichen Kostenstellen ermittelt werden, wie sich die Plan-Kostenverrechnungssätze pro Bezugsgrößeneinheit infolge von Verbrauchs-, Preis-, Lohnsatz-[258] und Beschäftigungsabweichungen geändert haben. Anschließend sind die Plankalkulationen der Erzeugnisse mit den hierbei ermittelten Abweichungen pro Bezugsgrößeneinheit entsprechend zu korrigieren. Preis- und Verbrauchsabweichungen der Einzelmaterialien lassen sich aufgrund ihres eindeutig proportionalen Charakters hingegen unmittelbar auf die Kostenträger umlegen. Zur Verteilung der Preisabweichungen empfiehlt es sich, für jede Einzelmaterialart einen **Preisdifferenzprozentsatz des Zugangs**[259] zu ermitteln und diesen dann entsprechend auf die Plan-Einzelmaterialkosten in den Plankalkulationen zu verrechnen. Die Erfassung von Preisabweichungen beim Zugang und ihre Verrechnung auf die Plan-Einzelmaterialkosten wird durch das folgende Beispiel verdeutlicht.

---

258 Sofern die Einzellohnkosten aber separat, d. h. ohne Rückgriff auf die einzelnen Fertigungskostenstellen kalkuliert worden sind, kann die Verrechnung analog der im Folgenden dargestellten Einzelmaterialpreisabweichung vorgenommen werden.
259 Vgl. zur Berechnung der Preisabweichungen beim Zu- und Abgang im Detail Kilger 1988, S. 219–234.

3.3 Plankostenrechnung — 257

S	Kostenartenkonten		H
	€		€
$Ke^i(x^i)$	110.000	(3) $Ke^i(x^i)$	110.000
$K^i(x^i)$	55.000	(4) $K^i(x^i)$	55.000
	165.000		165.000

S	Kostenstellenkonto		H
	€		€
(3) $Ke^i(x^i)$	110.000	(1) $Ke^p(x^p)$3	75.000
(4) $K^i(x^i)$	55.000	(2) $K^p(x^p)$	40.000
		(5) ΔEBe	25.000
		(6) ΔEB	6.000
		(7) ΔVe	10.000
		(8) ΔV	9.000
	165.000		165.000

S	Kostenträgerkonten		H
	€		€
Anfangsbestand	0	Endbestand	3.200
(1) $Ke^p(x^p)$	75.000	(7) ΔVe	50[a]
(2) $K^p(x^p)$	40.000	(10) Abgänge	145.100
(5) ΔEBe	25.000		
(6) ΔEB	6.000		
(8) ΔV	450[b]		
(9) ΔB	1.900[c]		
	148.350		148.350

S	Verkaufserlöse		H
(11) Betriebsergebniskonto	280.000	Gesamte Verkaufserlöse	280.000

S	Betriebsergebniskonto		H
	€		€
(7) ΔVe	10.050[d]	(9) ΔB	1.900
(9) ΔV	8.550	(11) Gesamte Verkaufserlöse	280.000
(10) Abgänge	145.100[e]		
Betriebsgewinn	118.200		
	281.900		281.900

[a] −10 € · 5 Stück = −50 € (= auf die Bestände verrechnete negative einzelkostenbezogene Verbrauchsabweichung).

[b] 90 € · 5 Stück = 450 € (= auf die Bestände verrechnete positive stellenbezogene Verbrauchsabweichung).

[c] −2.000 € − (−20 € · 5 Stück) = −1.900 € (= negative Beschäftigungsabweichung, die sich auf die Abgänge bezieht).

[d] Gesamte positive einzelkostenorientierte Verbrauchsabweichung, die sich auf die Abgänge bezieht.

[e] 145.100 € = 100.000 € − 450 € − 50 € + 8 €/Std. 5.700 Stdn. Die Istkosten der Abgänge errechnen sich aus 145.100 € + 8.550 € + 10.050 € − 1.900 € = 161.800 € oder 110.000 € −18 kg/Stück · 5 € · 5 Stück + $\frac{55.000 €}{6.000 \text{ Stdn.}}$ · 5.700 Stdn. = 161.800 €.

Abbildung 93: Buchhalterischer Aufbau der flexiblen Plankostenrechnung auf Vollkostenbasis bei Überbeschäftigung.

Beispiel 64:
In einem Industriebetrieb erfolgt die Bewertung der Einzelmaterial-Verbrauchsmengen zum Zweck einer exakten Wirtschaftlichkeitskontrolle mit festen Verrechnungspreisen (= 40 €/ME). Da die identischen Materialmengen nicht getrennt lagern, wird ein gewogener Durchschnittspreis (5.460 € : 140 ME = 39 €/ME) zur bilanziellen Bewertung herangezogen. Die Festpreisbewertung muss bei der Erfassung der Preisdifferenzen beim Zugang unmittelbar dann einsetzen, wenn ein Zugang vorliegt. Das Beispiel basiert auf nachstehenden Daten.

(1) Zugänge zu Rechnungspreisen:

$$10 \text{ ME à } 43 \text{ €} = 430 \text{ €}$$
$$100 \text{ ME à } 38 \text{ €} = 3.800 \text{ €}$$
$$\underline{30 \text{ ME à } 41 \text{ €} = 1.230 \text{ €}}$$
$$140 \text{ ME} \quad\quad 5.460 \text{ €}.$$

(2) Zugänge zu festen Verrechnungspreisen:

$$10 \text{ ME à } 40 \text{ €} = 400 \text{ €}$$
$$100 \text{ ME à } 40 \text{ €} = 4.000 \text{ €}$$
$$\underline{30 \text{ ME à } 40 \text{ €} = 1.200 \text{ €}}$$
$$140 \text{ ME} \quad\quad 5.600 \text{ €}.$$

(3) Abgänge zu festen Verrechnungspreisen:

$$15 \text{ ME à } 40 \text{ €} = 600 \text{ €}$$
$$15 \text{ ME à } 40 \text{ €} = 600 \text{ €}$$
$$\underline{20 \text{ ME à } 40 \text{ €} = 800 \text{ €}}$$
$$50 \text{ ME} \quad\quad 2.000 \text{ €}.$$

Die Preisdifferenz von − 140 € (= 5.460 € − 5.600 €), die auf dem Preisdifferenzkonto als Saldo erscheint, muss nun wie folgt den gesamten Abgängen als Preisdifferenzkosten zugerechnet werden:

Preisdifferenzprozentsatz des Zuganges =

$$= \frac{\text{Saldo des Preisdifferenzkontos}}{[\text{Anfangsbestand} + \text{Zugänge des Materialbestandkontos (zu Festpreisen)}]} \cdot 100 \quad (1)$$

$$= \frac{140 \text{ €}}{5.600 \text{ €}} \cdot 100 \quad (2)$$

$$= -2,5\% \quad (3)$$

$$\text{Preisdifferenzkosten} = \frac{\text{Preisdifferenzprozentsatz}}{100} \cdot \text{Materialverbrauch zu Festpreisen}$$

$$(4)$$

$$= \frac{-2{,}5}{100} \cdot 2.000 \,€ \tag{5}$$

$$= -50 \,€. \tag{6}$$

Somit kann die Preisabweichung von 140 € in eine bestands- (90 €) und eine verbrauchsbezogene Differenz (50 €) aufgespalten werden, wobei aber nur die letzte erfolgswirksam auf dem Betriebsergebniskonto zur Verrechnung kommt. Buchhalterisch lässt sich der vorstehende Sachverhalt wie in Abbildung 94 gezeigt darstellen.

S	Materialbestandskonto		H
	€		€
AB	0	(4)	600
(1)	400	(5)	600
(2)	4.000	(6)	800
(3)	1.200	(8)	90
		EB	3.510*
	5.600		5.600

S	Finanzkonto		H
	€		€
AB	10.000	(1)	430
		(2)	3.800
		(3)	1.230
		EB	4.540
	10.000		10.000

S	Preisdifferenzkonto		H
	€		€
(1)	30	(2)	200
(3)	30		
(8) ΔP	140		
	200		200

S	Materialkostenkonto		H
	€		€
(4)	600	(7)	2.000
(5)	600		
(6)	800		
	2.000		2.000

S	Betriebsergebniskonto		H
	€		€
(7)	2.000	(8) ΔP	50

* 3.510 € = 90 ME à 39 €

Abbildung 94: Verbuchungen im Fall der Erfassung von Preisdifferenzen beim Zugang.

Die auf das Betriebsergebniskonto zu buchende Preisabweichung von 50 € wird hier den gesamten, mit Verrechnungspreisen bewerteten Materialverbräuchen (2.000 €)

gegenübergestellt, so dass in die Kurzfristige Erfolgsrechnung per Saldo nur die auf der Basis von gewogenen Durchschnittspreisen ermittelten Materialverbrauchsmengen von 1.950 € (= 2.000 € − 50 € = 50 ME à 39 €) einfließen.

```
S         Materialbestandskonto        H
              €                         €
AB            0      (4)              585
(1)         430      (6)              585
(2)       3.800      (8)              780
(3)       1.230      EB             3.510
          ─────                     ─────
          5.460                     5.460


S            Finanzkonto              H
              €                         €
AB       10.000      (1)              430
                     (2)            3.800
                     (3)            1.230
                     EB             4.540
         ──────                    ──────
         10.000                    10.000


S         Preisdifferenzkonto         H
              €                         €
(4)         585      (5)              600
(6)         585      (7)              600
(8)         780      (9)              800
(11) ΔP      50
          ─────                     ─────
          2.000                     2.000


S         Materialkostenkonto         H
              €                         €
(5)         600     (10)            2.000
(7)         600
(9)         800
          ─────                     ─────
          2.000                     2.000


S        Betriebsergebniskonto        H
              €                         €
(10)      2.000     (11) ΔP            50
```

Abbildung 95: Verbuchungen im Fall der Erfassung von Preisdifferenzen beim Abgang.

Sind einem Erzeugnis in der angesprochenen Industrieunternehmung 240 € an Plan-Einzelmaterialkosten direkt zugerechnet worden, die sich aus 6 Mengeneinheiten, bewertet zu 40 €/ME zusammensetzen, dann können die Preisabweichungen folgendermaßen aus dem Wertansatz dieses Kostenträgers eliminiert werden:

Korrigierte Plan-Einzelmaterialkosten =

$$= \text{Plan-Einzelmaterialkosten} \left(1 + \frac{\text{Preisdifferenzprozentsatz}}{100}\right) \quad (1)$$

$$= 240\,€ \cdot \left(1 - \frac{2{,}5}{100}\right) \qquad (2)$$

$$= 234\,€. \qquad (3)$$

> **Beispiel 65:**
> Die Errechnung der entsprechenden Preisabweichungen soll nun erst mit dem Abgang in die Produktion einsetzen, indem die abgegebenen Materialmengen mit dem gewogenen Ist-Durchschnittspreis von 39 €/ME bewertet werden[260], die dem Preisdifferenzkonto zu belasten und dem Materialbestandskonto gutzuschreiben sind. Die Abgabemenge wird dann zu Festpreisen (40 €/ME) dem Materialkostenkonto belastet und gleichzeitig dem Preisdifferenzkonto gutgeschrieben (Abbildung 95).

Abbildung 96 fasst die Charakteristika der beiden Möglichkeiten zur Ermittlung der Preisabweichungen abschließend zusammen.

Erfassung der Preisabweichungen beim Zugang	Erfassung der Preisabweichungen beim Abgang
(1) Es werden automatisch die Preisabweichungen erfasst, die dem Zugang entsprechen; sie spiegeln die Preisbewegungen des Beschaffungsmarktes wider.	(1) Die Preisabweichungen werden nicht im Zeitpunkt ihrer Entstehung erkannt.
(2) Preisschwankungen werden von der Materialbestandsrechnung ferngehalten. Variationen von Anfangs- und Endbeständen stellen reine Substanz- oder Mengenänderungen dar. Die Ist-Bestandswerte können jederzeit ermittelt werden, indem man die Salden der Preisdifferenzkonten auf die zugehörigen Materialbestandskonten überträgt.	(2) Auf den Materialbestandskonten erfolgt eine Bewertung der Anfangsbestände und Zugänge mit schwankenden Istpreisen.
(3) Die dem Verbrauch entsprechenden Abweichungen sind durch eine Nebenrechnung zu ermitteln.	(3) Es wird monatlich eine zusätzliche Ermittlung der Ist-Durchschnittspreise erforderlich, womit rechentechnische Schwierigkeiten verbunden sein können.
	(4) Zum Zwecke der Abweichungsverteilung auf die Trägereinheiten müssen die Preisdifferenzprozentsätze der Abgänge zusätzlich berechnet werden.

Abbildung 96: Charakteristika der Methoden zur Erfassung von Preisabweichungen.[261]

---

[260]
  15 ME à 39 € =   585 €
+ 15 ME à 39 € =   585 €
+ 20 ME à 39 € =   785 €
= 50 ME   = 1.950 €

[261] Im Beispiel 65 errechnet sich der Preisdifferenzprozentsatz des Abgangs aus:
$$\frac{\text{Saldo des Preisdifferenzenkontos}}{\text{gesamte Materialverbräuche (zu Festpreisen)}} \cdot 100 = \frac{50\,€}{2.000\,€} \cdot 100 = 2{,}5\%.$$

3.3.3.2.2 Abweichungen höheren Grads

3.3.3.2.2.1 Darstellung der Grundproblematik

Bisher wurde noch nicht darauf eingegangen, dass bei der kostenarten- bzw. kostenstellenbezogenen Aufspaltung von Gesamtabweichungen in Partialdifferenzen (z. B. Preis-, Verbrauchs- und Beschäftigungsabweichungen) Zurechnungsprobleme auftreten, die darauf beruhen, dass bei multiplikativer Verknüpfung von Kosteneinflussgrößen zwischen den einzelnen Bestimmungsfaktoren funktionale Beziehungen existieren. Aufgrund solcher **Abweichungsinterdependenzen** entstehen sogenannte Abweichungen höheren Grads, die keiner der anderen ermittelten Teildifferenzen (Abweichungen ersten Grads), die jeweils genau auf der Änderung **eines** Kostenbestimmungsfaktors basieren, **verursachungsgerecht** zugerechnet werden können. Abweichungen höheren Grads können deshalb auch als gemischte Abweichungen bezeichnet werden, da sie durch die Änderung mindestens zweier Einflussfaktoren gemeinsam entstanden sind. Für die Verrechnung der Abweichungen höherer Ordnung existieren verschiedene Methoden der Abweichungsanalyse, die sich danach unterscheiden, wie und in welchem Umfang sie die Abweichungen höherer Ordnung den Abweichungen erster Ordnung zurechnen. Neben der einfachen und differenzierten kumulativen Abweichungsanalyse bestehen weitere Methoden mit der alternativen[262] und symmetrischen[263] bzw. proportionalen Abweichungsanalyse, auf die im Folgenden jedoch nicht näher eingegangen wird. Um die Verrechnung der Abweichungen höheren Grads und deren Wirkungen im Rahmen der kumulativen Abweichungsanalyse[264] im Detail darstellen zu können, bedarf es einer Verfeinerung der vorstehend gezeigten Abweichungsanalyse[265], indem in die einzelnen Formeln zur Ermittlung der Preis-, Verbrauchs- und Beschäftigungsabweichung noch die Einsatzgütermenge (r) und die Faktorpreise (p) der einzelnen Einsatzgüterarten (m) als Bestimmungsgrößen einbezogen werden. Nach dem theoretischen Grundprinzip der **einfachen kumulativen Abweichungsanalyse** lassen sich die angesprochenen Abweichungsarten im Rahmen eines **Ist-Soll-Vergleichs auf Planbezugsbasis** unter der Prämisse fixe Istkosten = fixe Sollkosten für die n-te Kostenstelle wie folgt ermitteln:[266]

---

[262] Vgl. zur alternativen Form der Abweichungsanalyse Kilger/Pampel/Vikas 2012, S. 154–156. Vgl. die Gegenüberstellung von alternativer und einfacher kumulativer Abweichungsanalyse im Hinblick auf Differenzen höherer Grade bei Coenenberg/Fischer/Günther 2016, S. 268–290; Möller 1985, S. 81–87 m. w. N.
[263] Vgl. zur symmetrischen Abweichungsanalyse z. B. Käfer 1964, S. 141.
[264] Da bei der einfachen Form dieser Abweichungsanalyse immer mehr Plangrößen in die Kostenkontrolle eingeschaltet werden, deren isolierende Wirkung sich kumuliert, spricht *Kilger* von einer kumulativen Abweichungsanalyse. Vgl. Kilger 1988, S. 176–177.
[265] Vgl. die Ausführungen im vierten Teil zu Gliederungspunkt 3.3.3.1.
[266] Im Folgenden gilt für m = 1,2, . . ., M.

$$
\begin{aligned}
(1)\quad K_n^i(x_n^i) &= \sum_{m=1}^{M}(Kf_{mn}^i + p_{mn}^i \cdot r_{mn}^i \cdot x_n^i) &&(= \text{Istkosten auf der Basis von Istpreisen}) \\
-K_n^{i*}(x_n^i) &= \sum_{m=1}^{M}(Kf_{mn}^i + p_{mn}^p \cdot r_{mn}^i \cdot x_n^i) &&(= \text{Istkosten auf der Basis von Planpreisen}) \\
\hline
= \pm \Delta P_n &= \sum_{m=1}^{M}(\Delta p_{mn} \cdot r_{mn}^i \cdot x_n^i) &&(= \text{Preisabweichung}) \\
(2)\quad K_n^{i*}(x_n^i) &= \sum_{m=1}^{M}(Kf_{mn}^i + p_{mn}^p \cdot r_{mn}^i \cdot x_n^i) &&(= \text{Istkosten auf der Basis von Planpreisen}) \\
-K_n^p(x_n^i) &= \sum_{m=1}^{M}(Kf_{mn}^p + p_{mn}^p \cdot r_{mn}^p \cdot x_n^i) &&(= \text{Sollkosten}) \\
\hline
= \pm \Delta V_n &= \sum_{m=1}^{M}(p_{mn}^p \cdot \Delta r_{mn} \cdot x_n^i) &&(= \text{Verbrauchsabweichung}) \\
(3)\quad K_n^p(x_n^i) &= \sum_{m=1}^{M}(Kf_{mn}^p + p_{mn}^p \cdot r_{mn}^p \cdot x_n^i) &&(= \text{Sollkosten})^{267} \\
-K_n^p(x_n^p) &= \sum_{m=1}^{M}(Kf_{mn}^p + p_{mn}^p \cdot r_{mn}^p \cdot x_n^p) &&(= \text{Plankosten})^{267} \\
\hline
= \pm \Delta EB_n &= \sum_{m=1}^{M}(p_{mn}^p \cdot r_{mn}^p \cdot \Delta x_n) &&(= \text{„echte" Beschäftigungsabweichung}) \\
(4)\quad K_n^p(x_n^i) &= \sum_{m=1}^{M}(Kf_{mn}^p + p_{mn}^p \cdot r_{mn}^p \cdot x_n^i) &&(= \text{Sollkosten}) \\
-K_n^p(x_n^p)\cdot\frac{x_n^i}{x_n^p} &= \frac{x_n^i}{x_n^p}\cdot\sum_{m=1}^{M}(Kf_{mn}^p + p_{mn}^p \cdot r_{mn}^p \cdot x_n^p) &&(= \text{verrechnete Plankosten bei Ist-Beschäftigung}) \\
\hline
= \pm \Delta B_n &= \left(1 - \frac{x_n^i}{x_n^p}\right)\cdot Kf_{mn}^p &&(= \text{Beschäftigungsabweichung})^{268}
\end{aligned}
$$

---

267 Allgemein gilt für die n-te Kostenstelle auch

$$K_n^p(x_n^p) = Kf_n^p + \frac{Kv_n^p}{x_n^p}\cdot x_n^p = Kf_n^p + kv_n^p \cdot x_n^p \quad \text{und} \quad K_n^p(x_n^p) = K_n^p(x_n^p) = Kf_n^p + \frac{Kv_n^p}{x_n^p}\cdot x_n^p$$

$$= Kf_n^p + kv_n^p \cdot x_p$$

268 $\displaystyle\sum_{m=1}^{M}(Kf_{mn}^p + p_{mn}^p \cdot r_{mn}^p \cdot x_n^i) - \frac{x_n^i}{x_n^p}\cdot\sum_{m=1}^{M}(Kf_{mn}^p + p_{mn}^p \cdot r_{mn}^p \cdot x_n^p) = \sum_{m=1}^{M}\left(Kf_{mn}^p - \frac{x_n^i}{x_n^p}\cdot Kf_{mn}^p\right) = \left(1 - \frac{x_n^i}{x_n^p}\right)\cdot Kf_{mn}^p$

Die Höhe der einzelnen Teilabweichungen (Preis-, Verbrauchs- und echte Beschäftigungsabweichung) hängt bei dem Konzept der **einfachen kumulativen Analyse** von der Reihenfolge ab, in der die Teilabweichungen ermittelt werden, weil die **Abweichungen höheren Grads stets in vollem Umfang** im Rahmen eines Ist-Soll-Vergleichs, bei dem die Istkosten stufenweise an die Plankosten angepasst werden, **in die zuerst ermittelten Partialabweichungen einfließen**.[269] Ferner finden die Abweichungen höheren Grads, im Gegensatz zur alternativen Abweichungsanalyse, nur einmal Verrechnung. Dies lässt sich mit Hilfe des Ist-Soll-Vergleichs bei ausschließlicher Betrachtung der Preis- und der Verbrauchsabweichung für die n-te Kostenstelle folgendermaßen nachweisen:[270]

$$K_n^i(x_n^i) - K_n^p(x_n^i) = \sum_{m=1}^{M} Kf_{mn}^i + p_{mn}^i \cdot r_{mn}^i \cdot x_n^i - p_{mn}^p \cdot r_{mn}^p \cdot x_n^i - Kf_{mn}^p =$$

$$= \sum_{m=1}^{M} (p_{mn}^i - p_{mn}^p) \cdot r_{mn}^i \cdot x_n^i + \sum_{m=1}^{M} (r_{mn}^i - r_{mn}^p) \cdot p_{mn}^p \cdot x_n^i \quad (1)$$

(aufgrund $Kf_m^i = Kf_{mn}^p$) oder

$$K_n^i(x_n^i) - K_n^p(x_n^i) = \sum_{m=1}^{M} \Delta p_{mn} \cdot r_{mn}^p \cdot x_n^i + \Delta p_{mn} \cdot \Delta r_{mn} \cdot x_n^i +$$
$$+ \sum_{m=1}^{M} \Delta r_{mn} \cdot p_{mn}^p \cdot x_n^i .^{271} \quad (2)$$

Wie Gleichung (2) zeigt, setzt sich als Ergebnis dieser **differenziert-kumulativen Analyse** die Gesamtabweichung der n-ten Kostenstelle aus drei Partialabweichungen zusammen:

1. Teilabweichung (Preisabweichung)

$$\sum_{m=1}^{M} \Delta p_{mn} \cdot r_{mn}^p \cdot x_n^i$$

2. Teilabweichung (Verbrauchsmengenabweichung)

$$\sum_{m=1}^{M} \Delta r_{mn} \cdot p_{mn}^p \cdot x_n^i$$

---

[269] Im Rahmen eines Soll-Ist-Vergleichs, bei dem die Plankosten stufenweise an die Istkosten angepasst werden, enthält nur die zuerst ermittelte Teilabweichung keine Abweichung höheren Grads.
[270] Vgl. Kilger 1993, S. 176–177.
[271] Diese Formel lautet verbal: Preisänderung · Planmenge bei Ist-Beschäftigung + Abweichungen höheren (zweiten) Grads · Ist-Beschäftigung + Mengenänderung · Planpreis bei Ist-Beschäftigung.

3. Teilabweichung (Abweichung zweiten Grads; Mischabweichung)

$$\sum_{m=1}^{M} p_{mn} \cdot \Delta r_{mn} \cdot x_n^i.$$

Bei der ersten und zweiten Teildifferenz (Abweichungen ersten Grads) ist die Abweichungsursache eindeutig zu lokalisieren, da sie sich entweder nur auf eine Preis- oder eine Verbrauchsmengenabweichung der n-ten Kostenstelle bezieht. Die dritte Teildifferenz als Mischabweichung enthält hingegen sowohl eine Mengen- als auch eine Preisabweichung, die auf das unplanmäßige Wirken beider Kostenbestimmungsfaktoren zurückzuführen ist, und deshalb nicht verursachungsgerecht einer der schon ermittelten Abweichungen ersten Grads zugerechnet werden kann.

Während bei der einfachen kumulativen Analyse aufgrund der Abweichungsinterdependenzen die ausgewiesenen, zuerst ermittelten Preisdifferenzen [vgl. Gleichung (1)] durch die Zurechnung der Mischabweichung zum Teil auch Verbrauchsabweichungen enthalten, können durch Anwendung der **differenziert-kumulativen Abweichungsanalyse**[272] [vgl. Gleichung (2)] die Mischabweichungen isoliert werden, wodurch eine **interdependenzfreie Zuordnung** der Teilabweichungen zu den entsprechenden Einflussgrößen zu realisieren ist. Bei dieser Methode werden dementsprechend die Abweichungen höheren Grads keiner Abweichung ersten Grads zugeordnet, sondern gesondert ausgewiesen.[273]

Anhand eines Zahlenbeispiels soll nun die Berechnung von Preis-, Verbrauchs- und Mischabweichung für die Einzelmaterialkosten gezeigt werden.

Beispiel 66:
Im Rahmen der Plankalkulation sind einem Erzeugnis 44 € an Plan-Einzelmaterialkosten (Ke^p) direkt zugerechnet worden, die sich aus 4 Mengeneinheiten (ME), bewertet zu 11 € pro Stück, zusammensetzen. Die entsprechenden Ist-Einzelmaterialkosten (Ke^i) in Höhe von 90 € errechnen sich aus 6 verzehrten Mengeneinheiten, für die am Beschaffungsmarkt 15 € pro Stück gezahlt wurden. Die Ermittlung der Preis- und Verbrauchsabweichung nach der Methode der einfachen kumulativen Abweichungsanalyse hätte dann nachstehendes Aussehen:

$$K^i(x^i) - K^p(x^p) = (p^i - p^p) \cdot r^i + (r^i - r^p) \cdot p^p \qquad (1)$$

$$\Delta Ke = (15\,€ - 11\,€) \cdot 6\,ME + (6\,ME - 4\,ME) \cdot 11\,€ \qquad (2)$$

$$\Delta Ke = 24\,€ + 22\,€ \qquad (3)$$

$$\Delta Ke = 46\,€. \qquad (4)$$

---

[272] Vgl. Coenenberg/Fischer/Günther 2016, S. 287–289; Kloock/Bommes 1982, S. 229–237; Ossadnik 2009, S. 159–171; Powelz 1985, S. 233–239; Schröder 2008, S. 178–183.
[273] Vgl. Gleichung (2) und die drei ausgewiesenen Partialabweichungen.

Es lässt sich nun mit Hilfe der differenziert-kumulativen Methode nachweisen, dass in der positiven Preisabweichung ersten Grads von 24 €, die zuerst ermittelt wurde, eine Abweichung höheren Grads enthalten ist, die sowohl auf einer positiven Preis- als auch auf einer positiven Verbrauchsabweichung beruht:

$$\Delta Ke = \Delta p \cdot r^p + \Delta p \cdot \Delta r + \Delta r \cdot p^p \tag{5}$$

$$\Delta Ke = 4\,€ \cdot 4\,ME + 4\,€ \cdot 2ME + 2ME \cdot 11\,€ \tag{6}$$

$$\Delta Ke = 16\,€ + 8\,€ + 22\,€ \tag{7}$$

$$\Delta Ke = 46\,€. \tag{8}$$

Wie ein Vergleich der Ausdrücke (3) und (7) zeigt, geht bei der einfachen kumulativen Analyse die Mischabweichung (8 €) in voller Höhe in die zuerst ermittelte Differenz (24 €) ein. Erst durch eine differenzierte kumulative Analyse wird eine Absorbierung der Mischabweichung (8 €) und eine interdependenzfreie Abweichungszurechnung (Preisabweichung = 16 €; Verbrauchsmengenabweichung = 22 €) möglich. Zudem wird sichtbar, dass die Summe der Teilabweichungen (16 € + 8 € + 22 €) bzw. (24 € + 22 €) der Gesamtabweichung zwischen Ist-Einzelmaterialkosten (90 €) und Plan-Einzelmaterialkosten (44 €) entspricht. In Abbildung 97 ist der Sachverhalt des Beispiels noch einmal in grafischer Form dargestellt.

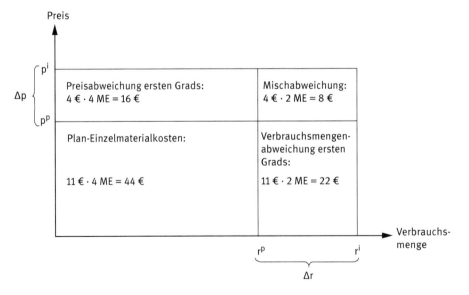

Abbildung 97: Abweichungen ersten und zweiten Grads.[274]

---

[274] Vgl. diese Darstellungsweise der Abweichungen auch bei Kilger 1993, S. 173; Nowak 1961, S. 113.

Für diejenigen Fälle, in denen beide Einflussgrößen kostensenkende Abweichungen verursachen (d. h. $r^i < r^p$ und $p^i < p^p$) oder ein Bestimmungsfaktor kostensteigernde und die anderen kostenreduzierende Abweichungen auslösen (d. h. $r^i < r^p$ und $p^i > p^p$ oder $r^i > r^p$ und $p^i < p^p$), wirken die Abweichungen höherer Ordnung **kompensierend**, da sie ein anderes Vorzeichen aufweisen als eine oder beide Abweichungen ersten Grads.[275] An diesem Punkt setzt auch die **differenzierte kumulative Abweichungsanalysemethode in Min-Form** an, auf deren Darstellung an dieser Stelle jedoch verzichtet werden soll.[276] Während bei der differenzierten kumulativen Abweichungsanalyse die Differenzen ersten Grads schon aufgrund der Konzeption dieser Methode keine sich gegenseitig kompensierenden Effekte beinhalten können, weil die Mischabweichung gesondert, in diesem Fall jedoch mit einem anderen Vorzeichen, ausgewiesen wird, fällt bei der einfachen kumulativen Abweichungsanalyse wiederum auf, dass bei zwei Einflussfaktoren im Fall eines Ist-Soll-Vergleichs die zuerst ermittelte Partialdifferenz die kompensierende Mischabweichung enthält und somit für eine genaue Untersuchung nach Verantwortlichkeiten ungeeignet ist. Zur Verdeutlichung soll das folgende Beispiel dienen.

> **Beispiel 67:**
> In Abänderung der Daten von Beispiel 66 wird nun unterstellt, dass die Ist-Einzelmaterialkosten nur 45 € betragen, da anstelle der 4 geplanten Mengeneinheiten nur 3 Mengeneinheiten benötigt werden. Der sich hieraus ergebende Sachverhalt ist Abbildung 98 zu entnehmen.
> Die Ermittlung der Preis- und Verbrauchsabweichung nach der einfachen und differenzierten kumulativen Abweichungsanalyse hätte dann nachstehendes Aussehen.

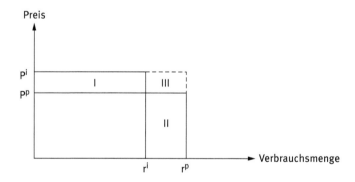

Abbildung 98: Kompensierende Mischabweichung.

---

275 Vgl. Ewert/Wagenhofer 2014, S. 327–328.
276 Vgl. Wilms 1988, S. 96–125; vgl. zu einer Beurteilung im Vergleich zur differenzierten kumulativen Methode z. B. Kloock 1994, S. 634; Ossadnik 2009, S. 165–171; Ossadnik/Maus 1994, S. 449–450.

Einfache kumulative Abweichungsanalyse:

$$K^i(x^i) - K^p(x^p) = (p^i - p^p) \cdot r^i + (r^i - r^p) \cdot p^p \tag{1}$$

$$\Delta Ke = (15\,€ - 11\,€) \cdot 3\,ME + (3\,ME - 4\,ME) \cdot 11\,€ \tag{2}$$

$$\Delta Ke = 12\,€ - 11\,€ \tag{3}$$

$$\Delta Ke = 1\,€. \tag{4}$$

Wie auch noch mit Hilfe der differenziert-kumulativen Abweichungsanalysemethode gezeigt wird, ist bei der einfachen Form in der zuerst ermittelten Preisabweichung (Fläche I) die Mischabweichung (Fläche III), die in diesem Fall kompensierend wirkt, enthalten. Die Verbrauchsmengenabweichung (Fläche II) stellt als zuletzt ermittelte Differenz eine Abweichung ersten Grads dar. Mit ihrem negativen Vorzeichen bringt sie zum Ausdruck, dass weniger verbraucht wurde, als durch die Planung vorgegeben worden ist.

Differenzierte kumulative Abweichungsanalyse:

$$\Delta Ke = \Delta p \cdot r^p + \Delta p \cdot \Delta r + \Delta r \cdot p^p \tag{5}$$

$$\Delta Ke = 4\,€ \cdot 4\,ME + 4\,€ \cdot (-1\,ME) + 11\,€ \cdot (-1\,ME) \tag{6}$$

$$\Delta Ke = 16\,€ - 4\,€ - 11\,€ \tag{7}$$

$$\Delta Ke = 1\,€. \tag{8}$$

Die mit Hilfe der differenziert-kumulativen Abweichungsanalyse ermittelbare **reine Preisabweichung** (16 €) setzt sich mithin im vorliegenden Fall aus den **Flächen I und III** zusammen. Sie ist zu interpretieren als Abweichung, die entstanden wäre, wenn der Verbrauch der Mengeneinheiten wie geplant eintritt. Somit kann sie in genau dieser Höhe verantwortlichkeitsbezogen zugerechnet werden, da die Abweichung auf **eine** Kosteneinflussgröße zurückführbar und damit erklärbar ist. Die Mischabweichung (Fläche III) wirkt in diesem Fall aufgrund des negativen Vorzeichens in Bezug auf die Gesamtabweichung kompensierend. Dies hat auch zur Folge, dass auf den ersten Blick scheinbar aufgrund des niedrigeren tatsächlichen Verbrauchs die Preisabweichung mit 12 € geringer (nur Fläche I) ausfällt, als sie tatsächlich ist. Wurde somit Fläche I als Preisdifferenz verantwortlichkeitsorientiert zugerechnet, so führt dies unweigerlich zu Interpretationsschwierigkeiten und entsprechenden Problemen bei einer näheren Ursachenanalyse der Abweichung.

3.3.3.2.2.2 Komplexere Strukturen

Erweitert man die vorstehende einfache und differenzierte kumulative Analyse noch um die Einflussgröße Beschäftigung, dann ergeben sich die Abweichungen bei $Kf_m^i = Kf_m^p$ für die n-te Kostenstelle im Rahmen der **einfachen kumulativen Abweichungsanalyse** wie folgt:

$$K_n^i(x_n^i) - K_n^p(x_n^p) = \sum_{m=1}^{M} p_{mn}^i \cdot r_{mn}^i \cdot x_n^i - p_{mn}^p \cdot r_{mn}^p \cdot x_n^p = \quad (1)$$

$$= \sum_{m=1}^{M} (p_{mn}^i - p_{mn}^p) \cdot r_{mn}^i \cdot x_n^i +$$

$$+ \sum_{m=1}^{M} (r_{mn}^i - r_{mn}^p) \cdot p_{mn}^p \cdot x_n^i +$$

$$+ \sum_{m=1}^{M} (x_n^i - x_n^p) \cdot p_{mn}^p \cdot r_{mn}^p \quad \text{oder}$$

$$K_n^i(x_n^i) - K_n^p(x_n^p) = \sum_{m=1}^{M} \Delta p_{mn} \cdot r_{mn}^p \cdot x_n^p - \Delta p_{mn} \cdot \Delta r_{mn} \cdot x_n^p + \Delta p_{mn} \cdot \quad (2)$$
$$\cdot \Delta x_n \cdot p_{mn}^p + \Delta p_{mn} \cdot \Delta r_{mn} \cdot \Delta x_n$$
$$(= \text{Preisabweichung}) +$$

$$+ \sum_{m=1}^{M} \Delta r_{mn} \cdot p_{mn}^p \cdot x_n^p + \Delta r_{mn} \cdot \Delta x_n \cdot p_{mn}^p +$$
$$(= \text{Verbrauchsabweichung})$$

$$+ \sum_{m=1}^{M} \Delta x_n \cdot p_{mn}^p \cdot r_{mn}^p \, (= \text{Beschäftigungsabweichung}).^{277}$$

Aus der Analyse folgt, dass die Abweichungen höherer Grade bei dem vorgenommenen Ist-Soll-Vergleich in die **zuerst** ermittelten Preis- und Verbrauchsabweichungen eingegangen sind, während die **zuletzt** berechnete „echte" Beschäftigungsabweichung **keine Preis- und Verbrauchsmengeneinflüsse** enthält. Die Gesamtabweichung der n-ten Kostenstelle setzt sich nunmehr aus sieben Partialabweichungen zusammen, wobei sich drei Teilabweichungen ersten Grads, drei Teilabweichungen zweiten Grads und eine Teilabweichung dritten Grads ergeben.

Abweichungen ersten Grads:
1. Teilabweichung (Preisabweichung)

$$\sum_{m=1}^{M} \Delta p_{mn} \cdot r_{mn}^p \cdot x_n^p$$

---

[277] Die Zuordnung der Abweichungen zweiten und dritten Grads zu den Kostenabweichungen ersten Grads erfolgt bei der einfachen kumulativen Analyse entsprechend der Reihenfolge des Ist-Soll-Vergleichs für die einzelnen Kostenbestimmungsfaktoren. Somit umfasst die Abweichung der zuerst untersuchten Einflussgröße alle Abweichungen höheren Grads, an deren Zustandekommen die Einflussgröße beteiligt ist.

2. Teilabweichung (Verbrauchsmengenabweichung)

$$\sum_{m=1}^{M} \Delta r_{mn} \cdot p_{mn}^p \cdot x_n^p$$

3. Teilabweichung („echte" Beschäftigungsabweichung)

$$\sum_{m=1}^{M} \Delta x_n \cdot p_{mn}^p \cdot r_{mn}^p$$

Abweichungen zweiten Grads:

4. Teilabweichung

$$\sum_{m=1}^{M} \Delta p_{mn} \cdot \Delta r_{mn} \cdot x_n^p$$

5. Teilabweichung

$$\sum_{m=1}^{M} \Delta p_{mn} \cdot \Delta x_n \cdot r_{mn}^p$$

6. Teilabweichung

$$\sum_{m=1}^{M} \Delta r_{mn} \cdot \Delta x_n \cdot p_{mn}^p$$

Abweichung dritten Grads:

7. Teilabweichung

$$\sum_{m=1}^{M} \Delta p_{mn} \cdot \Delta r_{mn} \cdot \Delta x_n$$

Im Rahmen der **differenzierten kumulativen Abweichungsanalyse** werden die Abweichungen ersten Grads gesondert von den Abweichungen höherer Ordnung ausgewiesen. Wie die vorstehende Gleichung (2) zeigt, ist es ohne Probleme möglich, die Abweichungen höheren Grads abzuspalten und somit die Preis-, Verbrauchs- und die „echte" Beschäftigungsabweichung interdependenzfrei auszuweisen. Die Abweichungen höheren Grads können dabei als kumulierte Restdifferenzen zu den jeweiligen Teilabweichungen ersten Grads erfasst werden (wobei deren Höhe dann von der Reihenfolge der zu ermittelnden Teilabweichungen abhängt), als Block zusammengefasst oder jeweils gesondert (siehe vierte bis siebte Teilabweichung) ausgewiesen werden.[278]

---

278 Vgl. z.B. Kloock 1994, S. 629.

Beispiel 68:
In Erweiterung von Beispiel 66 wird jetzt unterstellt, dass die Plan-Beschäftigung für den betrachteten Kontrollzeitraum mit 6.000 Stdn. angesetzt wurde, während die Ist-Beschäftigung lediglich 5.000 Stdn. betrug.[279] Nunmehr hat die Ermittlung der Preis-, Verbrauchs- und „echten" Beschäftigungsabweichung für die betrachteten Einzelmaterialkosten nach der einfachen und der differenzierten kumulativen Abweichungsanalyse folgendes Aussehen:

$$K^i(x^i) - K^p(x^p) = (p^i - p^p) \cdot r^i \cdot x^i + (r^i - r^p) \cdot p^p \cdot x^i + \\ + (x^i - x^p) \cdot r^p \cdot p^p \tag{1}$$

$$\Delta Ke = (15\,€ - 11\,€) \cdot 6\,ME \cdot 5.000\,Stdn. + \\ + (6\,ME - 4\,ME) \cdot 11\,€ \cdot 5.000\,Stdn. \\ + (5.000\,Stdn. - 6.000\,Stdn.) \cdot 4\,ME \cdot 11\,€ \tag{2}$$

$$\Delta Ke = 120.000\,€ + 110.000\,€ - 44.000\,€^{280} \tag{3}$$

$$\Delta Ke = 186.000\,€. \tag{4}$$

Mit Hilfe der differenziert-kumulativen Analyse lässt sich nachweisen, dass in den positiven Preis- und Verbrauchsabweichungen von 30.000 €, die zuerst ermittelt wurden, Abweichungen höheren Grads von insgesamt 2.000 € enthalten sind, die per Saldo sowohl auf Preis-, Verbrauchsmengen- und Beschäftigungseinflüssen basieren.

$$\Delta Ke = \Delta p \cdot r^p \cdot x^p + \Delta r \cdot p^p \cdot x^p + \Delta p \cdot \Delta r \cdot x^p + \\ + \Delta p \cdot \Delta x \cdot r^p + \Delta r \cdot \Delta x \cdot p^p + \Delta p \cdot \Delta r \cdot \Delta x + \\ + \Delta x \cdot p^p \cdot r^p \tag{5}$$

$$\Delta Ke = 4\,€ \cdot 4\,ME \cdot 6.000\,Stdn. + 2\,ME \cdot 11\,€ \cdot 6.000\,Stdn. + \\ + 4\,€ \cdot 2\,ME \cdot 6.000\,Stdn. + 4\,€ \cdot -1.000\,Stdn. \cdot \\ \cdot 4\,ME + 2\,ME \cdot -1.000\,Stdn. \cdot 11\,€ + 4\,€ \cdot 2\,ME \cdot \\ \cdot -1.000\,Stdn. -1.000\,Stdn. \cdot 11\,€ \cdot 4\,ME \tag{6}$$

$$\Delta Ke = 96.000\,€ + 132.000\,€ + 48.000\,€ - \\ - 16.000\,€ - 22.000\,€ - 8.000\,€ - 44.000\,€^{281} \tag{7}$$

$$\Delta Ke = 186.000\,€. \tag{8}$$

---

[279] Vgl. Beispiel 66 im Vierten Teil zu Gliederungspunkt 3.3.3.2.2.1.
[280] Preisabweichung (120.000 €); Verbrauchsabweichung (110.000 €); „echte" Beschäftigungsabweichung (–44.000 €).
[281] Preisabweichung (96.000 €); Verbrauchsabweichung (132.000 €); Summe der Abweichungen zweiten Grads (10.000 €); Abweichung dritten Grads (–8.000 €); „echte" Beschäftigungsabweichung (–44.000 €). Die Summe der Abweichungen höheren Grads beträgt mithin + 2.000 €.

Fasst man die vorstehenden Ausführungen zur Abweichungsanalyse in kumulativer Form zusammen, so zeigte sich, dass die Differenzen höheren Grads bei einem Ist-Soll-Vergleich im Rahmen der einfachen kumulativen Abweichungsanalyse stets in die **erste bis vorletzte Teilabweichung** eingehen und nur die **zuletzt ermittelte Partialdifferenz** eine bereinigte Teilabweichung darstellt. Allerdings ist es möglich, mit Hilfe der differenziert-kumulativen Abweichungsanalyse durch Sonderrechnungen die Differenzen höheren Grads kumulativ zu isolieren, wodurch auch eine **interdependenzfreie Zuordnung** bestimmter Teilabweichungen zu den entsprechenden Einflussgrößen durchgeführt werden kann. Wie auch die Zahlenbeispiele verdeutlicht haben, entspricht bei diesem Verfahren die Summe der ausgewiesenen Partialabweichungen stets der Gesamtdifferenz zwischen Ist- und Plankosten.[282] Da die Abweichungen höherer Grade auf die Wirkung unterschiedlicher Einflussgrößen zurückzuführen sind und i. d. R. durch das gemeinsame Handeln verschiedener Verantwortungsbereiche ausgelöst werden, empfiehlt sich eine **separate Erfassung** der Sekundärdifferenzen. Die kumulative Abweichungsanalyse stellt in ihrer differenzierten Form ein zur Erreichung dieses Ziels geeignetes Verfahren dar. Auftretende Rechenprobleme dürften durch die **Möglichkeiten** des **IT-Einsatzes** und der Umsetzung von Digitalisierungsstrategien ohne Schwierigkeiten lösbar sein. Eine andere Vorgehensweise wäre aber vor dem Hintergrund denkbar, dass die Teilabweichungen zwar durch mehrere Einflussgrößen ausgelöst werden, aber lediglich von einem Kostenstellenleiter zu vertreten sind.[283] Beim Vorliegen derartiger Konstellationen könnte auf eine Eliminierung der Differenzen höherer Grade aus den Partialabweichungen verzichtet werden.

Im Grundsatz besteht das Ziel der Kostenkontrolle darin, die Verbrauchsabweichung als Restdifferenz zu ermitteln, um hierdurch einen Indikator für kostenarten- und/oder kostenstellenbezogene Unwirtschaftlichkeiten zu erhalten. Vor diesem Hintergrund bedarf es im Hinblick auf die einfache kumulative Abweichungsanalyse einer Modifikation des dargelegten Ansatzes, der sicherstellt, dass die die Abweichungsanalyse störenden Differenzen höheren Grads anderen Teilabweichungen zugewiesen werden, während die Verbrauchsabweichung als eindeutige Mengendifferenz zum Ausweis kommt. Zur Erreichung dieses Ziels muss die Verbrauchsabweichung als **letzte Teildifferenz** ermittelt werden, die somit keine interdependenten Wirkungen

---

[282] Aufgrund der Doppelerfassung der Differenzen höheren Grads ist diese Bedingung beim Verfahren der alternativen Abweichungsanalyse nicht gegeben. Vgl. Kilger/Pampel/Vikas 2012, S. 147–148.
[283] So auch Kloock/Bommes 1982, S. 231 und S. 234.

anderer Einflussgrößen beinhaltet. Das vorstehend entwickelte Formelinstrumentarium ist dann wie folgt zu modifizieren (mit $Kf_m^i = Kf_m^p$):

$$K_n^i(x_n^i) - K_n^p(x_n^p) = \sum_{m=1}^{M} p_{mn}^i \cdot r_{mn}^i \cdot x_n^i - p_{mn}^p \cdot r_{mn}^p \cdot x_n^p$$

$$= \sum_{m=1}^{M} (p_{mn}^i - p_{mn}^p) \cdot r_{mn}^i \cdot x_n^i +$$

$$+ \sum_{m=1}^{M} (x_n^i - x_n^p) \cdot p_{mn}^p \cdot r_{mn}^i + \quad (1)$$

$$+ \sum_{m=1}^{M} (r_{mn}^i - r_{mn}^p) \cdot p_{mn}^p \cdot x_n^p \text{ oder}$$

$$K_n^i(x_n^i) - K_n^p(x_n^p) = \sum_{m=1}^{M} \Delta p_{mn}^i \cdot r_{mn}^p \cdot x_n^p + \Delta p_{mn} \cdot \Delta x_n \cdot r_{mn}^p + \Delta p_{mn} \cdot$$

$$\cdot \Delta r_{mn} \cdot x_n^p + \Delta p_{mn} \cdot \Delta r_{mn} \cdot \Delta x_n +$$

(= Preisabweichung)

$$+ \sum_{m=1}^{M} \Delta x_n \cdot p_{mn}^p \cdot r_{mn}^p + \Delta x_n \cdot \Delta r_{mn} \cdot p_{mn}^p + \quad (2)$$

(= „echte" Beschäftigungsabweichung)

$$+ \sum_{m=1}^{M} \Delta r_{mn} \cdot p_{mn}^p \cdot x_n^p$$

(= Verbrauchsabweichung).

Beispiel 69:
Auf der Grundlage des vorstehenden Formelapparates und unter Rückgriff auf die Daten von Beispiel 67 hat die kumulative Abweichungsanalyse für die dort betrachteten Einzelmaterialkosten nun folgendes Aussehen:

$$K_n^i(x^i) - K^p(x^p) = (p^i - p^p) \cdot r^i \cdot x^i + (x^i - x^p) \cdot p^p \cdot r^i + (r^i - r^p) \cdot x^p \cdot p^p \quad (1)$$

$$\Delta Ke \quad = (15\,€ - 11\,€) \cdot 6\,ME \cdot 5.000\,Stdn. +$$
$$+ (5.000\,Stdn. - 6.000\,Stdn.) \cdot 11\,€ \cdot 6\,ME + \quad (2)$$
$$+ (6\,ME - 4\,ME) \cdot 11\,€ \cdot 6.000\,Stdn.$$

$$\Delta Ke \quad = 120.000\,€ - 66.000\,€ + 132.000\,€^{284} \quad (3)$$

$$\Delta Ke \quad = 186.000\,€. \quad (4)$$

---

[284] Preisabweichung (120.000 €); „echte" Beschäftigungsabweichung (–66.000 €); Verbrauchsabweichung (132.000 €).

Ein Vergleich mit den entsprechenden Ergebnissen von Beispiel 68 verdeutlicht die Abhängigkeit des Umfangs der Teilabweichungen von der Reihenfolge ihrer Ermittlung. Führt man nun die differenzierte Abweichungsanalyse durch, so lässt sich zeigen, dass in dem Unterschiedsbetrag zwischen der zuerst ermittelten Preis- und „echten" Beschäftigungsabweichung von 54.000 € Differenzen höherer Grade von insgesamt 2.000 € enthalten sind, die per Saldo sowohl auf Preis-, Beschäftigungs- und Mengeneinflüssen beruhen.

$$\Delta Ke = \Delta p \cdot r^p \cdot x^p + \Delta x \cdot p^p \cdot r^p + \Delta p \cdot \Delta x \cdot r^p + \\ + \Delta p \cdot \Delta r \cdot x^p + \Delta x \cdot \Delta r \cdot p^p + \Delta p \cdot \Delta x \cdot \Delta r + \Delta r \cdot p^p \cdot x^p \tag{5}$$

$$\Delta Ke = 4\,€ \cdot 4\,ME \cdot 6.000\,Stdn. - 1.000\,Stdn. \cdot 11\,€ \cdot 4\,ME + \\ + 4\,€ \cdot -1.000\,Stdn. \cdot 4\,ME + 4\,€ \cdot 2\,ME \cdot \\ \cdot 6.000\,Stdn. - 1.000\,Stdn. \cdot 2\,ME \cdot 11\,€ + \\ + 4\,€ \cdot -1.000\,Stdn. \cdot 2\,ME + 2\,ME \cdot 11\,€ \cdot 6.000\,Stdn. \tag{6}$$

$$\Delta Ke = 96.000\,€ - 44.000\,€ - 16.000\,€ + \\ + 48.000\,€ - 22.000\,€ - 8.000\,€ + 132.000\,€^{285} \tag{7}$$

$$\Delta Ke = 186.000\,€. \tag{8}$$

Als Ergebnis bleibt festzuhalten, dass es bei einem Einsatz der differenzierten kumulativen Methode unter sonst gleichen Bedingungen **unbedeutend** ist, in welcher Reihenfolge die Teilabweichungen ermittelt werden, da dieses Verfahren den Benutzer in die Lage versetzt, eine Bereinigung aller Partialdifferenzen von störenden Differenzen höherer Grade vorzunehmen. Bei einem Einsatz des einfachen kumulativen Verfahrens besteht hingegen lediglich die Möglichkeit, die Abweichungen höherer Grade im Hinblick auf die **zuletzt** ermittelte Teildifferenz zu absorbieren.

Wird hingegen von der Unternehmensleitung beim Aufbau der Kostenkontrollrechnung das Ziel verfolgt, die **faktisch realisierten Abweichungen**, d. h. Preis-, Beschäftigungs- und Verbrauchsabweichungen, auf der Basis von **Istgrößen** auszuweisen, da nur derartige Teildifferenzen relevante Kontrollinformationen über effektiv eingetretene Kostenunter- oder -überschreitungen liefern,[286] dann bedarf es einer Modifikation der kumulativen Abweichungsanalyse. In diesem Fall muss bei der Ent-

---

[285] Preisabweichung (96.000 €); „echte" Beschäftigungsabweichung (–44.000 €); Summe der Abweichungen zweiten Grads (10.000 €); Abweichung dritten Grads (–8.000 €); Verbrauchsabweichung (132.000 €).
[286] Vgl. Kloock/Bommes 1982, S. 231–232.

wicklung der Abweichungsstruktur von **Planwerten** ausgegangen werden. Eine entsprechende Anpassung des Formelapparates zeigt dann nachstehendes Aussehen:[287]

$$K_n^p(x_n^p) - K_n^i(x_n^i) = \sum_{m=1}^{M} p_{mn}^p \cdot r_{mn}^p \cdot x_n^p - p_{mn}^i \cdot r_{mn}^i \cdot x_n^i =$$

$$= \sum_{m=1}^{M} (p_{mn}^p - p_{mn}^i) \cdot r_{mn}^p \cdot x_n^p + \sum_{m=1}^{M} (x_n^p - x_n^i) \cdot p_{mn}^p \cdot r_{mn}^i + \quad (1)$$

$$+ \sum_{m=1}^{M} (r_{mn}^p - r_{mn}^i) \cdot p_{mn}^i \cdot x_n^i \quad \text{oder}$$

$$K_n^p(x_n^p) - K_n^i(x_n^i) = \sum_{m=1}^{M} \Delta p_{mn} \cdot r_{mn}^i \cdot x_n^i + \Delta p_{mn} \cdot \Delta x_n \cdot r_{mn}^i + \Delta p_{mn} \cdot$$

$$\cdot \Delta r_{mn} \cdot x_n^i + \Delta p_{mn} \cdot \Delta r_{mn} \cdot \Delta x_n$$

(= Preisabweichung) +

$$+ \sum_{m=1}^{M} \Delta x_n \cdot p_{mn}^i \cdot r_{mn}^i + \Delta x_n \cdot \Delta r_{mn} \cdot p_{mn}^i + \quad (2)$$

(= „echte" Beschäftigungsabweichung) +

$$+ \sum_{m=1}^{M} \Delta r_{mn} \cdot p_{mn}^i \cdot x_n^i$$

(= Verbrauchsabweichung).

Beispiel 70:
In Anlehnung an die Daten von Beispiel 68 weist nun die einfache kumulative Abweichungsanalyse für die dort betrachteten Einzelmaterialkosten folgendes Bild auf:

$$K^p(x^p) - K^i(x^i) = (p^p - p^i) \cdot r^p \cdot x^p + (x^p - x^i) \cdot p^i \cdot r^p + (r^p - r^i) \cdot p^i \cdot x^i \quad (1)$$

$\Delta Ke \quad = (11\,€ - 15\,€) \cdot 4\,\text{ME} \cdot 6.000\,\text{Stdn.} +$

$\quad\quad + (6.000\,\text{Stdn.} - 5.000\,\text{Stdn.}) \cdot 15\,€ \cdot 4\,\text{ME} + \quad (2)$

$\quad\quad + (4\,\text{ME} - 6\,\text{ME}) \cdot 15\,€ \cdot 5.000\,\text{Stdn.}$

$\Delta Ke \quad = -96.000\,€ + 60.000\,€ - 150.000\,€^{288} \quad (3)$

$\Delta Ke \quad = -186.000\,€. \quad (4)$

Im Vergleich zu den Ergebnissen von Beispiel 69 zeigt sich, dass die Gesamtabweichung den gleichen Wert (186.000 €) aufweist, allerdings mit umgekehrtem Vorzei-

---

287 Vgl. Schildbach/Homburg 2009, S. 274–277.
288 Preisabweichung(–96.000 €); „echte" Beschäftigungsabweichung (60.000 €); Verbrauchsabweichung (–150.000 €).

chen. Für die Preis-, „echte" Beschäftigungs- und Verbrauchsabweichung sind jedoch andere Beträge ermittelt worden. Die Ursache für diese Unterschiede liegt darin begründet, dass in Beispiel 69 von Istwerten ausgegangen wurde. Führt man nun die differenzierte kumulative Abweichungsanalyse für den Sachverhalt durch, so lassen sich auch hier Differenzen höherer Grade nachweisen, die in der zuerst ermittelten negativen Preisabweichung und positiven „echten" Beschäftigungsabweichung in Höhe von − 6.000 € enthalten sind.

$$\Delta Ke = \Delta p \cdot r^i \cdot x^i + \Delta x \cdot p^i \cdot r^i + \Delta p \cdot \Delta x \cdot r^i + \Delta p \cdot \Delta r \cdot x^i + \\ + \Delta x \cdot \Delta r \cdot p^i + \Delta p \cdot \Delta x \cdot \Delta r + \Delta r \cdot p^i \cdot x^i \quad (5)$$

$$\Delta Ke = -4 € \cdot 6 \text{ ME} \cdot 5.000 \text{ Stdn.} + 1.000 \text{ Stdn.} \cdot 15 € \cdot \\ \cdot 6 \text{ ME} - 4 € \cdot 1.000 \text{ Stdn.} \cdot 6 \text{ ME} - 4 € \cdot -2 \text{ ME} \cdot \\ \cdot 5.000 \text{ Stdn.} + 1.000 \text{ Stdn.} \cdot -2 \text{ ME} \cdot 15 € -4 € \\ \cdot 1.000 \text{ Stdn.} \cdot 2 \text{ ME} - 2\text{ME} \cdot 15 € \cdot 5.000 \text{ Stdn.} \quad (6)$$

$$\Delta Ke = -120.000 € + 90.000 € - 24.000 € + \\ + 40.000 € - 30.000 € + 8.000 € - 150.000 €^{289} \quad (7)$$

$$\Delta Ke = -186.000 €. \quad (8)$$

Die negative Verbrauchsabweichung von −150.000 € bringt mithin die **effektiv eingetretenen Kostenüberschreitungen** zum Ausdruck, die ausschließlich durch unplanmäßigen Verbrauch von Fertigungsmaterialien verursacht worden sind.

3.3.3.2.3 Planung der Kosten

3.3.3.2.3.1 Allgemeines

Damit die angestrebten Primärziele Unternehmenswertsteigerung bzw. Gewinnwirtschaftung und Existenzsicherung langfristig bestmöglich realisiert werden können, bedarf es einer **integrierten ergebnis- und liquiditätsorientierten Gesamtunternehmensplanung**, die alle betrieblichen Funktionsbereiche und Prozesse umfasst. Allerdings wird eine solche Gesamtplanungsrechnung, die sich aus einer Vielzahl interdependenter Einzelpläne zusammensetzt, nur dann voll wirksam, wenn die geplanten Größen den einzelnen betrieblichen Teilbereichen und Prozessen budgetmäßig vorgegeben und anschließend den entsprechenden effektiv angefallenen Größen gegenübergestellt werden. Die ermittelten Planabweichungen geben den Führungsinstanzen sodann wichtige Hinweise über den **Grad**

---

289 Preisabweichung (−120.000 €); „echte" Beschäftigungsabweichung (90.000 €); Summe der Abweichungen zweiten Grads (−14.000 €); Abweichungen dritten Grads (8.000 €); Verbrauchsabweichungen (−150.000 €).

der Zielerreichung, notwendige Steuerungsmaßnahmen zur Erreichung der Sollausprägung der Kontrollobjekte, den Planungsaufbau und die Budgetierung in den Folgeperioden.[290]

Die Kostenplanung sollte in das gesamtbetriebliche Planungssystem integriert und im Rahmen der **operativen Planung** mit den übrigen Teilplänen der Unternehmung, insbesondere der **Finanz-, Absatz-, Produktions- und Beschaffungsplanung**, abgestimmt sein. Die operative Planung baut auf der generellen Zielplanung sowie der strategischen Planung auf. „Sie setzt grundsätzliche Produktkonzeptionen im Rahmen des langfristigen Produktprogramms und spezifische Potentiale, eine spezifische Potentialstruktur und ein Führungssystem als Ergebnisse der strategischen Planung voraus und ist unter Beachtung der generellen Ziele eine möglichst simultan durchzuführende Programm- und Aktions-/Aktionsobjektplanung."[291] Im Grundsatz kommt der Kostenplanung in diesem Zusammenhang die Aufgabe zu, für eine bestimmte Planungsperiode (i. d. R. ein Kalenderjahr) die über Kostenstellen verrechneten Kostenarten in Gestalt von Plankosten den einzelnen betrieblichen Einrichtungen exakt vorzugeben,[292] damit

(1) im Rahmen der kostenarten- bzw. kostenstellenbezogenen Abweichungsanalyse den zu kontrollierenden Istkosten möglichst aussagefähige Vergleichskosten gegenübergestellt werden können **(Kontrollfunktion)**, und
(2) den Führungsinstanzen zum Zweck der (kurzfristigen) Entscheidungsfindung im Beschaffungs-, Produktions- und Absatzbereich die relevanten (Plan-)Kostendaten zur Verfügung stehen **(Lenkungsfunktion)**.

Um diese mit der Kostenplanung verfolgten Zielsetzungen bestmöglich realisieren zu können, wird aufgrund der schnellen Änderung der Kostendaten (z. B. im Bereich der Beschaffungsmarktpreise und der Lohnsätze) eine permanente (jährliche) Anpassung der Kostenpläne erforderlich.

Eine für die Praxis elementare Frage besteht darin, welches Kostenniveau den einzelnen betrieblichen Abrechnungsbereichen im Hinblick auf die Erreichung der gesetzten Unternehmensziele vorzugeben ist. In diesem Zusammenhang wird im Schrifttum diskutiert, ob als Vorgabekosten die durch arbeitswissenschaftliche Untersuchungen ermittelten günstigsten Verbrauchsmengen der Planperiode **(Optimalkostenvorgabe)** oder aber durchschnittliche Istverbrauchsmengen, die auf mittleren anstelle von höchstmöglichen Wirtschaftlichkeitsgraden basieren **(Normalkostenvorgabe)**, anzusetzen sind. Interessante Aspekte zur Lösung dieser Frage bieten die

---

[290] Vgl. zu den betriebswirtschaftlichen Grundlagen der Aufbau- und Ablauforganisation eines Planungs- und Kontrollsystems im Einzelnen Freidank 2019a, S. 17–27; Horváth/Gleich/Seiter 2015, S. 65–167; Lachnit/Müller 2012, S. 11–17; Wall 1999.
[291] Hahn/Hungenberg 2001, S. 102.
[292] Vgl. Kilger/Pampel/Vikas 2012, S. 251.

Analysen von *Coenenberg*[293], der unter Berufung auf empirisches Datenmaterial darlegt, dass **psychologische „Anreizwirkungen"** von der Höhe der Kostenbudgetierung auf das Leistungsverhalten der Verantwortlichen in den betrieblichen Abrechnungsbereichen ausgehen. Die angesprochene Untersuchung kommt im Einzelnen zu folgenden Ergebnissen:[294]

(1) Zu hohe Kostenvorgaben ziehen aufgrund des fehlenden Risikos ihrer Nichterreichung keinen Leistungsanreiz nach sich, womit die Eignung einer Normalkostenvorgabe in Frage gestellt ist.
(2) Fallende Kostenvorgaben führen in der Tendenz zu sinkenden Kostenanspruchsniveaus und damit zu fallenden effektiven Kosten.
(3) Wird eine nur individuell bestimmbare Entmutigungsgrenze bezüglich der Kostenbudgetierung unterschritten, dann verlieren fallende Kostenvorgaben ihren Leistungsimpuls.

Obwohl die dargestellten Ansätze der **Anspruchsniveau-Theorie** keine konkreten Hinweise auf die Höhe der Vorgabekosten liefern, bieten sie den Planungsinstanzen jedoch wichtige Anhaltspunkte im Rahmen der Kostenbudgetierung bezüglich der Wahl des den einzelnen betrieblichen Einrichtungen vorzugebenden Kostenniveaus.

3.3.3.2.3.2 Exkurs: Bedeutung des verhaltensorientierten Ansatzes für Kostenrechnung und Controlling

Traditionell ist die Sichtweise auf die Controlling Konzeptionen eine entscheidungsorientierte, die sich zu Entscheidungszwecken auf Kennzahlen und Kostenrechnungen bezieht, ohne dabei das Verhalten, die Motivation und Fähigkeiten der Akteure im Unternehmen zu berücksichtigen.[295] Zunehmend verstehen Forschende auf dem Gebiet der Betriebswirtschaft die BWL nicht nur als entscheidungsorientierte sondern vielmehr als Wissenschaft über das Verhalten von Menschen im Unternehmen.[296] Durch die Globalisierung und das damit verbundene Erschließen neuer Bezugs- und Absatzmärkte, die steigende Masse an kritischen Konsumenten und den Einsatz neuer Technologien hat die unternehmerische Aufgabe der Bereitstellung eines adäquaten Güter- oder Dienstleistungsprogramms in den letzten Jahrzehnten an Komplexität gewonnen.[297] Eine auf die Gegenüberstellung von Kosten und Leistungen reduzierte Betrachtung von Unternehmen wird dieser Komplexität nicht mehr gerecht. Daher ist es unerlässlich, Aktivitäten von und in Unternehmen aus ver-

---

[293] Vgl. Coenenberg 1970, S. 1137–1141. Vgl. zu diesem Problemkreis auch Ewert/Wagenhofer 2014, S. 302–304; Götze 2010, S. 179–180; .
[294] Vgl. Coenenberg 1970, S. 1141.
[295] Vgl. Bramsemann/Heineke/Kunz 2004, S. 553.
[296] Vgl. Wolf/Sureth-Sloane/Weißenberger 2018, S. 16.
[297] Vgl. Wolf/Sureth-Sloane/Weißenberger 2018, S. 16.

schiedenen Perspektiven zu beleuchten. Hierzu bedarf es einer Einbindung von psychologischen und soziologischen Theorien und Methoden und insbesondere von **verhaltenswissenschaftlichen Ansätzen** in das Controlling.[298] Eine verhaltensorientierte Sichtweise berücksichtigt das Handeln der Akteure und geht davon aus, dass Akteure **eigennutzorientiert** und somit nicht immer im Sinne der Unternehmensziele handeln. Weiterhin nimmt sie an, dass die Akteure beschränkte kognitive Fähigkeiten haben, was zu **Fehlentscheidungen** führen kann.[299]

Das Konzept des verhaltensorientierten Controllings berücksichtigt das Verhalten der Akteure im Unternehmen.[300] Das der Modellierung zugrundeliegende Menschenbild ist der homo oeconomicus, der eine individuelle Nutzenfunktion besitzt und rational handelt.[301] Dabei wird unterstellt, dass der individuelle Nutzen des Akteurs dem Nutzen des Unternehmens entspricht, und das Können und Wissen des Akteurs uneingeschränkt ist, um stets rational handeln zu können.[302] Diese Annahme vernachlässigt jedoch motivationale Eigenschaften oder kognitive Beschränkungen der handelnden Akteure.[303] Das verhaltensorientierte Controlling unterstellt ein differenzierteres Menschenbild.[304] Der homo oeconomicus humanus modelliert den Menschen als begrenztes rationales Wesen, dem nicht alle Informationen vollständig vorliegen und der Informationen nur begrenzt verarbeiten kann und sich zusätzlich von emotionalen und moralischen Vorstellungen leiten lässt.[305] Es wird also ein bewusstes Akteursverhalten unterstellt das zwei grundlegende Annahmen hinterfragt: das Wollen und das Können des Akteurs.[306] Zum einen wird angenommen, dass Akteure nur über begrenzte kognitive Fähigkeiten verfügen und aufgrund der Komplexität von Informationen sowie Informationsasymmetrien Fehlentscheidungen treffen können.[307] Zum anderen wird unterstellt, dass Akteure eigennutzorientierte Entscheidungen treffen, die nicht zwingend im Sinne des Unternehmens sind. Hierbei ist die Entscheidungsfindung nicht rein rational, sondern von individuellen Emotionen und ethischen Vorstellungen des jeweiligen Akteurs geprägt.[308]

Der Akteur besitzt eine individuelle Nutzenfunktion und versucht diese unter Berücksichtigung bestimmter Restriktionen zu optimieren.[309] Restriktionen können hierbei sowohl Fähigkeiten, Zeit und finanzielle Mittel betreffen, als auch techni-

---

298 Vgl. Bramsemann/Heineke/Kunz 2004, S. 551; Wolf/Sureth-Sloane/Weißenberger 2018, S. 16.
299 Vgl. Bramsemann/Heineke/Kunz 2004, S. 553.
300 Vgl. Weber 2013, S. 218.
301 Vgl. Weber 2013, S. 218; Wolf/Sureth-Sloane/Weißenberger 2018, S. 16.
302 Vgl. Bramsemann/Heineke/Kunz 2004, S. 553; Weber 2013, S. 218.
303 Vgl. Bramsemann/Heineke/Kunz 2004, S. 553; Weber 2013, S. 218.
304 Vgl. Daxhammer/Fascar 2018, S. 97; Wolf/Sureth-Sloane/Weißenberger 2018, S. 16.
305 Vgl. Daxhammer/Fascar 2018, S. 97.
306 Vgl. Bramsemann/Heineke/Kunz 2004, S. 554; Weber 2013, S. 218.
307 Vgl. Bramsemann/Heineke/Kunz 2004, S. 553; Weber 2013, S. 221.
308 Vgl. Daxhammer/Fascar 2018, S. 96.
309 Vgl. Bramsemann/Heineke/Kunz 2004, S. 554; Weber 2013, S. 218.

scher Natur oder sozialer Natur sein, die beispielsweise aus Normen oder der Interaktion mit anderen Akteuren resultieren.[310] Aus Nutzen und Restriktionen ergeben sich unterschiedliche Handlungsmöglichkeiten, bei denen sich der Akteur für diejenige entscheidet, die ihm den maximalen Nutzen bringt, so dass nicht davon ausgegangen werden kann, dass das Verhalten des Akteurs in Harmonie mit den Unternehmenszielen ist.[311] Solche Konflikte werden in der Literatur mit der **Prinzipal-Agenten Theorie**[312], die unterschiedliche Interessen zwischen den Eigentümern des Unternehmens und den Managern unterstellt, beschrieben.[313] Während die Eigentümer an der Sicherung des langfristigen Unternehmenserfolgs interessiert sind, steht bei den Managern die Realisierung schneller Gewinne, an welche ihre Bonuszahlungen gekoppelt sind, im Vordergrund.[314] Der Agent hat aufgrund seiner Tätigkeit im Unternehmen gewisse Informationsvorsprünge gegenüber dem Eigentümer.[315] Dieser Handlungsspielraum kann vom Agent ausgenutzt werden, um seinen eigenen Nutzen zu maximieren.[316] Der Sachverhalt wird jedoch noch dadurch erschwert, dass eigennütziges Handeln nicht immer rein rational sein muss. Der Akteur entscheidet sich nicht zwangsläufig für die Handlungsoption, welche ökonomisch gesehen den maximalen Nutzen stiftet. Auch psychologische und moralische Aspekte fließen in die Entscheidungsfindung ein.[317] Das verhaltensorientierte Controlling kann hier nicht nur ansetzen, Beweggründe für bestimmte Entscheidungen zu analysieren, sondern auch Lösungsvorschläge erarbeiten (z. B. Anreizsysteme), um Regelverstöße und unehrliches Verhalten zu reduzieren.[318]

Ein in der Praxis häufig auftretendes Phänomen für eigennutzorientiertes Handeln ist der sog. **Budgetary Slack**. Hierunter wird verstanden, dass verantwortliche Akteure im Rahmen des Budgetierungsprozesses bewusst Puffer in den **Budgetplan** einarbeiten. Erbringbare Leistungen werden also zu niedrig bzw. benötigte Ressourcen und Kosten höher veranschlagt als benötigt.[319] Da Tatsachen absichtlich verfälscht dargestellt werden, handelt es sich um **unehrliches Verhalten** von Seiten des verantwortlichen Akteurs.[320] Voraussetzungen für Budgetary Slacks sind Informationsasymmetrien zwischen Budgetnehmer und -geber, welche der Budgetnehmer zu seinem eigenen Vorteil nutzen kann.[321] Die Einflussfaktoren auf die Ehrlichkeit im

---

310 Vgl. Bramsemann/Heineke/Kunz 2004, S. 554.
311 Vgl. Bramsemann/Heineke/Kunz 2004, S. 553–554.
312 Vgl. Jensen/Meckling 1976, S. 305–360.
313 Vgl. Freidank 2012, S. 9–11; Welge/Eulerich 2014, S. 2.
314 Vgl. Welge/Eulerich 2014, S. 14.
315 Vgl. Freidank/Sassen 2012, S. 169–172.
316 Vgl. Bramsemann/Heineke/Kunz 2004, S. 553; Weber 2013, S. 218.
317 Vgl. Daxhammer/Fascar 2018, S. 96.
318 Vgl. Köhler 2018, S. 293; Weber 2013, S. 218.
319 Vgl. Sautter 2016, S. 218; Schwering 2016, S. 30.
320 Vgl. Sautter 2016, S. 218.
321 Vgl. Blay/Douthit/Fulmer 2019, S. 57; Sautter 2016, S. 282.

Budgetierungsprozess sind vielfältig. Ökonomische Faktoren, wie Kontroll- und Anreizsysteme spielen dabei eine große Rolle.[322] Variable Vergütungssysteme sind in der Praxis weit verbreitet. Gerade bei Aktiengesellschaften stellt die variable Vergütung einen erheblichen Anteil an der Gesamtvergütung dar.[323] Ist die Vergütung an das Erfüllen der Budgetvorgaben gekoppelt, entstehen Anreize für die Veranschlagung von Budgetary Slacks.[324] Dies ist jedoch nicht nur rein ökonomisch erklärbar.[325] Dem gegenüber stehen verhaltenswissenschaftliche Faktoren, wie die Präferenz für Ehrlichkeit oder ethische Bedenken.[326] Eine Präferenz für ehrliches Handeln sollte die Wahrscheinlichkeit für Budgetary Slacks verringern.[327] Werden dem Akteur jedoch starke Anreize zur Unehrlichkeit gegeben (z. B. durch das Vergütungssystem oder die Leistungsbeurteilung) kann dies **Absichts-Verhaltens-Lücken** zur Folge haben, sodass der Budgetnehmer trotz Ehrlichkeit und seiner moralischen Überzeugung Budgetary Slacks veranschlagt.[328]

Veränderungen in der Modellierung sollten nicht nur beim Wollen, sondern auch beim Können der Akteure ansetzen.[329] Der homo oeconomicus optimiert seine Nutzenfunktion andauernd und fehlerfrei unter Berücksichtigung aller Restriktionen und daraus resultierenden Handlungsalternativen. Diese Rationalitätsannahme entspricht nicht der Realität,[330] da die kognitiven Fähigkeiten der Akteure im Management beschränkt sind.[331] Subjektive Wahrnehmungsverzerrungen, systematisch falsche Entscheidungsverfahren, Zeit- und Kapazitätsengpässe bei Entscheidungen sind alltägliche Probleme.[332] Hinzu kommt die Komplexität der zu verantwortenden Aufgaben.[333] Studien zeigen, dass gerade Deutschland im internationalen Vergleich über eine komplexe Kostenrechnung verfügt und dass die **Komplexität der Kostenrechnung** mit der Größe des Unternehmens steigt.[334] In Verbindung mit einer solchen Komplexität können kognitive Beschränkungen in der Informationsverarbeitung und Entscheidungsfindung Schlüsselfaktoren für systematische Fehlentscheidungen werden.[335] Systematische Fehler können in der Kostenrechnung beispielsweise über

---

322 Vgl. Sautter 2016, S. 242.
323 Vgl. Sassen/Schnier 2013, S. 242.
324 Vgl. Deutsche Schutzvereinigung für Wertpapierbesitz e.V./Technische Universität München 2019; Sautter 2016, S. 282.
325 Vgl. Schwering 2016, S. 86.
326 Vgl. Blay/Douthit/Fulmer 2019; Sautter 2016, S. 282.
327 Vgl. Blay/Douthit/Fulmer 2019, S. 63–64.
328 Vgl. Sautter 2016, S. 282; Wolf/Sureth-Sloane/Weißenberger 2018, S. 16.
329 Vgl. Weber 2013, S. 218.
330 Vgl. Bramsemann/Heineke/Kunz 2004, S. 555; Weber 2013, S. 218.
331 Vgl. Weber 2013, S. 218.
332 Vgl. Weber 2013, S. 218.
333 Vgl. Wolf/Sureth-Sloane/Weißenberger 2018, S. 16.
334 Vgl. Kajüter 2018, S. 25.
335 Vgl. Wolf/Sureth-Sloane/Weißenberger 2018, S. 16.

einen festgelegten Verteilungsschlüssel entstehen. Werden Kosten hierbei nicht verursachungsgerecht aufgeteilt, kommt es bei der wiederholten Anwendung dieses Verteilungsschlüssels zu **systematischen Verzerrungen** in der Kostenrechnung.[336] Häufig treten systematische Fehler auch bei IT-gestützten Verfahren auf, da es durch kognitive Beschränkungen vorkommen kann, dass der Akteur bei Festlegung und Programmierung der Anwendungsregel für die Kostenverteilung bestimmte Fälle nicht berücksichtigt.[337] Durch den grundlegenden Fehler in der Anwendungsregel kann es zu einer systematisch falschen Verteilung von Kosten kommen.[338] Das Controlling steht in der Verantwortung, durch geeignete Kontrollsysteme Fehler zu analysieren.[339] Verhaltensorientiertes Controlling greift jedoch weiter als die herkömmlich verwendeten Instrumente (z. B. Abweichungsanalysen). Es kann nicht nur die verantwortliche Stelle für den Fehler ermittelt, sondern auch analysiert werden, warum es zu Fehlern kam. Des Weiteren können Strategien gegen systematische Entscheidungsfehler entwickelt und Lernprozesse angestoßen werden.[340] Wie bedeutsam systematische Fehler in der Kostenrechnung sind, kommt auf das Kostenrechnungssystem selbst und die Verwendung der Kosteninformation an.[341] Die qualitative Insolvenzursachenforschung kam zu dem Ergebnis, dass viele Betriebsschließungen auf die mangelnde präzise Verwendung von Kostenrechnungsinstrumenten zurückzuführen sind. Gerade in mittelständischen Unternehmen werden Entscheidungen eher intuitiv getroffen.[342] Dieser Sachverhalt wird von Banken aufgegriffen und fließt in das Ratingsystem für die Kreditvergabe ein, so dass Kostenrechnungsinstrumente für die **Kreditvergabe** inzwischen eine bedeutende Rolle spielen.[343] Da für kleine und mittelständische Unternehmen die Finanzierung durch Bankkredite die zentrale Finanzierungsquelle ist, können eine mangelnde Komplexität der Kostenrechnung und systematische Fehler eine tragende Reichweite haben.[344]

Im Folgenden werden Anknüpfungspunkte der verhaltensorientierten Perspektive zu den verschiedenen Controlling Konzeptionen aufgezeigt.[345] Während *Weber* den Controlling-Funktionen (Informations-, Planungs- und Kontroll-, Koordinationsfunktion und Rationalitätssicherung) verhaltensorientierte Blickwinkel zuschreibt,[346] befassen sich etwa *Bramsemann* et al. mit der verhaltensorientierten Sichtweise in zwei verschie-

---

336 Vgl. Mertens/Mayer 2018, S. 29.
337 Vgl. Köhler 2018, S. 292.
338 Vgl. Köhler 2018, S. 292.
339 Vgl. Köhler 2018, S. 293; Schirmeister/Krüsmann 2010, S. 361.
340 Vgl. Köhler 2018, S. 293; Schirmeister/Krüsmann 2010, S. 361; Wolf/Sureth-Sloane/Weißenberger 2018, S. 16.
341 Vgl. Mertens/Mayer 2018, S. 37.
342 Vgl. Müller 2006, S. 1148.
343 Vgl. Müller 2006, S. 1148, 1151 und bereits Freidank/Paetzmann 2002, S. 1787–1788.
344 Vgl. Müller 2006, S. 1148, 1152.
345 Vgl. für einen Überblick über Controlling-Konzepte Freidank 2012, S. 54–57.
346 Vgl. Weber 2013, S. 218–221.

denen Controlling Ansätzen.[347] Bei der Informationsfunktion sieht *Weber* erhebliche Ansatzpunkte des verhaltensorientierten Controllings auf Seiten des Könnens in Bezug auf den Umgang mit Informationen. Ein Schwerpunkt der Arbeit des Controllers liegt in der Bereitstellung von Informationen für die Führungsebene. Hierbei handelt es sich meist um einen hohen Umfang an Informationen, die aus derExpertenperspektive des Controllers erstellt wurde. **Informationsüberflutung und Verständnisprobleme** können zu Fehlentscheidungen führen. Es ist sicherzustellen, dass nur relevante Informationen auf verständliche Weise an die Führungsebene weitergegeben wird. Informationen sollten auf die **Informationsverarbeitungsfähigkeit** der Adressaten ausgerichtet werden. Informationen können jedoch von den Adressaten aus Eigennutz missbraucht werden. Um diesem Wollensproblem entgegenzuwirken, ist es gleichzeitig die Aufgabe des Controllers, Transparenz zu schaffen.[348] Auch in der Planungs- und Kontrollfunktion muss ein verhaltensorientierter Blick Berücksichtigung finden. Neben den bereits diskutierten Budgetary Slacks kann es noch zu weiteren Wollensproblemen, aber auch zu Problemen auf Seiten des Könnens kommen. Wird das Führungspersonal nicht aktiv mit in den Budgetierungsprozess eingebunden, kann es einerseits zu mangelnder Bereitschaft zur Umsetzung des Budgetplans und andererseits zu Verständnisproblemen kommen. Aufgabe des Controllers ist es, den Budgetplan verständlich zu gestalten und dessen Erfüllung zu kontrollieren. Die Kontrollfunktion sollte dabei so ausgestaltet werden, dass sie als Prozess des gemeinsamen Lernens und nicht als Überwachung[349] wahrgenommen wird.[350] Die **Koordinationsfunktion** verlangt von Controllern die Abstimmung der einzelnen Abteilungen zu übernehmen, sollte sich jedoch nicht darauf beschränken. Auch die Kommunikation zwischen den Abteilungsleitern und das persönliche Verhalten der Akteure bei der Interaktion sollte berücksichtigt werden.[351] Die Funktion der **Rationalitätssicherung** ist ohnehin verhaltensorientiert geprägt. Hier ist es die Aufgabe des Controllers, Könnens- und Wollensbeschränkungen der Führungspersonen, die zum einen Fehlentscheidungen durch Verständnisprobleme und zum anderen eigennutzorientiertes Handeln als Konflikt zu den Unternehmenszielen zur Folge haben können, zu reduzieren oder bestenfalls zu vermeiden. Um Fehlentscheidungen zu minimieren kann der Controller dem einzelnen Akteur Informationen bedarfsgerecht aufbereiten und erklären, sowie bei komplexen Entscheidungen beratend unterstützen. Um eigennutzorientiertem Handeln vorzubeugen, kann der Controller dafür sorgen, dass alle nötigen Informationen im Entscheidungsprozess Berücksichtigung finden und im Sinne der Unternehmensziele bewertet werden.[352]

---

347 Vgl. Bramsemann/Heineke/Kunz 2004, S. 559–564.
348 Vgl. Weber 2013, S. 218–219.
349 Vgl. zur Abgrenzung von Überwachung und Kontrolle Freidank 2012, S. 11–16.
350 Vgl. Weber 2013, S. 219–220.
351 Vgl. Weber 2013, S. 220.
352 Vgl. Bramsemann/Heineke/Kunz 2004, S. 562; Weber 2013, S. 220–221.

Zusätzlich diskutieren *Bramsemann* et al. zwei unterschiedliche Ansätze, die auf theoretischer Ebene verhaltensorientierte Elemente beinhalten. Einer dieser Ansätze ist der Koordinationsorientierte Ansatz von *Horváth*[353], welcher einen Akteur zugrunde legt, der sowohl beschränkt rational als auch im Eigeninteresse handelt und in einer Umgebung agiert, in der Unsicherheiten herrschen. Die Aufgabe des Controllers ist hier die Koordination der Informationsversorgung sowie der Planung- und Kontrolle. Um Fehlentscheidungen und eigennutzorientiertes Handeln zu minimieren, ergibt sich ein laufender **Koordinationsbedarf**. Wie bei *Weber* kommt es in *Horváths* Ansatz zu Könnens- und Wollensproblemen, die mit einer verhaltensorientierten Herangehensweise durch den Controller adressiert werden sollen. *Bramsemann* et al. kritisieren, dass sich der Ansatz ausschließlich auf die Funktionen der Informationsversorgung und Planung- und Kontrolle beschränkt und weitere Führungsaufgaben wie beispielsweise die Personalführung außer Acht gelassen wird.[354] Der zweite aufgegriffene Ansatz ist das koordinationsorientierte Modell von *Küpper* et al.[355], welches den Fokus des Controllings auf die Koordination innerhalb der Führungsebene legt. Koordinationsbedarf ergibt sich daraus, dass wechselseitige Abhängigkeiten innerhalb der Führungsebene auf verschiedene Führungspersonen verteilt sind. Auch *Küpper* et al. gehen in diesem Zusammenhang von Akteuren mit beschränkten kognitiven Fähigkeiten und eigennutzorientieren Handeln aus. Wesentlich hier ist jedoch die aufgrund der Aufgabenteilung vorhandene asymmetrische Verteilung des Wissens. Auch hier können kognitive Beschränkungen und unterschiedliche Wissensstände zu Fehlentscheidungen führen. Informationsasymmetrien können zudem von Akteuren zu ihrem eignen Vorteil genutzt werden. Die Aufgabe des Controllings ist es, die **Koordination in der Führungsebene** sicherstellen, um das für die Entscheidungsfindung relevante Wissen für alle Akteure transparent zu machen und Anreiz- und Steuerungssysteme zu integrieren, um eigennutzorientiertes Handeln zu minimieren. *Bramsemann* et al. heben positiv hervor, dass der Ansatz von *Küpper* et al. alle Bereiche der Unternehmensführung, auch die Organisation und die Personalführung, einschließt.[356]

Die verhaltensorientierte Perspektive hat in den letzten Jahren zunehmende Beachtung in der betriebswirtschaftlichen Forschung erfahren.[357] Die Problematik am bisher unterstellten Menschbild wurde erkannt und im verhaltensorientierten Controlling aufgegriffen, jedoch besteht noch weiterer Bedarf bei einer differenzierten Modellierung der Akteure, insbesondere von Führungspersonen.[358] Verhaltensorientierte Sichtweisen werden teilweise bei den Controlling-Funktionen und in ver-

---

353 Vgl. Horváth/Gleich/Seiter 2015, S. 59–60.
354 Vgl. Bramsemann/Heineke/Kunz 2004, S. 559–560.
355 Vgl. Küpper/Friedl/Hofmann/Hofmann/Pedell 2013, S. 33–39.
356 Vgl. Bramsemann/Heineke/Kunz 2004, S. 560–561.
357 Vgl. Weber 2013, S. 217.
358 Vgl. Weber 2013, S. 221.

schiedenen theoretischen Ansätzen bedacht. Das Einbeziehen verhaltenswissenschaftlicher Aspekte ist jedoch bei weitem noch nicht konsistent und flächendeckend, so dass die Forschung in diesem Bereich noch intensiviert werden sollte, um Erkenntnisfortschritte zu generieren.[359]

3.3.3.2.3.3 Kostentheorie als Basis der Kostenplanung

Die Grundlagen der Planung von Kosten stellen die Kenntnisse über die Abhängigkeiten zwischen den Kosten und ihren Bestimmungsfaktoren dar.[360] Derartige Beziehungen werden im Rahmen der Kostentheorie mit Hilfe von Kostenfunktionen modellhaft abgebildet. Da sich Kosten grundsätzlich als Produkt aus den Größen Faktorpreis mal Faktormenge errechnen, besteht die Aufgabe der Kostenplanung zum einen in der **Budgetierung der Faktorpreise** und zum anderen in der **Budgetierung des Faktormengenverbrauchs**. Aufgrund der in einer Plankostenrechnung vorgenommenen Eliminierung von Preis- und Lohnsatzschwankungen durch ein Planpreissystem können sich derartige Variationen jedoch nicht auf die ermittelten betrieblichen Sollkostenfunktionen auswirken. Als Hauptbestimmungsgrößen (des Faktormengenverzehrs) eines Industriebetriebs werden deshalb von *Kilger* nachstehende vier Gruppen von Entscheidungen genannt:[361]

(1) **Entscheidungen über den Aufbau zeitungebundener Nutzungspotenziale.** Hierzu gehören z. B. Dispositionen über Forschungs- und Entwicklungsprojekte, Werbefeldzüge und Änderungen der Unternehmensorganisation. Die aus diesen Entscheidungen resultierenden Kosten sind weder der fixen noch der variablen Kostenkategorie zuzuordnen und müssen im System einer Plankostenrechnung projektbezogen budgetiert und kontrolliert werden.

(2) **Entscheidungen über die Kapazitäten betrieblicher Teilbereiche.** Von den Dispositionen bezüglich der Veränderung des Kapazitätsquerschnitts betrieblicher Kostenstellen sind der Betriebsmitteleinsatz und die personelle Betriebsbereitschaft dieser Teilbereiche betroffen. Durch derartige Entscheidungen ändern sich in erster Linie die beschäftigungsunabhängigen (fixen) Kosten.[362] Bei bestimmten Arten der Potenzialfaktoren besteht jedoch in Abhängigkeit von ihrer Austauschbarkeit zwischen den Abrechnungsbereichen, ihrem Teilbarkeitsgrad und dem Fristigkeitsgrad der Planung die Möglichkeit, sie beschäftigungsbezogen zu budgetieren. Diese Potenzialfaktoren, die sich in mehr oder weniger großem Umfang an Ausbringungsschwankungen adaptieren lassen, führen zu

---
359 Vgl. Bramsemann/Heineke/Kunz 2004, S. 564.
360 Vgl. im Einzelnen die Ausführungen im zweiten Teil.
361 Vgl. Kilger 1976a, S. 680–682.
362 Unterliegen allerdings abnutzbare Potenzialfaktoren (z. B. Betriebsmittel) neben dem Zeitauch dem Gebrauchsverschleiß, so zieht letzterer variable Kosten (z. B. leistungsabhängige Abschreibungen) nach sich.

variablen oder zu sprungfixen Kosten.[363] Potenzialfaktoren, die nicht beschäftigungsorientiert zu disponieren sind, subsumiert die flexible Plankostenrechnung den absolutfixen Kosten, da die Aktionsparameter der Langfristplanung beim Aufbau der Kostenbudgetierung als gegeben unterstellt werden.[364]

(3) **Entscheidungen über die Verfahren betrieblicher Teilbereiche.** Ebenso wie die nicht beschäftigungsbezogen planbaren Potenzialfaktoren werden auch die Auswirkungen langfristiger Entscheidungen hinsichtlich der Produktionsverfahren in den betrieblichen Kostenstellen als gegeben angenommen. Bei einer langfristigen Änderung eines Fertigungsverfahrens ist im Rahmen der Planrevision für den betreffenden Abrechnungsbereich eine neue Sollkostenfunktion zu ermitteln.

(4) **Entscheidungen über die Beschäftigung betrieblicher Teilbereiche.** Unter der Prämisse gegebener Produktionskapazitäten und Fertigungsverfahren sind Entscheidungen über die Beschäftigung „betrieblicher Teilbereiche die wichtigsten Kostenbestimmungsfaktoren industrieller Betriebe"[365]. Wie noch im Detail zu zeigen sein wird, werden die Auswirkungen dieser Entscheidungen im System der flexiblen Plankostenrechnung anhand von **Bezugsgrößen** erfasst, die sich zu den entsprechenden beschäftigungsabhängigen Kosten der einzelnen Kostenstellen möglichst proportional verhalten sollten. Von den Dispositionen hinsichtlich der Beschäftigung sind neben den ausbringungsorientiert zu planenden Potenzialfaktoren diejenigen Einsatzgüter betroffen, die beliebig teilbaren Charakter aufweisen (z. B. Roh-, Hilfs- und Betriebsstoffe) und im Produktionsprozess nicht genutzt werden, sondern beim Einsatz in die Fertigung untergehen.

Das Ausmaß des Werkstoffverbrauchs hängt entscheidend von der Leistungsintensität des bearbeitenden Aggregats ab, so dass bei unterschiedlichen Anpassungsgraden verschiedene Verzehre an beschäftigungsabhängigen Faktoren und damit differierende variable Kosten pro Stück anfallen. Geht man allerdings von der Prämisse aus, dass die Führungsinstanzen ihre Entscheidung über die Höhe der Beschäftigung auf der Basis **konstanter (optimaler) Intensitätsgrade** treffen, dann liegen konstante Faktormengenverzehre und damit gleichbleibende Grenzkosten pro Ausbringungseinheit vor.

---

363 Beispiel für variable Kosten: Arbeitskräfte, die zwischen mehreren Kostenstellen auszutauschen sind und deren Arbeitszeit anhand von Überstunden bzw. Kurzarbeit an unterschiedliche Beschäftigungsgrade angepasst werden kann. Beispiel für sprungfixe Kosten: Wurde der Fristigkeitsgrad der Kostenplanung über den gesetzlichen Kündigungsfristen angesetzt, dann besteht die Möglichkeit, die Zahl der Arbeitskräfte durch Entlassungen an sinkende Beschäftigungsgrade stufenweise anzupassen.
364 Vgl. Kilger 1976a, S. 682.
365 Kilger 1976a, S. 682.

Obwohl in einem Industriebetrieb eine Vielzahl unterschiedlicher Kostenbestimmungsfaktoren existiert, liegt der flexiblen Plankostenrechnung die Annahme **linearer Kostenverläufe** zugrunde. Unter der Voraussetzung der Konstanz aller langfristigen Einflussgrößen (z. B. der Betriebsmittelkapazität, der organisatorischen und technischen Verfahren und einem großen Teil des Personalbestands) und konstanter Intensitätsgrade der Betriebsmittel sowie fester Verrechnungspreise der Produktionsfaktoren bei der Kostenbudgetierung erscheint diese Prämisse grundsätzlich gerechtfertigt. Allerdings besitzt im Fall von geplanten intensitätsmäßigen Anpassungsprozessen für sämtliche realisierbaren Beschäftigungsgrade aus kostentheoretischer Sicht ein S-förmiger Gesamtkostenverlauf, dem U-förmige Funktionen der Grenzkosten und der variablen Durchschnittskosten entsprechen, Gültigkeit.[366] Somit müssen bei derartigen Konstellationen den einzelnen Kostenstellen nichtlineare Sollkostenfunktionen vorgegeben werden. Um rechentechnische Schwierigkeiten zu vermeiden, nimmt die Praxis hier eine Vereinfachung vor, indem der nichtlineare Gesamtkostenverlauf durch **eine lineare Sollkostenfunktion pro Kostenstelle** approximiert wird. Diese Vorgehensweise ist aber nur dann gerechtfertigt, wenn sich der Einfluss der Intensität auf einige Kostenarten beschränkt und die nichtlineare Gesamtkostenfunktion nur geringfügig von einer Geraden abweicht.[367]

3.3.3.2.3.4 Methoden der Kostenplanung

3.3.3.2.3.4.1 Planung der Einzelkosten

Im Gegensatz zur **kostenstellenbezogenen Planung der Gemeinkosten** erfolgt die **Planung der Einzelmaterialkosten kostenträgerorientiert**, wobei der Planungsansatz für jede Einzelmaterialkostenart anhand von **Stücklisten, Verbrauchsfunktionen oder Rezepturen** ermittelt wird.[368] Sie geben Aufschluss darüber, welche Mengen an Werkstoffen zur Herstellung der einzelnen Produkte erforderlich sind und informieren die Planungsinstanzen somit über die Produktionskoeffizienten, die für den Verbrauch der entsprechenden Werkstoffarten Gültigkeit besitzen.[369] Aufgrund der unterschiedlichen Ausprägungen industrieller Produkte und ihrer differierenden Fertigungsprozesse kann ein allgemeingültiges Schema zur Ermittlung der Einzelmaterialverbrauchsmengen jedoch nicht existieren. In vielen Fällen führt aber die **Plan-Nettoeinzelmaterialmenge** zuzüglich der unterschiedlichen **Plan-Abfallmengen** multiplikativ verknüpft mit den entsprechenden **Planpreisen** zu den **Plan-Bruttoein-**

---

366 Vgl. die Ausführungen im zweiten Teil zu Gliederungspunkt 3.4.1. und Gliederungspunkt 7.4.
367 Vgl. Kilger 1976a, S. 687.
368 Vgl. zur Planung der Einzel- und Gemeinkosten Kilger/Pampel/Vikas 2012, S. 197–658. Auf diese Darlegungen stützen sich auch die folgenden Ausführungen.
369 Vgl. Schweitzer/Küpper/Friedl/Hofmann/Pedell 2016, S. 307. Liegen die jeweiligen Produktions- und Kostenverläufe nicht vor, dann besteht die Möglichkeit, die entsprechenden Funktionen durch Kostenanalysen oder den Einsatz statistischer Schätzmethoden zu ermitteln.

zelmaterialkosten, die als Vergleichswerte im Rahmen der Kostenkontrolle nach Material- und Produktarten differenziert zum Ausweis gelangen.

Beispiel 71:[370]
Eine Unternehmung, die Kinderspielzeug herstellt, hat u. a. Perlensteckspiele in ihrem Produktionsprogramm. Ein Spiel weist vier unterschiedliche Perlenarten (je 30 Stück) auf, die mit Hilfe eines eingepressten Steckmechanismus zu einer Perlenkette zusammengefügt werden können. Der an den Großhandel abgegebene Karton enthält 200 Spiele (Schachteln). Laut Stückliste sind nachstehende Einzelmaterialarten bzw. -mengen für die Herstellung einer Kostenträgereinheit (1 Karton) erforderlich. Da beim Pressen der Steckmechanismen Fehler auftreten können, sollen 10% Abfallvorgabe im Rahmen der Einzelkostenplanung Berücksichtigung finden, so dass für die Produktion eines Spiels mindestens 33 Perlen jeder Art erforderlich sind. Als Plan-Bruttoeinzelmaterialkosten sind somit für einen Karton, der 200 Spiele enthält, 455,30 € anzusetzen (Tabelle 59).

Tabelle 59:

Einzelmaterialkostenplanung für 1 Karton á 200 Spiele (Schachteln)			
Materialart	Plan-Bruttoeinzel-materialmenge (Stück)	Planpreis (€/Einheit)	Plan-Bruttoeinzel-materialkosten (€/Karton)
Perlenart A	6.600*	1,20/100 Stück	79,20
Perlenart B	6.600	1,50/100 Stück	99,–
Perlenart C	6.600	1,70/100 Stück	112,20
Perlenart D	6.600	2,00/100 Stück	132,–
Schachteloberteil	200	0,60/ 10 Stück	12,–
Schachtelunterteil	200	0,90/ 10 Stück	18,–
Spielanleitung	200	0,40/100 Stück	0,80
Etikett	200	0,50/100 Stück	1,–
Karton	1	1,10/ 1 Stück	1,10
		Summe	455,30 €

* Plan-Nettoeinzelmaterialmenge (30 Stück · 200 Spiele)	= 6.000 Stück
+ Plan-Abfallmenge (3 Stück · 200 Spiele)	600 Stück
= Plan-Bruttoeinzelmaterialmenge	= 6.600 Stück

Das Ziel der Kostenkontrolle, die Ermittlung quantitativer Unwirtschaftlichkeiten mit Hilfe eines Planpreissystems, lässt sich theoretisch mit jedem beliebig hohen Verrechnungspreis erreichen (z. B. Istpreise, Durchschnittspreise vergangener Perioden, Tageswerte, frei geschaffene Werte). Allerdings sprechen drei elementare Gründe dafür, die (gleichen) Verrechnungspreise für die Plan- und die Ist-Einzelmaterialkos-

---

[370] Das Beispiel wurde modifiziert übernommen von Serfling 1993, S. 200–204.

ten so vorauszuplanen, dass sie sich möglichst genau mit den **effektiven Durchschnittspreisen** der Kontrollperiode decken:[371]

(1) Die Verbrauchsmengenabweichungen werden u. U. mit Preisen bewertet, die sich relativ weit von den effektiven Preisen entfernt haben, wodurch der Abweichungsanalyse keine gegenwartsnahen Wertvorstellungen zugrunde liegen.
(2) Bei der Verwendung unrealistischer Verrechnungspreise lassen sich keine aussagefähigen Preisabweichungen ermitteln.
(3) Durch die Lösung der Kostengüterpreise von der Gegenwart und der zukünftig zu erwartenden Preisentwicklung wird die Plankostenrechnung weitgehend von der gesamtbetrieblichen Planungsrechnung isoliert, wodurch die kostenrechnerischen Ergebnisse für eine Verwendung in der Finanz-, Investitions-, Erfolgs- und Absatzplanung unbrauchbar werden.

Als Verrechnungspreise für Sachgüter bietet es sich an, Einstandspreise frei Lager als Wertansätze zu wählen, da sie alle außerbetrieblichen Preiskomponenten umfassen (Abbildung 99):[372]

Einkaufspreis (abzüglich Umsatzsteuer, Rabatte, Skonti, Boni)[a]
+ außerbetriebliche Beschaffungsnebenkosten für Transport und Versicherung
+ sonstige außerbetriebliche Beschaffungsnebenkosten
= Einstandspreis frei Lager

Abbildung 99: Komponenten des Einstandspreises frei Lager.
[a] Vgl. zum Kostencharakter der Umsatzsteuer die Ausführungen im dritten Teil zu Gliederungspunkt 2.2.2.2 und Gliederungspunkt 2.2.4. Vom Lieferanten gewährte Nachlässe dürfen deshalb nicht in die Kosten einbezogen werden, weil sie keinen sachzielbezogenen Werteverzehr repräsentieren. Allerdings ist diese Ansicht im Schrifttum umstritten. So wird z. B. die Meinung vertreten, dass ggf. von den Einkaufspreisen zum Abzug gebrachte Skontobeträge den aus Liquiditätseinbußen resultierenden Zinsverlusten der Käufer gegenüberstehen und deshalb keine echten Preiskorrekturen darstellen. Aus diesem Grunde sollen Skonti bei der Ermittlung von Verrechnungspreisen nicht von den entsprechenden Einkaufspreisen abgezogen werden. Vgl. Kilger/Pampel/Vikas 2012, S. 172.

Ebenso wie die Ermittlung der Einzelmaterialkosten erfolgt auch die **Planung der Einzellohnkosten produktorientiert**, indem für jede Erzeugnisart (differenziert nach Einzelteilen und Arbeitsgängen) der erforderliche Zeitbedarf pro Einheit geplant und mit den geplanten Lohnsätzen bewertet wird. Zu beachten ist jedoch,

---
[371] Gleiches gilt auch für die Wahl der Verrechnungspreise im Rahmen der Gemeinkostenkontrolle.
[372] Vgl. Kilger/Pampel/Vikas 2012, S. 198–199.

dass die Einzellohnkostenplanung stets in Abhängigkeit von den in der industriellen Unternehmung zur Anwendung kommenden Lohnsystemen[373] vorgenommen werden muss.

Die Budgetierung der auf eine Kalkulationseinheit entfallenden Plan-Einzellohnkosten erfolgt beim Vorliegen eines **Akkordlohnsystems** unter Berücksichtigung **planmäßiger Fertigung, planmäßiger Arbeitsleistung der eingesetzten Arbeitskräfte** sowie **planmäßig erwarteter Tarifsätze**. Bezüglich der Planung der Fertigungszeiten bietet es sich an, auf die verschiedenen Methoden zur Bestimmung der Arbeitszeitvorgaben für die Lohnfestlegung zurückzugreifen. In diesem Zusammenhang ist vor allem das **REFA-Verfahren** zu nennen, das in den meisten Industriebetrieben Anwendung findet.[374] Diese Methode untergliedert die für die Durchführung eines Auftrags notwendigen Schritte in Arbeitsgänge, für die eine Zeitmessung möglich ist. Verkürzt dargestellt hat die in Rede stehende Arbeitszeitgliederung nach REFA folgendes Aussehen (Abbildung 100).

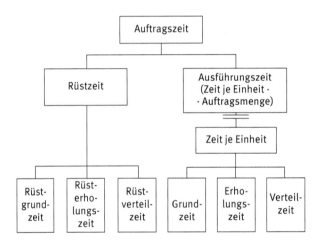

Abbildung 100: Ermittlung der Auftragszeit nach REFA.[374]

Wie die Abbildung 100 verdeutlicht, setzt sich die **Auftragszeit** aus der **Rüst- und der Ausführungszeit** zusammen. Rüstzeiten, die notwendige Zeiten für die Vor-

---

373 Vgl. zur grundsätzlichen Darstellung des Zeit-, Akkord- und Prämienlohns die Ausführungen im dritten Teil zu Gliederungspunkt 2.2.3.
374 Andere Methoden zur Bestimmung der Arbeitszeitvorgaben sind z. B. die Work-Factor-Methode (WF), das MTM-Verfahren (Methods Time Measurement), das MTA-Verfahren (Motion Time Analysis) und das BMT-Verfahren (Basic Motion Timestudy). Vgl. zu diesen Verfahren im Einzelnen Corsten/Gössinger 2016, S. 355–356; Hansmann 2006, S. 223–229; Lücke 1990, S. 212–224 m. w. N.
375 Vgl. im Detail REFA 1976, S. 42.

und Nachbereitung auszuführender Arbeiten darstellen, fallen pro Auftrag grundsätzlich nur einmal an. Die Ausführungszeit errechnet sich hingegen aus der Vorgabezeit je Leistungseinheit multipliziert mit der Anzahl der erforderlichen Wiederholungen zur Erstellung der gesamten Auftragsmenge. Neben den **Grundzeiten** (tätigkeits- und ablaufbedingte Arbeitszeiten) finden noch Zeitzuschläge in Gestalt von **Verteilzeiten** (nicht kontinuierlich anfallende Rüst- oder Ausführungszeiten) und **Erholungszeiten** bei der Berechnung der gesamten Auftragszeit Berücksichtigung. Die so ermittelten Vorgabezeiten[376] tragen aus kostenrechnerischer Sicht den Charakter von **Planarbeitszeiten**, da nur sie beim Vorliegen eines Akkordlohnsystems vergütet und in der Kostenrechnung kalkuliert werden.[377] Die geplanten Einzellohnkosten eines Arbeitsgangs erhält man nun im Fall eines **Zeitakkordsystems** durch Multiplikation der Vorgabezeiten, die zumeist in Minuten angegeben werden, mit den entsprechenden geplanten Geldfaktoren.

> **Beispiel 72:**[378]
> Beim Abpacken der im Beispiel 71 angesprochenen Perlensteckspiele fallen laut Arbeitsablaufplanung im Rahmen eines Zeitlohnakkordsystems nachstehende Plangrößen für einen Karton an, der 200 Spiele (Schachteln) enthält (Tabelle 60). Die Plan-Einzellohnkosten für das Abpacken eines Kartons, der 200 Spiele enthält, belaufen sich somit auf 191,50 €.[379]

In Fertigungsstellen, in denen die Bearbeitungszeiten nicht von den Arbeitskräften zu beeinflussen sind, kommen grundsätzlich **Zeitlohnsysteme** zur Anwendung. In diesen Fällen müssen zum Zweck der Lohnkostenkontrolle und der Durchführung von Plankalkulationen ebenfalls geplante Arbeitszeiten berechnet werden, die die Praxis zur Abgrenzung gegenüber den Vorgabezeiten des Akkordlohns mit dem Terminus „**Standardzeiten**" belegt.[380] Um die entsprechenden Standardzeiten pro Arbeitsgang zu ermitteln, kann wiederum auf die oben dargestellten Methoden zur Bestimmung der Arbeitszeitvorgaben zurückgegriffen werden. Die entsprechenden geplanten Einzellohnkosten erhält man dann durch Multiplikation der Planarbeits-

---

376 Vielfach stellen die Einzellohnkosten die Grundlage für die Planung der Fertigungsgemeinkosten dar, da häufig die Vorgabezeiten als Bezugsgrößen in den Fertigungsstellen gewählt werden. Vgl. Schweitzer/Küpper/Friedl/Hofmann/Pedell 2016, S. 308.
377 Vgl. Kilger 1977, S. 276.
378 Das Beispiel wurde ebenfalls modifiziert übernommen von Serfling 1994, S. 201–202, S. 205–207.
379 Im Rahmen der Kontrolle der Einzellohnkosten lassen sich bei einem Zeitakkordsystem durch einen Vergleich der Plan-Einzellohnkosten mit den Soll-Einzellohnkosten (= PlanEinzellohnkosten bei Ist-Leistung) Verbrauchsabweichungen ermitteln, die den Charakter von Zeitabweichungen tragen. Ferner können Tariflohnabweichungen berechnet werden, indem man die gezahlten Effektivlöhne mit den Soll-Einzelkosten vergleicht.
380 Vgl. Kilger/Pampel/Vikas 2012, S. 212–213.

Tabelle 60:

Arbeitsgang	Einzellohnkostenplanung für 1 Karton à 200 Spiele (Schachteln)			
	Vorgabezeit (Min.)	Planmäßiger Akkordrichtsatz (€/Std.)	Planmäßiger Geldfaktor (€/Min.)	Plan-Einzellohnkosten (€/Karton)
Füllen der Schachteln und Einlegen der Spielanleitung	600	18	0,30	180,00
Schließen der Schachteln und Etikettieren	50	12	0,20	10,00
Abpacken der Kartons	6	15	0,25	1,50
			Summe	191,50

zeiten (Standardzeiten) mit den geplanten Lohnsätzen pro Zeiteinheit.[381] Im Fall einer zusätzlichen Prämienvergütung tritt neben die Zeitplanung beim Vorliegen eines Akkord- oder Zeitlohnsystems die Planung der Bemessungsgrundlagen für die einzelnen Prämienlöhne.[382]

Die Planung der **Sondereinzelkosten der Fertigung** (z. B. Energiekosten[383], Kosten für Spezialwerkzeuge, Lizenzgebühren) und **des Vertriebs** (z. B. Verpackungsmaterial, Vertreterprovisionen, Frachtkosten), erfolgt im Grundsatz in ähnlicher Art und Weise wie die Planung der Einzelmaterialkosten. Allerdings tritt bei den genannten Kostenarten häufig das Problem auf, dass sie sich lediglich den Erzeugnisarten und nicht den Erzeugniseinheiten zurechnen lassen. In derartigen Fällen werden die geplanten Sonderkosten durch die Summe der geplanten Stückzahl der zu produzierenden Erzeugnisart dividiert, um die Plan-Sondereinzelkosten pro Erzeugniseinheit zu erhalten. Diese Vorgehensweise, bei der es sich um eine Verteilung von Kosten handelt, die keine direkte Beziehung zu den Trägereinheiten aufweisen, wird von der Zielsetzung getragen, möglichst viele Kostenarten als Einzelkosten zu verrechnen.

---

381 Auch beim Vorliegen eines Zeitlohnsystems lassen sich Zeit- und Tarifabweichungen ermitteln.
382 Vgl. zur Planung der Bemessungsgrundlagen von Quantitäts- und Qualitätsprämien Kilger/Pampel/Vikas 2012, S. 216–220.
383 Insbesondere bezüglich spezifischer Fertigungsprozesse in der chemischen Industrie, bei denen sich die einzelnen Produkte in ihrer Inanspruchnahme der Energien elementar unterscheiden, ist eine Erfassung der in Rede stehenden Kostenart als Sondereinzelkosten der Fertigung zweckmäßig.

> **Beispiel 73:**
> Die Plankosten für die Anfertigung der Gussform eines bestimmten Kunststoffprodukts belaufen sich auf 8.000 €. Bei der Berücksichtigung einer geplanten Stückzahl von 32.000 Erzeugnissen errechnen sich anteilige Plan-Sondereinzelkosten der Fertigung in Höhe von 0,25 € pro Erzeugniseinheit für dieses Spezialwerkzeug.

Allerdings sind nicht alle Sondereinzelkosten trägerorientiert wie die Einzelmaterialkosten zu planen. So ist zu berücksichtigen, dass einige wichtige Sondereinzelkosten wie z. B. Forschungs- und Entwicklungskosten sowie Pauschallizenzen zu den **Vorleistungskosten** zählen, „die dazu dienen, zeitgebundene Nutzungspotentiale zu schaffen, welche die Voraussetzungen dafür bilden, dass in zukünftigen Perioden die Stellung einer Unternehmung im Markt verbessert wird oder sich zumindest nicht verschlechtert"[384]. Derartige Vorleistungskosten lassen sich in Abhängigkeit von ihrer Zurechenbarkeit auf die Vorleistungsprojekte in **projektvariable und projektfixe** Kosten unterteilen. Während die variablen Vorleistungskosten stets projektbezogen zu planen sind (z. B. Chemikalien- und Materialkosten bei Forschungsaufträgen), müssen die projektfixen Vorleistungskosten stellenbezogen budgetiert werden, da sie in betrieblichen Abrechnungsbereichen entstehen, deren Funktion auf die Bearbeitung von Vorleistungsprojekten ausgerichtet ist (z. B. Forschungs- und Entwicklungsabteilungen).[385] Wie dies geschieht, wird im Rahmen der kostenstellenorientierten Gemeinkostenplanung nachfolgend dargelegt.[386]

3.3.3.2.3.4.2 Planung der Gemeinkosten

3.3.3.2.3.4.2.1 Kostenstellenbildung und Ermittlung der Plan-Bezugsgrößen

Die Gemeinkostenplanung wird, im Gegensatz zur Planung der Einzelkosten, separat für **jeden einzelnen betrieblichen Abrechnungsbereich** durchgeführt. Der Aufbau der entsprechenden Stellenpläne ist dabei differenziert nach einzelnen Gemeinkostenarten, unter Berücksichtigung der für die jeweiligen Kostenstellen gewählten **Bezugsgrößen**, vorzunehmen. In Abhängigkeit von den entsprechenden Bezugsgrößen werden dann die Plan-Gemeinkosten jeder Kostenart in **(beschäftigungs-)proportionale und (beschäftigungs-)fixe Bestandteile** getrennt. In diesem Zusammenhang haben sich verschiedene Methoden der Kostenplanung herausgebildet, auf die im Folgenden noch einzugehen sein wird.

---

384 Kilger/Pampel/Vikas 2012, S. 227.
385 Vgl. zur Planung projektvariabler Sondereinzelkosten der Fertigung und des Vertriebs im Einzelnen Kilger/Pampel/Vikas 2012, S. 227–231.
386 Vgl. zur Planung und Kontrolle der Kostensteuern als Einzel- oder Gemeinkosten, auf die im Folgenden nicht näher eingegangen wird, Freidank 2019a, S. 478–486; Freidank 2008b, S. 440–447; Freidank/Sassen 2013 c, S. 91–113.

In Bezug auf die Kostenkontrolle, die als **dominierendes Ziel der Plankostenrechnung** angesehen werden kann, sind hinsichtlich der Bildung von betrieblichen Abrechnungsbereichen[387] bei der Gemeinkostenplanung zwei Kriterien von Bedeutung:

(1) Die Kostenstellen sollten **klar nach Verantwortungsbereichen** abgegrenzt sein, damit eine eindeutige Klärung und Beseitigung eventuell anfallender Unwirtschaftlichkeit mit Hilfe der einzelnen Kostenstellenleiter möglich wird.

(2) Ferner sollten die Kostenstellen so eingeteilt werden, dass sich **exakte Maßgrößen für die Kostenverursachung** finden lassen. Dieser Grundsatz der Kostenstellenbildung nach verrechnungstechnischen Kriterien kann eine sehr tiefe, arbeitsaufwendige Gliederung der Unternehmung in Abrechnungsbereiche bedingen.

In der Praxis werden die mit den beiden Gliederungsprinzipien angestrebten Zielsetzungen nicht gleichzeitig oder nur unvollständig zu realisieren sein. Um Konflikte dieser Art zu lösen, müssen sich die Planungsinstanzen, etwa unter Zugrundelegung eines Kosten-Nutzen-Vergleichs, für die Wahl eines der beiden Kriterien oder aber für einen Kompromiss entscheiden.

Für jeden betrieblichen Abrechnungsbereich sind sodann eine oder mehrere Bezugsgrößen zu ermitteln, die „unter der Voraussetzung konstanter Betriebsbereitschaft und fester Preise bzw. Lohnsätze zu den variablen Kosten der einzelnen Kostenstellen in einer **proportionalen Beziehung** stehen"[388]. In der Mehrzahl aller Fälle sind die Bezugsgrößen allein durch eine logische Einflussgrößenanalyse der Produktionsprozesse und ihrer Kostenverursachung zu finden. Beim Vorliegen komplizierter Fälle kann es empfehlenswert sein, die **technisch-kostenwirtschaftliche Analyse** durch **statistische Methoden** (z. B. Streupunktdiagramme, Korrelationsrechnungen[389]), die auf bereinigten Istkosten aufbauen, zu ergänzen. So werden bei Anwendung eines Streupunktdiagramms (Abbildung 101) die in Frage kommenden Bezugsgrößen zu den z. B. um Falschkontierungen, innerbetrieblichen Unwirtschaftlichkeiten und Zufälligkeiten bereinigten Ist-Gemeinkosten der vergangenen Rechnungsperioden des betreffenden Abrechnungsbereichs in Beziehung gesetzt. Als Maßeinheit wird dann diejenige Bezugsgröße gewählt, bei der sich die Istkosten am deutlichsten einer Geraden annähern.

In Anlehnung an *Kilger*[390] können die Arten der möglichen Bezugsgrößen, wie in Abbildung 102 gezeigt, systematisiert werden. **Direkte Bezugsgrößen** lassen sich unmittelbar aus den bearbeiteten oder erstellten Leistungen der liefernden Kostenstel-

---

[387] Vgl. zu den Kriterien der Bildung von Kostenstellen die Ausführungen im dritten Teil zu Gliederungspunkt 2.3.1.
[388] Kilger 1977, S. 327.
[389] In diesem Falle wird die Wahl der Bezugsgröße in Abhängigkeit von der Höhe des Korrelationskoeffizienten vorgenommen. Vgl. im Einzelnen Käfer 1964, S. 220–232.
[390] Vgl. Kilger/Pampel/Vikas 2012, S. 258–262.

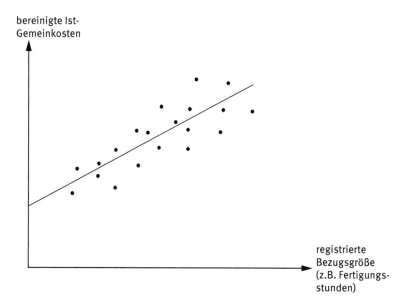

Abbildung 101: Bezugsgrößenplanung mit Hilfe eines Streupunktdiagramms.

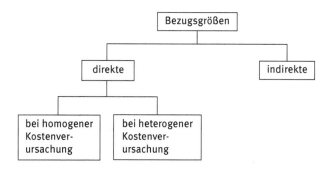

Abbildung 102: Systematisierung der Bezugsgrößen.

len entnehmen (z. B. Stückzahlen, Gewichteinheiten, Fertigungszeiten), während es sich bei den **indirekten Bezugsgrößen** um Maßeinheiten handelt, die aufgrund nicht quantifizierbarer Leistungsabgaben der liefernden Kostenstellen entweder aus Bezugsgrößen anderer Kostenstellen, Kostenartenbeträgen (z. B. Material- oder Lohnkosten) oder Herstellkosten der verkauften Erzeugnisse abgeleitet werden.

Können im Rahmen der direkten Bezugsgrößen alle primären und sekundären variablen Gemeinkostenarten einer Kostenstelle auf eine Maßgröße bezogen werden, so spricht man von **homogener Kostenverursachung**. Erfolgt hingegen die Messung der genannten Kostenarten anhand mehrerer Bezugsgrößen, dann liegt eine **heterogene Verursachung der Kosten** in dem betrachteten Abrechnungsbereich vor.

In den Material-, Verwaltungs- und Vertriebskostenstellen lassen sich nur für wenige Abrechnungsbereiche die Maßgrößen in ähnlicher Weise bestimmen, da in diesen Bereichen keine primären Bezugseinheiten existieren, wie sie für die Stellen des Fertigungsbereichs typisch sind (z. B. Fertigungsstunden). Aus diesem Grund trägt die Planung der Gemeinkosten in den Material-, Verwaltungs- und Vertriebsbereichen überwiegend den Charakter einer **starren Kostenbudgetierung**. Das Fehlen exakter Maßgrößen ist in diesen Kostenstellen jedoch weniger bedeutsam, da sich die Kosten hier primär aus **fixen Bereitschaftskosten** zusammensetzen.

Nachdem für jeden betrieblichen Abrechnungsbereich die Art der Bezugsgröße(n) festgelegt wurde, gilt es, die Höhe der jeweiligen Maßeinheit(en) pro Kostenstelle zu bestimmen. Das Schrifttum diskutiert in diesem Zusammenhang die **Kapazitäts- und die Engpassplanung**. Im Rahmen einer Kapazitätsplanung wird die Bestimmung des Umfangs der Plan-Bezugsgröße(n) unter Berücksichtigung des **Leistungsvermögens** der einzelnen Kostenstellen vorgenommen. In diesem Fall stellt sich die Frage, ob die Planung auf der Basis **der Maximalkapazität, der Optimalkapazität** oder **der Normalkapazität** durchgeführt werden soll. Grundsätzlich wird es für die Mehrzahl der Kostenstellen zweckmäßig sein, die **kostenoptimale Kapazität**, verstanden als Kapazität bei Zweischichtbetrieb und optimalem Intensitätsgrad, der Gemeinkostenplanung zugrunde zu legen, da die Maximalkapazität von durchschnittlich 30 Arbeitstagen pro Monat und einem Dreischichtbetrieb ausgeht und deshalb als Planungsbasis nur für diejenigen wenigen Kostenstellen in Frage kommt, bei denen kontinuierliche Arbeitsprozesse ohne zeitliche Unterbrechungen möglich sind. Im Rahmen der Kapazitätsplanung kommt weiterhin die Normalkapazität nicht in Betracht, weil dem Terminus „normal" allenfalls die Auslastung einer Kostenstelle, nicht aber ihr Leistungsvermögen subsumiert werden kann. Bei der Bestimmung des Kapazitätsumfangs sind grundsätzlich Arbeitszeiten außer Acht zu lassen, in denen das Leistungsvermögen der Arbeitskräfte und Betriebsmittel nicht genutzt werden kann, wie etwa Verlustzeiten für Reparaturen, Reinigung der Betriebsmittel und technische Engpässe im Produktionsablauf.[391]

Der Engpassplanung liegt der Gedanke zugrunde, dass die Planung der Kosten Bestandteil des betrieblichen Planungsprozesses sein soll. Wie eingangs erwähnt wurde, besteht das Gesamtsystem der betrieblichen Planung aus einer Vielzahl interdependenter Teilpläne, die nur dann einen Sinn haben, wenn sie untereinander abgestimmt werden. Die Koordination aller Partialpläne entspricht dem von *Gutenberg* geprägten „**Ausgleichsgesetz der Planung**", das besagt, dass die gesamte Planung stets auf den schwächsten betrieblichen Teilbereich (Minimumsektor, Engpass) abzustellen ist.[392]

---

[391] Vgl. Kilger/Pampel/Vikas 2012, S. 277–278.
[392] Vgl. Gutenberg 1983, S. 163–165.

Infolgedessen wird im Sinne der Engpassplanung diejenige Beschäftigung als Plan-Bezugsgröße festgelegt, „die man glaubt, im vorauszuplanenden Geschäftsjahr unter Berücksichtigung der Kapazität wie des zu erreichenden Absatzes sowie aller sonstigen Engpässe durchschnittlich innehalten zu können"[393]. Durch die Abstimmung der Plan-Bezugsgrößen mit den anderen betrieblichen Teilplänen ist die flexible Plankostenrechnung in das System der Unternehmensplanung zu integrieren.

3.3.3.2.3.4.2.2 Technik der Gemeinkostenplanung

Das Ziel der existierenden Methoden der Gemeinkostenplanung besteht in der Ermittlung der einzelnen primären und sekundären Kostenarten pro Kostenstelle bei gleichzeitiger Aufspaltung der Plan-Gemeinkosten in (planbezugsgrößen-)proportionale und (planbezugsgrößen-)fixe Bestandteile. Die in Abhängigkeit von der jeweiligen Höhe der gewählten Bezugsgröße vorzugebenden Gemeinkosten bezeichnet man, wie bereits gezeigt wurde, als Soll(gemein)kosten. Eine Gemeinkostenplanung mit Kostenauflösung, die auf historischen Istkosten aufbaut, ermittelt die Sollkosten nach **analytisch-statistischen Methoden**. Erfolgt die Planung der Sollkosten unabhängig von den Istkosten der Vergangenheit, so wird im Schrifttum von **synthetischen Methoden** der Gemeinkostenplanung gesprochen.

Die gebräuchlichsten analytisch-statistischen Planungsmethoden zur Bestimmung der kostenarten- bzw. kostenstellenbezogenen Sollkostenfunktion sind:
(1) Das **Streupunktdiagramm**,
(2) Die **mathematische Kostenauflösung und**
(3) **mathematisch-statistische Verfahren der Trendberechnung.**

Die Anwendung der genannten Verfahren setzt einerseits die kostenstellenbezogene Erfassung der nach Kostenarten gegliederten Istkosten und der zugehörigen Ist-Bezugsgrößen (z. B. der letzten 12 Monate) voraus. Andererseits sind die entsprechenden Istkosten um die Auswirkungen außergewöhnlicher Einflüsse, wie z. B. Fehlkontierungen, Unwirtschaftlichkeiten sowie Verfahrens- und Kapazitätsänderungen zu bereinigen und dann auf ein einheitliches Preis- und Lohnniveau umzurechnen.

Ein **Streupunktdiagramm** enthält auf der Abszisse die registrierten Ist-Bezugsgrößen und auf der Ordinate die zugehörigen bereinigten Istwerte der betreffenden Gemeinkostenart. Durch das hieraus abgebildete Streuband der einzelnen Kostenpunkte wird eine Gerade gezogen, die rein nach dem Augenmaß die Streuung bestmöglich ausgleicht. Der Schnittpunkt der Geraden mit der Ordinate gibt die Höhe der fixen Plan-Gemeinkosten an. Die Differenzkosten, die sich nach Subtraktion dieses Betrags von den durchschnittlichen Ist-Gesamtkosten ergeben, werden nun durch die durchschnittliche Ist-Bezugsgröße dividiert. Das Ergebnis dieser Rechen-

---

[393] Plaut 1951, S. 534.

operation stellt sodann die proportionalen Plan-Gemeinkosten pro Bezugsgrößeneinheit dar. Damit ist die entsprechende Sollkostenfunktion ermittelt.

Beispiel 74:
Die zeitliche Entwicklung einer Gemeinkostenart in einem betrieblichen Abrechnungsbereich zeigt folgendes Aussehen (T = Periodensumme) (Tabelle 61):

Tabelle 61:

t	Monate	Ist-Bezugsgröße (x_t^i): Fertigungsstunden	Ist-Gemeinkostenart $[K_t^i(x_t^i)]$ in €
1	Januar	3.710	3.300
2	Februar	3.125	2.000
3	März	2.900	1.850
4	April	3.000	2.250
5	Mai	3.200	3.000
6	Juni	3.530	3.000
7	Juli	2.500	2.300
8	August	2.600	2.300
9	September	2.335	2.200
10	Oktober	2.800	2.200
11	November	3.300	2.500
12	Dezember	3.300	3.100
$\sum_{t=1}^{12}$		36.000	30.000
$\sum_{t=1}^{12} \frac{1}{12}$		3.000	2.500

Durch die einzelnen variierenden Ist-Daten wird nun eine Gerade gelegt, die sich dem Streupunktverlauf bestmöglich (nach Augenmaß) annähert. In diesem Beispiel schneidet die Ausgleichsgerade, wie in Abbildung 103 gezeigt, die Ordinate ungefähr in Höhe von 350 €, so dass für das Beschäftigungsintervall zwischen 2.335 und 3.710 Fertigungsstunden mit durchschnittlichen Fixkosten von 350 € gerechnet werden kann.

Die entsprechende Sollkostenfunktion für die analysierte Gemeinkostenart der betrachteten Kostenstelle lässt sich nun wie folgt bestimmen:[394]

$$Kv^p(x^p) = K^p(x^p) - Kf^p \qquad (1)$$

---

[394] Die einzelnen Kostensymbole sind auch bei den analytisch-statistischen Verfahren mit Planindizes belegt worden. Es ist aber zu beachten, dass es sich hinsichtlich der Kostenbeträge um Durchschnittswerte handelt, die auf Istwerten vergangener Rechnungsperioden basieren.

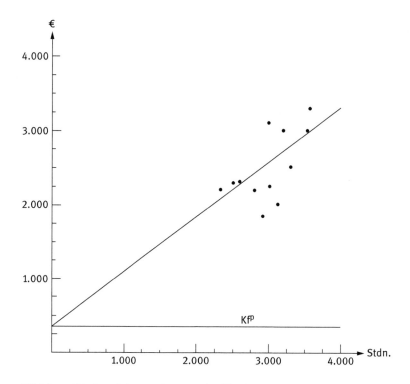

Abbildung 103: Gemeinkostenplanung mit Hilfe eines Streupunktdiagramms.

$$Kv^p(x^p) = \frac{\sum_{t=1}^{T} K_t^i(x_t^i)}{T} - Kf^p \tag{2}$$

$$2.150\ \text{€} = 2.500\ \text{€} - 350\ \text{€} \tag{3}$$

$$Kv^p = \frac{Kv^p(x^p)}{\sum_{t=1}^{T} x_t^i} \cdot T \tag{4}$$

$$0,71\bar{6}\ \text{€} = \frac{2.150\ \text{€}}{36.000\ \text{Stdn.}} \cdot 12\ \text{Monate} \tag{5}$$

$$K^p(x^i) = Kf^p + kv^p \cdot x^i \tag{6}$$

$$K^p(x^i) = 350\ \text{€} + 0,71\bar{6}\ \text{€} \cdot x^i. \tag{7}$$

Die Ermittlung der Sollkostenfunktion einer Gemeinkostenart oder einer Kostenstelle mit Hilfe des Streupunktdiagramms stellt eine **einfache und wirtschaftliche Methode** zur Planung der Gemeinkosten dar, die aber zu **ungenauen Kostenvorgaben** führt. Anwendung findet dieses Verfahren in erster Linie zur Unterstützung und Kontrolle der noch darzustellenden anderen statistischen Methoden der Gemeinkostenplanung.

Bei der **mathematischen Kostenauflösung**,[395] die auch als „High-Low-Points-Method" bezeichnet wird, werden von den **registrierten Istkosten** und den zugehörigen **Ist-Bezugsgrößen zwei Paare** ausgewählt, die hinsichtlich ihrer Maßgrößen möglichst weit auseinander liegen. Die proportionalen Plan-Gemeinkosten pro Bezugsgrößeneinheit lassen sich nun durch Einsetzen der entsprechenden Werte in die nachstehende Formel ermitteln.

$$kv^p = \frac{[K_2^i(x_2^i) - K_1^i(x_1^i)]}{(x_2^i - x_1^i)} = \frac{\text{Kostendifferenz}}{\text{Bezugsgrößendifferenz}}$$

Multipliziert man die proportionalen Plan-Gemeinkosten pro Bezugsgrößeneinheit mit x_1^i oder x_2^i und subtrahiert die so erhaltenen gesamten variablen Plan-Gemeinkosten von den Ist-Gesamtkosten K_1^i bzw. K_2^i, dann erhält man die fixen Plan-Gemeinkosten. Durch die Ermittlung der geplanten Fixkosten und der proportionalen Kosten pro Bezugsgrößeneinheit ist somit die Sollkostenfunktion der betrachteten Kostenart oder Kostenstelle bestimmt.

Beispiel 75:
Bezüglich des Beispiels 74 soll nun zur Bestimmung der Sollkostenfunktion auf die Methode der mathematischen Kostenauflösung zurückgegriffen werden. Als Bezugspunkte wurden die Daten der Monate Januar und September gewählt (Tabelle 62).

$$kv^p = \frac{[K_2^i(x_2^i) - K_1^i(x_1^i)]}{(x_2^i - x_2^i)} \tag{1}$$

$$0,8\,€ = \frac{1.100\,€}{1.375\,€} \tag{2}$$

$$Kv^p(x^p) = kv^p \cdot x_2^i \tag{3}$$

$$2.968\,€ = 0,8\,€ \cdot 3.710\,\text{Stdn.} \tag{4}$$

$$Kf^p = K_2^i(x_2^i) - Kv^p(x^p) \tag{5}$$

$$332\,€ = 3.300\,€ - 2.968\,€ \tag{6}$$

$$K^p(x^i) = Kf^p + kv^p \cdot x^i \tag{7}$$

$$K^p(x^i) = 332\,€ + 0,8\,€ \cdot x^i. \tag{8}$$

---

[395] Vgl. zur genaueren Darstellung dieses Verfahrens die Ausführungen im zweiten Teil zu Gliederungspunkt 3.4.3.

Tabelle 62:

t	Monate	Ist-Bezugsgröße (x_t^i): Fertigungsstunden	Ist-Gemeinkostenart [$K_t^i(x_t^i)$]: in €
1	Januar	3.710 (x_2^i)	3.300 [$K_2^i(x_2^i)$]
9	September	2.335 (x_1^i)	2.200 [$K_1^i(x_1^i)$]
	Differenz	1.375	1.100

Im Gegensatz zum Streupunktdiagramm kommt diese Methode **ohne eine grafische Darstellung aus**. Da die mathematische Kostenauflösung nur auf zwei Bezugswerten beruht, sind die Ergebnisse in **stärkerem Maße zufallsabhängig** als die des Streupunktdiagramms, das alle verfügbaren Werte berücksichtigt. Ansonsten gilt auch für diese Methode die hinsichtlich des Streupunktdiagramms angeführte Kritik.

Zu den exaktesten Ergebnissen im Rahmen der analytischen Gemeinkostenplanung führen die statistischen Verfahren der Trendberechnung. Repräsentativ für alle existierenden Ansätze soll im Folgenden die **Methode der kleinsten Quadrate (mathematische Regressionsanalyse)**, die aus den bereinigten Istwerten der Vergangenheit eine Ausgleichsgerade auf mathematischer Grundlage mit Hilfe einer Trendberechnung ersten Grads ermittelt, dargestellt werden. Der Verlauf der linearen Sollkostenfunktion wird nach diesem Verfahren so bestimmt, dass die Summe der quadrierten Abweichungen aus den Sollkosten und den effektiven Kosten ein Minimum ergibt. Die Minimierung der quadratischen Abweichungen zwischen den einzelnen beobachteten periodenbezogenen Ist-Kostenwerten und der entsprechenden Sollkostengeraden lässt sich allgemein für eine Kostenart oder Kostenstelle durch die Zielfunktion

$$\sum_{t=1}^{T} \left[K_t^i(x_t^i) - \left(Kf^p + kv^p \cdot x_t^i \right) \right]^2 \Rightarrow \text{Min!} \tag{1}$$

zum Ausdruck bringen. Da die empirischen Werte $K_t^i(x_t^i)$ [beobachtete Istkosten] und x_t^i (beobachtete Bezugsgrößeneinheiten) bekannt sind, ergibt sich ein Minimum der quadratischen Abweichungen, wenn kv^p und Kf^p folgende Werte annehmen.[396]

$$kv^p = \frac{\sum_{t=1}^{T} \Delta x_t^i \cdot \Delta K_t^i(x_t^i)}{\sum_{t=1}^{T} \Delta x_t^{i2}} \tag{2}$$

---

[396] Vgl. zur Herleitung im Einzelnen etwa Kreyszig 1979, S. 261–262, 266; Ohse 2004, S. 300–304; Schlittgen 2012, S. 103–106, S. 420–423.

$$Kf^p = \frac{\left[\sum_{t=1}^{T} K_t^i(x_t^i) - kv^p \cdot \sum_{t=1}^{T} x_t^i\right]}{T} \quad (3)$$

$$\Delta x_t^i = x_t^i - \frac{1}{T} \cdot \sum_{t=1}^{T} x_t^i \quad (4)$$

$$\Delta K_t^i(x_t^i) = K_t^i(x_t^i) - \frac{1}{T} \cdot \sum_{t=1}^{T} K_t^i \quad \text{und} \quad (5)$$

$$t = 1, 2, ..., T. \quad (6)$$

Die proportionalen Plankosten pro Bezugsgrößeneinheit können deshalb nicht mittels der Division aller Kostendifferenzen durch alle Bezugsgrößendifferenzen errechnet werden, weil sich die vom Periodendurchschnitt abweichenden Beträge hinsichtlich der Kosten und der Bezugsgrößen bei Aufsummierung wieder ausgleichen. Aus diesem Grund wird der Weg der Quadrierung bzw. Multiplikation der Einzelabweichungen untereinander gewählt, so dass ein Ausgleich der in Rede stehenden Werte mit dem Ergebnis Null nicht stattfindet.

Beispiel 76:
Für die in den Beispielen 74 und 75 betrachtete Kostenart soll nun die Gemeinkostenplanung mit Hilfe der mathematischen Regressionsanalyse durchgeführt werden. Zu diesem Zweck ist die Aufstellung der folgenden Tabelle 63 erforderlich.

Tabelle 63:

t	Monate	x_t^i	$K_t^i(x_t^i)$	$\Delta x_t^i = x_t^i - \frac{1}{12} \cdot \sum_{t=1}^{12} x_t^i$	$\Delta K_t^i(x_t^i) = K_t^i(x_t^i) - \frac{1}{12} \cdot \sum_{t=1}^{12} K_t^i$	$\Delta x_t^i \cdot \Delta K_t^i(x_t^i)$	$\Delta x_t^{i\,2}$
1	Januar	3.710	3.300	710	800	568.000	504.000
2	Februar	3.125	2.000	125	−500	−62.500	15.625
3	März	2.900	1.850	−100	−650	65.000	10.000
4	April	3.000	2.250	0	−250	0	0
5	Mai	3.200	3.000	200	500	100.000	40.000
6	Juni	3.530	3.000	530	500	265.000	280.900
7	Juli	2.500	2.300	−500	−200	100.000	250.000
8	August	2.600	2.300	−400	−200	80.000	160.000
9	September	2.335	2.200	−665	−300	199.500	442.225
10	Oktober	2.800	2.200	−200	−300	60.000	40.000
11	November	3.300	2.500	300	0	0	90.000
12	Dezember	3.300	3.100	0	600	0	0
$\sum_{t=1}^{12}$		36.000	30.000	0	0	1.375.000	1.832.850
$\sum_{t=1}^{12} \frac{1}{12}$		3.000	2.500	−	−	−	−

Die vorstehende Tabelle liefert nun die entsprechenden Werte, um die gesuchte Sollkostenfunktion für die betrachtete Gemeinkostenart bestimmen zu können:

$$kv^p = \frac{1.375.000 \text{ €}}{1.832.850 \text{ Stdn.}} = 0,75 \text{ €} \qquad (1)$$

$$Kf^p = \frac{(30.000 \text{ €} - 0,75 \text{ €} \cdot 36.000 \text{ Stdn.})}{12 \text{ Monate}} = 250 \text{ €} \qquad (2)$$

$$K^p(x^i) = 250 \text{ €} + 0,75 \text{ €} \cdot x^i. \qquad (3)$$

Die Methode der kleinsten Quadrate stellt für die Gemeinkostenplanung **relativ genaue Werte** hinsichtlich der variablen und fixen Kostenbestandteile einer Kostenart oder -stelle zur Verfügung, obwohl die einzelnen Abweichungen auf Jahresdurchschnittswerten basieren. Demgegenüber steht der **hohe rechnerische Zeit- und Kostenaufwand** dieses Verfahrens, der häufig den Einsatz IT-gestützter Lösungen (z. B. Tabellenkalkulationsprogramme) erfordert.

Da alle dargestellten Methoden der analytisch-statistischen Gemeinkostenplanung auf den **bereinigten Istwerten der Vergangenheit** aufbauen, können sie **keine aussagefähigen Vergleichswerte zum Zweck der Kostenkontrolle liefern**. Ferner versagen die angesprochenen Ansätze beim Auftreten von **Streupunktballungen**, die eine kaum schwankende oder konstante Ist-Beschäftigungsstruktur wiedergeben, weil in diesen Fällen (lineare) Ausgleichsfunktionen nicht zu ermitteln sind. Die aufgezeigten Nachteile werden von der synthetischen Methode der Gemeinkostenplanung vermieden.

Im Gegensatz zu den statistischen Verfahren, die aufgrund der Analyse von Istkosten im Schrifttum auch als analytische Methoden bezeichnet werden, ermittelt die **synthetische Gemeinkostenplanung** die entsprechenden Vergleichswerte anhand von technischen Studien, arbeitswissenschaftlichen Untersuchungen, betriebswirtschaftlichen Optimierungsrechnungen, Auswertungen der Fertigungsunterlagen, Probeläufen, Musteranfertigungen etc.[397] Dieses Verfahren der Kostenplanung wird deshalb als synthetische Methode bezeichnet, weil die berechneten Sollkosten eine Zusammensetzung aus den **Elementen der technisch-kostenwirtschaftlichen Untersuchung des Produktionsprozesses** darstellen.

Im Rahmen der **mehrstufigen synthetischen Gemeinkostenplanung** erfolgt die kostenarten- bzw. kostenstellenbezogene Berechnung der Sollkosten lediglich für bestimmte Bereiche der gewählten Plan-Bezugsgröße. Aus Vereinfachungsgründen werden i. d. R. Beschäftigungsstufen in Abständen von 5% oder 10% gewählt, wobei eventuelle Zwischenwerte durch lineare Interpolation zu gewinnen sind. Eine bewusste Trennung in fixe und variable Sollkosten wird aber im Rahmen dieser Planungsmethode nicht vorgenommen. Die folgende Tabelle 64 zeigt beispielhaft einen solchen Stufenplan.

---

[397] Vgl. Haberstock 2008, S. 228.

Tabelle 64:

x^P	50%	60%	70%	80%	90%	100%	110%
$K^P(x^P)$	K^P_{50}	K^P_{60}	K^P_{70}	K^P_{80}	K^P_{90}	K^P_{100}	K^P_{110}

Weil die mehrstufige Gemeinkostenplanung nicht von der Prämisse linearer Kostenverläufe ausgeht, bietet sie den Vorteil, auch **nichtlineare und unstetige Sollkostenfunktionen** den einzelnen betrieblichen Abrechnungsbereichen vorzugeben. Da aber die betriebswirtschaftliche Erfahrung zeigte, dass sich in der Mehrzahl der Fälle die Verursachung der Kosten durch lineare Sollkostenverläufe hinreichend genau wiedergeben lässt und aufgrund der Linearitätsprämisse Kostenvorgaben für mehr als einen Beschäftigungsgrad überflüssig sind, besitzt die mehrstufige synthetische Gemeinkostenplanung nur noch geringe Bedeutung.[398] Außerdem stellen die auf der Grundlage von Interpolationen ermittelten Zwischenwerte keine aussagefähigen Vergleichsgrößen zum Zweck der Kostenkontrolle dar.

Die **einstufige Form der synthetischen Gemeinkostenplanung** gibt den einzelnen betrieblichen Abrechnungsbereichen nur diejenigen Plankosten vor, die der Plan-Beschäftigung entsprechen, wobei ein linearer Verlauf der Sollkostenfunktion unterstellt wird. Hinsichtlich dieser Planungsmethode sind zwei Schritte zu unterscheiden:

(1) Zunächst werden die Plankosten (K^P), die mit der gewählten Plan-Bezugsgröße (x^P) korrespondieren, anhand technisch-kostenwirtschaftlicher Analysen ermittelt.
(2) Anschließend sind die Sollkosten für die übrigen Plan-Bezugsgrößenwerte durch eine Trennung der Plankosten in (beschäftigungs-)fixe (Kf^P) und (beschäftigungs-)proportionale (Kv^P) Bestandteile abzuleiten. Diese Vorgehensweise wird auch als **planmäßige Kostenauflösung** bezeichnet.

Im Rahmen der planmäßigen Kostenauflösung erfolgt eine Untersuchung jeder einzelnen Plan-Gemeinkostenart daraufhin, ob ihre Existenz ganz oder partiell gerechtfertigt ist, wenn die Beschäftigung der betreffenden Kostenstelle, gemessen durch die gewählte Plan-Bezugsgröße, gegen Null tendiert, aber die geplante Betriebsbereitschaft dieses Abrechnungsbereichs unverändert beibehalten werden soll.[399] Die so ermittelten Kostenbeträge werden für die entsprechende Planperiode als **(beschäftigungs-)intervallfixe Plankosten pro Kostenart und Kostenstelle** angesetzt. Sie bleiben solange unverändert, bis quantitative Anpassungsprozesse eine Planänderung erforderlich machen. Als **(beschäftigungs-)variabel** gelten hingegen diejenigen Plankosten, die sich **proportional zur gewählten Plan-Bezugsgröße verändern**.

---

[398] Vgl. Kilger/Pampel/Vikas 2012, S. 290.
[399] Vgl. Kilger/Pampel/Vikas 2012, S. 292.

Im Hinblick auf die Festlegung der variablen Sollkostenfunktion wird somit grundsätzlich von **konstanten Intensitätsgraden** ausgegangen.[400]

Das Ergebnis der planmäßigen Kostenauflösung kann auch in Form von Kostenänderungsfaktoren, sogenannten **Variatoren (v)**, festgehalten werden. Sie geben den relativen Anteil der proportionalen Plankosten an den gesamten Plankosten einer Kostenart oder Kostenstelle an. Anstatt der prozentualen Schreibweise wählt die industrielle Praxis für den Variator die Zehner-Form, wobei gilt $0 \leq v \leq 10$ (Tabelle 65).

Tabelle 65:

Variator \ Plankosten	fixe Plankosten in %	variable Plankosten in %
10	0	100
8	20	80
5	50	50
3	70	30
0	100	0

Allgemein kann der Variator für eine Kostenart oder Kostenstelle wie folgt bestimmt werden:

$$\text{Variator}(v) = \frac{\text{proportionale Plankosten } [Kv^p(x^p)]}{\text{gesamte Plankosten } [K^p(x^p)]} \cdot 10.$$

Weiterhin zeigt der Variator, **um welchen Prozentsatz sich die Gesamtkosten bei Plan-Beschäftigung (100%) ändern, wenn die Beschäftigung um 10% variiert**. Somit sind die Sollkosten für eine Kostenart oder Kostenstelle auch mit Hilfe des Variators zu berechnen. Gewichtet man den Variator, unter Berücksichtigung der Prämisse $Kf^p = Kf^i$, mit der prozentualen Beschäftigungsvariation (u), dann lässt sich die prozentuale Änderung der Gesamtkosten (y) wie folgt ermitteln.

$$v = \frac{[K^p(x^p) - K^p(x^i)]}{K^p(x^p)} \cdot 10 : \frac{(x^p - x^i)}{x^p} \qquad (1)$$

$$u = \frac{(x^p - x^i)}{x^p} \cdot 100 \qquad (2)$$

$$y = \frac{[K^p(x^p) - K^p(x^i)]}{K^p(x^p)} \cdot 100 \qquad (3)$$

---

400 Vgl. zur Erfassung und Planung von Änderungen des Intensitätsgrades die Ausführungen im vierten Teil zu Gliederungspunkt 3.3.3.2.3.4.3.

$$y = v \cdot \frac{u}{10}. \qquad (4)$$

Die absolute Kostenveränderung $[K^p(x^p) - K^p(x^i)]$ kann nun bestimmt werden durch

$$K^p(x^p) - K^p(x^i) = \frac{K^p(x^p)}{100} \cdot \frac{[K^p(x^p) - K^p(x^i)]}{K^p(x^p)} \cdot 100 \text{ oder} \qquad (5)$$

$$K^p(x^p) - K^p(x^i) = \frac{K^p(x^p)}{100} \cdot v \cdot \frac{u}{10}. \qquad (6)$$

Bei einer **Unterbeschäftigung ($x^p > x^i$)** sind die entsprechenden Sollkosten durch Subtraktion der ermittelten absoluten Kostenveränderung von den gesamten Plankosten zu errechnen:

$$K^p(x^i) = K^p(x^p) - \frac{K^p(x^p)}{100} \cdot v \cdot \frac{u}{10}. \text{ oder} \qquad (7)$$

$$K^p(x^i) = K^p(x^p) \cdot \left[1 - \frac{v \cdot u}{1.000}\right]. \qquad (8)$$

Im Fall einer **Überbeschäftigung ($x^p < x^i$)** ergeben sich die Sollkosten hingegen durch Addition der absoluten Kostenveränderung zu den Plankosten bei Plan-Beschäftigung:

$$K^p(x^i) = K^p(x^p) + \frac{K^p(x^p)}{100} \cdot v \cdot \frac{u}{10} \text{ oder} \qquad (9)$$

$$K^p(x^i) = K^p(x^p) \cdot \left[1 - \frac{v \cdot u}{1.000}\right] \quad \text{mit} \qquad (10)$$

$$u = \frac{(x^i - x^p)}{x^p} \cdot 100. \qquad (11)$$

Die vorstehenden Ausführungen haben gezeigt, dass die Höhe der Variatoren pro Kostenart oder Kostenstelle grundsätzlich von **den Plan-Fixkosten, den proportionalen Kosten pro Bezugsgrößeneinheit** und schließlich **der Plan-Beschäftigung** abhängen. Verändern sich diese genannten Plangrößen, dann müssen auch die Variatoren neu bestimmt werden.

Beispiel 77:
In der Fertigungshauptstelle I einer industriellen Unternehmung fallen unterschiedliche Kostenarten an. Als Plan-Beschäftigung (100%) wird die Fertigungszeit von 240.000 Minuten zugrunde gelegt. Die Tabelle 66 enthält in den Spalten 1–5 die entsprechenden Kostenarten, die zugehörigen Variatoren und die Kosten bei Plan-Beschäftigung. In den Spalten 6 und 7 sind zum Zweck der Kostenkontrolle die Sollkosten pro Kostenart und Kostenstelle für eine Ist-Beschäftigung von 204.000 Fertigungsminuten und einen Beschäftigungsgrad von 120% ermittelt worden.

Tabelle 66:

Kostenarten in €	v	$K^p(x^p)$	$Kv^p(x^p)$	$Kf^p(x^p)$	K^p (85%)	K^p (120%)
1	2	3	4	5	6	7
Einzelmaterialkosten	10	230.000	230.000	0	195.500	276.000
Gemeinkostenmaterial	6	55.000	33.000	22.000	50.050	61.600
Einzellohnkosten	8	120.000	96.000	24.000	105.600	139.200
Hilfslohn- und Gehaltskosten	5	80.000	40.000	40.000	74.000	88.000
Sozialkosten	7	25.000	17.500	7.500	22.375	28.500
Energiekosten	7	5.000	3.500	1.500	4.475	5.700
Kalkulatorische Abschreibungen	0	6.200	0	6.200	6.200	6.200
Kalkulatorische Zinsen	0	3.800	0	3.800	3.800	3.800
Summe	–	525.000	420.000	105.000	462.000	609.000

Die Errechnung der Sollkosten ist nachstehend bezüglich der Kostenart „Gemeinkostenmaterial" beispielhaft vorgenommen worden.

(1) **Für einen Ist-Beschäftigungsgrad von 85%:**[401]

$$K^p(x^i) = K^p(x^p) \cdot \left[1 - \frac{v \cdot u}{1.000}\right] \quad (1.1)$$

$$K^p(85\%) = 55.000\,€ \cdot \left[1 - \frac{6 \cdot 15}{1.000}\right] \quad (1.2)$$

$$K^p(85\%) = 55.000\,€ \cdot 0,91 \quad (1.3)$$

$$K^p(85\%) = 50.050\,€. \quad (1.4)$$

(2) **Für einen Ist-Beschäftigungsgrad von 120%:**

$$K^p(x^i) = K^p(x^p) \cdot \left[1 + \frac{v \cdot u}{1.000}\right] \quad (2.1)$$

$$K^p(120\%) = 55.000\,€ \cdot \left[1 + \frac{6 \cdot 20}{1.000}\right] \quad (2.2)$$

$$K^p(120\%) = 55.000\,€ \cdot 1,12 \quad (2.3)$$

$$K^p(120\%) = 61.600\,€ \cdot \quad (2.4)$$

---

[401] $\frac{204.000\,\text{Min.}}{240.000\,\text{Min.}} \cdot 100 = 85\%$.

Die folgende Abbildung 104 zeigt die für die betrachtete Fertigungshauptstelle ermittelten Werte in grafischer Form.[402]

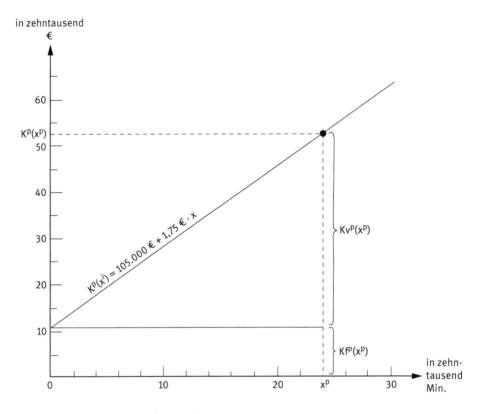

Abbildung 104: Planmäßige Auflösung der Kosten.

Die einstufige Kostenplanung erweist sich einerseits gegenüber der mehrstufigen Form als vorteilhaft, da anhand der nur für einen Plan-Beschäftigungsgrad festgelegten Plankosten sich mit Hilfe der Kostenauflösung die **Sollkosten aller übrigen Beschäftigungsgrade rechnerisch ableiten lassen**. Andererseits besteht aber aufgrund der **Linearitätsprämisse** keine Möglichkeit, **nichtlineare und unstetige Sollkostenfunktionen** hinsichtlich **intensitätsmäßiger und quantitativer Anpassungsprozesse** zu berücksichtigen, um so im Rahmen des Kontrollablaufs aussagefähige Kostenabweichungen ermitteln zu können.

---

402 $kv^p = \frac{420.000\,\text{€}}{240.000\,\text{Min.}} = 1,75\,\text{€/Min.}$

3.3.3.2.3.4.3 Planung und Erfassung von Änderungen des Intensitätsgrads

Bei bestimmten Produktionsabläufen, hier sind vor allem chemische Prozesse und insbesondere Brenn- und Verbrennungsprozesse zu nennen (z. B. im Gaswerk oder bei der Schwefelsäureherstellung), kann aus technischen oder auch wirtschaftlichen Gründen die Beschäftigung nur durch eine Variation der Durchsatzmenge je Zeiteinheit variiert werden. Derartige Änderungen des Intensitätsgrads führen dann bei den einzelnen Kostenarten zu **nichtlinearen Kostenvariationen**. Im Rahmen einer exakten Abweichungsanalyse, die stets darauf abzielen sollte, die Differenz zwischen Istkosten und Sollkosten möglichst genau bezüglich ihrer Ursachen aufzuspalten, empfiehlt es sich deshalb, ggf. auftretende Intensitätsänderungen in den Planungs- und Kontrollprozess zu integrieren.[403]

Zunächst gilt es, die Abhängigkeiten zwischen Produktionskosten und Variationen des Anspannungsgrads kostenarten- bzw. kostenstellenbezogen planmäßig zu erfassen, um den entsprechenden **optimalen intensitätsmäßigen Anpassungspfad** ermitteln zu können.

Dies kann durch Verbrauchsstudien oder aufgrund von Angaben der Hersteller der betreffenden Aggregate geschehen.[404] Mit Hilfe der kostenoptimalen Kapazität (x^{opt}) wird sodann die **proportional** zur Beschäftigung verlaufende optimale Sollkostenfunktion [$K^{opt}(x^i)$] festgelegt. Damit gelten für die n-te Kostenstelle folgende Beziehungen:

$$K_n^{opt}(x_n^i) = Kf_n^p + \frac{Kv_n^{opt}(x_n^p)}{x_n^{opt}} \cdot x_n^i = Kf_n + kv_n^{opt} \cdot x_n^i.$$

Die vorstehende Funktion kennzeichnet mithin diejenigen Sollkosten, die bei Realisation des optimalen (kostengünstigsten) Intensitätsgrads angefallen wären. Stellt man diese ermittelten Vergleichskosten nun der **linearen** effektiven Sollkostenfunktion [$K^{eff}(x_n^i)$] gegenüber, die den Plankosten auf der Basis des effektiven Anpassungsgrads der n-ten Kostenstelle entspricht, dann lässt sich die **Intensitätsabweichung (– ΔI)** wie folgt berechnen:[405]

$$K_n^{opt}(x_n^i) = Kf_n^p + kv_n^{opt} \cdot x_n^i \, (= \text{Sollkosten auf der Basis des optimalen Intensitätsgrads})$$

---

[403] Die folgenden Ausführungen basieren auf dem bei *Menrad* dargestellten Grundkonzept. Vgl. Menrad 1978, S. 153–155.

[404] Der optimale Anpassungspfad, der im Schrifttum auch als Minimalkostenlinie, Expansionspfad oder Betriebsausdehnungsweg bezeichnet wird (vgl. Corsten/Gössinger 2016, S. 136–144; Kern 1992, S. 33), zeigt im Grundsatz für zunehmende Ausbringungsmengen und/oder Intensitätsgrade die Minimalkosten-Kombination der eingesetzten Produktionsfaktoren.

[405] Die Intensitätsabweichung trägt aufgrund der oben dargestellten Bedingungen stets ein negatives Vorzeichen. Sofern Intensitätsgrade explizit neben anderen Einflussgrößen in die Abweichungsanalyse einbezogen werden, lösen auch sie Differenzen höherer Grade aus, die aber ebenfalls nach dem Konzept der differenziert kumulativen Abweichungsanalyse zu isolieren sind. Vgl. die Ausführungen im vierten Teil zu Gliederungspunkt 3.3.3.2.2.

$$\frac{- K_n^{eff}(x_n^i) = Kf_n^p + kv_n^{eff} \cdot x_n^i \text{ (= Sollkosten auf der Basis des effektiven Intensitätsgrads)}}{- \Delta I_n \quad = \Delta kv_n^{oe} \cdot x_n^i \quad \text{(= Intensitätsabweichung)}.}$$

In der folgenden Abbildung 105 ist der vorstehend dargelegte Sachverhalt für die n-te Kostenstelle in grafischer Form dargestellt worden.

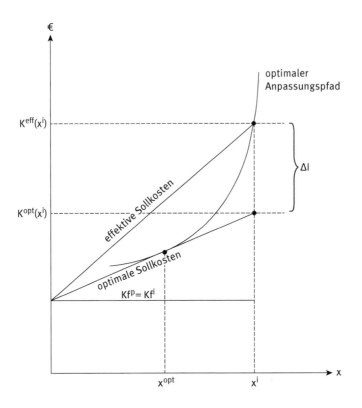

Abbildung 105: Ermittlung der Intensitätsabweichung.

Da ggf. entstandene Intensitätsabweichungen **nicht in den Verantwortungsbereich der Kostenstellenleiter** fallen, müssen derartige Differenzen, falls sie in ermittelten kostenstellenbezogenen Verbrauchsabweichungen enthalten sind, zum Zweck einer aussagefähigen Kostenkontrolle aus diesen herausgerechnet werden. Verbrauchsabweichungen weisen grundsätzlich immer dann Intensitätsdifferenzen auf, wenn der Kostenplanung eine **optimale Kapazität** zugrunde gelegt wurde und die Beschäftigung ganz oder partiell durch **intensitätsmäßige Anpassungsprozesse** variiert worden ist. Die Erfassung und Eliminierung einer Intensitätsabweichung soll nun anhand eines Beispiels gezeigt werden.

Beispiel 78:
In Abänderung von Beispiel 60[406] wird nun für den Überbeschäftigungsfall unterstellt, dass die Gemeinkostenplanung auf einer kostenoptimalen Intensität basiert und die dort durchgeführte zeitliche Ausweitung der Beschäftigung auf 6.000 Stdn. mit einem intensitätsmäßigen Anpassungsprozess kombiniert worden ist. Im Rahmen der Kostenbudgetierung wurde durch Verbrauchsmessungen festgestellt, dass bei einer Inanspruchnahme des Abrechnungsbereichs mit dem nun realisierten Anspannungsgrad variable Plankosten pro Bezugsgrößeneinheit von 6,50 €/Std. anfallen. Die folgende Tabelle 67 zeigt die Berechnung der einzelnen Kosten- und Abweichungsarten unter Berücksichtigung der modifizierten Daten. Der vom Kostenstellenleiter zu vertretende Teil der Verbrauchsabweichung beträgt somit 6.000 € (= 9.000 € – 3.000 € = 55.000 € – 49.000 €).

Tabelle 67:

Zeile	Kosten- und Abweichungsbezeichnung	Überbeschäftigung (x^i = 6.000 Stdn.)
1	$K^{i*}(x^i)$	10.000 € + 45.000 € = 55.000 €
2	$K^{opt}(x^i)$	10.000 € + 6 € · 6.000 Stdn. = 46.000 €
3	$K^{opt}(x^p)$	10.000 € + 6 € · 5.000 Stdn. = 40.000 €
4	$K^{opt}(x^p) \cdot \frac{x^i}{x^p}$	40.000 € · $\frac{6.000 \text{ Stdn.}}{5.000 \text{ Stdn.}}$ = 48.000 €
5	$K^{eff}(x^i)$	10.000 € + 6,50 € · 6.000 Stdn. = 49.000 €
6	ΔV (Zeile 1 – Zeile 2)	+ 9.000 €
7	ΔEB (Zeile 2 – Zeile 3)	+ 6.000 €
8	ΔB (Zeile 2 – Zeile 4)	– 2.000 €
9	ΔI (Zeile 2 – Zeile 5)	– 3.000 €

3.3.3.3 Kritische Würdigung der flexiblen Plankostenrechnung auf der Grundlage von Vollkosten

Im Grundsatz besteht die Funktion eines Kostenrechnungssystems aus planungstheoretischer Sicht darin, für jede zu lösende Entscheidungsaufgabe diejenigen Kosten den Verantwortlichen zur Verfügung zu stellen, die von den durch die möglichen Handlungsalternativen veränderten Kosteneinflussgrößen funktional abhängig sind. Diese Kosten werden im Schrifttum allgemein mit dem Terminus **„(entscheidungs-) relevante" Kosten** belegt. Derartige Kosten sollten stets als **Plangrößen** ermittelt werden, da unternehmerische Entscheidungen zukunftsorientierten Charakter tragen. Die für die auf Vollkosten basierenden Rechnungssysteme charakteristische

---

[406] Vgl. Beispiel 60 im vierten Teil zu Gliederungspunkt 3.3.3.1.

proportionale Zurechnung fixer Kosten auf die Kalkulationsobjekte, wie z. B. die nicht verursachungsgerechte Schlüsselung fixer Gemeinkosten, stellt aber einen Verstoß gegen den Grundsatz der relevanten Kosten dar. Bei dieser Vorgehensweise nach dem Proportionalitäts- bzw. Durchschnittsprinzip gehen in die Kalkulationsergebnisse fixe Bestandteile ein, die von den betreffenden unternehmerischen Entscheidungen grundsätzlich nicht beeinflusst werden. Zieht man derartige Kostenwerte zur Lösung von Planungsaufgaben heran, so muss dies zwangsläufig zu **Fehlentscheidungen** führen.[407] Hieraus ist aber nicht zu schließen, dass beschäftigungsunabhängige Kosten stets bei der Ermittlung relevanter Werte unberücksichtigt bleiben können und nur die leistungsabhängigen (variablen) Kosten in diesem Zusammenhang maßgebend sind. Beziehen sich die unternehmerischen Entscheidungen z. B. auf die Veränderung begrenzt teilbarer Potentialfaktoren, dann müssen auch die entsprechenden sprungfixen Kosten in das Entscheidungskalkül einfließen. Somit ist nicht generell festzulegen, welche Kosten für die Lösung eines bestimmten Entscheidungsproblems Gültigkeit besitzen, sondern Art und Höhe der relevanten Kostenwerte hängen davon ab, welche Bestimmungsfaktoren durch die betreffende Entscheidung variiert werden.[408] Die im Rahmen des betrieblichen Planungsprozesses zu fällenden Entscheidungen erstrecken sich primär auf den Absatz-, Produktions- und Beschaffungsbereich der industriellen Unternehmung und tragen **überwiegend kurzfristigen Charakter**. „Diese Entscheidungen erfolgen auf der Basis gegebener Nutzungspotentiale und Betriebsmittelkapazitäten, so dass für sie nur die **ausbringungsabhängigen variablen Kosten relevant sind**."[409]

Die vorstehenden Ausführungen lassen unschwer erkennen, dass sich die flexible Plankostenrechnung auf Vollkostenbasis **nicht zur Lösung kurzfristiger Entscheidungsaufgaben eignet**, da die Kalkulationssätze dieses Systems stets fixe Plankostenbestandteile enthalten und nicht ausschließlich die erforderlichen variablen Plankosten. Diese Kalkulationswerte liefert aber nur ein innerbetriebliches Rechnungssystem auf der Basis von Teilkosten, das im Schrifttum auch mit dem Begriff **Grenz-Plankostenrechnung** belegt wird.[410] Anhand des folgenden Beispiels zur Produktionsvollzugsplanung soll noch einmal verdeutlicht werden, dass der Einsatz der flexiblen Voll-Plankostenrechnung im Rahmen des kurzfristigen Dispositionsprozesses i. d. R. zu Fehlentscheidungen führt.

Beispiel 79:
Ein Industriebetrieb plant die Herstellung der beiden Produktarten A und B mit jeweils 2.000 Stück pro Rechnungsperiode. Zu diesem Zweck stehen drei Anlagen unterschiedlichen Alters

---

407 Vgl. Weber/Rogler 2006, S. 138–139.
408 Vgl. Kilger/Pampel/Vikas 2012, S. 71.
409 Kilger 1993, S. 192–193.
410 Vgl. zu diesem Kostenrechnungssystem die Ausführungen im vierten Teil zu Gliederungspunkt 4.2.

(I, II, III) zur Verfügung, von denen jede die gesamte Produktionsmenge (4.000 Stück pro Rechnungsperiode) übernehmen kann. Die Plan-Erlöse betragen 200 € pro Stück, die gesamten kurzfristig unbeeinflussbaren Plan-Fixkosten 507.000 €. Rüstkosten fallen bei der Produktion der beiden Erzeugnisarten nicht an. Tabelle 68 zeigt die Plan-Fertigungsdauer und die Gesamtkapazität der einzelnen Aggregate in Minuten sowie die entsprechenden planmäßigen Voll- und Teilfertigungskosten pro Minute bei Produktion der beiden Erzeugnisse auf den drei Anlagen.

Tabelle 68:

Anlage	Plan-Fertigungszeit		Zur Verfügung stehende Gesamtkapazität in Min.	Plan-Fertigungskosten	
	Produkt A	Produkt B		k^p	kv^p
I	30 Min.	33 Min.	132.000	3 €/Min.	2,5 €/Min.
II	25 Min.	24 Min.	108.000	4,5 €/Min.	2,5 €/Min.
III	20 Min.	25 Min.	90.000	5,5 €/Min.	3 €/Min.

Im Rahmen der Produktionsvollzugsplanung tritt nun das Entscheidungsproblem auf, die **optimale Maschinenbelegung** vorzunehmen. In diesem Zusammenhang steht die Frage im Mittelpunkt, welches Produkt auf welcher Anlage herzustellen ist, wenn der Plan-Gewinn maximiert werden soll.[411] Die folgende Tabelle 69 weist die Plan-Stückkosten der beiden Produkte auf Voll- und Teilkostenbasis unter Berücksichtigung einer alternativen Produktion auf allen drei Anlagen aus.

Tabelle 69:

Anlage	auf Vollkostenbasis		auf Teilkostenbasis	
	Produkt A	Produkt B	Produkt A	Produkt B
I	⇒ 90 €	⇒ 99 €	75 €	82,5 €
II	112,5 €	108 €	62,5 €	⇒ 60 €
III	110 €	137,5 €	⇒ 60 €	75 €

Anhand des vorstehenden Tableaus lassen sich nun zwei Entscheidungen im Hinblick auf die Belegung der drei Anlagen fällen:
(1) Entscheidung auf **Vollkostenbasis**: Fertigung sowohl von Produkt A als auch von Produkt B auf Anlage I.

---

411 Vgl. zur Planung des Produktionsvollzugs die Ausführungen im vierten Teil zu Gliederungspunkt 4.5.2.2. und Gliederungspunkt 4.5.3.1.

(2) Entscheidung auf **Teilkostenbasis**: Fertigung von Produkt A auf Anlage III und von Produkt B auf Anlage II.

Anhand einer verkürzten Kurzfristigen Erfolgsrechnung kann nachgewiesen werden, dass nur die Entscheidung auf Teilkostenbasis zur Maximierung des Plan-Gewinns führt und damit unter der zugrunde gelegten Prämisse des Beispiels, nach der die gesamten Plan-Fixkosten von 507.000 € keine Relevanz besitzen, als optimal anzusehen ist (Tabelle 70). Aus den in Tabelle 70 errechneten Werten lässt sich entnehmen, dass bei der nichtoptimalen Vollkostenentscheidung mit einem Plan-Verlust von 22.000 € (= 485.000 € – 507.000 €) zu rechnen ist, während im Fall der Teilkostenentscheidung ein Gewinn von 53.000 € (= 560.000 € – 507.000 €) planmäßig anfällt.

Tabelle 70:

Produkt	E^p	Kf^p	Vollkostenrechnung		Teilkostenrechnung	
			$Kv^p(x^p)$	DB^p	$Kv^p(x^p)$	DB^p
A	400.000 €[a]	–	150.000 €[b]	250.000 €[c]	120.000 €	280.000 €
B	400.000 €	–	165.000 €	235.000 €	120.000 €	280.000 €
Summe	800.000 €	507.000 €	315.000 €	485.000 €	240.000 €	560.000 €

[a] 2.000 Stück · 200 €/Stück = 400.000 €.
[b] 2.000 Stück · 75 €/Stück = 150.000 €.
[c] 400.000 € – 150.000 € = 250.000 €.

Zu den an ein Kostenrechnungssystem gestellten **Dokumentationsaufgaben** zählen einerseits die Lieferung der kalkulatorischen Ergebnisse zur Bewertung unfertiger und fertiger Erzeugnisse sowie aktivierbarer innerbetrieblicher Leistungen im handels-, steuerrechtlichen und internationalen Jahresabschluss und andererseits die Bereitstellung der Selbstkostenpreise nach Maßgabe der Leitsätze für die Preisermittlung aufgrund von Selbstkosten (LSP).[412]

Mangels einer eindeutigen gesetzlichen Definition der handels-, steuerrechtlichen und internationalen Herstellungskosten sowie den rechentechnischen Schwierigkeiten bei ihrer Ermittlung wird in der einschlägigen Literatur bei einer Ableitung der Kalkulationsergebnisse aus Voll-Plankostenrechnungen die Verteilung minimaler Abweichungen zwischen Ist- und Plankosten auf die Eigenerzeugnisse nicht für erforderlich gehalten. Nehmen die entsprechenden Preis-, Verbrauchs- und Beschäfti-

---

[412] Vgl. im Einzelnen die Ausführungen im dritten Teil zu Gliederungspunkt 2.4.3. und Gliederungspunkt 2.5.2.

gungsabweichungen jedoch ein größeres Ausmaß an, dann fordert das Prinzip der Einzelbewertung eine **produktindividuelle Verrechnung** der entstandenen Abweichungen auf die kalkulierten Plan-Herstellkosten, damit diese Werte Eingang in den handels-, steuerrechtlichen und internationalen Jahresabschluss finden können.[413]

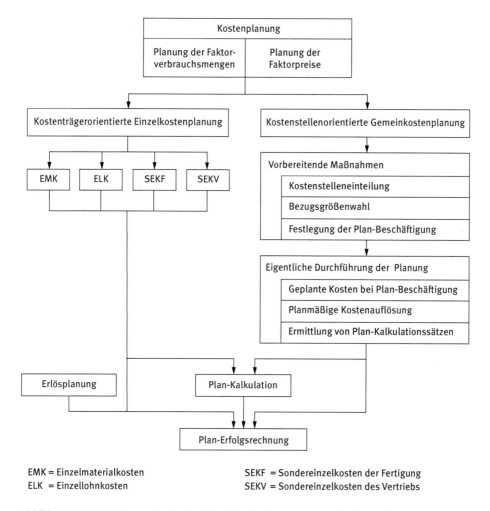

EMK = Einzelmaterialkosten SEKF = Sondereinzelkosten der Fertigung
ELK = Einzellohnkosten SEKV = Sondereinzelkosten des Vertriebs

Abbildung 106: Vorgehensweise der flexiblen Plankostenrechnung auf Vollkostenbasis.

Die LSP gehen, ohne dass dies explizit zum Ausdruck gebracht wird, von einem Rechnungssystem auf der Basis von Vollkosten bezüglich der Ermittlung des Kosten-

---

[413] Vgl. zu diesem Problemkreis im Einzelnen Freidank 1983, S. 1375–1382, S. 1454–1456.

preises für öffentliche Aufträge aus. Ferner wird verlangt, dass nur solche Kosten Berücksichtigung finden dürfen, „die bei wirtschaftlicher Betriebsführung zur Erstellung der Leistungen entstehen"[414]. Wurde bei der Kostenplanung diesem Kriterium Rechnung getragen, dann können die auf der Grundlage der Divisions- oder Zuschlagsverfahren[415] kalkulierten Voll-Plankosten grundsätzlich zum Zweck der Ermittlung von Selbstkostenpreisen öffentlicher Aufträge eingesetzt werden, andernfalls bedarf es auch hier einer entsprechenden Abweichungsverrechnung.

Am besten wird von einer flexiblen Plankostenrechnung auf Vollkostenbasis die **Kontrollaufgabe** erfüllt. Wie gezeigt wurde, ist dieses innerbetriebliche Rechnungssystem in der Lage, außer **kostenarten- bzw. kostenstellenbezogenen Verbrauchsabweichungen**, die im Rahmen des internen Kontrollsystems für die Führungsinstanzen die entscheidenden Informationsgrundlagen hinsichtlich der Wirtschaftlichkeit des Produktionsprozesses darstellen, **Preis- und Beschäftigungsabweichungen** auszuweisen. Darüber hinaus kann die Abweichungsanalyse ggf. durch **Sonderrechnungen** verfeinert werden. Als Beispiele sind in diesem Zusammenhang die Ermittlung der **Differenzen höheren Grads** bezüglich der Verwendung von mehr als einer Einflussgröße bei der Kostenplanung und das **Abspalten der Intensitätsabweichungen** im Fall anspannungsbezogener Adaptionsprozesse zu nennen. Abbildung 106 zeigt abschließend die Ablauforganisation der flexiblen Plankostenrechnung auf Vollkostenbasis,[416] wobei aber auf die Einbeziehung der vorstehend dargelegten Kontrollprozesse verzichtet wurde.

---

414 Nr. 4, Abs. 2, LSP.
415 Vgl. Nr. 5, Abs. 2, LSP.
416 Modifiziert entnommen von Kußmaul 2016, S. 222.

4 Teilkosten- und Deckungsbeitragsrechnungen

4.1 Grundlegendes

Da die auf Vollkosten basierenden Ist-, Normal- und Plankostenrechnungen infolge der proportionalen Fixkostenverrechnung nicht in der Lage sind, zur Lösung spezifischer (kurzfristiger) Entscheidungsaufgaben im Beschaffungs-, Produktions- und Absatzbereich der industriellen Unternehmung die **entscheidungsrelevanten Kostendaten**[417] zu liefern, entstanden zahlreiche Systeme von Partialkostenrechnungen, die sowohl auf Ist- als auch auf Normal- oder Plankosten aufbauen können. Die einzelnen Teilkostenrechnungssysteme lassen sich dadurch charakterisieren, dass bestimmte Kostenarten bei der Zurechnung auf die Kostenstellen und/oder -träger keine Berücksichtigung finden. Entsprechend den verrechneten Kostenbestandteilen nehmen auch dann die auf die Leistungseinheiten entfallenden Herstell- und Selbstkosten unterschiedlichen Umfang an.

Aus dem Bedürfnis heraus, ein Rechenwerk zu konzipieren, das zur Bewältigung der von Vollkostenrechnungen nicht lösbaren Steuerungsaufgaben die relevanten Entscheidungswerte zur Verfügung stellt, wurden zahlreiche Systeme von Teilkostenrechnungen entwickelt, die sich grundsätzlich auf zwei Typen zurückführen lassen. Bei der ersten Grundform wird eine Aufspaltung in fixe und variable Kosten hinsichtlich des Beschäftigungsgrads vorgenommen. Den Trägereinheiten werden in diesem Fall nur die bezüglich der Beschäftigung als **proportional** geltenden Kostenbestandteile zugerechnet. Daher rührt auch die Bezeichnung dieses Verfahrens, das als „**Direct Costing**", „**Marginal Costing**" oder bei Verwendung von Nicht-Istkosten auch als **Grenz- bzw. Normal-/Plankostenrechnung** in die betriebswirtschaftliche Literatur eingegangen ist. Wenn außer der Beschäftigung alle anderen Hauptkosteneinflussgrößen Konstanz aufweisen, ermöglicht das Direct Costing eine verursachungsgerechte Zurechnung der Kosten auf die betrieblichen Kostenstellen und damit auf die Leistungseinheiten. Der zweite Grundtyp, die **relative Einzelkostenrechnung**, basiert auf dem Identitätsprinzip, „wobei nur solche Kosten [...] einem Untersuchungsobjekt zugerechnet werden dürfen, die auf eine identische Entscheidung zurückgehen"[418]. Alle anderen Spielarten der Teilkostenrechnung sind entweder als Vorläufer[419] des Direct Costing bzw. der relativen Einzelkostenrechnung anzusehen, oder sie bauen auf diesen Basisformen auf.

---

417 Vgl. zur Systematik der Teilkostenrechnungssysteme Abbildung 86 im vierten Teil zu Gliederungspunkt 1.
418 Riebel 1974, S. 498.
419 Als Vorläufersysteme sind z. B. die von *Schmalenbach* konzipierte Betriebswertrechnung und die auf *Rummel* zurückgehende Blockkostenrechnung zu nennen. Vgl. Layer 1967, S. 21–45; Schmalenbach 1919, S. 282–290; Rummel 1967, S. 209–216. Da sich der heutige Stand der Diskussion aus-

Die weiterentwickelten Typen, die den Charakter von **stufenweisen Deckungsbeitragsrechnungen** tragen, versuchen die bei der Zurechnung ausgeschlossenen Kostenkategorien nach bestimmten Kriterien aufzuspalten und teilweise doch eine Beziehung zu den Kostenstellen bzw. -trägern herzustellen. Mit dem Terminus „**Deckungsbeitragsrechnung**" werden solche Kostenrechnungssysteme belegt, bei denen der **Überschuss der Erlöse über bestimmte Partialkosten ausgewiesen wird**. Im Gegensatz zu den auf Vollkosten basierenden Verfahren sind Deckungsbeitragsrechnungen **retrograde Systeme**, da sie, ausgehend von den Erlösen, die für betriebliche Entscheidungen relevanten Daten liefern. Bei der Anwendung dieser ausgebauten Formen, die auch als **differenzierte Kurzfristige Erfolgsrechnungen** bezeichnet werden können, gelangen neben den variablen Kosten bzw. den Einzelkosten ferner Fixkosten bzw. Gemeinkosten der Periode zur Verrechnung auf die betrieblichen Kalkulationsobjekte.

Im Rahmen der Teilkostenverfahren wurden zum Zweck der organisatorischen Gestaltung der Kurzfristigen Erfolgsrechnung **zwei** unterschiedliche Formen entwickelt. Sofern eine laufende Abgleichung zwischen den im System der Kostenträgerzeitrechnung erfassten Kosten und den entsprechenden Erfolgsgrößen Berücksichtigung finden, liegt eine nach traditionellem Muster durchgeführte **geschlossene Kurzfristige Erfolgsrechnung** vor. Im Fall des Verzichts auf derartige Kostenabstimmungen sowie fehlender mengen- und wertorientierter Bestandsführungen wird hingegen von einer **nicht geschlossenen Kurzfristigen Erfolgsrechnung** oder auch **Artikelergebnisrechnung** gesprochen. Bei der zuletzt genannten Form werden die entsprechenden Kosten auf retrogradem Weg aus den Absatzmengen abgeleitet und den Erzeugnissen bzw. Erzeugnisgruppen zum Zweck einer kurzfristigen Deckungsbeitragsanalyse zugeordnet. Allerdings setzt diese Methode voraus, dass Kalkulationsergebnisse existieren, aus denen die Teil-Selbstkosten pro Trägereinheit abzuleiten sind.[420] Der Vorteil der Artikelergebnisrechnung liegt vor allem in der **Schnelligkeit ihrer Durchführung** begründet. Demgegenüber ist zu berücksichtigen, dass es mangels einer laufenden Bestandsführung bei stark schwankenden Erzeugnisbeständen zu **Ungenauigkeiten** im Rahmen der Erfolgsermittlung kommen kann. In der Praxis wird die Kurzfristige Erfolgsrechnung auf Partialkostenbasis i.d.R. in **tabellarischer Form** durchgeführt, indem von den Erlösen über die Kosten rückschreitend die einzelnen Erfolgsgrößen ermittelt werden. Kommt aber die Kostenträgerzeitrechnung unter Verwendung des Systems der doppelten Buchhaltung zum Einsatz, so hat das Betriebsergebniskonto zusammengefasst das in Abbildung 107 gezeigte Aussehen.

Zu berücksichtigen ist aber, dass der Erfolgsausweis bei Voll- und Teilkostenrechnung unter sonst gleichen Bedingungen nur im Fall **zeitkonstanter Produktions-**

---

schließlich auf die genannten Grundformen der Teilkostenrechnung und ihre Weiterentwicklung bezieht, bleiben die Vorläufer der Partialkostenrechnung im Folgenden unberücksichtigt.
420 Vgl. Kilger/Pampel/Vikas 2012, S. 561–565.

S	Betriebsergebniskonto		H
Teil-Selbstkosten der verkauften Produkte	Teil-Herstellkosten der verkauften Produkte	Verkaufserlöse der Periode	
	Teil-Verwaltungs- und Vertriebskosten der Periode		
	Residualkosten der Periode, die nicht den Erzeugniseinheiten zugerechnet werden (z.B. fixe Gemeinkosten)		
	Kalkulatorischer Betriebsgewinn		

Abbildung 107: Struktur des Betriebsergebniskontos bei Anwendung des Umsatzkostenverfahrens auf Teilkostenbasis.[421]

und Absatzmengen, d. h. identischer Anfangs- und Endbestände der Erzeugnisse, zu übereinstimmenden kalkulatorischen Betriebsergebnissen führt. Liegen diese Voraussetzungen nicht vor, treten Erfolgsdifferenzen zwischen Voll- und Teilkostenrechnung auf, weil die Veränderungen des Erzeugnisbestands mit **unterschiedlichen Wertkomponenten** (gesamte Herstellkosten und Teil-Herstellkosten) angesetzt werden. So ist im Fall einer **Bestandserhöhung** der Erfolgsausweis bei Vollkostenrechnung stets höher als bei Teilkostenrechnung (et vice versa).

> **Beispiel 80:**
> Die Zahlen der Betriebsbuchhaltung eines Produktionsunternehmens, das drei unterschiedliche Produkte (A, B, C) herstellt, sind für den Monat Mai (Periode 05) wie folgt gegliedert (Tabelle 71).

Tabelle 71:

Kostenarten in €	fixe Bestandteile	variable Bestandteile	Summe
Fertigungsmaterial	–	100.000	100.000
+ Materialgemeinkosten	54.000	6.000	60.000
+ Fertigungslöhne	–	160.000	160.000
+ Fertigungsgemeinkosten	192.000	48.000	240.000
= Herstellkosten	246.000	314.000	560.000
+ Verwaltungsgemeinkosten	90.943	23.877	114.820
+ Vertriebsgemeinkosten	20.746	7.959	28.705
= Selbstkosten der Periode	357.689	345.836	703.525

---

421 Der Differenzbetrag zwischen den Verkaufserlösen der Periode und den Teil-Selbstkosten aller verkauften Produkte wird auch als „Deckungsbeitragsvolumen" bezeichnet.

Tabelle 72 gibt Auskunft über die Erzeugnisbewegungen, die Herstellkosten pro Stück des Anfangsbestands und die Netto-Verkaufserlöse pro Stück der abgesetzten Erzeugnisse. Aufgrund der spezifischen Organisation des Ausgangslagers werden in dem betrachteten Unternehmen die auf Lager befindlichen Erzeugnisse stets zuerst verkauft. Während sich die Einzelmaterialkosten (Fertigungsmaterial) der Produkte A, B und C auf 50 €, 20 € und 60 € belaufen, betragen die Einzellohnkosten (Fertigungslöhne) pro Stück 80 €, 30 € und 100 €.

Tabelle 72:

Produkte	AB in Stück	Volle Herstellkosten pro Stück des AB in €	variable Herstellkosten pro Stück des AB in €	Produktion der Periode 05 in Stück	Absatz der Periode 05 in Stück	Verkaufserlöse der Periode 05 pro Stück in €	EB in Stück
A	400	250	160	600	700	400	300
B	500	110	50	1.400	1.000	120	900
C	200	370	180	700	800	480	100

Zum Zweck der Berechnung der Bestandsveränderung bedarf es zunächst einer Kalkulation der Stück-Herstellkosten der Produkte A, B und C für die Periode 05 auf Voll- und Teilkostenbasis. In Tabelle 73 wird dies mit Hilfe der elektiven Zuschlagskalkulation gezeigt.

Führt man die Kurzfristige Erfolgsrechnung für die Periode 05 auf **Vollkostenbasis** unter Rückgriff auf das Umsatzkostenverfahren in **tabellarischer Form** durch, dann ergibt sich folgendes Bild (Tabelle 74).

Die analoge Rechnung auf der Grundlage von variablen Kosten führt zu nachstehenden Ergebnissen (Tabelle 75).

Vergleicht man die kalkulatorischen Ergebnisse der beiden Kurzfristigen Erfolgsrechnungen, so fällt auf, dass bei Anwendung des Teilkostenverfahrens ein um 9.740 € (= 76.115 € − 66.375 €) höherer Betriebsgewinn für die Periode 05 ausgewiesen wird. Dieses Resultat liegt in der unterschiedlichen Bewertung der Bestandsveränderungen begründet. Wie die folgende Tabelle 76 zeigt, ist der Differenzbetrag von 9.740 € auf eine gesamte **wertmäßige Bestandsverminderung** bei der Vollkostenmethode zurückzuführen, die auf einer im Verhältnis zum Anfangsbestand geringeren Bewertung der auf Lager befindlichen Erzeugnisse mit fixen Gemeinkosten basiert. In Abbildung 108 ist der gesamte Sachverhalt hinsichtlich der geschlossenen Kurzfristigen Erfolgsrechnung unter Rückgriff auf Teilkosten in buchhalterischer Form dargestellt. Um die Voraussetzungen für eine **produktgruppenbezogene Erfolgsanalyse** mit Hilfe der Deckungsbeitragsrechnung zu schaffen, wurde das **Umsatzkostenverfahren** gewählt.

Tabelle 73:

Kostenarten in €	Vollkostenkalkulation			Teilkostenkalkulation auf der Basis variabler Kosten		
	Produkte			Produkte		
	A	B	C	A	B	C
Fertigungsmaterial	50	20	60	50	20	60
+ Materialgemeinkosten (60 %; 6 %)[a]	30	12	36	3	1,20	3,60
+ Fertigungslöhne	80	30	100	80	30	100
+ Fertigungsgemeinkosten (150 %; 30 %)[b]	120	45	150	24	9	30
= Herstellkosten	280	107	346	157	60,20	193,60

[a] $60\% = \dfrac{60.000\ \text{€} \cdot 100}{100.000\ \text{€}}$

$6\% = \dfrac{6.000\ \text{€} \cdot 100}{100.000\ \text{€}}$

[b] $150\% = \dfrac{240.000\ \text{€} \cdot 100}{160.000\ \text{€}}$

$30\% = \dfrac{48.000\ \text{€} \cdot 100}{160.000\ \text{€}}$

Tabelle 74:

Erfolgskomponenten in €	Produkte			Summe
	A	B	C	
Verkaufserlöse der Periode	280.000	120.000	384.000	784.000
− Herstellkosten der verkauften Produkte				
(a) aus dem Lagerbestand	100.000	55.000	74.000	229.000[a]
(b) aus der Produktion der Periode	84.000	53.500	207.600	345.100[a]
− Verwaltungsgemeinkosten der Periode (20 %)[b]	36.800	21.700	56.320	114.820
− Vertriebsgemeinkosten der Periode (5 %)[c]	9.200	5.425	14.080	28.705
= Kalkulatorischer Betriebserfolg	50.000	−15.625	32.000	66.375

[a] 229.000 € + 345.100 € = 574.100 € (Herstellkosten des Umsatzes)

[b] $20\% = \dfrac{114.820\ \text{€} \cdot 100}{574.100\ \text{€}}$

[c] $5\% = \dfrac{28.705\ \text{€} \cdot 100}{574.100\ \text{€}}$

Tabelle 75:

Erfolgskomponenten in €	Produkte			Summe
	A	B	C	
Verkaufserlöse der Periode	280.000	120.000	384.000	784.000
− variable Herstellkosten der verkauften Produkte				
(a) aus dem Lagerbestand	64.000	25.000	36.000	125.000[a]
(b) aus der Produktion der Periode	47.100	30.100	116.160	193.360[a]
− variable Verwaltungsgemeinkosten der Periode (7,5 %)[b]	8.332,5	4.132,5	11.412	23.877
− variable Vertriebsgemeinkosten der Periode (2,5 %)[c]	2.777,5	1.377,5	3.804	7.959
= Produkt-Deckungsbeitrag	157.790	59.390	216.624	433.804
− fixe Gemeinkosten der Periode	357.689			357.689
= Kalkulatorischer Betriebserfolg	76.115			76.115

[a] 125.000 € + 193.360 € = 318.360 € (Herstellkosten des Umsatzes)

[b] $7,5\% = \dfrac{23.877\ € \cdot 100}{318.360\ €}$

[c] $2,5\% = \dfrac{7.959\ € \cdot 100}{318.360\ €}$

Tabelle 76:

Produkte	Anfangsbestand			Endbestand			Bestandsveränderungen in €
	AB in Stück	fixe Gemeinkosten pro Stück in €	AB in €	EB in Stück	fixe Gemeinkosten pro Stück in €	EB in €	
A	400	90	36.000	300	123	36.900	+900
B	500	60	30.000	900	46,80	42.120	+12.120
C	200	190	38.000	100	152,40	15.240	−22.760
Summe	−	−	104.000	−	−	94.260	−9.740

Obwohl die Zielsetzung des Direct Costing, der relativen Einzelkostenrechnung und den als Deckungsbeitragsrechnungen ausgebauten Verfahren nicht in der Kostenträgerstückrechnung zu sehen ist, liefern diese Methoden dennoch die entsprechenden Teil-Herstellkosten zum Zweck der Bewertung selbsterstellter Anlagen und fertiger und unfertiger Erzeugnisse in der Kurzfristigen Erfolgsrechnung sowie im handels-, steuerrechtlichen und internationalen Jahresabschluss. Bevor insbesondere auf die Anwendbarkeit der angesprochenen Teilkosten- und Deckungsbeitragsrechnungen zur Lösung kurzfristiger Entscheidungsaufgaben

S	Einzelmaterialkosten		H		S	Einzellohnkosten		H
	€		€			€		€
	100.000,–	(1)	100.000,–			160.000,–	(2)	160.000,–

S	Materialgemeinkosten		H		S	Fertigungsgemeinkosten		H
	€		€			€		€
	60.000,–	(3)	6.000,–			24.000,–	(4)	48.000,–
		(14)	54.000,–				(15)	192.000,–
	60.000,–		60.000,–			240.000,–		240.000,–

S	Verwaltungsgemeinkosten		H		S	Vertriebsgemeinkosten		H
	€		€			€		€
	114.820,–	(8)	8.332,5			28.705,–	(9)	2.777,5
		(10)	4.132,5				(11)	1.377,5
		(12)	11.412,–				(13)	3.804,–
		(16)	90.943,–				(17)	20.746,–
	114.820,–		114.820,–			28.705,–		28.705,–

S	Fertige Erzeugnisse A		H		S	Fertige Erzeugnisse B		H
	€		€			€		€
AB	64.000,–	EB	47.100,–		AB	25.000,–	EB	54.180,–
(1)	30.000,–	(5)	111.100,–		(1)	28.000,–	(6)	55.100,–
(2)	48.000,–				(2)	42.000,–		
(3)	1.800,–				(3)	1.680,–		
(4)	14.400,–				(4)	12.600,–		
	158.200,–		158.200,–			109.280,–		109.280,–

S	Fertige Erzeugnisse C		H		S	Verkaufserlöse Erzeugnis A		H
	€		€			€		€
AB	36.000,–	EB	19.360,–		(18)	280.000,–		280.000,–
(1)	42.000,–	(7)	152.160,–					
(2)	70.000,–							
(3)	2.520,–							
(4)	21.000,–							
	171.520,–		171.520,–					

S	Verkaufserlöse Erzeugnis B		H		S	Verkaufserlöse Erzeugnis C		H
	€		€			€		€
(19)	120.000,–		120.000,–		(20)	384.000,–		384.000,–

Abbildung 108: Buchhalterischer Aufbau der Kurzfristigen Erfolgsrechnung auf der Grundlage von Teilkosten.

S	Betriebsergebniskonto		H
	€		€
(5) Variable Herstellkosten der abgesetzten fertigen Erzeugnisse A	111.100,–[a]	(18) Verkaufserlöse der Erzeugnisse A	280.000,–
(6) Variable Herstellkosten der abgesetzten fertigen Erzeugnisse B	55.100,–[b]	(19) Verkaufserlöse der Erzeugnisse B	120.000,–
(7) Variable Herstellkosten der abgesetzten fertigen Erzeugnisse C	152.160,–[c]	(20) Verkaufserlöse der Erzeugnisse C	384.000,–
(8) Variable Verwaltungsgemeinkosten der abgesetzten fertigen Erzeugnisse A	8.332,5[d]		
(9) Variable Vertriebsgemeinkosten der abgesetzten fertigen Erzeugnisse A	2.777,5[e]		
	2.777,5[e]		
(10) Variable Verwaltungsgemeinkosten der abgesetzten fertigen Erzeugnisse B	4.132,5		
(11) Variable Vertriebsgemeinkosten der abgesetzten fertigen Erzeugnisse B	1.377,5		
(12) Variable Verwaltungesgemeinkosten der abgesetzten fertigen Erzeugnisse C	11.412,–		
(13) Variable Vertriebsgemeinkosten der abgesetzten fertigen Erzeugnisse C	3.804,–		
(14) Fixe Materialgemeinkosten der Periode	54.000,–		
(15) Fixe Fertigungsgemeinkosten der Periode	192.000,–		
(16) Fixe Verwaltungsgemeinkosten der Periode	90.943,–		
(17) Fixe Vertriebsgemeinkosten der Periode	20.746,–		
Kalkulatorischer Betriebsgewinn	76.115,–		
	784.000,–		784.000,–

[a] 400 Stück · 160 € + 300 Stück · 157 € = 111.100 €
[b] 500 Stück · 50 € + 500 Stück · 60,20 € = 55.100 €
[c] 200 Stück · 180 € + 600 Stück · 193,60 € = 152.160 €
[d] 111.100 € · 0,075 = 8.332,5 €
[e] 111.100 € · 0,025 = 2.777,5 €

Abbildung 108 (fortgesetzt)

eingegangen wird, sollen im Folgenden zunächst die Charakteristika dieser Systeme grundlegend dargestellt werden.

4.2 Direct Costing und Grenz-Plankostenrechnung

Die Entscheidung, welche Kosten im System des Direct Costing auf die Kostenstellen bzw. Trägereinheiten zuzurechnen sind, fällt bei der Aufspaltung der primären Kostenarten in fixe und proportionale Bestandteile. Dabei ist zu berücksichtigen, dass die Zurechenbarkeit einzelner Kostenarten zu den fixen oder beschäftigungsproportionalen Kosten davon abhängt, **auf welchen Zeitraum sich die Betrachtung der Kosten bezieht**. So erhöht sich der Fixkostenanteil bestimmter Kostenarten mit kürzer werdenden Bezugszeiträumen (et vice versa). Abbildung 109 zeigt den Zusammenhang zwischen drei gewählten Fristigkeitsgraden und der daraus resultierenden Veränderung des fixen bzw. proportionalen Charakters der Personalkosten.

Fristigkeitsgrad	Bezugszeitraum in Monaten		Personalkosten	
	Gehälter	Löhne	fix	proportional
Fristigkeitsgrad I	12	3–6	Gehälter (überwiegend); Hilfslöhne (zur Aufrechterhaltung der Betriebsbereitschaft)	Fertigungslöhne, Hilfslöhne (überwiegend); Gehälter (für repetitive Tätigkeiten)
Fristigkeitsgrad II	2–3	2–3	Gehälter, Hilfslöhne (zunehmend)	Fertigungslöhne, Hilfslöhne (abnehmend)
Fristigkeitsgrad III	1	1	Gehälter, Hilfslöhne, Fertigungslöhne	–

Abbildung 109: Beschäftigungsabhängigkeit der Personalkosten.

Im Allgemeinen wird bei der Spaltung der Personalkosten hinsichtlich der Anpassung des Personalbestands an Beschäftigungsschwankungen von Fristigkeitsgrad I ausgegangen, der sich innerhalb der gesetzlichen Kündigungsfrist realisieren lässt. Dies hat zur Folge, dass alle Fertigungslöhne und ein großer Teil der Hilfslöhne zu den proportionalen Kosten zu zählen sind, die Gehälter hingegen überwiegend fixen Charakter tragen.

Grundsätzlich können den Fixkosten solche Kostenarten subsumiert werden, die nicht spätestens innerhalb eines halben Jahres von der Unternehmung abzubauen sind. Aufgrund der **Kostenremanenz** kann aber auch je nach Branche ein anderer Bezugszeitraum Relevanz besitzen. Schwierigkeiten können ferner im Hinblick auf die Trennung von semivariablen Gemeinkostenkategorien auftreten. Während Fertigungsmaterialien und Fertigungslöhne (Einzelkosten) i. d. R. eindeutig variablen Charakter tragen, treten z. B. bei der Klassifikation von Fertigungsgemeinkosten Probleme auf. Ein rechentechnisch einfaches, aber ungenaues Lösungsverfahren besteht in derartigen Fällen darin, die Einteilung der Kostenarten in zeit- und beschäftigungsproportionale Bestandteile nach dem überwiegenden Charakter der Kosten vorzunehmen. Zu genaueren Ergebnissen führt die Anwendung der schon im Rahmen der Kostenplanung dargestellten **analytischen (mathematischen) und synthetischen Kostenauflösungsmethoden.**[422] Da bei der Trennung in fixe und variable Kosten von einem bestimmten Zeitraum, meist einem Geschäftsjahr, einem bestimmten Bestand an Anlagegütern, bestimmten Produktionsverfahren und einem vorgegebenen Beschäftigungsgrad ausgegangen wird, ist bei einer Änderung dieser Einflussgrößen die Kostenspaltung erneut zu überprüfen.

Die auf Istkosten basierende Methode des Direct Costing berücksichtigt, im Gegensatz zu einer Vollkostenrechnung, sowohl bei der Ermittlung von Verrechnungssätzen für innerbetriebliche Leistungen als auch bei Bildung von Kalkulationssätzen **nur die proportionalen Kosten**. Mit dieser Vorgehensweise wird der Erkenntnis Rechnung getragen, dass die fixen Kosten i. d. R. nicht durch die Erzeugung eines bestimmten Produkts, sondern durch den **gesamten Leistungserstellungsprozess** der Abrechnungsperiode ausgelöst werden. Die beschäftigungsunabhängigen Kosten verbleiben aus buchhalterischer Sicht hingegen in den Stellenkonten der einzelnen betrieblichen Abrechnungsbereiche und werden zur Durchführung der Kurzfristigen Erfolgsrechnung i. d. R. monatlich en bloc auf das Betriebsergebniskonto übernommen.[423] Den Trägereinheiten werden somit nur die von ihnen verursachten (beschäftigungs-)proportionalen Stückkosten angelastet, wobei, entsprechend dem vorliegenden Produktionsprogramm, auf die existierenden Kalkulationsformen der Divisions- und Zuschlagsrechnung zurückgegriffen wird. Im Fall der Fertigung komplementärer Produkte erfolgt die Verteilung der gesamten proportionalen Herstellkosten des Kuppelprozesses auf die einzelnen Erzeugnisse ebenfalls mit Hilfe der üblichen Methoden zur Kalkulation verbundener Produkte (z. B. Marktwert- und Restwertrechnung).

Die Grenz-Plankostenrechnung in ihrer Standardform geht als flexible Plankostenrechnung auf Teilkostenbasis von den gleichen Prämissen wie die flexible Plan-

---

422 Vgl. die Ausführungen im vierten Teil zu Gliederungspunkt 3.3.3.2.3.4.2.2.
423 Vgl. Kilger 1977, S. 100. Vgl. zum Aufbau und Einsatz der Kurzfristigen Erfolgsrechnung nach dem Grenzkostenprinzip auch Beispiel 79 im vierten Teil zu Gliederungspunkt 4.1.

kostenrechnung auf der Grundlage von Vollkosten aus.[424] Allerdings besteht ein Unterschied hinsichtlich der Behandlung der (nicht entscheidungsrelevanten) fixen Plankosten. Sie werden, ähnlich wie im System des Direct Costing, nicht den absatzbestimmten Kostenträgern zugerechnet, sondern schon bei der Kostenerfassung von den proportionalen Kosten getrennt und aus der laufenden Abrechnung eliminiert. Mithin kann die Ermittlung der Grenz-Plankosten genauso wie die Berechnung der vollen Plankosten mit $Kf^p = 0$ für alle Kostenarten pro Kostenstelle erfolgen. Die Grenz-Plankostenrechnung rechnet somit den innerbetrieblichen Leistungen und den absatzbestimmten Erzeugnissen ausschließlich die entsprechenden **proportionalen (variablen) Plankosten** zu. Zu berücksichtigen ist, dass nur unter der **Prämisse linearer Gesamtkostenverläufe**, auf der dieses System ebenfalls basiert, die variablen Verrechnungssätze für innerbetriebliche Leistungen sowie die variablen Kalkulationssätze für unfertige und fertige Erzeugnisse mit den entsprechenden Grenzkosten übereinstimmen. Ferner entfällt im Rahmen der stellenweisen Kostenkontrolle auch die für eine Plan-Vollkostenrechnung typische Beschäftigungsabweichung als Indikator für die Auslastung des Fixkostenblocks, da aufgrund der ausschließlichen Verrechnung von Grenz-Plankosten für die n-te Kostenstelle stets gilt:

$$K_n^p(x_n^i) = Kv_n^p(x_n^p) \cdot \frac{x_n^i}{x_n^p}.$$

Wie auch Abbildung 110 zeigt, lassen sich somit in einer Grenz-Plankostenrechnung im Rahmen des stellenbezogenen Soll-Ist-Kosten-Vergleichs nur die Verbrauchs- (ΔV) und die echte Beschäftigungsabweichung (ΔEB) ermitteln.

Durch den Einsatz von Sonderrechnungen in Form einer Nutz- und Leerkostenanalyse können auch die Plan-Fixkosten beim Vorliegen einer Grenz-Plankostenrechnung stellenbezogenen Auslastungskontrollen unterzogen werden.

Die Daten der **jährlich**[425] erstellten Grenz-Plankalkulation basieren zusammenfassend auf folgendem Prämissenkatalog:[426]
(1) planmäßig während der Rechnungsperiode erwartete Löhne und Gehälter;
(2) planmäßig während der Rechnungsperiode erwartete Durchschnittspreise für Werkstoffe;
(3) ein für eine Rechnungsperiode vorgegebenes Entscheidungsfeld bezüglich der planmäßigen Anpassung des Personalbestands an Beschäftigungsschwankungen;

---

424 Da die Grenz-Normalkostenrechnung hinsichtlich Aufbau und Einsatz der Grenz-Plankostenrechnung weitgehend entspricht, wird nachfolgend auf dieses Kostenrechnungssystem nicht im Detail eingegangen.
425 Ausnahmen stellen Unternehmen dar, deren Fertigungsprogramm in kürzeren Abständen geändert wird (z. B. Unternehmen der Bekleidungsindustrie, die Sommer- und Winterkollektionen anbieten). In diesen Fällen basieren die Plankalkulationen auf kürzeren Zeiträumen als ein Jahr.
426 Vgl. Kilger 1976b, S. 30.

(4) auf die Rechnungsperiode bezogene Vorabentscheidungen über den Einsatz des fertigungswirtschaftlichen Instrumentariums der Produktionsvollzugsplanung.[427]

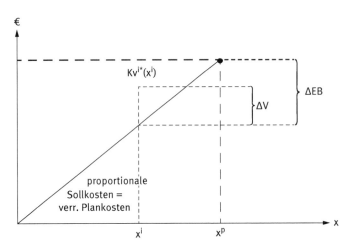

Abbildung 110: Abweichungsermittlung im System einer Grenz-Plankostenrechnung.

Für die Kalkulation öffentlicher Aufträge nach LSP, die bilanzielle Bewertung selbsterstellter Erzeugnisse, zwischenbetriebliche Vergleiche sowie preispolitische Zwecke kann aber auch im System einer Grenz-Plankostenrechnung nicht auf eine Vollkostenkalkulation verzichtet werden. Aus diesem Grund bietet es sich an, sogenannte **Parallel- oder Doppelkalkulationen** aufzubauen, die den Plan-Stückerfolg auf Vollkostenbasis und den Plan-Deckungsbeitrag auf Grenzkostenbasis ausweisen.[428] Vollkostensätze lassen sich in einer Grenz-Plankostenrechnung jedoch nur ermitteln, wenn nach der stellenorientierten Kostenplanung eine **zusätzliche Umlage der geplanten fixen Sekundärkosten** erfolgt, die, wie gezeigt wurde, bei der innerbetrieblichen Leistungsverrechnung zu Grenz-Plankostensätzen außer Ansatz bleiben. Die Verrechnung der sekundären Plan-Fixkosten auf die Hauptkostenstellen nehmen besonders gekennzeichnete Kostenartenspalten auf, anhand deren Summen die Voll-Plankalkulationssätze sodann ohne Schwierigkeiten abzuleiten sind. Das folgende Beispiel zeigt den Aufbau einer Kostenstellenrechnung auf Grenz-Plankostenbasis mit nachträglicher Umlage der geplanten fixen Sekundärkosten sowie die Durchführung der Plankalkulation mit Grenz- und Vollkostensätzen.

---

427 Vgl. zum Begriff der Produktionsvollzugsplanung die Ausführungen im vierten Teil zu Gliederungspunkt 4.5.1.
428 Vgl. zum Aufbau und Einsatz derartiger Kalkulationen insbesondere Kilger/Pampel/Vikas 2012, S. 615–631; Mellerowicz 1977, S. 157–162.

4.2 Direct Costing und Grenz-Plankostenrechnung — 329

Beispiel 81:
Die Y-GmbH fertigt Bohrmaschinen eines Typs und übernimmt gleichzeitig die Wartung für die verkauften Erzeugnisse. Während die Herstellung der Produkte in der Hauptkostenstelle „Fertigung" erfolgt, führt die Hauptkostenstelle „Werkstatt" die Wartung der Bohrmaschinen durch. Im Rahmen der Absatz-, Produktions- und Kostenplanung sind für eine Rechnungsperiode die in Tabelle 77 angeführten Werte ermittelt worden.

Tabelle 77:

Kostenstellen Plankosten/ Plan-Bezugsgrößen	Allgemeine Hilfskostenstelle	Hauptkostenstellen		
	Strom	Werkstatt	Fertigung	Verwaltung und Vertrieb
primäre Grenz-Plankosten	30.000 €	60.000 €	110.000 €	9.300 €
primäre fixe Plankosten	15.000 €	43.500 €	15.500 €	43.700 €
Plan-Bezugsgrößen	100.000 kwh	1.800 Stdn.	800 Stück	Herstellkosten der Absatzleistungen
Planmäßige Umlage				
Strom	−	10.000 kWh	50.000 kWh	40.000 kWh
Werkstatt			1.000 Stdn.	200 Stdn.
Fertigung				100 Stück
planmäßige Absatzleistungen		−	600 Stdn.	700 Stück

Anhand der vorliegenden Daten lässt sich die innerbetriebliche Leistungsverrechnung auf Grenz-Plankostenbasis mit nachträglicher Verteilung der fixen Sekundärkosten nach dem Treppenverfahren durchführen (Tabelle 78).

Mit Hilfe der obengenannten Angaben können nun, unter Einbeziehung eines Plan-Gewinnzuschlages von 10 %, die Plankalkulationen auf Grenz- und Vollkostenbasis sowohl für eine Bohrmaschine als auch für eine Wartungsstunde vorgenommen werden (Tabelle 79 und Tabelle 80).

Wie das vorstehende Beispiel verdeutlicht hat, orientiert sich auch die Umlage der sekundären planmäßigen Fixkostenbestandteile am Planverbrauch der innerbetrieblichen Leistungen. Abschließend bleibt der Hinweis, dass die anhand einer Parallelkalkulation ermittelten Vollkostenergebnisse nur für die genannten Kalkulations- und Vergleichsaufgaben Relevanz besitzen, **keinesfalls aber zur Lösung kurzfristiger Planungsaufgaben herangezogen werden dürfen**, da eine solche Vorgehensweise zwangsläufig Fehlentscheidungen nach sich ziehen würde.

Tabelle 78:

Kostenstellen Plankosten in € und %	Allgemeine Hilfskostenstelle Strom		Werkstatt		Hauptkostenstellen Fertigung		Verwaltung und Vertrieb	
	Grenzkosten	Fixkosten	Grenzkosten	Fixkosten	Grenzkosten	Fixkosten	Grenzkosten	Fixkosten
primäre Plankosten	30.000	15.000	60.000	43.500	110.000	15.500	9.300	43.700
Umlage der sekundären planmäßigen Grenz- und Fixkosten	(−30.000)	(−15.000)	3.000 (−42.000)	1.500 (−30.000)	15.000 35.000 (−20.000)	7.500 25.000 (−6.000)	12.000 7.000 20.000	6.000 5.000 6.000
Endkosten	0	0	21.000	15.000	140.000	42.000	48.300	60.700
Verrechnungssätze auf Grenz-Plankostenbasis	$\frac{30.000\ €}{100.000\ kWh} = 0{,}30\ €/kWh$		$\frac{63.000\ €}{1.800\ Stdn.} = 35\ €/Std.$		$\frac{160.000\ €}{800.000\ Stück} = 200\ €/Stück$		30 %[a]	
Verrechnungssätze auf Voll-Plankostenbasis	$\frac{45.000\ €}{100.000\ kWh} = 0{,}45\ €/kWh$		$\frac{108.000\ €}{1.800\ Stdn.} = 60\ €/Std.$		$\frac{208.000\ €}{800.000\ Stück} = 260\ €/Stück$		50 %[b]	

[a] 600 Stdn. · 35 € + 700 Stück · 200 € = 161.000 € (= Grenz-Planherstellkosten); $\frac{48.000\ €}{161.000\ €} \cdot 100 = 30\%$.

[b] 600 Stdn. · 25 € + 700 Stück · 60 € = 57.000 € (= fixe-Planherstellkosten); $\frac{109.000\ €}{218.000\ €} \cdot 100 = 50\%$.

Tabelle 79:

Y-GmbH	Plankalkulation für Bohrmaschinen	Planung: 20.. Kalkulationseinheit: 1 Stück	
Zeile	Plan-Erfolgsarten	Grenzkosten	Vollkosten
1	Plan-Herstellkosten	200 €	260 €
2	Plan-Verwaltungs- und Vertriebskosten (30 % bzw. 50 % von Zeile 1)	60 €	130 €
3	Plan-Selbstkosten (Zeile 1 + Zeile 2)	260 €	390 €
4	Plan-Netto-Verkaufserlös	429 €	429 €
5	Plan-Deckungsbeitrag (Zeile 4 – Zeile 3)	169 €	–
6	Plan-Vollkostengewinn (Zeile 4 – Zeile 3)	–	39 €

Tabelle 80:

Y-GmbH	Plankalkulation für Wartungsstunden	Planung: 20.. Kalkulationseinheit: 1 Std.	
Zeile	Plan-Erfolgsarten	Grenzkosten	Vollkosten
1	Plan-Wartungsstunde	35,00 €	60 €
2	Plan-Verwaltungs- und Vertriebskosten (30 % bzw. 50 % von Zeile 1)	10,50 €	30 €
3	Plan-Selbstkosten (Zeile 1 + Zeile 2)	45,50 €	90 €
4	Plan-Netto-Erlös pro Wartungsstunde	99,00 €	99 €
5	Plan-Deckungsbeitrag (Zeile 4 – Zeile 3)	53,50 €	–
6	Plan-Vollkostengewinn (Zeile 4 – Zeile 3)	–	9 €

Die Erstellung von Plankalkulationen ist, wie auch die obigen Ausführungen erkennen lassen, stets an die Voraussetzung geknüpft, „dass für alle betrieblichen Erzeugnisse die technischen Daten der Produktion und detaillierte Arbeitsablaufpläne im Voraus und für die Dauer einer bestimmten Planungsperiode festgelegt werden können"[429]. Beim Vorliegen einer **Auftragsfertigung** ist diese Bedingung jedoch nicht erfüllt, so dass zur Ermittlung der entsprechenden kalkulatorischen Ergebnisse nicht mehr auf die für Plankostensysteme typischen Plankalkulationen zurückgegriffen werden kann. An ihren Platz treten dann sogenannte **Standard-**

---

[429] Kilger 1977, S. 604.

Nachkalkulationen, die in ihrem Aufbau den Plankalkulationen gleichen, jedoch anstelle geplanter Verbrauchsmengen für Lagermaterial, fremdbezogene Teile und Sondereinzelkosten die z. B. durch Materialentnahmescheine erfassten **Istmengen** dieser Kostenarten in die Trägerrechnung einfließen lassen. Andererseits werden „die Materialgemeinkosten mit geplanten Materialgemeinkostenzuschlägen, die effektiven Bezugsgrößen der Fertigungskostenstellen je Auftrag mit proportionalen Plankostensätzen und die Verwaltungs- und Vertriebsgemeinkosten mit den geplanten Zuschlagssätzen errechnet"[430]. Den Ergebnissen der Standard-Nachkalkulationen, die auf Voll- und Teilkostenbasis durchgeführt werden können, liegen im Prinzip **Ist-Mengengerüste** zugrunde, die zu Plankosten bewertet werden.

Für alle jahresbezogenen Planungsentscheidungen reichen die vorliegenden Ergebnisse der Grenz-Plankalkulation aus, d. h. sie liefern die erforderlichen relevanten Kosten pro Produkteinheit. Sollen aber kurzfristige Entscheidungen der Beschaffungs-, Produktions- und/oder Absatzplanung im Rahmen gegebener Fertigungskapazitäten und Betriebsbereitschaft gefällt werden, die sich auf kürzere Perioden als den Planungshorizont der Grenzkostenrechnung beziehen, dann besteht die Gefahr, dass sich die periodenbezogene Plankalkulation als zu starr bzw. zu ungenau erweist. In diesen Fällen bietet es sich an, die Plankalkulation als Grundrechnung beizubehalten und in folgenden drei Punkten so zu erweitern, dass sie den Anforderungen genügt, die zur Lösung kurzfristiger Planungsaufgaben an sie gestellt werden:[431]

(1) **Anpassung des Lohn- und Preisniveaus an kürzere Planungsperioden.** Da die jahresbezogene Plankalkulation nur die Einzelmaterialkosten ausweist, alle anderen Plan-Grenzkosten in die Kalkulationssätze der Kostenstellen eingehen und somit nicht mehr nach Kostenarten unterschieden werden können, muss zur Lösung des Problems nach Kostenarten differenziert werden. Mit Hilfe einer **primären Kostenträgerstückrechnung**[432] wird es möglich, alle primären Kostenarten separat auszuweisen und ggf. an ein verändertes Lohn- bzw. Preisniveau anzupassen. Da diese Vorgehensweise bei einer Vielzahl aufeinanderfolgender Fertigungsvorgänge einen zu großen Arbeitsaufwand erfordert, hat sich die partielle Form der Primärkalkulation durchgesetzt, die auf denjenigen Kostenarten basiert (Einzelmaterial-, Lohn- sowie spezielle Werkzeug- und Energiekosten), deren Preis- und Lohnveränderungen die Höhe der Herstell- bzw. Selbstkosten der Trägereinheiten wesentlich beeinflussen.

---

430 Plaut/Müller/Medicke 1973, S. 215.
431 Vgl. Kilger 1976b, S. 33–39. Vgl. die Ausführungen im vierten Teil zu Gliederungspunkt 4.5.3.1.
432 Unter einer Primärkostenrechnung versteht man Ausgestaltungsformen des internen Rechnungswesens, „bei denen die innerbetrieblichen Leistungen nicht mit komplexen Verrechnungssätzen bewertet, sondern so abgerechnet werden, dass die Primärkosten pro Leistungseinheit erkennbar sind und zugleich die Primärkostenanteile der Kalkulationssätze transparent werden". Kilger/Pampel/Vikas 2012, S. 353.

(2) **Berücksichtigung mehrerer Fristigkeitsgrade.** Die jahresbezogene Plankalkulation geht hinsichtlich der Anpassung des Personalbestands an Beschäftigungsschwankungen von einem Fristigkeitsgrad aus, der sich innerhalb der gesetzlichen Kündigungsfrist realisieren lässt. Der Anpassungsspielraum für Gehaltsempfänger ist somit auf ein Jahr, der für Lohnempfänger auf drei bis sechs Monate determiniert. Wie schon erwähnt, hat dies zur Folge, dass die Gehaltsaufwendungen primär zu den fixen Kosten zählen, alle Fertigungslöhne und ein großer Teil der Hilfslöhne hingegen (beschäftigungs-)proportionalen Charakter tragen. Sind nun Entscheidungen zu fällen, die sich auf kürzere Planungsperioden als ein Jahr beziehen, dann liefert, da sich der Fixkostenanteil hinsichtlich der Personalkosten mit kürzer werdenden Bezugszeiträumen erhöht, die Plankalkulation nicht mehr die relevanten Grenz-Herstell- bzw. -Selbstkosten pro Produkteinheit.

Zur Lösung des Problems werden drei Fristigkeitsgrade mit jeweils unterschiedlich relevanten Grenzkostensätzen gebildet. Allerdings ist zu berücksichtigen, dass die zusätzliche Kostenauflösung und die Bildung mehrerer Kalkulationssätze zu einer nicht unerheblichen Erschwerung der Kostenrechnung und zu einem steigenden Arbeitsaufwand führen. Die Abbildung 109 zeigt den Zusammenhang zwischen den drei Fristigkeitsgraden und dem fixen bzw. variablen Charakter der Personalkosten. Ferner wird durch dieses Beispiel dokumentiert, dass die Grenz-Kalkulationssätze mit kürzer werdenden Bezugszeiträumen sinken, die proportionalisierten Fixkostensätze hingegen steigen.

(3) **Zerlegung in relevante Kosten ersten und zweiten Grads.** Die Grenzkostensätze, die mit Hilfe der jahresbezogenen Plankalkulation ermittelt werden, basieren auf bestimmten Vorabentscheidungen der Produktionsvollzugsplanung. Treten aber kurzfristig Engpasssituationen auf, so ist der Einsatz des produktionswirtschaftlichen Instrumentariums an die neue Beschäftigungslage anzupassen. In diesem Fall müssen aus den Grenz-Herstell- bzw. -Selbstkosten der jahresbezogenen Plankalkulation diejenigen Kosten eliminiert werden **(relevante Kosten zweiten Grads)**, die zusätzlich auf Entscheidungen der Produktionsvollzugsplanung zurückzuführen sind. Im Rahmen einer arbeitsgangweisen Kalkulation sind die eliminierten Kostenbestandteile dann neu zu berechnen, während der Teil der Grenzkosten, der nur von Entscheidungen der Produktionsprogrammplanung abhängt **(relevante Kosten ersten Grads)**, den verkaufsfähigen Endprodukten zugeordnet wird. Zu diesem Zweck muss die Plankalkulation so ausgestaltet werden, dass alle Kosten des Fertigungsbereichs, die von Entscheidungen der Produktionsvollzugsplanung abhängen, sich ohne Schwierigkeiten aus der Trägerrechnung eliminieren lassen. Dazu ist es notwendig, in der Plankalkulation die Fertigungskosten aller Arbeitsvorgänge nach Bezugsgrößen differenziert auszuweisen. Wird nun kurzfristig das Problem der Wahl zwischen mehreren Maschinengruppen oder Arbeitsplätzen, die unterschiedliche Kostensätze aufweisen, akut, so ist es aufgrund der Bezugsgrößendifferenzierung leicht möglich,

die Kosten der entsprechenden Arbeitsgänge aus der Plankalkulation zu eliminieren und die nach Verfahrensalternativen relevanten Kosten zweiten Grads zu berechnen

Durch die dargestellte Erweiterung der Standardform der Grenz-Plankostenrechnung können zur Lösung von nahezu allen kurzfristigen Planungsaufgaben die entscheidungsrelevanten Kosten abgeleitet werden. Aufgrund seines flexiblen Charakters wird dieses erweiterte Teilkostenrechnungssystem auch als **dynamische Grenz-Plankostenrechnung** bezeichnet.

4.3 Relative Einzelkostenrechnung

Die relative Einzelkostenrechnung basiert auf einer sogenannten „**Grundrechnung**"[433], in der die in **spezifische Kategorien aufgespalten Kosten** den Bezugsgrößen (Untersuchungs- oder Kalkulationsobjekte), die in Form einer Hierarchie angeordnet sind, an irgendeiner Stelle als Einzelkosten angelastet werden. Als Bezugsgrößen können **Kostenträger, Kostenstellen, Kostenstellengruppen, einzelne Vorgänge oder das Unternehmen** selbst in Betracht kommen.[434] Die zuzurechnenden Kosten werden immer bei dem Kalkulationsobjekt ausgewiesen, das der Basis der Bezugsgrößenpyramide am nächsten steht und bei dem sie als Einzelkosten erstmals zu erfassen sind. Durch diese Vorgehensweise ist gewährleistet, dass den einzelnen Bezugsgrößen nur diejenigen Kosten direkt zugerechnet werden, die auf dieselbe Entscheidung zurückzuführen sind „wie die Existenz des Untersuchungsobjekts selbst **(Identitätsprinzip)**"[435]. Als relativ werden die Einzelkosten deshalb bezeichnet, weil sie sich auf unterschiedliche Objekte beziehen können, **wodurch die übliche Aufteilung der Kosten in Einzel- und Gemeinkosten – bezogen auf den Kostenträger – aufgegeben wird**.

Die einer Bezugsgröße nicht zurechenbaren Kosten **(echte Gemeinkosten)** werden im System der relativen Einzelkostenrechnung einem in der Hierarchie höher stehenden Untersuchungsobjekt als Einzelkosten angelastet, wodurch die in anderen Kostenrechnungsverfahren übliche, i. d. R. **nicht verursachungsgerechte Schlüsselung der Gemeinkosten** vermieden werden soll. Nicht immer ist aus Gründen der Wirtschaftlichkeit oder auch aus bloßer Nachlässigkeit die Forderung zu realisieren, alle Kosten als originäre Einzelkosten beim „speziellsten" (untersten) Bezugsobjekt zu erfassen. Eine Vernachlässigung dieser **unechten Gemeinkosten** wäre jedoch mit der Gefahr von Fehlentscheidungen z. B. im Hinblick auf die Wahl von Fertigungsprogramm und Produktionsverfahren verbunden. In solchen Fällen

---

[433] Vgl. zum Aufbau der Grundrechnung im Einzelnen Riebel 1994, S. 149–175.
[434] Vgl. Riebel 1976, S. 26; Weber/Weißenberger 2010, S. 542–545.
[435] Riebel 1974, S. 510.

gilt es, die unechten Gemeinkosten auch mit Hilfe geeigneter Schlüsselgrößen den untergeordneten Bezugsobjekten zuzurechnen.[436]

Abbildung 111 zeigt beispielhaft den Aufbau einer **Bezugsgrößenhierarchie** im System der relativen Einzelkostenrechnung.

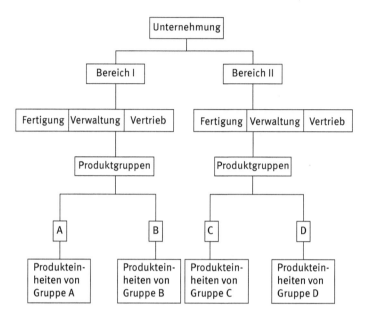

Abbildung 111: Struktur einer möglichen Bezugsgrößenhierachie.

Die Art und Rangfolge der zu wählenden Bezugsgröße hängen von **den jeweiligen Rechenzielen** und den **produktions- und absatzwirtschaftlichen Gegebenheiten** ab. Dabei können die in Rede stehenden Kalkulationsziele so vielfältig sein, dass die Kosten gleichzeitig mehreren Bezugsobjekten hierarchisch zuzurechnen sind. *Riebel* unterscheidet in diesem Zusammenhang **programmorientierte, produktions- und absatzwirtschaftliche** sowie **zeitliche Bezugsgrößenhierarchien**.[437]

Im Gegensatz zu den Systemen des Direct Costing und der Grenz-Plankostenrechnung, die auf dem wertmäßigen Kosten- und Leistungsbegriff[438] basieren, der rein güterwirtschaftlich orientiert ist, liegt der relativen Einzelkostenrechnung der **entscheidungsorientierte Kosten- und Leistungsterminus** zugrunde, nach dem „nicht mehr beeinflussbare Ausgaben oder sogenannte kalkulatorische Kosten, die

---

[436] Vgl. Riebel 1974, S. 515.
[437] Vgl. im Einzelnen Riebel 1994, S. 94–97, S. 159–165, S. 178–181.
[438] Vgl. die Ausführungen im ersten Teil zu Gliederungspunkt 2.2.

beim jeweiligen Untersuchungsobjekt nicht mit Ausgaben verbunden sind"[439], keine Berücksichtigung finden. Es fließen mithin nur solche Kostenarten in die Verrechnung ein, denen Ausgaben zugrunde liegen. Außerdem kann die relative Einzelkostenrechnung als Ist-, Normal- und Plankostenrechnung aufgebaut werden, wodurch sie aus formeller Sicht auch zur Lösung von Kontroll- und kurzfristigen Planungsaufgaben einzusetzen ist.

Sowohl fixe als auch variable Kosten können im Rahmen der erstellten Bezugsgrößen-Hierarchie(n) den Charakter von relativen Einzelkosten und Gemeinkosten tragen. So stellen z. B. Entwurfskosten eines Erzeugnistyps Fixkosten im Hinblick auf die Leistungseinheiten dar. Hinsichtlich der Kostenträgerart sind sie als relative Einzelkosten, in Bezug auf die Leistungseinheiten aber als echte Gemeinkosten einzuordnen. Ferner variieren die Rüstkosten der Fertigungsaufträge gegenüber der Bezugsgröße „Fertigungsaufträge", verhalten sich aber fix bezüglich der Auftragsgröße. Nach der Terminologie der relativen Einzelkostenrechnung sind die Rüstkosten echte Gemeinkosten der Leistungseinheiten, aber relative Einzelkosten der Aufträge.[440] Die den Betriebsleistungen als „relative Einzelkosten" anzulastenden Kostenbeträge müssen einerseits mengenmäßig die gleiche Teilbarkeit aufweisen wie die Herstellung und dürfen andererseits wertmäßig keine Abhängigkeit von den Beschaffungskosten anderer Produktionsfaktoren zeigen. Somit bleiben zur Bewertung der Kostenträgereinheiten alle **erzeugnismengen-, absatzmengen- und umsatzproportionalen Kosten** (z. B. Stoff- und Energiekosten, Lizenzen, Provisionen, Verpackungen) übrig.[441] Hinsichtlich der Änderungen des Beschäftigungsgrads tragen die auf die Erzeugnisse entfallenden relativen Einzelkosten grundsätzlich variablen Charakter, da die Fixkosten stets echte Gemeinkosten in Bezug auf die Leistungseinheiten darstellen und somit einem in der Bezugsgrößenhierarchie höher stehenden Untersuchungsobjekt (z. B. Kostenträgerart oder Kostenträgergruppe) als Einzelkosten zugerechnet werden.

Ferner unterscheidet die relative Einzelkostenrechnung die Zurechenbarkeit der Fixkosten auf die **einzelnen Perioden** nach folgenden Merkmalen:[442]
(1) Fixkosten, die den entsprechenden Perioden eindeutig direkt zuzurechnen sind, fallen unter den Terminus „**Perioden-Einzelkosten**". Sie resultieren i.d.R. aus laufenden oder kurzperiodigen Ausgaben (z. B. Löhne, Gehälter, Mieten).
(2) Nicht kontinuierlich anfallende Fixkosten, die nur mehreren Perioden direkt zugerechnet werden können (z. B. Weihnachtsgratifikationen, Werbekosten, Urlaubslöhne, Kosten für kleinere Reparaturen, Entwicklungskosten) stellen

---
439 Riebel 1974, S. 509, Fußnote 37. Vgl. zum entscheidungsorientierten Kostenbegriff auch Riebel 1994, S. 409–429.
440 Vgl. Riebel 1976, S. 27.
441 Vgl. Riebel 1972, S. 35.
442 Vgl. Riebel 1994, S. 38.

„**Gemeinkosten kurzer Abrechnungszeiträume**" (z. B. Monate) und **relative Einzelkosten hinsichtlich größerer Zeiträume** (z. B. Jahre) dar.
(3) Fixe Kosten, die aus einmaligen oder unregelmäßigen Ausgaben resultieren (z. B. Abschreibungen, Rückstellungen), die aber über mehrere Perioden leistungswirksam sind, repräsentieren **Gemeinkosten, einer im Voraus nicht bekannten Anzahl von Rechnungszeiträumen**.

Während die unter (2) genannten Fixkosten i. d. R. zu den **ausgabennahen Kosten** rechnen, werden die unter (3) angeführten Kosten stets den **ausgabefernen Perioden-Gemeinkosten** subsumiert. Tabelle 81 zeigt zusammenfassend den Aufbau einer Grundrechnung für eine Unternehmung, die drei Kostenstellen und zwei Produktgruppen mit je vier Erzeugnissen aufweist.[443]

Zur Lösung **kurzfristiger Planungsprobleme** ist es erforderlich, die entscheidungsrelevanten Plankosten eines Bezugsobjekts zu erfassen, die aus der vorstehend dargestellten Grundrechnung abgeleitet werden können. Hierzu zählen im System einer relativen Plan-Einzelkostenrechnung die dem durch die Entscheidung betroffenen Untersuchungsobjekt **direkt zurechenbaren Plan-Einzelkosten** sowie ggf. die **unechten Plan-Gemeinkosten**. Darüber hinaus soll dieses System im Rahmen der Erweiterung zu einer Plan-Deckungsbeitragsrechnung aufgrund der Differenzierung der Kosten- und Leistungskategorien nach ihrer Ausgaben- bzw. Einnahmenwirksamkeit und zeitlichen Disponierbarkeit auch im Bereich der **mittel- sowie langfristigen Investitions-, Finanz- und Erfolgsplanung bzw. -kontrolle** einsetzbar sein.[444] Aus betriebswirtschaftlicher Sicht erscheint in diesem Zusammenhang insbesondere der Ansatz problematisch, mit Hilfe von Plan-Deckungsbeiträgen über die ausgabewirksamen Plankosten des innerbetrieblichen Rechnungswesens Aufgaben der Finanzplanung und -kontrolle lösen zu wollen, da Zahlungsvorgänge, die häufig keine unmittelbare Beziehung zum Produktions- und Absatzvolumen der Unternehmung aufweisen, zur Illiquidität führen und nicht, wie von der relativen Einzelkosten- und Deckungsbeitragsrechnung unterstellt, Kostenträger oder Kostenstellen.[445]

4.4 Als Deckungsbeitragsrechnungen ausgebaute Systeme

Sowohl das System der Grenz-Plankostenrechnung als auch die relative (Plan-)Einzelkostenrechnung können als **(Plan-)Deckungsbeitragsrechnungen** ausgebaut werden, die sich hinsichtlich der „Teilkostenkategorien (proportionale und fixe Einzelkosten) sowie deren Bezugsbasen (z. B. fix in Bezug auf den Kostenträger oder die

---

443 Diese Tabelle basiert sinngemäß auf der bei *Riebel* dargestellten Grundrechnung. Vgl. Riebel 1994, S. 167.
444 Vgl. Riebel 1994, S. 61–64, S. 475–497.
445 So auch Kilger 1993, S. 85–86.

Tabelle 81:

		Kostenstellen				Kostenträger										Gesamt-summe
Bezugsgrößen						Produktgruppe A				Produktgruppe B				Gruppe B		
Kostenkategorien und Kostenarten (in Tsd. €)		Fertigung	Verwaltung	Vertrieb	Σ					Erzeugnisse					Σ	
						A_1	A_2	A_3	A_4	B_1	B_2	B_3	B_4	B		
1	Provisionen (absatzabhängige variable Kosten, kurzfristige Einzelkosten)	–	–	–	–	20	25	12	17	16	8	7	15	–	120	120
2	Frachten	–	–	300	300	–	–	–	–	–	–	–	–	–	–	300
3	Σ	–	–	300	300	20	25	12	17	16	8	7	15	–	120	420
4	Rohstoffe (erzeugnisabhängige variable Kosten)	–	–	–	–	250	360	420	130	180	70	60	130	–	1.600	1.600
5	Packstoffe	–	–	–	–	18	12	23	–	10	6	4	7	–	80	80
6	Σ	–	–	–	–	268	372	443	130	190	76	64	137	–	1.680	1.680
7	Σ	–	–	300	300	288	397	455	147	206	84	71	152	–	1.800	2.100
8	Betriebsstoffe (kurzfristige nichtvariable Kosten)	120	45	35	200	–	–	–	–	–	–	–	–	–	–	200
9	Energien	78	40	22	140	–	–	–	–	–	–	–	–	–	–	140
10	Büromaterial und Telefongebühren	–	36	24	60	–	–	–	–	–	–	–	–	–	–	60
11	Löhne u. Gehälter	1.670	410	120	2.200	–	–	–	–	–	–	–	–	–	–	2.200
12	Sozialabgaben	163	36	11	210	–	–	–	–	–	–	–	–	–	–	210
13	Σ	2.031	567	212	2.810	–	–	–	–	–	–	–	–	–	–	2.800
14	Σ	2.031	567	512	3.110	288	397	455	147	206	84	71	152	–	1.800	4.910
15	Urlaubslöhne (Perioden-Gemeinkosten)	130	–	10	140	–	–	–	–	–	–	–	–	–	–	140
16	Reparaturen	85	12	23	120	–	–	–	–	–	–	–	–	–	–	120
17	Werbekosten	–	–	45	45	–	–	–	–	–	–	–	–	65	65	110
18	Entwicklungskosten	20	–	–	20	–	9	–	–	–	–	–	–	11	20	40
19	Σ	235	12	78	325	–	9	–	–	–	–	–	–	76	85	410
20	Σ	2.266	579	590	3.435	288	406	455	147	206	84	71	152	76	1.885	5.320
21	Abschreibungen (ausgabenferne Perioden-Gemeinkosten)	180	64	26	270	–	–	–	–	–	–	–	–	–	40	270
22	Rückstellungen	–	–	–	–	–	–	–	–	–	–	–	–	40	40	40
23	Σ	180	64	26	270	–	–	–	–	–	–	–	–	40	40	310
24	Gesamtkosten	2.446	643	616	3.705	288	406	455	147	206	84	71	152	116	1.925	5.630
25	Σ Perioden-Gemeinkosten	415	76	104	595	–	9	–	–	–	–	–	–	116	125	720
26	Σ ausgabennahe, kurzfristig nichtvariable Periodenkosten	2.266	579	290	3.135	–	9	–	–	–	–	–	–	76	85	3.220

Kostenträgergruppe bzw. Einzelkosten des Kostenträgers oder der Kostenstelle)"[446] unterscheiden. Schließlich besteht die Möglichkeit, dass die **erweiterten Partialkostenverfahren** noch im Hinblick auf die **Weiterverrechnung der Deckungsbeiträge** differieren. Das in Tabelle 83 angeführte Beispiel einer detaillierten kurzfristigen Plan-Erfolgsrechnung mit drei Kostenträgern soll die unterschiedlichen Strukturen der diversen Deckungsbeitragssysteme verdeutlichen.[447]

Nach dem Prinzip der einstufigen (Plan-)Deckungsbeitragsrechnung wird das (Plan-)Betriebsergebnis errechnet, indem von der Gesamtsumme der (Plan-)Deckungsbeiträge die (Plan-)Fixkosten abgezogen werden. Sind die Voraussetzungen für eine **sachlich getrennte Fixkostenzurechnung** auf die Kostenträger, Produktgruppen, Kostenstellen etc. gegeben, können auch mehrstufige (Plan-)Deckungsbeitragsrechnungen zum Einsatz kommen. Durch die Verwendung von stufenweisen (Plan-)Deckungsbeitragsrechnungen besteht die Möglichkeit einer **differenzierten Erfolgsplanung**, indem untersucht werden kann, bis zu welcher „**Produktionstiefe**" die (Plan-)Deckungsbeiträge der gefertigten Erzeugnisse **zur Kostendeckung ausreichen**. Produkten, Produktgruppen, Kostenstellen und dem gesamten Unternehmen werden in diesem Zusammenhang Fixkosten zugerechnet, die beim Wegfall dieser Bezugsobjekte zum Abbau kommen könnten. Folglich dient die Differenzierung des Blocks der beschäftigungsunabhängigen Kosten dem Zweck, Informationen über die **Elastizität** des Unternehmens gegenüber Schwankungen des Absatz- und Beschaffungsmarkts zu erhalten.[448] Sofern Erzeugnisse oder Erzeugnisgruppen existieren, bei denen auf mittelfristige Sicht nicht einmal die fixen (Plan-)Kostenträger-Einzelkosten sowie die fixen (Plan-)Kostenträger-Gruppen- Einzelkosten von den (Plan-) Verkaufserlösen gedeckt werden, muss vom Produktmanagement überprüft werden, ob es vorteilhafter ist, die in Rede stehenden Produkte aus dem Fertigungsprogramm zu eliminieren und die entsprechenden Teilkapazitäten stillzulegen, oder aber im Hinblick auf die Vermeidung späterer Investitionen in Betriebsbereitschaft zu halten.

In der industriellen Praxis scheitert diese wünschenswerte Vertiefung der Aussagekraft der Kurzfristigen Erfolgsrechnung häufig jedoch an der nicht eindeutig vorzunehmenden Zurechnung der Fixkosten. Abbildung 112 zeigt eine mögliche Aufspaltung des Fixkostenblocks mit unterschiedlichen Restdeckungsbeiträgen. Durch die zusätzliche zeitliche Differenzierung der fixen Kostenarten nach Maßgabe ihrer **Abbaufähigkeit** (z. B. Monat, Quartal, Halbjahr, längerfristig) und unterschiedlichen **Bereitschaftsgraden** des Unternehmens (z. B. 90 %, 75 %, 50 %) kann vor allem in fixkostenintensiven Produktionsbereichen die Elastizität des **kurz-, mittel- und langfristigen Potentials** der beschäftigungsunabhängigen Kosten im Hinblick auf mögliche (quantitative) **Anpassungsprozesse** noch transparen-

---

[446] WP-Handbuch 1985, S. 1246.
[447] Vgl. im Einzelnen Agthe 1959, S. 404–418, S. 742–748; Layer 1967, S. 24–28; Mellerowicz 1977, S. 169–175; Moews 1969, S. 26–31; Riebel 1976, S. 356.
[448] Vgl. Scherrer 1999, S. 92.

Netto-Verkaufserlöse
- proportionale Einzel- und Gemeinkosten (z.B. Einzelmaterialkosten und leistungsabhängige Fertigungskosten)

= Deckungsbeitrag I
- Produkt-Fixkosten (z.B. Zeitabschreibung für Anlagen, auf denen nur eine bestimmte Produktart gefertigt wird)

= Deckungsbeitrag II
- Produkt-Gruppen-Fixkosten (z.B. Werbekosten, die sich auf mehrere Produktarten beziehen)

= Deckungsbeitrag III
- Bereichs-Fixkosten (z.B. Kosten für spezielle Abrechnungsbereiche)

= Deckungsbeitrag IV
- Unternehmens-Fixkosten (z.B. Kosten für die Hauptverwaltung)

= Kalkulatorischer Betriebserfolg

Abbildung 112: Aufbau einer stufenweisen Fixkostendeckungsrechnung.

ter dargestellt werden.[449] Darüber hinaus besteht die Möglichkeit, mit Hilfe von **Spezialkalkulationen** die (Produkt-)Fixkosten auf geplante Absatzmengen umzulegen, um Informationen zum Zweck der Unterstützung langfristiger Preisentscheidungen zu erhalten.

Beispiel 82:
Unter Zugrundelegung der in Tabelle 83 angeführten Daten soll die Ermittlung der Plan-Selbstkosten im System einer stufenweisen Fixkostendeckungsrechnung auf der Basis der Grenz-Plankostenrechnung für eine Leistungseinheit des dort angesprochenen Kostenträgers B gezeigt werden. Diesem Produkt sind 50 € an proportionalen Plan-Selbstkosten unmittelbar zuzurechnen.

Zunächst gilt es, für jede Bezugsgrundlage wie Kostenträger, Kostenträgergruppe und Unternehmen die Relation zwischen den fixen Einzelkosten dieser Basis und den entsprechenden proportionalen Kosten zu bilden. Für das vorliegende Beispiel ergeben sich dann folgende planmäßige Zuschlagssätze (zu):

$$zu_1 = \frac{\text{Fixe Kostenträger} - \text{Einzelkosten} \cdot 100}{\text{Proportionale Selbstkosten der Produkte}} \quad (1)$$

Produkt A: $zu_1 = \dfrac{700.000\ € \cdot 100}{1.100.000\ €} = 63,64\%$

Produkt B: $zu_1 = \dfrac{900.000\ € \cdot 100}{2.100.000\ €} = 42,86\%$

Produkt C: $zu_1 = \dfrac{400.000\ € \cdot 100}{1.300.000\ €} = 30,77\%$

---
449 Vgl. Reichmann/Schwellnuß/Fröhling 1990, S. 61–67.

$$zu_2 = \frac{\text{Fixe Kostenträger – Gruppen – Einzelkosten} \cdot 100}{\text{Proportionale Selbstkosten der Produkte dieser Gruppe}} \quad (2)$$

$$\text{Produktgruppe A, B:} \quad zu_2 = \frac{800.000\ \text{€} \cdot 100}{3.200.000\ \text{€}} = 25\%$$

$$zu_3 = \frac{\text{Fixe Unternehmens – Einzelkosten} \cdot 100}{\text{Proportionale Selbstkosten aller Produkte}} \quad (3)$$

$$\text{Produkte A, B, C:} \quad zu_3 = \frac{1.200.000\ \text{€} \cdot 100}{4.500.000\ \text{€}} = 26,\overline{66}\%$$

Die Plan-Kalkulation der Selbstkosten einer Leistungseinheit des Produkts B ist zusammengefasst in Tabelle 82 dargestellt.

Tabelle 82:

Proportionale Selbstkosten		50,00 €
+ Fixe Kostenträger-Einzelkosten	(42,86 % von 50 €)	21,43 €
+ Fixe Kostenträger-Gruppen-Einzelkosten	(25 % von 50 €)	12,50 €
+ Fixe Unternehmens-Einzelkosten	(26,$\overline{66}$ % von 50 €)	13,$\overline{33}$ €
= Plan-Selbstkosten pro Stück von Produkt B		97,26 €

Beim Vorliegen einer **relativen Plan-Einzelkostenrechnung** ist es zur Lösung von Planungsaufgaben häufig erforderlich, die entscheidungsrelevanten Planerlöse und Plankosten einer Hierarchiestufe gegenüberzustellen. Die so stufenweise errechneten Plan-Deckungsbeiträge bilden dann die Grundlage zur Lösung von Planungsaufgaben. Entsprechend der Fragestellung, die in Bezug auf die anstehende Entscheidungsaufgabe beantwortet werden soll, kann auf der **Basis der Grundrechnung nach Plan-Deckungsbeiträgen problemadäquat differenziert werden.** Prinzipiell ist sowohl eine Aufspaltung der Plan-Deckungsbeiträge im Produktionsbereich für Erzeugnisse, Erzeugnisgruppen, Kostenstellen und Kostenstellengruppen als auch im Vertriebsbereich entsprechend der interessierenden Bezugsgrößenhierarchie (z. B. Auftrag, Kunde, Kundengruppe, Verkaufsbezirk) möglich.[450] Weiterhin ist eine **zeitbezogene Differenzierung** der Plan-Deckungsbeiträge denkbar (z. B. Wochen, Monate, Quartale, Jahre). Andererseits bietet es sich an, Plan-Deckungsbeiträge **nach Kostenkategorien zu unterscheiden,** indem für ganz bestimmte Planungsprobleme nur die variablen Kosten oder nur die mit Ausgaben verbundenen Kosten der Erzeugnisse und Kostenstellen abzudecken sind. Hieraus folgt, dass, im Gegensatz zur dynamischen Grenz-Plankostenrechnung, keine Berücksichtigung mehrerer Fristigkeitsgrade in Bezug auf die Personalkosten erforderlich ist, da die

---

[450] Vgl. Kloock/Sieben/Schildbach 1993, S. 207–212; Riebel 1994, S. 117–165.

Tabelle 83:

Kostenrechnungssysteme und Kostenträger	Grenz-Plankostenrechnung						relative Plan-Einzelkostenrechnung					
	mit summarischer Fixkostendeckung			mit stufenweiser Fixkostendeckung			proportionale Einzelkostenrechnung mit summarischer Fixkostendeckung			reine Einzelkostenrechnung mit stufenweiser Fixkostendeckung		
Plan-Kostenkategorien und Plan-Deckungsbeiträge (in Tsd. €)	A	B	C	A	B	C	A	B	C	A	B	C
1 Plan-Netto-Verkaufserlöse	3.000	9.000	5.000	3.000	9.000	5.000	3.000	9.000	5.000	3.000	9.000	5.000
2 − Proportionale Kostenträger-Einzelkosten	−800	−1.600	−1.000	−800	−1.600	−1.000	−800	−1.600	−1.000	−800	−1.600	−1.000
3 = Deckungsbeitrag I							=2.200	=7.400	=4.000			
4 − Proportionale (geschlüsselte) Kostenträger-Gemeinkosten	−300	−500	−300	−300	−500	−300						
5 = Deckungsbeitrag II	=1.900	=6.900	=3.700	=1.900	=6.900	=3.700						
6 − Fixe Kostenträger-Einzelkosten				−700	−900	−400				−700	−900	−400
7 = Deckungsbeitrag III				=1.200	=6.000	=3.300				=1.500	=6.500	=3.600
8 − Proportionale Kostenträger-Gruppen-Einzelkosten				−800		—	−350		—	−350		—
9 = Deckungsbeitrag IV				=6.400		=3.300	=9.250		=4.000	=6.850		=3.600
10 − Fixe Kostenträger-Gruppen-Einzelkosten										−800		—
11 = Deckungsbeitrag V										=6.850		=3.600
12 − Proportionale Unternehmens-Einzelkosten							−750			−750		
13 = Deckungsbeitrag VI							=12.500					
14 − Fixe Unternehmens-Einzelkosten				−1.200			−4.000			−1.200		
15 − Fixe Kosten insgesamt	−4.000											
16 = Plan-Gewinn der Rechnungsperiode	=8.500			=8.500			=8.500			=8.500		

entscheidungsrelevanten Plankosten und Planerlöse entsprechend dem Identitätsprinzip nach zeitlichen Gesichtspunkten direkt gegenübergestellt werden können. Um die Plankosten höherer Hierarchiestufen zu decken bzw. Gewinn zu erwirtschaften, empfiehlt sich die **Vorgabe von Deckungsbudgets,** die von den einzelnen Hierarchiestufen zu **Kosten- oder Finanzierungszwecken** mindestens aufzubringen sind. Damit die Deckung der Perioden-Gemeinkosten gewährleistet ist, werden für das Gesamtunternehmen, und ggf. auch für selbständig operierende Erfolgsbereiche, **Deckungsbudgets für eine Rechnungsperiode** aufgestellt. Eine besondere Bedeutung kommt im Rahmen der mittelfristigen Liquiditätsplanung dem **ausgabenorientierten Deckungsbudget** zu, in dem alle Ausgaben des investitions- und finanzwirtschaftlichen Bereichs (einschließlich des erwarteten Gewinns) zusammengefasst werden, die in der geplanten Rechnungsperiode von den Aufträgen abzudecken sind.

Die vorstehenden Ausführungen haben gezeigt, dass nach dem Grundgedanken der Teilkostenrechnung ein kalkulatorischer Betriebserfolg nur für das gesamte Unternehmen zu ermitteln ist. Jeder Versuch, ihn bestimmten Leistungseinheiten, z. B. als Erfolg pro Erzeugnis, zuzurechnen, würde dem Konzept der Partialkostenrechnungen widersprechen. Allerdings ist es möglich, **ausgewählte Bruttoerfolgsgrößen** in Form von Deckungsbeiträgen zu ermitteln, die zunächst zum Ausdruck bringen, in welchem Umfang Produkte bzw. Produktgruppen die ihnen direkt zurechenbaren Kosten durch ihre Netto-Verkaufserlöse erwirtschaften. Darüber hinaus weisen positive Residualgrößen (Netto-Verkaufserlöse > direkt zurechenbare Kosten) denjenigen Erfolgs-Beitrag aus, den Erzeugnisse bzw. Erzeugnisgruppen zur Abdeckung der ihnen nicht zurechenbaren Kosten erbringen. In diesem Zusammenhang kann der Deckungsbeitrag für die Produkteinheit **(Stück-Deckungsbeitrag)**, einzelne Produktgruppen **(produktgruppenbezogener Deckungsbeitrag)** und das gesamte Produktionsprogramm **(Deckungsbeitragsvolumen)** ermittelt werden. Ferner besteht die Möglichkeit, durch weitere Aufspaltungen des Fixkostenblocks z. B. nach Maßgabe der **betrieblichen Organisation** (Kostenstellen, Bereiche, Unternehmen etc.) und/oder nach Aspekten der **Leistungsseite** (Absatzbereiche, Kundengruppen, Einzelkunden etc.) **spezifische Deckungsbeiträge** zu bilden. Abbildung 113 verdeutlicht am Beispiel von Stück-Deckungsbeiträgen, die in ein oben offenes Gefäß fallen, noch einmal die prinzipielle Vorgehensweise der Deckungsbeitragsrechnung.[451]

Auch bei der Anwendung der unterschiedlichen Deckungsbeitragssysteme sollte nicht auf eine **laufende Kontrolle** verzichtet werden, die darauf abzielt, zu ermitteln, wie sich z. B. die veränderten Umsätze pro Produktgruppe, die veränderten variablen und fixen Kosten, bzw. die veränderten relativen Einzel- und Gemeinkosten sowie die veränderten Deckungsbeiträge zwischen Plan, Soll und Ist auf das Unternehmensergebnis auswirken. Eine derartige (monatliche) **Betriebsergebnis-**

---

[451] Modifiziert entnommen von Mann/Mayer 1993, S. 29.

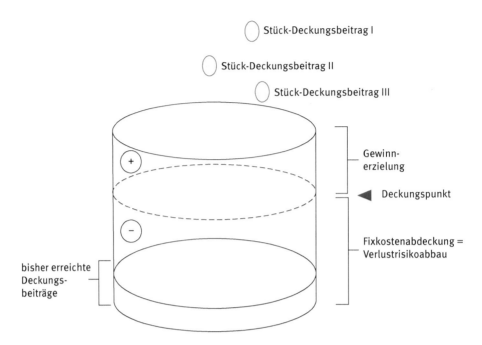

Abbildung 113: Grundschema der Deckungsbeitragsrechnung.

analyse, die den Leitungsinstanzen wichtige Informationen zur Durchführung weiterer Detailuntersuchungen, zur Entscheidungsfindung und zur Erstellung der nächsten Planungen vor allem im Absatz- und Produktionsbereich liefert, lässt sich ähnlich wie die Schemata der in Tabelle 83 gezeigten Deckungsbeitragssysteme retrograd aufbauen.

Beispiel 83:
In Erweiterung von Beispiel 81[452] soll nun für die dort angesprochene Y-GmbH eine Betriebsergebnisanalyse auf der Basis einer **einstufigen Deckungsbeitragsrechnung** anhand des Umsatzkostenverfahrens vorgenommen werden. Während in der abgelaufenen Rechnungsperiode nur 650 Bohrmaschinen zu einem Netto-Verkaufspreis von 400 € pro Stück abgesetzt werden konnten, wurden hingegen 750 Stunden für die Wartung von Bohrmaschinen zu einem Netto-Stundensatz von 110 € pro Std. geleistet. Es wird unterstellt, dass am Anfang der Rechnungsperiode keine Anfangsbestände an Bohrmaschinen vorlagen. Tabelle 84 zeigt die entsprechende Betriebsergebnisanalyse unter Einbeziehung der effektiv angefallenen Grenz- und Fixkosten.

Die durchgeführte Analyse des Betriebsergebnisses mit Plan-, Soll- und Istwerten für jeden absatzbestimmten Kostenträger hat den Vorteil, dass bezüglich der einzelnen Positionen sowohl (prozentuale) Mengen- als auch (prozentuale) Wertabweichungen

---

[452] Vgl. Beispiel 81 im vierten Teil zu Gliederungspunkt 4.2.

Tabelle 84:

Y-GmbH													Zeitraum:	
		Betriebsergebnisanalyse												
		Bohrmaschinen				Wartungestunden				Gesamt				
Zeile	Positionen	Plan	Soll	Ist	Δ (%) Ist/Plan	Plan	Soll	Ist	Δ (%) Ist/Plan	Plan	Soll	Ist	Δ (%) Ist/Plan
1	Umsatz (in Stück und Stdn.)	700	650	650	−7,1	600	750	750	25	–	–	–	–
2	Netto-Verkaufserlöse (in €)	300.300[a]	278.850[b]	260.000[c]	−13,4[d]	59.400	74.250	82.500	38,9	359.700	353.100	342.500	−4,8
3	− Grenzkosten der planmäßig bzw. effektiv abgesetzten Leistungen (in €)	182.000[e]	169.000	180.000[f]	−1,1	27.300	34.125	36.000	31,9	209.300	203.125	216.000	3,2
4	= Deckungsbeiträge (in €)	118.300[g]	109.850	80.000	−32,4	32.100	40.125	46.500	44,9	150.400	149.975	126.500	−15,9
5	− Fixkosten (in €)									117.700	117.700	120.000	2
6	= Betriebsergebnis (in €)									32.700	32.275	6.500	−80,1

[a] 429 €/Stück · 700 Stück = 300.300 €.
[b] 429 €/Stück · 650 Stück = 278.850 €.
[c] 400 €/Stück · 650 Stück = 260.000 €.
[d] $\frac{-40.000 \,€}{300.300 \,€} \cdot 100 = -13,4\%$
[e] 260 €/Stück · 700 Stück = 182.000 €.
[f] 276,93 €/Stück · 650 Stück = 180.000 € (gemessen).
[g] 169 €/Stück · 700 Stück = 118.300 €.

zu berechnen sind. Da die Differenz von – 7,1 % bei der Kostenträgergruppe „Bohrmaschinen" die mengenmäßige Abweichung zwischen Ist-und Planumsatz repräsentiert, errechnet sich die prozentuale Differenz hinsichtlich der Netto-Verkaufserlöse, die sich auf die Abweichung der Netto-Stückerlöse bezieht, aus – 13,4 % – (– 7,1 %) = – 6,3 %.[453] Ähnlich kann auch aus der Abweichung zwischen Ist- und Plan-Grenzkosten von – 1,1 % die prozentuale Verbrauchsabweichung abgeleitet werden: – 1,1 % – (– 7,1 %) = 6 %.[454,455]

Die dargestellte ergebnisorientierte Kontrollrechnung lässt sich weiter verfeinern, wenn bei der Abweichungsermittlung zusätzlich auf die **Kalkulation** der beiden Kostenträger abgestellt wird. Tabelle 85 zeigt die Ergebnisse bezüglich Verkaufserlös, Grenzkosten und Stückdeckungsbeitrag für eine Trägereinheit der **Bohrmaschinen und Wartungsstunden.**

Tabelle 85:

Kostenträger Erfolgsgrößen	Bohrmaschinen Kalkulationseinheit: 1 Stück			Wartungsstunden Kalkulationseinheit: 1 Stunde		
	Plan	Ist	Δ	Plan	Ist	Δ
Netto-Verkaufserlöse	429 €	400,000 €	–29,000 €	99,00 €	110 €	11,00 €
– Grenzselbstkosten	260 €	276,923 €[a]	–16,923 €	45,50 €	48 €[b]	2,50 €
Stückdeckungsbeitrag	169 €	123,077 €	–45,923 €	53,50 €	62 €	8,50 €

[a] 276,923 € = 180.000 €: 650 Stück.
[b] 48 € = 36.000 €: 750 Stdn.

---

[453] 400 € – 429 € = – 29 €; –29 € · 650 Stück = – 18.850 €; $\frac{-18.850\ €}{300.300\ €} \cdot 100 = -6,3\%$.
[454] 180.000 € · 169.000 € = 11.000 €; $\frac{11.000\ €}{182.000\ €} \cdot 100 = 6\%$.
[455] Allerdings ist nach dem hier verwandten Konzept der kumulativen Abweichungsanalyse zu berücksichtigen, dass in der zuerst ermittelten Wertabweichung Differenzen höheren Grads enthalten sind, die weder eindeutig auf eine Wert- noch auf eine Mengenabweichung zurückzuführen sind. Zum Zwecke einer exakten Ursachenanalyse bedarf es auch hier einer Absorbierung der Kosten- und Erlösabweichungen höherer Grade aus wert- und mengenbezogener Sicht nach dem im vierten Teil unter Gliederungspunkt 3.3.3.2.2. dargestellten Konzept der differenzierten kumulativen Abweichungsanalyse. Vgl. Albers 1989, S. 637–654; Coenenberg/Fischer/Günther 2016, S. 287–289; Kloock 1987, S. 109–126; Powelz 1984, S. 1090–1115.

Aufgrund der i. d. R. nicht eindeutig vorzunehmenden Trennung der fixen Kosten und der durch Erfahrung gewonnenen Erkenntnis, dass der Bruttogewinn der betrieblichen Erzeugnisse (bzw. Erzeugnisgruppen) „absolut oder bezogen auf die Einheit der Engpassbelastung der weitaus wichtigste Deckungsbeitrag ist, da er die Grundlage für viele wichtige Entscheidungsprobleme bildet"[456], besitzen die stufenweisen Deckungsbeitragssysteme in der modernen betrieblichen Kostenrechnung nur noch **untergeordnete Bedeutung.** Darüber hinaus hat sich speziell die relative Einzelkosten- und Deckungsbeitragsrechnung in der industriellen Praxis aufgrund ihrer rechentechnischen Kompliziertheit als **nicht realisierbar** erwiesen[457] und trägt deshalb im Rahmen der Kostenlehre **lediglich theoretischen Charakter.** Aus diesen Gründen beschränken sich die nachfolgenden Ausführungen primär auf die als einstufiges Deckungsbeitragssystem ausgebaute Grenz-Plankostenrechnung.

4.5 Einsatz von Partialkosten- und Deckungsbeitragsrechnungen zur Lösung kurzfristiger Entscheidungsaufgaben

4.5.1 Innerbetriebliches Rechnungswesen als Entscheidungsrechnung

Die Aufgabe von Entscheidungsrechnungen besteht ganz allgemein darin, den Führungsinstanzen der Unternehmung Entscheidungsgrößen zum Zweck einer zieladäquaten Bewertung von Handlungsalternativen zur Verfügung zu stellen, damit bestimmte angestrebte Sachverhalte im Sinne der verfolgten Unternehmensziele realisiert werden können. Im Rahmen der Unternehmensrechnung sind im Zeitablauf eine Vielzahl von Begriffen, Merkmalen, Klassifikationskriterien und Anwendungsregeln entwickelt worden, die darauf abzielen, den Verantwortlichen Informationen für eine optimale Entscheidungsfindung in allen betrieblichen Funktionsbereichen zu liefern. Bei einem Einsatz der Kosten- und Leistungsrechnungssysteme als Entscheidungsrechnungen kann stets davon ausgegangen werden, dass die Führungsinstanzen nach **Gewinn** als Differenz aus den gesamten Periodenerlösen und den gesamten Periodenkosten streben, um den Unternehmenswert dauerhaft zu steigern.[458]

Alle Informationsgrößen, die sich dem industriellen Rechnungswesen entnehmen lassen, können als mit Geldeinheiten bewertete betriebliche Vorgänge und Güter definiert werden. Bei der Auswahl der einzelnen Entscheidungswerte ist darauf zu achten, ob es sich um **retrospektive (Ist-Werte)** oder **prospektive Größen**

---

[456] Kilger 1977, S. 660.
[457] Vgl. im Einzelnen Arbeitskreis Deckungsbeitragsrechnung 1972, S. 6; Laßmann 1973, S. 15.
[458] Vgl. zum Konzept der Unternehmenswertsteigerung im Einzelnen Freidank 2019a, S. 17–27 m.w.N.

handelt, wobei die zweite Gruppe entweder aus historischen Daten abgeleitet wurde (Normalwerte) oder unter Berücksichtigung der zu erwartenden betrieblichen Entwicklung ermittelt worden ist **(Planwerte)**. Zur Lösung von Dispositionsaufgaben kommen aber **nur Planwerte** in Frage, da bei Entscheidungen, die auf der Basis retrospektiver oder modifizierter historischer Daten gefällt werden, aufgrund **mangelnder Repräsentanz** der Ist- und Normalwerte die Gefahr besteht, dass die Realisation der gesetzten Unternehmensziele in Frage gestellt wird.

Weiterhin müssen die Führungsinstanzen bei der Auswahl der entsprechenden (Plan-)Entscheidungswerte die Zeitspannen berücksichtigen, auf die sich die zu lösenden Planungsprobleme beziehen. Andernfalls würden Informationsgrößen des Rechnungswesens mit Fristigkeitsgraden verknüpft, **die zeitlich nicht mit den anstehenden Dispositionsaufgaben korrespondieren**. So sollten einerseits stets alle mittel- oder langfristigen Entscheidungen grundsätzlich auf der Basis von Finanzierungs- oder Investitionsrechnungen, die die Analyse von Zahlungsströmen zum Gegenstand haben, getroffen werden.[459] Andererseits sind kurzfristige Entscheidungen der Produktions-, Absatz- und Beschaffungsplanung im Rahmen gegebener Kapazitäten und Betriebsbereitschaft auf der Grundlage geplanter Teilkosten bzw. Planerlöse zu fällen. Mithin besitzen zur Lösung kurzfristiger Entscheidungsaufgaben im Produktions-, Absatz- und Beschaffungsbereich der industriellen Unternehmung nur diejenigen Plankosten bzw. Planleistungen eines Kalkulationsobjekts Relevanz, „die durch Dispositionen über das Kalkulationsobjekt (direkt oder indirekt) verändert werden"[460].

Grundsätzlich wird in der Literatur der Planungsprozess im Produktionsbereich der industriellen Unternehmung in die **Programmplanung** und die **Vollzugsplanung** unterteilt.[461] Während im Rahmen der lang-, mittel- und kurzfristigen Produktionsprogrammplanung festzulegen ist, welche Erzeugnisse in welchen Mengen in den einzelnen Planperioden zu fertigen sind, bezieht sich die Produktionsvollzugsplanung, die weiter untergliedert werden kann in die **Bereitstellungsplanung** und die **Ablaufplanung**, auf die kostenoptimale Organisation des Produktionsprozesses, wobei grundsätzlich von einem fest vorgegebenen Fertigungsprogramm ausgegangen wird. Die folgenden Ausführungen zeigen die Anwendung von Teilkosten- und Deckungsbeitragsrechnungen zum Zweck der kurzfristigen Produktionsprogramm- und der -vollzugsplanung.[462]

In industriellen Unternehmungen, die standardisierte Erzeugnisse herstellen, eignet sich die Verwendung der Teilkosten- und Deckungsbeitragsrechnung im

---

[459] Vgl. im Einzelnen Freidank 2019a, S. 204–220.
[460] Coenenberg 1976, S. 6.
[461] Vgl. z. B. Gutenberg 1983, S. 149.
[462] Vgl. zur lang- und mittelfristigen Programmplanung, auf die nachfolgend nicht näher eingegangen wird, im Detail Corsten/Gössinger 2016, S. 255–290; Hansmann 2006, S. 55–105; Jacob 1990, S. 409–435, S. 448–501 m.w.N.

Absatzbereich insbesondere zur **Verkaufssteuerung, Preisuntergrenzenbestimmung** sowie zur Durchführung von **Deckungspunktanalysen und Erfolgsplanungen**. Wie darzulegen sein wird, spielt bei der Lösung der sich in diesem Zusammenhang ergebenden kurzfristigen Entscheidungsaufgaben speziell im Rahmen der Produktions-, Absatz- und Beschaffungsplanung die jeweilige Kapazitätsauslastung der Unternehmung eine entscheidende Rolle.

Während im Absatzbereich die Ermittlung von kurzfristigen Preisuntergrenzen für unfertige und/oder fertige Erzeugnisse im Vordergrund der Betrachtungen steht, interessiert aus beschaffungswirtschaftlicher Sicht vor allem die Frage nach den **Preisobergrenzen** bestimmter in den Fertigungsprozess einzusetzender Produktionsfaktoren. Neben der Preisobergrenzenplanung im Beschaffungsbereich mit Hilfe der Teilkosten- und Deckungsbeitragsrechnung wird abschließend auch die Lösung von Entscheidungsaufgaben beim Vorliegen der Alternativen **Eigenfertigung oder Fremdbezug** anhand der in Rede stehenden Kostenrechnungssysteme gezeigt.

4.5.2 Produktionsbereich

4.5.2.1 Planung des kurzfristigen Fertigungsprogramms

Die kurzfristige Produktionsprogrammplanung zielt darauf ab, festzulegen, **welche Mengen welcher Erzeugnisse in der nächsten Planperiode gefertigt und abgesetzt werden sollen.** Da die Plan-Fixkosten in erster Linie durch die **(strategische) Potenzialplanung** des lang- bzw. mittelfristigen Fertigungsprogramms bedingt sind, müssen sie im Rahmen der **(operativen) Kurzfristplanung** grundsätzlich als gegeben angesehen werden und können deshalb unberücksichtigt bleiben. Gewinnoptimale Entscheidungen bezüglich Art und Menge der kurzfristig herzustellenden Erzeugnisse sind in Abhängigkeit von der vorliegenden Entscheidungssituation mithin auf der Grundlage **absoluter oder relativer Plan-Deckungsbeiträge**[463] zu treffen. Während der absolute Plan-Deckungsbeitrag die Differenz zwischen dem Plan-Stückerlös und den proportionalen Plan-Stückkosten eines Erzeugnisses angibt, stellt der relative Plan-Deckungsbeitrag den auf die Leistungseinheiten eines knappen Produktionsfaktors bezogenen absoluten Plan-Deckungsbeitrag eines Produkts dar.

Liegen in einer **Unterbeschäftigungsphase** nicht ausgelastete Produktionskapazitäten vor, so ist jedes Erzeugnis in das Fertigungsprogramm aufzunehmen, das einen **positiven absoluten Plan-Stückdeckungsbeitrag** (db^p) erwirtschaftet. Diese grundlegende Entscheidungsregel wird umso einsichtiger, wenn man berücksichtigt,

---

[463] Im Folgenden wird davon ausgegangen, dass die Plan-Deckungsbeiträge pro Erzeugnis Konstanz aufweisen, d. h. weder die Plan-Stückerlöse noch die variablen Plan-Stückkosten von der Ausbringungs- bzw. der Absatzmenge abhängig sind. Vgl. zur Planung des kurzfristigen Produktionsprogramms bei variablen Deckungsbeiträgen insbesondere Hilke 1988, S. 93–120.

dass auch Erzeugnisse, die zwar ihre direkt zurechenbaren proportionalen Plan-Stückkosten (kv^p), nicht aber ihre gesamten Plan-Stückkosten (k^p) durch ihren Plan-Netto-Verkaufserlös pro Stück (e^p) decken, zu einer Erhöhung des Plan-Deckungsbeitragsvolumens (DBV^p) und damit zu einer Steigerung des Plan-Gewinns ($G^p = e^p \cdot x^p$) bzw. einer Senkung des Plan-Verlusts der Unternehmung beitragen.

Beispiel 84:
Eine Unternehmung mit gemischtem Fertigungsprogramm stellt sechs Erzeugnisarten her. Für den kommenden Monat, in dem die Fertigungskapazitäten voraussichtlich nicht voll ausgelastet sein werden, wird angenommen, dass die produzierten Mengen auch am Markt abzusetzen sind. Die gesamten nicht abbaubaren fixen Plankosten (Kf^p) betragen für den Planungszeitraum 352.000 €. Es liegen ferner folgende Plandaten vor (Tabelle 86).

Tabelle 86:[464]

Plandaten / Erzeugnisarten	1 e^p	2 k^p	3 kv^p	4 g^p Spalte 1–2	5 db^p Spalte 1–3	6 x^p	7 G^p Spalte 4·6	8 DB^p Spalte 5·6
A	140	123	110	17	30	5.000	85.000	150.000
B	170	160	150	10	20	7.000	70.000	140.000
C	120	92	85	28	35	3.000	84.000	105.000
D	217	232	212	−15	5	4.000	−60.000	20.000
E	160	172	158	−12	2	6.000	−72.000	12.000
F	90	110	94	−20	−4	2.000	−40.000	−8.000

Unter der Zielsetzung der Gewinnmaximierung sind für den kommenden Monat die Produktarten A, B, C, D und E in das Produktionsprogramm aufzunehmen, da sie einen positiven absoluten Plan-Stückdeckungsbeitrag erwirtschaften. Obwohl die Plan-Netto-Verkaufserlöse der Erzeugnisse D und E ihre zugerechneten Plan-Stückkosten nicht decken und insgesamt einen Plan-Verlust von 132.000 € aufweisen, würde ihre Eliminierung aus dem Fertigungsprogramm zu einer Schmälerung des Plan-Gesamtgewinns von 32.000 € führen. Dies lässt sich durch eine einfache Erfolgsanalyse wie in Tabelle 87 gezeigt nachweisen.

Außerdem wird durch das Beispiel dokumentiert, dass die kurzfristige Entscheidungsfindung auf (Plan-)Vollkostenbasis, die in diesem Fall eine Eliminierung der Produktarten D, E und F aus dem Fertigungsprogramm nach sich gezogen hätte, nicht zur Maximierung des Plan-Gewinns führt.

---

[464] Außer Spalte 6, die Stückzahlen ausweist, beziehen sich die Werte aller anderen Spalten auf Euro-Beträge.

Tabelle 87:

Plandaten in Tsd. € \ Erzeugnisarten	A	B	C	A	B	C	D	E
$E^P(x^P)$	700	1.190	360	700	1.190	360	868	960
$-Kv^P(x^P)$	550	1.050	255	550	1.050	255	848	948
$=DB^P$	150	140	105	150	140	105	20	12
DBV^P		395				427		
$-Kf^P$		352				352		
$=G^P$		43				75[a]		

[a] Dieser planmäßige Periodengewinn lässt sich auch mit Hilfe des auf Vollkostenbasis ermittelten Plan-Erfolgs der einzelnen Erzeugnisarten errechnen: 85.000 € + 70.000 € + 84.000 € − 60.000 € − 72.000 € − 32.000 € = 75.000 €. Der Betrag von 32.000 € stellt die dem Produkt F proportional zugerechneten Plan-Fixkosten dar [(110 € − 94 €) · 2.000 Stück = 32.000 €], die sich gewinnmindernd im Periodenergebnis niederschlagen müssen, da sie auch bei einer Eliminierung dieses Erzeugnisses aus dem Fertigungsprogramm anfallen.

Übersteigt jedoch die Nachfrage nach unfertigen oder fertigen Erzeugnissen die Produktionskapazitäten und/oder die Beschaffungsmöglichkeiten, dann sind zur Bestimmung des kurzfristigen gewinnmaximalen (optimalen) Produktionsprogramms nicht die absoluten, sondern die relativen Stück-Deckungsbeiträge der einzelnen Erzeugnisse heranzuziehen. Der vorliegende betriebliche Engpass ist in diesem Fall mit denjenigen Erzeugnisarten sukzessive auszufüllen, die die **höchsten engpassbezogenen Plan-Stückdeckungsbeiträge** (db^P_{eng}) erwirtschaften. Neben der Höhe des absoluten Stück-Deckungsbeitrags spielt bezüglich der Aufnahme eines Erzeugnisses in das Fertigungsprogramm somit außerdem der Umfang der Leistungseinheiten des auf den Stück-Deckungsbeitrag bezogenen knappen Produktionsfaktors eine Rolle.

> **Beispiel 85:**
> Eine Unternehmung stellt vier unterschiedliche Erzeugnisarten her, die alle auf einer Fertigungsanlage produziert werden und für den kommenden Monat die in Tabelle 88 gezeigten planmäßigen Produktions- und Absatzmengen, Stück-Deckungsbeiträge und Bearbeitungszeiten aufweisen.

Die angesprochene Fertigungsanlage steht der Unternehmung für den kommenden Monat nur mit 15.000 Fertigungsminuten zur Verfügung. Anhand der vorliegenden Daten kann nun das optimale Produktionsprogramm, das zu einem maximalen Plan-Deckungsbeitragsvolumen führt, wie in Tabelle 89 gezeigt, ermittelt werden.

Tabelle 88:

Plandaten / Erzeugnisarten	x^p	db^p	Plan-Bearbeitungszeit
A	240 Stück	80 €	20 Min.
B	180 Stück	75 €	15 Min.
C	300 Stück	90 €	30 Min.
D	400 Stück	110 €	44 Min.

Tabelle 89:

Plandaten / Erzeugnisarten	1 x^p	2 db^p	3 Plan-Bearbeitungszeit	4 db^p_{eng} Spalte 2:3	5 optimale Plan-Zeit Spalte 1·3	6 x^{po} Spalte 5:3	7 DB^p Spalte 2·6
A	240 Stück	80 €	20 Min.	4 €	4.800 Min.	240 Stück	19.200 €
B	180 Stück	75 €	15 Min.	5 €	2.700 Min.	180 Stück	13.500 €
C	300 Stück	90 €	30 Min.	3 €	7.500[a] Min.	250 Stück	22.500 €
D	400 Stück	110 €	44 Min.	2,5 €	–	–	–
Summe	1.120 Stück	–	–	–	15.000 Min.	670 Stück	55.200 €

[a] 7.500 Min. = 240 Stück · 30 Min. = 15.000 Min. – (4.800 Min. + 2.700 Min.).

Obwohl die Erzeugnisarten D und C planmäßig die höchsten absoluten Stück-Deckungsbeiträge erwirtschaften, sind sie aufgrund ihrer hohen Verweildauern im Fertigungsengpass nicht bzw. nur mit 250 Stück in das gewinnmaximale Produktionsprogramm aufzunehmen.

Treten innerhalb der industriellen Unternehmung jedoch mehrere Engpässe auf, dann kann das optimale Fertigungsprogramm nicht mehr analog der vorstehend dargestellten einfachen Maximierungsmethode ermittelt werden, da zwischen den einzelnen Engpässen **Interdependenzen** bestehen. Ist z. B. das für einen knappen Produktionsfaktor (z. B. eine Rohstoffart) berechnete Programm nicht zu realisieren, weil andere Einsatzgüter (z. B. weitere Rohstoffe oder Maschinen) ebenfalls nur beschränkt verfügbar sind, so muss das gewinnmaximale Fertigungsprogramm mit Hilfe einer **Simultanplanung** bestimmt werden. Da die als Deckungsbeitragsrechnung ausgebaute Grenz-Plankostenrechnung auf linearen Erlös- und Kostenverläufen basiert, besteht die Möglichkeit, zur Lösung der in Rede stehenden Planungsaufgabe die Verfahren der **linearen Optimierung** heranzuziehen. Diese Methoden lassen sich dadurch charakterisieren, dass auf der Grundlage einer möglichen Lösung durch systematisches Probieren und permanentes Verbessern des Ergebnisses schließlich die optimale Lösung gefunden wird. Am häufigsten wird zur Bestimmung des optimalen Produktionsprogramms auf die auch im Folgenden zum Einsatz kommende **Simplex-Methode** zurückgegriffen. Der Aufbau und die Durchführung einer linearen Simultanplanung des optimalen Fertigungsprogramms mit Hilfe der Deckungsbeitragsrechnung werden nachstehend anhand eines Beispiels gezeigt.[465]

Beispiel 86:
Eine Unternehmung, die die Erzeugnisarten A und B herstellt, will für den nächsten Monat das optimale Produktionsprogramm berechnen. Die Fertigung der beiden Erzeugnisse kann jeweils nur durch ein bestimmtes Herstellungsverfahren bewirkt werden. Zu diesem Zweck stehen zwei Anlagen zur Verfügung. Im Rahmen der Absatz-, Kosten- und Fertigungsplanung sind die in Tabelle 90 dargelegten Werte ermittelt worden.

Tabelle 90:

Erzeugnisarten Plandaten	A	B
Plan-Netto-Verkaufserlös pro Stück	36 €	31 €
Plan-Bearbeitungskosten pro Min.	1 €	1 €
Plan-Bearbeitungszeit pro Stück	8 Min.	10 Min.
Plan-Maschinenbeanspruchung pro Stück auf Anlage I	3 Min.	5 Min.
Plan-Maschinenbeanspruchung pro Stück auf Anlage II	4 Min.	2 Min.
Plan-Materialeinsatz pro Stück	6 ME	3 ME
Plan-Materialpreis pro Mengeneinheit	3 €	3 €

---

465 Vgl. zu diesem Instrument auch Coenenberg/Fischer/Günther 2016, S. 379–386; Reichmann/Kißler/Baumöl 2017, S. 225–227; Witt 1994, S. 457–465.

Während Fertigungsanlage I im kommenden Monat mit maximal 15.000 Minuten eingesetzt werden kann, steht Anlage II voraussichtlich nur mit 9.500 Minuten zur Verfügung. Außerdem ist der in die Erzeugnisse einfließende Rohstoff von dem langjährigen Zulieferbetrieb für den nächsten Monat lediglich in Höhe von 13.200 Mengeneinheiten zu beschaffen.

Auf der Grundlage der vorliegenden Informationen kann nun die **Zielfunktion** anhand der je Stück und Erzeugnisart ermittelten Deckungsbeiträge mit x_A und x_B als Plan-Herstellungsmengen der beiden Produkte A und B formuliert werden.

$$\left(e_A^P - kv_A^P\right) \cdot x_A + \left(e_B^P - kv_B^P\right) \cdot x_B = DBV^P \Rightarrow \text{Max!} \qquad (1)$$

$$(36 - 8 - 18) \cdot x_A + (31 - 10 - 9) \cdot x_B = DBV^P \Rightarrow \text{Max!} \qquad (2)$$

$$10 \cdot x_A + 12 \cdot x_B = DBV^P \Rightarrow \text{Max!} \qquad (3)$$

Ferner lassen sich die vorliegenden Beschränkungen im Produktions- und Beschaffungsbereich durch folgende **Ungleichungen (Nebenbedingungen)** darstellen.

$$3 \cdot x_A + 5 \cdot x_B \leq 15.000 \text{ (Produktionsrestriktion I)} \qquad (4)$$

$$4 \cdot x_A + 2 \cdot x_B \leq 9.500 \text{ (Produktionsrestriktion II)} \qquad (5)$$

$$6 \cdot x_A + 3 \cdot x_B \leq 13.200 \text{ (Beschaffungsrestriktion)} \qquad (6)$$

$$\left.\begin{array}{l} x_A \geq 0 \\ \\ x_B \geq 0 \end{array}\right\} \text{(Nicht – Negativitätsbedingungen)} \qquad \begin{array}{l}(7)\\ \\ (8)\end{array}$$

Aus dem vorstehenden Gleichungssystem ist nun durch Einführung sogenannter **„Scheinprodukte"** oder **„Schlupfvariablen"** für jeden im Planungsansatz enthaltenen Engpass das folgende Ausgangstableau abzuleiten. Durch die Verwendung von Scheinprodukten soll erreicht werden, die ggf. anhand des ermittelten Fertigungs-Programms nicht voll ausgelasteten Kapazitäten rechentechnisch zu absorbieren. Die in Tabelle 91 für die Produktionsmengen der Scheinprodukte eingeführten jeweiligen Koeffizienten von „1" bringen zum Ausdruck, dass bei dieser **Basislösung** ausschließlich Scheinprodukte erstellt werden und damit die beschränkten Produktions- und Beschaffungskapazitäten noch vollkommen unausgelastet sind. Aus diesem Grund weist auch die weiter unten stehende Zielfunktion, deren Koeffizienten aus rechentechnischen Gründen negative Vorzeichen tragen, einen Wert von Null für das Plan-Deckungsbeitragsvolumen aus. Da insgesamt drei Engpässe existieren, sind die Scheinprodukte C, D, E bzw. die Schein-Produktionsmengen x_C, x_D, x_E zu berücksichtigen.

Tabelle 91:

	x_A	x_B	x_C	x_D	x_E	
x_C	3	5	1	0	0	= 15.000
x_D	4	2	0	1	0	= 9.000
x_E	6	3	0	0	1	= 13.200
	−10	−12	0	0	0	= 0

Die Zielsetzung der weiteren Rechnung besteht nun darin, das vorstehende Ausgangstableau schrittweise nach bestimmten Rechenregeln[466] in der Weise zu transformieren, dass die Scheinprodukte solange eliminiert und durch echte Produkte substituiert werden, bis die formulierte Zielfunktion ihr **Maximum** erreicht. Die optimale Lösung liegt dann vor, wenn die Koeffizienten in der Zielfunktionszeile keine negativen Vorzeichen mehr aufweisen. Nach der ersten Iteration erhält man folgendes Tableau (Tabelle 92).

Tabelle 92:

	x_A	x_B	x_C	x_D	x_E	
x_B	3/5	1	1/5	0	0	= 3.000
x_D	14/5	0	−2/5	1	0	= 3.500
x_E	21/5	0	−3/5	0	1	= 4.200
	−14/5	0	12/5	0	0	= 36.000

Aus der umgeformten Matrix wird ersichtlich, dass die Erzeugnisart B mit 3.000 Stück und die Scheinprodukte D und E mit 3.500 bzw. 4.200 Einheiten hergestellt werden können, wobei das planmäßige Deckungsbeitragsvolumen 36.000 € (= 12 € · 3.000 Stück) beträgt. Während bei einer Fertigung von Erzeugnis B mit 3.000 Stück der Produktionsengpass I voll ausgelastet wäre (5 Min. · 3.000 Stück = 15.000 Min.), bestehen noch freie Kapazitäten im Hinblick auf den Produktionsengpass II in Höhe von 3.500 Min. (= 9.500 Min. − 2 Min. · 3.000 Stück) und den Beschaffungsengpass im Umfang von 4.200 ME (= 13.200 ME − 3 ME · 3.000 Stück). Diese latent vorhandenen Kapazitäten werden in Tabelle 92 von den beiden Scheinprodukten D und E ausgewiesen. Da

---

[466] Vgl. zu den Rechenregeln der Simplex-Methode beispielsweise Corsten/Corsten/Sartor 2005, S. 18–80; Müller-Merbach 1973, S. 91–150; Ohse 2005, S. 361–393 und die Ausführungen im Anhang unter Anlage III auf S. 552.

aber die Zielfunktionszeile noch einen negativen Koeffizienten enthält, ist die optimale Lösung nicht erreicht. Es bedarf folglich einer weiteren Iteration (Tabelle 93).

Tabelle 93:

	x_A	x_B	x_C	x_D	x_E	
x_B	0	1	2/7	0	−1/7	= 2.400
x_D	0	0	0	1	−2/3	= 700
x_A	1	0	−1/7	0	5/21	= 1.000
	0	0	2	0	2/3	= 38.800

Nach der zweiten Iteration (Tabelle 93) erhält man das optimale Produktionsprogramm mit den Stückzahlen von 2.400 für Erzeugnisart B und 1.000 für Erzeugnisart A. Während der Produktionsengpass I (3 Min. · 1.000 Stück + 5 Min. · 2.400 = 15.000 Min.) und der Beschaffungsengpass (6 ME · 1.000 Stück + 3 ME · 2.400 Stück = 13.200 ME) durch das gewinnmaximale Fertigungsprogramm vollständig ausgelastet sind, bestehen im Produktionsengpass II noch freie Kapazitäten in Höhe von 700 Min. (= 9.500 Min. − 4 Min. · 1.000 Stück − 2 Min. · 2.400 Stück). Hierdurch wird dokumentiert, dass nicht das Programm optimalen Charakter zu tragen braucht, das zur Vollauslastung aller Kapazitäten führt, da eine andere Programmplanung, die bei den einzelnen Kapazitäten Unterbeschäftigungen nach sich zieht, häufig ein höheres Plan-Deckungsbeitragsvolumen zum Ausweis bringt.

Wie Abbildung 114 zeigt, lässt sich die Struktur der linearen Programmplanung auch grafisch mit Hilfe einer **Iso-Gewinnlinie** für die maximierte Zielfunktion und **Indifferenzkurven** für die Restriktionsgleichungen aufzeigen.

Die Schnittpunkte der als **durchgezogene Gerade** dargestellten Zielfunktion mit den Koordinatenachsen berechnen sich wie folgt:

$$10\ €\cdot x_A + 12\ €\cdot x_B = 38.800\ € \tag{1}$$

$$10\ €\cdot x_A + 12\ €\cdot 0 = 38.800\ € \tag{2}$$

$$x_A = 3.880\ \text{Stück} \tag{3}$$

$$10\ €\cdot 0 + 12\ €\cdot x_B = 38.800\ € \tag{4}$$

$$x_B = 3.233{,}\overline{3}\ \text{Stück} \tag{5}$$

Ähnlich sind die Koordinatenschnittpunkte der linearen Restriktionsfunktionen des Produktions- und Beschaffungsbereichs zu ermitteln, die als **nicht-durchgezogene Gerade** eingezeichnet wurden. Das schraffierte Planungsviereck kennzeichnet den **zulässigen Lösungsbereich**, dessen Grenzen bei einer maximalen Produktion von Erzeugnisart A mit 2.200 Stück oder Erzeugnisart B mit 3.000 Stück liegen. Zu dem

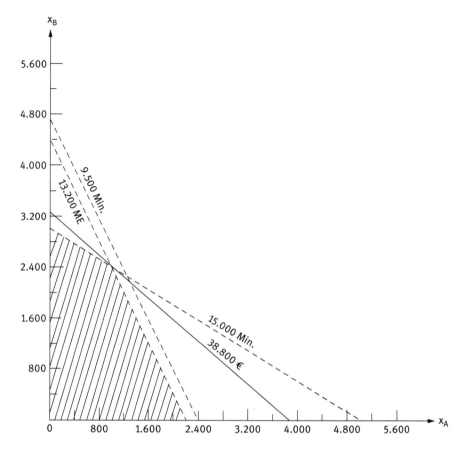

Abbildung 114: Planung des optimalen Produktionsprogramms.

in diesem Bereich auf der Iso-Gewinnlinie des Plan-Deckungsbeitragsvolumens liegenden **Optimalpunkt**, der ein Plan-Ergebnis von 38.800 € repräsentiert, führt aber nur eine Produktion der Erzeugnisarten A und B in Höhe von 1.000 bzw. 2.400 Stück.

Der mit der Zunahme von Produktgruppen und Engpässen steigende Rechenaufwand bei der Ermittlung des optimalen Produktionsprogramms kann durch den Einsatz von Standardsoftware in ökonomischen Grenzen gehalten werden.[467] Die vorstehend aufgezeigten elementaren Entscheidungsregeln lassen sich, wie in Abbildung 115 dargestellt, zusammenfassen.[468]

---

[467] Hinweise auf IT-Programme zur Lösung von Planungsaufgaben auf der Basis der linearen Optimierung finden sich etwa bei Suhl/Kliewer/Steinbach 2012, S. 424–425; Klein/Scholl 2004, S. 1–10. Zudem kann der Solver von Microsoft Excel© zur Lösung der Optimierungskozepte eingesetzt werden.
[468] Vgl. Kilger/Pampel/Vikas 2012, S. 661.

Engpässe (= Kapazitätsbeschränkungen)	Entscheidungsregeln
keine	Alle Produkte mit einem **positiven absoluten Plan-Stück-Deckungsbeitrag** sind in das Fertigungsprogramm aufzunehmen.
einer	Der vorliegende Engpass ist mit denjenigen Erzeugnisarten sukzessiv aufzufüllen, die die **höchsten engpassbezogenen Plan-Stückdeckungsbeiträge** (db_{eng}) erwirtschaften. $$db_{eng} = \frac{\text{absoluter Plan-Stück-Deckungsbeitrag}}{\text{Beanspruchung des Engpasses}}$$
mehrere	Das optimale Fertigungsprogramm kann mit Hilfe von Gewinnmaximierungsmodellen der **linearen Optimierungsrechnung** ermittelt werden, in die sämtliche Kapazitätsbeschränkungen als Restriktionen eingehen. Bei Entscheidungen unter Einbeziehung von bis zu maximal drei unterschiedlichen Erzeugnisarten sind auch grafische Lösungen möglich.

Abbildung 115: Entscheidungsregeln zur Planung des optimalen Fertigungsprogramms.

4.5.2.2 Planung des Produktionsvollzugs

Die kurzfristige Planung des Produktionsvollzugs, die im Rahmen gegebener Kapazitäten und Betriebsbereitschaft vorgenommen wird, zielt darauf ab[469], das (die) **kostengünstigste(n) Fertigungsverfahren** beim Vorliegen mehrerer Produktionsalternativen zu ermitteln. Derartige kurzfristige Entscheidungen im Hinblick auf die optimale Belegung der vorhandenen Betriebsmittel sind, wie schon weiter oben gezeigt wurde, stets auf der Basis proportionaler Plan-Stückkosten zu treffen. Liegt innerhalb des Produktionsablaufs der industriellen Unternehmung **kein Engpass** vor, dann ist unter der Zielsetzung der Gewinnmaximierung aus der Anzahl der zur Verfügung stehenden Fertigungsalternativen das Verfahren zu wählen, das die **absolut geringsten proportionalen Plankosten pro Erzeugniseinheit** aufweist. Eine derartige Verfahrenswahl auf der Basis unbeschränkter Kapazitäten hat den Vorteil, dass **keine interdependenten Beziehungen** der Produkte untereinander berücksichtigt zu werden brauchen und sich deshalb die Erzeugnisse der jeweils kostenminimalen Fertigungsalternative zuordnen lassen, da die Herstellmengen nicht um die Kapazitäten der knappen Einsatzfaktoren konkurrieren.[470]

Beim Vorliegen **eines Fertigungsengpasses** können nicht mehr alle Erzeugnisarten durch das kostenminimale Produktionsverfahren hergestellt werden, sondern es sind einige Erzeugnisse der (den) nächstgünstigsten Fertigungsalternative(n) zu-

---

[469] Vgl. zur Planung des lang- und mittelfristigen Produktionsvollzugs Adam 1990, S. 684–724; Corsten/Gössinger 2016, S. 291–447; Hansmann 2006, S. 241–260 m.w.N.
[470] Vgl. Kilger/Pampel/Vikas 2012, S. 662.

Tabelle 94:

Plandaten / Produktarten	Stückzahlen	Fertigungszeit pro Stück in Min. Anlagen			Benötigte Kapazität in Min. Anlagen		
		I	II	III	I	II	III
A	5.800	30	25	20	–	–	116.000
B	4.000	33	20	25	–	96.000	–
Summe	9.800	–	–	–	–	96.000	116.000
Zur Verfügung stehende Gesamtkapazität in Min.	–	–	–	–	132.000	108.000	90.000

zuordnen. Dies muss beim Vorliegen mehrerer Produktionsalternativen unter der Zielsetzung **relativer Kostenminimierung** in der Art geschehen, dass die Fehlkapazitäten des Engpassfaktors nach Maßgabe der geringsten Differenzen zwischen den proportionalen Plan-Stückkosten des Engpassverfahrens und der Alternativverfahren sukzessive auf die nächstgünstigeren Herstellungssysteme verteilt werden.

> **Beispiel 87:**
> In Abänderung von Beispiel 79[471] wird nun unterstellt, dass Produkt A mit 5.800 Stück und Produkt B mit 4.000 Stück in der nächsten Rechnungsperiode planmäßig hergestellt werden sollen. Bei einer Verfahrenssteuerung nach minimalen proportionalen Plan-Stückkosten wird, wie die Tabelle 94 zum Ausdruck bringt, Anlage III, die insgesamt nur mit 90.000 Fertigungsminuten zur Verfügung steht, im Umfang einer Fehlkapazität von 26.000 Minuten zum Fertigungsengpass, da zur Realisation der gesamten Produktionsmenge des Erzeugnisses A auf Anlage III insgesamt eine Produktionszeit von 116.000 Minuten (= 5.800 Stück · 20 Min.) erforderlich wäre.

Würde das vom Engpass tangierte Erzeugnis A auf Anlage I produziert, ergäbe sich eine Differenz bezüglich der proportionalen Plan-Stückkosten von 15 € (= 75 € – 60 €), bei einer Herstellung auf Anlage II hingegen von 2,50 € (= 62,50 € – 60 €). Hieraus folgt, dass zur Deckung der planmäßigen Herstellmengen Produkt A zunächst bis zur vollständigen Auslastung von Verfahren III (90.000 Min.) auf dieser Anlage zu fertigen ist, wodurch 4.500 Stück (= 90.000 Min. : 20 Min.) des in Rede stehenden Erzeugnisses hergestellt werden können. Anschließend sind die restlichen 12.000 Fertigungsminuten des nächstgünstigeren Verfahrens II zur Produktion von 480 Stück (= 12.000 Min. : 25 Min.) des Erzeugnisses A einzusetzen. Die noch ausstehenden 820 Stück der Produktart A müssen letztlich von der kostenungünstigsten Anlage I übernommen werden, wodurch dieses Verfahren mit 24.600 Minuten

---

[471] Vgl. Beispiel 79 im vierten Teil zu Gliederungspunkt 3.3.3.3.

(= 820 Stück · 30 Min.) beansprucht wäre. Zusammenfassend ergibt sich somit folgende optimale Verfahrenswahl (Tabelle 95).

Tabelle 95:

Anlagen Produktarten	in Min.			in Stück.			
	I	II	III	I	II	III	Summe
A	24.600	12.000	90.000	820	480	4.500	5.800
B	–	96.000	–	–	4.000	–	4.000
Summe	24.600	108.000	90.000	820	4.480	4.500	9.800

Weitaus häufiger tritt in der industriellen Praxis aber das Problem auf, dass es die begrenzte Gesamtkapazität nicht zulässt, die bei den einzelnen kostenminimalen Aggregaten auftretenden Fehlkapazitäten vollständig den nächstgünstigeren Verfahren zuzuordnen. Aufgrund der starken Wirkungen der Engpassfaktoren muss folglich auf die Produktion eines Teils der durch die Absatzplanung vorgegebenen Herstellmengen verzichtet werden. Bei einer derartigen Konstellation und beim Vorliegen **mehrerer Engpässe** im Bereich des Fertigungsvollzugs sind, wie schon grundlegend gezeigt wurde, die planmäßigen Kosten und Restriktionen der Produktionsdurchführung mit in die **lineare Simultanplanung** bezüglich der Ermittlung des gewinnmaximalen Fertigungsprogramms einzubeziehen. Allerdings ist der oben gezeigte simultane Planungsansatz dann entsprechend zu erweitern, wenn die Fertigung einer Erzeugnisart durch **verschiedene Produktionsverfahren** bewirkt werden kann, die unterschiedlich hohe proportionale Plankosten aufweisen, da hierdurch differierende Stück-Deckungsbeiträge bei konstanten Netto-Stück-Erlösen planmäßig anfallen.[472]

4.5.3 Absatzbereich

4.5.3.1 Kurzfristige Absatzsteuerung

Sind die Plan-Netto-Verkaufserlöse sowie die Plan-Absatzmengen der einzelnen Erzeugnisarten im Absatzplan festgelegt worden, dann müssen als nächstes die am Markt abzusetzenden Produkte mit den zur Verfügung stehenden Fertigungskapazitäten der Unternehmung abgestimmt werden. Der unter der Zielsetzung der Gewinnmaximierung nun einsetzende, sich auf die realisierbaren Absatzmengen

---

[472] Vgl. zu diesen erweiterten Ansätzen der Produktionsprogrammplanung im Einzelnen Beispiel 89 im vierten Teil zu Gliederungspunkt 4.5.3.1. und Eling/Rohleder 2005, S. 709–715; Dierkes/Kloock 2008, S. 1163–1170; Kilger 1973, S. 178–336; Riedel 1974, S. 345–350.

beziehende Selektionsprozess wird als „**Verkaufssteuerung mithilfe von Deckungsbeiträgen**"[473] bezeichnet.

Wie schon im Kapitel über die Produktionsplanung gezeigt wurde, sind bei unterbeschäftigten Kapazitäten alle Erzeugnisarten in das Fertigungsprogramm aufzunehmen, die einen positiven absoluten Plan-Stückdeckungsbeitrag erwirtschaften. Beim Vorliegen eines nicht durch quantitative, zeitliche und/oder intensitätsmäßige Anpassungsprozesse zu umgehenden Engpasses ist das Fertigungsprogramm hingegen bis zur Vollauslastung des knappen Produktionsfaktors mit denjenigen Erzeugnissen zu planen, die die höchsten engpassbezogenen Plan-Stückdeckungsbeiträge erwirtschaften. Bestehen jedoch mehrere Produktions- und/oder Beschaffungsbeschränkungen, dann kann die Verkaufssteuerung nur noch mit Hilfe einer linearen Simultanplanung vorgenommen werden. Damit von keiner Produktart mehr gefertigt wird, als der Markt aufnehmen kann, empfiehlt es sich, die vom Absatzplan vorgegebenen Mengen als **Absatzrestriktionen** mit in den simultanen Planungsansatz aufzunehmen.

> **Beispiel 88:**
> In Erweiterung von Beispiel 86[474] wird unterstellt, dass die Erzeugnisarten A und B laut Informationen der Marketingabteilung im kommenden Monat nur in Höhe von 1.500 bzw. 2.100 Stück planmäßig abgesetzt werden können. Unter Berücksichtigung dieser zusätzlichen Absatzrestriktionen ändert sich der lineare Planungsansatz wie folgt:

$$10 \cdot x_A + 12 \cdot x_B = DBV^p \Rightarrow \text{Max!} \text{ (Zielfunktion)} \qquad (1)$$

$$3 \cdot x_A + 5 \cdot x_B \leq 15.000 \qquad \text{(Produktionsrestriktion I)} \qquad (2)$$

$$4 \cdot x_A + 2 \cdot x_B \leq 9.500 \qquad \text{(Produktionsrestriktion II)} \qquad (3)$$

$$6 \cdot x_A + 3 \cdot x_B \leq 13.200 \qquad \text{(Beschaffungsrestriktion)} \qquad (4)$$

$$x_A \leq 1.500 \qquad \text{(Absatzrestriktion I)} \qquad (5)$$

$$x_B \leq 2.100 \qquad \text{(Absatzrestriktion II)} \qquad (6)$$

$$\left.\begin{array}{r} x_A \geq 0 \\ x_B \geq 0 \end{array}\right\} \text{(Nicht – Negativitätsbedingungen)} \quad \begin{array}{c}(7)\\(8)\end{array}$$

Das aufgrund dieser Daten erstellte Ausgangstableau hat nachstehendes Aussehen (Tabelle 96).

Nach der zweiten Iteration ergibt sich das in Tabelle 97 abgebildete optimale Tableau.

---

[473] Kilger/Pampel/Vikas 2012, S. 668.
[474] Vgl. Beispiel 86 im Vierten Teil zu Gliederungspunkt 4.5.2.1.

Tabelle 96:

	x_A	x_B	x_C	x_D	x_E	x_F	x_G		
x_C	3	5	1	0	0	0	0	=	15.000
x_D	4	2	0	1	0	0	0	=	9.500
x_E	6	3	0	0	1	0	0	=	13.200
x_F	1	0	0	0	0	1	0	=	1.500
x_G	0	1	0	0	0	0	1	=	2.100
	−10	−12	0	0	0	0	0	=	0

Tabelle 97:

	x_A	x_B	x_C	x_D	x_E	x_F	x_G		
x_C	0	0	1	0	−1/2	0	−7/2	=	1.050
x_D	0	0	0	1	−2/3	0	0	=	700
x_A	1	0	0	0	1/6	0	−1/2	=	1.150
x_F	0	0	0	0	−1/6	1	1/2	=	350
x_B	0	1	0	0	0	0	1	=	2.100
	0	0	0	0	5/3	0	7	=	36.700

Aus Tabelle 97 kann entnommen werden, dass unter Berücksichtigung der Absatzrestriktionen das gewinnmaximale Fertigungsprogramm sich nun aus der Produktion von 1.150 Stück der Erzeugnisart A und 2.100 Stück der Erzeugnisart B zusammensetzt. Aufgrund der eingeschränkten Absatzmöglichkeiten führt dies zu einem Sinken des Plan-Deckungsbeitragsvolumens von 38.800 € (= 10 € · 1.000 Stück + 12 € · 2.400 Stück) auf 36.700 € (= 10 € · 1.150 Stück + 12 € · 2.100 Stück). Während bei diesem Planungsansatz nur der Beschaffungsengpass (6 ME · 1.150 Stück + 3 ME · 2.100 Stück = 13.200 ME) sowie der Absatzengpass II (= 2.100 Stück) voll ausgelastet sind, liegen bei den anderen Engpässen nicht genutzte Kapazitäten in folgenden Höhen vor.

(1) **Produktionsrestriktion I:**
    1.050 Min. (= 15.000 Min. − 3 Min. · 1.150 Stück − 5 Min. · 2.100 Stück).
(2) **Produktionsrestriktion II:**
    700 Min. (= 9.500 Min. − 4 Min. · 1.150 Stück − 2 Min. · 2.100 Stück).
(3) **Absatzrestriktion I:**
    350 Stück (= 1.500 Stück − 1.150 Stück).

Auch in diesem Fall zeigt sich wiederum, dass das gewinnmaximale Fertigungsprogramm nicht zu einer Vollauslastung aller Produktions-, Beschaffungs- und Absatzkapazitäten zu führen braucht. Um die bestehenden Absatzmöglichkeiten von Produkt A nutzen zu können, sollten die Planungsinstanzen unter der Zielsetzung der Erhöhung des Plan-Deckungsbeitragsvolumens untersuchen, ob 350 Stück dieses Produkts **fremd zu beziehen** sind. Im Fall des Vorliegens einer solchen Beschaffungsmöglichkeit führt die zusätzliche Aufnahme jedes fremd bezogenen Erzeugnisses in das Absatzprogramm dann zu einer Steigerung des Plan-Deckungsbeitragsvolumens, wenn der planmäßige Netto-Fremdbeschaffungspreis von Produkt A unter seinem Plan-Netto-Verkaufspreis von 36 € liegt, d. h. sich ein positiver absoluter Plan-Stückdeckungsbeitrag als Differenz aus diesen beiden Größen ergibt.[475] Darüber hinaus ist von den Entscheidungsträgern zu prüfen, ob die latent vorhandenen Produktionskapazitäten in Höhe von 1.050 Min. bzw. 700 Min. durch die **Übernahme von Zusatzaufträgen** genutzt werden können. Würden beispielsweise mittels eines Zusatzauftrags nur die in Rede stehenden Kapazitätsreserven in Anspruch genommen, so führt dieser Auftrag immer dann zu einer Erhöhung des Plan-Deckungsbeitragsvolumens, wenn sein Plan-Netto-Verkaufserlös über den entsprechenden Plan-Grenzkosten liegt. Sind aber zur Realisierung des Zusatzauftrags Kapazitäten erforderlich, die bereits durch das festliegende Produktionsprogramm in Anspruch genommen werden, dann ist die Entscheidung über die Aufnahme des Zusatzauftrags nur mit Hilfe einer **neuen simultanen Optimierungsrechnung** zu fällen, in der die Plan-Stückdeckungsbeiträge sowie die entsprechenden Absatzrestriktionen der einzelnen neuen Produkte Berücksichtigung finden müssen.[476] Liegt etwa nach Abschluss dieser Rechnung das Plan-Deckungsbeitragsvolumen über dem des ursprünglichen optimalen Tableaus, so ist der Zusatzauftrag in dem durch die neue Simultanplanung ermittelten Umfang aufzunehmen, auch wenn hierdurch einige andere Erzeugnisse aus dem Fertigungsprogramm zu eliminieren sind.

Allerdings sind die vorstehenden simultanen Planungsmodelle zu erweitern, wenn die Fertigung einer Erzeugnisart durch verschiedene Produktionsverfahren bewirkt werden kann, die unterschiedlich hohe proportionale Plankosten und differierende Plan-Stückdeckungsbeiträge bei konstanten Netto-Stück-Erlösen aufweisen. Eventuelle Kapazitätsbeschränkungen der einzelnen Fertigungsalternativen müssen dann analog als Produktionsrestriktionen in den Planungsansatz einbezogen werden. Ist ein Erzeugnis beispielsweise durch drei verschiedene Bearbeitungsverfahren zu gewinnen, die mit unterschiedlich hohen Plan-Grenzkostensätzen verbunden sind, so muss bei der Ermittlung des optimalen Fertigungsprogramms hinsichtlich des maximalen Deckungsbeitragsvolumens die Zielfunktion so formuliert werden, als handele es sich um drei verschiedene Produkte.

Beispiel 89:
Würde man bezüglich Beispiel 88 unterstellen, dass von der Maschinenbelegungsplanung in Tabelle 90[477] abgewichen werden kann, dann müsste der lineare Planungsansatz im Hinblick

---

[475] Vgl. zu weiteren kurzfristigen Entscheidungen mithilfe der Deckungsbeitragsrechnung beim Vorliegen der Alternative „Fremdbezug" die Ausführungen im vierten Teil zu Gliederungspunkt 4.5.4.2.
[476] Vgl. etwa Riedel 1974, S. 347.
[477] Vgl. Tabelle 90 im vierten Teil zu Gliederungspunkt 4.5.2.1.

auf eine **kombinierte Programm- und Vollzugsplanung** entsprechend modifiziert werden. Im Fall einer vollständigen Austauschbarkeit der Fertigungsverfahren von Produkt A und B ist zusätzlich eine Herstellung von Erzeugnis A mit 5 Min. auf Anlage I bzw. mit 2 Min. auf Anlage II (Verfahren III) sowie eine Fertigung von Erzeugnis B auf Anlage I mit 3 Min. bzw. auf Anlage II mit 4 Min. (Verfahren IV) planmäßig möglich. Da jedes Produkt nun durch zwei unterschiedliche Fertigungsalternativen hergestellt werden kann, ist die Zielfunktion so zu formulieren, als läge eine Produktion von insgesamt vier differierenden Erzeugnissen vor. Diese Konstellation bringt Tabelle 98 noch einmal zusammenfassend zum Ausdruck.

Tabelle 98:

Erzeugnisse/Verfahren Erfolgsgrößen in €	Erzeugnis A Verfahren I	Erzeugnis A Verfahren III	Erzeugnis B Verfahren II	Erzeugnis B Verfahren IV
Plan-Stückerlös	36	36	31	31
− Proportionale Plan-Materialkosten	18	18	9	9
− Proportionale Plan-Fertigungkosten	8	10[a]	10	8[b]
= Plan-Stückdeckungsbeitrag	10	8	12	14

[a] 10 € = 10 Min. · 1 €
[b] 8 € = 8 Min. · 1 €

Nunmehr lässt sich der gesamte Optimierungsansatz formulieren.

$$10 \cdot x_{AI} + 12 \cdot x_{BII} + 8 \cdot x_{AIII} + 14 \cdot x_{BIV} = DBV^P \Rightarrow \text{Max!} \quad \text{(Zielfunktion)} \quad (1)$$

$$3 \cdot x_{AI} + 5 \cdot x_{BII} + 5 \cdot x_{AIII} + 3 \cdot x_{BIV} \leq 15.000 \quad \text{(Produktionsrestriktion I)} \quad (2)$$

$$4 \cdot x_{AI} + 2 \cdot x_{BII} + 2 \cdot x_{AIII} + 4 \cdot x_{BIV} \leq 9.500 \quad \text{(Produktionsrestriktion II)} \quad (3)$$

$$6 \cdot x_{AI} + 3 \cdot x_{BII} + 6 \cdot x_{AIII} + 3 \cdot x_{BIV} \leq 13.200 \quad \text{(Beschaffungsrestriktion)} \quad (4)$$

$$x_{AI} + x_{AIII} \leq 1.500 \quad \text{(Absatzrestriktion I)} \quad (5)$$

$$x_{BII} + x_{BIV} \leq 2.100 \quad \text{(Absatzrestriktion II)} \quad (6)$$

$$\left.\begin{array}{r} x_{AI} \geq 0 \\ x_{BII} \geq 0 \\ x_{AIII} \geq 0 \\ x_{BIV} \geq 0 \end{array}\right\} \text{(Nicht − Negativitätsbedingungen)} \quad \begin{array}{r}(7)\\(8)\\(9)\\(10)\end{array}$$

Die optimale Lösung lautet in diesem Fall:
x_{AI} = 1.150 Stück x_{BII} = 1.750 Stück
x_{AIII} =   0 Stück x_{BIV} =   350 Stück.

Der maximale Plan-Gewinn von 37.400 € ist dann zu realisieren, wenn Erzeugnis A ausschließlich mit 1.150 Stück nach Verfahren I sowie Erzeugnis B mit 1.750 Stück nach Verfahren II und mit 350 Stück nach Verfahren IV gefertigt werden.[478]

Liegen die Plan-Netto-Verkaufserlöse für eine Planungsperiode nicht vor oder sind diese lediglich mit großer Unsicherheit zu schätzen, so empfiehlt es sich, die simultane Planung mit Hilfe eines **Kostenminimierungsansatzes** vorzunehmen, in den ausschließlich die von den Entscheidungen der Vollzugsplanung abhängigen Kosten **(relevante Kosten zweiten Grads)** einfließen.[479] Allerdings muss dann **mindestens eine** der vorliegenden Restriktionen als = -**Bedingung** in das Planungsmodell einfließen. Sinnvollerweise sollte man zu diesem Zweck die Beschränkungen des Absatzmarkts auswählen, da die Unternehmensleitung i.d.R. beabsichtigt, die vorhandenen Verkaufsalternativen bis an ihre Obergrenzen auszuschöpfen. Sofern keine optimale Lösung des Planungsansatzes möglich ist, müssen die Absatzbeschränkungen **sukzessive reduziert werden**, bis das Modell einem bestmöglichen Ergebnis zugeführt werden kann.

Beispiel 90:
Geht man im Hinblick auf Beispiel 89 davon aus, dass die optimale Programm- und Vollzugsplanung ceteris paribus unter dem Ziel einer Minimierung der gesamten proportionalen Plankosten [$Kv(x^P)$] und der Realisierung exakt eines Absatzes von 1.500 Stück für Erzeugnis A und 2.100 Stück für Erzeugnis B vorgenommen werden soll, dann zeigt der Optimierungsansatz folgende Struktur:[480]

$8 \cdot x_{AI} + 10 \cdot x_{BII} + 10 \cdot x_{AIII} + 8 \cdot x_{BIV} = Kv^P(x^P) \Rightarrow$ Min! (Zielfunktion) (1)

$3 \cdot x_{AI} + 5 \cdot x_{BII} + 5 \cdot x_{AIII} + 3 \cdot x_{BIV} \leq 15.000$ (Produktionsrestriktion I) (2)

$4 \cdot x_{AI} + 2 \cdot x_{BII} + 2 \cdot x_{AIII} + 4 \cdot x_{BIV} \leq 9.500$ (Produktionsrestriktion II) (3)

$6 \cdot x_{AI} + 3 \cdot x_{BII} + 6 \cdot x_{AIII} + 3 \cdot x_{BIV} \leq 13.200$ (Beschaffungsrestriktion) (4)

$x_{AI} \quad\quad\quad + x_{AIII} \quad\quad\quad \leq 1.500$ (Absatzrestriktion I) (5)

$\quad\quad x_{BII} \quad\quad\quad + x_{BIV} \leq 2.100$ (Absatzrestriktion II) (6)

$x_{AI} \quad\quad\quad\quad\quad\quad\quad\quad \geq 0$ ⎫ (7)
$\quad\quad x_{BII} \quad\quad\quad\quad\quad\quad > 0$ ⎬ (Nicht – Negativitätsbedingungen) (8)
$\quad\quad\quad\quad x_{AIII} \quad\quad \geq 0$ ⎪ (9)
$\quad\quad\quad\quad\quad\quad x_{BIV} \geq 0$ ⎭ (10)

---

[478] 37.400 € = 1.150 Stück · 10 € + 1.750 Stück · 12 € + 350 Stück · 14 €.
[479] Vgl. zu den Begriffen relevante Kosten ersten und zweiten Grads auch die Ausführungen im vierten Teil zu Gliederungspunkt 4.2.
[480] Vgl. zu den Rechenregeln der Simplex-Methode bei Einbeziehung von Gleichungen als Restriktionen im Einzelnen Corsten/Corsten/Sartor 2005, S. 88–109; Müller-Merbach 1973, S. 124–128.

Allerdings kann der Planungsansatz erst dann einer optimalen Lösung zugeführt werden, wenn z. B. die Absatzrestriktion II unter sonst gleichen Bedingungen auf = 1.400 Stück reduziert wird. Im Einzelnen ergeben sich folgende Resultate:

x_{AI} = 1.500 Stück x_{BII} = 1.050 Stück
x_{AIII} =   0 Stück x_{BIV} =   350 Stück.

Die gesamten proportionalen Plankosten sind auf einen Wert von minimal 64.900 € zu senken, wenn Erzeugnis A mit 1.500 Stück ausschließlich nach Verfahren I sowie Erzeugnis B mit 1.050 Stück nach Verfahren II und mit 350 Stück nach Verfahren IV produziert werden.[481]

4.5.3.2 Bestimmung von Preisuntergrenzen

4.5.3.2.1 Allgemeines

Mit der Planung von Preisuntergrenzen wird bezweckt, zur Lösung von **verkaufsbezogenen Entscheidungsaufgaben** kritische Größen zu ermitteln, die zum Ausdruck bringen, welche Werte die Netto-Absatzpreise der einzelnen Erzeugnisse beim Vorliegen bestimmter Konstellationen und unter Berücksichtigung spezifischer Zielsetzungen **kurzfristig** keinesfalls unterschreiten dürfen, damit nicht auf den Verkauf dieser Produkte verzichtet oder eine Variation des Fertigungsprogramms vorgenommen werden muss.[482] Somit stellt eine Preisuntergrenze denjenigen Preis dar, bei dem die absatzwirtschaftliche Realisierung von Produkten denselben Zielerfüllungsgrad bewirkt wie die Unterlassungsalternative.[483]

Im betriebswirtschaftlichen Schrifttum werden **erfolgs- und liquiditätsorientierte Preisuntergrenzen** als kritische Werte diskutiert. Während die Bestimmung erfolgsbezogener Grenzen im Grundsatz auf die **Extremierung des Erfolgs** abzielt, soll durch die Fixierung liquiditätswirksamer Preisuntergrenzen die **Erhaltung des finanziellen Gleichgewichtes** der Unternehmung realisiert werden. Ferner ist bei der Planung von Preisuntergrenzen der **Zeitbezug der entsprechenden Entscheidung** zu berücksichtigen. Je nachdem, welche Kostenbestandteile in dem betrachteten Zeitraum im Fall eines Verzichts auf die Herstellung des analysierten Erzeugnisses abgebaut werden könnten, kann aus erfolgsorientierter Sicht die Preisuntergrenze dieses Produkts neben den ohnehin wegfallenden variablen Plan-Stückkosten auch fixe Plan-Kostenarten enthalten. Darüber hinaus spielt bei der Festlegung liquiditätsbezogener Grenzen die Frage eine Rolle, welche der variablen und ggf. auch fixen Plan-

---

[481] 64.900 € = 1.500 Stück · 26 € + 1.050 Stück · 19 € + 350 Stück · 17 €.
[482] Vgl. zur Bestimmung langfristiger Preisuntergrenzen etwa Coenenberg/Fischer/Günther 2016, S. 423–425 und die Ausführungen im zweiten Teil zu Gliederungspunkt 3.4.4.
[483] Vgl. zum Begriff der Preisuntergrenze auch Reichmann/Kißler/Baumöl 2017, S. 240–241.

Kostenarten **ersatzbedürftigen Charakter** tragen, d. h. unter finanzwirtschaftlichen Gesichtspunkten unbedingt durch die Plan-Verkaufserlöse gedeckt werden müssen.

Die vorstehenden Ausführungen lassen erkennen, dass die Grenz-Plankostenrechnung aufgrund des separaten kostenträgerbezogenen Ausweises fixer und proportionaler Plankosten prädestiniert ist, die entscheidungsrelevanten Werte zur Bestimmung insbesondere erfolgsorientierter Preisuntergrenzen zu liefern. Wie zu zeigen sein wird, können durch **Nebenkalkulationen** aus diesem Kostenrechnungssystem aber auch finanzwirtschaftliche Preisuntergrenzen abgeleitet werden. Schließlich bleibt der Hinweis, dass die aus einer Plan-Vollkostenrechnung resultierenden Stückkosten grundsätzlich nicht zur Bestimmung kurzfristiger Preisuntergrenzen einzusetzen sind, da bestimmte Kostenbestandteile, die Eingang in diesen Kalkulationssatz gefunden haben, im Hinblick auf den relevanten Entscheidungszeitraum i. d. R. **nicht abbaufähigen bzw. nicht ersatzbedürftigen Charakter** tragen.

Der Festlegung von Preisuntergrenzen kommt in spezifischen unternehmerischen Entscheidungssituationen zentrale Bedeutung zu. Insbesondere im Fall **schwankender Absatzpreise** für bestimmte Produkte liegt es nahe, Preisuntergrenzen zu ermitteln, bei deren Unterschreiten das entsprechende Erzeugnis aus dem Fertigungsprogramm zu eliminieren ist und/oder die Struktur des Produktionsprogramms geändert werden muss. Darüber hinaus besitzen Preisuntergrenzen im Fall von Entscheidungen über die Annahme oder Ablehnung von **Zusatzaufträgen** Relevanz. Derartige weitere Absatzalternativen sind dadurch gekennzeichnet, dass sie nach Festlegung der jährlichen Produktions- und Absatzplanung eingehen und wesentliche Unterschiedsmerkmale wie qualitative Erzeugnis- und marktspezifische Differenzen gegenüber den in die Jahresplanung aufgenommenen Absatzmengen aufweisen.[484]

4.5.3.2.2 Ermittlung erfolgsorientierter Preisuntergrenzen

Die Planung erfolgsorientierter Preisuntergrenzen bei Unternehmungen ist im Fall **unterbeschäftigter Kapazitäten** unproblematisch. So entsteht kurzfristig weder Gewinn noch Verlust, wenn die durch die Herstellung eines Erzeugnisses oder Zusatzauftrags zusätzlich anfallenden proportionalen Plankosten bzw. Grenz-Plankosten[485] von dem Plan-Netto-Verkaufserlös pro Stück gedeckt werden. Mithin liegt die erfolgsorientierte absolute Preisuntergrenze (PUG^e) eines Erzeugnisses oder Zusatz-

---

[484] Vgl. Kilger/Pampel/Vikas 2012, S. 675–676.
[485] Da das System einer Grenz-Plankostenrechnung von der Prämisse linearer Gesamtkostenverläufe ausgeht, entsprechen sich Grenz- und proportionale Plankosten. Ein Beispiel für die Ermittlung von Preisuntergrenzen bei nichtlinearen Kostenfunktionen findet sich z. B. bei Ewert/Wagenhofer 2014, S. 129–131.

auftrags grundsätzlich bei den **proportionalen Plan-Stückkosten**. Dies lässt sich wie folgt zum Ausdruck bringen:

$$PUG^e = kv^p.$$

Sinkt der Plan-Netto-Verkaufserlös pro Stück eines Erzeugnisses oder Zusatzauftrags unter diese Preisgrenze, dann liegt es unter Verfolgung des Gewinnmaximierungsziels nahe, die Fertigung des Erzeugnisses einzustellen bzw. den Zusatzauftrag abzulehnen, da nicht mehr die gesamten für die Produktion dieser Einheiten anfallenden proportionalen Plan-Stückkosten gedeckt werden.[486] Allerdings sollte im Rahmen der Kurzfristplanung, die von gegebenen Plan-Fixkosten ausgeht, aber bei jeder Überdeckung der proportionalen Plan-Stückkosten durch den Plan-Stückerlös eine Aufnahme des Erzeugnisses in das Produktionsprogramm erfolgen. Wie schon gezeigt wurde, führt diese Vorgehensweise zu einer Maximierung des Plan-Gewinns bzw. Minimierung des Plan-Verlusts, auch wenn die betreffenden Produkte nur zu einem Plan-Netto-Verkaufserlös pro Stück absetzbar sind, der unter ihren individuellen Plan-Stückkosten liegt.

Besteht aber für die Unternehmung im Unterbeschäftigungsfall die Möglichkeit, bei Nichtrealisierung der Produktion bestimmte Fertigungskapazitäten durch vorübergehende Stilllegung an die veränderte Beschäftigungslage anzupassen, dann sind bei der Berechnung der Preisuntergrenze zusätzlich die planmäßig während der Stillstandzeit **abbaufähigen fixen Kapazitätskosten** (z. B. Personal- und Instandhaltungskosten), die mit dem Symbol ΔKf^p_{ab} belegt werden, in das Kalkül einzubeziehen. Dies hat zur Folge, dass sich die erfolgsorientierte Preisuntergrenze durch die auf die geplante Absatzmenge (x^p) umgelegten abbaufähigen Plan-Fixkosten erhöht. Im Fall einer Stilllegung können andererseits auch planmäßig **Stilllegungs-, Stillstands- und Wiederanlaufkosten** (z. B. Montage-, Reparaturkosten sowie Kosten für die Einarbeitung des neuen Personals) entstehen, die, umgelegt auf die Plan-Absatzmenge, zu einer Reduzierung der Preisuntergrenze führen. Unter Einführung des Symbols K^p_{sw} für die angesprochenen Kostenarten, errechnet sich die erfolgsorientierte absolute Preisgrenze nun wie folgt:

$$PUG^e = kv^p + \frac{(\Delta Kf^p_{ab} - K^p_{sw})}{x^p}.$$

Aus der vorstehenden Formel ergibt sich, dass die Preisgrenze **unter den proportionalen Plan-Stückkosten** liegen kann, falls Stilllegungs-, Stillstands- und Wiederanlaufkosten planmäßig entstehen, die größer sind als die abbaufähigen Plan-Fixkosten.

---

[486] Sofern zu einem späteren Zeitpunkt jedoch wieder ein höheres Preisniveau erwartet wird, bietet sich anstelle der Produktionseinstellung ggf. eine Fertigung auf Lager an.

Beispiel 91:[487]
Eine Unternehmung der Backwarenindustrie, das ausschließlich Brötchen herstellt, hat im Rahmen der Grenz-Plankalkulation die proportionalen Plankosten für die Erzeugung von 100 Brötchen mit 16 € angesetzt. In den Sommermonaten Juni, Juli und August geht die Nachfrage nach Brötchen stets um ca. 50 % zurück, so dass die Unternehmensleitung beabsichtigt, für diese Zeit einen Vorbackofen stillzulegen, wenn es zwischenzeitlich nicht gelingen sollte, ihn für Zusatzaufträge zu nutzen. Durch Kostenanalysen wurde einerseits ermittelt, dass bei einer vorübergehenden dreimonatigen Stilllegung des Vorbackofens planmäßig fixe Personal-, Energie- und Instandhaltungskosten im Umfang von 6.000 € abgebaut werden könnten. Andererseits ist im Fall der Stilllegung mit Wartungskosten während der geplanten Stilllegungsdauer von 1.800 € und Aufheizkosten des Backofens vor Inbetriebnahme in Höhe von 1.200 € zu rechnen.

Anfang Mai fragt ein Hotelkonzern an, ob das Unternehmen bereit ist, nur in den Ferienmonaten Juni bis August täglich 5.000 Brötchen an 25 Tagen im Monat zu einem Netto-Preis von 17,20 € für 100 Brötchen abzugeben, die von konzerneigenen Fahrzeugen abgeholt werden sollen. Der übliche Plan-Netto-Verkaufspreis für diese Abgabemenge liegt aber bei 20 €. Um über die Annahme oder Ablehnung des Zusatzauftrags entscheiden zu können, muss die Preisuntergrenze, wie nachstehend gezeigt, ermittelt werden:

$$\text{PUG}^e = 16\ € + \frac{(6.000\ € - 1.800\ € - 1.200\ €)}{\frac{5.000\ \text{Stück}}{100} \cdot 25\ \text{Tage} \cdot 3\ \text{Monate}} \tag{1}$$

$$\text{PUG}^e = 16,80\ €. \tag{2}$$

Da der planmäßige Netto-Verkaufspreis von 17,20 € über der Preisuntergrenze von 16,80 € liegt, ist der Zusatzauftrag anzunehmen, denn die Möglichkeit der Erwirtschaftung eines gesamten zusätzlichen Plan-Deckungsbeitrags von 1.500 € $\left[= (17,20\ € - 16,80\ €) \cdot \frac{375.000\ \text{Stück}}{100} \right]$ stellt für die Unternehmung aus erfolgsorientierter Sicht eine vorteilhaftere Alternative dar als die vorübergehende Stilllegung des Vorbackofens und die damit verbundene Ablehnung des Auftrags.

Sofern dagegen abbaufähige Plan-Fixkosten sowie planmäßige Stilllegungs-, Stillstands- und Wiederanlaufkosten bezüglich **mehrerer unterschiedlicher Produkte** entscheidungsrelevant sind, deren Plan-Absatzmengen differieren, bedarf es einer Modifikation. In diesem Fall ist mangels einer eindeutigen Zurechenbarkeit der angesprochenen Plan-Kostenarten auf die Erzeugnisse die Ermittlung produktspezifischer Preisuntergrenzen wenig sinnvoll. Allerdings kann eine **gesamte Erlösuntergrenze** für alle Produkte in Form einer Deckungsgleichung angegeben werden:

$$\text{DB}^p = \Delta \text{Kf}^p_{ab} - K^p_{sw}.$$

Die vorstehende Gleichung bringt zum Ausdruck, dass der gesamte Plan-Deckungsbeitrag (DB^p) der in Rede stehenden Erzeugnisse mindestens so groß sein muss wie die Differenz aus planmäßig abbaubaren Fixkosten und Stilllegungs-, Stillstands- sowie Wiederanlaufkosten. Unterschreitet der Plan-Deckungsbeitrag diesen kritischen Wert,

---

[487] Das Beispiel wurde modifiziert übernommen von Mayer 1979, S. 16–17.

ist aus erfolgsorientierter Sicht die Produktion der im Rahmen des Kalküls berücksichtigten Erzeugnisse nicht zu realisieren. Zu beachten ist jedoch, dass bei einer Integration der abbaufähigen planmäßigen Fixkosten in das Entscheidungskalkül sich diese auf den gleichen Zeitpunkt bzw. auf die gleiche Periode beziehen müssen, da es ansonsten einer dynamischen Analyse und Bestimmung der Preisuntergrenze bedarf.[488]

Die bisher angesprochenen Fälle der Planung von Preisuntergrenzen beziehen sich auf ausreichend vorhandene Produktionskapazitäten, die grundsätzlich in Unterbeschäftigungsphasen anzutreffen sind. Liegen jedoch **knappe Kapazitäten** im Rahmen von Überbeschäftigungssituationen vor, müssen neben den proportionalen Plan-Stückkosten auch die planmäßigen Kosten für den Nutzenentgang, die in der Kostenlehre mit dem Begriff „**Opportunitätskosten**" (ko) belegt werden,[489] Eingang in die Preisgrenzenplanung finden. Die erfolgsorientierte engpassbezogene Preisuntergrenze (PUG^e_{eng}) für ein Alternativprodukt ist auf Grenznutzenbasis dann wie folgt zu ermitteln:

$$PUG^e_{eng} = kv^p + ko.$$

In diesem Zusammenhang tritt aber das Problem auf, dass die Opportunitätskosten nur **approximativ** zu bestimmen sind, wenn aus Gründen mangelnder Information oder aus wirtschaftlichen Erwägungen das Entscheidungsfeld hinsichtlich der zu lösenden Planungsaufgabe nicht (vollständig) bekannt ist. So kann in der betrieblichen Realität z. B. der unmittelbar entgangene Gewinn für einen Auftrag, der aufgrund schon voll ausgelasteter Kapazitäten keine Aufnahme in das Produktionsprogramm findet, ohne Schwierigkeiten ermittelt werden. Allerdings sind die ggf. bei einer späteren Auftragserteilung hieraus resultierenden monetären Konsequenzen nicht oder nur ungenau prognostizierbar. Wie noch zu zeigen sein wird, ist eine genaue Bestimmung des monetären Grenznutzens und damit auch der Opportunitätskosten nur möglich, wenn ein **exakt definiertes Entscheidungsmodell** vorliegt.[490] Der Preisuntergrenzenbestimmung kommt in Engpasssituationen sowohl im Rahmen von Entscheidungen über die Ablehnung oder Annahme von Zusatzaufträgen als auch bei möglicherweise sinkenden Plan-Netto-Verkaufspreisen herausragende Bedeutung zu.

Besteht genau **ein Engpass**, dann müssen bei Annahme eines Zusatzauftrags Absatzmengen anderer Erzeugnisse aus dem Produktionsprogramm eliminiert werden. Sofern die Verdrängung **einer Produktart** ausreicht, um den Zusatzauftrag annehmen zu können, lässt sich die erfolgsorientierte engpassbezogene Preisuntergrenze für den Zusatzauftrag (ZA) mit Hilfe der folgenden Gleichung berechnen. Dabei handelt es sich bezüglich der zu verdrängenden Produktart a* um diejenige, die den niedrigsten relativen Plan-Stückdeckungsbeitrag (db^p_{eng}) aufweist. Dieser ergibt sich

---
488 Vgl. Reichmann/Kißler/Baumöl 2017, S. 241–247.
489 Vgl. die Ausführungen im ersten Teil zu Gliederungspunkt 2.2.4.
490 Vgl. Coenenberg/Fischer/Günther 2016, S. 408–423.

aus der Division des absoluten Plan-Stück-Deckungsbeitrags (db^p) durch die planmäßige Engpassbeanspruchung pro Stück (eng^p) des entsprechenden Erzeugnisses.

$$\text{PUG}^e_{\text{engZA}} = kv^p_{ZA} + \frac{db^p_{a^*}}{eng^p_{a^*}} \cdot eng^p_{ZA} = kv^p_{ZA} + db^p_{eng\,a^*} \cdot eng^p_{ZA}.$$

Der jeweilige zweite Summand stellt in der vorstehenden Gleichung die Opportunitätskosten pro Einheit (ko) dar, die der Zusatzauftrag tragen muss, weil er die Absatzmengen der betrachteten Erzeugnisart ganz oder teilweise verdrängt.

Beispiel 92:
Die Produktionskapazitäten eines Industrieunternehmens sind im kommenden Monat voraussichtlich durch die ausschließliche Herstellung des Massenprodukts A mit 42.000 Fertigungsminuten vollständig ausgelastet. Für diesen Monat liegt aber auch ein konkurrierender Zusatzauftrag über die Fertigung eines ähnlichen Massenprodukts B, im Folgenden als „Verdränger" bezeichnet, vor. Beide Erzeugnisse, die auf einer vollautomatisierten Anlage gefertigt werden können, unterscheiden sich bezüglich der Plan-Netto-Verkaufserlöse pro Stück, der proportionalen Plan-Stückkosten, der Plan-Bearbeitungszeiten sowie der Plan-Deckungsbeiträge wie nachstehend gezeigt (Tabelle 99).

Tabelle 99:

Plandaten Erzeugnisarten	1 e^p	2 kv^p	3 db^p Spalte 1–2	4 Plan-Bearbeitungszeit	5 db^p_{eng} Spalte 3:4
A	165 €	105 €	60 €	25 Min.	2,4 €
B (Verdränger)	185 €	115 €	70 €	30 Min.	2,3$\overline{3}$ €

Die Opportunitätskosten für das Erzeugnis B errechnen sich nun durch Multiplikation seiner Plan-Bearbeitungszeit (Engpass-Durchlaufzeit) mit dem engpassbezogenen Plan-Deckungsbeitrag von Erzeugnis A:

$$ko = db^p_{engA} \cdot eng^p_B \quad (1)$$

$$ko = 2,4\ \text{€} \cdot 30\ \text{Min.} \quad (2)$$

$$ko = 72\ \text{€}. \quad (3)$$

Der Wert von 72 € repräsentiert den Nutzenentgang für den Entscheidungsträger, wenn anstelle von Verdränger-Produkt B das Erzeugnis A gefertigt würde. Die proportionalen Plankosten pro Stück von Produkt B (115 €) erhöhen sich somit um den aus dem Engpass verdrängten Plan-Deckungsbeitrag des Erzeugnisses A. Hieraus folgt, dass die **engpassbezogene Preisuntergrenze von Produkt B auf 187 €** steigt. Da der Plan-Netto-Stückerlös des Erzeugnisses B (185 €) unter seinem monetären Grenznutzen in Gestalt der engpassbezogenen Preisuntergrenze (187 €) liegt, lohnt sich auch eine Verdrängung von Produkt A durch Produkt B aus dem erfolgswirksamen Engpass nicht. Um diese Entscheidung zu fällen, hätte es aber nicht der Ermittlung des Grenznutzens von Erzeugnis B bedurft. Wie schon im Rahmen der Produktionsprogrammplanung gezeigt wurde, ist beim Vorliegen eines Engpasses die Entscheidung über die Aufnahme von Erzeugnissen ins Fertigungsprogramm einfacher anhand ihrer engpassbezogenen Plan-Stückdeckungsbeiträge zu treffen. So führt die ausschließliche Fertigung von Erzeugnis A, das einen größeren relativen Stückdeckungsbeitrag als B planmäßig erwirtschaftet, zu einem um 2.800 € höheren Plan-Deckungsbeitragsvolumen als das Konkurrenzprodukt. Dies lässt sich wie folgt zeigen:

$$DB_A^P = 60\ € \cdot \frac{42.000\ \text{Min.}}{25\ \text{Min.}} \tag{1}$$

$$DB_A^P = 100.800\ € \tag{2}$$

$$DB_B^P = 70\ € \cdot \frac{42.000\ \text{Min.}}{30\ \text{Min.}} \tag{3}$$

$$DB_B^P = 98.000\ € \tag{4}$$

$$\Delta DB^P = 100.800\ € - 98.000\ € \tag{5}$$

$$\Delta DB^P = 2.800\ €. \tag{6}$$

Die entsprechende Preisuntergrenze für Erzeugnis A errechnet sich mithin aus:

$$PUG_{engA} = 105\ € + 25\ \text{Min.} \cdot 2,\overline{33}\ € = 163,\overline{33}\ €.$$

Erst bei einem Unterschreiten dieses kritischen Werts führt die Verdrängung von Erzeugnis A durch Erzeugnis B zu einem höheren Plan-Deckungsbeitragsvolumen. Hieraus folgt, dass bei einem Plan-Netto-Verkaufserlös des Produkts A von genau 163,33 € exakt das Plan-Deckungsbeitragsvolumen von Erzeugnis B (98.000 €) erwirtschaftet werden muss:

$$(163,\overline{33}\ € - 105\ €) \cdot 1.680\ \text{Stück} = 98.000\ €[491].$$

Eine Einstellung der Produktion muss aus erfolgswirtschaftlicher Sicht aber erst dann erfolgen, wenn die Plan-Netto-Absatzpreise von Erzeugnis A bzw. B unter die entsprechenden proportionalen Plan-Stückkosten als absolute Preisuntergrenze gesunken sind und somit kein positives Plan-Deckungsbeitragsvolumen mehr erzielt werden kann.

---

491 $\frac{42.000\ \text{Min.}}{25\ \text{Min.}} = 1.680\ \text{Stück}$

Analog lässt sich bei möglicherweise sinkenden Plan-Netto-Verkaufspreisen eines Erzeugnisses eine entsprechende Preisuntergrenze bestimmen. Dabei stellen die Opportunitätskosten den Nutzenentgang dar, der durch die vollständige bzw. teilweise Elimination eines anderen im Rahmen der optimalen Produktionsprogrammplanung ausgeschlossenen Erzeugnisses entstanden ist.

> **Beispiel 93:**
> Ein Unternehmen fertigt drei Produktarten, die auf unterschiedlichen Anlagen hergestellt, jedoch mit Hilfe einer Maschine verpackt werden. Die Gesamtkapazität der Verpackungsmaschine beträgt für den zu planenden Monat 5.000 Min. Die folgende Tabelle 100 zeigt die entsprechenden Planungsdaten.

Tabelle 100:

Plandaten / Erzeugnisarten	1	2	3	4	5
	e^p	kv^p	db^p	Plan-Maschinen-belegungszeit	db^p_{eng}
			Spalte 1–2		Spalte 3:4
A	180 €	150 €	30 €	3 Min.	10 €
B	190 €	110 €	80 €	5 Min.	16 €
C	210 €	160 €	50 €	2,5 Min.	20 €

Aus der Tabelle 100 lässt sich entnehmen, dass Erzeugnis C den höchsten relativen Plan-Stückdeckungsbeitrag erwirtschaftet. Existieren keine weiteren Produktions- sowie Beschaffungs- und Absatzrestriktionen, dann ist für die Plan-Periode ausschließlich Erzeugnis C mit insgesamt 2.000 Stück (5.000 Min. : 2,5 Min.) herzustellen, da durch diese Entscheidung das Plan-Deckungsbeitragsvolumen (50 € · 2.000 Stück = 100.000 €) maximiert wird. Die erfolgsorientierte **(engpassbezogene) Preisuntergrenze von Erzeugnis C (200 €)** errechnet sich nun aus seinen proportionalen Plan-Stückkosten von 160 € zuzüglich des Nutzenentgangs, der sich ergibt, weil nicht die nächstbeste Produktionsalternative der Herstellung von Erzeugnis B gewählt wird. Die entsprechenden Opportunitätskosten von Produkt C (40 €) erhält man durch Multiplikation seiner Engpassdurchlaufzeit (2,5 Min.) mit dem relativen Plan-Stückdeckungsbeitrag von Erzeugnis B (16 €). Hieraus folgt, dass erst bei einem Sinken des Plan-Netto-Verkaufserlöses pro Stück des Produkts C unter 200 € eine ausschließliche Herstellung von Erzeugnis B zu einem höheren Deckungsbeitragsvolumen führt. Dies wird auch durch die anschließende Abbildung 116 verdeutlicht. Die Grafik zeigt die Funktionen der gesamten Plan-Deckungsbeiträge der Produkte B und C in Abhängigkeit von ihren erzielbaren Plan-Netto-Verkaufserlösen pro Stück bei einer alternativen

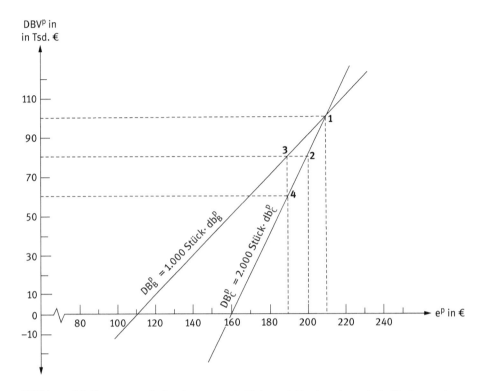

Abbildung 116: Planung von Preisuntergrenzen in Mehrproduktunternehmen beim Vorliegen eines Engpasses.

Ausnutzung der zur Verfügung stehenden Plan-Kapazität mit 1.000[492] bzw. 2.000 Ausbringungseinheiten. Die beiden Funktionen schneiden sich in Punkt 1, bei dem die planmäßigen Stückerlöse (210 €) identisch sind. In diesem Punkt erwirtschaften beide Produktarten den gleichen Gesamtdeckungsbeitrag [DB^P_B = (210 € – 110 €) · 1.000 Stück = DB^P_C = (210 € – 160 €) · 2.000 Stück = 100.000 €]. Da aber laut Absatzplanung (Tabelle 100) nur für Erzeugnis C der Stückpreis von 210 € planmäßig erzielbar ist und für Erzeugnis B nur Absatzpreise von ≤ 190 € zu realisieren sind, maximiert die Unternehmung ihr Plan-Deckungsbeitragsvolumen durch die ausschließliche Produktion von Erzeugnis C mit 2.000 Einheiten.

Weiterhin ist aus Abbildung 116 zu entnehmen, dass der Plan-Netto-Stückpreis von Erzeugnis C bis zu seiner Preisuntergrenze von 200 € fallen kann (Punkt 2), ohne dass eine Substitution von Produkt C durch Produkt B günstiger wäre. So erwirtschaftet Erzeugnis C bei einem Stückpreis von 200 € den gleichen Gesamtdeckungsbeitrag (80.000 €) wie Erzeugnis B bei einem maximal möglichen Stückpreis

---

[492] 1.000 Stück = 5.000 Min. : 5 Min.

von 190 € (Punkte 2 und 3). Erst bei einem Unterschreiten der Preisgrenze des Erzeugnisses C (200 €) auf z. B. den maximal realisierbaren Plan-Netto-Stückpreis von 190 € des Erzeugnisses B (Punkt 4), führt die Entscheidung für die ausschließliche Produktion des Produkts B zu einem höheren Plan-Deckungsbeitragsvolumen im Umfang von 20.000 € (= 80.000 € – 60.000 €).

Die beim Vorliegen eines Engpasses ermittelten Preisuntergrenzen stellen **relative Preisuntergrenzen** dar, die den Wert angeben, bis zu dem der Plan-Netto-Verkaufserlös pro Stück eines Produkts sinken kann, ohne dass sich die Optimalität des Fertigungsprogramms ändert. Diese Vorgehensweise wird auch unter dem Begriff **Sensibilitäts- oder Sensitivitätsanalyse** diskutiert, die auf die Ermittlung der Stabilitätsgrenzen berechneter optimaler Produktionsprogramme abzielt. Eine Einstellung der Produktion hat aber erst dann aus erfolgswirtschaftlicher Sicht zu erfolgen, wenn der Plan-Netto-Verkaufserlös des Erzeugnisses unter die entsprechenden proportionalen Plan-Stückkosten als **absolute Preisuntergrenze** gesunken ist und somit kein positiver Plan-Deckungsbeitrag mehr erwirtschaftet werden kann.[493] Die erfolgswirksame Preisgrenze beim Vorliegen **einer Engpasssituation** lässt sich für ein aus dem Produktionsprogramm zu verdrängendes Erzeugnis a* allgemein wie folgt ermitteln, wobei a** die verdrängende Produktart bezeichnet.

$$PUG^e_{eng\,a^*} = kv^p_{a^*} + ko_{a^*} \text{ mit}$$

$$ko_{a^*} = db^e_{eng\,a^{**}} \cdot eng^p_{a^*}$$

Beispiel 94:
Unter Bezugnahme auf Beispiel 85[494] soll nun geklärt werden, bis zu welchen Preisuntergrenzen die Plan-Netto-Verkaufserlöse der Erzeugnisse A, B und C fallen können, ohne dass die Herstellung von Erzeugnis D (Verdränger) anstelle eines der anderen drei Produkte zu einem höheren Plan-Deckungsbeitragsvolumen führt. Die proportionalen Plan-Stückkosten der Produkte A, B, C und D sollen 60 €, 50 €, 70 € und 80 € betragen.

Tabelle 101 zeigt die Berechnung der erfolgsorientierten Preisuntergrenzen und die hieraus resultierenden absoluten und relativen Plan-Stückdeckungsbeiträge der Erzeugnisarten A, B und C, wenn angenommen wird, dass Produkt D die verdrängende Erzeugnisart darstellt. Bei einem Absinken der Plan-Netto-Verkaufserlöse von Produkt A, B und C auf 110 €, 87,50 € bzw. 145 € sowie Konstanz des Plan-Netto-Verkaufserlöses von Produkt D im Umfang von 190 € (110 € + 80 €) kann der vorliegende Fertigungsengpass in Höhe von 15.000 Min. mit jeder beliebigen Produktions- und Absatzmengenkombination der vier Erzeugnisse ausgefüllt werden, denn alle im Rahmen der existierenden Produktions- und Absatzbeschränkungen zusammengestellten Fertigungsprogramme führen zum gleichen Plan-Deckungs-

---
493 Vgl. Reichmann/Kißler/Baumöl 2017, S. 228–234.
494 Vgl. Beispiel 85 im vierten Teil zu Gliederungspunkt 4.5.2.1.

beitragsvolumen. Dies kommt auch durch die in Spalte 6 von Tabelle 101 ausgewiesene Identität der engpassbezogenen Plan-Stückdeckungsbeiträge zum Ausdruck. So führt etwa die Beibehaltung des ursprünglichen optimalen Fertigungsprogramms mit einer Produktion von Erzeugnis A, B und C mit 240, 180 bzw. 250 Stück zum gleichen Plan-Deckungsbeitragsvolumen von 37.500 € wie die Herstellung von Erzeugnis C und D mit 60 bzw. 300 Stück.[495]

Tabelle 101:

Erzeugnisarten	Plandaten Plan-Bearbeitungszeit	1 kv^p	2 ko	3 PUG^e_{eng} Spalte 2 + 3	4 db^p Spalte 4 − 2	5 db^p_{eng} Spalte 5 : 1	6
A	20 Min.	60 €	50 €[a]	110 €	50 €	2,5 €	
B	15 Min.	50 €	37,5 €	87,5 €	37,5 €	2,5 €	
C	30 Min.	70 €	75 €	145 €	75 €	2,5 €	

[a] 50 € = 2,5 € · 20 Min.

Erst wenn etwa der Plan-Netto-Absatzpreis von Erzeugnis A unter den kritischen Wert von 110 € auf 100 € bei Konstanz der übrigen Plan-Netto-Verkaufserlöse absinkt, muss ein neues, gewinnmaximales Produktionsprogramm ermittelt werden. Tabelle 102 zeigt, dass das Plan-Deckungsbeitragsvolumen bei einer Fertigung von Produkt B, C und D mit 180, 300 bzw. 75 Stück maximiert wird (48.750 €). Im Fall der Beibehaltung des ursprünglichen optimalen Produktionsprogramms mit einer Herstellung der Produkte A, B und C von 240, 180 bzw. 250 Stück könnte lediglich ein Plan-Deckungsbeitragsvolumen in Höhe von 45.600 € erzielt werden.[496]

Sofern **mehrere Engpässe** wirksam werden, muss das optimale Produktionsprogramm bei sinkenden Preisen eines oder mehrerer Erzeugnisse bzw. für die Entscheidung bezüglich der Annahme oder Ablehnung von Zusatzaufträgen mit Hilfe **simultaner Planungsverfahren** neu bestimmt werden. Mit der Planung von erfolgsorientierten Preisuntergrenzen lassen sich im **Vorweg** jedoch kritische Größen ermitteln, die zum Ausdruck bringen, welche Werte die Plan-Netto-Verkaufserlöse der einzelnen Erzeugnisse kurzfristig keinesfalls unterschreiten dürfen, damit eine Variation bzw. Neuberechnung des Produktionsprogramms unterbleiben kann. Eine Änderung wird immer dann erforderlich, wenn es unter der Zielsetzung der Maximierung des Plan-Deckungsbeitragsvolumens ökonomisch lohnender erscheint, die

---

495 37.500 € = 50 € · 240 Stück + 37,50 € · 180 Stück + 75 € · 250 Stück = 75 € · 60 Stück + 110 € · 300 Stück.
496 45.600 € = 40 € · 240 Stück + 75 € · 180 Stück + 90 € · 250 Stück.

Tabelle 102:

Plandaten / Erzeugnisarten	1 x^P	2 db^P	3 Plan-Bearbeitungszeit	4 db^P_{eng} Spalte 2 : 3	5 optimale Plan-Zeit Spalte 1 · 3	6 x^{po} Spalte 5 : 3	7 DB^P Spalte 2 · 6
A	240 Stück	40 €	20 Min.	2 €	–	–	–
B	180 Stück	75 €	15 Min.	5 €	2.700 Min.	180 Stück	13.500 €
C	300 Stück	90 €	30 Min.	3 €	9.000 Min.	300 Stück	27.000 €
D	400 Stück	110 €	20 Min.	2,5 €	3.300 Min.[a]	75 Stück	8.250 €
Summe	1.120 Stück	–		–	15.000 Min.	555 Stück	48.750 €

[a] 3.300 Min. = 75 Stück · 44 Min. = 15.000 Min. – (2.700 Min. + 9.000 Min.).

Plan-Produktionsmenge eines Erzeugnisses zugunsten der Plan-Fertigungsmenge anderer relevanter Produkte einzuschränken. Hierbei ist zu differenzieren zwischen der Preisuntergrenze für einen Zusatzauftrag und der Preisuntergrenze für Erzeugnisse, bei denen mit sinkenden Plan-Netto-Verkaufspreisen zu rechnen ist.

Existieren Erzeugnisse, bei denen ein **schwankendes Preisniveau** erwartet wird, so stellt sich im Hinblick auf die Ermittlung der Preisuntergrenze die Frage, wie weit der Plan-Netto-Verkaufspreis dieses Produkts kurzfristig sinken kann, ohne dass eine Änderung des optimalen Fertigungsprogramms vorgenommen werden muss. Diese kritische Preisuntergrenze lässt sich im Rahmen der **Simplex-Methode** mit Hilfe einer **Sensibilitäts- oder Sensitivitätsanalyse** im Hinblick auf den **Zielkoeffizienten einer Basisvariablen** ermitteln. Die Vorgehensweise soll anhand des folgenden Beispiels erläutert werden.[497]

> **Beispiel 95:**
> Den folgenden Erläuterungen wird das erweiterte Beispiel 88[498] zugrunde gelegt. Das dort ermittelte gewinnmaximale Produktionsprogramm setzt sich aus einer Fertigung von 1.150 Stück der Erzeugnisart A und 2.100 Stück der Erzeugnisart B zusammen.

---

[497] Vgl. zu den mathematischen Grundlagen einer Sensibilitätsanalyse der Optimallösung Corsten/Corsten/Sartor 2005, S. 80–88; Müller-Merbach 1973, S. 150–153; ferner zur Bestimmung von Preisuntergrenzen bei mehreren Engpässen Coenenberg/Fischer/Günther 2016, S. 416–423; Reichmann/Kißler/Baumöl 2017, S. 228–232.
[498] Vgl. Beispiel 88 im vierten Teil zu Gliederungspunkt 4.5.3.1.

Wie Tabelle 103 zeigt, sind die Optimalitätsbedingungen erfüllt, wenn die Koeffizienten der Scheinprodukte in der Zielfunktionszeile keine negativen Vorzeichen mehr aufweisen. Im vorliegenden Fall bedeutet diese Lösung konkret, dass bei einer Lockerung der Beschaffungsrestriktion um eine Mengeneinheit (Scheinprodukt x_E) oder der Absatzrestriktion II um ein Stück der Erzeugnisart B (Scheinprodukt x_G) das Plan-Deckungsbeitragsvolumen von 36.700 € um $5/3$ €[499] bzw. 7 €[500] gesteigert werden kann. Diese Zielfunktionskoeffizienten, die im Schrifttum auch als **Dualwerte** bezeichnet werden, stellen nicht anderes dar als den zusätzlichen Gewinn, der beim Einsatz der letzten Einheit eines knappen Produktionsfaktors auftritt. Somit repräsentieren sie die **Opportunitätskosten** der besten ausgeschlossenen Fertigungsalternative, denn die Dualwerte korrespondieren mit demjenigen Gewinn, „der geopfert werden müsste, wenn anstelle des optimalen Produktionsprogramms das zweitbeste verwirklicht würde"[501]. Die im Rahmen des Beispiels angesprochenen Werte lassen sich auch ermitteln, wenn die für die Produkte A und B geplanten absoluten Stückdeckungsbeiträge in Höhe von 10 € bzw. 12 € mit den entsprechenden Koeffizienten der Spalten der Scheinprodukte multipliziert und die Ergebnisse spaltenweise addiert werden.

Tabelle 103:

	x_C	x_D	x_A	x_F	x_B	
x_E	$-1/2 \cdot 0$	$-2/3 \cdot 0$	$+1/6 \cdot 10$	$-1/6 \cdot 0$	$+0 \cdot 12$	$= 5/3 > 0$
x_G	$-7/2 \cdot 0$	$+0 \cdot 0$	$-1/2 \cdot 10$	$+1/2 \cdot 0$	$+1 \cdot 12$	$= 7 > 0$

Das Fertigungsprogramm trägt dann keinen optimalen Charakter mehr, wenn eine der beiden Gleichungen **negativ** wird. Die entsprechenden Grenzwerte lassen sich wie folgt ermitteln.

(1) Für x_A:

$$\frac{1}{6} \cdot db_A^p + 0 \cdot 12 \geq 0 \qquad (1.1)$$

$$-\frac{1}{2} \cdot db_A^p + 1 \cdot 12 \geq 0 \qquad (1.2)$$

$$0 \leq db_A^p \leq 24 \qquad (1.3)$$

---

499 6 ME · 1.150 Stück + 3 ME · 2.100 Stück = 13.200 ME;
6 ME · 1.150,16$\overline{6}$ Stück + 3 ME · 2.100 Stück = 13.201 ME;
10 € · (1.150,16$\overline{6}$ Stück − 1.150 Stück) = 1,6$\overline{6}$ €.
500 6 ME · 1.149,5 Stück + 3 ME · 2.101 Stück = 13.200 ME;
12 € − (1.150 Stück − 1.149,5 Stück) · 10 € = 7 €.
501 Münstermann 1969, S. 176.

(2) Für x_B:

$$\frac{1}{6} \cdot 10 + 0 \cdot db_B^p \geq 0 \qquad (2.1)$$

$$-\frac{1}{2} \cdot 10 + 1 \cdot db_B^p \geq 0 \qquad (2.2)$$

$$5 \leq db_B^p \qquad (2.3)$$

Sofern sich der Plan-Stückdeckungsbeitrag von Produkt A in den angegebenen Grenzen bewegt und der Plan-Stückdeckungsbeitrag von Erzeugnis B **konstant** bleibt (et vice versa), braucht das optimale Produktionsprogramm mit der planmäßigen Fertigung von $x_A = 1.150$ Stück und $x_B = 2.100$ Stück nicht geändert zu werden. Dies ist durch eine einfache Variation der vorliegenden Optimierungsrechnung nachzuweisen:

$$10 \text{ €} \cdot 1.150 \text{ Stück} + 5 \text{ €} \cdot 2.100 \text{ Stück} = 22.000 \text{ €} \qquad (1)$$

$$10 \text{ €} \cdot 1.150 \text{ Stück} + 4 \text{ €} \cdot 2.100 \text{ Stück} = 19.900 \text{ €}. \qquad (2)$$

Da in Gleichung (2) Plan-Stückdeckungsbeiträge Eingang gefunden haben, die nicht mehr in den zulässigen Wertebereich fallen, ist ein neues optimales Produktionsprogramm zu ermitteln, das zu einem höheren (optimalen) Deckungsbeitragsvolumen als 19.900 € führen muss. Das entsprechende Ausgangstableau hat folgendes Aussehen (Tabelle 104).

Tabelle 104:

	x_A	x_B	x_C	x_D	x_E	x_F	x_G	
x_C	3	5	1	0	0	0	0	= 15.000
x_D	4	2	0	1	0	0	0	= 9.500
x_e	6	3	0	0	1	0	0	= 13.200
x_f	1	0	0	0	0	1	0	= 1.500
x_G	0	1	0	0	0	0	1	= 2.100
	−10	−4	0	0	0	0	0	= 0

Nach zwei Iterationen ergibt sich das optimale Produktionsprogramm mit 1.400 Stück für die Erzeugnisart A und 1.500 Stück für die Erzeugnisart B. Diese Herstellungsmengen führen zu einem Plan-Deckungsbeitragsvolumen von 20.600 € (= 10 € · 1.500 Stück + 4 € · 1.400 Stück).

Aus den oben ermittelten Werten können nun die erfolgsorientierten engpassbezogenen Preisuntergrenzen der beiden Erzeugnisse berechnet werden. Wie gezeigt wurde, liegen die entsprechenden kritischen Werte der Produkte, bei deren Unterschreiten eine Änderung des Fertigungsprogramms erforderlich wird, bei ihren minimalen Plan-Stückdeckungsbeiträgen. Hieraus folgt, dass die **erfolgsorientierte**

engpassbezogene Preisuntergrenze in Höhe der proportionalen Plankosten pro Stück zuzüglich der entsprechenden minimalen absoluten Plan-Stückdeckungsbeiträge (db^p_{min}) zu ziehen ist:

$$PUG^e_{eng} = kv^p + db^p_{min}. \tag{1}$$

Konkret ergeben sich für die beiden Produkte A und B dann folgende Preisgrenzen:

$$PUG^e_{engA} = 26 \, € + 0 \, € = 26 \, € \tag{2}$$

$$PUG^e_{engB} = 19 \, € + 5 \, € = 24 \, €. \tag{3}$$

Andererseits repräsentieren die in Rede stehenden minimalen Plan-Stückdeckungsbeiträge auch die **Opportunitätskosten** der zweitbesten nicht gewählten Fertigungsalternative **der betreffenden Erzeugnisse**. Dies lässt sich für das betrachtete Beispiel durch Einsetzen der entsprechenden minimalen Plan-Stückdeckungsbeiträge in die Werte von Tabelle 103 wie folgt nachweisen:

$$ko_A = \frac{1}{6} \cdot 0 \, € + 0 \cdot 5 \, € = 0 \, € \tag{1}$$

$$ko_B = -\frac{1}{2} \cdot 0 \, € + 1 \cdot 5 \, € = 5 \, €. \tag{2}$$

Aufgrund dieser Beziehungen gilt auch für ein Erzeugnis bei der Existenz von mehr als einem Engpass prinzipiell:

$$PUG^e_{eng} = kv^p + ko.$$

Somit sind die allgemeinen Formeln zur Ermittlung der erfolgsbezogenen Preisuntergrenze eines Produkts beim Vorliegen eines knappen Produktionsfaktors oder im Fall mehrerer Engpässe identisch. Der Unterschied besteht lediglich in der **Berechnung der Opportunitätskosten**.

4.5.3.2.3 Ermittlung liquiditätsorientierter Preisuntergrenzen

Im Gegensatz zu den erfolgsorientierten Preisuntergrenzen wird die Preisfixierung bezüglich der liquiditätsorientierten Grenzen unter Berücksichtigung **finanzieller Gesichtspunkte** betrachtet. Damit die Zielsetzung der Erhaltung des finanziellen Gleichgewichts des Unternehmens gewährleistet wird, müssen die Plan-Netto-Verkaufserlöse jeder Produkteinheit kurzfristig mindestens die **auszahlungswirksamen Plan-Stückkosten** decken. Zur Bestimmung der liquiditätsorientierten Preisuntergrenze werden deshalb die Plankosten in **ersatzbedürftige und nicht ersatzbedürftige** Bestandteile aufgespalten. Allerdings ist im Hinblick auf diese beiden Begriffe zu beachten, dass auf Dauer ein Unternehmen nur dann existieren kann, wenn eine Deckung der gesamten anfallenden Kosten erfolgt. Durch die Termini ersatz- und nicht ersatzbedürftig soll nur zum Ausdruck kommen, „ob ein Kostenersatz im Preis zur Erhaltung des finanziellen Gleichgewichts in einer Planungsperiode erforderlich ist oder nicht"[502].

Den ersatzbedürftigen Kosten werden solche Plan-Kostenarten subsumiert, die in derselben Plan-Periode zu Auszahlungen führen (z. B. Auszahlungen für Löhne und Gehälter, Werkstoffverbräuche sowie Kostensteuern). Nicht ersatzbedürftig sind demgegenüber jene Plan-Kostenarten, die in der Planungsperiode keine Auszahlungen nach sich ziehen (z. B. Abschreibungen, Rückstellungsbildungen und Werkstoffverbräuche aus Lagerhaltungen) oder niemals mit Auszahlungen verbunden sind (z. B. kalkulatorische Kosten in Gestalt von Unternehmerlohn, Zinsen auf das Eigenkapital und Mieten). Während bei der erfolgswirksamen Bestimmung der Preisuntergrenze die proportionalen Plan-Stückkosten maßgebenden Charakter tragen, ist bezüglich der liquiditätsbezogenen Preisuntergrenzenfixierung grundsätzlich auf die **ersatzbedürftigen Plan-Stückkosten (k_e^p)** abzustellen, die aufgrund des Degressionseffektes der fixen Plan-Stückkosten mit steigender Ausbringungsmenge sinken.

Da die Liquiditätslage aber auch noch durch andere Faktoren als die Erlöse der Absatzleistungen und die ersatzbedürftigen fixen und variablen Kosten planmäßig beeinflusst wird, gilt es, diese ein- und auszahlungswirksamen Vorgänge zusätzlich zu berücksichtigen. Als Beispiele sind etwa die planmäßige Vornahme von Ersatzinvestitionen und Rückzahlungen von Verbindlichkeiten sowie die planmäßige Kreditaufnahme und Verringerung der Außenstände aufgrund von Einzahlungen zu nennen. Je nachdem, ob es sich um negative oder positive zusätzliche Auswirkungen auf die Liquiditätslage handelt, erhöhen bzw. reduzieren diese planmäßigen Veränderungen (ΔL^p) den Block der ersatzbedürftigen Plan-Fixkosten, die ebenfalls auf die gesamte Plan-Absatzmenge (x^p) umgelegt werden müssen. Somit ist die liquiditätsorientierte Preisuntergrenze (PUG^1) in einer **Unterbeschäftigungsphase** wie folgt zu kennzeichnen:

$$PUG^1 = kv_e^p + \frac{(Kf_e^p \pm \Delta L^p)}{x^p} \quad \text{oder} \tag{1}$$

$$PUG^1 = k_e^p \pm \frac{\Delta L^p}{x^p}. \tag{2}$$

Aus den vorstehenden Formeln lässt sich entnehmen, dass die liquiditätswirksame Preisuntergrenze durchaus unter den ersatzbedürftigen Plan-Stückkosten liegen kann, wenn in der Planungsperiode die positiven zusätzlichen Veränderungen der Liquiditätslage die negativen Variationen übersteigen.

Unterschreitet der Plan-Netto-Verkaufserlös die liquiditätsorientierte Preisuntergrenze als kritischen Wert, so darf hieraus **nicht** gefolgert werden, dass die Produktion des Erzeugnisses einzustellen ist. Für diese Entscheidung sind zusätzliche Überlegungen erforderlich, da im Rahmen einer **kurzfristigen** Planungsperiode bei der Eliminierung des Produkts zwar die ersatzbedürftigen variablen Plan-Stückkos-

---

[502] Hax 1961, S. 427, Fußnote 4.

ten (kv_e^p) eingespart, aber die ersatzbedürftigen Plan-Fixkosten (Kf_e^p) sowie ggf. die negativen planmäßigen Liquiditätsveränderungen nicht abgebaut werden können und damit weiterhin die finanzielle Situation des Betriebs belasten. Die Unternehmensleitung sollte folglich in Fällen, in denen die liquiditätsorientierte Preisuntergrenze unterschritten wird, bemüht sein, durch Finanzierungsmaßnahmen diese Unterdeckung zu beheben. Unter Finanzierungsalternativen, die auf den Abbau von Liquiditätsunterdeckungen ausgerichtet sind, lassen sich neben den Möglichkeiten der externen Kapitalaufnahme auszahlungs-[503] und einzahlungsbeeinflussende[504] Maßnahmen unterscheiden. Der Einsatz dieser Mittel ist abhängig von der Höhe der Finanzierungslücke und der Reaktionszeit, die zur Verfügung steht. Im Fall einer kritischen finanziellen Situation, wie z. B. einer drohenden Zahlungsunfähigkeit, bedarf es des verstärkten Einsatzes dieser Finanzierungsmaßnahmen im Rahmen eines Krisenmanagements. Sofern es dennoch nicht gelingt, den Liquiditätsengpass zu überwinden, ist eine **kritische liquiditätsorientierte Preisuntergrenze** (PUG^1), die als Entscheidungskriterium bezüglich der Produktion eines Erzeugnisses unter finanziellen Gesichtspunkten verwendet werden kann, wie folgt zu formulieren:

$$PUG^1 = kv_e^p.$$

Unter der Prämisse, dass die **ersatzbedürftigen Plan-Fixkosten** und die **planmäßigen Liquiditätsveränderungen** kurzfristig **nicht beeinflusst** werden können, ist einerseits auf eine Produktion des Erzeugnisses zu verzichten, wenn die Plan-Netto-Verkaufserlöse unter diese kritische Grenze fallen bzw. geringer sind. Andererseits ist die Produktion durchzuführen, wenn der Plan-Netto-Verkaufserlös diesen Grenzwert überschreitet, denn jeder Betrag oberhalb der ersatzbedürftigen proportionalen Plan-Stückkosten trägt zur Deckung der kurzfristig nicht beeinflussbaren ersatzbedürftigen Plan-Fixkosten und planmäßigen (negativen) Veränderungen der Liquiditätslage und damit zur Verbesserung der Zahlungsfähigkeit bei.

Zusammenfassend ist festzuhalten, dass liquiditätsorientierte Preisuntergrenzen zunächst keine Entscheidungskriterien im Hinblick auf die Produktion eines Erzeugnisses darstellen, sondern lediglich der Aufdeckung von Liquiditätsengpässen dienen und damit die Notwendigkeit des Einsatzes von Finanzierungsmaßnahmen aufzeigen. Sofern jedoch auf finanzielle Preisuntergrenzen zurückgegriffen wird, sind sie, wie oben dargestellt, als **kritische liquiditätsorientierte Preisuntergrenzen** zu ermitteln.

Analog zur Berechnung erfolgsbezogener Preisuntergrenzen ist mangels einer eindeutigen Zurechenbarkeit der ersatzbedürftigen Plan-Fixkosten und der planmä-

---

[503] Den Maßnahmen auf der Auszahlungsseite können etwa das Verschieben von Investitionen und/oder Kredittilgungen, die Einschränkung von Sicherheitslagerbeständen oder die Begleichung von Verbindlichkeiten unter maximaler Ausnutzung der Zahlungsziele subsumiert werden.
[504] Als Mittel, mit denen die Einzahlungen beeinflusst werden können, sind etwa Verkäufe von unfertigen Erzeugnissen, Verstärkungen des Mahnwesens, kürzere Zahlungszielgewährungen oder Veräußerungen von Vermögensgegenständen zu nennen.

ßigen zusätzlichen Liquiditätsveränderungen auf die Trägereinheiten die Ermittlung erzeugnisspezifischer Preisuntergrenzen nicht sinnvoll, sofern **mehrere Produktarten** gefertigt werden. Es kann aber eine **gesamte liquiditätsorientierte Einzahlungsgrenze** (Z^p), wie nachstehend gezeigt, formuliert werden:

$$Z^p = K_e^p \pm \Delta L^p \quad \text{bzw.} \tag{1}$$

$$Z^p = Kf_e^p + Kv_e^p \pm \Delta L^p. \tag{2}$$

Im Rahmen der Zielsetzung der Erhaltung des finanziellen Gleichgewichts sind, sofern die gesamten Plan-Netto-Einzahlungen aller Erzeugnisarten unter dieser liquiditätsorientierten Einzahlungsuntergrenze liegen, die obigen Überlegungen in analoger Weise relevant. Hieraus folgt, dass zunächst der Einsatz von Finanzierungsmaßnahmen in Betracht gezogen werden sollte. Die kritische liquiditätsorientierte Preisuntergrenze, bei der über die Produktion des jeweiligen Erzeugnisses entschieden wird, entspricht wiederum den **ersatzbedürftigen proportionalen Plan-Stückkosten** (kv_e^p). Dieser kritische Wert gilt grundsätzlich auch für die Entscheidung über die Annahme oder Ablehnung eines Zusatzauftrags.

Nach Feststellung bzw. Berechnung der liquiditäts- und erfolgsorientierten Preisuntergrenze stellt sich die Frage, welchem kritischen Wert der Vorrang einzuräumen bzw. wie das Verhältnis zwischen beiden Werten zu regeln ist, da insbesondere im Fall **freier Kapazitäten (Unterbeschäftigungssituationen)** i.d.R. beide Preisuntergrenzen verschiedene Höhen aufweisen werden. Grundsätzlich sollte aus kurzfristiger Sicht zunächst auf die **erfolgsorientierte Preisuntergrenze** als Entscheidungskriterium abgestellt werden. Da die Sicherung der Zahlungsbereitschaft aber ebenfalls eine existenzsichernde Bedingung für das Unternehmen darstellt, ist zusätzlich die liquiditätsorientierte Preisuntergrenze als zwingend zu erfüllende **Nebenbedingung** zu berücksichtigen. Somit hat sich das Unternehmen zunächst an der **erfolgsorientierten Preisuntergrenze** zu orientieren und ggf. bei einem Unterschreiten der liquiditätsorientierten Preisuntergrenze ($PUG^e \leq e^p \leq PUG^l$) bzw. bei Nichtproduktionen ($e^p < PUG^e$ und $e^p < PUG^l$ oder $e^p \geq PUG^l$) entsprechende Finanzierungsmaßnahmen zu treffen, um den existierenden oder möglicherweise entstehenden Liquiditätsengpass zu beseitigen. Sollte dies **nicht möglich sein**, muss das Unternehmen der **kritischen liquiditätsorientierten Preisuntergrenze** Vorrang einräumen, auch wenn die erfolgsorientierte Preisuntergrenze bereits unterschritten wird. In derartigen Situationen ist in jedem Fall zur Beseitigung des **kurzfristigen Liquiditätsengpasses** solange zu produzieren, wie die ersatzbedürftigen proportionalen Plan-Stückkosten gedeckt werden.

In **Überbeschäftigungssituationen** kommt der Bestimmung von liquiditätsorientierten Preisuntergrenzen prinzipiell keine Bedeutung zu, da i.d.R. davon ausgegangen werden kann, dass sämtliche ersatzbedürftige Plankosten sowie die ggf. zu berücksichtigenden planmäßigen Veränderungen der Liquidität durch die Plan-Netto-Verkaufserlöse gedeckt werden können und damit das finanzielle Gleichgewicht der Unternehmung in hinreichender Weise gewährleistet ist. Um jedoch in allen denkbaren Fällen sicherzustellen, dass die Zahlungsfähigkeit des Unternehmens bei Produktionsdurchführung eingehalten wird, kann im Rahmen der optimalen Fertigungsprogrammplanung zusätzlich eine **finanzielle Restriktion** eingefügt werden.[505] Diese Vorgehensweise wird nun anhand des Beispiels 96 verdeutlicht.

Beispiel 96:
Ein Unternehmen kann die Produkte A, B und C auf den Maschinen 1, 2 und 3 herstellen. Die folgende Tabelle 105 zeigt die Planwerte für die Produktion dieser Erzeugnisse. Es handelt sich um die jeweiligen Plan-Bearbeitungszeiten, Plan-Kapazitäten, Plan-Netto-Verkaufserlöse, proportionale Plan-Stückkosten, Plan-Stückdeckungsbeiträge sowie proportionale ersatzbedürftige und nicht ersatzbedürftige Plan-Stückkosten.

Tabelle 105:

	Maschine 1	Maschine 2	Maschine 3	e^P	kv^P	db^P	kv_e^P	kv_{ne}^P
Produkt A	1 Min.	2 Min.	3 Min.	30 €	24 €	6 €	20 €	4 €
Produkt B	2 Min.	1 Min.	2 Min.	36 €	26 €	10 €	24 €	2 €
Produkt C	4 Min.	2 Min.	2 Min.	31 €	19 €	12 €	9 €	10 €
Plan-Kapazität	3.200 Min.	4.200 Min.	3.000 Min.	–	–	–	–	–

Zusätzlich ist zu berücksichtigen, dass in der betrachteten Zeitspanne 7.500 € der fixen Plankosten in Höhe von 10.000 € ersatzbedürftigen Charakter tragen. Weiterhin müssen in diesem Abschnitt voraussichtlich ein Darlehen in Höhe von 6.000 € und Lieferantenverbindlichkeiten im Umfang von 4.000 € getilgt werden. Aus Vereinfachungsgründen wird unterstellt, dass die planmäßigen Einzahlungen mit den Plan-Netto-Verkaufserlösen übereinstimmen.

Der rein **erfolgswirtschaftlich ausgerichtete lineare Planungsansatz** hat dann folgendes Aussehen.

$$6 \cdot x_A + 10 \cdot x_B + 12 \cdot x_C = DBV^P \Rightarrow \text{Max!} \quad \text{(Zielfunktion)}$$

$$1 \cdot x_A + 2 \cdot x_B + 4 \cdot x_C \leq 3.200 \quad \text{(Restriktion Maschine 1)}$$

$$2 \cdot x_A + 1 \cdot x_B + 2 \cdot x_C \leq 4.200 \quad \text{(Restriktion Maschine 2)}$$

$$3 \cdot x_A + 2 \cdot x_B + 2 \cdot x_C \leq 3.000 \quad \text{(Restriktion Maschine 3)}$$

$$\left.\begin{array}{r} x_A \geq 0 \\ x_B \geq 0 \\ x_C \geq 0 \end{array}\right\} \quad \text{(Nicht – Negativitätsbedingungen)}$$

---

[505] Vgl. und zur folgenden simultanen Optimierung erfolgs- und liquiditätsorientierter Preisuntergrenzen Hax 1961, S. 434–449.

Die optimale Lösung, die zu einem Plan-Deckungsbeitragsvolumen von 15.200 €[506] führt, lautet in diesem Fall:

$$x_A = 0 \text{ Stück}$$
$$x_B = 1.400 \text{ Stück}$$
$$x_C = 100 \text{ Stück.}$$

Während Maschine 2 noch freie Kapazitäten in Höhe von 2.600 Min.[507] aufweist, sind Maschine 1[508] und Maschine 3[509] voll ausgelastet.

Zur planmäßigen Sicherung des **finanziellen Gleichgewichts** ist es erforderlich, dass die Plan-Auszahlungen durch die Plan-Einzahlungen gedeckt werden. Als **Nebenbedingung** muss dann folgende Ungleichung Eingang in den Optimierungsansatz finden:

$$\text{Plan-Auszahlungen} \leq \text{Plan-Einzahlungen.}$$

Im Hinblick auf die Werte von Beispiel 96 kann die nachstehende Restriktion formuliert werden:

$$20 \cdot x_A + 24 \cdot x_B + 9 \cdot x_C + 7.500 + 6.000 + 4.000 \leq 30 \cdot x_A + 36 \cdot x_B + 31 \cdot x_C \quad \text{oder}$$
$$-10 \cdot x_A - 12 \cdot x_B - 22 \cdot x_C \leq -17.500.$$

Unter Berücksichtigung dieser Nebenbedingungen ergibt sich das folgende lineare Gleichungssystem.

$$6 \cdot x_A + 10 \cdot x_B + 12 \cdot x_C = DBV^P \quad \Rightarrow \text{Max!} \quad \text{(Zielfunktion)}$$
$$1 \cdot x_A + 2 \cdot x_B + 4 \cdot x_C \leq 3.200 \quad \text{(Restriktion Maschine 1)}$$
$$2 \cdot x_A + 1 \cdot x_B + 2 \cdot x_C \leq 4.200 \quad \text{(Restriktion Maschine 2)}$$
$$3 \cdot x_A + 2 \cdot x_B + 2 \cdot x_C \leq 3.000 \quad \text{(Restriktion Maschine 3)}$$
$$-10 \cdot x_A - 12 \cdot x_B - 22 \cdot x_C \leq -17.500 \quad \text{(finanzielle Restriktion)}$$
$$\left.\begin{array}{l} x_A \geq 0 \\ x_B \geq 0 \\ x_C \geq 0 \end{array}\right\} \quad \text{(Nicht–Negativitätsbedingungen)}$$

Zur Optimierung kann wiederum auf das **Simplex-Verfahren** zurückgegriffen werden. Zu beachten ist jedoch, dass durch die negative finanzielle Restriktion eine **unzulässige Ausgangslösung** vorliegt. Dementsprechend besteht der erste Schritt darin, in den zulässigen Bereich zu gelangen, bevor im zweiten Schritt die Optimierungsphase

---

[506] 15.200 € = 1.400 Stück · 10 € + 100 Stück · 12 €.
[507] 2.600 Min. = 4.200 Min. – (1.400 Stück · 1 Min. + 100 Stück · 2 Min.).
[508] 3.200 Min. = 1.400 Stück · 2 Min. + 100 Stück · 4 Min.
[509] 3.000 Min. = 1.400 Stück · 2 Min. + 100 Stück · 2 Min.

eingeleitet wird.[510] Die sich in diesem Fall ergebende Optimallösung entspricht genau derjenigen **ohne** finanzielle Restriktion.[511] Die in Rede stehende Beschränkung stellt dabei in der Optimallösung eine Schlupfvariable dar, die in Höhe von 1.500 €[512] nicht genutzt wird. Genau in dieser Höhe existiert mithin ein **planmäßiger Einzahlungsüberschuss**, der aus der Überkompensation der Plan-Auszahlungen (52.000 €) durch die Plan-Einzahlungen (53.500 €) in der betrachteten Planperiode resultiert.

Sofern in Erweiterung des Beispiels unterstellt wird, dass die Plan-Fixkosten vollständig ersatzbedürftig sind, wäre die finanzielle Restriktion, wie nachstehend gezeigt, zu modifizieren:

$$-10 \cdot x_A - 12 \cdot x_B - 22 \cdot x_C \leq -20.000.$$

In diesem Fall erhält man eine **neue Optimallösung**, bei der die Produkte A, B und C mit 500 Stück, 150 Stück bzw. 600 Stück gefertigt werden. Das Plan-Deckungsbeitragsvolumen beträgt dann nur noch 11.700 €.[513] Lediglich die Restriktion der Maschine 2 ist mit einer Restkapazität von 1.850 Minuten als Schlupfvariable nicht ausgelastet.[514] Die Plan-Auszahlungen von 39.000 € entsprechen dann genau den Plan-Einzahlungen.[515] Sofern die Unternehmensleitung in der Lage ist, kurzfristig Maßnahmen zur Verbesserung der finanziellen Situation einzuleiten (z. B. durch Einschränkungen der Auszahlungen oder Aufnahme von Fremdkapital), könnte unter sonst gleichen Bedingungen das Plan-Deckungsbeitragsvolumen durch eine geänderte Kombinationen der Stückzahlen von Produkt A, B und C gesteigert werden.

Interessant ist in diesem Zusammenhang eine **Sensibilitätsanalyse der finanziellen Restriktion**[516], die für die Optimallösung des modifizierten Beispiels 96 zu folgendem Ergebnis führt:

$$-20.120 € \leq (-Kf_e^p - \Delta L^p) \leq -19.000 €.$$

Sofern die ersatzbedürftigen fixen Plankosten (Kf_e^p) bzw. die negativen Veränderungen der Liquidität ($-\Delta L^p$) in der Summe über − 20.120 € hinaus erhöht werden, ist der Planungsansatz nicht mehr einer Optimallösung zuzuführen. Bei einem Abbau dieser Aus-

---

510 Vgl. zur Lösung von Gleichungssystemen mit negativen Restriktionen Müller-Merbach 1973, S. 118–124. Derartige Gleichungssysteme lassen sich durch den Einsatz von Standardsoftware relativ einfach lösen. Im Folgenden wurde auf den Solver des Tabellenkalkulationsprogramms Microsoft Excel© zurückgegriffen.
511 Die Optimallösung lautet: x_A = 0 Stück; x_B = 1.400 Stück; x_C = 100 Stück; DBV^p = 15.200 €.
512 1.500 € = − 17.500 € + 1.400 Stück · 12 € + 100 Stück · 22 €.
513 11.700 € = 500 Stück · 6 € + 150 Stück · 10 € + 600 Stück · 12 €.
514 1.850 Min. = 4.200 Min. − (500 Stück · 2 Min. + 150 Stück · 1 Min. + 600 Stück · 2 Min.).
515 39.000 € = 20.000 € + 500 Stück · 20 € + 150 Stück · 24 € + 600 Stück · 9 € = 500 Stück · 30 € + 150 Stück · 36 € + 600 Stück · 31 €.
516 Vgl. zur Sensibilitätsanalyse der Elemente der „rechten Seite" (Primalwerte) im Simplextableau Müller-Merbach 1973, S. 150–153.

zahlungen über – 19.000 € hinaus schränkt die zusätzlich formulierte finanzielle Restriktion die Optimallösung des erfolgswirtschaftlichen Planungsansatzes nicht ein, d. h. das Plan-Deckungsbeitragsvolumen kann unter sonst gleichen Bedingungen durch weitere Verbesserungen der Liquiditätslage nicht weiter gesteigert werden.[517]

Abschließend zum Bereich der Bestimmung von Preisuntergrenzen bedarf es noch des Hinweises, dass die isolierte Ermittlung der Preisuntergrenzen aus erfolgs- und/oder liquiditätsorientierter Sicht dann zu Fehlentscheidungen führen kann, wenn die Unternehmung durch die Übernahme eines Auftrags, dessen Plan-Netto-Verkaufserlöse unter den entsprechenden Preisgrenzen liegen, in der Lage ist, sich lukrative Folgeaufträge zu sichern. Im Fall einer solchen **Absatzverbundenheit** der homogenen Erzeugnisse sollte dann unter dem Aspekt des kalkulatorischen Artikelausgleiches für diese gesamten zu erwartenden Aufträge eine gemeinsame Preisuntergrenze ermittelt werden. Darüber hinaus sind bei der Entscheidung bezüglich der Annahme oder Ablehnung eines Zusatzauftrags möglicherweise bestehende **marktbezogene Erlösinterdependenzen** zwischen dem Zusatzauftrag und den übrigen Erzeugnissen des Unternehmens zu beachten. In diesem Fall wären Mindest- und Soll-Deckungsbeiträge zu berücksichtigen, die zum Ausgleich der erwarteten Plan-Deckungsbeitragsverringerungen führen.[518]

4.5.3.3 Deckungspunktanalysen und Erfolgsplanungen

4.5.3.3.1 Variable Produktions- und Absatzmengen

Beim Einsatz einer Plan-Deckungsbeitragsrechnung kommt im Hinblick auf die kurzfristige Erfolgsplanung der Bestimmung des sogenannten **Break-even-point (BEP)**[519] bei Unternehmungen mit standardisierten Fertigungsprogrammen aus absatzwirtschaftlicher Sicht besondere Bedeutung zu. Da diese Unternehmen zwar die proportionalen Plan-Stückkosten, i. d. R. jedoch wegen des Fehlens einer Vollkostenkalkulation nicht die Plan-Stückkosten kennen, bedarf es der Fixierung des genannten kritischen Punkts, der anzeigt, bei welcher Absatz- und Produktionsmenge die gesamten Plankosten durch die gesamten Plan-Netto-Verkaufserlöse der absatzbestimmten Erzeugnisse gedeckt sind, d. h. planmäßig weder Gewinn noch Verlust anfällt. Aufgrund der Linearitätsprämissen der Plan-Deckungsbeitragsrechnung bezüglich der variablen Plan-Stückkosten sowie der Plan-Netto-Verkaufserlöse pro Stück lässt sich die **Break-even-point-Analyse** unter Zugrundelegung der (Plan-)

---

517 Vgl. das Ausgangsbeispiel 96.
518 Vgl. und zur Berechnung Kilger 1980, S. 307–311; Kilger/Pampel/Vikas 2012, S. 681–684.
519 In der betriebswirtschaftlichen Literatur finden sich die synonymen Termini Deckungspunkt, toter Punkt, Gewinn- und Nutzenschwelle. Vgl. die Ausführungen im zweiten Teil zu Gliederungspunkt 3.4.4.

Bezugsgröße „Produkteinheiten" (x) für **Einproduktunternehmen** mithilfe eines einfachen linearen Gleichungssystems durchführen.

$$E^p(x) = K^p(x) \quad (1)$$

$$e^p \cdot x = Kf^p + kv^p \cdot x \quad (2)$$

$$e^p \cdot x - kv^p \cdot x = Kf^p \quad (3)$$

$$x \cdot (e^p - kv^p) = Kf^p \quad (4)$$

$$x = \frac{Kf^p}{(e^p - kv^p)} \quad (5)$$

$$BEP^m = \frac{Kf^p}{db^p} \quad (6)$$

Neben diesem mengenmäßigen **Break-even-point (BEP^m)**, der sich mittels Division der gesamten Plan-Fixkosten durch den Plan-Stückdeckungsbeitrag des homogenen Erzeugnisses ergibt, kann auch ein wertmäßiger **Break-even-point (BEP^w)** berechnet werden, indem Gleichung (5) mit dem konstanten Plan-Netto-Verkaufserlös pro Stück multipliziert wird.

$$x \cdot e^p = \frac{Kf^p}{(e^p - kv^p)} \cdot e^p \quad (1)$$

$$BEP^w = \frac{Kf^p}{\left[\dfrac{e^p}{e^p} - \dfrac{kv^p}{e^p}\right]} \quad (2)$$

$$BEP^w = \frac{Kf^p}{\left[1 - \dfrac{kv^p}{e^p}\right]} \quad (3)$$

$$BEP^w = \frac{Kf^p}{dg^p} \quad (4)$$

Aus Gleichung (4) ist unschwer zu entnehmen, dass der wertmäßige Break-even-point den planmäßigen **kostendeckenden Plan-Gesamtumsatz** repräsentiert, der sich mittels Division der gesamten Plan-Fixkosten durch den Plan-Stückdeckungsgrad (dg^p) errechnet. Der **Plan-Deckungsgrad**, der stückbezogen oder aber für die gesamte geplante Produktions- und Absatzmenge ermittelt werden kann, gibt das relative (oder prozentuale) Verhältnis zwischen dem absoluten Plan-Stückdeckungsbeitrag und dem Plan-Netto-Verkaufserlös pro Stück $\left[dg^p = \frac{db^p}{e^p}\right]$ bzw. zwischen dem Plan-Deckungsbeitragsvolumen und den gesamten Plan-Netto-Verkaufserlösen an. Aufgrund des unterstellten linearen Verlaufs der Plan-Kosten- und der Plan-Erlösfunktion erwirtschaftet die hier betrachtete Einproduktunternehmung planmäßig Verlust bzw. Gewinn, wenn folgende Bedingungen vorliegen.

(1) **Plan-Verlust:**

$$E^P(x) < K^P(x) \quad (1.1)$$

$$e^P \cdot x < Kf^P + kv^P \cdot x \quad (1.2)$$

$$DBV^P(x) < Kf^P \quad (1.3)$$

$$e^P < k^P. \quad (1.4)$$

(2) **Plan-Gewinn:**

$$E^P(x) > K^P(x) \quad (2.1)$$

$$e^P \cdot x > Kf^P + kv^P \cdot x \quad (2.2)$$

$$DBV^P(x) > Kf^P \quad (2.3)$$

$$e^P > k^P. \quad (2.4)$$

Unter Berücksichtigung der Termini der Plan-Deckungsbeitragsrechnung lässt sich das System der Break-even-point-Analyse auch in Gestalt eines kombinierten **Deckungspunkt- und Deckungsbeitragsdiagramms** (Abbildung 117) darstellen. Aus einem solchen Diagramm können für jede beliebige Absatzmenge des homogenen Produkts sowohl der erwartete Planerfolg als auch das entsprechende Plan-Deckungsbeitragsvolumen abgelesen werden. Ferner verdeutlicht Abbildung 117, dass im Break-even-point das Plan-Deckungsbeitragsvolumen den Plan-Fixkosten genau entspricht, da an dieser Stelle alle Plankosten durch die Plan-Netto-Verkaufserlöse gedeckt sind.[520] Wollen die Führungsinstanzen im Verkaufsbereich derartige Informationen als Grundlage für absatzpolitische Entscheidungen nutzen, so darf nicht unbeachtet bleiben, dass die diesem Erfolgskalkül zugrunde liegenden Daten auf Plangrößen basieren, die häufig **unsicheren Charakter** tragen und damit die Realisierung des ermittelten Break-even-point sowie des geschätzten Planerfolgs in Frage gestellt wird. Insbesondere die Prämissen der linearen Verläufe der Plan-Netto-Verkaufserlöse sowie der Plankosten erscheinen unter Berücksichtigung von **Preisdifferenzierungen und Kundennachlässen sowie quantitativen, zeitlichen und/oder intensitätsmäßigen Anpassungsprozessen** realitätsfern. Ähnliches gilt für die Unterstellung der Gewinnschwellenanalyse bezüglich der Übereinstimmung von zu produzierender und abzusetzender Erzeugnismenge während der Planperiode. Allerdings besteht die Möglichkeit, den dargestellten Grundansatz so zu erweitern, dass derartige Variationen der Plan-Verkaufserlöse bzw. der Plankosten Eingang in die Bestimmungsgleichung zur Ermittlung der Deckungspunktbeschäftigung finden. Darüber

---

[520] Der Bereich, in dem die betrachtete Unternehmung planmäßig Gewinne erwirtschaftet, ist in Abbildung 117 sowohl im Deckungspunkt- als auch im Deckungsbeitragsdiagramm durch eine Schraffur gekennzeichnet.

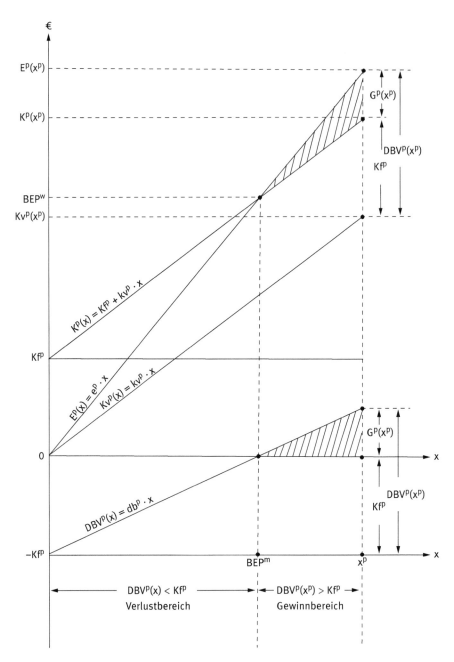

Abbildung 117: Deckungspunkt- und Deckungsbeitragsdiagramm.

hinaus kann die Break-even-point-Analyse etwa durch Einbeziehung eines **proportionalen Gewinnsteuersatzes** und eines gewünschten **Mindestgewinns** sowie mittels einer **kostenarten- und auszahlungsbezogenen Differenzierung** der Plan-Kostenfunktion weiter verfeinert werden.[521] Schließlich bleibt zu berücksichtigen, dass die Genauigkeit der Ergebnisse einer Break-even-Analyse von der Spaltung der gesamten Plankosten in fixe und proportionale Bestandteile abhängt. Vor allem bei solchen Kostenarten, die sowohl fixe als auch variable Komponenten enthalten, gelingt eine Trennung ohne mehr oder weniger große Willkür kaum. Aufgrund der vorstehend angeführten Kritikpunkte sollte die Gewinnschwellenanalyse zum Zweck von Deckungspunktanalysen und Erfolgsplanungen im Absatzbereich nur dann eingesetzt werden, wenn hinreichend gesichert ist, dass die diesem Planungsinstrument zugrunde liegenden Prämissen zumindest annähernd mit der betrieblichen Realität korrespondieren.

Beispiel 97:
In einer Unternehmung, die ausschließlich ein homogenes industrielles Massenprodukt herstellt, liegen für den kommenden Monat folgende lineare Funktionen der Plankosten sowie der Plan-Nettoerlöse vor:

$$K^p(x) = 140.000\ € + 30\ € \cdot x \tag{1}$$

$$E^p(x) = 50\ € \cdot x. \tag{2}$$

Der mengen- und wertmäßige Break-even-Point errechnet sich dann aus

$$BEP^m = \frac{140.000\ €}{(50\ € - 30\ €)} \tag{3}$$

$$BEP^m = 7.000\ \text{Stück} \tag{4}$$

$$BEP^w = \frac{140.000\ €}{\left[1 - \dfrac{30\ €}{50\ €}\right]} \tag{5}$$

$$BEP^w = 350.000\ €. \tag{1}$$

In der Tabelle 106 sind die entsprechenden Werte der Break-even-Analyse für unterschiedliche Produktions- und Absatzmengen des homogenen Erzeugnisses dargestellt worden.

Da im kommenden Monat mit einem harten Preiskampf gerechnet werden muss, stellt sich für die Entscheidungsträger im Absatzbereich die Frage, ob die Gewährung eines branchenüblichen 15 %igen Nachlasses auf die Plan-Netto-Verkaufspreise bei der dann realisierbar erscheinenden Plan-Absatzmenge von 9.000 Produkteinheiten und eines möglichen Abbaus der fixen Plankosten in Höhe von 35.000 € aufgrund

---

[521] Vgl. zu derartigen Erweiterungen des einfachen Grundansatzes der Break-even-Analyse etwa Chmielewicz 1981, S. 211–220; Coenenberg/Fischer/Günther 2016, S. 334–350; Freidank 2019a, S. 485–487; Schirmeister 2000, S. 228–234.

Tabelle 106:[522]

1	2	3	4	5	6	7	8	9	10
x	$E^P(x)$	Kf^P	$Kv^P(x)$	$K^P(x)$	db^P	$DBV^P(x)$	$G^P(x)$	e^P	k^P
				Spalte 3 + 4	Spalte (2–4) : 1	Spalte 2–4 oder 1 · 6	Spalte 2–5 oder 7 · 3	Spalte 2 : 1	Spalte 5 : 1
5.000	250.000	140.000	150.000	290.000	20	100.000	–40.000	50	58
6.000	300.000	140.000	180.000	320.000	20	120.000	–20.000	50	$53,3\overline{3}$
⇒7.000	350.000	140.000	210.000	350.000	20	140.000	0	50	50
8.000	400.000	140.000	240.000	380.000	20	160.000	20.000	50	47,5
9.000	450.000	140.000	270.000	410.000	20	180.000	40.000	50	$45,5\overline{5}$

des Verkaufes von zwei veralteten Produktionsanlagen noch planmäßig Gewinn erwirtschaftet werden kann. Durch Erweiterung des Grundansatzes der Gewinnschwellenanalyse berechnet sich nun der Break-even-point wie folgt:

$$BEP^m = \frac{(140.000\ € - 35.000\ €)}{[(1 - 0,15) \cdot 50\ € - 30\ €]} \quad (1)$$

$$BEP^m = \frac{105.000\ €}{12,5\ €} \quad (2)$$

$$BEP^m = 8.400\ \text{Stück} \quad (3)$$

$$BEP^w = \frac{(140.000\ € - 35.000\ €)}{\left[1 - \dfrac{30\ €}{(1 - 0,15) \cdot 50\ €}\right]} \quad (4)$$

$$BEP^w = \frac{105.000\ €}{0,2941177} \quad (5)$$

$$BEP^w = 357.000\ €. \quad (6)$$

Auch bei diesen Variationen erzielt die hier betrachtete Einproduktunternehmung planmäßig Gewinn, da die mögliche Plan-Absatzmenge von 9.000 Stück die kostendeckende Plan-Absatzmenge um 600 Stück überschreitet. Der planmäßig erzielbare Gewinn beträgt in diesem Fall 7.500 € (= 600 Stück · 12,5 €).

---

[522] Außer der x-Spalte, die Stückzahlen ausweist, beziehen sich die Werte der anderen Spalten auf Euro-Beträge.

Soll bei der vorliegenden Konstellation ferner diejenige Plan-Absatzmenge ermittelt werden, die einem angestrebten Mindestgewinn von 5.000 € entspricht, dann ist zur Berechnung dieses kritischen Werts die Gewinnschwellenformel folgendermaßen zu erweitern:

$$x = \frac{(140.000\ € - 35.000\ € + 5.000\ €)}{[(1 - 0,15) \cdot 50\ € - 30\ €]} \tag{1}$$

$$x = \frac{110.000\ €}{12,5\ €} \tag{2}$$

$$x = 8.400\ \text{Stück} \tag{3}$$

Im Fall einer Einbeziehung der vorstehend aufgezeigten Modifikationen des Grundmodells in die grafische Lösung genügt zur Ermittlung der einzelnen kritischen Punkte lediglich eine entsprechende Verschiebung der Plan-Erlös- und der Plan-Kostenfunktion sowie der Funktion des Plan-Deckungsbeitragsvolumens.

Häufig wird im Break-even-Kalkül der **Sicherheitsgrad (Si)** berechnet, der als **prozentuales Risikomaß** angibt, um wieviel Prozent die gesamten Plan-Netto-Verkaufserlöse sinken können, bevor die Gewinnschwelle planmäßig erreicht wird:

$$Si = \frac{[E^p(x^p) - BEP^w]}{E^p(x^p)} \cdot 100.$$

Im Hinblick auf die Erweiterungen des vorstehenden Beispiels errechnet sich der Sicherheitsgrad unter Zugrundelegung eines Plan-Netto-Verkaufserlöses von 450.000 €, der bei einem planmäßigen Absatz von 9.000 Produkteinheiten anfällt, aus

$$Si = \frac{(450.000\ € - 357.000\ €)}{450.000\ €} \cdot 100. \tag{1}$$

$$Si = 20,\overline{66}\%. \tag{2}$$

In **Mehrproduktunternehmungen** liegt hingegen nicht nur eine Gewinnschwelle vor, sondern es existiert ein ganzes **Spektrum von Plan-Absatzmengenkombinationen** der einzelnen Erzeugnisarten, die zu einer Deckung der gesamten Plankosten durch sämtliche Plan-Netto-Verkaufserlöse führen. Werden in einer Industrieunternehmung nur zwei unterschiedliche Produkte gefertigt, dann bildet die Gewinnschwelle eine Gerade, die als Linearkombination der mit den Plan-Stückdeckungsbeiträgen gewichteten planmäßigen Absatzmengen zu charakterisieren ist.[523] Dieser Sachverhalt soll anhand eines Beispiels verdeutlicht werden.

---

523 Vgl. Schweitzer/Küpper/Friedl/Hofmann/Pedell 2016, S. 512.

Beispiel 98:
Eine Industrieunternehmung stellt ausschließlich die beiden Erzeugnisarten A und B her, für die folgende proportionale Plan-Kosten- und Plan-Erlösfunktionen vorliegen:

$$Kv_A^p(x) = 40 \text{ €} \cdot x_A \qquad (1)$$

$$Kv_B^p(x) = 24 \text{ €} \cdot x_B \qquad (2)$$

$$E_A^p(x) = 48 \text{ €} \cdot x_A \qquad (3)$$

$$E_B^p(x) = 36 \text{ €} \cdot x_B. \qquad (4)$$

Unter Berücksichtigung der für den Planungszeitraum relevanten gesamten Plan-Fixkosten in Höhe von 90.000 € lautet die Deckungsgleichung dann

$$48 \text{ €} \cdot x_A + 36 \text{ €} \cdot x_B = 90.000 \text{ €} + 40 \text{ €} \cdot x_A + 24 \text{ €} \cdot x_B \qquad (1)$$

$$8 \text{ €} \cdot x_A + 12 \text{ €} \cdot x_B = 90.000 \text{ €}. \qquad (2)$$

Tabelle 107 zeigt einige mögliche Kombinationen der Plan-Absatzmengen von Erzeugnis A und B auf, die alle eine Deckung der gesamten Plankosten nach sich ziehen.

Tabelle 107:[524]

1	2	3	4	5	6	7	8
x_A	x_B	Kf^p	db_A^p	$DB_A^p(x)$	db_B^p	$DB_B^p(x)$	$DBV^p(x)$
				Spalte 1·4		Spalte 2·6	Spalte 5+7
0	7.500	90.000	8	0	12	90.000	90.000
4.800	4.300	90.000	8	38.400	12	51.600	90.000
6.000	3.500	90.000	8	48.000	12	42.000	90.000
11.250	0	90.000	8	90.000	12	0	90.000

Ähnlich wie eine Iso-Gewinnlinie kann auch die Gewinnschwellengerade für den hier betrachteten Fall grafisch dargestellt werden (Abbildung 118).

Sollen weiterhin die kritischen Punkte berechnet werden, die einen bestimmten angestrebten Mindestgewinn repräsentieren, dann lässt sich die Iso-Gewinnlinie ermitteln, indem die Funktion des Plan-Deckungsbeitragsvolumens mit entsprechend höheren Plan-Absatzmengen nach oben verschoben wird.

---

[524] Bis auf die beiden x-Spalten, die Stückzahlen ausweisen, beziehen sich die Werte der anderen Spalten auf Euro-Beträge.

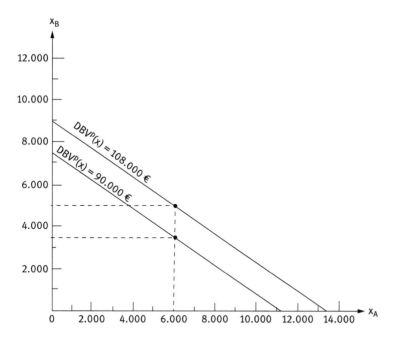

Abbildung 118: Erfolgsplanungen in Zweiproduktunternehmen.

Beispiel 99:
In Erweiterung des Beispiels 98 zeigt Abbildung 118 die Iso-Gewinnlinie für einen planmäßigen Mindestgewinn in Höhe von 18.000 €. Die Grafik verdeutlicht, dass dieser Plan-Gewinn etwa durch eine ausschließliche Steigerung der Plan-Absatzmengen des Produkts B um 1.500 Stück planmäßig erwirtschaftet werden kann.

$$G^P(x) = 48 \text{ €} \cdot x_A + 36 \text{ €} \cdot x_B - (90.000 \text{ €} + 40 \text{ €} \cdot x_A + 24 \text{ €} \cdot x_B) \tag{1}$$

$$G^P(x) = 8 \text{ €} \cdot x_A + 12 \text{ €} \cdot x_B = 90.000 \text{ €} \tag{2}$$

$$G^P(x) = 8 \text{ €} \cdot 6.000 \text{ Stück} + 12 \text{ €} \cdot 5.000 \text{ Stück} - 90.000 \text{ €} \tag{3}$$

$$G^P(x) = 18.000 \text{ €}. \tag{4}$$

Weitaus häufiger tritt in der industriellen Praxis allerdings das Problem auf, dass sowohl die vorhandenen Absatz- als auch die Beschaffungs- und Produktionsmöglichkeiten nur beschränkt verfügbar sind. Besteht im Fall derartiger Konstellationen die Zielsetzung der Führungsinstanzen darin, diejenigen Absatzprogramme zu ermitteln, bei denen zumindest die gesamten Plan-Fixkosten gedeckt sind bzw. ein planmäßiger Mindestgewinn erzielt wird, dann muss ein **lineares Ungleichungssystem** erstellt werden, dessen Lösung sämtliche Absatzmengenkombinationen angibt, die auf oder über dem Break-even-point liegen.

Beispiel 100:
In Abänderung des erweiterten Beispiels 88[525] wird nun unterstellt, dass die Entscheidungsträger alle möglichen planmäßigen Absatzprogramme ermitteln wollen, bei denen über die proportionalen Plankosten hinaus die gesamten Plan-Fixkosten in Höhe von 30.000 € gedeckt sind. Das entsprechende lineare Ungleichungssystem hat dann folgendes Aussehen:

$$10 \cdot x_A + 12 \cdot x_B = 30.000 \quad [Kf^p = DBV^p(x)] \tag{1}$$

$$3 \cdot x_A + 5 \cdot x_B \leq 15.000 \quad \text{(Produktionsrestriktion I)} \tag{2}$$

$$4 \cdot x_A + 2 \cdot x_B \leq 9.500 \quad \text{(Produktionsrestriktion II)} \tag{3}$$

$$6 \cdot x_A + 3 \cdot x_B \leq 13.200 \quad \text{(Beschaffungsrestriktion)} \tag{4}$$

$$x_A \leq 1.500 \quad \text{(Absatzrestriktion I)} \tag{5}$$

$$x_B \leq 2.100 \quad \text{(Absatzrestriktion II)} \tag{6}$$

$$\left.\begin{array}{r} x_A \geq 0 \\ x_B \geq 0 \end{array}\right\} \text{(Nicht – Negativitätsbedingungen)} \quad \begin{array}{c}(7)\\(8)\end{array}$$

In Abbildung 119 ist der zulässige Lösungsbereich, der alle möglichen Absatzmengenkombinationen der beiden Produkte A und B zeigt, die jeweils zur Deckung der gesamten Plan-Fixkosten führen, durch eine schraffierte Fläche gekennzeichnet worden. Darüber hinaus weist die Grafik die Iso-Gewinnlinie des Plan-Deckungsbeitragsvolumens in Höhe von 36.700 € aus, das aber aufgrund der verschiedenen Restriktionen nur bei einer Realisierung des optimalen Produktionsprogramms mit 1.150 Stück der Erzeugnisart A sowie mit 2.100 Stück der Erzeugnisart B planmäßig erzielt werden kann und damit zu einem maximalen Plan-Gesamtgewinn von 6.700 € (= 36.700 € – 30.000 €) führt.

4.5.3.3.2 Vorgegebene Produktions- und Absatzmengen

Sofern bei Mehrproduktartenfertigung **vorgegebene** Produktions- und Absatzmengen existieren, ist es nicht mehr möglich, eindeutige Break-even-Mengen für die einzelnen Erzeugnisarten zu bestimmen. In diesem Fall bedarf es einer Ermittlung des wertmäßigen (durchschnittlichen) Break-even-Umsatzes (BEP^w) für das gesamte kurzfristig entscheidungsrelevante Produktions- und Absatzprogramm in Analogie zur vorstehend dargestellten Bestimmung des wertmäßigen Break-even-points bei Einproduktartenfertigung wie folgt.[526]

---

[525] Vgl. Beispiel 88 im vierten Teil zu Gliederungspunkt 4.5.3.1.
[526] Vgl. Götze 2010, S. 194–195.

4.5 Einsatz von Partialkosten- und Deckungsbeitragsrechnungen — 397

$$BEP^w = \frac{Kf^p}{\frac{\sum_{a=1}^{A} db_a^p \cdot x_a^p}{\sum_{a=1}^{A} e_a^p \cdot x_a^p}} = \frac{Kf^p}{\frac{\sum_{a=1}^{A} DB_a^p}{\sum_{a=1}^{A} E_a^p}}$$

mit a=1, 2, ..., A.

Die im Nenner der angeführten Formel enthaltene Kennzahl wird als **durchschnittlicher Plan-Deckungsbeitrag** bezeichnet, da sie den planmäßigen Anteil des Plan-Deckungsbeitragsvolumens an den gesamten Plan-Netto-Verkaufserlösen zum Ausdruck bringt.

Beispiel 101:
Unter Bezugnahme auf Beispiel 98[527] wird unterstellt, dass die Erzeugnisarten A und B unter sonst gleichen Bedingungen nur in Höhe von 6.000 Stück und 7.000 Stück produziert sowie abgesetzt werden können und beide Produkte mengenproportional von Absatzrückgängen betroffen sind. In diesem Fall berechnen sich der wertmäßige (durchschnittliche) Break-even-point und der Sicherheitsgrad (Si) wie folgt.

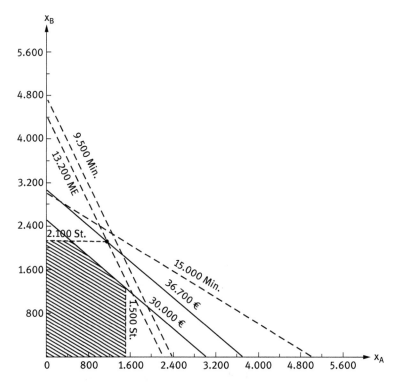

Abbildung 119: Erfolgsplanung beim Vorliegen mehrerer Engpässe.

---

[527] Vgl. Beispiel 98 im vierten Teil zu Gliederungspunkt 4.5.3.3.1.

$$BEP^w = \frac{90.000\ €}{\dfrac{132.000\ €^{528}}{540.000\ €}} = 368.181,8189\ €$$

$$Si = \frac{(540.000\ € - 368.181,8189\ €)}{540.000\ €} \cdot 100$$

$$Si = 31,8182\%$$

Die Plan-Netto-Verkaufserlöse der beiden Erzeugnisarten A und B dürfen somit um maximal 31,8182 % sinken, bevor keine Deckung der fixen Plankosten mehr vorliegt und die Verlustzone erreicht wird.[529]

Geht man davon aus, dass die im Produktions- und Absatzprogramm befindlichen Erzeugnisse **nicht mengenproportional** von Verkaufsrückgängen betroffen sind, bedarf es der Festlegung einer **Rangfolge**, nach der die Plan-Deckungsbeiträge der Erzeugnisarten vom Block der geplanten Fixkosten bis zu ihrer Deckung abgezogen werden. Als Kennzahl zur Bestimmung dieser Reihenfolge bietet sich die **Plan-Deckungsbeitragsintensität** der einzelnen Produkte an, die sich aus dem Verhältnis von Plan-Deckungsbeitrag und Plan-Netto-Verkaufserlös errechnet. Um das **Risiko** einer planmäßigen Fixkostendeckung im Fall eines Absatzrückgangs so gering wie möglich zu halten, sollten diejenigen Erzeugnisse mit den höchsten Plan-Deckungsbeitragsintensitäten vorrangig zum Verkauf kommen. Folgt man dieser Auffassung, dann sind die betreffenden Erzeugnisarten nach Maßgabe der Höhe ihrer jeweiligen Plan-Deckungsbeitragsintensität in das Kalkül zur planmäßigen Deckung der Fixkosten einzubeziehen, da hierdurch eine Kostenkompensation auf der Grundlage vergleichsweise niedrigerer Plan-Netto-Verkaufserlöse bzw. Plan-Deckungsbeiträge möglich wird. Bezüglich der zuletzt berücksichtigten Erzeugnisart(en) ist (sind) somit der (die) Plan-Netto-Verkaufserlös(e) zu bestimmen, der (die) erforderlich ist (sind), um die gesamte Plan-Deckung der Fixkosten zu erreichen.[530] Insofern sieht diese **globale Fixkostenanalyse** zunächst Absatzrückgänge bei dem (den) Produkt(en) mit der (den) niedrigsten Deckungsbeitragsintensität(en) vor.

Beispiel 102:
Wird bezüglich Beispiel 101 davon ausgegangen, dass der wertmäßige Break-even-Point unter Rückgriff auf die Plan-Deckungsbeitragsintensität der beiden Erzeugnisse berechnet werden soll, dann ist Erzeugnis B vorrangig zur planmäßigen Deckung der Fixkosten einzusetzen, da es einen höheren Intensitätsgrad als Erzeugnis A aufweist. Dies wird durch Tabelle 108 verdeutlicht.

---

528 132.000 € = 8 € · 6.000 Stück + 12 € · 7.000 Stück.
529 90.000 € = 132.000 € · (1 – 0,318182).
530 Allerdings kann die Berücksichtigung von mehr als einer Erzeugnisart in diesem Zusammenhang nur dann relevant werden, wenn bei mehreren Produkten gleiche minimale Plan-Deckungsbeitragsintensitäten vorliegen.

Tabelle 108:

Erzeugnisarten	1	2	3	4	5	6	7
	x	db^p	DB^p	e^p	E^p	DB^p : E^p	Rangfolge
			Spalte 1 · 2		Spalte 1 · 4	Spalte 3 : 5	
A	6.000 Stück	8 €	48.000 €	48 €	288.000 €	0,1$\overline{6}$	2
B	7.000 Stück	12 €	84.000 €	36 €	252.000 €	0,3$\overline{3}$	1
Summe	–	–	132.000 €	–	540.000 €	–	–

$$BEP^W = 252.000\ € + \frac{(90.000\ € - 84.000\ €)}{48.000\ €} \cdot 288.000\ €$$

$$BEP^W = 252.000\ € + 36.000\ €$$

$$BEP^W = 288.000\ €$$

Um diese Plan-Netto-Verkaufserlöse planmäßig erzielen zu können, müssen die Verkaufsmengen von Erzeugnis B zu 100 % und von A zu 12,5 %[531] abgesetzt werden.[532] Bezüglich Erzeugnisart A können folglich die Plan-Netto-Verkaufserlöse planmäßig um maximal 87,5 % sinken, bevor das Unternehmen die Verlustzone erreicht.

$$Si = \frac{(288.000\ € - 36.000\ €)}{288.000\ €} \cdot 100$$

$$Si = 87,5\%$$

Wäre zunächst Erzeugnisart A in die planmäßige Kompensationsrechnung einbezogen worden, hätte dies zu folgenden Ergebnissen geführt.

$$BEP^W = 288.000\ € + \frac{(90.000\ € - 48.000\ €)}{84.000\ €} \cdot 252.000\ €$$

$$BEP^W = 288.000\ € + 126.000\ €$$

$$BEP^W = 414.000\ €$$

In diesem Fall hätte das Unternehmen einen weit höheren Plan-Netto-Verkaufserlös zu erzielen, wobei die Verkaufsmenge von Erzeugnisart A zu 100 % und von B zu 50 %[533] abgesetzt werden müssten. Im Hinblick auf Erzeugnisart B kann somit der Netto-Verkaufserlös um lediglich 50 % fallen, bevor das Unternehmen die Verlustzone erreicht.

---

[531] $12,5\% = \frac{(90.000\ € - 84.000\ €)}{48.000\ €} \cdot 100$.

[532] 288.000 € = 7.000 Stück · 36 € + 0,125 · 6.000 Stück · 48 €.

[533] $50\% = \frac{(90.000\ € - 48.000\ €)}{84.000\ €} \cdot 100$.

$$Si = \frac{(252.000 \text{ €} - 126.000 \text{ €})}{252.000 \text{ €}} \cdot 100$$

$$Si = 50\%$$

Abbildung 120 verdeutlicht die in den drei vorstehenden Beispielen dargestellten Möglichkeiten zur Vornahme einer Deckungspunktanalyse bei globaler Fixkostenbetrachtung in grafischer Form.[534]

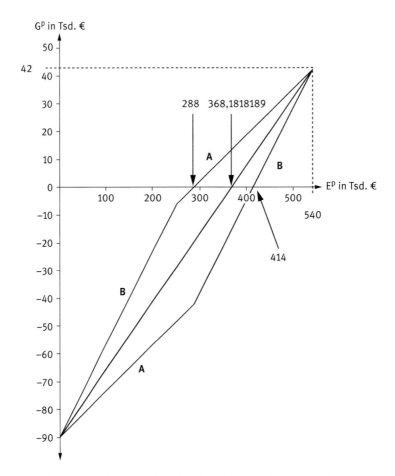

Abbildung 120: Deckungspunktanalyse bei globaler Fixkostenbetrachtung.

Sofern in einem Mehrproduktunternehmen die (verursachungsgerechte) Aufspaltung des Plan-Fixkostenblockes bezüglich einzelner Erzeugnisarten gelingt, können

---

[534] Vgl. zu ähnlichen Darstellungen etwa Coenenberg/Fischer/Günther 2016, S. 337–340; Götze 2010, S. 197.

auch in diesem Fall produktspezifische (Deckungs-)Punkte ermittelt werden. Allerdings ist eine derartige Analyse an die Voraussetzung geknüpft, dass das zugrunde liegende Teilkostenrechnungssystem im Sinne einer **stufenweisen PlanFixkostendeckungsrechnung** oder **relativen Plan-Einzelkostenrechnung** ausgebaut worden ist.[535] Da eine produktspezifische Zurechnung von Fixkosten in der Mehrzahl der Fälle nur mit einer mehr oder weniger großen Willkür zu realisieren ist, besteht bei einer solchen Vorgehensweise die Gefahr, dass die ermittelten Ergebnisse der Deckungspunktanalyse zu **absatzwirtschaftlichen Fehlentscheidungen** führen können.

Eine derartige **stufenweise Fixkostenanalyse** bei Mehrproduktartenfertigung und **vorgegebenen** Produktions- und Absatzmengen kann im Prinzip nach Maßgabe des oben dargestellten Break-even-Modells im Fall einer globalen Fixkostenbetrachtung vorgenommen werden. Allerdings sind hier zunächst die gesamten beschäftigungsunabhängigen Plankosten in **produktspezifische** und **restliche (Unternehmens-)Fixkosten** aufzuspalten. Ferner müssen nun anstelle der gesamten Plan-Fixkosten lediglich die jeweiligen produktspezifischen Fixkosten und die restlichen Unternehmensfixkosten sukzessive in die Deckungspunktanalyse einbezogen werden. Die Rangfolge kann etwa nach Maßgabe der produktspezifischen Plan-Deckungsbeitragsintensität der einzelnen Erzeugnisse vorgenommen werden. Durch diese Vorgehensweise wird es möglich, für einzelne Produktarten oder ihre Kombination verschiedene Kompensationspunkte zu ermitteln, die diejenigen Plan-Netto-Verkaufserlöse angeben, bei denen neben den restlichen Unternehmensfixkosten immer eine planmäßige Deckung der jeweiligen erzeugnisspezifischen Fixkosten gesichert ist.

> **Beispiel 103:**
> Nun wird im Hinblick auf Beispiel 102 unterstellt, dass sich die gesamten Plan-Fixkosten von 90.000 € in 18.000 € und 44.000 € produktspezifische Fixkosten für die Erzeugnisarten A und B sowie 28.000 € restliche (Unternehmens-)Fixkosten unterteilen lassen. Die folgende Tabelle 109 zeigt die Ermittlung der Rangfolge nach Maßgabe der produktspezifischen Plan-Deckungsbeiträge (DB).

$$BEP^w = 252.000\ \text{€} + \frac{(44.000\ \text{€} + 28.000\ \text{€} - 84.000\ \text{€})}{84.000\ \text{€}} \cdot 252.000\ \text{€}$$

$$BEP^w = 252.000\ \text{€} - 36.000\ \text{€}$$

$$BEP^w = 216.000\ \text{€}$$

Um diesen Plan-Netto-Verkaufserlös erzielen zu können, müssen nur die Verkaufsmengen von Erzeugnis B zu 85,7143 %[536] abgesetzt werden, damit eine planmäßige Deckung der produktspezifischen Fixkosten von Erzeugnis B (44.000 €) und der

---

535 Vgl. zu diesen Kostenrechnungssystemen die Ausführungen im vierten Teil zu Gliederungspunkt 4.4.
536 $85,7143\% = \left[1 + \frac{(44.000\ \text{€} + 28.000\ \text{€} - 84.000\ \text{€})}{84.000\ \text{€}}\right] \cdot 100$.

Tabelle 109:

Erzeugnisarten	1 DB_I^P	2 Produktfixe Plankosten	3 DB_{II}^P	4 E^P	5 $DB_{II}^P : E^P$	6 Rangefolge
			Spalte 1 – 2		Spalte 3 : 4	
A	48.000 €	18.000 €	30.000 €	288.000 €	0,104	2
B	84.000 €	44.000 €	40.000 €	252.000 €	0,159	1
Summe	132.000 €	62.000 €	70.000 €	540.000 €	–	–

restlichen Unternehmensfixkosten (28.000 €) erreicht wird. Somit können die Plan-Netto-Verkaufserlöse von Erzeugnisart B planmäßig um maximal 14,2857 % sinken, bevor bis auf die produktspezifischen Fixkosten von Erzeugnisart A (18.000 €), die bei einem Produktions- und Absatzverzicht nicht anfallen, eine vollständige Fixkostendeckung erreicht wird.[537]

$$Si = \left[1 - \frac{(252.000\ € - 36.000\ €)}{252.000\ €}\right] \cdot 100.$$

$$Si = 14,2857\%$$

Würde die Erzeugnisart A mit in die Untersuchung einbezogen, so entsprächen die Ergebnisse den Berechnungen zur vorstehend gezeigten globalen Fixkostenanalyse in Beispiel 102, die zur Deckung der gesamten Plan-Fixkosten von 90.000 € führt.

Abschließend bleibt der Hinweis, dass die dargestellte Break-even-Analyse im Fall vorgegebener Produktions- und Absatzmengen problemlos zu einer **Gewinnschwellenanalyse** erweitert werden kann, in dem z. B. bestimmte **Mindestgewinne** Berücksichtigung finden.

Beispiel 104:
Soll etwa bezüglich Beispiel 101 derjenige Plan-Netto-Verkaufserlös für beide Erzeugnisarten ermittelt werden, bei dem ein planmäßiger Mindestgewinn von 25.000 € erreicht wird, dann ist die Rechnung wie folgt zu modifizieren.

$$E^P = \frac{(90.000\ € + 25.000\ €)}{\frac{132.000\ €}{540.000\ €}} = 470.454,5463\ €$$

---

[537] 216.000 € = $\frac{(252.000\ € - 36.000\ €)}{252.000\ €} \cdot 7.000$ Stück $\cdot$ 24 € + 44.000 € + 28.000 €.

$$Si = \frac{(540.000 \,€ - 470.454,5463 \,€)}{540.000 \,€} \cdot 100$$

$$Si = 12,8788\%$$

Die Plan-Netto-Verkaufserlöse von Erzeugnis A und B dürfen somit um maximal 12,8788 % sinken, bevor der gewünschte Plan-Mindestgewinn von 25.000 € bei einem mengenproportionalen Absatzrückgang der beiden Produktarten nicht mehr erzielt wird.[538]

4.5.4 Beschaffungsbereich

4.5.4.1 Bestimmung von Preisobergrenzen

4.5.4.1.1 Terminologische Grundlagen

Im Gegensatz zur Bestimmung der Preisuntergrenzen zielt die Preisobergrenzenplanung im Beschaffungsbereich industrieller Unternehmen darauf ab, einen kritischen Wert für von der **Leistungserstellung unmittelbar abhängige Einsatzfaktoren** (z. B. Roh-, Hilfs- und Betriebsstoffe) zu ermitteln, die beim **Einkauf** dieser Wirtschaftsgüter **kurzfristig** unter Berücksichtigung bestimmter Zielsetzungen nicht überschritten werden dürfen. Prinzipiell hat ein vorübergehender Anstieg der Nettoeinkaufspreise von Einsatzfaktoren, die für die Fertigung erforderlich sind, in der Unternehmensrechnung die gleichen Auswirkungen wie ein entsprechend kurzfristiges Absinken der Netto-Verkaufspreise von absatzbestimmten Erzeugnisarten. Allerdings ist zu berücksichtigen, dass grundsätzlich für alle zu beschaffenden Wirtschaftsgüter Preisobergrenzen zu ermitteln sind.

Eine Preisobergrenze stellt somit denjenigen kritischen Wert dar, bei dem der Bezug eines Einsatzfaktors denselben Zielerfüllungsgrad bewirkt wie der Beschaffungsverzicht. In aller Regel wird sich die Unternehmung im Rahmen der Preisobergrenzenplanung am Ziel der **Gewinnmaximierung** orientieren. Die Bestimmung einer **liquiditätsorientierten Preisobergrenze**, die dem Ziel der Erhaltung des finanziellen Gleichgewichts dienen soll, erscheint anders als im Rahmen der Preisuntergrenzenplanung wenig sinnvoll, da eine derartige Preisobergrenze denjenigen kritischen Wert repräsentiert, den ein Einsatzfaktor maximal kosten dürfte, ohne dass der Bestand an liquiden Mitteln einer Unternehmung verändert wird. Hieraus folgt, dass nur der betrachtete Einsatzfaktor Entscheidungsrelevanz bezüglich der Sicherung des finanziellen Gleichgewichts besitzt, während alle anderen ersatzbedürftigen Kosten hingegen als unbeeinflussbar und konstant gelten. Da aber der betrachtete Einsatzfaktor **nur einen Teil** der für die Produktion des Erzeugnisses anfallenden (ersatzbedürftigen) Kosten darstellt, wäre diese Partialbetrachtung unrealistisch und könnte zu Fehlentscheidungen im Rahmen der Produktionsplanung eines oder mehrerer Erzeugnisse führen.

---

[538] 470.454,5463 € = (1 − 0,128788) · (6.000 Stück · 40 € + 7.000 Stück · 24 €) + 90.000 € + 25.000 €.

Die hier vorgenommene Beschränkung auf **variable Kostengüter** ist deshalb erforderlich, weil speziell die Anwendung der Teilkosten- und Deckungsbeitragsrechnung zur Lösung kurzfristiger Planungsaufgaben bezüglich der Bestimmung von Preisobergrenzen gezeigt werden soll. Eine Planung derartiger kritischer Werte für immaterielle Anlagewerte und Wirtschaftsgüter des Sachanlagevermögens erfordert aber den Einsatz von Investitions- und Finanzierungsrechnungen, auf die im Rahmen dieser Abhandlung nicht näher eingegangen wird.[539] Somit klären die folgenden Ausführungen, bis zu welcher kritischen Grenze die Plan-Netto-Einkaufspreise variabler Kostengüter kurzfristig steigen können, bevor aus **erfolgswirtschaftlicher Sicht** die Entscheidungsträger von einer Beschaffung absehen bzw. die Plan-Einsatzmenge reduzieren und die Fertigung der Erzeugnisse, für die das untersuchte Wirtschaftsgut Verwendung findet, einstellen oder vermindern sollten.[540]

Die Planung von Preisobergrenzen spielt insbesondere auf **Käufermärkten** eine wichtige Rolle, da bei dieser Konstellation die Beschaffungsmarktpreise keine festen Größen darstellen und in gewissen Bandbreiten von den Kunden zu beeinflussen sind. Im Grundsatz wird ein Einkäufer nur bereit sein, für die in ein bestimmtes Erzeugnis einfließenden Einsatzfaktoren so viel zu bezahlen, wie ihm dieses Produkt im Endeffekt Nutzen stiftet. Bei einem Überschreiten der geplanten Preisobergrenzen nehmen die entsprechenden produktbezogenen Nutzenwerte somit **negative Vorzeichen an.**

Neben der Beschaffung des Einsatzfaktors von außen können darüber hinaus weitere Alternativen existieren, für die ebenfalls eine Preisobergrenzenplanung in Betracht kommt.[541] Hierzu zählt zum einen die **Substitutionsmöglichkeit** des Einsatzfaktors durch einen anderen Inputfaktor. Die Preisobergrenze gibt dabei zum einen an, bis zu welchem kritischen Wert der Plan-Netto-Einkaufspreis des Einsatzfaktors steigen kann, ohne dass ein Austausch zu erfolgen hat. Zum anderen kann die Preisobergrenzenbestimmung im Rahmen der Entscheidung zwischen **Eigenfertigung oder Fremdbezug** Relevanz besitzen, wobei die Preisobergrenze denjenigen Plan-Netto-Einkaufspreis repräsentiert, bis zu dem ein Fremdbezug des Inputfaktors der Eigenfertigung vorzuziehen ist.[542] Weiterhin kann die Möglichkeit bestehen, den Inputfaktor durch **Änderungen des Produktionsverfahrens** zu ersetzen. Die Preisobergrenze sagt in diesem Fall aus, ab welchem Grenzwert ein Verfahrenswechsel kostengünstiger und im Hinblick auf die Realisierung des Gewinnmaximierungsziels vorzuziehen ist.[543]

4.5.4.1.2 Erfolgsorientierte Preisobergrenzen beim Vorliegen freier Kapazitäten

In industriellen Unternehmungen ist die kurzfristige Preisobergrenzenplanung für variable Einsatzfaktoren im Fall freier Beschaffungs-, Produktions- und Absatzkapazitäten

---

539 Vgl. im Einzelnen Freidank 2019a, S. 370–402.
540 Vgl. Reichmann/Kißler/Baumöl 2017, S. 232–234, S. 353–358.
541 Vgl. Ewert/Wagenhofer 2014, S. 142–146.
542 Vgl. die Ausführungen im vierten Teil zu Gliederungspunkt 4.5.4.2.
543 Vgl. die Ausführungen im vierten Teil zu Gliederungspunkt 4.5.2.2. und 4.5.3.1.

unproblematisch. Unter den Prämissen eines konstanten Bestands an Potentialfaktoren sowie festliegender Absatzmengen und -preise ergibt sich die planmäßige Preisobergrenze (POG) für einen variablen Produktionsfaktor, bezogen auf ein bestimmtes Erzeugnis, aus folgender Formel:

$$POG = \frac{[E^p(x^p) - Kv^{p*}(x^p)]}{x^p} \cdot \frac{1}{r^p}.$$

Bei der vorstehenden Rechnung ist zu beachten, dass in die anzusetzenden proportionalen Plankosten (Kv^{p*}) **nicht diejenigen Kostenbestandteile einfließen dürfen, die den zu untersuchenden Einsatzfaktor betreffen**. Das erste Glied dieser Gleichung gibt den Betrag an, der zur Verfügung steht, um die Inputfaktorart für die Produktion einer Mengeneinheit des bestimmten Erzeugnisses zu beschaffen. Existiert für diesen Faktor aber ein **Substitutionsgut**, dessen Preis unter der ermittelten Preisobergrenze liegt, dann gilt als neuer kritischer Wert der Preis des Substitutionsguts.

> **Beispiel 105:**
> In einer Industrieunternehmung, die ausschließlich ein Massenerzeugnis herstellt, soll die Preisobergrenze für den Rohstoff I planmäßig bestimmt werden, der laut Fertigungsplanung mit zwei Mengeneinheiten in jedes Produkt einfließt und dessen Anteil an den gesamten proportionalen Plankosten von 1.792.000 € in der Summe 322.000 € beträgt. Laut Informationen der Verkaufsabteilung ist für den nächsten Monat mit einer Plan-Absatzmenge von 70.000 Stück und einem Plan-Absatzpreis von 30 € pro Stück zu rechnen. Der Kapazitätsquerschnitt kann in der kommenden Planperiode nicht verändert werden. Anhand der vorstehenden Informationen lässt sich nun die Preisobergrenze für Rohstoff I ermitteln.

$$POG_I = \frac{[2.100.000\ € - 1.470.000\ €]}{70.000\ \text{Stück}} \cdot \frac{1}{2} = 4,50\ €$$

Da zwei Mengeneinheiten des Rohstoffes I in das Produkt einfließen, darf der Plan-Netto-Einkaufspreis dieses Produktionsfaktors bis 4,50 € pro Einheit steigen, denn bei diesem Preis lohnt es, noch zu produzieren, da die gesamten Plan-Netto-Verkaufserlöse exakt die proportionalen Plankosten decken (2.100.000 € − 1.470.000 € − 70.000 Stück · 2 ME · 4,50 € = 0). Übersteigt der Plan-Netto-Einkaufspreis diesen kritischen Wert, wird von nun an planmäßig ein negatives Deckungsbeitragsvolumen erwirtschaftet. Den Entscheidungsträgern bleiben aus erfolgsbezogener Sicht nur die Alternativen, diesen Rohstoff anderweitig zu einem niedrigeren Preis zu beziehen oder aber die Fertigung einzustellen.

Können jedoch in der Planperiode zusätzlich **fixe Plankosten** durch quantitative Anpassungsprozesse **abgebaut** werden, dann muss die vorstehend angeführte Formel analog zur Preisuntergrenzenplanung folgendermaßen modifiziert werden:

$$POG = \frac{[E^p(x^p) - Kv^{p*}(x^p) - \Delta Kf^p_{ab} + K^p_{sw}]}{x^p} \cdot \frac{1}{r^p}.$$

Im Gegensatz zur Preisuntergrenzenplanung[544] weisen die Vorzeichen der abbaufähigen fixen Plan-Kapazitätskosten sowie der planmäßigen Stilllegungs-, Stillstands- und Wiederanlaufkosten umgekehrte Vorzeichen auf. Übersteigen die beeinflussbaren Plan-Fixkosten die geplanten Stilllegungs-, Stillstands- und Wiederanlaufkosten, dann muss die Preisobergrenze **tendenziell sinken**, da die Entscheidungsträger im Fall abbaubarer, aber nicht abgebauter beschäftigungsunabhängiger Plankosten nur bereit sein werden, einen entsprechend geringeren Plan-Netto-Einkaufspreis für den untersuchten variablen Einsatzfaktor zu zahlen. Diese Formel hat wie bei der Preisuntergrenzenplanung lediglich dann Gültigkeit, wenn die fixen Plankosten zeitpunktbezogen zu Beginn der Planungsperiode **abgebaut** werden können. Sofern sich die fixen Kosten aber nur sukzessive während des zugrunde liegenden Planungsabschnitts reduzieren lassen, bedarf es einer **dynamischen Ermittlung der Preisobergrenze** für den entsprechenden Einsatzfaktor.[545]

Fließt hingegen ein variabler Einsatzfaktor in mehrere Produkte ein, so lässt sich seine **planmäßige Kostenobergrenze (KOG)** für alle Erzeugnisse ohne Berücksichtigung ggf. abbaufähiger Plan-Fixkosten bestimmen aus:

$$KOG = \sum_{s=1}^{S} x_s^p \cdot (db_s^p + r_s^p \cdot p^p) \text{ mit } s = 1, 2, ..., S.$$

Die entsprechende Preisobergrenze pro Einheit kann nun mittels Division der gesamten Kostenobergrenze durch die Anzahl aller planmäßig benötigten Mengeneinheiten des in Rede stehenden Faktors ($\overline{M}^p$) ermittelt werden.

$$POG = \frac{KOG}{\overline{M}^p}$$

> **Beispiel 106:**
> Ein Unternehmen fertigt drei Produktarten, in die der Rohstoff II in unterschiedlichen Mengen planmäßig eingeht. Der gegenwärtige Marktpreis für diesen Einsatzfaktor beträgt 1,50 €/ME, wobei jedoch mit einer Preissteigerung zu rechnen ist. Tabelle 110 zeigt die entsprechenden Ausgangsdaten. Knappe Kapazitäten liegen nicht vor.

Unter Zugrundelegung der oben entwickelten Formeln errechnet sich die planmäßige Kostenobergrenze für den Rohstoff II nun aus:

$$\begin{aligned}KOG_{II} = &\ 2.000 \text{ Stück} \cdot (4\ € + 2\text{ ME} \cdot 1,50\ €) + 2.500 \text{ Stück} \cdot \\ &\cdot (6\ € + 4\text{ ME} \cdot 1,50\ €) + 1.000 \text{ Stück} \cdot \\ &\cdot (5,50\ € + 1\text{ ME} \cdot 1,50\ €)\end{aligned} \quad (1)$$

---

544 Vgl. die Ausführungen im vierten Teil zu Gliederungspunkt 4.5.3.2.2.
545 Vgl. hierzu und zur Ermittlung dieser Preisobergrenze Reichmann/Kißler/Baumöl 2017, S. 353–358.

Tabelle 110:

Plandaten / Produktarten	s = 1	s = 2	s = 3
e_s^p	19 €	38 €	24,50 €
kv_s^p	15 €	32 €	19 €
db_s^p	4 €	6 €	5,50 €
x_s^p (konstant)	2.000 Stück	2.500 Stück	1.000 Stück
r_s^p	2 ME	4 ME	1 ME

$$KOG_{II} = 14.000\ € + 30.000\ € + 7.000\ € \tag{2}$$

$$KOG_{II} = 51.000\ € \tag{3}$$

Nun ist es möglich, auch die planmäßige Preisobergrenze für eine Einheit des Rohstoffes II zu bestimmen:

$$POG_{II} = \frac{51.000\ €}{15.000\ ME} = 3,40\ €/ME.^{546}$$

Es lässt sich jedoch nachweisen, dass diese Preisobergrenzenbestimmung wenig aussagefähig ist, wenn Produktarten mit differierenden Plan-Stückdeckungsbeiträgen und/oder unterschiedlichen Einsatzmengenverhältnissen des untersuchten Faktors planmäßig gefertigt werden sollen. Zunächst müssen die Preisobergrenzen individuell für jedes Produkt nach der allgemeinen Formel

$$POG_s = p^p + \frac{db_s^p}{r_s^p}$$

errechnet werden. Konkret ergeben sich nun für die im vorangegangenen Beispiel 106 betrachteten Produkte s = 1, s = 2 und s = 3 folgende Preisobergrenzen:

$$POG_{II,1} = 1,50\ € + \frac{4\ €}{2\ ME} = 3,50\ €/ME \tag{1}$$

$$POG_{II,2} = 1,50\ € + \frac{6\ €}{4\ ME} = 3\ €/ME \tag{2}$$

$$POG_{II,3} = 1,50\ € + \frac{5,50\ €}{1\ ME} = 7\ €/ME \tag{3}$$

Vergleicht man die gesamte mit der individuellen Preisobergrenzenbestimmung, so ergibt sich, dass völlig unterschiedliche Grenzen für die Einstellung der Produktion bzw. den anderweitigen Bezug von Rohstoff II sprechen. Während bei der Globalbe-

---

546 2.000 Stück · 2 ME + 2.500 Stück · 4 ME + 1.000 Stück · 1 ME = 15.000 ME.

rechnung ein Überschreiten des kritischen Werts von 3,40 €/ME schon eine Unterlassung der gesamten Produktion fordert,[547] ist im Fall der Einzelbestimmung zu erkennen, dass ab diesem Plan-Netto-Einkaufspreis die Erzeugnisse s = 1 und s = 3 noch dazu beitragen, den Plan-Erfolg positiv zu beeinflussen, während nur die Herstellung von Produkt s = 2 eingestellt werden müsste. Folglich bringt die gesamte Preisobergrenze zum Ausdruck, bis zu welchem kritischen Wert der Plan-Netto-Einkaufspreis des Produktionsfaktors steigen kann, ohne dass die **Zusammensetzung** des bestehenden Produktionsprogramms geändert werden muss. Darüber hinaus ist es auch möglich, die abbaufähigen Plan-Fixkosten sowie planmäßige Stilllegungs-, Stillstands- und Wiederanlaufkosten in die Bestimmung der gesamten Preisobergrenze zu integrieren. In diesem Fall ist analog zur Preisuntergrenzenfestlegung die Ermittlung individueller Preisobergrenzen mangels einer eindeutigen Zurechenbarkeit der genannten Plan-Kostenarten auf die Trägereinheiten nicht sinnvoll. Folglich kann die gesamte Preisobergrenze, wie nachstehend gezeigt, bestimmt werden:

$$POG = \frac{[KOG - (\Delta Kf_{ab}^p - K_{sw}^p)]}{\overline{M}^p}.$$

4.5.4.1.3 Erfolgsorientierte Preisobergrenzen beim Vorliegen von Engpässen

Ebenso wie bei der Preisuntergrenzenplanung müssen auch bezüglich der Preisobergrenzenbestimmung im Fall knapper Kapazitäten **Opportunitätskosten** Berücksichtigung finden. Da in Engpasssituationen bestimmte Erzeugnisarten nicht produziert werden können, bedarf es der Ermittlung **engpassbezogener Preisobergrenzen**, die angeben, ab welchem kritischen Beschaffungspreis die Substitution eines im realisierten Produktionsprogramm enthaltenen Erzeugnisses[548] durch ein nicht gefertigtes Produkt unter dem Gesichtspunkt des Gewinnmaximierungsziels vorteilhafter ist als die Beibehaltung des ursprünglichen Zustands.

Im Fall genau eines Engpasses errechnet sich die engpassbezogene Preisobergrenze (POG_{eng}) eines variablen Produktionsfaktors allgemein aus nachstehender Formel:

$$POG_{eng} = p^p + \frac{(db^p - ko)}{r^p}.$$

---

[547] Es lässt sich durch eine einfache Kontrollrechnung zeigen, dass bei einer Realisierung der durchschnittlichen Preisobergrenze für Rohstoff II von 3,40 €/ME ein Deckungsbeitragsvolumen von 0 € erwirtschaftet würde: 2.000 Stück · (19 € – 18,80 €) + 2.500 Stück · (38 € – 39,60 €) + 1.000 Stück · (24,50 € – 20,90 €) = 0 €.

[548] Das optimale Produktionsprogramm wird im Folgenden mithilfe relativer Plan-Stückdeckungsbeiträge beim Vorliegen eines Engpasses ermittelt. Dabei wurde ein bestimmter Plan-Netto-Einkaufspreis für den zu analysierenden Inputfaktor zugrunde gelegt.

Daraus ergibt sich die folgende Preisobergrenze für ein zu verdrängendes Erzeugnis a*, dessen Fertigung durch die Zugehörigkeit zum optimalen Produktionsprogramm realisiert wurde (a** = verdrängendes Erzeugnis).

$$POG_{eng\ a^*} = p^p + \left[db_{a^*}^p - \frac{db_{a^{**}}^p}{eng_{a^{**}}^p} \cdot eng_{a^*}^p\right] \cdot \frac{1}{r_{a^*}^p}$$

Die auf die jeweilige Plan-Einsatzmenge pro Mengeneinheit des zu analysierenden variablen Inputfaktors bezogene Differenz zwischen dem absoluten Plan-Stückdeckungsbeitrag und den Opportunitätskosten gibt an, um wieviel Geldeinheiten sich die proportionalen Plankosten pro Mengeneinheit ändern können, ohne dass ein Austausch der Erzeugnisarten, in diesem Fall des zu verdrängenden Erzeugnisses a* durch das Verdrängungsprodukt a**, zu einem **höheren Plan-Deckungsbeitragsvolumen** führen würde. Bei einem Überschreiten dieser Preisobergrenze durch den Beschaffungspreis des analysierten Einsatzfaktors wird die aus den günstigeren Produktionsbedingungen beim Erzeugnis a* resultierende Differenz zwischen den beiden Plan-Deckungsbeitragsvolumina vollständig aufgezehrt. Das Übersteigen des kritischen Werts muss somit zu einer Substitution durch das Verdrängerprodukt a** unter **erfolgsorientierten Gesichtspunkten** führen. Entsprechend lässt sich auch für das Verdrängererzeugnis a** eine Preisobergrenze ermitteln, die, sofern sie unterhalb des ursprünglichen Plan-Netto-Einkaufspreises des variablen Einsatzfaktors liegt, angibt, bis zu welchem kritischen Wert der Plan- Netto-Einkaufspreis fallen muss, bevor die ausschließliche Fertigung dieser Produktart günstiger wäre.

Durch die oben genannten Formeln wird weiterhin der entscheidende Einfluss verdeutlicht, den **unterschiedliche Einsatzmengenverhältnisse** variabler Produktionsfaktoren auf die Höhe der **engpassbezogenen Preisobergrenzen** haben. Im Folgenden soll am Beispiel eines Produktionsengpasses die Bedeutung der Preisobergrenzenbestimmung im Rahmen der Auslastungsplanung knapper Produktionsfaktoren grundlegend dargestellt werden. Wie noch zu zeigen sein wird, spielt dieser Aspekt insbesondere bei der **simultanen Planung des optimalen Fertigungsprogramms** eine wichtige Rolle.

> **Beispiel 107:**
> In Abänderung von Beispiel 92[549] wird nun unterstellt, dass sowohl in das Massenprodukt A als auch das Verdränger-Erzeugnis B eine Rohstoffart mit jeweils 3 bzw. 2 Mengeneinheiten planmäßig einfließt, für die am Beschaffungsmarkt stets 25 € pro Mengeneinheit gezahlt werden musste. Läge kein Engpass vor, so ließen sich die entsprechenden absoluten Preisobergrenzen der beiden Erzeugnisse für diesen variablen Produktionsfaktor durch Einsetzen in die nachstehende Formel berechnen:

---

[549] Vgl. Beispiel 92 im vierten Teil zu Gliederungspunkt 4.5.3.2.2.

$$POG = p^p + \frac{db^p}{r^p} \tag{1}$$

$$POG_A = 25\ \text{€} + \frac{60\ \text{€}}{3\ \text{ME}} = 45\ \text{€/ME} \tag{2}$$

$$POG_B = 25\ \text{€} + \frac{70\ \text{€}}{2\ \text{ME}} = 60\ \text{€/ME}^{550} \tag{3}$$

Unter Berücksichtigung der knappen Produktionskapazität von insgesamt 42.000 Fertigungsminuten, um die beide Erzeugnisarten konkurrieren, muss die Preisobergrenzenplanung durch Einbeziehung von **Opportunitätskosten** vorgenommen werden.

$$POG_{engA} = 25\ \text{€} + \frac{(60\ \text{€} - 58{,}3\overline{3}\ \text{€})}{3\ \text{ME}} = 25{,}5\overline{5}\ \text{€/ME} \tag{1}$$

$$POG_{engB} = 25\ \text{€} + \frac{(70\ \text{€} - 72\ \text{€})}{2\ \text{ME}} = 24\ \text{€/ME} \tag{2}$$

Erst bei einem Überschreiten der engpassbezogenen Preisobergrenze von 25,5$\overline{5}$ €/ME der analysierten Rohstoffart wird die aus den günstigeren Produktionsbedingungen bei Erzeugnis A resultierende Differenz zwischen den beiden Plan-Deckungsbeitragsvolumina von 2.800 €[551] vollständig aufgezehrt. Hieraus folgt, dass bei einem Plan-Netto-Einkaufspreis für den variablen Einsatzfaktor von 25,5$\overline{5}$ € genau das Plan-Deckungsbeitragsvolumen des Produkts B erwirtschaftet werden muss:

$$(165\ \text{€} - 30\ \text{€} - 76{,}6\overline{6}\ \text{€}) \cdot 1.680\ \text{Stück} = 98.000\ \text{€}.$$

Somit führt bei einem Übersteigen des kritischen Werts von 25,5$\overline{5}$ € für eine Rohstoffeinheit die Substitution von Erzeugnis A durch Erzeugnis B einerseits zu einem höheren Plan-Deckungsbeitragsvolumen. Andererseits kann bezüglich Erzeugnis B der Rohstoffpreis bis auf 24 € fallen, bevor die ausschließliche Produktion dieser Produktart günstiger wäre.[552]

Allerdings gelten diese engpassbezogenen Preisobergrenzen nur unter der Voraussetzung, dass der Plan-Netto-Einkaufspreis des variablen Einkaufsfaktors beim jeweiligen Alternativprodukt **Konstanz** aufweist, d. h. dem ursprünglichen Plan-Netto-Einkaufspreis entspricht. Ändern sich die Rohstoffpreise bei beiden Produkten im glei-

---

[550] Diese Ergebnisse lassen sich auch durch Einsetzen in die oben entwickelten Formeln zur (absoluten) Preisobergrenzenplanung beim Vorliegen freier Kapazitäten nachvollziehen (vgl. die Ausführungen im vierten Teil zu Gliederungspunkt 4.5.4.1.2):

$POG_A = \frac{(277.200\ \text{€} - 50.400\ \text{€})}{1.680\ \text{Stück}} \cdot \frac{1}{3} = 45\ \text{€/ME};$

$POG_B = \frac{(259.000\ \text{€} - 91.000\ \text{€})}{1.400\ \text{Stück}} \cdot \frac{1}{2} = 60\ \text{€/ME}.$

[551] 2.800 € = (60 € − 58,3$\overline{3}$ €) · 1.680 Stück;
    −2.800 € = (70 € − 72 €) · 1.400 Stück.

[552] (185 € − 65 € − 48 €) · 1.400 Stück = 100.800 €.

chen Ausmaß, wird die Preisobergrenze durch den kritischen Wert repräsentiert, bei dem der durch die günstigeren Produktionsbedingungen bewirkte Differenzbetrag der Plan-Deckungsbeitragsvolumina aufgrund des besseren Einsatzmengenverhältnisses beim Alternativprodukt kompensiert wird. Für das betrachtete Produkt A kann diese Grenze, bei deren Überschreiten eine ausschließliche Fertigung von Erzeugnis B zu einem höheren Plan-Deckungsbeitragsvolumen führt, durch nachstehende Rechenoperation ermittelt werden:

$$(165\ € - 30\ € - 3\ ME \cdot p^p) \cdot 1.680\ \text{Stück} =$$
$$= (185\ € - 65\ € - 2\ ME \cdot p^p) \cdot 1.400\ \text{Stück} \tag{1}$$

$$p^p = \frac{(226.800\ € - 168.000\ €)}{(5.040\ ME - 2.800\ ME)} \tag{2}$$

$$POG_{engA} = 26{,}25\ €. \tag{3}$$

Eine Einstellung der Produktion kommt jedoch erst dann in Betracht, wenn aus erfolgswirtschaftlicher Sicht der Plan-Netto-Einkaufspreis des analysierten Einsatzfaktors auch die absolute Preisobergrenze bezüglich Erzeugnis B von 60 € überschreitet und kein Substitutionsgut existiert, dessen planmäßiger Bezugspreis unter der ermittelten Grenze liegt.

Die abschließende Tabelle 111 zeigt noch einmal zusammenfassend die im Rahmen des Beispiels errechneten kritischen Werte bezüglich der Preisobergrenzenbestimmung. Hieraus lassen sich folgende Konstellationen ableiten.

(1) $p^p < 26{,}25\ €$: die Produktion von Erzeugnis A führt zu einem höheren Plan-Deckungsbeitragsvolumen als die von Erzeugnis B.
(2) $p^p > 26{,}25\ €$: die Produktion von Erzeugnis B führt zu einem höheren Plan-Deckungsbeitragsvolumen als die von Erzeugnis A.
(3) $p^p = 26{,}25\ €$: der Entscheidungsträger ist bezüglich der Wahl von Erzeugnis A oder B indifferent, da bei diesem Plan-Netto-Einkaufspreis beide Produktionsalternativen zum gleichen Plan-Deckungsbeitragsvolumen führen.

In der industriellen Praxis liegen aber in der Mehrzahl der Fälle Plan-Absatzmengen pro Erzeugnisart vor, die in bestimmten Grenzen **variablen Charakter** tragen. Darüber hinaus treten **Beschaffungs- und Produktionsengpässe** auf, so dass sich aus dem Blickwinkel der Preisobergrenzenplanung die zur Preisuntergrenzenbestimmung analoge Frage **beim Vorliegen mehrerer Engpässe** stellt, wie weit der Plan-Netto-Einkaufspreis eines bestimmten variablen Einsatzfaktors steigen kann, ohne dass ein mittels linearer Programmierung fixiertes optimales Fertigungsprogramm geändert werden muss. Die entsprechenden kritischen Werte, bei deren Überschreiten unter dem Gesichtspunkt des Zieles der Gewinnmaximierung eine Variation des Fertigungsprogramms vorzunehmen ist, kommen in Gestalt **engpassbezogener**

Tabelle 111:

$DBV^p \big\backslash p^p$	Erzeugnis A (3 ME)	Erzeugnis B (2 ME)
24 €	(165 € – 30 € – 72 €) · 1.680 Stück = 105.840 €	(185 € – 65 € – 48 €) · 1.400 Stück = 100.800 €
25 €	(165 € – 30 € – 75 €) · 1.680 Stück = 100.800 €	(185 € – 65 € – 50 €) · 1.400 Stück = 98.000 €
26,25 €	(165 € – 30 € – 78,75 €) · 1.680 Stück = 94.500 €	(185 € – 65 € – 52,5 €) · 1.400 Stück = 94.500 €
45 €	(165 € – 30 € – 135 €) · 1.680 Stück = 0 €	(185 € – 65 € – 90 €) · 1.400 Stück = 42.000 €
60 €	(165 € – 30 € – 180 €) · 1.680 Stück = – 75.600 €	(185 € – 65 € – 120 €) · 1.400 Stück = 0 €

Preisobergrenzen der einzelnen Erzeugnisse zum Ausweis. Dieser Sachverhalt wird im Folgenden anhand eines Beispiels verdeutlicht.

> **Beispiel 108:**
> Den nachstehenden Ausführungen zur Preisobergrenzenplanung wird wiederum das erweiterte Beispiel 88[553] zugrunde gelegt. Die optimale Lösung, bei der ein maximales Plan-Deckungsbeitragsvolumen von 36.700 € anfällt, liegt bei einer planmäßigen Fertigungsmenge der beiden heterogenen Erzeugnisse mit 1.150 Stück des Produkts A und 2.100 Stück des Produkts B.

Da in beide Erzeugnisse eine identische Rohstoffart eingeht, werden die proportionalen Plan-Stückkosten jedes Produkts bei einem Preisanstieg dieses variablen Einsatzfaktors erhöht und gleichzeitig die Plan-Stückdeckungsbeiträge entsprechend gesenkt. Es gilt nun zu untersuchen, bis zu welcher Preisobergrenze der in Rede stehenden Rohstoffart das errechnete optimale Fertigungsprogramm erhalten bleibt. Dies kann analog zur Preisuntergrenzenplanung mithilfe einer **Sensibilitätsanalyse** bezüglich der Zielkoeffizienten einer Basisvariablen unter Zugrundelegung der Plandaten des gewinnmaximalen Produktionsprogramms wie folgt festgestellt werden.[554]

$$\frac{1}{6} \cdot (10\ \text{€} - 6\ \text{ME} \cdot \beta) + 0 \cdot (12\ \text{€} - 3\ \text{ME} \cdot \beta) \geq 0$$

$$-\frac{1}{2} \cdot (10\ \text{€} - 6\ \text{ME} \cdot \beta) + 1 \cdot (12\ \text{€} - 3\ \text{ME} \cdot \beta) \geq 0$$

---

553 Vgl. Beispiel 88 im vierten Teil zu Gliederungspunkt 4.5.3.1.
554 Vgl. Tabelle 103 im vierten Teil zu Gliederungspunkt 4.5.3.2.2.

$$\beta \leq \frac{5}{3}.$$

Solange sich das Änderungsvielfache der Plan-Stückdeckungsbeiträge (β) in den angegebenen Grenzen bewegt, existiert kein anderes optimales Fertigungsprogramm. Damit kann der Preis für eine eingesetzte Rohstoffeinheit um maximal 1,6̄6̄ € [$\frac{5}{3}$ €] steigen, ohne dass eine Variation des Produktionsprogramms erforderlich wird. Die entsprechende Preisobergrenze des variablen Einsatzfaktors setzt sich folglich aus dem ursprünglichen Plan-Netto-Einkaufspreis von 3 € zuzüglich des Werts von 1,6̄6̄ €/ME zusammen und beträgt insgesamt 4,6̄6̄ €/ME. Im Fall einer derartigen maximalen Preiserhöhung würden sich die Plan-Stückdeckungsbeiträge von Erzeugnis A und B auf 0 € (10 € − 6 ME · 1,6̄6̄ €) und 7 € (12 € − 3 ME · 1,6̄6̄ €) senken. Ferner kann der Plan-Netto-Einkaufspreis in beliebigem Umfang fallen, ohne dass eine andere Produktionsmengenstruktur zu einem höheren Plan-Deckungsbeitragsvolumen führen würde.

Unterstellt man, dass die Preisänderung des variablen Produktionsfaktors nur jeweils ein Produkt betrifft, während der Plan-Netto-Einkaufspreis pro Mengeneinheit beim anderen Erzeugnis **Konstanz** aufweist, dann steigt die entsprechende produktbezogene Preisobergrenze des anderen Erzeugnisses, weil nur ein Plan-Stückdeckungsbeitrag von der Variation betroffen ist. Dies führt im Einzelnen zu folgenden Ergebnissen.

(1) Für x_A:

$$\frac{1}{6} \cdot (10\ \text{€} - 6\ \text{ME} \cdot \beta) + 0 \cdot 12\ \text{€} \geq 0 \tag{1.1}$$

$$\frac{1}{2} \cdot (10\ \text{€} - 6\ \text{ME} \cdot \beta) + 1 \cdot 12\ \text{€} \geq 0 \tag{1.2}$$

$$-\frac{7}{3} \leq \beta_A \leq \frac{5}{3}. \tag{1.3}$$

(2) Für x_B:

$$\frac{1}{6} \cdot 10\ \text{€} + 0 \cdot (12\ \text{€} - 3\ \text{ME} \cdot \beta) \geq 0 \tag{2.1}$$

$$-\frac{1}{2} \cdot 10\ \text{€} + 1 \cdot (12\ \text{€} - 3\ \text{ME} \cdot \beta) \geq 0 \tag{2.2}$$

$$\beta_B \leq \frac{7}{3}. \tag{2.3}$$

Die Resultate bringen zum Ausdruck, dass der Plan-Netto-Einkaufspreis bei Erzeugnis A bis zu 2,3̄ € sinken kann, da dann genau die Obergrenze des Plan-Stückdeckungsbeitrags dieses Produkts in Höhe von 24 € (10 € + 6 ME · 2,3̄ €) erreicht ist. Darüber hinaus besteht die Möglichkeit einer planmäßigen Erhöhung des Einkaufspreises im Umfang von $1,6\bar{6}$ € (10 € − 6 ME · $1,6\bar{6}$ € = 0). Im Hinblick auf Erzeugnis B ist hingegen nur ein Steigen des Rohstoffpreises von $2,3\bar{3}$ € pro Einheit relevant, da an dieser Stelle die zu beachtende Untergrenze des Plan-Stückdeckungsbeitrags von 5 € (12 € − 3 ME · $2,3\bar{3}$ €) erreicht ist.

Bezüglich beider Produkte liegt die Preisobergrenze für den untersuchten Einsatzfaktor im Fall **von Interdependenzen** zwischen den Rohstoffpreisen der Erzeugnisse A und B bei $4,6\bar{6}$ € pro Mengeneinheit. Es fällt auf, dass der Wert von 5/3 €, um den der Rohstoffpreis ohne Konsequenzen für das festgelegte Produktionsprogramm steigen kann, **identisch ist mit den Opportunitätskosten** in der Zielfunktionszeile beim Scheinprodukt x_E.[555] Da 5/3 € genau diejenige Veränderung des Plan-Deckungsbeitragsvolumens repräsentiert, die zu realisieren wäre, wenn die Kapazität des knappen Faktors in Gestalt von 13.200 ME der untersuchten Rohstoffart um eine Einheit variiert würde, kann der Plan-Netto-Einkaufspreis des betreffenden Einsatzfaktors ebenfalls um maximal diesen Wert erhöht werden. Allerdings ist mit einer derartigen wertmäßigen Senkung des Plan-Deckungsbeitragsvolumens keine Variation der Produktionsmengen der Erzeugnisarten A und B verbunden, so dass es auch keiner Bestimmung eines neuen gewinnmaximalen Fertigungsprogramms bedarf. Mithin lässt sich die produktbezogene Preisobergrenze beim Vorliegen von **mehr als einer knappen Kapazität** allgemein wie folgt formulieren:

$$POG_{eng} = p^p + ko. \qquad (1)$$

Setzt man für die beiden Produkte A und B entsprechend in (1) ein, so ergibt sich:

$$POG_{engA,B} = 3\ \text{€} + 1,6\bar{6}\ \text{€} = 4,6\bar{6}\ \text{€}. \qquad (2)$$

Abschließend zum Bereich der Preisgrenzenplanung im Absatz- und Beschaffungsbereich der industriellen Unternehmen bleibt der Hinweis, dass die gezeigte Bestimmung von Preisunter- und -obergrenzen vor allem in Mehrproduktunternehmungen dann zu Fehlentscheidungen führen kann, wenn **Kosten- und Nachfrageverbundwirkungen** existieren.[556] So muss z. B. die Zurechnung gemeinsam zu erzielender Plan-Erlöse auf die einzelnen Erzeugnisse immer willkürlichen Charakter tragen. Abhilfe schafft hier nur die Planung einer **gemeinsamen Preisgrenze** für die von der Verbundwirkung betroffenen Erzeugnisse.

---

555 Vgl. Tabelle 97 im vierten Teil zu Gliederungspunkt 4.5.3.1. und Tabelle 103 im vierten Teil zu Gliederungspunkt 4.5.3.2.2.
556 Kostenverbundwirkungen fallen primär im Rahmen der Produktion von Kuppelprodukten an, bei der bezüglich der Herstellung bestimmter Erzeugnisse (z. B. Gas) mit technischer Notwendigkeit weitere Produkte (z. B. Koks, Teer, Benzol) entstehen. Von Nachfrageverbundwirkungen wird hingegen gesprochen, wenn sich technisch unterschiedliche Erzeugnisse beim Verkauf wechselseitig fördern. Dies ist z. B. bei Unternehmen der IT-Branche der Fall, deren Hardware nur in Verbindung mit ebenfalls angebotenen Programmpaketen zu nutzen ist.

4.5.4.2 Eigenfertigung oder Fremdbezug

Die Frage nach den Alternativen „Eigenfertigung oder Fremdbezug" tritt prinzipiell in allen betrieblichen Funktionsbereichen der industriellen Unternehmung auf. Im Grundsatz handelt es sich **um die Wahl zwischen zwei unterschiedlichen Bereitstellungswegen für Güter und Leistungen.** So besteht beispielsweise im Bereich der Personal-Beschaffungsplanung die Möglichkeit, die Einstellung neuer Mitarbeiter entweder durch die eigene Personalabteilung vornehmen zu lassen oder aber eine Beratungsgesellschaft zu beauftragen. Weiterhin stellt sich im Verwaltungsbereich häufig die Frage, ob die interne Abrechnung mittels eines eigenen IT-gestützten Buchhaltungssystems oder durch Einschaltung eines externen Rechenzentrums durchgeführt werden soll. Schließlich tritt bei vielen Industrieunternehmungen das Entscheidungsproblem auf, ob bestimmte Erzeugnisse bzw. Erzeugnisteile auf den eigenen Fertigungseinrichtungen zu produzieren oder aber durch Zulieferer im Rahmen des Fremdbezugs zu beschaffen sind. Da im Folgenden die Lösung derartiger **kurzfristiger Entscheidungsaufgaben** durch den Einsatz der als Deckungsbeitragssystem ausgebauten Grenz-Plankostenrechnung gezeigt werden soll, beschränken sich die nachstehenden Ausführungen auf die Analyse der kostenmäßigen Unterschiede der in Rede stehenden Alternativen, wobei die gewinnmaximale Planung des Fertigungsprogramms im Vordergrund der Betrachtung steht.

Die zwischen der Unternehmung und anderen Betrieben existierenden standortbedingten, betriebsgrößenbedingten und sonstigen Differenzen bezüglich der Kostenstruktur sowie Unterschiede in der Kalkulationstechnik und der Beschäftigungslage haben zur Folge, dass die Alternativen „Eigenfertigung oder Fremdbezug" mit unterschiedlichen Kosten verbunden sind. Grundsätzlich sind im Rahmen einer **Kostenvergleichsrechnung** beim Fremdbezug ausschließlich die **leistungsabhängigen Kosten** für die eventuelle Beschaffung fertiger und/oder unfertiger Erzeugnisse zu berücksichtigen, während hinsichtlich der Eigenproduktion neben den variablen Produktionskosten stets auch **fixe (abbaubare) Kapazitätskosten** Eingang in das Entscheidungskalkül finden müssen. Die Lösung derartiger mittel- bis langfristiger Planungsprobleme mithilfe der Plan-Kostenrechnung kann durch Gegenüberstellung der beiden Kostenfunktionen für Eigenfertigung (KE^p) und Fremdbezug (KF^p) vorgenommen werden. Wie die folgenden Formeln zeigen, unterscheiden sich die beiden linearen Funktionen auch bezüglich ihres Steigungsmaßes. Während die Funktion für die Eigenfertigung die proportionalen Plan-Fertigungskosten pro Bezugsgrößeneinheit ausweist, wird die Steigung der Funktion für die Alternative „Fremdbezug" durch den Plan-Netto-Einkaufspreis pro Bezugsgrößeneinheit repräsentiert.

$$KE^p = KF^p \qquad (1)$$

$$Kf^p + kv^p \cdot x^p = p^p \cdot x^p \qquad (2)$$

$$x^p = \frac{Kf^p}{(p^p - kv^p)} \qquad (3)$$

Durch Einsetzen in Formel (3) ist diejenige „**kritische Absatzmenge**" zu berechnen, bei deren Überschreiten die Eigenfertigung zu geringeren Plankosten führt und deshalb dem Fremdbezug vorzuziehen ist. Es besteht aus zwei Gründen die Gefahr, dass eine solche Vorgehensweise zu **Fehlentscheidungen bezüglich der Wahl des Bereitstellungsweges** für das untersuchte Produkt führen kann. Zum einen wird eine eindeutige Zurechnung der fixen (abbaufähigen) Plankosten auf die entsprechenden Erzeugnisse nur begrenzt möglich sein.[557] Zum anderen handelt es sich bei vielen derartigen Wahlproblemen um **Investitionsentscheidungen**, die nicht mithilfe der Kostenrechnung, sondern durch den Einsatz dynamischer Verfahren der Investitionsrechnung, die auf Ein- und Auszahlungen basieren, getroffen werden sollten.[558]

Allerdings stellen im Fall **kurzfristiger Planungsprozesse** auf der Basis gegebener Fertigungskapazitäten und Betriebsbereitschaft auch bei der Alternative „Eigenfertigung" die proportionalen Plankosten den Ausgangspunkt für die Ermittlung der entsprechenden Entscheidungswerte dar. Ferner kann der Fremdbezug aus kostenrechnerischer Sicht als ein **spezifisches Fertigungsverfahren** interpretiert werden, das bestimmte proportionale Plankosten verursacht. Hieraus folgt, dass die im Kapitel über die Planung des Produktionsvollzugs[559] dargestellten Entscheidungsregeln bezüglich der Wahl der (des) kostengünstigsten Fertigungsverfahren(s) analog auf die Lösung des Planungsproblems „Eigenfertigung oder Fremdbezug" anzuwenden sind.

Liegen **unterausgelastete Produktionskapazitäten** vor, so ist der Fremdbezug der Eigenfertigung stets vorzuziehen, wenn die planmäßigen Lieferantenpreise pro Einheit unter den entsprechenden proportionalen Plankosten pro Stück liegen (et vice versa). Besteht hingegen **ein Engpass**, so können nicht alle Erzeugnisse, deren Fremdbezugspreise die proportionalen Plan-Stückkosten überschreiten, auf den eigenen Produktionsanlagen gefertigt werden. In diesen Fällen gilt es zu entscheiden, in welchem Umfang ein Herstellungstransfer auf die Lieferanten vorzunehmen ist. Unter der Zielsetzung **relativer Kostenminimierung** müssen die Fehlkapazitäten des Engpassfaktors nach Maßgabe der geringsten Differenzen zwischen den proportionalen Plankosten pro Stück des Engpassverfahrens und der Alternativverfahren, wobei die Möglichkeit des Fremdbezugs eingeschlossen ist, sukzessive auf den (die) nächstgünstigeren Bereitstellungsweg(e) verteilt werden.

---

[557] Ist eine solche Zurechnung möglich, dann müssen konsequenterweise, wie schon bei der Preisgrenzenplanung gezeigt, auch eventuell planmäßig anfallende Stilllegungs-, Stillstands- und Wiederanlaufkosten in das Entscheidungskalkül einbezogen werden.
[558] Vgl. im Einzelnen Freidank 2019a, S. 370–402.
[559] Vgl. die Ausführungen im vierten Teil zu Gliederungspunkt 4.5.2.2. und zu Gliederungspunkt 4.5.3.1.

Beispiel 109:
In Erweiterung von Beispiel 87[560] wird nun angenommen, dass die Erzeugnisse A und B zu Plan-Netto-Stückpreisen von 62 € bzw. 64 € fremd zu beziehen sind. Tabelle 112 zeigt die unter Berücksichtigung der Fremdbezugsalternative (Verfahren IV) geänderte optimale Verfahrenswahl.

Tabelle 112:

Verfahren	in Min.			In Stück				
Produktarten	I	II	III	I	II	III	IV	Summe
A	–	–	90.000	–	–	4.500	1.300	5.800
B	–	96.000	–	–	4.000	–	–	4.000
Summe	–	96.000	90.000	–	4.000	4.500	1.300	9.800

In diesem Fall wird zur Beschaffung der restlichen 1.300 Stück des Produkts A nicht auf die vorhandenen Kapazitäten der Anlagen II und I zurückgegriffen, sondern dieser Bedarf wird ausschließlich durch Fremdbezug gedeckt, der zur Überwindung des Engpasses von Anlage III die kostengünstigste Alternative darstellt (2 € = 62 € – 60 €). Produkt B wird aber weiterhin vollständig auf Anlage II gefertigt, da sowohl die proportionalen Plankosten pro Stück bezüglich Anlage I (82,50 €) als auch die planmäßigen Fremdbezugskosten (64 €) über den leistungsabhängigen Plankosten der Anlage II in Höhe von 60 € liegen. Hierdurch bleibt Anlage I völlig und Anlage II mit 12.000 Fertigungsminuten ungenutzt.

Wird im Überbeschäftigungsfall hingegen **mehr als ein Engpass** bezüglich der Eigenfertigung wirksam, so muss die in Rede stehende Entscheidungsaufgabe mit Hilfe der **linearen Simultanplanung** gelöst werden. Bei derartigen Konstellationen bietet es sich an, die Fremdbezugsalternative(n) in den linearen Planungsansatz zu integrieren. Dies kann dergestalt geschehen, dass in die zu maximierende Zielfunktion die Plan-Stückdeckungsbeiträge der Fremdbezugsmöglichkeit(en), ggf. auch mit existierenden Beschaffungsrestriktionen, einbezogen werden.[561]

Beispiel 110:
Unterstellt man bezüglich des erweiterten Beispiels 88[562], dass für das Erzeugnis B eine Fremdbezugsalternative mit einem Plan-Netto-Einkaufspreis pro Stück von 16 € und einer maximalen Plan-Bezugsmenge von 900 Stück besteht, dann müsste der lineare Planungsansatz wie folgt erweitert werden:

---

560 Vgl. Beispiel 87 im vierten Teil zu Gliederungspunkt 4.5.2.2.
561 Eine andere Möglichkeit besteht darin, im Rahmen einer simultanen Kostenminimierungsrechnung die günstigste Kombination der möglichen Bereitstellungswege zu ermitteln. Vgl. die Ausführungen im vierten Teil zu Gliederungspunkt 4.5.3.1.
562 Vgl. Beispiel 88 im vierten Teil zu Gliederungspunkt 4.5.3.1.

$$10 \cdot x_A + 12 \cdot x_B + 15 \, x_C^{563} = DBV^P \Rightarrow \text{Max!} \text{ (Zielfunktion)} \quad (1)$$

$$3 \cdot x_A + 5 \cdot x_B \leq 15.000 \quad \text{(Produktionsrestriktion I)} \quad (2)$$

$$4 \cdot x_A + 2 \cdot x_B \leq 9.500 \quad \text{(Produktionsrestriktion II)} \quad (3)$$

$$6 \cdot x_A + 3 \cdot x_B \leq 13.200 \quad \text{(Beschaffungsrestriktion I)} \quad (4)$$

$$x_C \leq 900 \quad \text{(Beschaffungsrestriktion II)} \quad (5)$$

$$x_A \leq 1.500 \quad \text{(Absatzrestriktion I)} \quad (6)$$

$$x_B + x_C \leq 2.100 \quad \text{(Absatzrestriktion II)}^{564} \quad (7)$$

$$\left. \begin{array}{r} x_A \geq 0 \\ x_B \geq 0 \\ x_C \geq 0 \end{array} \right\} \text{(Nicht – Negativitätsbedingungen)} \quad \begin{array}{r} (8) \\ (9) \\ (10) \end{array}$$

Das entsprechende Ausgangstableau hat dann folgendes Aussehen (Tabelle 113).

Tabelle 113:

	x_A	x_B	x_C	x_D	x_E	x_F	x_G	x_H	x_I		
x_D	3	5	0	1	0	0	0	0	0	=	15.000
x_E	4	2	0	0	1	0	0	0	0	=	9.500
x_F	6	3	0	0	0	1	0	0	0	=	13.200
x_G	0	0	1	0	0	0	1	0	0	=	900
x_H	1	0	0	0	0	0	0	1	0	=	1.500
x_I	0	1	1	0	0	0	0	0	1	=	2.100
	−10	−12	−15	0	0	0	0	0	0	=	0

Nach drei Iterationen ergibt sich das nachstehende optimale Tableau (Tabelle 114).

Aufgrund der Integration der Fremdbezugsalternative in den linearen Planungsansatz kann das Plan-Deckungsbeitragsvolumen von 36.700 € auf 42.900 € (= 10 € · 1.500 Stück + 12 € · 1.200 Stück + 15 € · 900 Stück) gesteigert werden. Ferner ist zu beachten, dass die planmäßige Nutzung des Fremdbezugs von Produkt B mit 900 Stück zu einer vollen Auslastung der vorhandenen Absatzmöglichkeiten beider Erzeugnisse führt. Allerdings treten hierdurch höhere Leerkapazitäten im Produktions- und Beschaffungsbereich in folgendem Umfang auf.

---

563 31 € − 16 € = 15 €.
564 Die vorhandene Absatzkapazität von 2.100 Stück kann durch Eigenfertigung und/oder Fremdbezug von Erzeugnis B genutzt werden.

Tabelle 114:

	x_C	x_B	x_C	x_D	x_E	x_F	x_G	x_H	x_I	
x_D	0	0	0	1	0	0	5	-3	-5	= 4.500
x_E	0	0	0	0	1	0	2	-4	-2	= 1.100
x_F	0	0	0	0	0	1	3	-6	-3	= 600
x_C	0	0	1	0	0	0	1	0	0	= 900
x_A	1	0	0	0	0	0	0	1	0	= 1.500
x_B	0	1	0	0	0	0	-1	0	1	= 1.200
	0	0	0	0	0	0	3	10	12	= 42.900

(1) **Produktionsrestriktion I:**
 4.500 Min. (= 15.000 Min. − 3 Min. · 1.500 Stück − 5 Min. · 1.200 Stück).
(2) **Produktionsrestriktion II:**
 1.100 Min. (= 9.500 Min. − 4 Min. · 1.500 Stück − 2 Min. · 1.200 Stück).
(3) **Beschaffungsrestriktion I:**
 600 ME (= 13.200 ME − 6 ME · 1.500 Stück − 3 ME · 1.200 Stück).

Beispiel 111:
Nimmt man auf der Grundlage von Beispiel 110 nun erweiternd an, dass Beispiel 89[565] folgend von der Maschinenbelegungsplanung abgewichen werden kann, so bedarf es einer Änderung des vorstehend entwickelten Planungsansatzes. Nachfolgend wird die Fremdbezugsalternative des Produkts B als (Bereitstellungs-)Verfahren V bezeichnet.

$10 \cdot x_{AI} + 12 \cdot x_{BII} + 8 \cdot x_{AIII} + 14 \cdot x_{BIV} + 15 \cdot x_{BV} = \text{DBVP} \Rightarrow \text{Max!}$ (Zielfunktion)

$3 \cdot x_{AI} + 5 \cdot x_{BII} + 5 \cdot x_{AIII} + 3 \cdot x_{BIV} \leq 15.000$ (Produktionsrestriktion I)

$4 \cdot x_{AI} + 2 \cdot x_{BII} + 2 \cdot x_{AIII} + 4 \cdot x_{BIV} \leq 9.500$ (Produktionsrestriktion II)

$6 \cdot x_{AI} + 3 \cdot x_{BII} + 6 \cdot x_{AIII} + 3 \cdot x_{BIV} \leq 13.200$ (Beschaffungsrestriktion I)

$x_{BV} \leq 900$ (Beschaffungsrestriktion II)

$x_{AI} + x_{AIII} \leq 1.500$ (Absatzrestriktion I)

$x_{BII} + x_{BIV} + x_{BV} \leq 2.100$ (Absatzrestriktion II)

Die optimale Lösung führt zu folgenden Ergebnissen:

$x_{AI} = 1.500$ Stück $x_{BII} = 650$ Stück
$x_{AII} = 0$ Stück $x_{BIII} = 550$ Stück
 $x_{BIV} = 900$ Stück

---

[565] Vgl. Beispiel 89 im vierten Teil zu Gliederungspunkt 4.5.3.1.

Im Vergleich zu den Resultaten von Beispiel 110 zeigt sich, dass das Plan-Deckungsbeitragsvolumen im Fall unterschiedlicher Möglichkeiten des Produktionsvollzugs um 1.100 € auf 44.000 € gesteigert werden kann.[566] Infolge dieser erweiterten Programm- und Vollzugsplanung ergeben sich Leerkapazitäten in nachstehenden Höhen.

(1) **Produktionsrestriktion I:**
  5.600 Min. (= 15.000 Min. − 3 Min. · 1.500 Stück − 5 Min. · 650 Stück − 3 Min. · 550 Stück).
(2) **Beschaffungsrestriktion I:**
  600 ME (= 13.200 ME − 6 ME · 1.500 Stück − 3 ME · 650 Stück − 3 ME · 550 Stück).

4.5.5 Zusammenfassung

In der BWL existieren unterschiedliche Gestaltungsformen der Kostenrechnung, mit deren Hilfe **kurzfristige Planungs-, Kontroll- und Steuerungsziele** verfolgt werden können. Vorstehend wurde anhand von Beispielen aufgezeigt, wie Teilkosten- und Deckungsbeitragsrechnungen als kurzfristige Entscheidungsinstrumente im **Absatz-, Produktions- und Beschaffungsbereich** industrieller Unternehmen einzusetzen sind. Obwohl mit der im Folgenden dargestellten **Prozesskostenrechnung**[567] eine Renaissance der Vollkostenrechnung zu verzeichnen war, konnte verdeutlicht werden, dass die Lösung operativer Entscheidungsprobleme auf der Grundlage gegebener bzw. begrenzt beeinflussbarer Kapazitäten und Betriebsmittelbereitschaft nur mit Hilfe von Teilkosten- und Deckungsbeitragsrechnungen möglich ist. Allerdings liefern die in Rede stehenden Instrumente des **operativen Controllings** die entsprechenden Entscheidungswerte bei spezifischen Konstellationen (z. B. engpassbezogene Deckungsbeiträge, Preisgrenzen, Break-even-points) nicht unmittelbar, sondern diese müssen mit Hilfe von **Nebenrechnungen** unter Einsatz spezifischer Planungsmethoden aus ihnen abgeleitet werden. Durch den Rückgriff auf **Standard-Software** sowie die Umsetzung von **Digitalisierungsstrategien** kann die Ermittlung der relevanten Entscheidungsgrößen vor allem bei komplexen Planungsproblemen in ökonomischen Grenzen gehalten werden. Sofern die Führungsinstanzen die dargelegten **kurzfristigen Kalkulationsregeln** negieren, besteht die Gefahr von **Fehlentscheidungen**, die die Realisation der gesetzten Ziele, insbesondere die Erreichung geplanter periodenbezogener Extremierungen des Erfolgs und daraus resultierende Unternehmenswertsteigerungen, gefährden.

---

[566] 44.000 € = 1.500 Stück · 10 € + 650 Stück · 12 € + 550 Stück · 14 € + 900 Stück · 15 €.
[567] Vgl. die Ausführungen im Fünften Teil zu Gliederungspunkt 1.

Fünfter Teil: Weiterentwicklungen der Kostenrechnung und des Kostenmanagements

1 Prozesskostenrechnung

1.1 Anlässe zur Reform der Kostenrechnungssysteme

Insbesondere die folgenden Kriterien haben in den 1980er und 1990er Jahren dazu geführt, die Einsatzmöglichkeiten **traditioneller Kostenrechnungssysteme** (z. B. Ist-, Normal-und Plankostenrechnungen auf Voll- und Teilkostenbasis)[568] zum Zweck der Lösung von **Planungs-, Steuerungs- und Kontrollaufgaben** kritisch zu überdenken:

(1) **Veränderungen der ökonomischen Rahmenbedingungen**, die primär durch die beschleunigte Einführung neuer Technologien und eine steigende Komplexität des Produktions- und Absatzprogramms mit der Folge der in (2) dargelegten Verschiebungen der Kostenstruktur ausgelöst wurden.

(2) **Wachsende Gemein- und sinkende Einzelkosten** durch höhere Automatisierungsgrade der Fertigung und die Bedeutungszunahme planender, kontrollierender und steuernder Tätigkeiten in den **indirekten Leistungsbereichen** wie z. B. Forschung und Entwicklung, Konstruktion, Arbeitsvorbereitung, Einkauf, Vertrieb, Logistik, Instandhaltung, Softwareentwicklung und Qualitätssicherung.[569]

(3) **Einseitige Ausrichtung der traditionellen Kostenrechnungssysteme** auf die direkten Fertigungsbereiche, wodurch die kostenstellenübergreifenden Leistungswirkungen der indirekten Stellen auf das Produktions- und Absatzprogramm nur unzureichend erfasst werden können.

Hieraus wird abgeleitet, dass die traditionellen Kostenrechnungssysteme nicht in der Lage sind, **strategische bzw. produktpolitisch** relevante Fragen z. B. nach

(1) den von innerbetrieblichen Dienstleistungen verursachten Kosten (z. B. einer Auftragsabwicklung) oder

(2) den von Neuteilen ausgelösten Kosten von der Konstruktion bis zur Stückliste zu beantworten[570], da die Gemeinkosten entweder über die **innerbetriebliche Leistungsverrechnung** auf Fertigungskostenstellen verteilt und über **Bezugsgrößen** oder mithilfe **prozentualer Zuschlagssätze** auf Materialeinzel- bzw. Herstellkosten (Material-, Verwaltungs- und Vertriebsgemeinkosten) den Produkten angelastet werden. Diese Zurechnungsmethodik ignoriert die wirklichen Gemeinkostenabhängigkeiten, da die in den indirekten Bereichen anfallenden Kostenarten nicht durch **wert- oder zeitabhängige Bezugsgrößen** wie etwa Fertigungs-, Maschinenstunden und/oder Einzel- bzw. Herstellkosten ausgelöst

---

[568] Vgl. die Ausführungen im vierten Teil.
[569] Die Summe dieser indirekten Leistungsbereiche wird im Schrifttum auch als „Hidden Factory" bezeichnet, da es sich um verborgene Ressourcen handelt, denen in der Vergangenheit zu wenig Aufmerksamkeit geschenkt wurde. Vgl. Miller/Vollmann 1985, S. 142–150.
[570] Vgl. Olshagen 1991, S. 28–29; Mayer 1991, S. 81.

werden, sondern z. B. durch die Anzahl der Aufträge oder die **Komplexität bzw. die Variantenvielfalt der Erzeugnisse.**

Auch die **Grenz-Plankostenrechnung** und die **stufenweise Fixkostendeckungsrechnung**[571] sind grundsätzlich nicht geeignet, die aufgezeigten Defizite der Vollkostenrechnung zu vermeiden, da diese Verfahren ebenfalls ausschließlich auf die Planung, Kontrolle und Steuerung im Fertigungsbereich abstellen. Insbesondere werden dem in der Praxis häufig anzutreffenden System der Grenz-Plankostenrechnung, das i. d. R. als (einstufige) Deckungsbeitragsrechnung ausgebaut ist, folgende **Kritikpunkte** vorgehalten:[572]
(1) kurzfristiger Betrachtungshorizont;
(2) gerade die stark wachsenden Gemeinkosten stehen nicht im Zentrum der kostenrechnerischen Analyse;
(3) durch die tendenziell sinkenden (proportionalen) Einzelkosten werden die Deckungsbeiträge im Verhältnis zu den Umsatzerlösen zunehmend höher;
(4) für längerfristige (strategische) Produktentscheidungen fehlt die Akzeptanz in der Praxis, weil die Grenz-Plankostenrechnung von (kurzfristig) unveränderbaren Kapazitäten und Fixkosten ausgeht;
(5) sofern die Fixkostenschlüsselung in die Grenz-Plankostenrechnung zum Zweck einer Vollkostenkalkulation einbezogen wird,[573] können aufgrund der fertigungsorientierten Bezugsgrößenwahl die kostenstellenübergreifenden Leistungswirkungen der indirekten Bereiche bezüglich der Fixkostenzurechnung ebenfalls nur unzureichend berücksichtigt werden.

Auch mit der Erweiterung der Grenz-Plankostenrechnung zu einer **stufenweisen Fixkostendeckungsrechnung**, die für **fixkostenintensive Produktionsstellen** entwickelt wurde,[574] kann das Problem der Planung, Steuerung und Kontrolle (fixer) Gemeinkosten in den indirekten Leistungsbereichen nur unzureichend gelöst werden. Insbesondere die im System der stufenweisen Fixkostendeckungsrechnung vorgenommene zeitliche Differenzierung der fixen Kostenarten nach Maßgabe ihrer Abbaufähigkeit und unterschiedlichen Betriebsbereitschaftsgraden führt in den fertigungsunterstützenden Kostenstellen, deren Kostenanteil sich auf ca. **80% der Personalkosten** beläuft, zu keinem Erkenntnisfortschritt.[575] Hier gilt es, Bezugsgrößen zu finden, mit deren Hilfe die kostenstellenübergreifenden Wirkungen der Ressourcenverbräuche in den indirekten Leistungsbereichen plan- und kontrollierbar zu gestalten sind.

---

571 Vgl. zu diesen Systemen die Ausführungen im vierten Teil zu Gliederungspunkt 4.
572 Vgl. Franz 1990, S. 114–115; Pampel 2008, S. 159–186.
573 Vgl. die Ausführungen im vierten Teil zu Gliederungspunkt 4.2.
574 Vgl. Mayer 1990, S. 273.
575 So auch Mayer 1991, S. 97–98.

Aus den dargelegten Gründen sind Ende des vorherigen Jahrhunderts Neuentwicklungen von Kostenrechnungssystemen entstanden. Ziel dieser Bemühungen war es vor allem, **strategische Fehlsteuerungen im Absatzbereich** durch unzutreffende Kosteninformationen zu vermeiden.[576] So zeigen etwa nach den Untersuchungen von *Cooper* und *Kaplan* die aus traditionellen Vollkostenrechnungssystemen abgeleiteten Kalkulationsergebnisse folgende (fehlerhafte) Tendenz: **Für Produkte mit hohen Fertigungszahlen ermittelt die Selbstkostenrechnung auf Vollkostenbasis zu hohe Stückkosten, für Erzeugnisse mit geringen Ausbringungsmengen hingegen zu niedrige Stückkosten.**[577] Die Ursache für dieses Ergebnis liegt in der mangelnden Berücksichtigung und Bewertung von **abteilungsübergreifenden Prozessen der indirekten Leistungsbereiche** bei der Zurechnung fixer Gemeinkostenbestandteile auf die Trägereinheiten begründet. Darüber hinaus führen hinsichtlich der traditionellen Zuschlagskalkulation,[578] die **Proportionalität** zwischen Einzel- und Gemeinkosten unterstellt, bereits **geringe Erfassungsfehler**[579] bei der Kostenermittlung aufgrund der häufig gegebenen Konstellation tendenziell niedriger Einzelkosten als Bezugsgröße für vergleichsweise hohe Gemeinkosten im Rahmen der Kalkulation zu **elementaren Ungenauigkeiten**.

> **Beispiel 112:**
> Das Unternehmen XY beabsichtigt, ein Erzeugnis in den Varianten A und B herzustellen. Während der Lebenszyklen der Varianten wird voraussichtlich mit einer Fertigungsmenge von 1.000 bzw. 9.000 Stück, Einzelmaterialkosten von 200 € bzw. 300 € pro Stück, Material- und Fertigungsgemeinkosten von insgesamt 14.500.000 €, Verwaltungsgemeinkosten von insgesamt 2.610.000 € und Vertriebsgemeinkosten von insgesamt 1.740.000 € gerechnet. Tabelle 115 zeigt die Ermittlung der Plan-Selbstkosten mithilfe der traditionellen Zuschlagskalkulation. Die Zuschlagssätze errechnen sich wie folgt.[580]

$$\text{Zuschlagssatz für Material- und Fertigungsgemeinkosten (in \%)} = \frac{14.500.000\ \text{€}}{(200\ \text{€} \cdot 1.000\ \text{Stück} + 300\ \text{€} \cdot 9.000\ \text{Stück})} \cdot 100 = 500\% \quad (1)$$

$$\text{Zuschlagssatz für Verwaltungsgemeinkosten (in \%)} = \frac{2.610.000\ \text{€}}{17.400.000\ \text{€}} \cdot 100 = 15\% \quad (2)$$

---

576 Vgl. Coenenberg/Fischer/Günther 2016, S. 568–569.
577 Vgl. Cooper/Kaplan 1987, S. 204–228.
578 Vgl. die Ausführungen im dritten Teil zu Gliederungspunkt 2.4.2.2.
579 Vgl. im Einzelnen Mertens/Meyer 2018, S. 30–38 m.w.N.
580 Während die Material- und Fertigungsgemeinkosten auf der Grundlage der Einzelkosten zugerechnet werden, erfolgt der Zuschlag der Verwaltungs- und Vertriebsgemeinkosten auf der Basis der Herstellkosten.

$$\text{Zuschlagssatz für Vertriebsgemeinkosten (in\%)} = \frac{1.740.000\ \text{€}}{17.400.000\ \text{€}} \cdot 100 = 10\% \qquad (3)$$

Tabelle 115:

Kostenarten \ Varianten	Plan-Gesamtkosten (alle Werte in €)			Plan-Stückkosten (alle Werte in €)	
	A	B	Summe	A	B
Plan-Material-Einzelkosten	200.00	2.700.000	2.900.000	200	300
+ Plan-Material- und Plan-Fertigungsgemeinkosten (500%)	1.000.00	13.500.000	14.500.000	1.000	1.500
= Plan Herstellkosten	1.200.000	16.200.000	17.400.000	1.200	1.800
+ Plan-Verwaltungsgemeinkosten (15%)	180.000	2.430.000	2.610.000	180	270
+ Plan-Vertriebsgemeinkosten (10%)	120.000	1.620.000	1.740.000	120	180
= Plan-Selbstkosten	1.500.000	20.250.000	21.750.000	1.500	2.250

Im Rahmen der planmäßigen Gesamtkalkulation wird der hochvolumigen Variante B (9.000 Stück) im Verhältnis zur Variante A (1.000 Stück) insgesamt das 13,5fache an Gemeinkosten zugerechnet.[581] Hieraus resultieren 1.950 € (Variante B) und 1.300 € (Variante A) an Plan-Gemeinkosten pro Stück. Dieses Verhältnis der Plan-Gemeinkosten pro Stück entspricht der Relation der Plan-Einzelkosten pro Stück von Variante B und A.[582] Das Verhältnis der den Erzeugnissen zugerechneten Gemeinkosten wird somit eindeutig von den Produktionsmengen- und Einzelkostenrelationen der Varianten bestimmt.[583] Hieraus folgt, dass Erzeugnisse mit hohen Fertigungsmengen und Einzelkosten tendenziell höhere Stück-Gemeinkosten zugerechnet bekommen als Erzeugnisse mit vergleichsweise niedrigeren Fertigungsmengen und Einzelkosten.

Im Rahmen der Bestrebungen neue Kostenrechnungssysteme zu konzipieren, hat die **Prozesskostenrechnung,** die auch als prozess-, vorgangs-, oder aktivitätsorientierte Kostenrechnung sowie im anglo-amerikanischen Raum als **Activity-Based Costing (ABC)** bezeichnet wird, herausragende Bedeutung erlangt. Allerdings stellt das in Rede stehende Verfahren, dessen Konzipierung maßgeblich von *Cooper, Johnson* und *Kaplan*[584] beeinflusst wurde, kein völlig neues Kostenrechnungssystem dar. Vielmehr trägt die Prozesskostenrechnung, die auf Ist-, Normal- und/oder Plankosten basieren

---

[581] $\frac{(13.500.000\ \text{€} + 2.430.000\ \text{€} + 1.620.000\ \text{€})}{(1.000.000\ \text{€} + 180.000\ \text{€} + 120.000\ \text{€})} = 13,5.$

[582] $\frac{1.950\ \text{€}}{1.300\ \text{€}} = \frac{300\ \text{€}}{200\ \text{€}} = 1,5.$

[583] $\frac{9.000\ \text{Stück}\ \text{€} \cdot 300\ \text{€}}{1.000\ \text{Stück}\ \text{€} \cdot 200\ \text{€}} = 13,5.$

[584] Vgl. Cooper 1990, S. 210–220; Cooper/Kaplan 1988, S. 96–103; Johnson/Kaplan 1987; Horváth/Mayer 2011, S. 5–10.

kann, den Charakter eines **Vollkostenrechnungsverfahrens** und greift ebenfalls auf den allgemeinen betriebswirtschaftlichen (pagatorischen oder wertmäßigen) Kostenbegriff sowie eine Kostenarten- und Kostenstellenrechnung zurück. Die Besonderheit dieses Systems ist, dass es eine Zurechnung der Gemeinkosten **indirekter Leistungsbereiche** nach Maßgabe kostenstellenübergreifender Aktivitäten vornimmt. Mithin kann die Erfassung, Planung und Kontrolle der Einzelkosten sowie der fertigungsbezogenen Gemeinkosten analog zur flexiblen Plankostenrechnung auf Vollkostenbasis erfolgen.[585]

1.2 Aufbau und Einsatz der Prozesskostenrechnung

1.2.1 Darstellung des Systems

Im Rahmen einer Prozesskostenrechnung werden primär Bezugsgrößen gesucht, die in der Lage sind, die Beziehungen zwischen Gemeinkosten und den Leistungseinheiten in **fertigungsnahen (indirekten) Kostenstellen** wie z. B. Einkauf, Arbeitsvorbereitung, Produktionsplanung und Qualitätssicherung möglichst verursachungsgerecht zu erfassen. Zudem soll mithilfe der Bezugsgrößen eine Unterstützung der **Gemeinkostenbudgetierung und -kontrolle** erfolgen. Zur Abbildung dieser Beziehungen müssen in den einzelnen indirekten Leistungsbereichen **Arbeitsgänge** (Prozesse, Vorgänge, Aktivitäten) gefunden werden, die mit einem Ergebnis abschließen und Ressourcen verbrauchen (z. B. Materialbestellungen, Qualitätsprüfungen, Rüstvorgänge, Fertigungspläne ändern, Kundenaufträge bearbeiten).[586] Die Erfassung, Planung und Kontrolle der Gemeinkosten in den Fertigungskostenstellen erfolgt hingegen wie bei der flexiblen Plankostenrechnung mithilfe direkter Bezugsgrößen (z. B. Fertigungs- oder Maschinenstunden).

Anschließend gilt es, die ermittelten Prozesse auf ihre **Reagibilität** hinsichtlich auftretender **Leistungsmengenvariationen** der Kostenstelle zu untersuchen. Für diejenigen Tätigkeiten, die eine direkte Abhängigkeit zum Leistungsvolumen aufweisen, müssen geeignete Bezugsgrößen, auch **Kostentreiber (Cost Driver)** genannt, gesucht werden. Derartige **leistungsmengeninduzierte Prozesse**[587] sind vor allem im Rahmen der Erfüllung **repetitiver Arbeitsgänge in den operativen Bereichen** wie z. B. Rechnungswesen, Einkauf, Konstruktion, Planung und Qualitätskontrolle feststellbar (z. B. in der Kostenstelle Einkauf Angebote einholen, Bestellungen aufgeben und Reklamationen bearbeiten). Diejenigen Tätigkeiten, die keine Abhängigkeit

---

585 Vgl. die Ausführungen im vierten Teil zu Gliederungspunkt 3.3.3.
586 Vgl. die Beispiele bezüglich der Bezugsgrößenwahl für indirekte Kostenstellen bei Kilger/Pampel/Vikas 2012, S. 359–361.
587 Die Begriffe der leistungsmengeninduzierten und leistungsmengenneutralen Prozesse wurden von *Horváth* und *Mayer* geprägt. Vgl. Horváth/Mayer 1989, S. 216.

zur Leistungsmenge der Kostenstelle aufweisen, werden mit dem Terminus **leistungsmengenneutrale Prozesse** belegt. Als Beispiele für diesen Tätigkeitstyp sind **dispositive, innovative und kreative Prozesse in operativen und strategischen Bereichen** wie insbesondere Werbung, Forschung und Entwicklung sowie Rechtsabteilung zu nennen (z. B. Abteilung leiten, Mitarbeiter beurteilen, Grundlagenforschung). Abbildung 121 zeigt die Grundstruktur der **Prozesskostenstellenrechnung** am Beispiel einer Einkaufsabteilung.[588]

Prozesse	von der Leistungsmenge	Kostentreiber
Angebote einholen	abhängig	Anzahl der eingeholten Angebote
Bestellungen aufgeben	abhängig	Anzahl der Bestellungen
Reklamationen bearbeiten	abhängig	Anzahl der Reklamationen
Abteilung leiten	unabhängig	–

Abbildung 121: Aktivitäten der Kostenstelle Einkauf.

Sodann werden in sog. **Kostenpools** pro Kostenstelle diejenigen Gemeinkosten gesammelt, deren Beeinflussung durch jeweils einen Teilprozess und mithin einen Kostentreiber erfolgt (z. B. Kostenpool „Angebote einholen" im Einkaufsbereich). Um für Zwecke der **Prozesskostenkalkulation** zu ermitteln, wie hoch die Kosten der Teilprozesse einer Kostenstelle sind, müssen für die einzelnen Teilaktivitäten (z. B. Angebote einholen) gemessenen leistungsmengeninduzierten Gemeinkosten durch die entsprechenden Prozessmengen des Kostentreibers (z. B. Anzahl der eingeholten Angebote) dividiert werden. Mit den auf diesem Weg ermittelten **Prozesskostensätzen** und nach Maßgabe der produktbezogen in Anspruch genommenen Aktivitäten der jeweiligen indirekten Leistungsbereiche erfolgt dann eine Zurechnung der Gemeinkosten auf die Trägereinheiten. Die Prozesskostensätze für leistungsmengeninduzierte Teilaktivitäten zeigen folglich an, welche Gemeinkosten die **einmalige Ausführung bzw. Inanspruchnahme eines Vorgangs** auslöst. Somit gilt:

$$\text{leistungsmengeninduzierter Prozesskostensatz einer Teilaktivität} = \frac{\text{leistungsmengeninduzierte Gemeinkosten der Teilaktivität}}{\text{Prozessmenge der Teilaktivität}} \quad (1)$$

Sofern die Gemeinkosten indirekter Leistungsbereiche über die in Anspruch genommenen Aktivitäten innerbetrieblich weiterverrechnet werden oder in Kalkulationen eingehen, bleiben die durch **leistungsmengenneutrale Prozesse** ausgelösten Gemeinkosten unberücksichtigt.[589] Die sich auf derartige Vorgänge beziehenden restlichen Kosten

---
[588] Vgl. Horváth/Mayer 1989, S. 216–217.
[589] Vgl. Horváth/Mayer 1989, S. 217. Die Autoren weisen darauf hin, dass die leistungsmengeninduzierten und leistungsmengenneutralen Gemeinkosten nicht mit den Begriffen variable (proporti-

einer Teilaktivität sollten für Kalkulationszwecke, die auf die **Umlage sämtlicher Kosten** abzielen, nach den Vorschlägen im Schrifttum proportional zum Verhältnis der Prozesskosten aller leistungsmengeninduzierter Teilaktivitäten der Kostenstelle, von der die Teilaktivität ausgeführt wird, wie folgt verteilt werden:[590]

$$\text{leistungsmengenneutraler Umlagesatz einer Teilaktivität} = \frac{\text{leistungsmengenneutrale Kosten der Teilaktivität} \cdot \text{leistungsmengeninduzierter Prozesskostensatz der Teilaktivität}}{\text{Summe der leistungsmengeninduzierteren Kosten aller Teilaktivitäten der Kostenstelle}}.$$

(2)

Der Gesamtprozesskostensatz einer Teilaktivität ergibt sich mithin aus der Summe von leistungsmengeninduziertem Prozesskostensatz und leistungsmengenneutralem Umlagesatz dieser Teilaktivität.

> **Beispiel 113:**
> In Abänderung der Daten von Beispiel 112[591] wird nun unterstellt, dass die Summe der Plan-Material- und -Fertigungsgemeinkosten von 14.500.000 € und die Summe der Plan-Vertriebsgemeinkosten von 1.740.000 € den Varianten A und B unter Zugrundelegung eines Prozesskostensystems zugerechnet werden soll. Die Kalkulation der Plan-Verwaltungsgemeinkosten erfolgt weiterhin mit einem prozentualen Zuschlagssatz von 15% auf die Plan-Herstellkosten. Zusätzlich soll angenommen werden, dass die Erstellung der beiden Varianten die in Tabelle 116 angeführten Kostenstellen beansprucht.

Während für 100 Stück von Variante A voraussichtlich 140 Beschaffungs- und 170 Wareneingangsprozesse notwendig sind, wird für 100 Stück von Variante B mit 40 Beschaffungs- und 70 Wareneingangsprozessen gerechnet. Die Herstellung von 100 Stück der Varianten A und B wird planmäßig 130 bzw. 30 Maschinenstunden im Fertigungsbereich auslösen. Ferner wird angenommen, dass die geplanten Fertigungsmengen von Variante A (1.000 Stück) und Variante B (9.000 Stück) mit jeweils 120 bzw. 180 Kundenaufträgen abgesetzt werden können. Tabelle 117 zeigt die Kalkulationsergebnisse der Plan-Prozesskostenrechnung.

---

onale) Plan-Kosten bzw. Plan-Fixkosten der flexiblen Plankostenrechnung gleichgesetzt werden dürfen, da die Prozesskostenrechnung auf eine Kostenvariation durch das Arbeits-(Leistungs-)Volumen und nicht auf die zeitliche Veränderbarkeit der Gemeinkosten abstellt.

590 Vgl. Horváth/Mayer 1989, S. 217; vgl. zur Kritik an dieser Vorgehensweise Coenenberg/Fischer/Günther 2016, S. 174–175. Hiernach sollen sämtliche leistungsmengenneutralen Gemeinkosten in einer Sammelposition kostenstellenübergreifend zusammengefasst und „mit prozentualen Zuschlägen auf die Gesamtsumme der bereits produktspezifisch vorliegenden Einzel- und Prozesskosten verteilt werden". Coenenberg/Fischer/Günther 2016, S. 175.

591 Vgl. Beispiel 112 im fünften Teil zu Gliederungspunkt 1.1.

Tabelle 116:[592]

Kostenstellen	Prozesse und Plan-Prozessmengen		Plan-Gemeinkosten		Plan-Prozesskostensätze		
	lmi	lmn	lmi	lmn	lmi	lmn	lmi + lmn
Einkauf	5.000 Beschaffungsprozesse	Abteilung leiten	4.000.000 €	150.000 €	800 €[a]	30 €[b]	830 €
Wareneingang	8.000 Wareneingangsprozesse	Abteilung leiten	3.000.000 €	100.000 €	375 €	12,50 €	387,50 €
Fertigung	4.000 Maschinenstunden	Abteilung leiten/ Grundlagenforschung	6.000.000 €	1.250.000 €	1.500 €	312,50 €	1.812,50 €
Vertrieb	300 Kundenaufträge	Abteilung leiten/ Marktanalysen	1.200.000 €	540.000 €	4.000 €	1.800 €	5.800 €
Summe			14.200.000 €	2.040.000 €			

[a] $800\ € = \dfrac{4.000.000\ €}{5.000\ \text{Beschaffungsprozesse}}$

[b] $30\ € = \dfrac{150.000\ € \cdot 800\ €}{4.000.000\ €}$

[592] lmi = leistungsmengeninduziert; lmn = leistungsmengenneutral.

Tabelle 117:

Kostenarten \ Varianten	Plan-Gesamtkosten (alle Werte in €) A	Plan-Gesamtkosten (alle Werte in €) B	Plan-Stückkosten (alle Werte in €) A	Plan-Stückkosten (alle Werte in €) B
+ Plan-Materialeinzelkosten	200.000	2.700.00	200,–	300,–
+ Plan-Germeinkosten				
(1) Einkauf	1.162.000[a]	2.988.000	1.162,–[b]	332,–
(2) Wareneingang	658.750	2.441.250	658,75	271,25
(3) Fertigung	2.356.250	4.893.750	2.356,25	543,75
= Plan-Herstellkosten	4.337.000	13.023.000	4.377,–	1.447,–
+ Plan-Verwaltungsgemeinkosten (15%)	656.550	1.953.450	656,55	217,05
+ Plan-Vertriebsgemeinkosten	696.000[c]	1.044.000	696,–	116,00
= Plan-Selbstkosten	5.729.550	16.020.450	5.729,55	1.780,05

[a] $1.162.000\, € = \dfrac{830\, € \cdot 140 \text{ Beschaffungsprozesse} \cdot 1.000 \text{ Stück}}{100 \text{ Stück}}$

[b] $1.162\, € = \dfrac{1.162.000\, €}{1.100 \text{ Stück}}$

[c] $696.000\, € = 5.800\, € \cdot 120$

Ein Vergleich mit den Ergebnissen der Zuschlagskalkulation bringt zum Ausdruck,[593] dass Variante A im Fall der Prozesskostenkalkulation nun höhere Plan-Selbstkosten pro Stück als Variante B angelastet werden. Der Grund liegt in der geänderten Zurechnungstechnik der indirekten Gemeinkosten, die in der Prozesskostenrechnung mithilfe von Kostentreibern unter Beachtung der **Komplexität und Variantenvielfalt** der einzelnen Produkte vorgenommen wird. Ein Vergleich der zur Herstellung der beiden Varianten erforderlichen Arbeitsgänge in den Kostenstellen Einkauf, Wareneingang und Fertigung verdeutlicht ferner, dass die Produktion der Variante A weitaus aufwendiger ist als die Herstellung von Variante B. Zudem bringt das Beispiel im Rahmen der Prozesskostenrechnung die **Degressionswirkung der Stück-Gemeinkosten** zum Ausdruck, die mit steigendem Tätigkeitsvolumen einer Kostenstelle sinken. Im Rahmen der traditionellen Zuschlagskalkulation kommt dieser Degressionseffekt nicht zum Tragen, da hier unabhängig von den einzelnen Vorgängen in den Abrechnungsbereichen ein konstanter Kostensatz pro Stück ermittelt wird.[594] Schließlich zeigt das Beispiel, dass mit einer Zuschlagskalkulation den unterschiedlichen Auswirkungen einer **Variantenfertigung** bis auf die Einzelkosten nicht Rechnung getragen werden kann, da die variantenabhängig anfallenden Gemeinkosten hier **proportional zum Produktionsvolumen** zur Verteilung kommen.

---

[593] Vgl. Tabelle 115 im fünften Teil zu Gliederungspunkt 1.1.
[594] Vgl. im Einzelnen die Ausführungen im fünften Teil zu Gliederungspunkt 1.2.2.

Tabelle 118:

Varianten / Kostenarten	Plan-Gesamtkosten (alle Werte in €)		Plan-Stückkosten (alle Werte in €)	
	A	B	A	B
Plan-Materialeinzelkosten	200.000	2.700.000	200,–	300,–
+ Plan-Materialeinzelkosten (250%)[a]	500.000	6.750.000	500,–	750,–
+ Plan-Fertigungsgemeinkosten (1.812,50 €/Std.)[b]	2.356.250,[c]–	4.893.750,–	2.356,25	543,75
= Plan-Herstellkosten	3.056.250,–	14.343.750,–	3.056,25	1.593,75
+ Plan-Verwaltungsgemeinkosten (15%)	458.437,50	2.151.562,50	458,4375	239,0625
+ Plan-Vertriebsgemeinkosten (10%)	305.655,–	1.434.375,–	305,625	159,375
= Plan-Selbstkosten	3.820.312,50	17.929.687,50	3.820,3125	1.992,1875

[a] $205\% = \dfrac{7.250.000\ €}{2.900.000\ €} \cdot 100$

[b] $1.812,50\ € = \dfrac{7.250.000\ €}{4.000\ \text{Stdn.}}$

[c] $2.356.250\ € = \dfrac{1.812,50\ € \cdot 130\ \text{Stdn.} \cdot 1.000\ \text{Stück}}{100\ \text{Stück}}$

Wie Tabelle 118 zum Ausdruck bringt, lassen die die Kalkulationsergebnisse im Hinblick auf die Erfassung der Ressourcenverbräuche geringfügig verbessern, wenn anstelle der Zuschlagskalkulation der Ermittlung der Plan-Selbstkosten eine sog. **Bezugsgrößenkalkulation**[595] zugrunde gelegt wird, die die Plan-Fertigungsgemeinkosten in Höhe von 7.250.000 € nach Maßgabe der Maschinenstunden den beiden Varianten zurechnet.

Die vorstehend dargestellte Methode der Prozesskostenkalkulation geht davon aus, dass für jedes Erzeugnis die Anzahl der erforderlichen Prozesse pro Fertigungsvariante eindeutig bestimmbar ist (z. B. Anzahl der Beschaffungsvorgänge pro Variante). Sollte dies nicht der Fall sein, schlagen *Horváth* und *Mayer* bezüglich einer **Variantenkalkulation** vor, die **leistungsmengeninduzierten Gemeinkosten** etwa nach Maßgabe der zu **schätzenden Anteile der Prozessmenge am Produktionsvolumen und der Variantenzahl** den Erzeugniseinheiten zuzurechnen,[596] um die Komplexität und den Variantenreichtum des Produktions- und Absatzprogramms hinreichend berücksichtigen zu können. Sofern die Fertigungsmenge und die Variantenzahl als Hauptbestimmungsfaktoren für das Entstehen indirekter Gemeinkosten anzusehen sind, besteht damit die Möglichkeit, die produktbezogene Kalkulation wie folgt zu modifizieren.[597]

---

[595] Vgl. die Ausführungen im dritten Teil zu Gliederungspunkt 2.4.2.2.
[596] Vgl. Horváth/Mayer 1989, S. 218–219.
[597] Vgl. Franz 1990, S. 126.

(1) produktionsvolumen- leistungsmengen-   produktionsvolumen-   Prozessmenge
    abhängige Prozess-   induzierter Prozesskosten- · abhängiger Anteil der · der Teilaktivität
    kosten einer Teil-   satz der Teilaktivität   Teilaktivität
    aktivität pro Erzeug- = ───
    niseinheit   Produktionsvolumen aller Varianten

(2) variantenabhängige   leistungsmengen-   variantenabhangiger   Prozessmenge
    Prozesskosten   induzierter Prozesskosten- · Anteil der Teil-   · der Teilaktivität
    einer Teilaktivität satz der Teilaktivität   aktivität
    pro Erzeugnis-   = ──
    einheit   Variantenzahl · Produktionsvolumen jeder Variante

Im Rahmen der Variantenkalkulation werden die produktionsvolumen- und die variantenabhängigen Prozesskosten einer Teilaktivität dann für **jede Variante** zu einem Kalkulationssatz zusammengefasst.

> **Beispiel 114:**
> Unterstellt man in Abänderung von Tabelle 116 hinsichtlich des Beispiels 113, dass bezüglich der Beschaffungsprozessmenge im Einkaufsbereich lediglich eine Aufspaltung in einen produktionsvolumenabhängigen (64%) und einen variantenzahlabhängigen Teil (36%) möglich wäre, dann sind die entsprechenden Plan-Stückkosten des Beschaffungsprozesses für die Varianten A und B wie folgt zu kalkulieren.

$$\text{produktionsvolumenabhängige Prozesskosten Variante A und B} = \frac{800\ €\cdot 0{,}64 \cdot 5000\ \text{Prozesse}}{10.000\ \text{Stück}} = 256\ € \quad (1)$$

$$\text{variantenabhängige Prozesskosten Variante A} = \frac{800\ €\cdot 0{,}35 \cdot 5.000\ \text{Prozesse}}{2\cdot 1.000\ \text{Stück}} = 720\ € \quad (2)$$

$$\text{variantenabhängige Prozesskosten Variante B} = \frac{800\ €\cdot 0{,}36 \cdot 5.000\ \text{Prozesse}}{2\cdot 9.000\ \text{Stück}} = 80\ € \quad (3)$$

$$\text{leistungsmengeninduzierter Gesamtprozesskostensatz Variante A} = 256\ € + 720\ € = 976\ €^{598} \quad (4)$$

$$\text{leistungsmengeninduzierter Gesamtprozesskostensatz Variante B} = 256\ € + 80\ € = 336\ €^{598} \quad (5)$$

Sofern der Gesamtprozesskostensatz für die Teilaktivität „Beschaffung" bezüglich der beiden Varianten benötigt wird, müsste in die Formeln (1), (2) und (3) lediglich anstelle von 800 € der Betrag von 830 € eingesetzt werden.[599]

---

[598] 4.000.000 € = 976 € · 1.000 Stück + 336 € · 9.000 Stück.
[599] Vgl. die Spalte „lmi + lmn" in Tabelle 116.

Von besonderer Bedeutung ist im Rahmen der Prozesskostenrechnung die **Verdichtung** der in den einzelnen Kostenstellen festgestellten leistungsmengeninduzierten Teilprozesse zu **Hauptprozessen**. Durch eine derartige Vorgehensweise wird die Grundlage geschaffen, auch betriebliche Aktivitäten als **Kalkulationsobjekte** zu betrachten und damit einer **Wirtschaftlichkeitsanalyse** zu unterwerfen, indem mehrere sachlich zusammenhängende Teilprozesse, die in unterschiedlichen Abrechnungsbereichen entstehen (z. B. Material einkaufen, Material entgegennehmen, Material prüfen, Material lagern) **kostenstellenübergreifend zu Hauptprozessen** (z. B. Material beschaffen) aggregiert werden.[600] In diesem Fall erfolgt **für jeden Hauptprozess** die Bestimmung eines Kostentreibers (z. B. Anzahl der Materialbestellungen für den Hauptprozess „Material beschaffen"). Sofern die Kostentreiber der Hauptprozesse mit den Bezugsgrößen der in diesen zusammengefassten Teilaktivitäten übereinstimmen[601] kann der **leistungsmengeninduzierte Verrechnungssatz eines Hauptprozesses** wie folgt ermittelt werden:[602]

$$\frac{\text{Summe der leistungsmengeninduzierten Gemeinkosten aller Teilaktivitäten eines Hauptprozesses}}{\text{Prozessmenge der Hauptaktivität.}}$$

Weisen die zu einem Hauptprozess zusammenzufassenden Teilaktivitäten jedoch unterschiedliche Kostentreiber und Prozessmengen auf, müssen die Prozesskostensätze der einzelnen Teilaktivitäten unter Berücksichtigung der jeweils in Anspruch genommenen (Teil-)Leistungen zu einem Hauptprozesskostensatz addiert werden.[603]

Beispiel 115:[604]
Tabelle 119 zeigt die Festlegung der Teilprozesse, Kostentreiber, Plan-Prozessmengen, Plan-Prozesskosten und Plan-Prozesskostensätze in den indirekten Kostenstellen „Fertigungsplanung" und „Qualitätssicherung". Für die leistungsmengeninduzierten Teilprozesse „Arbeitspläne ändern" und „Prüfpläne ändern" wurde als Kostentreiber die Maßgröße „Produktänderungen" gewählt, da sie für die zu bewältigenden Tätigkeitsvolumina tendenziell verantwortlich ist. Im Hinblick auf die leistungsmengeninduzierten Teilprozesse „Fertigung betreuen" und „Produktqualität sichern" hat hingegen die Variantenzahl als Kostentreiber in den beiden Abrechnungsbereichen Verwendung gefunden, weil durch die Anzahl der Produktvarianten das Fertigungsgeschehen determiniert wird und mithin der Betreuungsaufwand zunimmt. Als leistungsmengenneutral sind die Teilprozesse „Abteilung leiten" und „Teilnahme Qualitätszirkel" anzusehen.

---

600 Vgl. Coenenberg/Fischer 1991, S. 26–27.
601 Vgl. Götze/Meyerhoff 1993, S. 75.
602 Die Ermittlung des leistungsmengenneutralen Umlagesatzes und des Gesamtkostensatzes für einen Hauptprozess kann analog der vorstehend dargestellten Verrechnungstechnik für Teilaktivitäten vorgenommen werden.
603 Vgl. Tabelle 117.
604 Das Beispiel wurde modifiziert übernommen von Mayer 1991, S. 87–94.

Tabelle 119:

Kostenstellen	Teilprozesse	Kostentreiber und Plan-Prozessmengen (Anzahl)	Plan-Prozesskosten in €		Plan-Prozesskostensätze in €		
			lmi	lmn	lmi	lmn	lmi + lmn
Fertigungsplanung (Plan-Gemeinkostensumme 900.000 €)	Arbeitspläne ändern	Produktänderungen (150)	300.00	–	2.000[a]	400[b]	2.400
	Fertigung betreuen	Varianten (75)	450.000	–	6.000[c]	1.200[d]	7.200
	Abteilung leiten	–	–	150.000	–	–	–
Qualitätssicherung (Plan-Gemeinkostensumme 945.000 €)	Prüfpläne ändern	Produktänderungen (150)	240.000	–	1.6000	500	2.100
	Produktqualität sichern	Varianten (75)	480.000	–	6.400	2.000	8.400
	Teilnahme Qualitätszirkel	–	–	65.000	–	–	–
	Abteilung leiten	–	–	160.000	–	–	–

[a] $2.000\ € = \dfrac{300.000\ €}{150\ \text{Produktänderungen}}$

[b] $400\ € = \dfrac{150.000\ € \cdot 2.000\ €}{750.000\ €}$

[c] $6.000\ € = \dfrac{450.000\ €}{75\ \text{Varianten}}$

[d] $1.200\ € = \dfrac{150.000\ € \cdot 6.000\ €}{750.000\ €}$

Tabelle 120:

Hauptprozesse	Kostentreiber und Plan-Prozessmengen (Anzahl)	Plan-Prozesskosten in €	Plan-Prozesskostensätze in €	Planmäßiges Kostenvolumen in %
Produktänderungen vornehmen	Produktänderungen (150)	675.000[a]	4.500[b]	36,6%[c]
Varianten betreuen	Varianten (75)	1.170.000[d]	15.600[e]	63,4%[f]
Summe	–	1.845.000	–	100%

[a] 675.000 € = 150 Produktänderungen · (2.400 € + 2.100 €)

[b] 4.500 € = $\dfrac{675.000\ €}{150\ \text{Produktänderungen}}$

[c] 36,6% = $\dfrac{675.000\ €}{1.845.000\ €} \cdot 100$

[d] 1.170.000 € = 75 Varianten · (7.200 € + 8.400 €)

[e] 15.600 € = $\dfrac{1.170.000\ €}{75\ \text{Varianten}}$

[f] 63,4% = $\dfrac{1.170.000\ €}{1.845.000\ €} \cdot 100$

In Tabelle 120 ist die kostenstellenübergreifende Verdichtung der leistungsmengeninduzierten Teilprozesse „Arbeitspläne ändern" und „Prüfpläne ändern" einerseits sowie „Fertigung betreuen" und „Produktqualität sichern" andererseits zu den Hauptprozessen „Produktänderungen vornehmen" bzw. „Varianten betreuen" dargelegt. Dabei wurde unterstellt, dass sich die Plan-Prozessmengen auf Kostenstellen- und Hauptprozessebene jeweils entsprechen. Ferner stimmen die Plankosten der beiden Hauptprozesse (1.845.000 €) mit der Summe der Plan-Gemeinkosten in den Abrechnungsbereichen „Fertigungsplanung" (900.000 €) und „Qualitätssicherung" (945.000 €) überein. Insgesamt entfallen von der Summe der Plan-Gemeinkosten (1.845.000 €) ca. 36,6% auf den Hauptprozess „Produktänderungen vornehmen" und ca. 63,4% auf den Hauptprozess „Varianten betreuen". Durch den Verdichtungsprozess wird es zudem möglich, den Plan-Kalkulationssatz für eine Produktänderung (4.500 €) und die Betreuung einer Variante (15.600 €) zu ermitteln.

1.2.2 Nutzungsvorteile

Die Prozesskostenrechnung bietet gegenüber traditionellen Kostenrechnungssystemen vor allem **Informationsvorteile** im Hinblick auf zwei Einsatzfelder:
(1) Nutzung als **strategische Produktkalkulation**;
(2) Nutzung als Instrument der **Kostenplanung und -kontrolle** in den fertigungsunterstützenden (indirekten) Unternehmensbereichen.

Aufgrund der Verwendung von Prozesskostensätzen für die Zurechnung der Material-, Fertigungs- und Vertriebsgemeinkosten gelingt im Vergleich zur Zuschlags- oder Bezugsgrößenkalkulation eine **genauere Verteilung der Kosten indirekter Leistungsbereiche** nach Maßgabe der Inanspruchnahme betrieblicher Ressourcen auf die einzelnen Produkteinheiten **(Allokationseffekt)**. Zudem wird es möglich, die **Komplexität und den Variantenreichtum** der Produkte als Einflussgrößen in der Kalkulation zu berücksichtigen **(Komplexitätseffekt)**.[605] Schließlich stellt die Prozesskostenkalkulation im Gegensatz zur Zuschlags- bzw. Bezugsgrößenkalkulation sicher, dass die Prozesskosten pro Einheit sich mit steigender Stückzahl verringern **(Degressionseffekt)**.[606] Dieser Effekt wird im Folgenden Beispiel anhand der Verrechnung der Vertriebskosten verdeutlicht.

> **Beispiel 116:**[607]
> Tabelle 121 zeigt den Vergleich zwischen einer Zuschlags- und einer Prozesskostenkalkulation. Während beide Methoden bezüglich der Plan-Herstellkosten jeweils zum gleichen Kalkulationsergebnis führen, weisen die Plan-Vertriebskosten aufgrund ihrer auftragsbezogenen Verrechnung bei der Prozesskostenkalkulation unterschiedliche Höhen auf. Vergleicht man die Plan-Vertriebskosten pro Stück, wird deutlich, dass sich bei Anwendung der Prozesskostenkalkulation gegenüber der Zuschlagskalkulation **neue Kalkulationsspielräume** ergeben. Es kann nun eine sog. „kritische Masse" ermittelt werden, die zum Ausdruck bringt, ab welcher **Mindestauftragsgröße** Kosten- und damit Wettbewerbsvorteile gegenüber Konkurrenten bestehen, die unter sonst gleichen Bedingungen mithilfe einer Zuschlagskalkulation arbeiten.[608] Bezüglich der im Beispiel analysierten **Plan-Vertriebskosten** berechnet sich die „kritische Masse" wie folgt:
>
> $$\text{planmäßige Mindestauftragsgröße} = \frac{\text{Plan-Prozesskostensatz pro Auftrag}}{\text{konstante Plankosten pro Stück der Zuschlagskalkulation}} = \frac{6.000\,\text{€}}{300\,\text{€}} = 20\,\text{Stück}.$$
>
> Sofern es der Vertriebsabteilung gelingt, Auftragsgrößen zu realisieren, die 20 Stück überschreiten, ist das Unternehmen unter sonst gleichen Bedingungen gegenüber Konkurrenten in der Lage, seine Leistungen zu niedrigeren Plankosten pro Stück anzubieten. Bei einer Auftragsgröße von 50 Stück beträgt der Degressionseffekt mithin 180 € (= 3.300 €–3.120 €) pro Stück.

Die Prozesskostenrechnung trägt somit dazu bei, **strategische Fehlentscheidungen** hinsichtlich des **Produktionsprogramms** und **absatzpolitischer Maßnahmen** zu vermeiden.[609] Allerdings ist zu berücksichtigen, dass lediglich die indirekten

---

605 Vergleicht man bezüglich des Erzeugnisses A die im Beispiel 112 nach der Zuschlagskalkulation und im Beispiel 113 nach der Prozesskostenkalkulation ermittelten Plan-Herstellungskosten pro Stück von 1.200 € bzw. 4.377 €, so kann der Differenzbetrag in Höhe von 3.177 € als Komplexitätseffekt interpretiert werden. Vgl. Beispiel 112 im fünften Teil zu Gliederungspunkt 1.1. und Beispiel 113 im fünften Teil zu Gliederungspunkt 1.2.1.
606 Vgl. zum Allokations-, Komplexitäts- und Degressionseffekt der Prozesskostenrechnung im Einzelnen Coenenberg/Fischer/Günther 2016, S. 183–186; Olshagen 1991, S. 61–66.
607 Ein ähnliches Beispiel befindet sich bei Coenenberg/Fischer/Günther 2016, S. 186.
608 Vgl. Coenenberg/Fischer/Günther 2016, S. 185–186.
609 Vgl. Coenenberg/Fischer 1991, S. 29.

Tabelle 121:

Plan-Stückzahlen	Zuschlagskalkulation (Plan-Zuschlagssatz = 10%)				Prozesskostenkalkulation (Plan-Prozesskostensatz pro Auftrag = 6.000 €)			
	Plan-Herstellkosten	Plan-Vertriebskosten	Plan-Vertriebskosten pro Stück	Plankosten pro Stück	Plan-Herstellkosten	Plan-Vertriebskosten	Plan-Vertriebskosten pro Stück	Plankosten pro Stück
1	3.000 €	300 €	300 €	3.300 €	3.000 €	6.000 €	6.000 €	9.000 €
2	6.000 €	600 €	300 €	3.300 €	6.000 €	6.000 €	3.000 €	6.000 €
5	15.000 €	1.500 €	300 €	3.300 €	15.000 €	6.000 €	1.200 €	4.200 €
10	30.000 €	3.000 €	300 €	3.300 €	30.000 €	6.000 €	600 €	3.600 €
15	45.000 €	4.500 €	300 €	3.300 €	45.000 €	6.000 €	400 €	3.400 €
20	60.000 €	6.000 €	300 €	3.300 €	60.000 €	6.000 €	300 €	3.300 €
25	75.000 €	7.500 €	300 €	3.300 €	75.000 €	6.000 €	240 €	3.240 €
40	120.000 €	12.000 €	300 €	3.300 €	120.000 €	6.000 €	150 €	3.150 €
50	150.000 €	15.000 €	300 €	3.300 €	150.000 €	6.000 €	120 €	3.120 €

Gemeinkosten bezüglich **repetitiver Tätigkeiten** über Kostentreiber den Erzeugnissen anzulasten sind. Für eine Vielzahl von Kostenarten im Bereich der **zentralen Verwaltung** fehlt es aber häufig an den erforderlichen Voraussetzungen für eine leistungsmengeninduzierte Zurechnung auf die Kostenträger. Hier ist nur die Kalkulation über einen **prozentualen Zuschlagssatz** möglich.

Ferner liefert die Prozesskostenrechnung in mehrfacher Hinsicht Informationen für die Erschließung von **gemeinkostenträchtigen Rationalisierungspotenzialen**:[610]
(1) Durch die erforderliche Prozessanalyse werden **organisatorische Schwächen und unwirtschaftliche Abläufe** sichtbar.
(2) Sofern die gemeinkostentreibenden Bezugsgrößen und die von ihnen ausgelösten leistungsmengeninduzierten Gemeinkosten bekannt sind, können mittel- und langfristig wirkende **Kostenreduktionsmaßnahmen** initiiert werden.
(3) Mithilfe der Prozesskostenrechnung als **permanentes Planungs- und Steuerungsinstrument** ist die **mengenorientierte Gemeinkostenplanung** zu unterstützen (Plan-Prozesskostensatz · Plan-Prozessmenge). Durch den **Vergleich von Soll- und Ist-Prozesskosten** sind Unterauslastungen (Leerkosten) sichtbar zu machen, die in der kommenden Planungsperiode in Form von **Kosten- und Kapazitätsanpassungen** berücksichtigt werden können.

Aufgrund der **kostenstellenübergreifenden Verkettung** von Aktivitäten zu Hauptprozessen besteht die Möglichkeit, festzustellen, wo sich **Rationalisierungspotenziale** befinden, die zu einer planmäßigen Senkung der indirekten Gemeinkosten führen können. So werden durch die Verdichtung einzelner Teilaktivitäten zu Hauptprozessen zunächst die Gemeinkosten betrieblicher Abläufe transparent. Mit Hilfe dieser Informationen sind die **gemeinkostentreibenden Bezugsgrößen** und die von ihnen ausgelösten **leistungsmengeninduzierten Gemeinkosten** leicht zu ermitteln.[611] Folglich können aus organisatorischen Schwächen und unwirtschaftlichen Prozessen resultierende **überhöhte Gemeinkosten** sichtbar gemacht werden, die Ansatzpunkte für mittel- und langfristig wirkende Kostenreduktionsmaßnahmen bieten. *Coenenberg/Fischer* empfehlen, anhand der **leistungsmengeninduzierten Prozesskostensätze** eine **Produktivitätsanalyse** bei den innerbetrieblichen Aktivitäten wie folgt durchzuführen:[612]

$$\text{Prozesskostensatz} = \frac{\text{Prozesskosten}}{\text{Prozessmenge}} = \frac{\text{Input}}{\text{Output}} = \frac{1}{\text{Produktivität}}.$$

Einerseits sollen mithilfe dieser Informationen Anknüpfungspunkte zur **Optimierung der betrieblichen Prozessstruktur** erkennbar werden. „Anderseits werden durch

---
610 Vgl. Mayer 1991, S. 94.
611 Vgl. Beispiel 115 im fünften Teil zu Gliederungspunkt 1.2.1.
612 Vgl. Coenenberg/Fischer 1991, S. 29.

Zeitreihen von Produktivitätskennzahlen Hinweise auf **Rationalisierungspotenziale** bzw. Informationen über bereits erreichte **Verbesserungsvorschläge** in der Abwicklung von Vorgängen dokumentiert"[613].

Im Schrifttum wird darauf hingewiesen, dass die **Gemeinkostenkontrolle** im Rahmen der Prozesskostenrechnung **kostenstellen- und gesamtprozessbezogen** erfolgen kann.[614] In diesem Zusammenhang spricht vieles für die Durchführung **hauptprozessorientierter Kontrollen**, da nach der Idee des **Prozess-Managements** die Sicherung der Prozessdurchführung in der Hand eines Verantwortlichen **(Process Owner)** liegen soll,[615] dem die in Rede stehende Abweichung dann auch zuzurechnen ist. Allerdings können der Kostenstellenleiter oder der Process Owner nur für Abweichungen verantwortlich gemacht werden, wenn sie **Einfluss** auf die entstandenen Kosten nehmen konnten (z. B. über Verschiebungen im Personaleinsatz oder Überstunden). Unabhängig davon, ob ein stellen- oder prozessbezogener Soll-Ist-Vergleich vorliegt, muss aufgrund des **Vollkostencharakters** der Prozesskosten beachtet werden, dass Differenzen, die bei rückläufigen Prozessmengen durch nicht abbaubare oder nicht abgebaute Fixkosten verursacht werden, als **Beschäftigungsabweichungen** (Leerkosten) zu interpretieren sind.[616]

Durch die Gegenüberstellung von Plan-Prozesskosten und Soll-Prozesskosten können Informationen über **Auslastungen** der indirekten Leistungsbereiche und mithin Hinweise auf **Kapazitätsverringerungen** vermittelt werden, wenn im Fall sinkender Prozessmengen die Abweichungen **auf Kostenremanenzen** (z. B. aufgrund vertraglicher Bindungen bestehende hohe Personalkostenanteile oder Leasingverträge) zurückzuführen sind. In diesem Fall zeigt die ermittelte Abweichung, wie in Abbildung 122 dargestellt, die Leerkosten der nicht genutzten Kapazitäten an.

− Plan-Prozesskosten = Plan-Prozesskostensatz · Plan-Prozessmenge − Soll-Prozesskosten = Plan-Prozesskostensatz · Ist-Prozessmenge
= Beschäftigungsabweichung = Leerkostenanteil

Abbildung 122: Ermittlung der prozesskostenbezogenen Beschäftigungsabweichung.

Kostenstellen- oder prozessorientiert ermittelte Beschäftigungsabweichungen bringen die Notwendigkeit zur Überprüfung des Ressourceneinsatzes zum Ausdruck und signalisieren, wo Möglichkeiten der **Kapazitätsanpassung** und der **Effizienzsteigerung** bestehen.[617] Dem Prozessverantwortlichen (Process Owner) sollte es vorbehalten bleiben, die aufgrund ermittelter Abweichungen erforderlichen (kapazitativen)

---

613 Coenenberg/Fischer 1991, S. 29.
614 Vgl. Horváth/Mayer 1989, S. 217–218.
615 Vgl. Striening 1989, S. 327–328; Wäscher 1989, S. 76.
616 Vgl. die Ausführungen im vierten Teil zu Gliederungspunkt 3.3.3.1.
617 Vgl. Horváth/Mayer 1989, S. 218.

Anpassungsprozesse vorzunehmen, „da jeder Kostenstellenleiter erfahrungsgemäß seine Kostenstelle optimiert und partikulare Interessen verfolgt, die nicht zwangsläufig zur Optimierung des Hauptprozesses führen"[618]. Wie die betriebliche Praxis gezeigt hat, kann durch den steuernden Einfluss des Process Owners die **Qualität und Effizienz** der (Haupt-)Prozesse erheblich gesteigert werden.[619]

1.3 Kritische Würdigung der Prozesskostenrechnung

Die Betrachtungen haben verdeutlicht, dass ein als Prozesskostenrechnung ausgebautes innerbetriebliches Rechnungssystem im Verhältnis zu den traditionellen Kostenrechnungssystemen wichtige Informationsvorteile für das Management mit sich bringt. In Bezug auf die Ermittlung der Produktselbstkosten zeigte sich der Vorteil der **Prozesskostenkalkulation** gegenüber traditionellen Verfahren der Kostenträgerstückrechnung in der verursachungsgerechteren Zurechnung der Gemeinkosten indirekter Leistungsbereiche auf die Produkteinheiten. Hierdurch wird es insbesondere möglich, die Auswirkungen der **Komplexität** und der **Variantenvielfalt von Produktions- und Absatzprogrammen** auf die Kalkulationsobjekte weitaus genauer zu erfassen. Diese Vorgehensweise trägt dazu bei, Fehlentscheidungen bezüglich der Erreichung und Festlegung produktspezifischer Selbstkosten zu vermeiden. Aufgrund der prozessnahen Struktur besteht ferner die Möglichkeit, auch betriebliche Aktivitäten als Kalkulationsobjekte zu betrachten und damit einer **Wirtschaftlichkeitsanalyse** zu unterwerfen. Diese Informationen können im Rahmen des **Gemeinkostenmanagements** genutzt werden, um **Rationalisierungspotenziale** in den unterschiedlichen Stufen der betrieblichen Wertschöpfung aufzudecken und Kostensenkungsprogramme zu initiieren. Vor diesem Hintergrund trägt die Prozesskostenrechnung den Charakter eines **Analyse- und Steuerungsinstruments,** mit dessen Hilfe eine **langfristige kostenstellenübergreifende Optimierung der Prozessstrukturen** beabsichtigt wird. Allerdings kann eine Prozesskostenrechnung nicht zur Lösung **kurzfristiger kostenrechnerischer Entscheidungsprobleme** auf der Grundlage gegebener Kapazitäten und festliegender Betriebsmittelbereitschaft eingesetzt werden. Für derartige Fälle ist auf die Daten der **Grenz-Plankostenrechnung** bzw. der (ein- oder mehrstufigen) **Deckungsbeitragsrechnung** zurückzugreifen. Auch muss bei der Einführung einer Prozesskostenrechnung der vor allem durch die **Prozessanalysen** verursachte **erhebliche Aufwand** in das Nutzungskalkül einbezogen werden. Die Praktizierung der Prozesskostenrechnung kann aber durch **IT-Unterstützung** sowie die Umsetzung von Digitalisierungsstrategien in ökonomischen Grenzen gehalten werden.

---

[618] Olshagen 1991, S. 67.
[619] Vgl. Horváth/Renner 1990, S. 103.

Schließlich stellt sich die Frage, ob die durch die Prozesskostenrechnung zur Verfügung gestellten Kosteninformationen als Grundlage für **strategische Entscheidungen** Verwendung finden können (z. B. Markteintrittsentscheidungen bezüglich neuer Produkte oder Rationalisierungsentscheidungen zur Senkung von Gemeinkosten). Die immer wieder propagierte „strategische" Ausrichtung der Prozesskostenrechnung hat auch die Kritiker dieses Systems dazu veranlasst, darauf hinzuweisen, dass sich langfristige bzw. strategische Planungsprobleme weder mit der Prozesskostenrechnung noch mit anderen Kostenrechnungssystemen zufriedenstellend lösen lassen.[620] Für diese Zwecke sollten **Investitions- und Finanzierungsrechnungen** eingesetzt werden, die an die Entscheidungswerte Aus- und Einzahlungen bzw. Ausgaben und Einnahmen anknüpfen.[621] Berücksichtigt man aber, dass die Umsetzung strategischer Entscheidungen über konkrete Investitionsprojekte das Erfolgsziel des Unternehmens **kurzfristig** beeinflusst, müssen die Auswirkungen bestimmter Geschäftsfeldstrategien auch auf Kosten und Erlöse analysiert werden.[622] Folglich besitzt die Prozesskostenrechnung im Rahmen der Lösung strategischer Entscheidungsprobleme eine wichtige **Signal- und Anregungsfunktion.** Selbstverständlich müssen in diesem Zusammenhang auch andere Instrumente als die Prozesskostenrechnung zum Einsatz kommen.

---

620 Vgl. Glaser 1991, S. 239; Kloock 1992, S. 238–239; Maier-Scheubeck 1991, S. 546–547.
621 Vgl. im Einzelnen Freidank 2019a, S. 370–402.
622 Vgl. Coenenberg/Fischer/Günther 2016, S. 189–190.

2 Target Costing und Kostenmanagement

2.1 Einführung

Target Costing stellt im Grundsatz ein aus Japan stammendes Kostenmanagementkonzept dar,[623] das darauf ausgerichtet ist, **strategische Entscheidungshilfen** für Unternehmen zu liefern, die auf **wettbewerbsintensiven Märkten** agieren. Allerdings handelt es sich bei diesem marktorientierten Ansatz nicht um ein Kostenrechnungssystem im traditionellen Sinne, „sondern um einen umfassenden **Kostenplanungs-, -steuerungs- und -kontrollprozess,** eingebettet in den Gesamtprozess der Produktentstehung"[624]. Das Target Costing oder **Zielkostenmanagement** entstand aus dem Bedürfnis, im Hinblick auf den Lebenszyklus eines Produkts möglichst **frühzeitig Kosteninformationen** (z. B. bereits in der Produktplanungs- und Designphase) für Planungs-, Steuerungs- und Kontrollzwecke zu erhalten, die aus den Strukturen der Absatzmärkte und den verfolgten Unternehmensstrategien abzuleiten sind.[625]

Die retrograde Vorgehensweise des Target Costing besitzt vor allem bei nicht oder nur begrenzt vorhandenen Preisspielräumen den Vorteil, dass unter Berücksichtigung der Marktkonstellationen hinsichtlich **aller Phasen des Lebenszyklusses eines Produkts Zielkosten** für das Unternehmen vorgegeben werden können,[626] die insbesondere bereits in der Entstehungsphase Konstrukteuren und Entwicklern als Leitlinien bezüglich ihrer Aktivitäten dienen.[627] Mithin besteht die Möglichkeit, die von der Unternehmung erwarteten Produktrentabilitäten auch bei steigender Wettbewerbsintensität über die Kostenseite zu erhalten bzw. zu steigern.[628] Allerdings erfordert das Target Costing einen **hohen Koordinationsaufwand,** der in der erforderlichen kostenorientierten Abstimmung vor allem der Unternehmensbereiche **Marketing, Forschung und Entwicklung** sowie **Fertigung** im Hinblick auf den Produktlebenszyklus der Erzeugnisse begründet ist.[629]

Den Ausgangspunkt des Target Costing stellt die **Planung der Zielkosten** für neue Erzeugnisse dar. Das Schrifttum nennt für diesen Zweck unterschiedliche Methoden.[630] Von diesen hat das „**Market-into-Company-Verfahren**" als Basisform vor allem für **innovative Neuprodukte** aufgrund seines direkten Marktbezugs herausragende

---

[623] Der japanische Begriff für Target Costing lautet „Genka Kikaku". Vgl. Horváth/Seidenschwarz 1993, S. 12.
[624] Horváth/Seidenschwarz/Sommerfeldt 1992, S. 143.
[625] Ein Überblick über die Umsetzung des Target Costing in der Unternehmenspraxis findet sich bei Becker/Ulrich/Güler 2016, S. 136–143; Himme 2009, S. 1052–1098; Vanini 2011, S. 351–354.
[626] Vgl. Seidenschwarz 1991b, S. 193.
[627] Franz 1992b, S. 131.
[628] Vgl. Horváth/Seidenschwarz 1992, S. 143.
[629] Vgl. im Einzelnen Riegler 2000, S. 253–255.
[630] Vgl. im Detail Seidenschwarz 1993, S. 115–130.

Bedeutung erlangt, da die Zielkosten unmittelbar aus den am **Kundenmarkt** erzielbaren Preisen und der **Gewinnplanung** des Unternehmens abgeleitet werden. Die Zielkostenbestimmung wird hier für die geschätzte Lebensdauer und das Absatzvolumen eines Erzeugnisses, wie in Abbildung 123 gezeigt, durch **einfache Subtraktion** vorgenommen.

am Markt erzielbarer Preis (Zielverkaufspreis, Target Price)   − geplanter Gewinn (Bruttogewinnspanne, Target Margin)
= Zielkosten (Target Costs)

Abbildung 123: Bestimmung der Zielkosten.

Die auf diesem Weg ermittelten Gesamtzielkosten repräsentieren mithin die „vom Markt erlaubten Kosten" **(Allowable Costs)**. Sie werden in der Literatur als **Plankosten** definiert, die sich grundsätzlich nur bei allergrößten Anstrengungen der im Unternehmen Beteiligten erreichen lassen[631] und höchstens für das neue Produkt anfallen dürfen.[632] Zu beachten ist allerdings, dass die „vom Markt erlaubten Kosten" ohne Berücksichtigung der im Unternehmen vorhandenen Technologie- und Verfahrensstandards geplant werden.[633]

Nachdem die produktbezogenen Gesamtzielkosten für die Lebensdauer festgelegt wurden, gilt es, diese auf spezifische Bezugsgrößen herunterzubrechen, „für die einzelne Personen oder Teams die Verantwortung tragen".[634] Der in Rede stehende Prozess wird auch als **Zielkostenspaltung** bezeichnet und vollzieht sich, ausgehend von den Marktvorgaben, über die Ebenen **Produktfunktionen, Produktkomponenten** und **Produktteile.** Um zu überprüfen, ob die Gesamtzielkosten eines Produkts nach dem Herunterbrechen auch zu erreichen sind, muss ein Vergleich der „vom Markt erlaubten Kosten" mit den **(Produkt-)Standardkosten (Drifting Costs)**[635] erfolgen, die die bei Aufrechterhaltung vorhandener Technologie- und Verfahrensstandards im Unternehmen erreichbaren Plankosten eines Produkts umschreiben. Diese Gegenüberstellung darf sich aber nicht nur auf das Gesamtprodukt beziehen, sondern muss darüber hinaus auch Produktkomponenten, Produktteile und weitere produktbezogene Leistungen mit einschließen. Sofern sich herausstellt, dass die „vom Markt erlaubten Kosten" die ohne Innovation anfallenden Produktstandardkosten unterschreiten, ist zu untersuchen, ob durch **Kostenreduktionsmaßnahmen** (z. B. Änderungen der Produktgestaltung oder der technischen Ausstattung) die

---

[631] Vgl. Sakurai 1989, S. 43.
[632] Mithin wird durch die Bestimmung der Allowable Costs auch eine produktbezogene (langfristige) Preisuntergrenze gezogen. Vgl. Seidenschwarz 1991a, S. 201.
[633] Vgl. Horváth/Seidenschwarz 1992, S. 150.
[634] Franz 1993, S. 125.
[635] Vgl. Sakurai 1990, S. 57.

ermittelte Differenz überbrückt werden kann. Sollten die „vom Markt erlaubten Kosten" voraussichtlich nicht zu erreichen sein, besteht die Möglichkeit, die **(Produkt-)Standardkosten** (oder einen **Zwischenwert**) als Zielkosten anzusetzen. Eine derartige Vorgehensweise kann im Fall eines eingeschränkten preispolitischen Spielraums und unter Aufgabe der ursprünglichen Gewinnplanung für ein Erzeugnis von der Strategie getragen werden, den **Marktanteil einer Produktgruppe,** zu der das Erzeugnis gehört, nicht vollständig oder partiell an die **Konkurrenz** zu verlieren. Sofern aber für das Unternehmen **Differenzierungsstrategien des Absatzpreises** bestehen, kann sich auch hierdurch eine Bandbreite zur Festlegung der Zielkosten ergeben. Abbildung 124 fasst den Prozess der Zielkostenfindung, bezogen auf das Gesamtprodukt, abschließend zusammen.

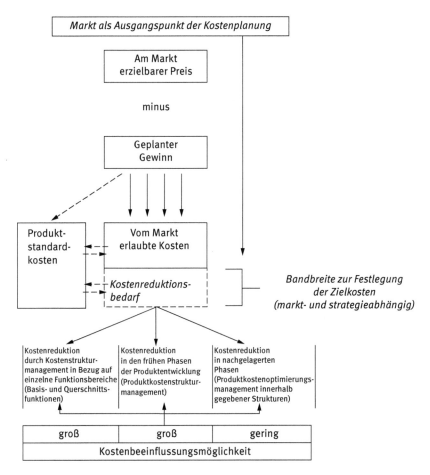

Abbildung 124: Prozess der Zielkostenfindung nach dem Market-into-Company-Konzept.[636]

---

[636] Entnommen von Seidenschwarz 1991c, S. 65.

Die vorstehenden Ausführungen haben bereits ansatzweise verdeutlicht, dass der strategische Target Costing-Ansatz durch ein **Kostenrechnungssystem** zu unterstützen ist, um eine vollständige Wirkung entfalten zu können. Ein derartiges System muss grundsätzlich in der Lage sein, **wettbewerbsorientierte Kosteninformationen** zum Zweck der Planung, Steuerung und Kontrolle des Erfolgspotenzials als wesentliche Zielgröße der strategischen Unternehmensführung zu liefern. Vor allem zum Zweck der genauen Ermittlung der vom Unternehmen aufgrund vorliegender Technologie- und Verfahrensstandards erreichbaren Kosten, die eine **Wegweiserfunktion für die Realisierung der Zielkosten darstellen**,[637] wird ein innerbetriebliches Rechnungswesen **auf Plankostenbasis** benötigt. Darüber hinaus müssen im Rahmen der Zielkostenerreichung von dem Kostenrechnungssystem Informationen zur Verfügung gestellt werden, die das Auffinden **gemeinkostenträchtiger Rationalisierungspotenziale**[638] ermöglichen.

Insbesondere zwei Gründe sprechen dafür, das Target Costing mit einem **Plan-Vollkostensystem** zu vernetzen. Zum einen basiert das Target Costing-Konzept selbst auf dem **Vollkostengedanken**, da das Unternehmen aus langfristiger Sicht zumindest die **Deckung seiner Gesamtkosten** anstrebt und somit die Erzeugnisse ihre vollen Kosten ggf. zuzüglich einer Gewinnspanne erwirtschaften müssen. Zum anderen führt das Zusammenspiel des Target Costing mit einer Grenz-Plankostenrechnung oder einer (relativen) Plan-Einzelkostenrechnung insbesondere bei Unternehmen mit hohem Gemeinkostenanteil unvermeidlich zu **relativ höheren Zielkosten bezüglich der Produktrealisierung**, wodurch die angesprochene Wegweiserfunktion zur Zielkostenerreichung nur unzureichend ausgefüllt würde.[639] Da das Target Costing speziell für auf wettbewerbsintensiven Märkten agierende **Hightech-Unternehmen** konzipiert wurde, die infolge hoher Produktvorlaufkosten z. B. für Forschung und Entwicklung, automatisierte Fertigungsverfahren und IT-gestützte Informationsverarbeitung und Digitalisierung üblicherweise mit **enorm gestiegenen Gemeinkosten** konfrontiert werden,[640] dürfte sich bei diesen Unternehmenstypen **eine Verknüpfung mit der als Prozesskostenrechnung**[641] **ausgebauten Plan-Vollkostenrechnung** anbieten.

---

637 Vgl. Horváth/Seidenschwarz 1992, S. 144.
638 Vgl. Seidenschwarz 1991c, S. 68.
639 Vgl. Horváth/Seidenschwarz 1992, S. 144.
640 Vgl. Seidenschwarz 1991c, S. 64.
641 Vgl. zu diesem System die Ausführungen im fünften Teil zu Gliederungspunkt 1.

2.2 Planung und Realisierung der Zielkosten[642]

2.2.1 Grundlegendes

Um dem Konzept des Target Costing (Zielkostenmanagement) in seiner ganzen Dimension gerecht zu werden, bedarf es einer weitaus komplexeren Charakterisierung als die häufig anzutreffende Definition „retrograde Kalkulation". Mit dieser Umschreibung soll lediglich zum Ausdruck kommen, dass der in Rede stehende Ansatz, ausgehend von einem vorgegebenen oder kalkulierten Marktpreis und nach Abzug einer Gewinnspanne, detaillierte Zielkostenvorgaben für ein Produkt zu liefern vermag. Der strategische Charakter des Target Costing und seine Eignung als **Kostenplanungs-, -steuerungs- und -kontrollinstrument,** dass den Mitarbeitern eines Unternehmens detaillierte Zielvorgaben in sachlicher, wertmäßiger und zeitlicher Dimension aufzeigt, wird hierdurch nur unzureichend gewürdigt. Um diesem in die Philosophie des **Lean Management** eingebetteten Konzept gerecht zu werden, bedarf es einer Auseinandersetzung mit dem Erfordernis seiner Entstehung. Von zentraler Bedeutung ist die Erkenntnis, dass die klassischen Kostenrechnungssysteme aufgrund ihrer ex-post-Orientierung nicht in der Lage sind, kosten-, qualitäts- und zeitgerechtes Verhalten zu produzieren, sondern lediglich zu erprüfen.[643] Dies führte häufig zu verspäteten Reaktionen auf veränderte Rahmenbedingungen, zu Fehlentscheidungen und damit zum Verlust von Marktanteilen.

Target Costing stellt ein **Controlling-Instrument** dar, das im Rahmen von **Produktentwicklungsstrategien** seinen höchsten Wirkungsgrad entfaltet. Derartige Innovationsbestrebungen sind darauf ausgerichtet, Kunden in kürzeren Zeitintervallen zum Kauf neuer, diversifizierter und innovativer Produkte zu bewegen und auf diesem Weg zusätzliche Bedarfe zu wecken.[644] Notwendig werden diese Strategien, um auf **wettbewerbsintensiven, internationalen** Märkten bestehen zu können, die geprägt sind von exakten Vorstellungen über Eigenschaften und Absatzpreise bestimmter Produkte, deren Einhaltung wiederum das Target Costing gewährleisten soll.[645]

Die angesprochene Entwicklung wurde entscheidend unterstützt durch Innovationen im **technischen Bereich,** wie z. B. die Verwendung flexibler Fertigungssysteme, die Integration von betriebswirtschaftlichen und technischen Anwendungssystemen in Form der CIM-Technologien (CAD, CAE, CAP, CAM, CAQ) und den Einsatz moderner Informations- und Kommunikationstechnologien, die den Unternehmen die notwendige Flexibilität geben, um sich innerhalb kurzer Zeit neuen Bedarfen anzupassen. Von zentraler Bedeutung für das Kostenmanagement war jedoch die Erkenntnis, dass die Möglichkeiten zur Beeinflussung der Produktlebenszykluskosten in den **Phasen der**

---

642 Die weiteren Ausführungen basieren auf Freidank/Zaeh 1997, S. 233–274.
643 Vgl. Pfeiffer/Weiß 1994, S. 227–228.
644 Vgl. Hasegawa 1994, 8.
645 Vgl. Seidenschwarz 1993, S. 31.

Produktentwicklung, also insbesondere während des Konstruktionsprozesses, weitaus am größten sind.[646] Diese Lebenszykluskosten beziehen sich nicht nur auf die Entstehungs- und Marktbearbeitungs-, sondern auch auf die sog. After-Sales- oder Nachsorgephase. Neben Wartungs- und Gewährleistungskosten sind hier ebenfalls Folgekosten beim Kunden vor dem Hintergrund der langfristigen Sicherung von Wettbewerbsvorteilen einzubeziehen.[647] Insbesondere die den gesamten Produktlebenszyklus umfassende Sichtweise charakterisiert Target Costing eindeutig als **Life-Cycle-Costing-Ansatz**.[648] Obwohl das Konzept des Lean Management und damit auch das Target Costing ursprünglich aus **der japanischen Automobilindustrie** resultiert, ist seine Anwendung prinzipiell **produkt-** und **branchenunabhängig**.[649]

2.2.2 Konzepte der Zielkostenfindung

Das zentrale Grundprinzip des Target Costing stellt sich in der konsequenten **Kundenorientierung**, mit der Frage „Was darf ein Produkt kosten?" im Gegensatz zur traditionellen Methode der Cost-plus-Kalkulation dar.[650] Ausgangspunkt der Zielkostenfindung ist überwiegend der **Absatzmarkt eines Produkts**. Unter den existierenden **Konzepten zur Zielkostenermittlung**, die in einem ersten Schritt in markt-, ingenieur-, produkt- bzw. funktionsorientierte Ansätze untergliedert werden können, haben sich **fünf Arten** herauskristallisiert, die im Folgenden detailliert erläutert werden sollen. In Abbildung 125 ist u. a. der Autor angegeben, auf den die jeweilige Methode in der japanischen Literatur ursprünglich zurückzuführen ist.[651]

Beim **Market into Company Ansatz,** der auch als Reinform des Target Costing bezeichnet wird,[652] erfolgt die Ableitung der Zielverkaufspreise bestimmter **Produktideen** direkt aus dem Markt.[653] Mit Hilfe der Marktforschung wird versucht, die Anforderungen eines Kunden an ein Produkt sowie den dafür erzielbaren Preis neben dem Marktvolumen, -eintrittszeitpunkt und -bearbeitungszeitraum zu analysieren.[654] Aus der in diesem Zusammenhang generierten Preisabsatzfunktion lässt sich sodann anhand der Bestimmung des Absatzvolumens und, falls möglich, durch den Vergleich mit den direkten Konkurrenten am Markt, der Absatzpreis festlegen.[655] Auf der Grundlage dieses Preises gelangt man durch Abzug **einer Bruttogewinnspanne**

---

646 Vgl. Ehrlenspiel/Kiewert/Lindemann/Mörtl 2014, S. 54–67.
647 Vgl. Seidenschwarz 1993, S. 81–82.
648 Vgl. Coenenberg/Fischer/Schmitz 1994, S. 1–38; Rückle/Klein 1994, S. 335–367.
649 Vgl. Berlin 2015, S. 572–580; Niemand 1994, S. 66–73.
650 Vgl. Seidenschwarz 1991a, S. 199.
651 Vgl. Seidenschwarz 1993, S. 5–32.
652 Vgl. Seidenschwarz 1993, S. 116.
653 Vgl. die Ausführungen im fünften Teil zu Gliederungspunkt 2.1.
654 Vgl. Seidenschwarz 1993, S. 116.
655 Vgl. Seidenschwarz 1993, S. 117–122.

Abbildung 125: Methoden zur Festlegung der Zielkosten.

(Target Profit) zu den sog. „Allowable Costs", d. h. den vom Markt erlaubten Kosten, die den „Drifting Cost" gegenübergestellt werden. Letztere, auch als **Produktstandardkosten** bezeichnet, umschreiben die auf den Lebenszyklus eines Produkts bei konstanter Qualität bezogenen Kosten unter der Prämisse der Beibehaltung der im Unternehmen zu diesem Zeitpunkt vorhandenen **Konstruktions-, Entwicklungs- und Fertigungsverfahren**. Grundsätzlich kann davon ausgegangen werden, dass die vom Markt erlaubten Kosten die Produktstandardkosten nicht überschreiten, da die Allowable Costs i. d. R. nur unter größten Anstrengungen erreichbar sein dürften.[656] Die Differenz beider Größen determiniert unter der Prämisse unelastischer Absatzpreise und einem strategisch unabdingbaren Reingewinn den **Kostenreduktionsbedarf**. Die Festlegung der Zielkosten (Target Costs) vollzieht sich in dem Intervall zwischen den Allowable Costs und den Drifting Costs. Die exakte Fixierung der Zielkosten hängt dabei von der **Wettbewerbsintensität** des jeweiligen Markts und der verfolgten **Strategie** ab, wobei die Target Costs im Fall tendenziell höherer Konkurrenz und Kostenführerschaft des Unternehmens innerhalb der Branche den Allowable Costs möglichst anzunähern sind.[657]

Beim Konzept **Out of Company** sind bei der Ermittlung des Zielverkaufspreises die Verhältnisse im Unternehmen selbst von entscheidender Bedeutung. Die Zielkosten orientieren sich demnach **nicht** am Markt wie beim Market into Company, sondern vielmehr geht diese Methode von den bestehenden Fähigkeiten und Fertigkeiten, dem im Unternehmen vorhandenen Erfahrungsschatz sowie den Produktionsmöglichkeiten im Hinblick auf die Realisierung eines Erzeugnisses aus und entwickelt hieraus Zielkostenvorgaben. Die in diesem Fall quasi **Bottom-Up** ermittelten Target Costs müssen jedoch permanent auf ihre Durchsetzbarkeit am Markt überprüft werden. Hieraus folgt, dass die Marktverhältnisse für jeden Mitarbeiter im Unternehmen transparent sind. Darüber hinaus erfordert die Zielkostenermittlung

---

656 Vgl. Hiromoto 1988, S. 22; Sakurai 1990, S. 43.
657 Vgl. Seidenschwarz 1993, S. 127.

eine hohe Abstimmung aller betrieblichen Unternehmensbereiche, da externe Informationen oder Vorgaben durch interne Analysen ersetzt werden müssen.

Das Into and Out of Company-Verfahren stellt eine Kombination der beiden erstgenannten Methoden dar. Dabei werden die Möglichkeiten des Unternehmens mit den Marktanforderungen an das Produkt abgewogen und kritisch verglichen. Eine solche Vorgehensweise kann ebenfalls zu einem hohen Koordinationsaufwand im Prozess der Zielkostenvereinbarung führen.[658] Positiv bewertet werden muss jedoch die frühzeitige **externe und interne Sichtweise** im Rahmen der Produktplanung, wodurch die Prognosesicherheit der Zielkosten erhöht wird.

Zum Zweck der Ableitung von Zielkosten orientiert sich das Konzept des **Out of Competitor** an den Standardkosten der unmittelbaren Konkurrenten am Absatzmarkt.[659] Obwohl durch diese Methode der **indirekte Marktbezug** sichergestellt wird, erscheint ihre Anwendbarkeit vor dem Hintergrund der eindeutigen ex-post-Ausrichtung im Rahmen der Neuproduktplanung problematisch. Das Verfahren eignet sich zur Bestimmung von Gesamtproduktzielkosten, wenn es gilt, einen **Wettbewerbsnachteil** gegenüber dem besten Konkurrenzunternehmen aufzuholen. Ferner bietet sich das Konzept zur Beurteilung bestimmter Um- oder Neugestaltungsprozesse von Marktstandardkomponenten und -teilen im Sinne eines „**Reverse Engineering**" an.[660]

Wie auch die Methode des **Out of Company** basiert die Ableitung der Zielkosten nach dem **Out of Standard Costs-Verfahren** auf dem vorhandenen Wissen und den anwendbaren Techniken in einem Unternehmen. Es findet primär in den **indirekten Unternehmensbereichen** Anwendung (z. B. im Informationsmanagement). Dabei wird versucht, Zielkosten als Resultat von Istkosten abzüglich Kostenreduktionsabschlägen festzulegen, die wiederum aus geplanten Produktivitätsverbesserungen bereits abgeschlossener Entwicklungsprojekte resultieren.[661] Das Konzept besitzt deshalb untergeordnete Bedeutung, weil weder der Marktbezug noch die universelle Einsetzbarkeit des Verfahrens gewährleistet sind. Abbildung 126 nimmt eine zusammenfassende Beurteilung der fünf dargestellten Methoden zur Zielkostenbestimmung nach Maßgabe der Kriterien Marktorientierung, Einsetzbarkeit für innovative Neuprodukte und Marktstandardprodukte vor.

2.2.3 Bestimmung des Target Profit

Im Prozess der Zielkostenfindung ist von dem geplanten Marktpreis eines Produkts zunächst die zu erwirtschaftende Bruttogewinnspanne (Target Profit) abzuziehen,

---

[658] Vgl. Seidenschwarz 1993, S. 128.
[659] Vgl. die Ausführungen im fünften Teil zu Gliederungspunkt 2.3.1.
[660] Vgl. Seidenschwarz 1993, S. 129 und die Ausführungen im fünften Teil zu Gliederungspunkt 2.3.4.4.
[661] Vgl. Seidenschwarz 1993, S. 130.

Arten der Zielkostenbestimmung	Markt-orientierung	Einsetzbarkeit für innovative Neuprodukte	Einsetzbarkeit für Marktstandardprodukte
Market into Company	+ +	+ +	+
Out of Company	+	+	+
Into and out of Company	+	+	+
Out of Competitor	+ +	−	+ +
Out of Standard Costs	+	+	+

Abbildung 126: Bewertung der Methoden zur Zielkostenfindung.[662]

um anschließend die Zielkosten festzulegen. In diesem Zusammenhang besitzen folgende Fragen zentrale Bedeutung.
(1) Welche betriebswirtschaftliche **Kennzahl** soll zur Bestimmung der Bruttogewinnspanne herangezogen werden?
(2) Welche **Kosten** muss die Bruttogewinnspanne neben dem Reingewinn abdecken?
(3) Welchen **Wert** soll die Bruttogewinnspanne in der praktischen Anwendung annehmen?

Im Hinblick auf die **erste Frage** ist zu klären, ob bei der Bemessung der Bruttogewinnspanne die **Umsatzrentabilität** oder der **Return on Investment** unter Zuhilfenahme der **Kapitalumschlagshäufigkeit** Anwendung finden soll. Beide Größen können folgendermaßen zueinander in Beziehung gesetzt werden.[663]

$$\text{Return on Investment} = \underbrace{\frac{\text{Gewinn}}{\text{Umsatz}}}_{\text{Umsatzrentabilität}} \cdot \underbrace{\frac{\text{Umsatz}}{\text{Gesamtkapital}}}_{\text{Kapitalumschlagshäufigkeit}}$$

Unmittelbar einsichtig erscheint die Verwendung der Umsatzrentabilität, da in diesem Fall das in einem Produkt gebundene Kapital nicht ermittelt werden muss. Eine derartige Vorgehensweise wäre aus **wirtschaftlichen Gesichtspunkten** aber unvertretbar.[664] Zudem ist der Marktpreis als einzig notwendige Bezugsgrundlage bei Rückgriff auf die Umsatzrentabilität direkt vorgegeben. Allerdings ist zu beachten, dass vor allem in westlichen Unternehmen der Return on Investment als **dominierende Rentabilitätskennzahl** zur Beurteilung der Wirtschaftlichkeit angesehen

---
662 Entnommen aus Horváth/Seidenschwarz 1992, S. 144.
663 Vgl. Sakurai 1990, S. 57.
664 Vgl. Franz 1993, S. 127.

wird. Bei einer Vernachlässigung der Kapitalumschlagshäufigkeit bliebe der wichtige Aspekt der Kapitalbindung innerhalb des Unternehmens im Hinblick auf die Festlegung der Bruttogewinnspanne unberücksichtigt.[665]

Japanische Unternehmen, die das Konzept des Target Costing erfolgreich umgesetzt haben, lösen die in Rede stehende Problematik wie nachstehend skizziert. Aufgrund ihrer einfachen Handhabung erfolgt zunächst eine Heranziehung der Umsatzrentabilität zur Bemessung der Target Margin. Mit dem Ziel der Erreichung einer bestmöglichen Lösung wird sodann in getrennter Rechnung durch die Reduzierung der Bestände im Anlage- und im Umlaufvermögen (Vorräte und Forderungen) versucht, das gebundene Gesamtkapital zu senken, um damit die Kapitalumschlagshäufigkeit zu erhöhen. Allerdings kann eine derartige Vorgehensweise mit Problemen verbunden sein. So besteht bei entsprechend notwendigen Verminderungen des Anlagevermögens die Gefahr, dass die Bereitschaft des Managements zukünftig nachlässt, in innovative Projekte zu investieren. Hierdurch können auf lange Sicht elementare Verluste von Marktanteilen entstehen. Ferner ist zu befürchten, dass die Verkürzung von Zahlungszielen bei Forderungen aus Lieferungen und Leistungen zu einem aus strategischer Sicht wesentlichen Verlust an Kunden führen kann, da deren Zahlungsmoral grundsätzlich als gegeben angesehen werden muss und langfristig keinen veränderbaren Charakter trägt.[666] Aufgrund der angesprochenen Probleme bleibt als letztlich durchsetzbares Mittel zum Zweck der Reduzierung des gebundenen Kapitals das Konzept des **Just in Time** in Gestalt einer **Optimierung der Vorratshaltung**. Auf diese Weise sollen die Lagerbestände durch eine gezielte Beeinflussung der Wertschöpfungskette unter Einbeziehung von Zulieferern, Produzenten und Kunden so weit wie möglich reduziert werden.

> **Beispiel 117:**
> In der Automobilindustrie versendet der Zulieferer auf Anfrage des Produzenten kurzfristig die benötigten Systemkomponenten produktionssynchron an die Montagebänder, d. h. die Teile werden unmittelbar in der Reihenfolge geliefert, in der sie eingebaut werden sollen. Die Bevorratung der entsprechenden Teile entfällt somit vollständig, wodurch die Kapitalbindung insbesondere bei hochwertigen Vorratsgütern erheblich reduziert werden kann. Weiterentwickelte Konzeptionen gehen sogar so weit, dass der Zulieferer die komplette Lagerplanung des Produzenten übernimmt und auf diesem Weg durch die Kenntnis der Bedarfe des Herstellers selbst exakter disponieren kann.

Der Target Profit darf nicht dahingehend missverstanden werden, dass er als Produkt aus der Bruttogewinnspanne und dem Umsatz der Unternehmenserfolg zu

---

[665] Die Bestimmung der Bruttogewinnspanne kann aber auch über einen projektspezifischen Kapitalkostensatz erfolgen, der die gewünschte Mindestrendite des Eigen- und Fremdkapitals z. B. nach Maßgabe des WACC-Konzepts unter Rückgriff auf wertorientierte Kennzahlen zum Ausdruck bringt. Vgl. die Ausführungen im dritten Teil zu Gliederungspunkt 2.2.5.2.3. und Fischer/Schmitz 1998; Freidank 2019a, S. 247–261.
[666] Vgl. Sakurai 1990, S. 57.

ermitteln ist. In Bezug auf die **zweite Frage** ist deshalb zu klären, welche Kosten durch den Target Profit neben **einer maximalen oder angemessenen Rendite (Reingewinn)** zu decken sind bzw. welche Kostenarten keinen Eingang in die Target Costs finden sollen und damit nicht Gegenstand von Analyse- und/oder Beeinflussungsaktivitäten auf Produkt-, Bereichs- und/oder Prozessebene sind. Abbildung 127 systematisiert die einem Produkt zuzurechnenden Kostenarten bezüglich unterschiedlicher Kriterien, die nach japanischer und deutscher Auffassung nicht in den

Kostenart	Beschreibung
Forschungs- und Entwicklungskosten	Entwicklungsbudget des Lebenszyklusses bezogen auf die kumulierte Gesamtstückzahl
Materialkosten und Kosten des Fremdbezugs	Kosten für Roh-, Hilfs- und Betriebsstoffe und fremdbezogene Teile
Abschreibungen	Verrechnete Kostenanteile für Maschinen und Werkzeuge inklusive der erforderlichen Software
Fertigungskosten	Kosten der Fertigung und Montage auf Basis der vorhandenen Technologie
= Obergrenze der einem Produkt zuzurechnenden Kosten aus japanischer Sicht	
Produktnahe Gemeinkosten	Pozesskosten für mit dem Produkt direkt zusammenhängende Gemeinkosten der Beschaffungs-, Logistik-, Steuerungs- und Qualitätssicherungsprozesse und der Prozesse in der After-Sales-Phase (z. B. Reklamationen)
Produktferne, leistungsmengeninduzierte Gemeinkosten	Prozesskosten der nicht mit dem Produkt unmittelbar zusammenhängenden Funktionsbereiche des Unternehmens, die jedoch mit der Leistungsmenge variieren (z. B. Kommunikationskosten des Vertriebsbbereichs).
= Obergrenze der einem Produkt zuzurechnenden Kosten aus deutscher Sicht	
Produktferne, leistungsmengeninduzierte Gemeinkosten	Prozesskosten der nicht mit dem Produkt unmittelbar zusammenhängenden Funktionsbereiche des Unternehmens, die nicht mit der Leistungsmenge variieren (z. B. Prozesskosten der allgemeinen Verwaltung ohne direkten Bezug zum Produkt wie Vorstandsgehälter).

Abbildung 127: Systematisierung produktspezifischer Kosten im Target Costing.[667]

---

667 Modifiziert entnommen von Gaiser/Kieninger 1993, S. 70.

Target Profit integriert werden sollen oder können und damit als Residualgröße die **erzeugnisbezogenen Zielkosten** repräsentieren.

In **japanischen Unternehmen** dominiert die Auffassung, dass die Einbeziehung von **Fremdbezugs- und Herstellkosten** unter Vernachlässigung der Gemeinkostenanteile in die produktspezifischen Kosten im Wesentlichen ausreichend sei.[668] Jedoch kommt aufgrund der unterschiedlichen Kostenstrukturen dieser Unternehmen im Vergleich zu ihren westlichen Konkurrenten den Gemeinkosten in letzteren wesentlich größere Bedeutung zu.[669] Diese sind methodisch durch **Vernetzung des Target Costing mit der Prozesskostenrechnung**[670] in Form **produktnaher Gemeinkosten** auf der Basis von Gesamtprozesskostensätzen, die sowohl leistungsmengeninduzierte als auch leistungsmengenneutrale Prozesskosten beinhalten, so umfangreich wie möglich ebenfalls in die Produktstandardkosten und damit auch in die Zielkosten einzubeziehen, da sie z. B. in Form einer Verbesserung der Prozesstechnologie bzw. Reduktion der Produktkomplexität direkt beeinflussbar sind und ohne ihre Berücksichtigung die Gefahr besteht, dass der Prozess der Zielkostenerreichung an Aussagekraft verliert. Die **produktfernen Gemeinkosten** sollten nur dann erzeugnisspezifisch berücksichtigt werden, wenn es sich um leistungsmengeninduzierte Prozesskosten handelt. Diese Kostenart ist mithilfe der Prozesskostenrechnung aktivitätsorientiert zu kalkulieren und i. d. R. im Rahmen des Kostenmanagements zu steuern. Leistungsmengenneutrale Prozesskosten müssen hingegen grundsätzlich dann ihre Deckung en bloc über den Target Profit finden, wenn sie sich einer Veränderung durch die Führungsinstanzen entziehen.

Die Beantwortung der **dritten Frage** kann nicht ohne Berücksichtigung der vorstehend diskutierten Aspekte erfolgen. Die Auffassungen über die **Höhe der Bruttogewinnspanne** gehen im Schrifttum weit auseinander. So finden sich etwa in der japanischen Literatur Beispiele, die der Ermittlung der Zielkosten eine Umsatzrentabilität (Target Profit) von 20% zugrunde legen.[671] In westlichen Unternehmen wird hingegen eine Bruttogewinnspanne von 3–5% als angemessen angesehen.[672] Fraglich ist in diesem Zusammenhang, ob beide Prozentsätze tatsächlich vergleichbar sind, da die ihnen zugrunde liegende Wertermittlung von unterschiedlichen Prämissen ausgeht. Die Differenz beider Werte lässt sich zunächst auf die bereits erläuterte, in westlichen Unternehmen erforderliche Einbeziehung von Gemeinkosten in die produktspezifischen Kosten (Produktstandardkosten) zurückführen, deren Deckung aus japanischer Sicht aber über den Target Profit erfolgen soll. Ebenfalls zu berücksichtigen ist, dass die in westlichen Unternehmen angesetzte Bruttogewinnspanne zum Teil **nach Abzug kalkulatorischer Kosten,** wie kalkulatorische

---

668 Vgl. Mayer 1993, S. 87.
669 Vgl. Horváth/Niemand/Wolbold 1993, S. 21.
670 Vgl. die Ausführungen im fünften Teil zu Gliederungspunkt 2.1.
671 Vgl. Sakurai 1990, S. 57.
672 Vgl. Franz 1993, S. 127.

Zinsen und kalkulatorischer Unternehmerlohn, zustande kommt bzw. im Rahmen der handelsrechtlichen Erfolgsermittlung auch **alle** produktfernen Gemeinkosten vom Gewinn subtrahiert werden. Da diese Kostenbestandteile größtenteils über die Bruttogewinnspanne zu decken sind, ist der Target Profit tendenziell weitaus zu niedrig angesetzt und muss nach oben korrigiert werden.

2.2.4 Spaltung der Zielkosten

Nachdem die produktbezogenen Gesamtzielkosten für die Lebensdauer festgelegt wurden, sind diese auf die von dem Erzeugnis zu erfüllenden **Funktionen** und seine **Komponenten** sowie letztlich Teile herunterzubrechen, um für alle Unternehmensebenen zum Zweck der Planung, Kontrolle und Steuerung operable Kostenvorgaben zu generieren. Dieser Prozess, der als **Zielkostenspaltung bzw. Zielkostensegmentierung** bezeichnet wird, geschieht auch vor dem Hintergrund einer angestrebten **optimalen Allokation von Ressourcen,** die im Idealfall so einzusetzen sind, „wie dies den vom Kunden gewünschten Produktwertrelationen entspricht"[673]. Mithin ist es erforderlich, dass die für das Produkt aufzuwendenden Lebenszykluskosten in **adäquater Relation** zum erbrachten Nutzen der entsprechenden Funktion bzw. Komponenten oder Teile stehen.

Die Zuordnung der Zielkostenanteile kann nun auf die Gebrauchsfunktionen des Erzeugnisses oder direkt auf seine Komponenten erfolgen.[674] Die **Funktionsmethode** konnte sich **in japanischen Unternehmen** durchsetzen und wird i.d.R. für **komplexe und hoch innovative Produkte** angewandt, da im Entwicklungsstadium eines Erzeugnisses nur sehr unpräzise Vorstellungen über die Produktkomponenten existieren. Dieses Verfahren zeichnet sich dadurch aus, dass die Zielkosten in der Relation auf die Funktionsbereiche verteilt werden, die sich aus ihrem Anteil am **Kundennutzen des Produkts** ergibt. Hierdurch wird u. a. die **frühzeitige Marktorientierung** der Konstrukteure an den Kundenbedürfnissen gewährleistet.[675] Sind hingegen in der Konstruktionsphase bereits konkrete Anhaltspunkte über die Teilestruktur eines Produkts, z.B. aus seinen Vorgängermodellen, vorhanden, so können die Zielkosten zwar direkt, jedoch ohne Bezug zum Kundennutzen, auf die Komponenten, Baugruppen und Teile heruntergebrochen werden. Diese Vorgehensweise bietet sich bei weniger innovativen Produkten an und beschreibt die **Komponentenmethode**. Erst die **Kombination** der genannten Verfahren zur Funktions- und Komponentenmethode vereint die Stärken beider Ansätze und vollzieht sich, ausgehend von den Marktvorgaben, über die Ebenen der Produktfunktionen, Produktkomponenten und Produktteile.

---

673 Horváth/Seidenschwarz 1992, S. 145.
674 Vgl. Tanaka 1989, S. 52.
675 Vgl. Franz 1992b, S. 132.

Von zentraler Bedeutung ist in diesem Kontext das Instrument der **Conjoint-Analyse**, mit dessen Hilfe im Rahmen der Marktforschung der Zusammenhang zwischen einzelnen Produktmerkmalen, deren individuellen Kundennutzen und den dafür einzusetzenden Ressourcen quantifizierbar gemacht werden kann. Der Rückgriff auf die Conjoint-Analyse bietet sich insbesondere deshalb an, weil es neben der Ableitung von **Produktfunktionen** für ein **marktorientiertes Zielkostenmanagement** überaus wichtig ist, möglichst frühzeitig den Wert zu ermitteln, den ein Kunde der entsprechenden Produktfunktion oder einer Komponente beimisst.[676]

Die konkrete Vorgehensweise des gesamten Prozesses der Zielkostenspaltung legen *Horváth* und *Seidenschwarz* unter Anlehnung an das Beispiel eines Tintenschreibers nach *Tanaka* dar.[677] Der in Rede stehende Prozess des Target Costing vollzieht sich **in acht Schritten**, wobei hier zunächst der Aspekt der **Zielkostenspaltung** im Vordergrund der Betrachtung steht (Schritte 1–5). Im darauffolgenden Kapitel wird der Prozess des **Value Engineering** (Schritte 6–8) näher untersucht. Diese acht Schritte lassen sich wie nachstehend gezeigt konkretisieren.

(1) Bestimmung der **Funktionsstruktur** des neuen Produkts nach Maßgabe des vom Markt definierten Leistungsprofils.
(2) Gewichtung der **Produktfunktionen** unter Rückgriff auf die Ergebnisse von Kundenbefragungen bezüglich **harter** (technische Leistung) und **weicher** (Benutzerfreundlichkeit) **Funktionen.**
(3) Unter Berücksichtigung der Zielkosten wird ein Grobentwurf für das neue Produkt entwickelt, der die Produktkomponenten definiert, durch die die **Produktfunktionen** insgesamt realisiert werden.
(4) **Kostenplanung** der Produktkomponenten.
(5) **Gewichtung der Produktkomponenten** zum Zweck der Realisierung der harten und weichen Funktionen.
(6) Bestimmung der Zielkostenindizes der Produktkomponenten.
(7) **Optimierung der Zielkostenindizes** mithilfe des Zielkostenkontrolldiagramms (Value Control Chart).
(8) **Vornahme weiterer Kostensenkungen** z. B. durch Überprüfung von Funktionen, Konstruktionsänderungen und Anwendung der **Wertanalyse**.

Der schrittweise Prozess der Zielkostenspaltung soll nun anhand des auf *Horváth* und *Seidenschwarz* bzw. *Tanaka* zurückgehenden Beispiels verdeutlicht werden.

Beispiel 118:
Abbildung 128 und Abbildung 129 zeigen die Strukturen der harten und weichen Funktionen für einen Tintenschreiber, die nach Maßgabe des vom Markt definierten Leistungsprofils festgelegt wurden **(1. Schritt).**

---

676 Vgl. im Detail Seidenschwarz 1993, S. 199–210; Jonen/Lingnau 2005, S. 354–360.
677 Vgl. Horváth/Seidenschwarz 1992, S. 145–149; Tanaka 1989, S. 56–71.

```
h1  = markieren
h2  = mit Tinte versorgen
h3  = Tinte führen
h4  = Spitze befestigen
h5  = Tinte speichern
h6  = Schaftraum bereitstellen
h7  = Federhalter ventilieren
h8  = vor dem Auslaufen schützen
h9  = Inneres schützen
h10 = innere Teile versorgen
h11 = Federring befestigen
h12 = Verschlusskappe befestigen
h13 = vor Tintenverdunstung schützen
h14 = Tinte ansaugen
h15 = Spitze schützen
```

Abbildung 128: Definition harter Funktionen.

```
w1   = Schreibgefühl
w1-1 = Geschmeidigkeit
w1-2 = Federstrich
w1-3 = Tintenversorgung
w1-4 = Ausgeglichenheit der Spitze

w2   = Design

w3   = Aufmachung
w3-1 = Darstellung des Herstellernamens
w3-2 = Darstellung des Produktnamens
w3-3 = Darstellung der Tintenfarbe

w4   = Schreibbild
w4-1 = Farbqualität
w4-2 = Einheitlichkeit der Linienführung
w4-3 = Farbkonsistenz
w4-4 = Tintenklecksen
w4-5 = Farbgleichmäßigkeit

w5   = Gebrauchskomfort
w5-1 = Kappen- und Federhalterpassform
w5-2 = Größenkomfort
w5-3 = Halterungshandling
w5-4 = Fingerbeschmutzung
w5-5 = Handhabbarkeit
```

Abbildung 129: Definition weicher Funktionen.

In Tabelle 122 und Tabelle 123 sind die durch **Kundenbefragungen** gewonnenen prozentualen Ergebnisse bezüglich des Nutzens harter und weicher Funktionen für den Tintenschreiber dargestellt **(2. Schritt)**.

Tabelle 122:

Harte Funktion	h1	h2	h3	h4	h5	h6	h7	h8	h9	h10	h11	h12	h13	h14	h15	Summe
Teilgewichte	16,2	13,6	12,5	5,3	8,3	4,1	5,3	6,7	3,9	3,9	3,3	3,0	4,6	6,0	3,3	100%

Tabelle 123:

Weiche Funktion	w1			w2	w3			w4					w5				Summe
	w1-1	w1-2	w1-3	w1-4		w3-1	w3-2	w3-3	w4-1	w4-2	w4-3	w4-4	w4-5	w5-1	w5-2	w5-3	w5-4	w5-5	
Teilgewichte	5,5	6,6	5,9	5,8	17,4	3,7	3,6	6,1	3,8	4,9	4,6	5,5	5,0	3,7	3,9	3,5	5,8	4,7	100%

Von den insgesamt 1.200 befragten potentiellen Kunden maßen 35% den harten und 65% den weichen Funktionen die jeweils höhere Bedeutung zu. Im Rahmen des **3. Schritts** werden sodann unter Berücksichtigung der Zielkosten, der Teilgewichte und der harten sowie weichen Funktionen ein **Grobentwurf** für den Tintenschreiber entwickelt und die **Produktkomponenten** festgelegt. In diesem Fall führte der Segmentierungsprozess zu den in Abbildung 130 gezeigten Komponenten.

```
K1 = Tinte
K2 = Federspitze
K3 = Federring
K4 = Tintensauger
K5 = Griffel
K6 = Federhalter
K7 = Abschlusskappe
K8 = Luftraum
K9 = Schutzkappe
```

Abbildung 130: Komponenten des Tintenschreibers.

Anschließend ist eine **Kostenplanung** der einzelnen Produktkomponenten vorzunehmen, die auch eine segmentbezogene **Kostenanteilsbestimmung** zulässt (**4. Schritt**).[678] Im Rahmen des **5. Schritts** wird dann **eine Gewichtung der Produktkomponenten** im Hinblick auf eine **Realisierung der harten und weichen Funktionen** vorgenommen. Wie auch Tabelle 124 für die harten Funktionen zeigt, sind hier die **Funktionskategorien** (einschließlich deren Gewichte) und die sie **realisierenden Produktkomponenten** in einer Matrix gegenüberzustellen, wobei **Funktionen und Komponenten** durch **Schätzung** verknüpft werden. So ist zunächst festzustellen, mit welchem Anteil einzelne Komponenten die entsprechenden Partialfunktionen realisieren. Nach der Darstellung in Tabelle 124 wird etwa die harte Funktion „mit Tinte versorgen" (h2) zu 40% durch die Komponente „Tinte" (K1) und zu 60% durch die Komponente „Federspitze" (K2) erreicht. Danach können die auf diesem Weg ermittelten Prozentsätze mit den einzelnen prozentualen Teilgewichten der Produktfunktionen bewertet werden. So führt in Tabelle 124 die Gewichtung des Satzes der Produktkomponente „Federspitze" (K2) von 60% mit dem Satz der harten Funktion „Tintenversorgung" (h2) von 13,6% zu einem Wert von 8,2%. Schließlich werden die auf diesem Weg ermittelten **Einzelwerte pro Produktkomponente addiert.** Man erhält dann den prozentualen Anteil für jede Komponente, der zur Realisierung der entsprechenden harten und weichen Funktionen erforderlich ist. Wie Tabelle 124 zeigt, trägt die Komponente „Tinte" (K1) mit insgesamt 17,3% zur Realisierung der harten Funktionen „markieren" (h1) (5,7%), „mit Tinte versorgen"

---

[678] Vgl. Spalte 2 in Tabelle 125.

Tabelle 124:

KOMPONENTEN / HARTE FUNKTIONEN		h1 markieren	h2 mit Tinte versorgen	h3 Tinte führen	h4 Spitze befestigen	h5 Tinte speichern	h6 Schaftraum bereitstellen	h7 Federhalter ventilieren	h8 vor dem Auslaufen schützen	h9 Inneres schützen	h10 innere Teile versorgen	h11 Federring befestigen	h12 Verschlusskappe befestigen	h13 vor Tintenverdunstung schützen	h14 Tinte ansaugen	h15 Spitze schützen	Summe
Teilgewichte (%)		16,2	13,6	12,5	5,3	8,3	4,1	5,3	6,7	3,9	3,9	3,3	3,0	4,6	6,0	3,3	100 %
K1	Tinte	35 / 5,7	40 / 5,4	33 / 4,1					15 / 1,0					20 / 0,9		5 / 0,2	17,3
K2	Federspitze	35 / 5,7	60 / 8,2	33 / 4,1										6 / 0,3			18,3
K3	Federring	10 / 1,6		10 / 1,3	100 / 5,3				10 / 0,7					4 / 0,2	30 / 1,8		10,9
K4	Tintensauger			6 / 0,7		100 / 8,3			10 / 0,7								9,7
K5	Griffel			4 / 0,5			50 / 2,0	32 / 1,7	10 / 0,7								4,9
K6	Federhalter	20 / 3,2		10 / 1,3			50 / 2,1	32 / 1,7	30 / 2,0	90 / 3,5	90 / 3,5	100 / 3,3	100 / 3,0	50 / 2,2	50 / 3,0		28,8
K7	Abschlusskappe								5 / 0,3	10 / 0,4	10 / 0,4			10 / 0,5	20 / 1,2		2,8
K8	Luftraum			4 / 0,5					36 / 1,9	15 / 1,0							3,4
K9	Schutzkappe								5 / 0,3					10 / 0,5		95 / 3,1	3,9

(h2) (5,4%), „Tinte führen" (h3) (4,1%), „vor dem Auslaufen schützen" (h8) (1,0%), „vor Tintenverdunstung schützen" (h13) (0,9%) und „Spitze schützen" (h14) (0,2%) bei. Die Gesamtergebnisse bezüglich der Produktkomponenten zur Erreichung der harten und weichen Funktionen sind in Spalte 3 und 5 von Tabelle 125 aufgelistet.

Das Resultat des Beispiels 118 stellen die auf die **Produktkomponenten** heruntergebrochenen Indizes in Bezug auf ihren Nutzenbeitrag zur Realisation der weichen und harten Funktionen sowie auf ihren Anteil an den Produktlebenszykluskosten dar. Die Verwendung der Indizes als Mittel des **Value Engineering** wird im folgenden Kapitel erläutert.

2.2.5 Value Engineering

Unter dem Begriff **Wertanalyse (Value Analysis)** wird im Allgemeinen ein Verfahren zur systematischen Kostensenkung verstanden, das auf die Entwicklung von Ideen zur

Tabelle 125:

Komponenten		Kostenanteil (%)	Harte Funktionen		Weiche Funktionen	
			Gewichtungsergebnis (%)	Zeilkostenindex	Gewichtungsergebnis (%)	Zeilkostenindex
K1	Tinte	6,9	17,3	2,51[a]	22,0	3,19[b]
K2	Federspitze	18,5	18,3	0,99	16,9	0,91
K3	Federring	6,5	10,9	1,68	5,2	0,80
K4	Tintensauer	11,6	9,7	0,84	1,2	0,10
K5	Griffel	1,2	4,9	4,08	2,0	1,67
K6	Federhalter	36,3	28,8	0,79	31,0	0,85
K7	Abschlusskappe	3,9	2,8	0,72	1,7	0,44
K8	Luftraum	1,1	3,4	3,09	2,2	2,00
K9	Schutzkappe	14,0	3,9	0,28	17,8	1,26
Summe		100	100	–	100	–

[a] 2,51 = 17,3 : 6,9
[b] 3,19 = 22,0 : 6,9

Kostenreduktion bei Produkten (**Produkt-Wertanalyse**), Verfahren (**Ablauf-Wertanalyse**) oder Prozessen (**Prozess-Wertanalyse**) abzielt. Grundprinzipien sind die **Funktionsanalyse** bezüglich der Herstellung des jeweiligen Erzeugnisses und die sich anschließende **Wertgestaltung (Value-Engineering)**, bei der ein neues Produkt entwickelt wird, das bestimmte Gebrauchsfunktionen erfüllen muss und/oder kostengünstiger zu fertigen ist.[679] Das Value Engineering zielt folglich auf die optimale erzeugnisbezogene Allokation von Ressourcen (**Produktkostenoptimierungsmanagement**) ab.[680] Dieser in das Target Costing eingebettete Ablauf vollzieht sich in der Gestaltungsphase eines Produkts und kann somit von der Wertanalyse abgegrenzt werden, die auf die Optimierung der Kostenstrukturen bereits existierender Erzeugnisse, Verfahren und/oder Prozesse abstellt.

Value Engineering steht in enger Verbindung mit dem Konzept des **Simultaneous Engineering,** da neben der Produkt- auch die **Prozessoptimierung** einen bedeutenden Stellenwert im Rahmen der ex-ante-Analyse einnimmt.[681] Die Optimierung der Produktkosten setzt daher die frühzeitige Abstimmung zwischen Design und Engineering voraus, um eine rein produktbezogene Betrachtung, die in keinem Fall zu besten Ergebnissen führen kann, im Vorfeld des Produktionsprozesses auszuschließen. An die Stelle der sequenziellen Produktplanung tritt die Koordination aller betrieblichen Aktivitäten vom Produktdesign bis zur Herstellung.[682] Die hierdurch mögliche Parallelität von Produkt und Prozess, z. B. von Design und Engineering, führt zu erheblich **früheren Markteintrittszeitpunkten** und damit zur Optimierung des kritischen **Erfolgsfaktors Zeit.** Dies wiederum verkürzt die **Amortisationsdauer von Investitionen** in zukunftsweisende Technologien.

Der Prozess des Value Engineering vollzieht sich in **drei Schritten,** wobei diese auf Punkt 1–5 der bereits vorgestellten Zielkostenspaltung aufbauen.[683] Zur Bestimmung der **komponentenbezogenen Zielkostenindizes** ist es erforderlich, die jeweiligen Gewichtungsergebnisse der Produktkomponenten durch die entsprechenden Kostenanteile zu dividieren **(Schritt 6)**. Wie in Tabelle 125 gezeigt, ergibt sich für die harte Komponente „Tinte" (K1) der Zielkostenindex von 2,51, indem das prozentuale Gewichtungsergebnis von 17,3 durch den prozentualen Kostenanteil von 6,9 dividiert wird. Optimal wäre jeweils die Realisierung eines **Zielkostenindex** von 1, da in diesem Fall eine komponentenbezogene Zielkostenspaltung nach **Maßgabe des Kundennutzens** möglich wäre. Ein Zielkostenindex ungleich 1 bringt hingegen zum Ausdruck, dass die **Ausgestaltung einer Funktion** entweder **zu aufwändig (< 1) oder zu einfach (> 1)** ist. Während bei einem Zielkostenindex unter 1 kostensenkende Maßnahmen erforderlich sind, führt ein Zielkostenindex über 1 zu Überlegungen, mithilfe von

---

[679] Vgl. zur Wertanalyse Corsten/Gössinger 2016, S. 203–214; Hansmann 2006, S. 96.
[680] Vgl. Sakurai 1989, S. 44.
[681] Vgl. Weiß/Strubl/Goschy 2015, S. 58–59, S. 147–156.
[682] Vgl. Tani/Kato 1994, S. 214.
[683] Vgl. die Ausführungen im fünften Teil zu Gliederungspunkt 2.2.4.

Funktionsverbesserungen oder der Verwendung **höherwertiger Komponenten** die Attraktivität des Produkts zu steigern, da der Kunde bei derartigen Konstellationen bestimmten Produkteigenschaften einen höheren Nutzen beimisst, als dies durch die zugeordneten Kosten zum Ausdruck gebracht wird. Entsprechende Informationen über zusätzliche Ressourceneinsätze (verbesserte Komponenten- und damit auch Funktionserfüllung) können **Produktwerttableaus** entnommen werden.[684]

Die im 6. Schritt ermittelten Zielkostenindizes gilt es nachfolgend mithilfe eines **Zielkostenkontrolldiagramms (Value Control Chart)** soweit wie möglich einem Wert von 1 anzunähern **(7. Schritt)**, um die Marktorientierung in das Kostenmanagement einbringen zu können.[685] Zu diesem Zweck werden in ein Koordinatensystem, dessen Abszisse die prozentualen Gewichtungsergebnisse und dessen Ordinate die prozentualen Kostenanteile enthält, die Zielkostenindizes bezüglich der einzelnen Produktkomponenten eingetragen. Die mit einem Winkel von 45° eingezeichnete Gerade repräsentiert die jeweiligen **optimalen Zielkostenindizes**, bei denen sich die Kostenanteile und Gewichtungsergebnisse entsprechen. Da aber diese Optimalwerte i.d.R. nicht zu erreichen sind, empfiehlt das Schrifttum die Festlegung einer **optimalen Zielkostenzone**, in deren Grenzen sich die Zielkostenindizes der Produktkomponenten befinden sollen.[686] Wie Abbildung 131 zeigt, werden die untere und obere Begrenzung der Zielkostenzone mithilfe von **Exponentialfunktionen** definiert, deren Werte unternehmensindividuell vom Management festgelegt werden müssen. Durch die grundlegende Funktionsstruktur wird unterstellt, dass die tolerierten Abweichungen von den Optimalwerten im Bereich niedriger Gewichtungsergebnisse umfangreicher als im Bereich hoher Gewichtungsergebnisse sein dürfen. Dies rührt daher, weil die in Bezug auf ihre Kosten bzw. ihren Nutzen signifikanten Produkteigenschaften einer exakteren Annäherung an die Optimalwerte unterworfen werden müssen. Grundsätzlich gilt jedoch, dass der **Markt- bzw. Strategiebezug** entscheidende Bedeutung für die Festlegung der Zielkostenzone besitzt. Hieraus folgt, dass die Zielkostenzone umso enger festzulegen ist, je näher die produktbezogenen Target Costs an den vom Markt erlaubten Kosten angesiedelt werden.[687] Sofern im Unternehmen hohe **Zielerreichungspotenziale** etwa in Gestalt von Erfahrungen der Beteiligten, Produktivitätsvorsprüngen gegenüber der Konkurrenz, Lerneffekten im Verhältnis zur vorangegangenen Erzeugnisentwicklung etc. bestehen, liegt es nahe, die Zielkostenzone im Vergleich zu Vorgängermodellen restriktiver auszurichten.[688]

Im Hinblick auf das in Abbildung 131 angeführte **Zielkostenkontrolldiagramm (Value Control Chart)** sind zusammenfassend folgende Lagen der Zielkostenpunkte

---

[684] Vgl. Seidenschwarz 1993, S. 183.
[685] Vgl. Seidenschwarz 1993, S. 180–198.
[686] Vgl. Brühl 2016, S. 211; Tanaka 1989, S. 71.
[687] Vgl. die Ausführungen im fünften Teil zu Gliederungspunkt 2.1. und 2.2.1 bis 2.2.3.
[688] Vgl. Seidenschwarz 1993, S. 182–183.

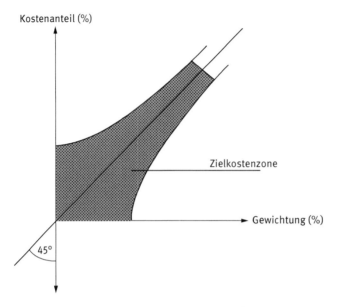

Abbildung 131: Struktur eines Value Control Chart.[689]

für die analysierten Produktkomponenten im Hinblick auf harte und/oder weiche Funktionen relevant.

(1) **Auf der 45°-Linie:** Hier entsprechen sich die Kostenanteile und die Gewichtungsergebnisse (optimale Zielkostenindizes mit einem Wert von 1).
(2) **Zwischen der 45°-Linie und der Kostenanteilsachse, aber außerhalb der Zielkostenzone:** Die durch die jeweilige Produktkomponente realisierten Funktionen sind im Verhältnis zum Kundennutzen zu aufwändig **(Kostenreduktionsbedarf** mit Zielkostenindizes < 1).
(3) **Zwischen der 45°-Linie und der Gewichtungsachse, aber außerhalb der Zielkostenzone:** In diesem Fall gilt es zu untersuchen, ob aufgrund des niedrigen Kostenanteils im Verhältnis zum höheren Kundennutzen nicht eine Funktionsverbesserung der Komponente möglich ist (Zielkostenindizes > 1).
(4) **Innerhalb der Zielkostenzone:** Obwohl sich hier die Kostenanteile und Gewichtungsergebnisse nicht genau entsprechen, werden diese geringen Abweichungen von den Optimalwerten toleriert.

---

[689] Entnommen von Horváth/Seidenschwarz 1992, S. 147.

Beispiel 119:
Unter Rückgriff auf die in Spalte 3 und 4 von Tabelle 125[690] ausgewiesenen Kostenanteile und Gewichtungsergebnisse enthält Abbildung 132 die Zielkostenpunkte der Produktkomponenten für **harte Funktionen.** Es fällt auf, dass die Produktkomponente „**Federhalter" (K6)** im Verhältnis zum Kundennutzen zu aufwändig ist. Diese Information gibt einen wichtigen Hinweis für erforderliche **Kostensenkungsmaßnahmen.** Bei der Produktkomponente „**Tinte" (K1)** ist hingegen zu prüfen, ob auf Grund des niedrigen Kostenanteils nicht eine **Funktionsverbesserung** in Erwägung zu ziehen ist.

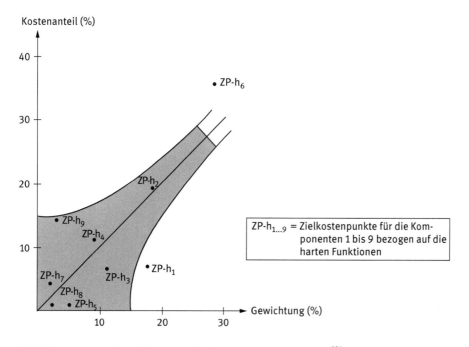

Abbildung 132: Lage der Zielkostenpunkte für die harten Funktionen.[691]

Die harten und weichen Zielkostenpunkte sind zu **jeweils einem Zielkostenwert zusammenzufassen,** indem die einzelnen Zielkostenindizes mit den durch die Kundenbefragung gewonnenen Bedeutungsanteilen für harte (35%) und weiche Funktionen (65%) bewertet werden. Es besteht dann die Möglichkeit, die entsprechenden Werte ebenfalls in einem **integrierten** Zielkostenkontrolldiagramm darzustellen. Wie auch Tabelle 126 verdeutlicht, liegt bei Einbezug der weichen Funktion der integrierte Zielkostenpunkt der Komponente „**Federhalter" (K6)** außerhalb der

---

690 Vgl. Tabelle 125 im fünften Teil zu Gliederungspunkt 2.2.4.
691 Modifiziert entnommen von Horváth/Seidenschwarz 1992, S. 148.

Tabelle 126:

Komponenten	Kostenanteil (%)	Harte Funktionen		Weiche Funktionen		Harte und weiche Funktionen	
		Gewichtungsergebnis (%)	Zeilkostenindex	Gewichtungsergebnis (%)	Zeilkostenindex	Gewichtungsergebnis (%)	Zeilkostenindex
K1 Tinte	6,9	17,3	2,51	22,0	3,19	20,4[a]	2,95[b]
K2 Federspitze	18,5	18,3	0,99	16,9	0,91	17,4	0,94
K3 Federring	6,5	10,9	1,68	5,2	0,80	7,2	1,12
K4 Tintensauger	11,6	9,7	0,84	1,2	0,10	4,2	0,36
K5 Griffel	1,2	4,9	4,08	2,0	1,67	3,0	2,5
K6 Federhalter	36,3	28,8	0,79	31,0	0,85	30,2	0,83
K7 Abschlusskappe	3,9	2,8	0,72	1,7	0,44	2,1	0,54
K8 Luftraum	1,1	3,4	3,09	2,2	2,00	2,6	2,4
K9 Schutzkappe	18,0	3,9	0,28	17,8	1,26	13,0	0,92
Summe	100%	100%	–	100%	–	100%	–

[a] $20{,}4 = 0{,}35 \cdot 17{,}3 + 0{,}65 \cdot 22{,}0$.
[b] $2{,}95 = 0{,}35 \cdot 2{,}51 + 0{,}65 \cdot 3{,}19$.

unveränderten Zielkostenzone. Ähnliches gilt für den Zielkostenpunkt der Komponente **„Tinte" (K1)**.

Aus den Ergebnissen des Value Engineering sind detaillierte Informationen über **notwendige Kostensenkungen bzw. Funktionsverbesserungen** auf Produktebene abzuleiten.[692] Konkrete Maßnahmen zur **Kostenbeeinflussung** werden im Folgenden dargestellt.

2.3 Ansatzpunkte für das Zielkostenmanagement

2.3.1 Allgemeines

Sowohl im strategischen als auch im operativen Bereich ist das Kostenmanagement vor allem durch die **ex-ante Beeinflussung** von **Kostenstruktur, Kostenverhalten und Kostenniveau** geprägt.[693] Eine ausschließlich kostenorientierte Betrachtung erscheint in diesem Zusammenhang jedoch unzureichend, da die Verbesserung der Kostensituation und die Erhöhung der Kostenflexibilität auch zur Herabsetzung der Erfolgsrisiken beiträgt. Folglich muss unter dem Terminus „Kostenmanagement" ein **integriertes Kosten- und Erfolgsmanagement** verstanden werden.[694] Während die **strategische Ebene** in diesem Zusammenhang vor allem durch ihre langfristige Orientierung und die Aufgabenwahrnehmung durch das Top-Management charakterisiert ist, bezieht sich das **operative Kostenmanagement** mit seiner mittel- bis kurzfristigen Ausrichtung auf die unteren Bereiche des Managements. Das Konzept des Target Costing ist eindeutig dem strategischen Bereich zuzuordnen, da z. B. Produktgrundsatzentscheidungen im Dispositionsfeld dieses Controlling-Instruments liegen. Die Methoden des Kostenmanagements, die sowohl auf strategischer als auch auf operativer Ebene innerhalb des Target Costing zur Anwendung kommen, lassen sich, wie in Abbildung 133 gezeigt, systematisieren.

Die Methoden des Kostenmanagements sind mithin in **produkt-, prozess- und strukturorientierte Verfahren** zu unterscheiden. Wie Abbildung 133 verdeutlicht, zerfällt das Produktkostenmanagement wiederum in die Bereiche der **konstruktionsbezogenen Kostenbeeinflussung** und die **Wertanalyse**.[695] Während das Konstruktions-Kostenmanagement darauf abzielt, Kostensenkungsmaßnahmen bereits in der Phase der Entwicklung und Konstruktion einzuleiten, ist das traditionelle Instrument der Wertanalyse darauf ausgerichtet, die Funktionen eines bereits

---

[692] Vgl. Horváth/Seidenschwarz 1992, S. 149.
[693] Vgl. Dellmann/Franz 1994b, S. 17.
[694] Vgl. Lorson 1994a, S. 179. Vgl. hierzu auch Freidank/Götze/Huch/Weber 1997; Dellmann 1994; Franz/Kajüter 2002; Friedl 2009; vgl. zu empirischen Untersuchungen zum Kostenmanagement etwa Pieper/Eisenmann 2017, S. 51–56; Wald/Schneider/Gleich/Löwer 2012, S. 395–401.
[695] Vgl. zur Wertanalyse Zentrum Wertanalyse 1995.

entwickelten und hergestellten Erzeugnisses unter Kostenaspekten auf das dem Kundennutzen entsprechende Maß zu reduzieren. Unter den Terminus des **Prozesskostenmanagements** fallen hingegen sämtliche Bestrebungen, die auf eine Steuerung betrieblicher Vorgänge bzw. Aktivitäten als Kostenverrechnungs- bzw. -beeinflussungsobjekte abzielen. Dem Bereich des **Kostenstrukturmanagements** sind zunächst alle Maßnahmen zum Zweck der Beeinflussung der Höhe und/oder der Zusammensetzung von **Gemeinkosten** zu subsumieren. Derartige Analysen sind primär kostenstellenbezogen ausgerichtet und beziehen sich hier auf sog. indirekte (fertigungsnahe) Leistungsbereiche wie etwa Arbeitsvorbereitung, Instandhaltung, Logistik, Einkauf oder Qualitätssicherung.[696] Das **Fixkostenstrukturmanagement** beabsichtigt, insbesondere bei wechselnden Marktverhältnissen Entscheidungshilfen für die Auf- und Abbaufähigkeit bestimmter Fixkostenarten in Abhängigkeit von erwarteten Beschäftigungssituationen zu geben. Den **Konzepten des Kostenstrukturmanagements** werden schließlich diejenigen Ansätze zugeordnet, die auf eine Verschlankung aller betrieblichen Aktivitäten im Rahmen bestehender Strukturen der Auf- und Ablauforganisation von Unternehmen ausgerichtet sind (z. B. Lean Management, -Produktion, -Auditing, -Controlling).

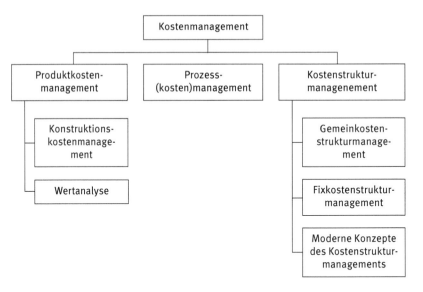

Abbildung 133: Methoden des Kostenmanagements.[697]

Weiterhin existieren Verfahren des Kostenmanagements, die sich einer Einordnung in Abbildung 133 entziehen, weil sie als **übergeordnete Konzepte** gelten und

---

696 Vgl. Franz 1992b, S. 128.
697 Vgl. Modifiziert entnommen von Franz 1992b, S. 128.

daher in allen drei Kategorien zur Anwendung kommen können. Hier ist zum einen der Prozess der langfristigen und kontinuierlichen Beschaffungs-, Produktions- und/ oder Absatzverbesserung auf sämtlichen Ebenen zu nennen, der in der japanischen Literatur mit **Kaizen** oder **Kaizen Costing** umschrieben wird und über die betriebliche Organisation hinaus auch die **Zulieferer** in die Analyse mit einbezieht. Ziel des Kaizens ist es, alle Kostensenkungspotenziale auszuschöpfen und im Wertschöpfungsprozess mit der Unterstützung der Mitarbeiter zur „Null-Fehler-Qualität" zu gelangen.[698]

Ebenfalls methodenübergreifend anwendbar ist das Konzept des **Benchmarking**. Seine Funktion besteht darin, durch branchenbezogene Unternehmensvergleiche Potenziale für Einsparungen und Verbesserungen hinsichtlich der kritischen Erfolgsfaktoren Qualität, Kosten und Zeit auf allen betrieblichen Ebenen aufzudecken.[699] Sogenannte **„Best-Practice"-Unternehmen,** die in ausgewählten Unternehmensbereichen und -aktivitäten Maßstäbe in Bezug auf „Produkte, Dienstleistungen und Methoden betrieblicher Funktionen"[700] liefern, dienen hier als Vergleichsobjekte. In diesem Zusammenhang erhält der Aspekt des Kaizen durch den **unternehmensexternen Bezug** einen spezifischen Anknüpfungspunkt. In seiner konsequenten Umsetzung führt Benchmarking zum **Benchlearning,** das die vergleichende Optimierung der betrieblichen Kostenstrukturen im Hinblick auf die kostentreibenden Aktivitäten in den Vordergrund der Analyse stellt **(Cost-Benchmarking)**.[701] Besonders wirksam ist diese Vorgehensweise innerhalb einer Branche in Verbindung mit der Strategie der Kostenführerschaft. Allerdings können derartige Vergleichsprozesse auch im Rahmen von Differenzierungsstrategien sinnvoll sein, um aus **branchenfremden Unternehmen** Konzepte für qualitative Verbesserungen bestimmter Abläufe zu übernehmen. Im Ergebnis lässt sich Benchmarking als „Instrument zur Erreichung von Lean Management, Total Quality Management, Prozessmanagement, Wertkettenanalyse, Cost Improvement und Business Reengineering sowie Target Costing"[702] umschreiben.

> **Beispiel 120:**[703]
> Tabelle 127 zeigt die Gegenüberstellung der Kosten des aus verschiedenen Teilaktivitäten zusammengesetzten Hauptprozesses „Montageauftrag abwickeln" zwischen zwei Branchenunternehmen. Das Unternehmen B stellt den in der Branche am kostengünstigsten arbeitenden Betrieb dar.

Die Ursachenanalyse der Abweichung von 8 € bezüglich der Teilaktivität „Material disponieren" führt zu dem Ergebnis, dass Unternehmen B ein hochmodernes, IT-ge-

---

[698] Vgl. Horváth/Seidenschwarz/Sommerfeldt 1993, S. 16.
[699] Vgl. Seidenschwarz 1993, S. 251–252.
[700] Herter 1994, S. 10.
[701] Vgl. Lorson 1995, S. 103–105; Götze 2010, S. 321–337.
[702] Lorson 1995, S. 103–104.
[703] Das Beispiel wurde modifiziert übernommen von Horváth/Gleich/Lamla 1993, S. 215.

Tabelle 127:

Teilaktivitäten / leistungsmengeninduzierte Prozesskostensätze	Unternehmen A	Unternehmen B	Abweichung
Auftrag terminieren	10 €	9 €	−1 €
Material disponieren	25 €	17 €	−8 €
Arbeit verteilen und Arbeitspapiere bereitstellen	12 €	11 €	−1 €
Auftragsfortschritt überwachen	8 €	8 €	±0 €
Summe	55 €	45 €	−10 €

steuertes, zentral gelegenes Hochregallager besitzt, während Unternehmen A eine dezentrale Lagerung aufweist, die umfangreiche Dispositions- und Logistikprozesse erforderlich macht. Als kurzfristige Kostenreduktionsmaßnahme könnte von Unternehmen A zunächst die Optimierung der bestehenden Lager- und Logistikprozesse ins Auge gefasst werden. Aus langfristiger Sicht wird wohl nur der Bau eines zentralen Hochregallagers zu einer Überwindung der Differenz von 8 € führen, um den Wettbewerbsvorteil des Branchenführers auszugleichen.

2.3.2 Produktkostenmanagement

Wie repräsentative Erkenntnisse zeigen, ist die Beeinflussbarkeit der produktbezogenen Lebenszykluskosten in der **Konstruktionsphase** mit bis zu 95% weitaus am größten.[704] Die Kostenstellen „Entwicklung" und „Konstruktion" sind vor allem für die Herstellkosten in Höhe von ca. 70% verantwortlich und damit im Verhältnis zu anderen Leistungsbereichen dominierend.[705] Hieraus folgt, dass die Beeinflussungsprozesse zur Ausschöpfung von Kostensenkungspotenzialen bereits in der Konstruktions- und Entwicklungsphase einsetzen sollten. Im japanischen Schrifttum wird in diesem Zusammenhang auch von „**Cost Reduction**" gesprochen, das vor allem die Senkung des Kostenniveaus im Auge hat. Im Gegensatz dazu umfasst der Terminus „**Cost Control**" alle Maßnahmen, die auf die Einhaltung der Kostenvorgaben im Produktionsprozess abzielen.[706]

---

[704] Vgl. Coenenberg/Fischer/Günther 2016, S. 586–588.
[705] Vgl. Ehrlenspiel/Kiewert/Lindemann/Mörtl 2014, S. 15–16.
[706] Vgl. Franz 1992b, S. 128.

Cost Tables liefern Informationen über die Kosten von Baugruppen und Teilen bei unterschiedlicher Konstruktion, Materialzusammensetzung und Herstellung.[707] Mithilfe dieser Daten können Kostenwirkungen von Variantenkonstruktionen bei veränderten Produktionsverfahren transparent gemacht werden. Sie fließen schließlich in das Konstruktionskostenmanagement ein, das durch eine **entwurfs- und konstruktionsbegleitende Kalkulation** wesentliche Unterstützung erfährt.[708] Im Grundsatz geht es hierbei um die frühzeitige Abstimmung zwischen Konstrukteur und Entwickler, die u. a. durch Rückgriff auf die **Prozesskostenrechnung** außer den Einzel- auch die Gemeinkosten der Entwicklungsprojekte planen.[709] Mithin ist es möglich, eine exakte Verteilung eines Großteils der Kosten indirekter Leistungsbereiche nach Maßgabe der Inanspruchnahme betrieblicher Ressourcen auf die Konstruktionsalternativen sicherzustellen **(Allokationseffekt)**. Zudem kann die Komplexität und der Variantenreichtum der Produkte als Einflussgröße in der Kalkulation berücksichtigt werden **(Komplexitätseffekt)**. Schließlich stellt die Prozesskostenkalkulation sicher, dass sich die Prozesskosten pro Einheit mit steigender Stückzahl verringern **(Degressionseffekt)**.[710]

Ziel eines solchen „**präventiven Produktkostenmanagement-Instruments**" ist es, die unter vorgegebener Funktion und Qualität optimale und kostengünstigste Konstruktionsalternative eines Produkts zu identifizieren. Dies kann z. B. mit folgenden Maßnahmen erreicht werden.[711]

(1) Herabsetzung von Produkt-, Montage- und Servicekosten durch möglichst **einfache Konstruktion**;
(2) Verwendung **wenig** störanfälliger Produktionsverfahren;
(3) **Reduktion** der Anzahl von Teilen in einem Produkt;
(4) **Standardisierung** (Normung, Typung) von Teilen und Komponenten.

Die genannten Instrumente bewirken neben **Kostensenkungen** durch Reduktionen von Lagerbeständen, Rationalisierungen im Produktionsprozess, Verkürzungen der Durchlaufzeiten und Verringerungen der Servicekosten vor allem auch **qualitative Produktverbesserungen**.

Ansatzpunkte der **Wertanalyse** sind neben **Kostensenkungsmaßnahmen** auch Funktions(wert)verbesserungen **bereits konstruierter bzw. gefertigter** Produkte.[712] Zur Durchführung der Wertanalyse existiert ein nach DIN EN 12973 genormter Arbeitsplan, der in zehn Grundschritte zerfällt (Abbildung 134).[713] Im Schrifttum wird

---

[707] Vgl. Horváth/Seidenschwarz/Sommerfeldt 1993, S. 14.
[708] Vgl. Becker 1990, S. 353–358.
[709] Vgl. Franz 1992b, S. 129.
[710] Vgl. zum Konzept der Prozesskostenrechnung die Ausführungen im fünften Teil zu Gliederungspunkt 1.
[711] Vgl. Lorson 1994b, S. 225–226.
[712] Vgl. Ehrlenspiel/Kiewert/Lindemann/Mörtl 2014, S. 121.
[713] Vgl. Deutsches Institut für Normung e.V. 2002.

davon ausgegangen, dass durch die Wertanalyse die variablen Herstellkosten um ca. 20% gesenkt werden können.[714] Die Wertanalyse hat sich damit als Instrument der produktionsbegleitenden, erzeugnisbezogenen Kostenbeeinflussung bewährt. Jedoch ist in jüngerer Zeit ein Trend in Richtung der **Wertgestaltung** (Value Engineering) erkennbar, der auf die Kostenbeeinflussung in frühen Phasen der Produktentstehung abzielt. Vor dem Hintergrund einer tendenziell stetigen Verkürzung der Produktlebenszyklen erscheint eine solche Vorgehensweise dringend geboten, um die häufig in Verbindung mit der ex-post durchgeführten Wertanalyse anfallenden **Änderungskosten** im Konstruktions- und Produktionsprozess zu vermeiden.

2.3.3 Prozess(kosten)management

Während nach traditioneller Auffassung das innerbetriebliche Rechnungswesen in die Kostenarten-, Kostenstellen- und Kostenträgerrechnung unterteilt wird, konzentrieren sich neuere Ansätze des Kostenmanagements zunehmend auf betriebliche Vorgänge, die auch als **Aktivitäten** oder **Prozesse** definiert werden. Aufgrund des wachsenden Automatisierungsgrads in der Fertigung, der raschen Zunahme planender, steuernder und kontrollierender Tätigkeiten in den **indirekten Leistungsbereichen** und des damit einhergehenden Gemeinkostenanstiegs, ist es für Unternehmen von zentraler Bedeutung, die Vorgänge in den indirekten Leistungsbereichen zu analysieren, zu planen, zu steuern und zu kontrollieren. Für diejenigen Tätigkeiten, die direkte Abhängigkeiten zum Leistungsvolumen aufweisen, müssen geeignete Bezugsgrößen, auch Kostentreiber (Cost Driver) genannt, gesucht werden. Derartige **leistungsmengeninduzierte Prozesse** sind vor allem im Rahmen der Erfüllung repetitiver Arbeitsgänge in den operativen Bereichen wie z. B. Rechnungswesen, Einkauf, Konstruktion, Planung und Qualitätskontrolle feststellbar (z. B. in der Kostenstelle Einkauf Angebote einholen, Bestellungen aufgeben und Reklamationen bearbeiten). Diejenigen Tätigkeiten, die keine Abhängigkeit zur Leistungsmenge der Kostenstelle aufweisen, werden mit dem Terminus **leistungsmengenneutrale Prozesse** belegt. Als Beispiel für diesen Tätigkeitstyp sind dispositive, innovative und kreative Prozesse in operativen und strategischen Bereichen wie insbesondere Werbung, Forschung und Entwicklung sowie in der Rechtsabteilung zu nennen (z. B. Abteilung leiten, Mitarbeiter beurteilen, Grundlagenforschung). Durch die Verdichtung von Aktivitäten zu Prozessen und von Teil-Prozessen zu Hauptprozessen besteht die Möglichkeit der **kostenstellenübergreifenden** aktivitätsbezogenen Analyse von Tätigkeiten der indirekten Leistungsbereiche mithilfe der Prozesskostenrechnung (Abbildung 134).[715]

---

[714] Vgl. Ehrlenspiel/Kiewert/Lindemann/Mörtl 2014, S. 121.
[715] Vgl. zum Aufbau und Einsatz der Prozesskostenrechnung die Ausführungen im fünften Teil zu Gliederungspunkt 1.

Grundschritt 1: Projektvorbereitung	– Beschreiben des Projekts – Durchführbarkeitsanalyse – Rentabilitätsanalyse – Auswahl des WA-Projektleiters
Grundschritt 2: Projektdefinition	– Beschreiben des WA-Objekts – Festlegung der Rahmenbedingungen (Bewertungskriterien, Restriktionen, Untersuchungsbereich) – Erfassen der Informationen (Bedürfnisse, Wettbewerber, technische Trends) – Festlegen der marktorientierten Ziele (Preis, Produktmerkmale, Vorteile gegenüber Mitbewerbern) – Festlegung der ökonomischen Ziele (Kosten, Rentabilität) – Prüfen und Festlegen der strategischen und wirtschaftlichen Bedeutung – Ressourcenplanung für das WA-Objekt – Benennen und Informieren der Beteiligten – Analysieren, Bewerten und Gestalten der Projekt- und Produktrisiken
Grundschritt 3: Projektplanung	– Bilden des WA-Teams – Erstellen eines Zeitplans für das WA-Projekt – Schaffung der Infrastruktur für die Arbeit des WA-Teams
Grundschritt 4: Sammlung der Daten	– Sammlung technischer und wirtschaftlicher Informationen (Produkte der Mitbewerber, Wissensstand) – Detaillierte Marktforschung – Auswertung weiterer Informationen (z.B. Patente, Gesetze, Normen, Handbücher)
Grundschritt 5: Analyse der Funktionen und Kosten, Formulierung der Detailziele	– Funktionsanalyse – Kostenanalyse und Ermittlung der Funktionskosten – Festlegung der Detailziele und Bewertungskriterien
Grundschritt 6: Suche nach Lösungsideen	– Sammlung existierender Lösungsideen – Generierung neuer Lösungsideen – Kritische Analyse der Ideen im Hinblick auf unnötige und unerwünschte Funktionen
Grundschritt 7: Bewertung der Lösungsideen	– Bewertung und Verdichtung zu Lösungsansätzen – Auswählen und Abgrenzung der Aufträge für das Ausarbeiten der Lösungsvorschläge – Erstellen eines Zeit- und Arbeitsplans für die Ausarbeitung der Lösungsvorschläge
Grundschritt 8: Entwicklung der Lösungsvorschläge	– Ausarbeitung der Lösungsansätze (z.B. durch Entwicklung und Konstruktion) – Kontrollieren und Anpassen der Entwürfe parallel zur Ausarbeitung – Bewertung der erarbeiteten Lösungsvorschläge
Grundschritt 9: Präsentation der Lösungsvorschläge	– Auswahl der zu präsentierenden Vorschläge – Erstellung eines Arbeits- und Zeitplans für die Realisierung der Vorschläge – Zusammenstellung einer Vorlage für den Entscheidungsträger – Erwirken einer Entscheidung – Berichten gegenüber dem WA-Team und Auflösung des Teams
Grundschritt 10: Realisierung	– Kontrolle und Anpassung der Lösung parallel zur Realisierung – Durchführung weiterer Sitzungen des WA-Teams im Bedarfsfall – Abgleichen der aktuellen mit den prognostizierten Ergebnissen – Kommunizieren der erzielten Ergebnisse, der technischen und allgemeinen Informationen – Dokumentieren der Projektergebnisse und der Erfahrung mit der Methodik

Abbildung 134: Struktur des Wertanalyse-Arbeitsplans nach DIN EN 12973.[716]

---

[716] Modifiziert entnommen von Corsten/Gössinger 2016, S. 206–207.

Die Nutzung der Prozesskostenrechnung als Instrument der Kostenplanung und Kostensteuerung in den fertigungsunterstützenden (indirekten) Leistungsbereichen vollzieht sich in Gestalt der **aktivitätsorientierten Kostenplanung und -kontrolle**. Derartige Kostenkontrollrechnungen können zum einen **innerbetrieblich** mithilfe eines kostenstellen- und/oder (haupt)prozessbezogenen Soll-Ist-Vergleichs durchgeführt werden. Zum anderen besteht auch die Möglichkeit, im Rahmen einer **zwischenbetrieblichen** Gegenüberstellung von Prozesskosten vergleichbarer Teil- und/oder Hautprozesse Anhaltspunkte für Kostensenkungsmaßnahmen zu erhalten (sog. **Cost-Benchmarking**).

Das Ziel der als „Prozess(kosten)management" oder auch „Activity-Based-Management" bezeichneten Maßnahmen ist es, die Prozesskosten durch Vereinfachung, Reduzierung und/oder Eliminierung der ihnen zugrunde liegenden Aktivitäten planmäßig zu senken. Zur Unterstützung der Rationalisierungsbestrebungen wird vorgeschlagen, die Prozesse in drei verschiedene Kategorien aufzuspalten.[717]

(1) **Customer Value-Added Activities:** Hier handelt es sich um Prozesse, die zur Wertschöpfung für den Kunden führen (z. B. Sicherstellung bestimmter Produktfunktionen, Kundenservice, Qualität, Lagerhaltung).

(2) **Business Value-Added Activities:** Mit diesem Terminus werden Prozesse klassifiziert, die zur Wertschöpfung im Unternehmen führen (z. B. Marktforschung, Förderung ökologischer, ökonomischer und sozialer Nachhaltigkeitsziele, Erstellung eines internationalen Jahresabschlusses).

(3) **Non Value-Added Activities:** Als Beispiel für Prozesse ohne Wertschöpfung können etwa Nacharbeiten an Ausschussprodukten, Reparaturen, Erbringung von Garantieleistungen oder Reputationsschädigungen des Unternehmens durch das Leitungs- und Aufsichtsorgans genannt werden.

Bezüglich der aufgezeigten Typisierung muss es grundsätzliches Ziel des Managements sein, sämtliche Non Value-Added Activities sichtbar zu machen, einzuschränken oder gänzlich zu vermeiden sowie alle Value-Added Activities zu optimieren.[718] Vor diesem Hintergrund zielt die Prozesskostenrechnung als Analyse- und Steuerungsinstrument auf eine langfristige kostenstellenübergreifende Optimierung der gesamten Prozessstrukturen ab.

---

[717] Vgl. Dambrowski 1992, S. 287.
[718] Vgl. im Einzelnen Johnson 1988, S. 23–30.

2.3.4 Kostenstrukturmanagement

2.3.4.1 Begriffliche Abgrenzung

Als Kostenstrukturen sollen hier differierende Zusammensetzungen der Kosten nach unterschiedlichen Kostenkategorien, wie z. B. Einzel- und Gemeinkosten sowie fixe und variable Kosten, verstanden werden. Im **Gemeinkostenstrukturmanagement** steht zum einen das Verhältnis von Einzel- zu Gemeinkosten und damit hinsichtlich stark gewachsener Gemeinkostenanteile die Veränderung bestehender, kostenintensiver Strukturen im Zentrum der Analyse. Zum anderen stellt sich innerhalb des **Fixkostenstrukturmanagements** die Frage nach der Beeinflussung von Kosten, die innerhalb bestimmter Zeitintervalle keine Abhängigkeit vom Beschäftigungsgrad aufweisen und i. d. R. aufgrund ihrer mangelnden Zurechenbarkeit auf die Produkteinheiten ebenfalls den Charakter von Gemeinkosten tragen. Obwohl diese beiden Kostenkategorien nicht überschneidungsfrei abzugrenzen sind, müssen sie einer getrennten Analyse unterworfen werden, da die Fixkosten in wesentlich engerer Beziehung zum betrieblichen Leistungserstellungsprozess stehen als Gemeinkosten, die den Kalkulationseinheiten aus rein methodischer Sicht nach dem Verursachungsprinzip nicht zurechenbar sind.[719]

2.3.4.2 Gemeinkostenstrukturmanagement

Neben den traditionellen kostenstellenbezogenen Soll-Ist-Vergleichen, die z. B. in Form der flexiblen Plankostenrechnung und der Deckungsbeitragsrechnung überwiegend auf den **Fertigungsbereich** ausgerichtet sind, stehen vor allem **Kostenmanagementverfahren** für die **indirekten Leistungsbereiche** im Vordergrund der Betrachtung, um die wachsenden Gemeinkostenblöcke beherrschbar zu machen, Rationalisierungspotenziale aufzudecken und auch Leistungssteigerungen zu initiieren. Nicht ausgenommen von detaillierten Kostenanalysen sind neben den direkten und indirekten Leistungsbereichen die sog. **Querschnittsfunktionen** in einem Unternehmen, wie z. B. die Logistik oder die Qualitätssicherung. Dies hat zur Entwicklung von sog. **Partialkostenrechnungen** geführt. Derartige Systeme sind aus der Notwendigkeit entstanden, Kosten in allen Unternehmensbereichen zu erfassen und verursachungsgerecht den Kostenträgern anzulasten. So hat z. B. die **Logistikkostenrechnung**, die wie die traditionelle Kostenrechnung in die drei Säulen Kostenarten-, Kostenstellen- und Kostenträgerrechnung unterteilt ist, ihren Zweck in der Steuerung der Logistikstellen und in der Kalkulation von Produkten im Hinblick auf die in sie eingehenden Logistikkosten.[720] Sie grenzt sich damit kaum von den auf die Logistikbereiche bezogenen Teile der Prozesskostenrechnung ab.[721]

---

[719] Vgl. Fröhling 1994, S. 18.
[720] Vgl. Weber 2000, S. 455–477.
[721] Vgl. Fischer 2000, S. 555–589.

Unter wirtschaftlichen Aspekten ist ihre praktische Anwendung problematisch, da der Aufwand für die Erfassung, Planung und Kontrolle der Logistikleistungen den damit verbundenen Nutzen in Bezug auf den Logistikbereich i. d. R. nicht rechtfertigt. Gleiche Überlegungen sprechen auch gegen andere Arten der Partialkostenrechnung, wie z. B. die **Qualitätskostenrechnung.** Aus diesem Grund kommen Partialkostenrechnungen in der Praxis kaum zur Anwendung.

Im Rahmen des **Gemeinkostenstrukturmanagements** finden die aus den USA stammende **Gemeinkosten-Wertanalyse** und das **Zero-Base-Budgeting** auch in europäischen Unternehmungen Akzeptanz. Beide Verfahren kommen vor allem in den repetitiven Gemeinkostenbereichen zur Anwendung und haben zum Ziel, für mehr Kostentransparenz zu sorgen und Rationalisierungspotenziale aufzudecken. Weiterhin bauen die Methoden auf einem detaillierten Durchführungsplan auf, der neben der Definition einzelner Schritte zum Projektablauf auch personell-organisatorische Aspekte der beteiligten Projektteams beinhaltet. Im Gegensatz zur Gemeinkosten-Wertanalyse, die auf Kosteneinsparungen durch Personalabbau in den indirekten Leistungsbereichen abzielt, stehen innerhalb des Zero-Base-Budgeting in erster Linie Leistungsverbesserungen (Erhöhung der sog. allokativen Effizienz) im Vordergrund.[722] Die Gemeinkosten-Wertanalyse ist vor allem auf den **Verwaltungsbereich** konzentriert und damit **inputorientiert**. Allerdings können die kurzfristigen Kostensenkungsmaßnahmen zu negativen Auswirkungen auf angrenzende Unternehmensbereiche führen. Das Zero-Base-Budgeting setzt an einer **Veränderung der Budgetstruktur** an und ist damit auf den optimalen Ressourceneinsatz unter Berücksichtigung einer Verbesserung der Leistungsstruktur ausgerichtet. Die Outputorientierung des Konzeptes ist damit offensichtlich.[723] Beiden Rationalisierungsinstrumenten haftet jedoch der Charakter sog. „**Einmalinvestitionen**" an, da zwar zunächst Einsparungen bzw. Leistungsverbesserungen erzielt werden können, diese aber häufig nach kurzer Zeit aufgrund mangelnder dauerhafter Umsetzung der Konzepte durch das Management und/oder fehlender Unterstützung des Beratungsunternehmens nach Abschluss der Projektdurchführung durch rasche Kostensteigerungen kompensiert werden.[724]

2.3.4.3 Fixkostenstrukturmanagement

Die Suche nach Einsparungs- und Rationalisierungspotenzialen in Unternehmen betrifft auch die Analyse und Beeinflussung von beschäftigungsunabhängigen Kosten. Erste Instrumente hierzu gingen aus der Deckungsbeitragsrechnung hervor und führten über das Direct Costing zur Entwicklung **der stufenweisen Fixkostendeckungsrechnung**, die auf die verursachungsgerechte Zurechnung von Fixkosten

---

722 Vgl. Troßmann 2013, S. 206–214; Kajüter 2000, S. 456–458.
723 Vgl. Lorson 1994c, S. 381–382.
724 Vgl. Jehle 1992, S. 1519–1522.

auf ausgewählte Kalkulationsobjekte abzielt.[725] Dabei werden, ausgehend von den Deckungsbeiträgen der Kalkulationsobjekte auf unterster Ebene, schrittweise fixe Kosten der einzelnen Deckungsstufen subtrahiert, um zu einem Unternehmensergebnis zu gelangen, dessen modifizierte Ermittlung mehr Transparenz in Bezug auf den Erfolgsausweis garantiert.[726]

Der Anstieg der Fixkosten, der auf neuere Entwicklungen im Bereich der IT-gestützten Fertigung und Automatisierung zurückzuführen ist, unterstreicht die Bedeutung eines effektiven Fixkostenmanagements.[727] Im Zentrum der Analyse stehen dabei die **Abbaufähigkeit** und die **Flexibilität** von Fixkosten. Da die in Rede stehenden Kostenbestandteile **beschäftigungsgradunabhängig** anfallen, ist zu untersuchen, inwieweit sie in Form von **Kapazitätsanpassungen** abgebaut werden können. Hier spielt der Aspekt der **Kostenelastizität**, d. h. die Anpassung von Fixkosten an Beschäftigungsschwankungen, eine wesentliche Rolle. In Zeiten zunehmender Unterbeschäftigung besteht für ein Unternehmen mit geringer Kostenelastizität die Gefahr einer erheblichen Verschlechterung der eigenen Kostensituation im Vergleich zu Konkurrenten, deren fixe Kostenstruktur einen höheren Elastizitätsgrad aufweist. Abbildung 135 führt beispielhaft typische Einflussgrößen (Faktoren) an, die für die Abbaufähigkeit **fixer Personalkosten** verantwortlich sind.

Faktor	Beispiel
Potenzialfaktorart	Mitarbeiter
Vertragsart	Arbeitsvertrag
Vertragsbeginn	1.1.20..
Vertragsmindestdauer	Drei Monate
Möglicher Abbauzeitpunkt	Quartalsweise
Potenzialvorlaufkosten	Summe der Anwerbungs-, Einstellungs- und Einarbeitungskosten
Periodenkosten	10.000,- €
Folgekosten des Potenzialabbaus	100.000,- € Abfindungskosten

Abbildung 135: Einflussgrößen zur Beurteilung der Abbaufähigkeit fixer Personalkosten.[728]

Diese Faktoren liefern notwendige Informationen, die im Rahmen des Fixkostenmanagements den Entscheidungsträgern zur Verfügung stehen müssen, um die Konsequenzen des Fixkostenabbaus in ihrer gesamten Tragweite abschätzen zu können. Als Instrument hierfür steht die **fixkostenmanagementorientierte Plankostenrechnung** zur Verfügung, die die fixen Kosten differenziert nach den be-

---

725 Vgl. die Ausführungen im vierten Teil zu Gliederungspunkt 4.4.
726 Vgl. Lorson 1993, S. 92–96.
727 Vgl. Vikas 1996, S. 6.
728 Modifiziert entnommen von Fröhling 1994, S. 18–19.

schriebenen Faktoren erfasst und auf diese Weise kostenstellen- bzw. kostenträgerbezogen zurechenbar macht. Mithin können **Plankalkulationen** um die entsprechenden Fixkostenanteile ergänzt werden.[729] Informationen über fixe Kosten in Verbindung mit deren Bereitschaftsgraden und Bindungsdauern ermöglichen die Abschätzung, in welchem **Zeitintervall** die Betriebsbereitschaft einer Kostenstelle reduziert werden kann und welche Einsparungen daraus resultieren.[730] In Krisenzeiten ist mithin die schnelle und wirkungsvolle Handlungsfähigkeit der Unternehmensführung gewährleistet.

Das Ziel des Fixkostenmanagements besteht auf **strategischer Ebene** vor allem in einer Erhöhung der Flexibilität fixer Kostenstrukturen, um verbesserte Reaktionsmöglichkeiten bei Beschäftigungsrückgängen zu schaffen. Hierzu dient ein **Fixkostenportfolio**, das die möglichen Handlungsalternativen, z. B. Investitionen in bestimmte Geschäftsfelder, bezüglich **Marktstabilität und Fixkostenflexibilität** positioniert. Unter Berücksichtigung des sich hieraus ergebenden **Risikos** ist ein strategisches Informationsinstrument für Investitionsentscheidungen und dem damit einhergehenden **Fixkostenaufbau** gegeben.[731] **Auf operativer Ebene** müssen im Rahmen der **Fixkostenstrukturanalyse** die gebundenen Potenzialfaktoren in Verbindung mit Informationen über deren Flexibilität bzw. Beeinflussbarkeit einer Analyse unterzogen werden, die in folgende Arbeitsschritte zerfallen könnte:
(1) Problemorientierte Strukturierung der Fixkosten;
(2) Dispositionszeitanalyse der Fixkosten;
(3) Ergebnisdarstellung und Portfoliosteuerung.

Während sich die Abbaufähigkeit bei sog. **Eigentumspotenzialen** nach deren Liquidierbarkeit und damit dem Zeitraum, innerhalb dessen ein Verkauf möglich erscheint, richten soll, wird im Hinblick auf sog. **Vertragspotenziale**, unter die z. B. langfristige Abnahmekontrakte fallen, vorgeschlagen, die den Kündigungsfristen dieser Verträge entsprechenden Abbauentscheidungen zugrunde zu legen (sog. Vertrags- Controlling).[732]

2.3.4.4 Outsourcing und Reengineering

Vor dem Hintergrund einer **verstärkten Wettbewerbsintensität** auf nationalen und internationalen Absatzmärkten haben die Bestrebungen zugenommen, insbesondere die **Organisations- und Produktionsstrukturen** von Unternehmen durch „Verschlankung" der betreffenden betrieblichen Aktivitäten an die veränderten wirtschaftlichen Rahmenbedingungen anzupassen. Derartige Rationalisierungsüberlegun-

---

[729] Vgl. Reichmann/Schwellnuß/Fröhling 1990, S. 61–64.
[730] Vgl. Lorson 1994a, S. 181.
[731] Vgl. Oecking 1993, S. 87–88.
[732] Vgl. Oecking 1993, S. 84–86.

gen beziehen sich nicht nur auf die unternehmensinterne Sphäre, sondern schließen ebenso Zulieferer und Abnehmer mit ein. Die Entwicklung der **Lean Production**[733] und des **Lean Managements**[734] führten zur Übertragung ihrer inhaltlichen und prozessualen Prinzipien auf unterschiedlichste Bereiche und Aktivitäten. So entstanden aus diesen Ansätzen etwa die Konzepte des **schlanken Informationsmanagements**, des **Lean Auditing**, des **Lean Controlling**, des **Lean Office**, des **Lean Marketing** und des **Lean Target Costing**, denen neben einer ganzheitlichen, kundenorientierten Ausrichtung die Verbesserung der Kostensituation durch **nachhaltige Beeinflussungen der Kostenstrukturen** gemeinsam ist. Im Rahmen der Implementierung schlanker Organisationsstrukturen, die von einer entscheidungsorientierten Dezentralisation ausgehen, besitzt die „**Humankapitalorientierung**"[735] einen herausragenden Stellenwert. Der einzelne Mitarbeiter wird dabei zum strategischen Erfolgsfaktor der Unternehmung. Motivations- und Schulungsmaßnahmen sowie eine effiziente Teamorganisation gelten in diesem Zusammenhang als leistungssteigernd. Innerhalb des **Lean Managements** kristallisierten sich zwei für das Kostenmanagement wesentliche Ansätze heraus, die im Folgenden dargestellt werden. Es handelt sich um die Konzepte des **Outsourcings** und des **Reengineerings**.

Die sog. **Make-or-Buy-Entscheidung** ist nach heutigem Verständnis nicht allein eine Frage der Bestimmung von **Preisobergrenzen** im Einkauf bei Über- bzw. Unterbeschäftigungssituationen.[736] Unter Betonung des mittel- bis langfristigen Charakters kann **Outsourcing** im industriellen Bereich als strategische Zusammenarbeit von Zulieferern und Abnehmern im Rahmen der **Wertschöpfungskette** definiert werden. Die konsequente Umsetzung des Konzepts führt zu einer völligen Neuordnung der gesamten Zuliefererumwelt. Im Schrifttum werden mehrere Voraussetzungen genannt, die für eine erfolgreiche Realisation des Outsourcing-Ansatzes erfüllt sein müssen.[737] Im Prinzip soll eine vollständige **Schnittstellenvermeidung** die Möglichkeit der Zulieferung kompletter Systemkomponenten (Modular Sourcing) eröffnen, wodurch die Anzahl der Zulieferer reduziert wird. Diese wenigen (Best-Practice-)Lieferanten[738] sollen frühzeitig in eine partnerschaftliche Beziehung eingebunden werden, um den Weg für eine gemeinsam gestaltete optimale Prozesskette zu schaffen. Von größerer Bedeutung ist jedoch die Gestaltung der **Schnittstelle zum Zulieferer**. Zum einen sind umfangreiche Abstimmungen erforderlich, um Konzepte wie etwa **Simultaneous Engineering und Just-In-Time** erfolgreich umzusetzen.[739] Dies ist auch vor dem Hintergrund

---

[733] Vgl. Kargl 1994, S. 176–179.
[734] Vgl. Scholz 1994, S. 180–186.
[735] Vgl. Weiß/Strubl/Goschy 2015, S. 71–78.
[736] Vgl. die Ausführungen im vierten Teil zu Gliederungspunkt 4.5.4.1.
[737] Vgl. Corsten/Gössinger 2016, S. 194–198.
[738] Vgl. Weiß/Strubl/Goschy 2015, S. 85–87, S. 96.
[739] Vgl. Weiß/Strubl/Goschy 2015, S. 78–119.

der Lieferung von Systemkomponenten (Black-Box-Systeme) geboten, um die frühzeitige Parallelisierung von Produkt und Prozess zu ermöglichen und erhebliche Reduktionen der Durchlaufzeiten zu realisieren. Zum anderen kommt es im Rahmen eines konsequent verfolgten Target Costing zur Vorgabe von Zielkosten auf Zuliefererebene. Zulieferer und Abnehmer stimmen dabei im Vorfeld des Produktionsprozesses Erfolgsvorstellungen und Kostenbeeinflussungsmöglichkeiten aufeinander ab **(Zulieferer-Cost-Engineering)**.[740] Zwingend notwendig ist in dieser Phase die Offenlegung der Kostensituation des Zulieferers zum Zweck der gemeinsamen, detaillierten und zielgerichteten Kostenbestimmung. Die Kommunikation der Vertragspartner wird dabei wesentlich durch Mittel der Informationstechnologie unterstützt. Schon im Entwicklungsprozess können Konstruktionszeichnungen digital ausgetauscht und Entwürfe und Alternativkonstruktionen auf ihre Realisierbarkeit geprüft werden. Auf diese Weise sind beide Parteien gleichermaßen an der Entwicklung von Neuprodukten beteiligt und haben die Möglichkeit, ihre unternehmensspezifischen Kenntnisse einzubringen. Wichtige Voraussetzung des Outsourcings ist folglich die vertrauensvolle Zusammenarbeit der Vertragspartner, die sich im Target Costing z. B. dadurch äußert, dass sowohl Zulieferer als auch Abnehmer an Kosteneinsparungen beteiligt werden.[741]

Auch im **Dienstleistungsbereich** kommt es zur Auslagerung von ganzen Funktionalbereichen oder sog. „Schalenaktivitäten" an Dritte, um die Konzentration der Kräfte auf wettbewerbsentscheidende Kernprozesse zu lenken.[742] Mithin ist in Fragen der Informationsverarbeitung die Übertragung von Teilaktivitäten, wie Datenschutz und Datensicherung **(Partielles Outsourcing)**, bis hin zur kompletten Übernahme sämtlicher Dienste **(Totales Outsourcing)** durch externe Rechenzentren denkbar. Strategische Nutzeffekte des Outsourcings zeigen sich in diesem Zusammenhang vor allem in der Verfügbarkeit neuester Technologien, in der Erhöhung der Flexibilität und damit der **Risikoauslagerung** auf das Dienstleistungsunternehmen in rezessiven Phasen. Problematisch hingegen ist die **Gewährleistung** der entsprechenden Dienstleistungsbereitschaft und Dienstleistungsqualität durch das Drittunternehmen. Dieser Aspekt gewinnt vor allem vor dem Hintergrund der Auslagerung wichtiger Unternehmensfunktionen, wie z. B. der Internen Revision, an Bedeutung. Hier sind vertragliche Regelungen zu treffen, in denen Aufgabenart und Aufgabenumfang eindeutig fixiert werden.[743]

Reengineering kann als tiefgreifenste Maßnahme unternehmerischer Neuausrichtung definiert werden. Im Zentrum steht dabei die aus Wirtschaftlichkeitsüberlegungen resultierende Leistungsverbesserung und Rationalisierung durch **Umstrukturierung und Neugestaltung** betrieblicher Aktivitäten unter der Prämisse einer konsequenten

---

[740] Vgl. Seidenschwarz 1993, S. 265.
[741] Vgl. Seidenschwarz 1993, S. 264.
[742] Vgl. Seidenschwarz 1993, S. 263.
[743] Vgl. Lück/Jung 1994, S. 174–175; vgl. im Einzelnen Peemöller 2011, S. 505–524 m. w. N.

Kunden- und Prozessorientierung.[744] Ausgehend von gewachsenen und überkomplexen Unternehmensstrukturen erfordert der Prozess der Neuausrichtung ein aus kleinen und selbständigen (fraktalen) Einheiten aufgebautes Unternehmen, die unter dem Postulat der **Selbstkontrolle** zusammengefasst sind und in klar abgegrenzten Geschäftsfeldern eigenverantwortlich handeln.

Im Spannungsfeld der Diskussion steht damit die **unternehmensweite Aufbau- und Ablauforganisation**, deren Umgestaltung einer umfassenden Komplexitätsreduktion dient.[745] Eine ggf. schwerfällige und unbewegliche vertikale Organisation wird dann durch eine prozessorientierte, horizontale Organisation ersetzt,[746] die nicht auf die Aufgabendurchführung sondern auf **Arbeitsergebnisse** ausgerichtet ist.[747] In diesem Zusammenhang muss zunächst die weit verbreitete **Funktionalorganisation** in Frage gestellt werden, die sich im Übergang von Einprodukt- zu Mehrproduktunternehmen bei stabilen Umweltbedingungen als effizient erwiesen hat. Im Hinblick auf die Zusammensetzung des Produktionsprogramms zeichnet sich ein Trend zur Individualisierung ab, der sich in der Zunahme des **Variantenreichtums** widerspiegelt. Funktionale Organisationen können an diese Veränderungen aber nur partiell angepasst werden. Die unternehmensweit aufgebauten Schnittstellen in der Ablauforganisation führen zu einer Komplexität, die eine Fülle an **suboptimalen Insellösungen** in den einzelnen Funktionalbereichen nach sich zieht. Gefordert ist nunmehr mittels eines konsequent betriebenen **Change-Managements**[748] der Übergang zu einer Prozessorientierung der Gesamtorganisation.[749]

Die konzeptionelle Einbringung der Prozessorientierung konkretisiert sich in Form einer objektbezogenen Organisationsstruktur, d. h. im Wandel der Aufbauorganisation in Richtung auf eine **Geschäftsfeldsegmentierung**,[750] die sich durch **Teamorganisation** und **flache Hierarchiestrukturen** auszeichnet. Die zum entscheidenden Wettbewerbsfaktor avancierende Organisation folgt mithin dem **Profit-Center-Konzept**, in dem **unabhängige Geschäftseinheiten** gebildet werden, die wiederum auf die Verrichtung von Kernaktivitäten im Rahmen der strategischen Kundenorientierung abzielen. In diesem Zusammenhang kommt es zur Anpassung der Informationssysteme mittels dezentraler und damit flexibler, aber gleichermaßen integrierter Informationsverarbeitung. Die Mitarbeiterauswahl erfolgt nach dem **Generalistenprinzip**, da die große Anzahl an Team-Führungskräften prozessverantwortlich handeln.[751] Der **Controller** übernimmt dabei

---

744 Vgl. Horváth 1994a, S. 5.
745 Vgl. Weiß/Strubl/Goschy 2015, S. 100–107.
746 Vgl. Reiß 1994, S. 13.
747 Vgl. Hammer 1995, S. 100.
748 Vgl. Reiß 1994, S. 16–17.
749 Vgl. Weiß/Strubl/Goschy 2015, S. 104–105.
750 Vgl. Frese 1993, S. 1004–1012.
751 Vgl. Reiß 1994, S. 15 und S. 18.

die Funktion eines **Change-Agenten**, der die betrieblichen Prozesse an den Kunden anpasst, auf zentraler Ebene alleine für **Budgeteinhaltungen** verantwortlich ist[752] und seine Funktion dauerhaft an die sich selbst überwachenden fraktalen Bausteine der Organisation überträgt.[753] Damit wird er selbst zur zentralen Figur im Prozess der Implementierung des Lean-Management-Konzepts,[754] das in gleicher Weise auf die traditionellen Gemeinkostenbereiche anwendbar ist und in die Entwicklung **eines schlanken Informationsmanagements** bzw. des **Lean Office** mündet.

Obwohl das Konzept des Reengineerings aus theoretischer Sicht zu überzeugen vermag, ist seine praktische Umsetzung bisher aufgrund fehlender konkreter Durchführungspläne nach wie vor umstritten. In Teilbereichen scheint die Realisierung bereits gelungen,[755] jedoch fehlt es bislang an **ganzheitlichen Umstrukturierungsmaßnahmen** von Unternehmen.[756]

2.4 Zusammenfassung

Trotz der anerkannten Erfolge des Target Costing in japanischen und auch westlichen Unternehmen bleiben nach wie vor wichtige Fragen **der praktischen Umsetzung** dieses **strategischen Managementinstruments** offen. Neben den Schwierigkeiten bei der Bestimmung des Target Profit sind hier vor allem die Möglichkeiten der Unterstützung mithilfe moderner Informationstechnologien zu nennen.[757] In diesem Zusammenhang besitzt vor allem die Entwicklung von **IT-gestützten Controllingsystemen** herausragende Bedeutung, die in ihrer Informationsbasis die Daten von Cost Tables speichern und den Entwicklern und Konstrukteuren fallspezifisch zur Verfügung stellen. Die Bestimmung von **Produktstandardkosten** und die Aufdeckung von **Kostensenkungspotenzialen** würden dann durch bereits vorhandenes Erfahrungswissen aus abgeschlossenen, aber ähnlich gelagerten Projekten erheblich vereinfacht. Weiterhin könnten Daten automatisch generiert und verdichtet werden. Eine solche Vorgehensweise würde sich insbesondere im **Konstruktionsprozess** mithilfe von IT-gestützten Systemen anbieten. Moderne Kommunikationstechnologien sollten den zwischenbetrieblichen Informationsaustausch unterstützen und damit die Basis zur effizienten Zusammenarbeit in der überbetrieblichen Wertschöpfungskette schaffen.

---

[752] Vgl. Reiß 1994, S. 22.
[753] Vgl. Horváth 1994a, S. 7.
[754] Vgl. Eiff 1994, S. 367–368.
[755] Vgl. im Einzelnen Horváth 1994b.
[756] Vgl. zur Kritik am Konzept des Reenginiering Earl/Khan 1994, S. 20–30; Kieser 1996, S. 179–185.
[757] Vgl. im Einzelnen Freidank 2019b, S. 80–82.

Allerdings darf aus methodischer Sicht nicht unbeachtet bleiben, dass dem rein gedanklichen Ablauf des Target Costing **kein einheitliches Schema** zugrunde liegt. So stehen der Realisierung innovativer Produktideen häufig unüberbrückbare Schwierigkeiten gegenüber, da die zugrunde liegenden Problemstellungen von nicht beherrschbarer **Komplexität und Unsicherheit** geprägt sind. Auch mithilfe von Erfahrungswissen kann die Entwicklung von Neuproduktplanungen nur in engen Grenzen eingeschätzt werden. Die Erhebung von Marktdaten und die Ermittlung von Kundenbedürfnissen sind aber zentrale Voraussetzungen für einen hohen Wirkungsgrad des Target Costing. Aus diesem Grund ist die wissensbasierte Unterstützung nur in **Teilbereichen** möglich und sinnvoll. Die Entwicklung eines IT-gestützten Systems wird somit auf einen **konkreten Anwendungsbereich** innerhalb des Target Costing beschränkt bleiben. Darüber hinaus stellt sich vor allem für die Umsetzung in der Praxis die Frage, ob das Konzept des Target Costing nicht darunter leidet, dass es aus theoretischer Sicht unnötig verkompliziert wird und in allen Detailfragen gelöst sein muss.[758] Der Erfolg des in Rede stehenden Ansatzes beruhte vor allem in japanischen Unternehmen auch auf seiner Einfachheit und seiner Universalität.

---

758 Vgl. Seidenschwarz 2008, S. 617–625; Seidenschwarz/Böhme 2010, S. 120–127.

Sechster Teil: Schnittstellen von Kostenrechnung und Controlling

1 Kosten- und Kennzahlenrechnung

Kennzahlen(-systeme) gehören zur Gruppe der **Führungsinformationssysteme**[759] und haben die grundlegende Aufgabe, die Unternehmensleitung bei der strategischen und operativen Entscheidungsfindung durch Lieferung **verdichteter planungs- und kontrollorientierter Informationen** zu unterstützen. Als Elemente werden insbesondere die Entscheidungsträger des Unternehmens, vor allem das Top-, Middle- und Lower-Management und die sie unterstützenden (digitalisierten) Komponenten der Informationsverarbeitung angesehen.

Kennzahlen sind als Ziffern zu definieren, die **quantitativ** erfassbare betriebswirtschaftliche Sachverhalte in konzentrierter Form zusammenfassen (z. B. sämtliche Erlöse und Kosten eines Profitcenters) und auf ein gemeinsames Oberziel ausrichten.[760] Mit ihrer Hilfe können komplexe und komplizierte Zusammenhänge auf relativ einfache Art und Weise dargestellt und analysiert werden. Darüber hinaus sollen Kennzahlen in Gestalt von Planwerten (**Soll-Kennzahlen**) die Führungsinstanzen in die Lage versetzten, durch einen Vergleich mit Ist-Kennzahlen **Steuerungsmaßnahmen** einleiten zu können (z. B. Kostensenkungsmaßnahmen, wenn in einer Kostenstelle die Ist-Kosten die Soll-Kosten übersteigen).

Während **absolute Kennzahlen** als ursprüngliche Zahlen auftreten (z. B. Herstellkosten, Deckungsbeitragsvolumen, Betriebsergebnis), drücken **relative Kennzahlen** absolute Kennzahlen als Brüche in einem bestimmten Verhältnis zueinander aus. Sofern Teilgrößen zu einer Gesamtgröße in Beziehung gesetzt werden, wird von **Gliederungskennzahlen** (z. B. kalkulatorische Abschreibungen : Gesamtkosten) gesprochen. **Beziehungskennzahlen** liegen hingegen vor, wenn verschiedenartige Massen zueinander in Beziehung gesetzt werden, wobei zwischen ihren Komponenten aber kausale Zusammenhänge bestehen oder vermutet werden (z. B. CO_2-Ausstoß : Kosten für Umweltschutzmaßnahmen). Schließlich wird zwischen **finanziellen** (z. B. fixe und variable Kosten) und **nicht finanzielle Kennzahlen** (z. B. Fluktuationsquoten oder Neukundengewinnungsraten) unterschieden.[761]

Da Einzelkennzahlen in absoluter oder relativer Form nur einen betriebswirtschaftlichen Teilaspekt erfassen, wurden Kennzahlensysteme mit dem Ziel entwickelt, **Mehrdeutigkeiten** in der Interpretation zu vermeiden und **Abhängigkeitsbeziehungen** zwischen den Systemelementen aufzuzeigen. Im Kern haben Kennzahlensysteme die Aufgabe, den Führungsinstanzen auf höchster Ebene durch **Informationsverdichtung** für unterschiedliche Situationen mit hinreichender Sicherheit und Aktualität die relevanten Entscheidungswerte zu vermitteln. So unter-

---

[759] Vgl. Reichmann/Kißler/Baumöl 2017, S. 12–16.
[760] Vgl. Schnupp/Fritze 2016, S. 274–278.
[761] Vgl. im Einzelnen Freidank 2019a, S. 261–273.

gliedert sich das in Abbildung 136 dargestellte **Rentabilitäts-Liquiditäts-Kennzahlensystem** insgesamt in vier elementare Teile (T = Periodensumme in Monaten):[762]

(1) Einen aus dem extern-orientierten Rechnungswesen abgeleiteten **allgemeinen Teil mit Erfolgs- und Liquiditätskennzahlen.**

(2) Einen **Sonderteil**, der spezifische Informationsbedürfnisse der Unternehmensführung bezüglich der Oberziele (z. B. Existenzsicherung, Gewinnerzielung und Unternehmenswertsteigerung)[763] berücksichtigt und der weiter in einen **Erfolgs- und Liquiditätsteil** aufgespalten werden kann. Die Informationen aus dem Erfolgs- und Liquiditätsteil sind sowohl aus dem externen als auch aus dem internen Rechnungswesen (Finanzbuchhaltung und Kostenrechnung)[764] abzuleiten.

Zudem zeigt Abbildung 136 durch die Kennzeichnung in den Kästen der einzelnen Kennzahlen, in welchen **Zeitintervallen** diese zum Zweck der Einleitung entsprechender Steuerungsmaßnahmen ermittelt und analysiert werden sollten. Aus Sicht der Kostenrechnung besitzt die für Industrieunternehmen typische Aufspaltung des Betriebsergebnisses im Sonderteil in spezifische **absolute und relative Erlös- und Kostenkennzahlen** zentrale Bedeutung.

Im Hinblick auf den **Umsatzanteil** der im Produktionsprogramm befindlichen Erzeugnisse erfolgt zunächst eine Segmentierung nach Maßgabe der ABC-Analyse, die in diesem Fall darauf ausgerichtet ist, eine Rangordnung der Artikel bezüglich der Höhe ihrer Erlöse im Verhältnis zum Gesamtumsatz zu erstellen. Die Ergebnisse geben den Führungsinstanzen Hinweise auf den **wertmäßigen Bedeutungsgrad** der einzelnen Artikel im Rahmen einer zielorientierten Sortimentssteuerung des Produktionsprogramms. Der Produkterfolg bringt das **Vollkostenergebnis** einzelner Erzeugnisse und des gesamten Fertigungsprogramms zum Ausdruck, indem die Netto-Verkaufspreise und die kalkulierten Selbstkosten gegenübergestellt werden.[765] Mithin lassen sich zur Unterstützung **absatz- und kostenpolitischer Entscheidungen** Gewinn- und Verlustprodukte im Fertigungsprogramm identifizieren. Die folgenden Kennzahlen in Abbildung 136 beziehen sich auf die Analyse der beschäftigungsabhängigen und -unabhängigen Kosten aus unterschiedlichen Blickrichtungen. Zunächst geben sie dem Management Hinweise auf den **Anteil, die Elastizität** und **die Abbaufähigkeit** fixer und variabler Kostenarten.[766] Weiterhin

---

[762] Vgl. Lachnit/Müller 2012, S. 295–319; Reichmann/Kißler/Baumöl, 2017, S. 58–59; vgl. zur Ermittlung und Steuerung der Unternehmung nach dem Konzept des Economic Value Added (EVA) unter Zugrundelegung des WACC-Ansatzes Freidank 2019a, S. 250–261 (WACC = Weigthed Average Cost of Capital).

[763] Vgl. Freidank 2019a, S. 17–23.

[764] Vgl. die Ausführungen im dritten Teil zu Gliederungspunkt 1.

[765] Vgl. die Ausführungen im dritten Teil zu Gliederungspunkt 2.5.

[766] Vgl. die Ausführungen im vierten Teil zu Gliederungspunkt 4.4.

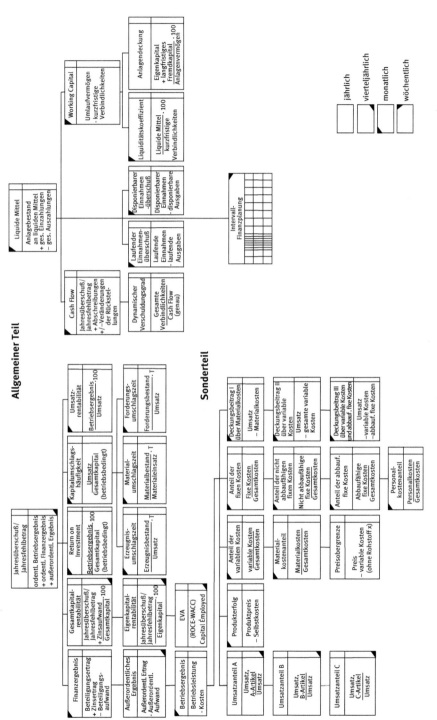

Abbildung 136: Struktur des Rentabilitäts-Liquiditäts-Kennzahlensystems.

erfolgt eine Ableitung von **Preisobergrenzen** für den Einkauf bestimmter Rohstoffarten, die Eingang in die einzelnen Produkte des Programms finden.[767] Schließlich wird eine **dreistufige Deckungsbeitragsrechnung** geführt, die Informationen über die Deckung der Materialeinzelkosten, der gesamten variablen Kosten und der variablen Kosten zuzüglich der abbaufähigen fixen Kosten durch die Umsatzerlöse gibt.[768] Die Kennzeichnungen in den einzelnen Kästen des erlös- und kostenbezogenen Sonderteils verdeutlichen die kurzfristige (vierteljährliche und monatliche) Ausrichtung der Analyse- und Steuerungsmaßnahmen in diesem Bereich des Kennzahlensystems.

Zusammenfassend wird durch den erfolgsmäßigen Sonderteil des Rentabilitäts- und Kennzahlensystems, der die Kostenrechnung betrifft, eine Analyse des Betriebsergebnisses möglich, aus der sich für das Management wichtige Maßnahmen zum Zweck der **strategischen und operativen Steuerung** der Unternehmung ableiten lassen. Zudem können Auswirkungen von Steuerungsmaßnahmen, die die Komponenten des Betriebsergebnisses betreffen, auf absolute (z. B. Jahresergebnis, Cash-Flow) und relative [z. B. Return on Investment, Eigenkapitalrentabilität, Economic Value Added (EVA)] **Spitzenkennzahlen** sichtbar gemacht werden. Darüber hinaus bieten sich jeweils nach den Informationsbedürfnissen des Managements für das Controlling vielfältige zusätzliche Möglichkeiten an,[769] den Sonderteil des Kennzahlensystems zu erweitern (z. B. im Hinblick auf die Planung und Kontrolle von Preisuntergrenzen für absatzbestimmte Erzeugnisse oder auf Maßnahmen des Erfolgsmanagements bezüglich ihrer Auswirkungen auf das Betriebsergebnis).[770]

---

[767] Vgl. die Ausführungen im vierten Teil zu Gliederungspunkt 4.5.4.1.
[768] Vgl. die Ausführungen im vierten Teil zu Gliederungspunkt 4.4.
[769] Vgl. Freidank 2019a, S. 237–243.
[770] Vgl. die Ausführungen im vierten Teil zu Gliederungspunkt 4.5.3.2. und im fünften Teil zu Gliederungspunkt 2.

2 Kostenrechnung in Handelsunternehmen

2.1 Grundlegendes

Das Sachziel von Handelsunternehmen besteht im Ein- und Verkauf von Waren, die i.d.R. unverändert und mit Gewinn zur Weiterveräußerung gelangen. Die Aufgabe der **Kalkulation** (Kostenträgerstückrechnung, Selbstkostenrechnung) liegt prinzipiell darin begründet, mit Hilfe bestimmter Verfahren die **Selbstkosten bzw. den Verkaufspreis** pro betriebliche Wareneinheit für Preis- und Kostenentscheidungen zu ermitteln. Zu diesem Zweck greift die Kalkulation auf die Daten des innerbetrieblichen Rechnungswesens (Kostenrechnung) zurück, das die auf die Kalkulationseinheiten umzulegenden Kosten zur Verfügung stellt.[771]

In Abhängigkeit von der Marktstruktur (Verkäufer- oder Käufermarkt) ist zu unterscheiden zwischen Kalkulationen der Angebots- und der Nachfragepreise. Im ersten Fall wird der Preis durch **progressive** (vorwärtsschreitende) Kalkulation ermittelt, indem von den Einzelkosten über die Gemeinkosten und den Gewinnzuschlag auf den Angebotspreis geschlossen wird. Im zweiten Fall ist der Nachfragepreis für das Management ein Datum, von dem es **retrograd** (rückwärts schreitend) auf die aufzuwendenden Werte und/oder Mengen für die einzelnen Kostenelemente und die Höhe des gewählten Gewinnzuschlags folgert. Zum einen dient die Kalkulation in Handelsbetrieben der **Preisbildung**, zum anderen liegt ihre Aufgabe darin, Entscheidungshilfen für die **Kostenbeeinflussung** im Hinblick auf die Preisfindung zu liefern und darüber hinaus Grundlagen für die **Kurzfristige Erfolgsrechnung** zur Verfügung zu stellen.

Sofern die Kostenträgerstückrechnung für Planungszwecke (z. B. der Angebotsabgabe) zeitlich vor Beginn der Leistungsbereitstellung durchgeführt wird, spricht man von einer **Vorkalkulation**. In diesem Fall erfolgt die Ermittlung der Selbstkosten auf der Grundlage von erwarteten Mengen und Preisen in Gestalt einer Plankalkulation. Mit Hilfe der **Nachkalkulation**, die erst nach Beendigung des Leistungsbereitstellungsprozesses durchgeführt wird und deshalb stets auf Istgrößen basiert, soll zum einen kontrolliert werden, ob die Planwerte der Vorkalkulation eingehalten wurden. Zum anderen dienen die Ergebnisse der Nachkalkulation der Erfolgsermittlung und -kontrolle im Rahmen der Kurzfristigen Erfolgsrechnung und der Rechnungslegung nach Handels- und Steuerrecht sowie nach IFRS. Schließlich bleibt der Hinweis, dass die ermittelten Daten der Nachkalkulation häufig auch die Grundlage für zukünftige Vorkalkulationen bei ähnlichen oder vergleichbaren Waren bilden.

Weiterhin ist bei der Aufstellung von Kalkulationen zu berücksichtigen, dass nur diejenigen Kosten eines Kalkulationsobjekts für bestimmte kurzfristige Entscheidungssituationen (z. B. Bestimmung optimaler Sortimente und Preisgrenzen) von Inter-

---

[771] Vgl. die Ausführungen im dritten Teil zu Gliederungspunkt 2.4.

esse sein können, die durch Dispositionen über das Kalkulationsobjekt ausgelöst werden (z. B. alle variablen Kosten; bei den fixen Gemeinkosten wird i. d. R. davon ausgegangen, dass sie kurzfristig nicht beeinflussbar sind). In diesem Zusammenhang lassen sich **Voll- und Teilkostenkalkulationen** unterscheiden. Während die erste Gruppe mit Hilfe bestimmter Zurechnungsschlüssel versucht, alle Kosten (d. h. auch fixe Gemeinkosten) auf die Kalkulationsobjekte zu verteilen, zielen Partialkostenkalkulationen etwa im Rahmen der Durchführung von Deckungsbeitragsrechnungen darauf ab, den Kalkulationseinheiten nur diejenigen Kostenarten zuzurechnen, die aus kurzfristiger Sicht dispositionsbestimmten Charakter tragen (z. B. Einzelkosten in Gestalt der Anschaffungskosten für die bezogenen Waren).[772] Im weiteren Verlauf werden aber ausschließlich der Aufbau und Einsatz von Vollkostenkalkulationen für Preis- und Kostenentscheidungen betrachtet, da in jüngerer Zeit vor allem die Verwendbarkeit von Kostenrechnungssystemen als strategische Steuerungsinstrumente im Mittelpunkt des betriebswirtschaftlichen Interesses steht, die eine Integration sämtlicher angefallener bzw. geplanter Kosten erfordern.[773]

2.2 Kalkulationsarten

2.2.1 Einzubeziehende Komponenten

Zu den Bestandteilen, die im Rahmen einer Handelskalkulation den Einkaufspreis für die bezogenen Waren in den Verkaufspreis überführen, zählen im Wesentlichen
(1) **Bezugskosten,**
(2) **Geschäftskosten**, d. h. im Rahmen des Handelsunternehmens anfallende Gemeinkosten (z. B. Löhne und Gehälter, Mieten, Zinsen, Abschreibungen, Steuern),
(3) der **Gewinn,** den der Unternehmer durch den Verkauf der Ware erzielen möchte sowie
(4) die an den Provisionsverkäufer zu zahlende **Vergütung.**

Ferner können die Beschaffungs- und Absatzpreise durch die Gewährung von Skonti und Rabatten Veränderungen erfahren. Die Aufgabe der **Handelskalkulation** besteht nun darin, den **Einkaufspreis** unter Einbeziehung von Kosten und Gewinn einerseits und eventuell auftretenden Preisnachlässen andererseits in den **Verkaufspreis** zu transformieren. Stellt man auf die Rechenziele ab, so sind drei Arten von Handelskalkulationen zu unterscheiden:
(1) **prospektive Kalkulation**,
(2) **retrograde Kalkulation** und
(3) **Differenz-Kalkulation**.

---

772 Vgl. die Ausführungen im vierten Teil zu Gliederungspunkt 4.4.
773 Vgl. die Ausführungen im fünften Teil zu Gliederungspunkt 1.1.

Alle drei Kalkulationstypen können auf der Basis von **Istwerten** als **Nachkalkulationen** oder unter Zugrundelegung von **Plandaten** als **Vorkalkulationen** zur Anwendung kommen. Darüber hinaus sind **Mischformen** möglich, deren Bestandteile sowohl Ist- als auch Plancharakter tragen. Ausgehend vom Einkaufspreis wird bei der **progressiven** Kalkulation unter Berücksichtigung der oben genannten Komponenten der Verkaufspreis ermittelt. Die **retrograde** Kalkulation schlägt hingegen den umgekehrten Weg ein, d. h. vom Verkaufspreis wird auf den Einkaufspreis geschlossen. Mit Hilfe der **Differenz-Kalkulation** können bei gegebenem Ein- und Verkaufspreis bestimmte Komponenten des Kalkulationsschemas [z. B. die maximale Höhe des Kundenrabatts unter Berücksichtigung der Regelungen des Gesetzes über Preisnachlässe (Rabattgesetz) oder der bei der Veräußerung der Ware erzielte bzw. erzielbare Erfolg] bestimmt werden. Abbildung 137 verdeutlicht zusammenfassend die Vorgehensweise der drei Kalkulationsarten.

Kalkulationsarten Rechenziele	Progressive Kalkulation	Retograde Kalkulation	Differenz-Kalkulation
Einkaufspreis	Bekannt	Gesucht	Bekannt
Differenz, z.B. Geschäftskosten, Gewinn, Kundenrabatt	↓	↑	↓ Gesucht ↑
Verkaufspreis	Gesucht	Bekannt	Bekannt

Abbildung 137: Typen der Handelskalkulation.

2.2.2 Progressive Kalkulation

Wie auch Abbildung 139 verdeutlicht,[774] stellt das Ermittlungsziel der progressiven Handelskalkulation der Verkaufspreis dar [die Bezeichnung in der Klammer gibt an, ob es sich um eine Prozentrechnung aus Hundert (a. H.), von Hundert (v. H.) oder in Hundert (i.H.) handelt]. Dem Schema zufolge ist der **Listeneinkaufspreis (brutto)** zunächst um die vom Lieferanten in Rechnung gestellte Umsatzsteuer zu berichten.

---

[774] Die Umsatzsteuer wird aus Vereinfachungsgründen mit einem Satz von 20 % berücksichtigt.

Dies ist grundsätzlich nicht der Fall, wenn der Vorsteuerbetrag im Sinne von § 9b Abs. 1 Satz 1 EStG bei der Umsatzsteuer nicht abgezogen werden kann und somit Kostencharakter trägt. Sofern der Lieferant einen Rabatt gewährt, wird dieser unmittelbar vom **Nettoeinkaufspreis** abgesetzt. Der sich ergebende **Zieleinkaufspreis** bildet die Bemessungsgrundlage für Skontoabzüge. Aus dieser Differenz resultiert sodann der **Bareinkaufspreis**. Um zum **Einstandspreis** der Ware zu gelangen, bedarf es der Addition der Bezugskosten. Der Rechenweg vom Listeneinkaufspreis bis hin zu den Anschaffungskosten wird auch als **Einkaufskalkulation** bezeichnet.

Die zentralen Teilbereiche des betrieblichen Rechnungswesens bilden die **Finanzbuchhaltung** und die **Kostenrechnung**. Im Gegensatz zur Buchhaltung, die die Ermittlung des Unternehmenserfolgs sowie die Darstellung der Vermögens- und Schuldenstruktur unter Berücksichtigung des Handels- und Steuerrecht sowie der IFRS zum Gegenstand hat, besteht die Aufgabe der Kostenrechnung darin, die durch das unternehmerische Sachziel verursachten wertmäßigen Verzehre an Einsatzfaktoren festzustellen und auf die aus dem Leistungserstellungsprozess resultierenden Produkte zu verrechnen. Die unterschiedlichen Zielsetzungen der in Rede stehenden Teilbereiche des betrieblichen Rechnungswesens haben zur Konsequenz, dass der in der Kostenrechnung zu erfassende Güterverzehr nicht notwendigerweise **dem Grund und/oder der Höhe nach** mit dem im Rahmen der Finanzbuchhaltung anzusetzenden Verbrauch korrespondieren muss. Diese Ungleichheit kommt auch in den verwendeten Termini zum Ausdruck. Während in der Buchhaltung die bewerteten Verzehre an Wirtschaftsgütern mit dem Begriff „Aufwand" belegt werden, bezeichnet die Kostenrechnung die bewerteten, sachzielbezogenen Güterverzehre als „Kosten". Mithin existieren (Abbildung 138)[775] (1) **Aufwendungen**, denen in **gleicher Höhe Kosten** gegenüberstehen, (2) **Aufwendungen**, denen **zwar dem Grund, nicht aber der Höhe** nach Kosten entsprechen, (3) **Aufwendungen**, die **keine Kosten** darstellen und (4) **Kosten**, die **keinen Aufwandscharakter** tragen.

Während in der Finanzbuchhaltung die gesamten Aufwendungen erfasst werden, zielt die Kalkulation darauf ab, sämtliche Kosten in die Verkaufspreise einzurechnen. Entsprechen sich Aufwendungen und Kosten sowohl dem Grund als auch der Höhe nach, spricht man in der Buchhaltung von **Zweckaufwendungen** und in der Kostenrechnung von **Grundkosten**. Zu diesen, dem **eigentlichen Unternehmenszweck (dem Sachziel) dienenden Einsatzfaktoren** zählen im Handel beispielsweise die Personalkosten, die Miet-, Steuer- und Versicherungskosten (soweit sie durch den Handelsbetrieb veranlasst sind),[776] die Energie-, Werbe- und Waren-

---

[775] Vgl. die Ausführungen im ersten Teil zu Gliederungspunkt 2.4.
[776] Nicht hierher, sondern zu den neutralen Aufwendungen gehören z. B. Steuern und Versicherungsbeiträge, die durch ein im Unternehmensvermögen enthaltenes Mietwohnhaus verursacht werden, da dieses nicht dem unternehmerischen Sachziel dient.

Kostenungleiche Aufwendungen	Kalkulatorische Kosten
Aufwendungen > oder < der ihnen entsprechenden Kosten:	**Kosten > oder < der ihnen entsprechenden Aufwendungen (Anderskosten):**
Bilanzielle Abschreibungen auf das Anlagevermögen (Bemessungsgrundlage sind die Anschaffungskosten des Anlageguts)	Kalkulatorische Abschreibungen auf das Anlagevermögen (Bemessungsgrundlage ist der Wiederbeschaffungswert des Anlageguts)[a]
Berücksichtigung konkreter Einzelrisiken entsprechend den handels-, steuerrechtlichen und internationalen Rechnungslegungsvorschriften (z.B. Abschreibungen auf Sachanlagevermögen oder Forderungen)	Erfassung sämtlicher mit dem eigentlichen Betriebszweck einhergehender Einzelrisiken (z.B. unfreiwillige Dezimierung von Warenvorräten) durch den Ansatz kalkulatorischer Wagnisse
Fremdkapitalzinsen (Berechnungsgrundlage ist das Fremdkapital)	Kalkulatorische Zinsen (Berechnungsgrundlage ist das betriebsnotwendige Kapital)[b]
Aufwendungen, denen keine Kosten entsprechen (neutrale Aufwendungen):	**Kosten, denen keine Aufwendungen entsprechen:**
Periodenfremde Aufwendungen (in früheren Geschäftsjahren verursacht, aber erst in der gegenwärtigen Periode in Erscheinung tretend)[c]	-
Betriebsfremde Aufwendungen (Aufwendungen, die in keinem Zusammenhang mit dem unternehmerischen Sachziel stehen, z.B. Aufwendungen, die durch ein zum Unternehmensvermögen gehörendes Mietwohnhaus veranlasst sind und Spenden).	-
Außerordentliche Aufwendungen (Aufwendungen, die für das betrachtete Unternehmen untypisch sind und unregelmäßig anfallen, z.B. Verluste aus der Veräußerung von Teilbetrieben oder wesentlichen Beteiligungen); die Qualifizierung der die angeführten Voraussetzungen erfüllenden Aufwendungen als außerordentliche Erfolgsgrößen geht der Zuordnung vor	-
-	Kalkulatorischer Unternehmerlohn (Vergütung, die der Einzelunternehmer oder geschäftsführende Gesellschafter einer Personenhandelsgesellschaft als Geschäftsführer einer Kapitalgesellschaft erhalten würde)
-	Kalkulatorische Miete (Mietwert, den der Unternehmer für die von ihm für betriebliche Zwecke selbst genutzten Gebäude bei Vermietung an Dritte erzielen könnte)

Abbildung 138: Kostenungleiche Aufwendungen und kalkulatorische Kosten.
[a] Bei Abschreibungen auf das Anlagevermögen ist zwischen bilanziellen Abschreibungen (Finanzbuchhaltung) und den kalkulatorischen Abschreibungen (Kostenrechnung) zu unterscheiden. Im Gegensatz zur bilanziellen Abschreibung, die von den Anschaffungskosten berechnet wird (Prinzip der nominellen Kapitalerhaltung), liegt der kalkulatorischen Abschreibung als Bemessungsgrundlage der aktuelle Wiederbeschaffungswert des Gegenstands zugrunde.

vertriebskosten, die Provisionskosten, die Kosten der allgemeinen Verwaltung sowie die Warenbezugskosten. Folglich kann dieses Zahlenmaterial unverändert aus der Finanzbuchhaltung in die Kostenrechnung übernommen werden, wenn die Kalkulation auf **Istkostenbasis** zur Anwendung kommen soll (**Nachkalkulation**). Die historischen Werte der Buchhaltung finden jedoch dann keinen Eingang in die Kostenrechnung, sofern die Kalkulation als Vorkalkulation ausgestaltet ist und somit **Plandaten** die Berechnungsgrundlage bilden. Um die der Nachkalkulation zugrunde liegenden Gesamt(ist)kosten der Abrechnungsperiode zu erhalten, sind anstelle der **kostenungleichen Aufwendungen** die aus der Kostenrechnung stammenden **kalkulatorischen Kosten** anzusetzen.[777]

Während die Bezugskosten und die Verkäuferprovision den Kalkulationsobjekten **direkt** zugerechnet werden können (**Einzelkosten**) und deshalb explizit im Kalkulationsschema erscheinen, handelt es sich bei den Geschäftskosten um solche Kosten, die den einzelnen Waren nur **mittels Schlüsselung** anlastbar sind (**Gemeinkosten**). Hierzu zählen im Handel insbesondere Personalkosten, die Miet-, Steuer- und Versicherungsaufwendungen, die Energie-, Werbe- und Warenvertriebskosten, die Kosten der allgemeinen Verwaltung sowie die kalkulatorischen Kosten. Warenvertriebskosten können, sofern es sich z. B. um Verpackungsmaterial oder Porto handelt, auch Einzelkostencharakter tragen. In derartigen Fällen sind die Vertriebskosten explizit im Kalkulationsschema zu erfassen. Dem **Geschäftskostenzuschlagssatz** kommt nun die Aufgabe zu, die periodischen Gemeinkosten in die Verkaufspreise des periodischen Warenabsatzes einzurechnen.

Im Rahmen der **Nachkalkulation** wird u. a. überprüft, ob mit Hilfe des bei der Vorkalkulation verwendeten (Plan-)Geschäftskostenzuschlags alle im Laufe des Geschäftsjahres tatsächlich angefallenen Gemeinkosten (Ist-Gemeinkosten) auf die im

---

Abbildung 138 (fortgesetzt) Die anteilige Einrechnung der Wiederbeschaffungskosten in den Warenverkaufspreis basiert auf der Überlegung, dass während der Zeit, in der das Anlagegut genutzt werden kann, über die Umsatzerlöse zumindest die Mittel in das Unternehmen zurückfließen müssen, die erforderlich sind, um nach Ablauf der Nutzungsdauer eine Reinvestition vornehmen zu können (Prinzip der realen Substanzerhaltung).
[b] Die Berücksichtigung der kalkulatorischen Zinsen trägt dem Umstand Rechnung, dass das zur Aufrechterhaltung der eigentlichen Betriebstätigkeit eingesetzte (betriebsnotwendige) Kapital bei einer alternativen Anlage (z. B. am Kapitalmarkt) eine bestimmte Verzinsung erbringen würde (Opportunitätskostenprinzip).
[c] Soweit es sich um Zweckaufwendungen handelt, hätten diese Kosten gemäß des Verursachungsprizips bereits im Geschäftsjahr ihrer Entstehung Eingang in die Warenverkaufspreise finden müssen (Kosten sind denjenigen Perioden bzw. Produkten zu zurechnen, die sie verursacht haben).

---

[777] Vgl. zur Ermittlung der kalkulatorischen Kosten die Ausführungen im dritten Teil zu Gliederungspunkt 2.2.5.

gleichen Zeitraum veräußerten Handelsprodukte verrechnet wurden. Bemessungsgrundlage des Zuschlagssatzes sind die Anschaffungskosten. Da aber die Ist-Gemeinkosten und der Ist-Wareneinsatz erst nach Ablauf des betreffenden Geschäftsjahrs bekannt sind, der Zuschlagssatz zum Zweck der **Vorkalkulation**[778] jedoch bereits zu Jahresbeginn vorliegen muss, werden entweder

(1) die Gemeinkosten und der Wareneinsatz der Periode geplant und hieraus ein **durchschnittlicher Plan-Geschäftskostenzuschlagssatz** abgeleitet oder
(2) es wird der aus den **Daten der Vorperiode gewonnene Geschäftskostenzuschlagssatz** verwendet (dieser Vorgehensweise liegt die Annahme zugrunde, dass sich im laufenden Geschäftsjahr hinsichtlich Gemeinkosten und Wareneinsatz keine wesentlichen Veränderungen gegenüber dem Vorjahr ergeben).

Mithin vollzieht sich die Ermittlung des **durchschnittlichen Ist-Geschäftskostenzuschlagssatzes** wie folgt.

$$\text{Durchschnittlicher Ist-Geschäftskostenzuschlagssatz} = \frac{\text{Summe der in der Periode tatsächlich angefallenen Gemeinkosten}}{\text{Summe der in der Periode zu Anschaffungskosten abgesetzten Waren}} \cdot 100$$
$$(= \text{Ist} - \text{Wareneinsatz})$$

Während im erstgenannten Fall keine Querverbindung zwischen Finanzbuchhaltung und Kostenrechnung besteht, wird bei der zweiten Alternative der Zuschlagssatz unter Rückgriff auf die **Vorjahresdaten der Buchhaltung** ermittelt. Durch den Vergleich von Ist- und Plan-Geschäftskostenzuschlag kann festgestellt werden, ob mehr (**Istzuschlag < Planzuschlag**) oder weniger (**Istzuschlag > Planzuschlag**) Gemeinkosten auf die veräußerten Produkte verrechnet wurden als im Geschäftsjahr tatsächlich angefallen sind.

Werden zum Einstandspreis die korrespondierend zum Zuschlagssatz ermittelten Geschäftskosten addiert, ergibt sich der **Selbstkostenpreis** der Ware. Während die unter Zuhilfenahme des Datenmaterials vergangener Perioden quantifizierbaren Einzelrisiken im Zuge der Verrechnung kalkulatorischer Wagnisse[779] Eingang in die Warenverkaufspreise finden, soll das **allgemeine Unternehmerrisiko**, das den Betrieb als Ganzes bedroht und weder messbar noch im Voraus bestimmbar ist, durch den **Gewinnzuschlag** abgedeckt werden. Dieses globale, die Existenz des Unternehmens gefährdende Risiko ergibt sich u. a. aus der gesamtwirtschaftlichen Entwicklung (z. B.

---

[778] Im Zuge der Vorkalkulation werden die im Geschäftsjahr voraussichtlich anfallenden Gemeinkosten (Plan-Gemeinkosten) in die Vertriebspreise der im gleichen Zeitraum absatzgeplanten Waren (Plan-Wareneinsatz) eingerechnet.
[779] Vgl. die Ausführungen im dritten Teil zu Gliederungspunkt 2.2.5.3.

Vorliegen einer Rezession), dem technischen Fortschritt (z. B. „Überalterung" der eigenen Produkte), verstärkt auftretender Konkurrenz (Verlust von Marktanteilen) oder Nachfrageverschiebungen (z. B. Veränderung des Konsumentenverhaltens aufgrund ökologischer Aspekte). Infolge fehlender Quantifizierbarkeit einerseits sowie dem Umstand Rechnung tragend, dass den genannten Risiken andererseits ebenfalls nicht bewertbare Chancen gegenüberstehen, kommt dem allgemeinen Unternehmensrisiko **kein Kostencharakter** zu. Mithin muss es seine Deckung in dem im Verkaufspreis enthaltenen Gewinn finden. Hierbei gilt es zu beachten, dass das Management nicht bei jeder einzelnen Warenart den gleichen Gewinnaufschlag verrechnen wird, sondern dass dieser pro Handelsartikel **variieren** kann. Die Höhe des Zuschlagssatzes hängt insbesondere von der **Preiselastizität der Nachfrage** nach dem Produkt sowie von den Konkurrenzpreisen ab. In aller Regel stimmt der im Rahmen der Kalkulation in die Verkaufspreise einbezogene Gewinnzuschlag – transformiert in einen €-Betrag und kumuliert über alle in der Periode veräußerten Waren – nicht mit dem im GuV-Konto ausgewiesenen (bilanziellen) Gewinn überein).

	Listeneinkaufspreis (brutto) oder Bruttoeinkaufspreis	24.000	
−	20% Umsatzsteuer (Bemessungsgrundlage: Nettoeinkaufspreis)	4.000	(a. H.)
=	Listeneinkaufspreis (netto) oder Nettoeinkaufspreis	20.000	
−	15% Lieferantenrabatt (Bemessungsgrundlage: Nettoeinkaufspreis)	3.000	(v. H.)
=	Zieleinkaufspreis	17.000	
−	2% Lieferantenskonto (Bemessungsgrundlage: Zieleinkaufspreis)	340	(v. H.)
=	Bareinkaufspreis	16.660	
+	Bezugskosten	1.340	
=	Anschaffungskosten oder Einstandspreis (Bezugspreis)	18.000	
+	33 1/3% Geschäftskostenzuschlag (Bemessungsgrundlage: Selbstkostenpreis)	6.000	(v. H.)
=	Selbstkostenpreis	24.000	
+	25% Gewinnzuschlag (Bemessungsgrundlage: Selbstkostenpreis)	6.000	(v. H.)
=	Barverkaufspreis nach Abzug der Verkäuferprovision	30.000	
+	5% Verkäuferprovision (Bemessungsgrundlage: Barverkaufspreis vor Abzug der Verkäuferprovision)	1.579	(i. H.)
=	Barverkaufspreis vor Abzug der Verkäuferprovision	31.579	
+	2% Kundenskonto (Bemessungsgrundlage: Zielverkaufspreis)	644	(i. H.)
=	Zielverkaufspreis	32.223	
+	30% Kundenrabatt (Bemessungsgrundlage: Nettoverkaufspreis)	13.810	(i. H.)
=	Listenverkaufspreis (netto) oder Nettoverkaufspreis	46.033	
+	20% Umsatzsteuer (Bemessungsgrundlage: Nettoverkaufspreis)	9.206,6	(v. H.)
=	Listenverkaufspreis (brutto) oder Bruttoverkaufspreis	55.239,6	

Abbildung 139: Struktur der progressiven Handelskalkulation (Angaben in €).

Dies ist darauf zurückzuführen, dass neben den Grundkosten auch die **aufwandgleichen kalkulatorischen Kosten** Eingang in die Verkaufspreise finden und somit in den im GuV-Konto zu erfassenden Umsatzerlösen enthalten sind, während aber im GuV-Konto neben den Zweckaufwendungen die **kostenungleichen Aufwendungen** zum Ansatz gebracht werden müssen. Darüber hinaus können im Unternehmen auch **neutrale Erträge**[780] anfallen. Den Einfluss der kalkulatorischen Kosten und des Gewinnzuschlags auf den bilanziellen Erfolg verdeutlicht die Abbildung 140.

Soll	GuV-Konto Haben	Haben
I. Aufwendungen, die im Rahmen der gewöhnlichen Geschäftstätigkeit des Unternehmens anfallen:		I. Erträge, die im Rahmen der gewöhnlichen Geschäftstätigkeit des Unternehmens anfallen: – Umsatzerlöse, wobei sich die Warenverkaufspreise aus folgenden Bestandteilen zusammensetzen:
– Wareneinsatz (Anschaffungskosten der veräußerten Waren)		– Wareneinsatz
– Zweckaufwendungen		– Grundkosten (Einzel-und Gemeinkosten)
– Bilanzielle Abschreibungen		– Kalkulatorische Abschreibungen
– Aufwendungen, verursacht durch die Berücksichtigung konkreter Einzelrisiken		– Kalkulatorische Wagnisse
– Fremdkapitalzinsen		– Kalkulatorische Zinsen – Kalkulatorischer Unternehmerlohn – Kalkulatorische Miete – Gewinnzuschlag – Weitere, aus dem unternehmerischen Sachziel resultierenden Erträge
– Periodenfremde Aufwendungen – Betriebsfremde Aufwendungen		– Periodenfremde Erträge – Betriebsfremde Erträge
II. Aufwendungen, die außerhalb der gewöhnlichen Geschäftstätigkeit des Unternehmens anfallen: Außerordentliche Aufwendungen		II. Erträge, die außerhalb der gewöhnlichen Geschäftstätigkeit des Unternehmens anfallen: Außerordentliche Erträge
Saldo: (Bilanzieller) Gewinn		

Abbildung 140: Bestandteile des bilanziellen Gewinns.

---

[780] Vgl. die Ausführungen im ersten zu Gliederungspunkt 2.6.3.

Mithin kann der **bilanzielle Gewinn** folgende (kalkulatorische) Komponenten enthalten:
(1) Differenz zwischen den **bilanziellen und den kalkulatorischen Abschreibungen** [bilanzielle Abschreibung kleiner (größer) als die kalkulatorische Abschreibung führt zu Gewinnerhöhung (Gewinnminderung)],
(2) Unterschiedsbetrag zwischen den **Aufwendungen**, die durch die Berücksichtigung **konkreter Einzelrisiken** verursacht sind, und den **kalkulatorischen Wagnissen** [Aufwendungen, verursacht durch die Berücksichtigung konkreter Einzelrisiken kleiner (größer) als die kalkulatorischen Wagnisse führt zu Gewinnerhöhung (Gewinnminderung)],
(3) Saldo zwischen den **Fremdkapitalzinsen** und den **kalkulatorischen Zinsen** [Fremdkapitalzinsen kleiner (größer) als die kalkulatorischen Zinsen führt zu Gewinnerhöhung (Gewinnminderung)],
(4) **kalkulatorischer Unternehmerlohn** (die Einberechnung in den Verkaufspreis bewirkt eine Erhöhung des bilanziellen Gewinns),
(5) **Gewinnzuschlag** zur Deckung des allgemeinen Unternehmerrisikos (die Einbeziehung in den Verkaufspreis führt zu einer Erhöhung des bilanziellen Gewinns).

Negativ beeinflusst wird der Unternehmenserfolg durch die nicht in die Verkaufspreise eingerechneten neutralen Aufwendungen. Demgegenüber verändern die weiteren aus dem unternehmerischen Sachziel resultierenden Erträge sowie die neutralen Erträge den bilanziellen Erfolg **positiv**. Die Bemessungsgrundlage für den Gewinnzuschlag bildet der **Selbstkostenpreis**. Aus der Addition beider Größen ergibt sich der **Barverkaufspreis** nach Abzug der Verkäuferprovision.

Die an den Provisionsverkäufer zu zahlende Umsatzvergütung (= **Verkäuferprovision**) kann sich – entsprechend der mit dem Management getroffenen Vereinbarung – einerseits als **Prozentsatz**, i. d. R. bezogen auf den offerierten Barverkaufspreis, andererseits aber auch als **Stückprovision** darstellen. Nach Hinzurechnung der Verkäuferprovision erhält man den Barverkaufspreis, zu dem der Provisionsverkäufer die Ware dem Kunden anbieten kann. Der Rechenweg von den Anschaffungskosten bis hin zum genannten **Barverkaufspreis** wird als **interne Kalkulation** bezeichnet.

In Anlehnung an das Kalkulationsschema ergibt sich nach Berücksichtigung des Skontos der **Zielverkaufspreis**, nach Einbeziehung des Rabatts der **Listenverkaufspreis** (netto) und nach Addition der Umsatzsteuer der **Bruttoverkaufspreis**. Dieser Rechenprozess, der beim Barverkaufspreis beginnt und beim Listenverkaufspreis (brutto) endet, wird auch als **Verkaufskalkulation** bezeichnet.

2.2.3 Retrograde Kalkulation und Differenz-Kalkulation

Wie Abbildung 141 verdeutlicht,[781] zielt die retrograde Kalkulation auf die Ermittlung des **Einkaufspreises** ab. Um die Ware am Absatzmarkt nach dieser Beispielsrechnung zu einem Bruttoverkaufspreis von 12.000 € anbieten zu können, darf das Management – unter Berücksichtigung der Daten der Verkaufskalkulation, der internen Kalkulation und der Einkaufskalkulation – das Handelsprodukt höchstens zu einem Bruttoeinkaufspreis von 7.920 € beziehen. Sofern der Einkaufs- und der Verkaufspreis einer Ware gegeben sind, können mit Hilfe der Differenzkalkulation bestimmte **preisbildende Komponenten**, allen voran der Gewinnzuschlag oder z. B. der maximale Kundenrabatt bzw. die Mindesthöhe des Lieferantenrabatts, ermittelt werden. Im Handel kommt insbesondere der erstgenannten Preiskomponente eine erhebliche Bedeutung zu, da die Ausprägung des Gewinnzuschlags eines der maßgeblichen Entscheidungskriterien dafür ist, ob aus strategischer Sicht

	Listenverkaufspreis (brutto) oder Bruttoverkaufspreis	12.000	
−	20% Umsatzsteuer (Bemessungsgrundlage: Nettoverkaufspreis)	2.000	(a. H.)
=	Listenverkaufspreis (netto) oder Nettoverkaufspreis	10.000	
−	20% Kundenrabatt (Bemessungsgrundlage: Nettoverkaufspreis)	2.000	(v. H.)
=	Zielverkaufspreis	8.000	
−	2% Kundenskonto (Bemessungsgrundlage: Zielverkaufspreis)	160	(v. H.)
=	Barverkaufspreis vor Abzug der Verkäuferprovision	7.840	
−	Verkäuferprovision (Stückprovision)	240	
=	Barverkaufspreis nach Abzug der Verkäuferprovision	7.600	
−	6 2/3% Gewinnzuschlag (Bemessungsgrundlage: Selbstkostenpreis)	475	(a. H.)
=	Selbstkostenpreis	7.125	
−	25% Geschäftskostenzuschlag (Bemessungsgrundlage: Anschaffungskosten)	1.425	(a. H.)
=	Anschaffungskosten oder Einstandspreis (Bezugspreis)	5.700	
−	Bezugskosten	310	
=	Bareinkaufspreis	5.390	
+	2% Lieferantenskonto (Bemessungsgrundlage: Zieleinkaufspreis)	110	(i. H.)
=	Zieleinkaufspreis	5.500	
+	16 2/3% Lieferantenrabatt (Bemessungsgrundlage: Nettoeinkaufspreis)	1.100	(i. H.)
=	Listeneinkaufspreis (netto) oder Nettoeinkaufspreis	6.600	
+	20% Umsatzsteuer (Bemessungsgrundlage: Nettoeinkaufspreis)	1.320	(v. H.)
=	Listeneinkaufspreis (brutto) oder Bruttoeinkaufspreis	7.920	

Abbildung 141: Struktur der retrograden Handelskalkulation (Angaben in €).

---

781 Die Umsatzsteuer wird aus Vereinfachungsgründen mit einem Satz von 20 % berücksichtigt.

eine Ware neu in das Sortiment aufgenommen, weiter in der Produktpalette geführt oder aus dem Angebotsspektrum eliminiert wird. Im Hinblick auf die Berechnung des Gewinnzuschlags ist im Rahmen der **progressiven Kalkulation der Selbstkostenpreis** und bezüglich der **retrograden Kalkulation der Barverkaufspreis nach Abzug der Verkäuferprovision** zu bestimmen. Der sich hieraus ergebende Differenzbetrag ist dann zum Selbstkostenpreis in Beziehung zu setzen; ebenso vollzieht sich die Ermittlung des Kunden- oder Lieferantenrabatts.

2.3 Handelsspanne und Kalkulationsaufschlag

In ähnlicher Weise, wie die dem Kalkulationsschema zu entnehmenden Anschaffungskosten – multipliziert mit den im Laufe des Geschäftsjahres verkauften Mengen – den **Wareneinsatz** der Finanzbuchhaltung ergeben, resultieren aus den im Rahmen der Handelskalkulation errechneten Verkaufspreisen – multipliziert wiederum mit den in der Periode abgesetzten Mengen – die in der Buchhaltung zu erfassenden **Umsatzerlöse**. Mithin entspricht die Differenz zwischen dem Verkaufs- und dem Einstandspreis, summiert über alle veräußerten Produkte, dem Roherfolg (Rohgewinn bzw. Rohverlust) des Unternehmens (Abbildung 142).

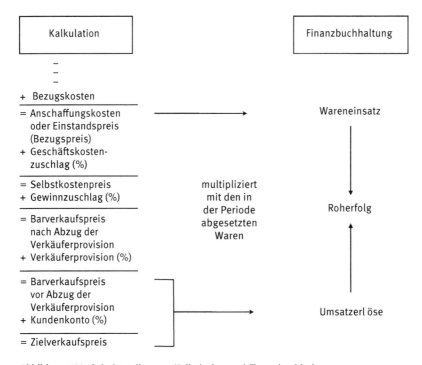

Abbildung 142: Schnittstellen von Kalkulation und Finanzbuchhaltung.

Der Roherfolg setzt sich mithin aus den Geschäftskosten, dem Gewinnzuschlag und den Verkäuferprovisionen zusammen. In der Kalkulation besteht nun die Möglichkeit, die drei genannten Preisbestandteile zu einem **kombinierten Aufschlagssatz** zusammenzufassen, durch dessen Anwendung unmittelbar vom Einstandspreis auf den Barverkaufspreis vor Abzug der Verkäuferprovision und umgekehrt geschlossen werden kann. In diesem Zuschlagssatz spiegelt sich der – ggf. um Skonto und Bonus zu modifizierende – **Artikel-Roherfolg** wider. Darüber hinaus lässt sich unter Berücksichtigung der den Kunden zu gewährenden Preisnachlässe (Skonto, Bonus und Rabatt) ein **erweiterter Aufschlagssatz** bestimmen, der direkt die Berechnung des **Nettoverkaufspreises** erlaubt. Wird der Unterschiedsbetrag zwischen dem Verkaufspreis und den Anschaffungskosten einer Ware, d. h.

(1) der **Artikel-Roherfolg** (Verkaufspreis = Barverkaufspreis vor Abzug der Verkäuferprovision) bzw.
(2) der **(erweiterte) Artikel-Roherfolg** zuzüglich der den Kunden beim Kauf zu gewährenden Preisnachlässe (Verkaufspreis = Nettoverkaufspreis)

zum entsprechenden Verkaufspreis in Beziehung gesetzt, so ergibt sich bei (1) die **Handelsspanne i. e. S.** und bei (2) **die Handelsspanne i. w. S.**

Handelsspanne i. e. S. = (1)
$$\frac{(\text{Barverkaufspreis vor Abzug der Verkäuferprovision} - \text{Anschaffungskosten})}{\text{Barverkaufspreis vor Abzug der Verkäuferprovision}} \cdot 100$$

Handelsspanne i. w. S. $= \dfrac{(\text{Nettoverkaufspreis} - \text{Anschaffungskosten})}{\text{Nettoverkaufspreis}} \cdot 100$ (2)

Wird hingegen die Differenz zwischen Verkaufs- und Einstandspreis einer Ware ins Verhältnis zu den Anschaffungskosten gesetzt, so ergibt sich – je nach der Ausprägung des Verkaufspreises – bei (3) **der Kalkulationsaufschlag i. e. S.** oder bei (4) der **Kalkulationsaufschlag i. w. S.**

Kalkulationsaufschlag i. e. S. = (3)
$$\frac{(\text{Barverkaufspreis vor Abzug der Verkäuferprovision} - \text{Anschaffungskosten})}{\text{Anschaffungskosten}} \cdot 100$$

Kalkulationsaufschlag i. w. S. = (4)
$$\frac{(\text{Nettoverkaufspreis} - \text{Anschaffungskosten})}{\text{Anschaffungskosten}} \cdot 100$$

In diesem Zusammenhang sei darauf hingewiesen, dass aufgrund produktspezifischer Gewinnzuschläge, Verkäuferprovisionen und Preisnachlässe die Handelsspanne sowie der Kalkulationsaufschlag von Artikel zu Artikel **variieren** können. Indem die Handelsspanne i. e. S. (i. w. S.) und der Kalkulationsaufschlag i. e. S. (i. w. S.) die gleichen Bezugsgrößen aufweisen, kann bei Vorliegen eines Zuschlagssatzes der andere berechnet werden. Mithin gilt:

Handelsspanne i. e. S. (i. w. S.) = (5)

$$\frac{\text{Kalkulationsaufschlag i.e.S. (i.w.S.)}}{[100 + \text{Kalkulationsaufschlag i.e.S. (i.w.S.)}]} \cdot 100$$

Kalkulationsaufschlag i. e. S. (i. w. S.) = (6)

$$\frac{\text{Handelsspanne i.e.S. (i.w.S.)}}{[100 - \text{Handelsspanne i.e.S. (i.w.S.)}]} \cdot 100$$

Bedeutung erlangt die Handelsspanne u. a. bei der Ermittlung des **wertmäßigen Inventurbestands im Einzelhandel.** Da die Bestimmung der Einstandspreise der zum Bilanzstichtag sich auf Lager befindlichen Waren anhand von Eingangsrechnungen mit einem erheblichen Arbeitsaufwand verbunden sein kann, andererseits aber der Verkaufspreis (netto) und die Handelspanne eines jeden Produkts bekannt sind, geht man in der Praxis aus **Vereinfachungsgründen** regelmäßig den Weg, dass der pro Artikel sich ergebende mengenmäßige Endbestand mit dem um die Handelsspanne verminderten Verkaufspreis (netto) multipliziert wird (Verkaufswertverfahren). Der hieraus resultierende Betrag entspricht den in das Inventar, das Schlussbilanzkonto und die Schlussbilanz zu übernehmenden **Anschaffungskosten.**[782]

Analog zu den vorstehenden Darlegungen kann auch der Saldo zwischen Umsatzerlösen und Wareneinsatz, der Roherfolg der Finanzbuchhaltung, in einen Prozentsatz (Roherfolgssatz und Roherfolgsaufschlagssatz) transformiert werden. Während im **Roherfolgssatz** das Verhältnis zwischen Roherfolg und Umsatzerlösen zum Ausdruck kommt, gibt der **Roherfolgsaufschlagssatz** die Beziehung zwischen Roherfolg und Wareneinsatz an.

$$\textbf{Roherfolgssatz} = \frac{\text{Roherfolg} \cdot 100}{\text{Umsatzerlöse}} \quad (7)$$

$$\textbf{Roherfolgsaufschlagssatz} = \frac{\text{Roherfolg} \cdot 100}{\text{Wareneinsatz}} \quad (8)$$

Roherfolgssatz und Roherfolgsaufschlagssatz sind **wichtige Kennzahlen zur Beurteilung der Ertragslage** eines Handelsunternehmens, da sie Aufschluss darüber geben, mit welcher durchschnittlichen Handelsspanne (i. e. S.) bzw. mit welchem durchschnittlichen Kalkulationsaufschlag (i. e. S.) das Unternehmen kalkuliert. Ergänzend sei angemerkt, dass beide Sätze aufgrund ihres Aussagegehalts im Rah-

---

[782] Vgl. Schubert/Gadek 2020, Anm. 211–213 zu § 255 HGB.

men der handels- und steuerrechtlichen (Betriebs-)Prüfungstechnik als **Verprobungsmethoden** zur Anwendung kommen.[783]

2.4 Zusammenfassung

Die Kalkulationstechnik auf Vollkostenbasis und die Kennzahlenermittlung in Handelsunternehmen unterscheidet sich wegen ihres **spezifischen Geschäftsmodells** grundlegend von der Vorgehensweise in Industrieunternehmen, wobei aber die Behandlung von Aufwendungen und Kosten bzw. Erträgen und Erlösen im Rahmen der Ermittlung des kalkulatorischen und des bilanziellen Erfolgs in beiden Branchen identisch ist. Allerdings kann auch in Handelsunternehmen zum Zweck der Durchführung kurzfristiger Analyse- und Steuerungsmaßnahmen der Rückgriff auf **(Plan-)Teilkosten- und Deckungsbeitragsrechnungen** relevant werden.[784] Darüber hinaus bietet sich in Handelsunternehmen für die Analyse und Steuerung von Erlösen und Kosten der Aufbau und Einsatz von **Kennzahlensystemen** nach der für Industrieunternehmungen gezeigten Struktur an.[785] Allerdings müssten dann die vorstehend dargestellten, für Handelsunternehmen typischen Soll- und Ist-Kennzahlen in absoluter (z. B. Bezugs- und Geschäftskosten, Roherfolg und Wareneinsatz) und relativer Form (z. B. Handelsspanne und Kalkulationsaufschlag) in den erfolgsmäßigen Sonderteil des beispielhaft dargestellten **Rentabilitäts-Liquiditäts-Kennzahlensystems** integriert werden.

---

783 Vgl. Freidank 2019a, S. 558–562.
784 Vgl. Tietz 1993, S. 1102–1216.
785 Vgl. Abbildung 136 im sechsten Teil zu Gliederungspunkt 1.

3 Langfristige Auftragsfertigung

3.1 Charakteristika und Abbildung im Rechnungswesen

Langfristige Fertigungsaufträge (Construction Contracts) stellen Verträge über die **auftragsspezifisch**e Erstellung aufeinander abgestimmter oder voneinander abhängiger Gegenstände dar, wobei die Fertigungsdauer sich auf mindestens zwei Geschäftsperioden erstreckt. Trotz der Tatsache, dass aus den geschlossenen Fertigungsverträgen i.d.R. kein **Verwertungsrisiko** für das Produktionsunternehmen besteht, ist der Bereich der langfristigen Auftragsfertigung durch eine **erhöhte Komplexität und Risikoanfälligkeit** gekennzeichnet. Dabei spielen überwiegend Unsicherheiten eine entscheidende Rolle, die in Risiken der Kostenarten sowie der Kosten- und Erlöshöhe zu unterscheiden sind.

Langfristige Fertigungsaufträge sind im Gegensatz zur Serienfertigung durch einen hohen **Individualitätsgrad** der Produktgestaltung gekennzeichnet, so dass ein starkes Abhängigkeitsverhältnis zum Auftraggeber besteht. Sie stellen somit **Einzelfertigungen**[786] dar und können i.d.R. nicht wiederholt erstellt werden. Im Rahmen der **Selbstkostenkalkulation** bestehen zu Beginn des Projekts Planungsunsicherheiten bei der Quantifizierung und Berücksichtigung sämtlicher Kostenfaktoren, da sowohl ein Rückgriff auf Branchen- oder Unternehmensvergleiche als auch auf frühere Auftragsverträge des betrachteten Fertigungsunternehmens angesichts der Exklusivität des Auftrags nur in engen Grenzen möglich ist. Daneben spielen u.a. **technische Risiken** bei Leistungsverzug oder Schlechterfüllung eine erhebliche Rolle (u.a. in Form möglicher Konventionalstrafen oder Klagen), wenn die Einhaltung bestimmter Leistungsindikatoren oder Zeittermine vertraglich garantiert wurde und sich im Laufe der Fertigungszeit herausstellt, dass diese nicht durch das Fertigungsunternehmen zu erfüllen sind. Schließlich können ebenfalls **Finanzierungsrisiken** auftreten, die aus einem möglichen Zahlungsausfall oder -verzug des Auftraggebers resultieren. Eine vorherige genaue **Bonitätsbeurteilung** des Kunden i.S. eines **Rating-Verfahrens** durch den Auftragnehmer selbst oder mittels **Rating-Agenturen** erscheint daher dringend erforderlich. Erfolgt die Erstellung eines Produkts über einen mehrjährigen Zeitraum und ist ein rechtskräftiger Auftrag zwischen den Vertragsparteien geschlossen, stellt sich ferner die Frage nach dem **Zeitpunkt bzw. Zeitraum der Umsatz- und Ergebnisrealisierung**.[787] Vor diesem Hintergrund resultieren aus der langfristigen Auftragsfertigung spezifische Anforderungen, die durch eine **Harmonisierung** des in- und externen Rechnungswesens erfüllt werden müssen.

---

[786] Vgl. die Ausführungen im dritten Teil zu Gliederungspunkt 2.4.1.
[787] Vgl. Freidank 1989, S. 1197–1204; Freidank/Ceschinski 2020, S. 10–16.

Sofern sich Fertigungsaufträge über mehrere Geschäftsjahre erstrecken, treten für die produzierenden Unternehmen Rechnungslegungsprobleme auf, die im Wesentlichen darin bestehen, dass den Perioden der Leistungserstellung bei einer Einhaltung des **Realisationsprinzips** nach § 252 Abs. 1 Nr. 4 2. HS HGB in der Handels- und der Steuerbilanz grundsätzlich keine Gewinne aus diesen **schwebenden Geschäften** ausgewiesen werden dürfen.[788] Der Themenkomplex der **Auftragsfertigung bei unfertigen Erzeugnissen**, die den Vorräten nach § 266 Abs. 2 Posten B. I. 2. HGB zu subsumieren ist, hat aufgrund der fortschreitenden Technologisierung, Spezialisierung und Internationalisierung des wirtschaftlichen Geschehens in verschiedenen Branchen, u. a. im **Baugewerbe, Schiffs-, Anlagen-, Flugzeugbau** und der **Forschungs- und Entwicklungsindustrie**, einen Bedeutungszuwachs erlangt und stellt vielfach den Schwerpunkt des Geschäftsmodells der produzierenden Unternehmen dar. Der Zusatz langfristige Auftragsfertigung deutet darauf hin, dass es sich prinzipiell um Herstellungsvorgänge handelt, die **mindestens zwei Geschäftsperioden** umfassen, d. h. Vertragsabschluss und Leistungserfüllung in unterschiedliche Abrechnungsperioden fallen. Ferner ist eine begrenzte Anzahl der gefertigten Vermögenswerte und eine Komplexität sowie Exklusivität des Fertigungsprodukts zu unterstellen. Zudem muss der Herstellung eine **kundenspezifische Planung und Entwicklung** vorausgegangen sein.

> **Beispiel 121:**
> Die grundsätzlichen Auswirkungen eines langfristigen Fertigungsauftrags auf die Handels- und Steuerbilanz werden durch Abbildung 143 verdeutlicht.[789] Hier wird unterstellt, dass ein Unternehmen zum Zeitpunkt t = 1 einen Fertigungsauftrag erhält, der sich über mehrere Geschäftsjahre bis zum Realisationszeitpunkt t = 6 erstreckt. In diesem Fall muss zu den Bilanzierungszeitpunkten t = 2 bis t = 5 ein Wertansatz im handels- und steuerrechtlichen Jahresabschluss zu **Herstellungskosten** gemäß § 255 Abs. 2 HGB bzw. § 6 Abs. 1 Nr. 1b EStG erfolgen.

Zum Realisationszeitpunkt t = 6 entsteht eine Forderung, die bis zum Zahlungseingang i. d. R. mit dem Nominalwert angesetzt wird.[790] Der langfristige Fertigungsprozess tangiert nach Abbildung 143 insgesamt fünf Geschäftsjahre. Die Unternehmung beginnt im Zeitpunkt t = 1 (Auftragserteilung) mit der Leistungserstellung und aktiviert zum folgenden Bilanzierungszeitpunkt t = 2 die in diesem Zeitraum angefallenen Teil-Herstellungskosten ΔH_2 in Höhe des Bilanzwerts W_2. Zum Bilanzierungszeitpunkt t = 3 steigen die Herstellungskosten um ΔH_3 auf den Bilanzwert W_3 und erreichen schließlich im Bilanzierungszeitpunkt t = 5 eine Höhe von ΔH_5. Da der langfristige Fertigungsprozess zum Zeitpunkt t = 5 noch nicht abgeschlossen ist, entstehen in der fünften Periode bis zum Beendigungszeitpunkt t = 6 weitere Teil-Herstellungskosten, die in Abbildung 143

---

788 Vgl. im Einzelnen Schubert/Hutzler 2020, Anm. 454–465 zu § 255 HGB.
789 Eine ähnliche Darstellung findet sich bereits bei Paal 1977, S. 11.
790 Vgl. zum Zeitpunkt der Realisation bei langfristiger Auftragsfertigung Kreipl/Müller 2018 Anm. 103 zu § 252 HGB.

mit dem Symbol ΔH_6 gekennzeichnet sind. Zum Zeitpunkt $t = 6$ werden die erstellten Leistungen dem Abnehmer übergeben. Aufgrund der nun erfolgten Realisierung in Gestalt der Abnahme durch den Kunden entsteht mithin eine Forderung F in Höhe des Bilanzwerts W_7, die zum Bilanzierungszeitpunkt $t = 7$ in der Handels- und Steuerbilanz zu aktivieren ist. Die Forderung im Umfang des vereinbarten Netto-Absatzpreises übersteigt die aggregierten Herstellungskosten H, so dass im Realisationszeitpunkt $t = 6$ ein **Wertsprung** (WS) entsteht. Dieser enthält den positiven Erfolgsbeitrag des Fertigungsauftrags (Netto-Umsatzerlös – Selbstkosten) und Teile der Selbstkosten, die nach § 255 Abs. 2 HGB bzw. § 6 Abs. 1 Nr. 1b EStG bei der Berechnung der Herstellungskosten nicht berücksichtigt wurden (z. B. Verwaltungs- und Vertriebskosten).[791] Im Bilanzierungszeitpunkt $t = 7$ werden unter sonst gleichen Bedingungen im handels- und steuerrechtlichen Jahresabschluss die Forderung F gegenüber dem Auftraggeber und der gesamte Erfolg des langfristigen Fertigungsauftrags im Umfang des Wertsprungs (WS) ausgewiesen.

Nach diesem auch als **Completed Contract Methode** (CCM) bezeichneten Verfahren werden Gewinne im Jahresabschluss nur berücksichtigt, wenn sie nach dem Realisationsprinzip vollständig vereinnahmt wurden. Je nach Größenumfang der langfristigen Fertigungsaufträge kann die strenge Einhaltung des Realisationsprizips bewirken, dass der Jahresabschluss nicht den Grundsätzen ordnungsmäßiger Buchhaltung (GoB) nach § 242 Abs. 1 HGB entspricht und bei Kapitalgesellschaften und ihnen gleichgestellte Unternehmen ein den tatsächlichen Verhältnissen entsprechenden Bild vor allem der **Ertragslage** nach § 264 Abs. 2 Satz 1 HGB nicht vermittelt.[792] Die spätere Gewinnrealisierung kann ferner zu erheblichen **Senkungen der Ausschüttungen** in den Produktionsperioden an die Anteilseigner führen, wenn es der Unternehmensleitung nicht gelingt, die Ausschüttungen z. B. mit Hilfe von Entnahmen aus Gewinnrücklagen oder anderen rechnungslegungspolitischen Maßnahmen zu stabilisieren.[793] Darüber hinaus besteht bei derartigen Konstellationen die Möglichkeit, dass im Wirtschaftsjahr der Auftragsabrechnung aufgrund des aggregierten Gewinnausweises eine ggf. überproportional **höhere Ertragsteuerbelastung** als bei einer vorzeitigen Umsatz- und Ergebnisrealisierung in den Fertigungsperioden entsteht, wodurch erhebliche **steuerliche Benachteiligungen** vor allem von Personenunternehmen gegenüber Kapitalgesellschaften auftreten können.

Obwohl schon seit längerer Zeit von Praxis und Wissenschaft immer wieder verlangt wird, zur Lösung der aufgezeigten Probleme kodifizierte GoB für langfristige Fertigungsprozesse zu schaffen, hat diese Forderung unmittelbar **keinen Niederschlag** in der letzten Novellierung des deutschen Bilanzrecht gefunden. Allerdings besteht nach den Regelungen der **IFRS** schon seit längerer Zeit die Möglichkeit einer vorzeitigen

---
[791] Vgl. die Ausführungen im dritten Teil zu Gliederungspunkt 2.5.2.
[792] Allerdings verlangt § 264 Abs. 2 Satz 2 HGB in diesen Fällen zusätzliche Angaben im Anhang. Vgl. Störk/Schellhorn 2020, Anm. 50 zu § 264 HGB.
[793] Vgl. im Einzelnen Freidank 2016, S. 16–25.

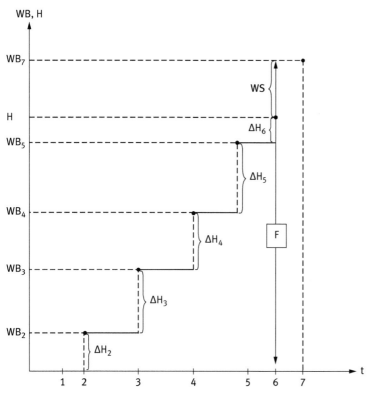

Legende:
F = Forderung
H = aggregierte Herstellungskosten
ΔH_t = Veränderung der Herstellungskosten zum t-ten Zeitpunkt
(mit t = 1: Zeitpunkt der Auftragserteilung;
t = 2, 3, 4, 5, 7: Bilanzierungszeitpunkte;
t = 6: Realisierungszeitpunkt)
WB = bilanzielle Wertansätze
WB_t = bilanzieller Wertansätz zum t-ten Zeitpunkt (mit t = 2, 3, 4, 5, 7)
WS = positiver Wertsprung

Abbildung 143: Bilanzielle Auswirkungen eines langfristigen Fertigungsauftrags bei Einhaltung des Realisationsprizips.

Umsatzrealisierung im Fall langfristiger Auftragsfertigung, die aber vor kurzem neu geregelt wurde.[794] Diese beginnt grundsätzlich immer dann, wenn die Bewertungsobergrenze für den Fertigungsauftrag in Gestalt der Herstellungskosten überschritten wird.

---

794 Vgl. im Einzelnen Brune 2020, § 14, Tz. 150–186.

3.2 Einfluss der Percentage of Completion Methode auf die Kosten- und Erlösrechnung

Die weniger starke Betonung des im deutschen Bilanzrecht dominierenden **Vorsichtsprinzips** in der IFRS-Rechnungslegung korrespondiert mit der grundsätzlichen Nichtanwendung der CCM bei der Bilanzierung langfristiger Fertigungsaufträge, womit stattdessen die **Percentage of Completion Methode** (POCM) zum Einsatz kommt, wenn die Tatbestandsvoraussetzungen von IFRS 15 vorliegen. Dieser Standard regelt seit 2018 sowohl die Erlösrealisation aus kurz- als auch langfristigen Fertigungsaufträgen und hat IAS 11 abgelöst. Insbesondere ist die Umsatzrealisation gemäß IFRS 15.35 bis 15.37 an die **zeitraumbezogene Übertragung der Verfügungsgewalt** über den langfristigen Fertigungsauftrag an den Kunden geknüpft. Sofern ein derartiger **Kontrollübergang** (Control Approach) auf den Kunden nach einem der folgenden, in IFRS 15.35 genannten Kriterien vorliegt, kann eine vorzeitige Erlösrealisierung nach Maßgabe des **Leistungsfortschritts** erfolgen:[795]

(1) Der Kunde erhält und verbraucht den Nutzen aus dem Fertigungsauftrag **gleichzeitig** mit der Leistungserbringung durch das Produktionsunternehmen (z. B. bei Dienstleistungen im Rahmen eines Service- oder Wartungsvertrags).[796]

(2) Die Leistung des Produktionsunternehmens schafft oder verbessert einen Vermögenswert, der während der Leistungserbringung durch den Kunden **kontrolliert** wird (z. B. Bau einer Anlage auf dem Grundstück des Kunden, wobei der Kunde die Verfügungsgewalt über den Vermögenswert durch die Kontrolle des gesamten Fertigungsprozesses erlangt).

(3) Die Leistung des Produktionsunternehmens führt zu einem Vermögenswert, der aber infolge **vertraglicher oder praktischer Beschränkungen** nicht durch das Unternehmen alternativ genutzt werden kann und das Unternehmen ein **durchsetzbares Recht auf Zahlung** der bereits erbrachten Leistung besitzt [z. B. Erstellung eines Containerschiffs durch eine Werft, das nach den individuellen Plänen einer Reederei gefertigt werden soll und laut Vertrag die Zahlung des Kaufpreises in Gestalt einer Anzahlung sowie in Abhängigkeit vom Projektfortschritt (Kosten und angemessene Gewinnmarge) vorgesehen ist].

Falls ein Kontrollübergang auf den Kunden nach den genannten Kriterien **nicht** identifiziert werden kann, kommt nur eine **zeitpunktbezogene Übertragung der Verfügungsgewalt** nach IFRS 15.31 und 15.38 in Betracht, die dann eine Umsatz- und Ergebnisrealisierung erst bei Erfüllung durch Übertragung der Verfügungsgewalt über einen zugesagten Vermögenswert auf den Kunden zulässt. In diesem Fall

---

[795] Vgl. Schurbohm-Ebneth/Ohmen 2015, S. 9–10.
[796] Hieraus folgt, dass auch bei langfristigen Dienstleistungsverträgen mit unfertigem Leistungsstand (z. B. in Branchen wie Softwareentwicklung, Werbung, Beratung und Wirtschaftsprüfung) eine zeitraumbezogene Umsatz- und Erlösrealisierung nach dem Leistungsfortschritt in Betracht kommen kann.

erfolgt die Gewinnrealisierung nach Maßgabe der vorstehend dargestellten CCM. Allerdings lassen sich durch **zielgerichtete Gestaltungen** der den langfristigen Fertigungsaufträgen zugrunde liegenden Verträge im Sinne der Anforderungen von IFRS 15.35 die Voraussetzungen für eine Teilgewinnrealisierung im internationalen Jahresabschluss schaffen.[797]

Die entsprechenden Regelungen zur Bestimmung des Leistungsfortschritts bei einem **zeitraumbezogenen Übergangs** der Verfügungsgewalt auf den Kunden finden sich in IFRS 15.39 bis 15.45 IFRS. Sofern das Unternehmen nicht in der Lage ist, das Ergebnis der Leistungsverpflichtung nach einer **geeigneten Fortschrittmessungsmethode** zu bewerten, kann der Erlös nur im Umfang der Kosten erfasst werden, „die bis zu dem Zeitpunkt angefallen sind, zu dem es das Ergebnis der Leistungsverpflichtung angemessen bewerten kann"[798]. In diesem Fall ist eine begrenzte Erlösrealisation bis zur Höhe der bisher **angefallenen Auftragskosten** vorzunehmen. Es handelt sich somit um eine verkürzte bzw. modifizierte POCM, die zu einem periodenbezogenen Gewinnausweises von null führt (**Zero Profit Margin**).

Die POCM beinhaltet eine **Teilgewinnrealisierung** nach Maßgabe des ermittelten Fertigstellungsgrads am Bilanzstichtag. Die Erlöse und Kosten eines Auftrags sind damit dem Leistungsfortschritt (**Stage of Completion**) entsprechend jeweils als Erträge und Aufwendungen zu erfassen, wobei im Fall eines **erwarteten Verlusts** aus dem langfristigen Fertigungsauftrag die POCM nicht zum Einsatz kommen darf. Stattdessen ist eine aufwandswirksame **Verlustantizipation** in voller Höhe nach Maßgabe von IAS 2.28 vorzunehmen. Der Rückgriff auf die POCM bewirkt im Rahmen der IFRS-Rechnungslegung durch die anteilige Gewinnrealisation entsprechend des Fertigstellungsgrads zum Abschlussstichtag im Gegensatz zur handels- und steuerrechtlichen CCM i.d.R. ein **glättendes Periodenergebnis**. Ferner führt der vorgezogene Umsatzausweis bei Annahme eines gewinnbringenden Auftrags zu einem kurzfristigen Anstieg der Periodenergebnisse in den Produktionsperioden. Über die gesamte Planungsperiode des Fertigungsauftrags müssen die Totalerfolge bei Anwendung der CCM und der POCM jedoch übereinstimmen.

Im Rahmen der langfristigen Auftragsfertigung bestehen nach den IFRS jedoch auch **Ermessensspielräume** bezüglich der Bestimmung des Fertigstellungsgrads am Bilanzstichtag bzw. hinsichtlich der Gewinnprognose (IFRS 15.41 IFRS). Die **inputorientierten** Verfahren ermitteln den Projektfortschritt indirekt nach dem tatsächlichen Ressourceneinsatz (Input). Dabei wird auf eine lineare Beziehung zwischen Einsatzmenge und Ergebnis abgestellt. Die in der Unternehmenspraxis vielfach eingesetzte Cost to Cost-Methode ermittelt den Fertigstellungsgrad als Ver-

---

[797] Vgl. Schurbohm-Ebneth/Ohmen 2015, S. 9.
[798] IFRS 15.45 Satz 2.

hältnis der tatsächlich angefallenen Kosten zu den geschätzten Gesamtkosten des Auftrags. Dabei wird der Faktoreinsatz in Geldeinheiten bewertet.

> **Beispiel 122:**
> Das Fertigungsunternehmen XY-AG schließt am 30.03. des Geschäftsjahrs t = 1 mit einem Kunden einen Exklusivvertrag über den Bau eines Überschallflugzeugs ab. Das Flugzeug soll vertragsgemäß zum 1.1. des Geschäftsjahrs t = 3 fertig gestellt und an den Auftraggeber ausgeliefert werden. Am Bewertungsstichtag (31.12. t = 1) sind insgesamt Kosten von 1 Mill. € angefallen. Die geplanten Auftragskosten des gesamten Fertigungsprojekts betragen 8 Mill €. Nach der Cost to Cost Methode errechnet sich der Fertigstellungsgrad zum 31.12. des Geschäftsjahrs t = 1 wie folgt:
>
> $$\frac{\text{gemessene Istkosten zum 31.12. t}=1 \cdot 100}{\text{geplante Gesamtkosten des Auftrags}} = \frac{1 \text{ Mill.} \cdot 100}{8 \text{ Mill.}} = 12,5\%.$$

Neben der Cost to Cost-Methode kommt die sog. **Effort Expended-Methode** als inputorientiertes Verfahren in Betracht, die das Verhältnis der bisher eingesetzten Leistung zur geschätzten Gesamtleistung vornimmt. Im Vergleich zur Cost to Cost-Methode wird in diesem Fall der Leistungsfortschritt in Mengeneinheiten (z. B. in Arbeitsstunden) statt in Geldeinheiten zum Ausdruck gebracht.

> **Beispiel 123:**
> Das durch die XY-AG herzustellende Flugzeug (Beispiel 122) erfordert einen geplanten Einsatz von 40 Arbeitern, die jeweils 2.500 Stunden an dem Auftragsprojekt arbeiten. Die zum 31.12. des Geschäftsjahrs t = 1 gemessene Ist-Arbeitsleistung wird mit 15.000 Stunden angegeben. Nach der Effort Expended Methode errechnet sich der Fertigstellungsgrad zum 31.12. des Geschäftsjahrs t = 1 wie folgt:
>
> $$\frac{\text{gemessene Ist} - \text{Arbeitsleistung zum 31.12. t}=1 \cdot 100}{\text{geplante Gesamtarbeitsleistung des Auftrags}} = \frac{15.000 \text{ Stdn.} \cdot 100}{100.000 \text{ Stdn.}} = 15\%.$$

Aus den dargelegten Beispielen wird ersichtlich, dass je nach Auswahl des Verfahrens ein **unterschiedlicher Fertigstellungsgrad** ermittelt werden kann und dies erhebliche Auswirkungen auf die vorzunehmende Teilgewinnrealisierung hat. Dieses implizite **Methodenwahlrecht** stellt ein wesentliches rechnungslegungspolitisches Instrumentarium der Unternehmensleitung dar, das übergeordneten Zielen (z. B. der Stärkung des Vertrauens der Anteilseigner i. S. e. Investor Relations-Strategie) dient. Damit die Anwendung der POCM zu einer erhöhten Entscheidungsnützlichkeit beitragen kann, werden bestimmte Anforderungen an das **interne Rechnungswesen** und das mitlaufende **Projekt-Controlling** gestellt, die nachfolgend anhand eines Beispiels verdeutlicht werden.

> **Beispiel 124:**
> Eine Werft hat den Auftrag zur Herstellung und Lieferung eines Schiffs übernommen, dessen Produktion vier Rechnungsperioden in Anspruch nehmen wird. Der Kunde ist eine Reederei, die sich über den gesamten Produktionszeitraum ein laufendes Kontrollrecht bezüglich des Fertigungsfort-

schritts vertraglich gesichert hat. Der gesamte vereinbarte Netto-Verkaufserlös mit der abnehmenden Reederei, der laut Vertrag nach Maßgabe des Fertigungsfortschritts gezahlt werden soll, beträgt für den Auftrag 2.310.000 €. Die Werft hat ihr Projekt-Controlling so organisiert, das am Ende der Perioden t = 1 bis t = 4 die voraussichtlichen bzw. angefallenen Teil-Selbstkosten des Auftrags kalkulieren werden können, die auf Sollkostenbasis insgesamt 2.000.000 € betragen. Hieraus resultiert ein planmäßiger Gewinn für den gesamten Auftrag in Höhe von 310.000 € (2.310.000 € – 2.000.000 €). Abbildung 144 verdeutlicht in verkürzter Form die Anwendung der POCM, wobei der Fertigstellungsgrad in den Produktionsperioden nach folgender Formel ermittelt wurde:

$$\frac{\text{Ist} - \text{Selbstkosten der Periode} \cdot 100}{\text{gesamte Soll} - \text{Selbstkosten des Auftrags}}$$

Im Ergebnis sind die Voraussetzungen für die Vornahme einer **leistungsfortschrittbezogenen Erlösrealisierung** des Auftrags im IFRS-Jahresabschluss der Werft nach IFRS 15 gegeben, wobei sich grundsätzlich zwei Möglichkeiten anbieten. Bei der dargestellten ersten Möglichkeit (Abbildung 144) werden sowohl Über- als auch Unterdeckungen zwischen Ist- und Sollkosten in die anteiligen Erfolgsbeiträge bzw. Erträge der einzelnen Rechnungsperioden einbezogen.[799] Aus diesem Grund

	Kalkulationsgrößen	t = 1	t = 2	t = 3	t = 4	t = 4	Summe
	Soll-Selbstkosten (laut Vorkalkulation)	300	600	400	700	–	2.000
	- Ist-Selbstkosten (laut Nachkalkulation)	250	640	410	670	–	1.970
	= Kostenabweichung (+ = Überdeckung – = Unterdeckung)	+50	–40	–10	+30	–	+30
	Fertigstellungsgrad	12,5%[a]	32%	20,5%	33,5%	–	98,5%
1. Möglichkeit	anteiliger Erfolgsbeitrag	88,75[b]	59,2[c]	53,55	133,85	4,65[d]	340[e]
	anteiliger Ertrag (Forderung)	338,75	699,2	463,55	803,85	4,65	2.310
2. Möglichkeit	anteiliger Erfolgsbeitrag	38,75[f]	59,2[g]	53,55	103,85	84,65[h]	340
	anteiliger Ertrag (Forderung)	288,75[i]	699,2	463,55	773,85	84,65	2.310

[a] 12,5% = 250 : 2.000 · 100.
[b] 88,75 = 0,125 · 310 + 50.
[c] 59,2 = 0,32 · 310 – 40.
[d] 4,65 = (1 – 0,985) · 310.
[e] 340,00 = 2.310 – 1.970.
[f] 38,75 = 0,125 · 310.
[g] 59,2 = 0,32 · 310 – 40.
[h] 84,65 = 50 + 30 + (1 – 0,985) · 310.
[i] 288,75 = 0,125 · 2.310.

Abbildung 144: Ermittlung der Erfolgsbeiträge auf der Basis des Fertigstellungsgrads.[800]

---

799 Die anteiligen Erträge (Forderungen) der einzelnen Perioden ergeben sich jeweils aus der Addition von Ist-Selbstkosten laut Zwischenkalkulation und den entsprechenden Erfolgsbeiträgen.
800 Bis auf den Fertigstellungsgrad beziehen sich alle Werte auf Beträge in T€.

ist im Abrechnungszeitpunkt des gesamten Auftrags, am Ende der Periode t = 4, nur eine Korrektur der vorzeitig realisierten Beträge im Hinblick auf den **Schätzfehler** der Fertigstellungsgrade der Produktionsperioden in Höhe von 4,65 T€ erforderlich.[801]

Bei der zweiten Möglichkeit wird aus **Vorsichtsgründen** in den Überdeckungsfällen lediglich der anteilige Plan-Erfolgsbeitrag des Auftrags, ohne Berücksichtigung der niedrigeren Ist-Selbstkosten, ausgewiesen. Beim Vorliegen von Unterdeckungen werden die negativen Abweichungen wiederum von den planmäßigen Erfolgsbeiträgen abgezogen, wodurch im Ergebnis jeweils nur der Plan-Ertrag als Forderung in den Herstellungszeiträumen t = 2 und t = 3 zum Ausweis kommt. Da bei der 2. Alternative lediglich eine Verrechnung der Unterdeckungen in den Produktionsperioden erfolgt, enthält der im Abrechnungszeitpunkt des gesamten Auftrags zu korrigierende Wert von 84,65 T€ neben den entsprechenden Schätzfehlern in Bezug auf den Fertigstellungsgrad (4,65 T€) auch die bisher noch nicht berücksichtigten Überdeckungen der Perioden t = 1 und t = 4 von insgesamt 80 T€.

Beide Methoden dürften für die Rechnungslegung des langfristigen Fertigungsauftrags in den internationalen Jahresabschlüssen nach Maßgabe der IFRS zulässig sein. Abbildung 145 zeigt die Buchungen im Rechnungswesen der Werft nach der ersten Möglichkeit, die den gesamten Zeitraum des Leistungserstellungsprozesses des Schiffs betreffen (AB = Anfangsbestand; EB = Endbestand; GuV = Gewinn- und Verlust; SBK = Schlussbilanzkonto; SK = Selbstkosten). Da die Reederei ihre vertragliche Zahlungsverpflichtung nach Maßgabe des Fertigstellungsgrads erfüllt, hat die Werft den Anspruch auf die Gegenleistung als **Forderung** gemäß IFRS 15.105 auszuweisen.

3.3 Zusammenfassung

Die Komplexität der langfristigen Auftragsfertigung stellt aus zwei Gründen erhöhte Anforderungen an die Kosten- und Erlösrechnung der produzierenden Unternehmungen. Zunächst verlangt die **risikoorientierte Steuerung** der mit den Aufträgen verbundenen Erfolgs- und Finanzierungsrisiken ein **periodenübergreifendes Projekt-Controlling** auf der Grundlage von **Ist- und Sollgrößen.** Darüber hinaus wirken die Normen der internationalen Rechnungslegung in Gestalt von IFRS 15 auf das innerbetriebliche Rechnungswesen ein, so dass die mehrperiodige Ausrichtung der (Plan-)Kosten- und Erlösrechnung unter Berücksichtigung des **Leistungsfortschritts** der Fertigungsaufträge erst eine **zeitraumbezogene Erlösrealisierung** in den Jahresabschlüssen der betreffenden Unternehmen ermöglicht. Dies wird unter Anwendung der Percentage of Completion Methode auch künftig zulässig sein,

---

801 Ist-Erfolg = 2.310 T€ − 1.970 T€ = 340 T€; 88,75 T€ + 59,2 T€ + 53,55 T€ + 133,85 T€ = 335,35 T€; 340 T€ − 335,35 T€ = 4,65 T€ (Schätzfehler).

t = 1

S	GuV-Konto		H		S	Forderungen aus Lieferungen und Leistungen		H
SK	250,00	(1)	338,75		AB		…	EB (SBK)
Erfolg	88,75[a]				(1)	338,75		

t = 2

S	GuV-Konto		H		S	Forderungen aus Lieferungen und Leistungen		H
SK	640,00	(1)	699,20		AB		…	EB (SBK)
Erfolg	59,20				(1)	699,20		

t = 3

S	GuV-Konto		H		S	Forderungen aus Lieferungen und Leistungen		H
SK	410,00	(1)	463,55		AB		…	EB (SBK)
Erfolg	53,55				(1)	463,55		

t = 4

S	GuV-Konto		H		S	Forderungen aus Lieferungen und Leistungen		H
SK	670,00	(1)	803,85		AB		…	EB (SBK)
Erfolg	138,50	(2)	4,65[b]		(1)	803,85		
					(2)	4,65		

[a] $0{,}125 \cdot 310 + 50 = 88{,}75$.
[b] $4{,}65 = (1-0{,}985) \cdot 310$ (Schätzfehler).

Abbildung 145: Verbuchungen nach der ersten Möglichkeit.[802]

wenn vor allem für das Produktionsunternehmen nach IFRS 13.35 (c) **keine alternativen Nutzungsalternativen** des Vermögenswerts vorliegen und ein **einklagbarer Vergütungsanspruch** für die bereits erbrachten Leistungen besteht. Zudem kann durch bestimmte Gestaltungen im Rahmen der **Erlösgewinnrealisierung,** welche die der Auftragsfertigung zugrunde liegenden Verträge, Methoden zur Messung des Leistungsfortschritts und die Struktur der Kosten- und Erlösrechnung betreffen, **rechnungslegungspolitischer Einfluss** auf den Ergebnisausweis im internationalen Jahresabschluss genommen werden.

---

802 Alle Beträge in T€.

4 Prüfung der Kostenrechnung

Die Unternehmensleitung benötigt aus den Systemen der Kostenrechnung strukturierte Informationen zur **Planung, Kontrolle, Steuerung** und **Rechnungslegung** der Unternehmung, die Teile des Betrieblichen Rechnungswesens sind.[803] Zur Vermeidung von **Fehlentscheidungen** der Führungsinstanzen auf der Grundlage des Datenmaterials der Kostenrechnung bedarf es in regelmäßigen Zeitabständen ihrer Prüfung.[804] Diese fällt grundsätzlich in den Aufgabenbereich der **Internen Revision** (IR), die im Auftrag des Leitungsorgans Überwachungen und Beratungen auf allen Unternehmensebenen durchführt.

Im Hinblick auf das **Financial Auditing**[805] zielt die IR auf die Prüfung der **Ordnungsmäßigkeit** der Kostenrechnung ab, wobei insbesondere die fünf folgenden Einzelkriterien im Zentrum des Interesses stehen:

(1) Prüfung der **Vollständigkeit**, ob sämtliche relevanten Daten erfasst werden;
(2) Prüfung der **Richtigkeit**, ob die erfassten Daten grundsätzlich fehlerfrei sind;
(3) Prüfung der **Transparenz**, ob die Daten den Entscheidungsträgern übersichtlich präsentiert werden;
(4) Prüfung der **Zuverlässigkeit,** ob die gesammelten und präsentierten Daten Relevanz für die zu fällenden Entscheidungen besitzen.

Das aus Sicht des **Operational Auditing** mit den einzelnen Prüfungshandlungen verfolgte Ziel besteht primär in einer Verbesserung des kostenrechnerischen Organisations-, Planungs-, Kontroll- und Steuerungssystems. Im Vordergrund steht deshalb die Prüfung der **Zweckmäßig- und Wirtschaftlichkeit** der Aufbau- und Ablauforganisation von installierten Kostenrechnungssystemen, wobei nicht auf Einzelfallprüfungen sondern auf die Methode der **Systemprüfung**[806] zurückgegriffen wird. Im Rahmen eines ersten Schritts, der auch als **Reliance-Test** bezeichnet wird, wird untersucht, ob die installierten kostenrechnerischen Prozesse so angelegt sind, dass sie bei einem regelmäßigen Verfahren ein zweckmäßiges und wirtschaftliches System ergeben. In einem zweiten Schritt, der auch mit dem Begriff **Compliance-Test** belegt wird, muss der Prüfer sodann feststellen, ob die installierten kostenrechnerischen Regelungen beachtet wurden und ob sich dementsprechend das System erwartungsgemäß als praktisch funktionsfähig erweist.

Das Prüfobjekt des **Management Auditing**, das auf eine Beurteilung kostenrechnerischer Entscheidungen durch die IR abstellt und sowohl **vergangenheits-**

---

803 Vgl. die Ausführungen im dritten Teil zu Gliederungspunkt 1.
804 Vgl. Freidank 2019a, S. 523–529 und Meier 1959.
805 Vgl. zu den Entwicklungsstufen der Internen Revision Freidank 2012, S. 209–210 m. w. N.
806 Vgl. Freidank 2012, S. 277–290 m. w. N.

orientierte Ursachenforschung** als auch **zukunftsorientierte Schwachstellenforschung** mit den Schwerpunkten Unternehmenswachstum, Zukunftschancen, Risikofaktoren und Frühwarnsysteme umfasst, bildet im Kern die **Tätigkeit** und damit verbunden die **Leistung der Unternehmensführung.** Da diese Managementprüfung wiederum eine **Systemprüfung** voraussetzt, kann das Management Auditing auch als das durch die Leistungsbewertung der Führungsinstanzen ergänztes Operational Auditing verstanden werden.

Unter Berücksichtigung der drei Entwicklungsstufen der IR setzt sich eine systematische Prüfung der Kostenrechnung aus **drei Teilschritten** zusammen. In einem ersten Schritt erfolgt eine isolierte Prüfung der Kostenarten-, Kostenstellen- und Kostenträgerrechnung. Im Vordergrund steht dabei die **Prüfung der Ordnungsmäßigkeit**, jedoch wird auch die Zweckmäßigkeit und Wirtschaftlichkeit mit in die Prüfung einbezogen. Insbesondere hat die IR ihre Prüfung auf die **Kosten- und Erlöserfassung** und die **Kosten- und Erlöszurechnung** auszurichten. Im zweiten Schritt erfolgt die Prüfung des Kostenrechnungssystems als Ganzes, wobei die Frage im Mittelpunkt steht, ob seine Ausgestaltung in Bezug auf die verfolgten Ziele (z. B. genaue Gemeinkostenverrechnung) sinnvoll und wirtschaftlich erscheint. In einem dritten Schritt wird die Beurteilung kostenrechnerischer Entscheidungen vorgenommen, die durch das Management getroffen wurden (z. B. ob mit dem Wechsel zu einer Deckungsbeitragsrechnung die Steigerung des Betriebsergebnisses verbunden war oder ob durch die explizite Ermittlung, Analyse und Beseitigung von Kostenrisiken im Produktionsbereich die Selbstkosten bestimmter Erzeugnisse gesenkt werden konnten).

Wie bereits gezeigt wurde, bilden die **Betriebsabrechnung** und die **Kostenträgerrechnung** die Grundlage für die Bewertung fertiger und unfertiger Erzeugnisse, Waren sowie aktivierbarer innerbetrieblicher Leistungen im handels-, steuerrechtlichen und internationalen Jahresabschluss (§ 253 Abs. 1 Satz 1 i. V. m. § 255 Abs. 2, Abs. 2a und Abs. 3 HGB; § 6 Abs. 1 Nr. 1 Satz 1, Nr. 1b, Nr. 2 Satz 1 EStG; IAS 2.10 bis 2.22, IAS 16.6 bis 16.28).[807] Die Verbindung von Herstellungskosten oder **zeitraumbezogenen Erlösrealisierungen**, die für die Finanzbuchhaltung maßgeblich sind, mit den Herstell-, Selbstkosten und Erlösen der Kostenrechnung besitzt deshalb vor allem für den **Abschlussprüfer** (§ 316 f. HGB), das **Enforcement** (§ 342b HGB; § 108 Abs. 1 WpHG), den **steuerlichen Betriebsprüfer** (§ 193 f. AO) und den **Aufsichtsrat** (§ 171 AktG) zentrale Bedeutung. Sie haben den Jahresabschluss der Unternehmung mit seinen Inhalten und Gestaltungen im Rahmen einer **Gesetz-, Ordnungs- und Satzungsmäßigkeitsprüfung** auf seine Übereinstimmung mit den handels-, steuerrechtlichen und internationalen Normen zu prüfen.[808] Hieraus ergeben sich nicht nur Informationen für die Untersuchung der Zulässigkeit bilanzieller Wertansätze bei

---

[807] Vgl. die Ausführungen im dritten Teil zu Gliederungspunkt 2.5.2 und im sechsten Teil zu Gliederungspunkt 2.3. und 3.
[808] Vgl. Freidank 2019a, S. 491–701.

Vorratsbeständen und selbsterstellten Anlagegütern, sondern auch für die Überprüfung von Posten der Gewinn- und Verlustrechnung (z. B. 275 Abs. 2 Nr. 1 bis Nr. 7 oder § 275 Abs. 3 Nr. 1 bis Nr. 5 HGB). Die von den genannten Überwachungsorganen in diesem Zusammenhang eingesetzten Prüfungsmethoden entsprechen weitgehend den von der IR für die in Rede stehenden Prüfungsziele der Kostenrechnung verwendeten Verfahren.

Beispiel 125:
Die ABC-OHG stellt in ständig wachsendem Umfang Spezialmaschinen her. Das Unternehmen besitzt eine Kostenrechnung. Mit der Normalkostenrechnung werden die Kosten ermittelt und über die Preise auf die Kunden überwälzt. Hierbei bedient sich die ABC-OHG der Zuschlagskalkulation.[809] Die Einzelkosten werden den Kostenträgern direkt, die Gemeinkosten indirekt über den Betriebsabrechnungsbogen (BAB) zugerechnet. Der BAB für das Geschäftsjahre 01 befindet sich in Abbildung 146.

Gemein-kostenarten	Gesamte Gemein-kosten	Allgemeine Hilfskosten-stelle	Material-kostenstelle	Fertigungskostenstellen			Verwaltungs-kostenstelle	Vertriebs-kostenstelle
				Hilfskos-tenstelle	Hauptkos-tenstelle I	Hauptkos-tenstelle II		
Aushilfs-löhne	30.000 €	1.000 €	5.000 €	4.000 €	3.000 €	10.000 €	5.000 €	2.000 €
Kalkulato-rischer Unterneh-merlohn	400.000 €	50.000 €	100.000 €	–	–	–	200.000 €	50.000 €
Kalkulato-rische Miete	50.000 €	10.000 €	10.000 €	10.000 €	10.000 €	10.000 €	–	–
Sonstige Gemein-kosten	1.490.000 €	40.000 €	200.000 €	50.000 €	300.000 €	400.000 €	200.000 €	300.000 €
Summe	1.970.000 €	101.000 €	315.000 €	64.000 €	313.000 €	420.000 €	405.000 €	352.000 €

Abbildung 146: BAB auf der Grundlage von Istkosten.

Bezugsbasen für die Kalkulation (Ist-Einzelkosten):
    Fertigungsmaterial 100.000 € (Materialkostenstelle)
    Fertigungslöhne I 1.000.000 € (Hauptkostenstelle I)
    Fertigungslöhne II 500.000 € (Hauptkostenstelle II)

---

809 Vgl. die Ausführungen im dritten Teil zu Gliederungspunkt 2.4.2.2.

Am 31.12.01 ermittelte die ABC-OHG durch körperliche Inventur die folgenden Bestände:
(1) **Spezialmaschine XX**
   fertige Maschinen 30 Stück
   unfertige Maschinen 20 Stück (Fertigstellungsgrad 40%)
(2) **Spezialmaschine YY**
   fertige Maschinen 80 Stück
   unfertige Maschinen 50 Stück (Fertigstellungsgrad 80%).
   Außerdem ermittelt die ABC-OHG die folgenden Ist-Einzelkosten im Hinblick auf die Endbestände:
(3) **Spezialmaschine XX** (fertige Maschinen)
   Fertigungsmaterial 200 € je Stück
   Fertigungslohn I 100 € je Stück
   Fertigungslohn II 500 € je Stück
(4) **Spezialmaschine YY** (fertige Maschinen)
   Fertigungsmaterial 1.000 € je Stück
   Fertigungslohn I 300 € je Stück
   Fertigungslohn II 600 € je Stück.
   Für die Ermittlung der Herstellungskosten zur Bewertung der auf Lager befindlichen Spezialmaschinen im handelsrechtlichen Jahresabschluss nach § 255 Abs. 2 HGB sind laut den Prüfungsergebnissen der IR noch ergänzend die folgenden Angaben zu berücksichtigen.
(5) Die Verteilung der Gemeinkostenart „Aushilfslöhne" ist versehentlich nach dem Verursachungsschlüssel 1 : 5 : 4 : 3 : 10 : 5 : 2 erfolgt. Der richtige Schlüssel lautet: 1 : 5 : 4 : 5 : 5 : 0 : 0.
(6) Die Allgemeine Kostenstelle gibt ausschließlich Leistungen an die Hauptkostenstellen mit gleichmäßigen Anteilen (je 1/5) ab.
(7) Die Fertigungshilfsstelle gibt ausschließlich Leistungen an die Fertigungshauptstellen I und II mit Anteilen von 1/3 bzw. 2/3 ab.
(8) Die Normalzuschlagssätze lauteten im Geschäftsjahr 01 wie folgt:
   Fertigungsstelle I 35%
   Fertigungsstelle II 80%
   Materialstelle 300%
   Verwaltungsstelle 15%
   Vertriebsstelle 15%.

Die Unternehmensleitung beauftragt die IR weiterhin, nach Maßgabe ihrer Prüfungsergebnisse einen **korrigierten BAB** für die Ableitung der handelsrechtlich zulässigen Gemeinkostenzuschläge zu erstellen und mithilfe der Zuschlagskalkulation die mindestens anzusetzenden **Herstellungskosten** nach § 255 Abs. 2 HGB zur Bewertung der Spezialmaschinen für den handelsrechtlichen Jahresabschluss der ABC-OHG für das

Geschäftsjahr 01 zu ermitteln.[810] Dabei dürfen kalkulatorische Kosten und Normalkostenzuschläge keine Berücksichtigung finden. Der korrigierte BAB und die Kalkulation der Untergrenzen der Herstellungskosten zur Bewertung der Spezialmaschinen befinden sich in Abbildung 147 bzw. Abbildung 148.

---

[810] Vgl. die Ausführungen im dritten Teil zu Gliederungspunkt 2.5.2. Für die Verwaltungskosten besteht nach § 255 Abs. 2 Satz 3 HGB grundsätzlich ein Ansatzwahlrecht.

Gemeinkosten-arten	Gesamte Gemeinkosten	Allgemeine Hilfskostenstelle	Materialkostenstelle	Hilfskostenstelle	Fertigungskostenstellen		Verwaltungskostenstelle	Vertriebskostenstelle
					Hauptkostenstelle I	Hauptkostenstelle II		
Summe	1.970.000 €	101.000 €	315.000 €	64.000 €	313.000 €	420.000 €	405.000 €	352.000 €
− Aushilfslöhne	30.000 €	1.000 €	5.000 €	4.000 €	3.000 €	10.000 €	5.000 €	2.000 €
+ Aushilfslöhne	30.000 €	1.500 € [a]	7.500 €	6.000 €	7.500 €	7.500 €	–	–
− kalk. Kosten	450.000 €	60.000 €	110.000 €	10.000 €	10.000 €	10.000 €	200.000 €	50.000 €
Berichtigte primäre Gemeinkosten	1.520.000 €	41.500 €	207.500 €	56.000 €	307.500 €	407.500 €	200.000 €	300.000 €
Berichtigte sekundäre Gemeinkosten	1.520.000 €	−41.500 €	8.300 € [b]	−56.000 €	8.300 € [c] 18.667 €	8.300 € 37.333 €	8.300 € –	8.300 € –
Zuschlagssätze in%	–	–	215.800 € : 100.000 € · 100 ≈ 215%	–	334.467 € : 1.000.000 € · 100 ≈ 33%	453.133 € : 500.000 € · 100 ≈ 90%	208.300 € : 2.603.400 € [d] · 100 ≈ 8%	308.300 € : 2.603.400 € · 100 ≈ 11%

[a] 30.000 € : 20 = 1.500 €.
[b] 41.500 € : 5 = 8.300 €.
[c] 56.000 € : 3 = 18.667 €.
[d] 2.603.400 € = 100.000 € + 1.000.000 € + 500.000 € + 215.800 € + 334.467 € + 453.133 €.

Abbildung 147: Korrigierter BAB auf der Grundlage von Istkosten.

Kostenkategorien/	Spezialmaschine XX		Spezialmaschine YY	
Lagerbestände	Fertige Erzeugnisse	Unfertige Erzeugnisse	Fertige Erzeugnisse	Unfertige Erzeugnisse
Fertigungsmaterial	200,00 €	80,00 €[a]	1.000,00 €	800,00 €[b]
+ Materialgemeinkosten (215%)	430,00 €	172,00 €	2.150,00 €	1.720,00 €
+ Fertigungslohn I	100,00 €	40,00 €	300,00 €	240,00 €
+ Fertigungsgemeinkosten I (33%)	33,00 €	13,20 €	99,00 €	79,20 €
+ Fertigungslohn II	500,00 €	200,00 €	600,00 €	480,00 €
+ Fertigungsgemeinkosten II (90%)	450,00 €	180,00 €	540,00 €	432,00 €
= Untergrenze handelsrechtliche Stück-Herstellungskosten	1.713,00 €	685,20 €	4.689,00 €	3.751,20 €
Lagerbestände laut Inventur	30 Stück	20 Stück	80 Stück	50 Stück
Untergrenze handelsrechtliche Herstellungskosten	51.390,00 €	13.704,00 €	375.120,00 €	187.560,00 €

[a] 80,00 € = 0,4 · 200,00 €.
[b] 800,00 € = 0,8 · 1.000,00 €.

Abbildung 148: Ermittlung der handelsrechtlichen Herstellungskosten nach § 255 Abs. 2 HGB.

5 Auswirkungen von Corporate Governance-Regelungen und nachhaltigkeitsorientierten Normen auf das Controlling

5.1 Grundlegendes

Neben den vorgenannten Prüfungsaspekten nehmen auch weitere Corporate Governance- und nachhaltigkeitsorientierte Normen Einfluss auf das Controlling und damit auf die Kosten- und Leistungsrechnung als zentralem Baustein des Controllings.[811] Die **Corporate Governance** beinhaltet sämtliche organisatorischen und inhaltlichen Ausgestaltungen der Führung und Überwachung von Unternehmen. Dabei werden Reformansätze vorrangig aus rechtlicher Sicht diskutiert und in verbindliche Regelungen transformiert. Diese sollen bewirken, dass vor allem kapitalmarktorientierte Unternehmen effizienter geführt und wirkungsvoller überwacht werden können. Im **dualistischen System** zielt die Corporate Governance bei der Aktiengesellschaft primär auf die Rechte und Pflichten der **Gesellschaftsorgane** sowie des **Abschlussprüfers** ab. Der Vorstand, der **Aufsichtsrat** und die **Hauptversammlung** sind für die zielgerichtete Führung und Überwachung verantwortlich. In jüngerer Zeit wirken sich zunehmend Reformeinflüsse zur Verbesserung der Corporate Governance auf das Controlling aus.[812] Auslöser hierfür waren zum Teil spektakuläre nationale und internationale **Unternehmenskrisen und -skandale** sowie Weiterentwicklungen im Bereich der Unternehmenssteuerung. Die primär juristisch geprägte Corporate Governance-Diskussion ignoriert zwar den Begriff des Controllings, dennoch werden controllingspezifische Aspekte zunehmend in gesetzlichen Novellierungen von Führungs- und Überwachungsgrundsätzen berücksichtigt.

Neben den genannten Corporate Governance-Reformeinflüssen hat das **Nachhaltigkeitspostulat** sukzessiven Eingang in die Unternehmenssteuerung genommen.[813] Ursächlich hierfür sind vor allem gesellschaftliche Erwartungen an eine nachhaltige Entwicklung, „die den Bedürfnissen der heutigen Generation entspricht, ohne die Möglichkeiten künftiger Generationen zu gefährden, ihre eigenen Bedürfnisse zu befriedigen und ihren Lebensstil zu wählen"[814]. Zunehmend sind in diesem Kontext nachhaltigkeitsorientierte Normen festzustellen. Dies wird aktuell insbesondere durch Entwicklungen im Bereich der Unternehmensbericht-

---

[811] Die Ausführungen dieses Abschnitts basieren auf Freidank/Sassen 2016, S. 741–756.
[812] Vgl. Freidank 2006, S. 173–199; Freidank/Paetzmann 2004a, S. 1–24; Freidank/Paetzmann 2004b, S. 893–919; Freidank/Sassen 2010, S. 263–280; Freidank/Sassen 2012, S. 161–189; Sassen 2012, S. 323–329; Wulf/Schäfer 2010, S. 261–267.
[813] Vgl. Sassen/Hinze/Hardeck 2016, S. 867–904.
[814] Weltkommission für Umwelt und Entwicklung 1987, S. 43.

erstattung forciert (z. B. Reporting über **nichtfinanzielle Leistungsindikatoren** im handelsrechtlichen Lagebericht, Nachhaltigkeitsberichterstattung, Integrated Reporting etc.). Darüber hinaus sind nachhaltigkeitsorientiere Normierungen auch in anderen Gebieten der Corporate Governance zu konstatieren (z. B. Vorstands- und Aufsichtsratsvergütung). Infolge dieser Entwicklungen resultieren einerseits Konsequenzen für das Controlling im Hinblick auf die Steuerung von Nachhaltigkeitsaspekten und das Reporting hierüber sowie andererseits für die Überwachungsorgane bezüglich der Erfüllung ihrer Aufgaben.

5.2 Systematisierung der Corporate Governance

Unter Corporate Governance wird die zielgerichtete **Führung und Überwachung** von Unternehmen verstanden. Sie beinhaltet die Gesamtheit der organisatorischen und inhaltlichen Ausgestaltung eines Unternehmens. Dabei werden Reformansätze primär aus rechtlicher Sicht diskutiert und in verbindliche Regelungen transformiert.[815] Diese sollen bewirken, dass vor allem kapitalmarktorientierte Unternehmen effizient geführt und wirkungsvoll überwacht werden können. Aus theoretischer Perspektive lassen sich Corporate Governance Mechanismen z. B. mit der Existenz von **Principal Agent Konflikten** erklären und gestalten.[816] Die Corporate Governance zielt bei der Aktiengesellschaft primär auf die Rechte und Pflichten von Vorstand, Aufsichtsrat und Hauptversammlung ab, die als Organe für die zielgerichtete Führung und Überwachung verantwortlich sind. Dies zeigt auch der **Deutsche Corporate Governance Kodex** (DCGK), welcher erstmalig 2002 entwickelt und seither regelmäßig aktualisiert wurde. Der DCGK bezieht sich insbesondere auf die o. g. Organe einer Aktiengesellschaft. Er enthält umfassende Empfehlungen und Anregungen für die Hauptversammlung, den Vorstand und den Aufsichtsrat, welche als Standards guter und verantwortlicher Unternehmensführung zu verstehen sind. Weiterhin beinhaltet der DCGK Empfehlungen zur Transparenz, Rechnungslegung und Abschlussprüfung.

Abbildung 149 zeigt eine Strukturierung der Corporate Governance am Beispiel einer börsennotierten Aktiengesellschaft auf der Grundlage des dualistischen Systems der Unternehmensverfassung.[817] Grundsätzlich gliedert sich das Corporate Governance System zur Führung und Überwachung einer Aktiengesellschaft auf Basis der Organstruktur. Die Hauptversammlung wählt und delegiert die Überwachung des Vorstands an den Aufsichtsrat, welcher wiederum den Vorstand bestellt und überwacht. An die Organe schließen sich das in- und externe Überwachungssystem[818] an, wobei die Einrichtung des internen Überwachungssystems (beinhaltet unter anderem

---

815 Vgl. Freidank 2006, S. 176.
816 Vgl. Freidank/Sassen 2012, S. 169–172.
817 Vgl. Sassen 2012, S. 323–329.
818 Vgl. Freidank 2006, S. 181–183.

5.2 Systematisierung der Corporate Governance — 525

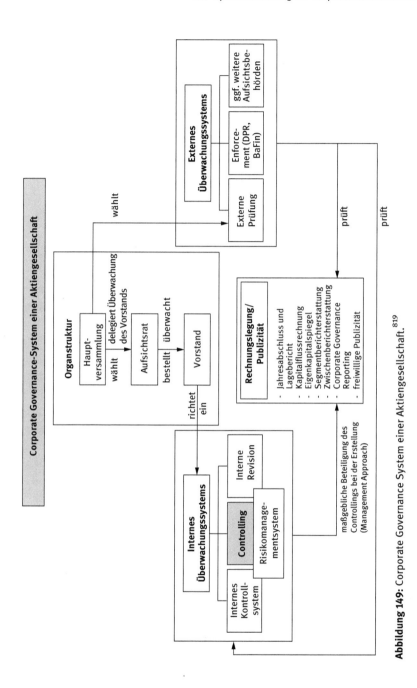

Abbildung 149: Corporate Governance System einer Aktiengesellschaft.[819]

---
[820] Entnommen von Sassen 2012, S. 327.

das Controlling)[819] dem Vorstand obliegt. Die Wahl des Abschlussprüfers nimmt dagegen die Hauptversammlung vor. Das Controlling als Teil des internen Überwachungssystems ist im Sinne des **Management Approachs** wiederum maßgeblich an der Erstellung der verpflichtenden Unternehmenspublizität beteiligt, welche von den Subjekten des externen Überwachungssystems geprüft bzw. überwacht wird. Gleichzeitig ist auch das interne Überwachungssystem Teil der Prüfungen des externen Überwachungssystems. Im Folgenden werden die Einflüsse von organ-, publizitäts- und überwachungsorientierten Rechtsnormen zur Verbesserung der Corporate Governance auf das gesetzlich nicht explizit normierte Controlling unter besonderer Berücksichtigung nachhaltigkeitsorientierter Normen analysiert.

5.3 Einflüsse organorientierter Normen

Der **Vorstand** leitet die Gesellschaft gem. § 76 AktG in eigener Verantwortung unter Berücksichtigung der Interessen der Aktionäre, Arbeitnehmer und der sonstigen Stakeholder mit dem Ziel einer nachhaltigen Wertschöpfung. Der **Aufsichtsrat** einer Aktiengesellschaft (§§ 95–116 AktG) soll unter anderem den Aktionärswillen bündeln und gegenüber dem Vorstand vertreten. Damit dient der Aufsichtsrat als Schnittstelle zwischen Vorstand und Gesellschaftern,[821] um bestehende Informationsasymmetrien zwischen diesen zu verringern.[822] Während der Vorstand gem. § 76 Abs. 1 AktG die Gesellschaft unter eigener Verantwortung leitet, ist es Hauptaufgabe des Aufsichtsrats gem. § 111 Abs. 1 AktG, die Geschäftsführung durch den Vorstand zu überwachen. Darüber hinaus umfasst die Tätigkeit des Aufsichtsrats auch die präventive und zukunftsgerichtete **Beratung des Vorstands**.[823] Eine ordnungsmäßige Geschäftsführung impliziert die Einhaltung der Grundsätze ordnungsmäßiger Unternehmensführung.[824] Das Leitungsverhalten des Vorstandes ist vom Aufsichtsrat grundsätzlich allumfassend zu bewerten, damit Fehlentwicklungen oder Schieflagen frühzeitig erkannt werden können.[825] Insofern ist eine rein vergangenheitsbezogene Aufsicht nicht ausreichend und es ist von einer vorbeugenden und **zukunftsorientierten Überwachung** auszugehen. In diesem Rahmen muss der Aufsichtsrat auch das **Risikomanagementsystem** und das Controlling auf seine **Ordnungsmäßigkeit, Rechtmäßigkeit, Zweckmäßigkeit und Wirtschaftlichkeit** hin überwachen, um eine nachhaltige Wertschöpfung des Unternehmens zu bewirken. Hierzu darf der Aufsichtsrat sich grundsätzlich nicht der Internen Revision bedienen, die i. d. R. den Weisungen des

---

[819] Vgl. Lück 1998, S. 8–14.
[821] Vgl. Strobel 2000, S. 534–535.
[822] Vgl. Baetge/Zülch 2003, S. 223.
[823] Vgl. AKEIÜ 1995, S. 1–4.
[824] Vgl. Hülsberg 2007, S. 542; Seidl 2007, S. 603–606.
[825] Vgl. Baetge/Zülch 2003, S. 223.

Vorstands unterliegt sowie ausschließlich an diesen berichten und auch selbst Teil des Risikomanagementsystems ist. Daher bestünde die **Gefahr einer Selbstprüfung**. Bei Bedarf können Sachverständige und Auskunftspersonen zur Beratung in der Aufsichtsratssitzung hinzugezogen werden (§ 109 Abs. 1 Satz 2 AktG), wobei auf Angestellte der Gesellschaft (z. B. Leiter Interne Revision) nur auf Vermittlung des Vorstands zurückgegriffen werden darf.[826] Ggf. besteht eine Pflicht der Hinzuziehung von Angestellten bei festgestellten Mängeln in oder Zweifeln an der **Regelberichterstattung** des Vorstands an den Aufsichtsrat (§ 90 AktG).

Das Aktiengesetz konkretisiert die Möglichkeit der Bildung eines **Prüfungsausschusses** im Aufsichtsrat, „der sich mit der Überwachung des Rechnungslegungsprozesses, der Wirksamkeit des Internen Kontrollsystems, des Risikomanagementsystems und des internen Revisionssystems sowie der Abschlussprüfung [...] befasst." (§ 107 Abs. 3 Satz 2 AktG). Hierin ist zwar ein Wahlrecht zur Bildung eines Prüfungsausschusses zu sehen, jedoch wird implizit die Verpflichtung zur Überwachung der o. g. Komponenten durch den Aufsichtsrat dennoch normiert, da der Aufsichtsrat selbst die entsprechenden Überwachungshandlungen vornehmen muss, wenn keine Delegation an den Prüfungsausschuss stattfindet.

Die Informationsversorgung des Aufsichtsrats ist in § 90 AktG geregelt. Sie ist notwendig, damit er seine Überwachungsaufgabe hinreichend erfüllen kann.[827] § 90 AktG beinhaltet **Berichtspflichten des Vorstands**, woraus sich im Umkehrschluss auch die Prüfungsobjekte des Aufsichtsrats ableiten lassen.[828] Hierbei handelt es sich um grundsätzliche Fragen der **Unternehmensplanung** (insbesondere der Finanz-, Investitions- und Personalplanung) sowie Abweichungen der tatsächlichen Entwicklung von früher berichteten Zielen (§ 90 Abs. 1 Nr. 1 AktG). Ferner muss der Aufsichtsrat laut § 90 Abs. 1 Nr. 2 und Nr. 3 AktG über die **Rentabilität**, den **Umsatz** und die **Lage** der Gesellschaft unterrichtet werden. Hieraus ergeben sich verschiedene Konsequenzen. Eine derartige Informationsbereitstellung als **Bringschuld des Vorstands** setzt die Existenz eines umfassenden Controllings voraus, welches die geforderten Planungs-, Kontroll- und Steuerungsgrößen mit dem Ziel einer nachhaltigen Wertschöpfung bereitstellen kann. Hiermit werden klassische Funktionsbereiche des Controllings angesprochen, sodass der Controller wesentliche Inhalte der Berichterstattung über den Vorstand an den Aufsichtsrat liefert. Die Berichtspflicht des § 90 AktG wirkt somit direkt auf das Controlling ein, das sein Reporting auf die spezifischen Bedürfnisse der Adressaten auszurichten hat. Zugleich stellt das Controlling selbst ein wichtiges, nicht delegierbares Überwachungsobjekt des Aufsichtsrats dar. Zur Überwachung der o. g. Komponenten ist entgegen der gesetzlichen Auffassung zwingend ein direkter Kontakt des

---

826 Vgl. Freidank 2006, S. 190–191.
827 Vgl. Baetge/Zülch 2003, S. 223.
828 Vgl. Lentfer 2003, S. 128.

Aufsichtsrats zu den entsprechenden Leitungspersonen notwendig, d. h. auch zum Controlling.

Im Hinblick auf die **Vergütung des Vorstands** hat der Aufsichtsrat gem. § 87 Abs. 1 AktG bei der Festsetzung der Vorstandsbezüge dafür zu sorgen, dass diese in einem **angemessenen Verhältnis** zu den Aufgaben und Leistungen des Vorstandsmitglieds sowie zur Lage der Gesellschaft stehen und die übliche Vergütung nicht ohne besondere Gründe übersteigen. Die Vergütungsstruktur ist bei börsennotierten Gesellschaften auf eine **nachhaltige Unternehmensentwicklung** auszurichten. Anreizkompatible Vergütungssysteme sind dabei i. d. R. in Abhängigkeit von wert- und nachhaltigkeitsorientierten Steuerungsgrößen einzurichten,[829] sodass auf Daten des Controllings zurückgegriffen werden muss. Obwohl in der Praxis üblicherweise Bilanz- oder Cashflow orientierte Kennzahlen für variable Vergütungsbestandteile genutzt werden, sollte der Aufsichtsrat zur **Vermeidung von Haftungsrisiken**[830] bestrebt sein, ein zielorientiertes Vergütungskonzept zu entwickeln, welches auch Nachhaltigkeitsaspekte beinhaltet.[831]

Die **Vergütung des Aufsichtsrats** soll nach § 113 Abs. 1 AktG ebenfalls in einem angemessenen Verhältnis zu den Aufgaben der Aufsichtsratsmitglieder und zur Lage der Gesellschaft stehen.[832] Das Nachhaltigkeitskriterium ist im Gegensatz zur Vorstandsvergütung nicht explizit im Aktiengesetz genannt, jedoch ist analog zur Vorstandsvergütung davon auszugehen, dass die Aufsichtsratshonorierung im Fall einer erfolgsorientierten Vergütung ebenfalls auf eine nachhaltige Unternehmensentwicklung ausgerichtet sein soll. Im Hinblick auf die Umsetzung dieser Erfordernisse sind vom Controlling geeignete Instrumente zu entwickeln (z. B. Aufsichtsrats-Scorecard mit einer Nachhaltigkeitsperspektive).[833]

5.4 Einflüsse publizitätsorientierter Normen

Aufgrund (inter-)nationaler Harmonisierungsbestrebungen ist eine zunehmende Konvergenz der rechtsnormgetragenen externen sowie der internen Rechnungslegung festzustellen, sodass Rechnungslegungsnormen vermehrt Einfluss auf das Controlling ausüben. Diese Entwicklung wird auch als Management Approach bezeichnet, wobei der Begriff durch die Diskussion zur **Segmentberichterstattung** (nach dem US-Standard SFAS 131 aus dem Jahr 1997) entstanden ist.[834] Hiernach sind die Elemente der externen Berichterstattung auf Basis des **internen Reportings** zu ermitteln, d. h. es ist

---

829 Vgl. Behrmann/Sassen 2018, S. 437–467.
830 Vgl. Freidank/Dürr/Sassen 2013, S. 2283–2288.
831 Vgl. Sassen/Schnier 2013, S. 253.
832 Vgl. Freidank/Sassen 2013b, S. 683–687; Freidank/Sassen 2019, S. 67–91.
833 Vgl. Freidank/Sassen 2013a, S. 1197–1198.
834 Vgl. Wagenhofer 2006, S. 4; Freidank 2019a, S. 11–16.

über von der Unternehmensleitung verwendete entscheidungsorientierte Informationen zu berichten. Mittlerweile wird der Begriff Management Approach weiter ausgelegt. Grundsätzlich können hierunter Informationen verstanden werden, die intern im Rahmen des Controllings für Zwecke der Unternehmenssteuerung bereitgestellt werden, um sie für eine zweite Verwendung in der Rechnungslegung zu nutzen.[835] Das Grundkonzept des Management Approach basiert insofern auf dem Gedanken, dass die Offenlegung interner Informationen des Controllings auch für Außenstehende sinnvoll sein kann. Hiermit wird eine Analyse des Unternehmens aus dem Blickwinkel des Managements möglich. Ausgewählte Beispiele für den Management Approach sind etwa in der Segmentberichterstattung gem. § 297 Abs. 1 HGB bzw. IFRS 8 oder in einer zunehmenden Berücksichtigung von **Fair Values** sowohl in nationalen als auch internationalen Rechnungslegungsstandards zu sehen.[836]

Im **Lagebericht** sind gem. § 289 Abs. 1 Satz 4 HGB die wesentlichen Chancen und Risiken der zukünftigen Entwicklung zu beurteilen. Dabei ist auch auf die zugrunde liegenden Annahmen einzugehen. Weiterhin müssen gem. § 289 Abs. 4 HGB kapitalmarktorientierte Kapitalgesellschaften im Sinne des § 264d im Lagebericht die wesentlichen Merkmale des **Internen Kontroll- und des Risikomanagementsystems** im Hinblick auf den Rechnungslegungsprozess beschreiben.

Börsennotierte Aktiengesellschaften müssen in einem gesonderten Abschnitt des Lageberichts eine **Erklärung zur Unternehmensführung abgeben** (§ 289f HGB). Alternativ ist eine Veröffentlichung dieser Erklärung auf der Homepage des Unternehmens möglich. In diesem Fall ist ein Hinweis hierauf in den Lagebericht aufzunehmen. In die Erklärung zur Unternehmensführung sind u. a. die **Entsprechenserklärung** nach § 161 AktG, relevante Angaben zu Unternehmensführungspraktiken, die über die gesetzlichen Anforderungen hinaus angewandt werden, nebst Hinweis, wo sie öffentlich zugänglich sind, die Beschreibung der Arbeitsweise von Vorstand und Aufsichtsrat sowie Zusammensetzung und Arbeitsweise der Ausschüsse aufzunehmen. Mögliche, relevante Angaben zu Unternehmensführungspraktiken können in diesem Zusammenhang **Ethikgrundsätze** oder Richtlinien sein. Ggf. sind auch Angaben zum Controlling notwendig oder möglich.

Neben der Erklärung zur Unternehmensführung bildet zunehmend auch die unternehmensspezifische Corporate Governance einen bedeutenden Publizitätsschwerpunkt.[837] Mit der stärkeren Orientierung am Shareholder Value genügt eine Berichterstattung, die sich weitgehend auf finanzielle Sachverhalte beschränkt, nicht mehr den erhöhten Informationsbedürfnissen der Investoren. Der Marktwert des Unternehmens wird insofern nicht allein durch finanzielle Komponenten bestimmt, sondern maßgeblich auch durch die Güte der Corporate Governance, so dass eine Bericherstat-

---

835 Vgl. Weißenberger 2007, S. 7–8.
836 Vgl. Weißenberger/Maier 2006, S. 2077–2083.
837 Vgl. AK CGR 2016, S. 2130–2132; AK CGR 2018, S. 2125–2128; AK CGR 2019, S. 317–322.

tung hierüber für börsennotierte Gesellschaften implizit verpflichtend ist. Hierfür kann das Controlling als zentraler **Informationslieferant** genutzt werden.

Viele Unternehmen veröffentlichen zunehmend bereits auf freiwilliger Basis Nachhaltigkeitsinformationen in einem separaten **Nachhaltigkeitsbericht**, um das gestiegene Interesse sowohl der Shareholder als auch der in- und externen Stakeholder (z. B. Lieferanten, Mitarbeiter, Kapitalgeber, Staat etc.) zu befriedigen.[838] Der Informationsbedarf wird auch anhand der dynamischen Entwicklung sog. **Socially Responsible Investments** deutlich, die im Wesentlichen auf Grundlage von Daten zur Nachhaltigkeit getätigt werden. Mit der Umsetzung der europäischen CSR-Richtlinie in nationales Recht müssen bestimmte große Unternehmen eine **nichtfinanzielle Erklärung** in ihren Lagebericht aufnehmen und hierin über bestimmte Nachhaltigkeitsaspekte berichten (§§ 289b, 289c HGB). Die weitergehende Berichterstattung über Nachhaltigkeitsinformationen in einem separaten Nachhaltigkeitsbericht erfolgt häufig auf freiwilliger Basis.[839] Die berichtenden Unternehmen nutzen jedoch oftmals das als quasi-verpflichtend titulierte Rahmenwerk der Global Reporting Initiative (GRI). Weiterhin existieren aktuell Bestrebungen zur Entwicklung eines Integrated Reporting durch das International Integrated Reporting Council (IIRC), welches im Dezember 2013 ein Rahmenwerk eines Integrated Reportings veröffentlicht hat.[840] Hier soll im Zuge der integrierten Berichterstattung die Verknüpfung der Nachhaltigkeitsleistung eines Unternehmens etwa mit der Vergütung des Managements, benötigten Ressourcen oder die Auswirkungen der nichtfinanziellen Aspekte auf den finanziellen Erfolg dargelegt werden.

5.5 Einflüsse überwachungsorientierter Normen

Neben den Überwachungshandlungen des Aufsichtsorgans (i. d. R. Aufsichtsrat) ist gem. §§ 316, 317 HGB eine handelsrechtliche Abschlussprüfung bei (mittel-)großen Kapitalgesellschaften durchzuführen.[841] Hier stellen der Jahresabschluss sowie der Lagebericht die wesentlichen Prüfungsobjekte dar. Ziel der handelsrechtlichen Abschlussprüfung ist gem. § 317 Abs. 1 Satz 2 HGB die Feststellung der Gesetzes- und Ordnungsmäßigkeit der Rechnungslegung unter Berücksichtigung der gesetzlichen Vorschriften sowie des Gesellschaftsvertrags oder der Satzung. Der Abschlussprüfer soll die Verlässlichkeit und die Ordnungsmäßigkeit der im Jahresabschluss und Lagebericht enthaltenen Informationen bestätigen und damit die Glaubwürdigkeit

---

838 Vgl. Dienes/Sassen/Fischer 2016, S. 154–189.
839 Vgl. Knefel/Sassen 2015, S. 385–424.
840 Vgl. Freidank/Hinze 2014, S. 55–90.
841 Vgl. Freidank 2019a, S. 530–613.

dieser Informationen gegenüber den Adressaten erhöhen. Hierzu muss der Abschlussprüfer mit hinreichender Sicherheit und unter Beachtung des Grundsatzes der Wirtschaftlichkeit und Wesentlichkeit zu einem Prüfungsergebnis in Form eines Prüfungsberichts und eines Bestätigungsvermerks kommen.[842]

Der Prüfungsgegenstand der handelsrechtlichen Abschlussprüfung umfasst gem. § 316 Abs. 1 HGB i.V.m. § 264 Abs. 1 Satz 1 HGB den Jahresabschluss, bestehend aus Bilanz, Gewinn- und Verlustrechnung (GuV) sowie Anhang, und den Lagebericht. Bei nicht konzernrechnungslegungspflichtigen, kapitalmarktorientierten Kapitalgesellschaften i. S.v. § 264d HGB ist der Jahresabschluss und damit auch der Prüfungsgegenstand gem. § 316 Abs. 1 HGB i.V.m. § 264 Abs. 1 Satz 2 HGB um eine **Kapitalflussrechnung** und einen **Eigenkapitalspiegel** zu erweitern. Hinsichtlich der **Segmentberichterstattung** besteht ein Erstellungswahlrecht. Bei börsennotierten Aktiengesellschaften ist zudem gem. § 317 Abs. 4 HGB zu beurteilen „[. . .] ob der Vorstand die ihm nach § 91 Abs. 2 AktG obliegenden Maßnahmen in einer geeigneten Form getroffen hat und ob das danach einzurichtende Überwachungssystem seine Aufgaben erfüllen kann [. . .]".[843] Die obliegenden Maßnahmen formuliert § 91 Abs. 2 AktG folgendermaßen: „Der Vorstand hat geeignete Maßnahmen zu treffen, insbesondere ein Überwachungssystem einzurichten, damit den Fortbestand der Gesellschaft gefährdende Entwicklungen früh erkannt werden." In der Praxis wird die Formulierung des § 91 Abs. 2 AktG „[. . .] Fortbestand der Gesellschaft gefährdende Entwicklungen früh erkannt [. . .]" häufig so durch den Abschlussprüfer ausgelegt, dass lediglich das **Risikofrüherkennungssystem** zu prüfen ist. Die Prüfungsnorm des § 317 Abs. 4 HGB bezieht sich jedoch auf das einzurichtende Überwachungssystem. Insofern wird das Controlling als Teil des Internen Überwachungssystems selbst zum Prüfungsobjekt, sodass eine Systemprüfung des Controllings vorzunehmen ist.

Gem. § 317 Abs. 2 Satz 3 HGB sind die Angaben nach § 289f HGB (Erklärung zur Unternehmensführung) nicht in die Prüfung des Lageberichts einzubeziehen. Grundsätzlich ist es damit nur notwendig, das Vorhandensein der Erklärung zur Unternehmensführung zu prüfen. Dennoch ist der Abschlussprüfer verpflichtet, diesen Abschnitt „kritisch zu lesen", um zu überprüfen, ob Unstimmigkeiten im Hinblick auf die Zusatzinformationen zwischen dem Jahresabschluss und dem Lagebericht bestehen oder ob deren Glaubhaftigkeit beeinträchtigt ist. Damit sind etwaige Feststellungen in die Berichterstattung des Abschlussprüfers aufzunehmen.

Aus nachhaltigkeits- und controllingorientierter Perspektive sind zudem die nichtfinanziellen Leistungsindikatoren sowie die **Prognoseinformationen** im Lagebericht durch den Abschlussprüfer zu prüfen. Im Hinblick auf freiwillige Reportinginstrumente wie den Nachhaltigkeitsbericht oder das Integrated Reporting existiert zwar keine Verpflichtung zur Prüfung dieser Informationen, dennoch wird diesbezüglich in

---

842 Vgl. IDW PS 200, Tz. 8–9.
843 Vgl. Gleißner/Sassen/Behrmann 2019; Sassen/Behrmann 2016, S. 133–137.

der Praxis häufig eine **prüferische Durchsicht** durch die Unternehmen beauftragt. Der Wirtschaftsprüfer wendet in diesem Kontext den IDW PS 821 (Grundsätze ordnungsmäßiger Prüfung oder prüferischer Durchsicht von Berichten im Bereich der Nachhaltigkeit) an.

Weiterhin ist das **Enforcement** durch die Bundesanstalt für Finanzdienstleistungsaufsicht (BaFin) und die Deutsche Prüfstelle für Rechnungslegung e.V. (DPR) gem. §§ 342b-342e HGB als Aufsichtsinstanz zu berücksichtigen.[844] Die DPR prüft anlass- oder stichprobenbezogen ausgewählte Aspekte der Rechnungslegung von Unternehmen, die am regulierten Markt in Deutschland vertreten sind. Die Prüfungsobjekte sind insofern grundsätzlich identisch im Vergleich zum Abschlussprüfer. Dennoch stellt es einen wichtigen Baustein der Corporate Governance von Unternehmen dar, da die DPR unabhängig vom zu prüfenden Unternehmen ist und ihr zudem eine hohe Prüfungsqualität zugewiesen werden kann.[845] Insofern erfüllt sie die Ziele einer **Beschwerde-, Korrektiv- und Präventivfunktion,** wobei insbesondere der **präventiven Wirkung** ein hoher Stellenwert beigemessen wird.[846] Ausgewählte Prüfungsschwerpunkte der DPR waren in den vergangenen Jahren der (Konzern-)Lagebericht einschließlich Risiko- und Prognoseberichterstattung sowie die Segmentberichterstattung nach IFRS 8, sodass im Sinne des Management Approachs auch Daten des Controllings, welche für die Rechnungslegung genutzt werden, vom Enforcement betroffen waren und einer Prüfung durch die DPR unterzogen wurden.

Abschließend bleibt anzumerken, dass vielfältige Reformeinflüsse im Bereich der Corporate Governance zu Regelungen mit Auswirkungen auf das Controlling geführt haben. Weiterhin hat sich gezeigt, dass diese Corporate Governance-Regelungen und Normierungen zur Nachhaltigkeit (un-)mittelbar auf die Ausgestaltung des Controllings einwirken, sodass vor diesem Hintergrund in bestimmten Teilbereichen eine **faktische Normierung des Controllings** festzustellen ist.[847]

---

844 Vgl. Buchholz/Sassen/Jucknat 2010, S. 309–310; Freidank 2019a, S. 611–613.
845 Vgl. Niederhuemer/Niedermayr 2007, S. 311–312.
846 Vgl. Egner 2008, S. 666; Scheffler 2007, S. 220.
847 Vgl. Freidank/Paetzmann 2004b, S. 893–919.

6 Nachhaltigkeitscontrolling

6.1 Ansatzpunkte und Anforderungen

Nachhaltigkeitsthemen werden bereits aktuell und zukünftig verstärkt in das betriebswirtschaftliche Zielsystem von Unternehmen einbezogen und müssen zur Unterstützung der Unternehmensleitung in das Controlling integriert werden.[848,849] Die wohl häufigste verwendete Nachhaltigkeitsdefinition ist jene der **Brundtland-Kommission**, die eine starke Orientierung an der intergenerativen Gerechtigkeit vornimmt. Hiernach liegt eine nachhaltige Entwicklung dann vor, wenn die Menschheit einer Generation den gegenwärtigen Anforderungen gerecht wird, ohne dass dabei zukünftigen Generationen die Möglichkeit geschmälert wird, ihren eigenen Anforderungen gerecht zu werden.[850] Die zentrale Idee des Nachhaltigkeitskonzepts unter Einbezug der **ökologischen, sozialen und ökonomischen Dimensionen** ist letztlich die eines ertragreichen Wirtschaftens, welches alle gesellschaftlichen und individuellen Bedürfnisse abdeckt und dabei umwelt- und sozialverträglichen Charakter trägt.[851] Die folgenden Ausführungen legen daher den Fokus auf ein betriebliches **Nachhaltigkeitscontrolling**, so dass nicht der Nachhaltigkeitsbegriff in Gänze sondern dessen Anwendung im Kontext der Unternehmenssteuerung im Vordergrund steht. Daher sind jene Bereiche zu identifizieren, deren Zielbildung, Planung, Kontrolle, Koordination und Reporting sinnvoll und möglich sind.

Für ein **Nachhaltigkeitscontrolling** ist in diesem Zusammenhang die Implementierung von Nachhaltigkeitszielen in die Gesamtstrategie eines Unternehmens notwendig,[852] da Nachhaltigkeit in der Komplexität ihrer Auswirkungen auf nahezu alle Teilpolitiken eines Unternehmens Einfluss hat.[853] Damit Nachhaltigkeit als strategisches und/oder operatives Ziel eines Unternehmens akzeptiert wird, muss die Verfolgung von Nachhaltigkeitsaspekten zumindest Teile der Gesamtstrategie im Sinne der Eigenkapitalgeber (Shareholder) verwirklichen. Neben diesen sind es die weiteren wesentlichen Stakeholder, bei denen sich die Realisierung einer nachhaltigen Unternehmensstrategie vorteilhaft auf die Erreichung der jeweiligen Interessen auswirkt.[854] Die Interessen und Anforderungen der Stakeholder richten sich insgesamt verstärkt an Nachhaltigkeitsaspekten aus, womit der

---

848 Die Ausführungen dieses Abschnitts basieren auf Freidank/Meuthen/Sassen 2017, S. 567–595.
849 Vgl. Freidank/Sassen 2016, S. 741–756; Günther/Fuhrmann/Günther 2015, S. 151–181.
850 Vgl. Weltkommission für Umwelt und Entwicklung 1987, S. 43.
851 Vgl. Corsten/Roth 2012, S. 1–2.
852 Vgl. Weber/Georg/Janke 2010, S. 395.
853 Vgl. Lülfs 2013, S. 29–30.
854 Vgl. Weber/Georg/Janke 2010, S. 395.

Druck auf Unternehmen wächst, nachhaltig zu wirtschaften.[855] Außerdem ist ein gesteigertes öffentliches Interesse an Nachhaltigkeitsbelangen einer Unternehmung festzustellen.[856] Zudem kann ein **Reputationsgewinn** durch nachhaltiges Wirtschaften die Rekrutierungsmöglichkeiten eines Unternehmens in Bezug auf neue qualifizierte Mitarbeiter verbessern.[857] Dabei stellen die bisherigen Argumente auf eine externe Drucksituation für Unternehmen ab, durch welche sie letztlich aufgrund externer Forderungen von Stakeholdern zu einem nachhaltigen Handeln angehalten werden. Vielmehr könnte aber auch eine unternehmensinterne Strategie, die in einer Umsetzung von Nachhaltigkeitsbelangen einen strategischen oder operativen Vorteil sieht, einen Paradigmenwechsel hin zu einer nachhaltigen Unternehmensstrategie bewirken.[858] Eine solche Argumentation wird gerade im Hinblick auf die **Innovationsfähigkeit** von Unternehmen hervorgehoben.[859] Aber auch im Zuge von **Unternehmensakquisitionen** und dem **Beteiligungscontrolling** zeigt sich (z. B. im Rahmen einer **Environmental Due Diligence**)[860] das Erfordernis zur Berücksichtigung ökologischer Belange im Rahmen des Controllings als werttreibender Faktor. Vor diesem Hintergrund werden die Dimensionen der Nachhaltigkeit nachfolgend auf ihre Quantifizierbarkeit hin untersucht und in diesem Zuge Kriterien entwickelt, an denen sich ein Controlling des entsprechenden Nachhaltigkeitsbereichs orientieren könnte.

6.2 Ökologische Nachhaltigkeitsdimension

Im Kontext des Controllings der ökologischen Nachhaltigkeitsdimension (Umweltcontrolling) haben sich durch wissenschaftliche und praxisorientierte Untersuchungen dieses Bereichs eine Vielzahl weiterer unterschiedlicher Analyse- und Bewertungsverfahren (z. B. die **Umweltkostenrechnung** und die Balanced Scorecard) herausgebildet.[861] Zunächst ist unabhängig vom Bewertungsverfahren eine starke Durchdringung des Umweltcontrollings durch das Aufstellen von sog. **Umweltbilanzen** zu konstatieren.[862] Im Zuge dieser Entwicklung haben sich Standards in einem konventionellen Rahmen etabliert, die schließlich eine konkrete Umsetzung unter anderem in Form der ISO 14000er Reihe fanden. Maßgeblich im Rahmen des Umweltcontrollings ist dabei die ISO Norm 14031, die ihrem Aufbau

---

855 Vgl. Weber/Georg/Janke 2010, S. 395.
856 Vgl. Schaltegger/Windolph/Harms 2010, S. 34.
857 Vgl. Nidumolu/Prahalad/Rangaswami 2009, S. 61.
858 Vgl. Horváth/Gleich/Seiter 2015, S. 51.
859 Vgl. Nidumolu/Prahalad/Rangaswami 2009, S. 53–61.
860 Vgl. Mammen/Hinze 2015, S. 561–589; Freidank 2019d, S. 18–25.
861 Vgl. Prammer 2010, S. 28; Freidank/Hinze 2016, S. 318–324.
862 Vgl. Klöpffer/Grahl 2009, S. 9–10.

nach einem idealtypischen Controllingprozess gleicht. Die ISO Norm 14031 nimmt eine grundsätzliche Zweiteilung von ökologischen Kennzahlen in **Umweltleistungs- und Umweltzustandskennzahlen** vor, wobei erstere wiederum in Managementleistungs- und operative Leistungskennzahlen zerfallen. Im Hinblick auf die Umweltleistungskennzahlen beziehen sich die Managementleistungskennzahlen auf die Managementleistung hinsichtlich der Abfassung und Implementierung von ökologischen Zielen (z. B. Kostenreduktion durch eine Umweltleistungsbewertung nach ISO 14031). Leistungskennzahlen beschreiben die Ergebnisse der operativen Umsetzung von ökologischen Zielen (z. B. Strom- oder Wasserverbrauch pro Monat). Umweltzustandskennzahlen stellen den Zustand der Unternehmensumwelt dar, der vom Unternehmen beeinflusst wird (z. B. Maßzahl für Emissionen, die sich negativ auf die Luftqualität auswirken).

Die Auswahl der genannten Kennzahlen kann entsprechend der ISO Norm 14031 nach den folgenden vier Ansätzen ausgerichtet werden:[863]

(1) **Ursache-Wirkungsansatz:** Auf der Basis von ökologischen Einflussgrößen für umweltbezogene Unternehmensziele werden Kennzahlen gebildet.
(2) **Risikobezogener Ansatz:** Die Bildung von Kennzahlen erfolgt nach den folgenden Risikokategorien: Umweltrisiken, Gesundheitsrisiken für Menschen, finanzielle und wettbewerbliche Risiken durch ökologische Belange.
(3) **Lebenszyklusansatz:** Hierbei werden Kennzahlen gebildet, die alle ökologischen Auswirkungen während des Lebenszyklus eines Produktes abbilden.
(4) **Ansatz der gesetzlich verpflichtenden oder freiwilligen Umweltberichterstattung:** Es werden Kennzahlen auf Basis einer gesetzlich oder selbst verpflichtenden Berichterstattung des Unternehmens gebildet.

Die Ausführungen der ISO Norm 14031 zum Umweltcontrolling sind eher allgemeiner Natur und belassen den Unternehmen letztlich sowohl Gestaltungsspielräume als auch Fragen hinsichtlich eines konkreten und anwendungsorientierten Controllings. Dem Problem der praktischen Umsetzung eines Umweltcontrollings wird mit dem ISO/Technical Report (TR) 14032 entgegengewirkt, der Fallstudien zur Implementierung eines Umweltcontrollings für verschiedenste Unternehmensformen enthält.[864] Bei den Gestaltungsspielräumen hinsichtlich der Kennzahlen im Umweltcontrolling, die eine perioden- und unternehmensübergreifende Vergleichbarkeit bei einer entsprechenden Publikation von Kennzahlen verhindern, griff die Europäische Union im Rahmen des von ihr begründeten **Eco Management and**

---

[863] Vgl. Deutsches Institut für Normung e. V. 2000, S. 26–27; Prammer 2010, S. 26.
[864] Vgl. Prammer 2010, S. 26.

Audit Schemes (EMAS) ein.[865] Seit 2010 sind nunmehr alle am EMAS-Programm teilnehmenden Unternehmen zur Veröffentlichung ihrer wesentlichen Kernindikatoren des Umweltcontrollings angehalten, um den Informationsadressaten eine perioden- und unternehmensübergreifende Vergleichbarkeit zu ermöglichen.[866]

> **Beispiel 126:**
> Das Produktionswerk eines Automobilherstellers richtet ein Nachhaltigkeitscontrolling für die ökologische Dimension ein. Es nimmt am EMAS-Programm teil, so dass ein Großteil der Daten für die ökologische Nachhaltigkeitsebene in die EMAS-Umwelterklärungen des Produktionswerks einfließen. Die Verfügbarkeit und Aufbereitungsmöglichkeiten der vorhandenen Daten, wenngleich zum Teil Annahmen getroffen wurden, bestimmen im Sinne einer Praxisorientierung eine Vielzahl der Kriterien sowie letztlich auch die hergeleitete Quantifizierungsmethodik. Daneben wurde aus Vergleichbarkeitsgründen die relative Veränderung der Controllingkriterien auf 15 Prozent beschränkt, damit unternehmensstrategische Variationen einzelner Unternehmensteilbereiche keinen übermäßigen Einfluss auf die dargestellten Kennzahlen besitzen. Es zeigt sich eine hohe Varianz und eine steigende Intensität an Nachhaltigkeitsmaßnahmen. Tabelle 128 listet mögliche Controllingkriterien und deren Quantifizierungsmöglichkeit für die ökologische Nachhaltigkeitsdimension auf. Die Kriterien wurden so quantifiziert, dass diese eine Umweltbelastung repräsentieren und damit ein Absinken der Werte im Zeitverlauf positiv zu bewerten ist.

Tabelle 128 bezieht das Ziel der Nutzung regenerativer Ressourcen letztlich nicht separat ein, sondern es findet in einer Reduktion von Umweltbelastungen, dem ersten ökologischen Nachhaltigkeitsziel, Berücksichtigung. Der Erhalt der **Biodiversität**, als ökologisches Nachhaltigkeitsziel, kann schwerlich von einem einzelnen Unternehmen sichergestellt werden, jedoch können Unternehmen einen Beitrag zum Erhalt der Biodiversität innerhalb ihres Einflussgebietes leisten. Damit der Beitrag zum Erhalt der Biodiversität bemessen werden kann, erfolgte eine Biotopbewertung des Werksgeländes, die einen Wert von 4,0 ergab und damit eine Klassifizierung als „verarmte Fläche" nach sich zog. Die (positive) Beeinflussung der umgebenen Biotope ist ein langfristiger Prozess, der sich tendenziell in längeren Zeiträumen zeigen wird und stark von weiteren exogenen Parametern abhängt, die zu weiten Teilen nicht durch Unternehmen beeinflussbar sind, weshalb ein Jahresvergleich nur bedingte Aussagekraft besitzt.

---

[865] Vgl. Europäische Union 2009.
[866] Vgl. Europäische Union 2009, S. 36–38.

Tabelle 128:

Kriterium	Quantifizierung	Jahr 1	Jahr 2
Lärmemissionen	Überschreitung der Richtwerte[a]	0	0
	Anzahl an Beschwerden	0	1
Geruchsemissionen	Anzahl an Beschwerden	0	0
Bodennutzung	Bodenversiegelung in m²	264.100	264.100
CO_2-Emissionen	kg pro Produktionsstunde	34,35	40,13
Stromverbrauch	kWh pro Produktionsstunde	47,17	55,63
Erdgasverbrauch	kWh pro Produktionsstunde	6,90	6,78
Wasserverbrauch	m³ pro Produktionsstunde	0,0519	0,0543
Produktionsabwasser	m³ pro Produktionsstunde	0,0105	0,0096
Druckluftverbrauch	Nm³ pro Produktionsstunde	21,275	24,828
Gesamtabfallquote	t pro Produktionsstunde	0,017	0,012
Abfallbeseitigungsquote	Prozent der Gesamtabfallquote	5,0	4,0
Gefährliche Abfälle	Prozent der Gesamtabfallquote	18,7	15,1
Abwasserbelastungen[b]	Prozent der Überschreitungen	1,3	0
Umweltschadensgefahr	Anzahl gefährlicher Ereignisse	23	17
Gefahrstoffpotenzial	Gefahrstoffkennzahl[c]	3.674,57	2.806,77
Biodiversität	Biotopbewertung	4,0	4,0
Angestrebte relative Veränderung (Soll)			−3,0 %
Gesamte relative Veränderung (Ist)			−2,38 %
Abweichung			−0,62 %

[a] Die maßgeblichen Richtwerte ergeben sich aus der „Technischen Anleitung zum Schutz gegen Lärm", als sechste allgemeine Verwaltungsvorschrift des BImSchG. Vgl. Lenz/Arndt/Göb 2014, S. 23.
[b] Die relevanten Kontrollstoffe des Abwassers sind Chrom, Kupfer, Cadmium, Nickel, Blei und Zink, deren Schwellenwerte sich aus dem „Pollutant Release and Transfer Register", einem Schadstoffemissionsregister (vgl. Umweltbundesamt 2012, S. 1–2), ergeben. Vgl. Lenz/Arndt/Göb 2014, S. 38.
[c] Die Mengen der eingesetzten Gefahrenstoffe werden mit ihrer Risikoklassifizierung multipliziert. Vgl. Lenz/Arndt/Göb 2014, S. 17, S. 24 und S. 48.

6.3 Soziale Nachhaltigkeitsdimension

Bei den Kriterien der sozialen Dimension ergeben sich erhebliche Quantifizierungsprobleme. Hierzu tragen folgende Aspekte bei:[867]

(1) **Indikatortyp:** Die Informationen bezüglich der sozialen Dimension sind nur selten rein quantitativ, sondern umfassen vornehmlich qualitative Aspekte (wie z. B. Mitarbeiterzufriedenheit oder Diskriminierungssachverhalte).

(2) **Zusammenhänge zwischen Informationen:** Diese werden meist durch Thesen beschrieben, die einer Interpretation unterliegen, so dass sich oft kein mathematischer Zusammenhang aufzeigen lässt.

(3) **Historie:** Soziale Informationen nehmen im unternehmerischen Kontext eine untergeordnete Rolle ein und erfahren erst in der jüngeren Vergangenheit eine genauere Betrachtung. Die Literatur hält daher deutlich weniger Ansatzpunkte für eine Quantifizierung bereit.

(4) **Anerkanntheit:** Qualitative Ansätze, die bei der sozialen Dimension vornehmlich herangezogen werden, sind wenig akzeptiert und verbreitet, wodurch sie in der Praxis von geringerer Relevanz sind.

(5) **Methodentiefe und -breite:** Es bestehen fast keine Methoden zur Erhebung, Auswertung und Nutzung von sozialen Informationen.

(6) **Standardisierung:** Es existieren keine verpflichtenden oder freiwilligen Standards im Bereich der sozialen Dimension.

Bei der sozialen Nachhaltigkeitsdimension tritt zusätzlich die besondere Problematik auf, dass sich ihre Ziele auf die Gesellschaft als Ganzes beziehen und von einem einzelnen Unternehmen nicht gänzlich verwirklicht werden können.[868] Außerdem lassen die Ziele der sozialen Dimension Interpretationsspielräume für unbestimmt viele Unterpunkte zu, deren Abgrenzung und gesellschaftlichen Auswirkungen unklar sind, so dass nicht ersichtlich wird, welchen sozialen Nachhaltigkeitsthemen tatsächlich Relevanz zukommt.[869] Bei der nachfolgenden Veranschaulichung der Qualifizierung bzw. Quantifizierung ist zu berücksichtigen, dass es für die Entscheidung, ob Themen der sozialen Nachhaltigkeitsdimension von Bedeutung sind, nicht sachgemäß ist, diese ausschließlich am Shareholder-Value auszurichten, da es vor allem die **wesentlichen Stakeholdergruppen** der **Mitarbeiter** eines Unternehmens sind, die aufgrund ihrer unmittelbaren Betroffenheit berücksichtigt werden müssen.[870] Ein solcher Einbezug der Mitarbeiter ist ebenfalls im Sinne der Shareholder, da ein für Mitarbeiter attraktives Unternehmen z. B. an Reputation

---

867 Vgl. Dubielzig 2009, S. 112–113.
868 Vgl. Gray 2010, S. 56–57.
869 Vgl. Gray 2010, S. 47–48.
870 Vgl. Dubielzig 2009, S. 131–132.

und Rekrutierungsmöglichkeiten für qualifiziertes Personal hinzugewinnt.[871] Die Quantifizierung z. B. Qualifizierung in Form einer Checkliste richtet sich an den oben genannten Zielen der sozialen Nachhaltigkeitsdimension aus und bezieht die Belange der Shareholder und Mitarbeiter ein.

Erhalt des sozialen Friedens:
- **Zwangsarbeit:** Wird Zwangsarbeit vom Unternehmen, auch innerhalb der Lieferketten, aktiv bekämpft? Wie viel Aufwand wurde betrieben und wie viele Fälle von Zwangsarbeit wurden aufgedeckt?
- **Gewinnbeteiligung:** Qualitative Befragung, ob sich Shareholder und Mitarbeiter angemessen am Unternehmenserfolg beteiligt fühlen.
- **Relative Gehaltsdifferenz:** Quantitative Angabe der Relation von Vorstandsvergütung zum Durchschnittsgehalt.

Sicherung der Existenz:
- **Auskömmliches Gehalt:** Prozentualer Anteil von Mitarbeitern, deren Gehalt aus einer Vollzeittätigkeit zum Lebensunterhalt (Grundsicherung) ausreicht.
- **Arbeitssicherheit:** Wahrscheinlichkeit eines Nicht-Verunfallens in Relation zur Risikoklassifizierung des Arbeitsbereichs im Unternehmen.
- **Gesundheit:** Gesundheitsquote als Indikator für zu hohe physische oder psychische Belastungen.
- **Absicherung sozialer Notlagen:** Prozentualer Anteil von Mitarbeitern, die im Fall einer sozialen Notlage (Alter, Unfall, Krankheit etc.) abgesichert sind.

Soziale Ressourcen:
- **Kinderarbeit:** Wird Kinderarbeit vom Unternehmen und innerhalb der Lieferketten aktiv bekämpft? Wie viel Aufwand wurde betrieben und wie viele Fälle von Kinderarbeit wurden in Relation zur Mitarbeiterzahl und dem betriebenen Aufwand aufgedeckt bzw. gemeldet?
- **Diskriminierung:** Verhältnis der im Unternehmen beschäftigten Minderheiten zum gesellschaftlichen Durchschnitt. Wie viele Diskriminierungsfälle wurden in Relation zur Mitarbeiterzahl und dem betriebenen Aufwand aufgedeckt bzw. gemeldet?
- **Korruption:** Wie viel Aufwand wird betrieben, um Korruption zu vermeiden? Wie viele Korruptionsfälle wurden in Relation zur Mitarbeiterzahl und dem betriebenen Aufwand aufgedeckt bzw. gemeldet? Im weiteren Sinne könnte alternativ für verschiedentliche Unterpunkte der sozialen Dimension, wie insbesondere auch

---

[871] Vgl. Nidumolu/Prahalad/Rangaswami 2009, S. 61.

die Korruption, eine qualitative Überprüfung des **Compliance-Systems** auf seine Angemessenheit hin durchgeführt werden.
- **Gender und Diversity:** Wie ist das Verhältnis der Geschlechter bzw. gesellschaftlicher Minderheiten, die im Unternehmen beschäftigt sind, in Relation zum gesellschaftlichen Durchschnitt?
- **Sozialschulungen:** Wie viele Schulungen oder Beratungen werden zur Vermittlung sozialer Themen und/oder Kompetenzen durchgeführt?

Intergenerative Chancengleichheit:
- **Potenzieller Produktionszeitraum:** Prozentuales Ausmaß von nicht-regenerierbaren Ressourcen, welche den Produktionszeitraum begrenzen.

Einbezug in Entscheidungsprozesse:
- **Mitbestimmungsrechte:** Qualitative Befragung, ob die Shareholder und Mitarbeiter angemessene Mitbestimmungsrechte besitzen?

Die vorstehenden Ausführungen machen eine erhebliche **Schwäche** im Hinblick auf das Controlling der sozialen Nachhaltigkeitsdimension deutlich. Wenn ein soziales Nachhaltigkeitscontrolling auf eine zielgerichtete Unterstützung der Unternehmensführung zur Generierung eines Shareholder-Values ausgerichtet ist, so verlangt diese ein Reporting über wesentliche Informationen, die auf die Bedürfnisse von Shareholdern und anderen Stakeholdern abstellen. In diesem Zusammenhang ergeben sich Probleme bei der resultierenden **Anreizstruktur**, da es für Unternehmen je nach Ausgestaltung der Controllingkennzahlen vorteilhaft werden kann, soziale Belange auf einem geringen Niveau zu beachten, um eine möglichst gute Kennzahl zur Publikation zu erhalten. Z. B. könnte das Interesse an der Aufdeckung von Zwangsarbeit innerhalb der Lieferkette geschmälert werden, um eine möglichst geringe Fallzahl veröffentlichen zu können. Es besteht daher ein erhebliches Problem, ein Anreizsystem zu entwerfen, welches Unternehmen dazu anhält, soziale Probleme stets zu internalisieren. Im Rahmen des Controllings der sozialen Nachhaltigkeitsdimension ist somit neben gesetzgeberischen Initiativen eine **ethische Selbstverpflichtung** des Unternehmens notwendig.

> **Beispiel 126 (Fortsetzung):**
> Tabelle 129 listet für das Produktionswerk eines Automobilherstellers mögliche Controllingkriterien und deren Quantifizierungsmöglichkeit für die soziale Nachhaltigkeitsdimension auf. Die Kriterien wurden so quantifiziert, dass diese eine Sozialverträglichkeit induzieren und damit ein Anstieg der Werte im Zeitverlauf positiv zu bewerten ist.

Auch wenn ein Controlling der sozialen Nachhaltigkeitsebene möglich ist, ergibt sich insgesamt ein umfassender **Interpretationsbedarf** der jeweiligen Kriterien und ihrer Quantifizierungsmethodik, da die Wirkungsrichtung nicht immer eindeutig ist. Bei-

Tabelle 129:[872]

Kriterium	Quantifizierung	Jahr 1	Jahr 2
Bekämpfung von Zwangs- u. Kinderarbeit	Anzahl Ethiktrainings bei Lieferanten	75	75
Gewinnbeteiligung	Qualitative Zufriedenheitsangabe	63	63
Gehaltsdifferenz	Durchschnitts- zu Vorstandsgehalt	1,92	1,80
Auskömmliches Gehalt	Prozent der Mitarbeiter	100	100
Arbeitssicherheit	Unfallfreiheit	86,4	90,4
Gesundheit	Stetige Gesundheitsquote	94,6	94,4
Soziale Notlagen	Absicherungsquote	100	100
Geschlechterverteilung	Frauenanteil	14,4	14,6
Minderheitenanteil	Ausländeranteil	11,1	11,1
Altersverteilung	Altersdurchschnitt	43,1	43
Diskriminierung	Beschäftigte Minderheiten	63,48	63,28
Korruption	Anzahl Antikorruptionsmaßnahmen	33.000	112.000
Schulungen	Anzahl interner Sozialberatungen	223	527
Angestrebte relative Veränderung (Soll)			3,0 %
Gesamte relative Veränderung (Ist)			2,23 %
Abweichung			−0,77 %

spielsweise könnte bei den **Antikorruptionsmaßnahmen** der Anstieg einerseits für eine stärkere Bekämpfung von Korruption und damit als positiv interpretiert werden, aber andererseits auch für die Zunahme] von Korruption sprechen, die nunmehr in einem angepassten stärkeren Maß bekämpft wird und damit negativ zu bewerten ist. Gleichermaßen können auch Abweichungen der Mitarbeiterstruktur von gesamtgesellschaftlichen Durchschnittswerten nicht klar interpretiert werden. So ist es fraglich, ob jede Abweichung sowohl nach oben als auch nach unten als negativ zu bewerten ist, oder ob Abweichungen zugunsten gesellschaftlicher Minderheiten als sozial und

---

872 Die Kennzahl zur Unfallfreiheit wird gebildet, indem die Anzahl von Unfällen pro eine Millionen Anwesenheitsstunden in der Produktion und produktionsnahen Bereichen in Relation zur Bezugsbasis 100, definiert als 100 Unfälle pro eine Millionen Anwesenheitsstunden, gesetzt und dieses Verhältnis von 1 subtrahiert wird, um eine Kennzahl zur Unfallfreiheit zu erhalten.

damit als positiv zu bewerten sind. An diesen Stellen ergeben sich Fragen, die nur unter Einbezug eines unternehmensinternen und gesamtgesellschaftlichen Wertesystems sowie der Gesamtunternehmensstrategie beantwortet werden können.

6.4 Zusammenfassung

Die Voraussetzungen für ein Nachhaltigkeitscontrolling bestehen in der Integration von Nachhaltigkeitszielen in die Gesamtstrategie sowie in das interne Zielsystem eines Unternehmens. Eine entsprechende Eingliederung in vielen Teilen entspricht sowohl den Interessen der Shareholder als auch denen weiterer Stakeholder. Eine Quantifizierung und damit auch ein Controlling der **ökologischen Nachhaltigkeitsdimension** ist möglich und sinnvoll. Insgesamt ist der Bereich des **Umweltcontrollings**, insbesondere durch die aufgezeigte ISO Normierung, in der unternehmerischen Praxis verbreitet. Das Controlling der **sozialen Nachhaltigkeitsdimension** birgt im Wesentlichen zwei Kernprobleme in sich. Zum einen ergeben sich erhebliche Interpretationsspielräume für unbestimmt viele Einzelinformationen, deren Abgrenzung und gesellschaftliche Auswirkungen nicht hinreichend klar sind, so dass die tatsächlich relevanten Aspekte nur unter Einbezug eines unternehmensinternen und gesamtgesellschaftlichen Wertesystems sowie der Gesamtunternehmensstrategie beantwortet werden können. Zum anderen kann die Publikation sozialer Nachhaltigkeitskennzahlen **Anreizstrukturen** schaffen, die dem Gedanken der Nachhaltigkeit möglicherweise entgegenstehen. Hier sind in erster Linie eine **unternehmerische Selbstverpflichtung** und ein **unternehmensinternes Wertesystem** notwendig. Zusammenfassend kommt dem Nachhaltigkeitscontrolling eine zentrale Rolle als Informationslieferant für die Rechnungslegung zu. Sofern die entsprechenden nicht-finanziellen Aspekte im Lagebericht zu platzieren sind, ist eine Prüfung dieser Inhalte durch den Abschlussprüfer geboten, um verlässliche Informationen für die Shareholder und sonstigen Stakeholder zu gewährleisten.

Anhang

Anlage I: Verkürzte Fassung des Gemeinschaftskontenrahmens der Industrie (GKR)

(vgl. Eisele/Knobloch 2019, S. 1597–1600)

KONTENKLASSE 0	KONTENKLASSE 1	KONTENKLASSE 2
Anlagevermögen und langfristiges Kapital	Finanz-Umlaufvermögen und kurzfristige Verbindlichkeiten	Neutrale Aufwendungen und Erträge
00 Grundstücke und Gebäude	10 Kasse	20 Betriebsfremde Aufwendungen und Erträge
01 Maschinen und Anlagen der Hauptbetriebe	11 Geldanstalten	
02 Maschinen und Anlagen der Neben- und Hilfsbetriebe	12 Schecks, Besitzwechsel	21 Aufwendungen und Erträge für Grundstücke und Gebäude
	13 Wertpapiere des Umlaufvermögens	
03 Fahrzeuge, Werkzeuge, Betriebs- und Geschäftsausstattung	14/15 Forderungen	23 Bilanzmäßige Abschreibungen
	16/17 Verbindlichkeiten	24 Zins-Aufwendungen und -Erträge
04 Immaterielle Vermögensgegenstände des Anlagevermögens	18 Schuldwechsel, Bankschulden	25 Betriebliche außergewöhnliche Aufwendungen und Erträge
	19 Durchgangs-, Übergangs- und Privatkonto	
05 Sonstiges Anlagevermögen		
06 Langfristiges Fremdkapital		26 Betriebliche periodenfremde Aufwendungen und Erträge
07 Eigenkapital		
08 Wertberichtigungen, Rückstellungen u. dgl.		27 Verrechnete Anteile betrieblicher periodenfremder Aufwendungen
09 Rechnungsabgrenzung		28 Verrechnete kalkulatorische Kosten
		29 Das Gesamtergebnis betreffende Aufwendungen und Erträge

KONTENKLASSE 3	KONTENKLASSE 4	KONTENKLASSE 5
Stoffe – Bestände	Kostenarten	Kostenstellen
30/37 Roh-, Hilfs- und Betriebsstoffe u. dgl.	40/41 Stoffverbrauch u. dgl.	(Frei für Kostenstellen-Kontierungen der Betriebsabrechnung)
38 Bestandteile, Fertigteile, Auswärtige Bearbeitung	42 Brennstoffe, Energie u. dgl.	
	43 Löhne und Gehälter	
39 Handelswaren und auswärts bezogene Fertigungserzeugnisse (Fertigwaren)	44 Sozialkosten und andere Personalkosten	
	45 Instandhaltung, verschiedene Leistungen u. dgl.	
	46 Steuern, Gebühren, Beiträge, Versicherungsprämien u. dgl.	
	47 Mieten, Verkehrs-, Büro-, Werbekosten u. dgl.	
	48 Kalkulatorische Kosten	
	49 Innerbetriebliche Kostenverrechnung, Sondereinzelkosten und Sammelverrechnungen	

Anlage I: Verkürzte Fassung des Gemeinschaftskontenrahmens der Industrie (GKR)

KONTENKLASSE 6	KONTENKLASSE 7	KONTENKLASSE 8	KONTENKLASSE 9
Kostenstellen	Kostenträger Bestände an halbfertigen und fertigen Erzeugnissen	Kostenträger Erträge	Abschluss
(Frei für Kostenstellen-Kontierungen der Betriebsabrechnung)	70/77 Frei für Kostenträger-Bestands-Kontierungen der Betriebsabrechnung	80/82 Frei für Kostenträger-Leistungs-Kontierungen (Umsatzkosten, Erlöse, Bestandsveränderungen) der Betriebsabrechnung	90/96 Frei für Sonderlösungen
	78 Bestände an halbfertigen Erzeugnissen		97 Frei für Abschluss-Kontierung der Betriebsabrechnung
	79 Bestände an fertigen Erzeugnissen	83/84 Erlöse für Erzeugnisse und andere Leistungen	98 Gewinn- und Verlust-Konten (Ergebnis-Konten)
		85 Erlöse für Handelswaren	
		86 Erlöse aus Nebengeschäften	99 Bilanzkonten
		87 Eigenleistungen	
		870/79 Erlöse aus Nebengeschäften	
		88 Erlösberichtigungen	
		89 Bestandsveränderungen an halbfertigen und fertigen Erzeugnissen u. dgl.	

Anlage II: Verkürzte Fassung des Industrie-Kontenrahmens (IKR)

(vgl. Eisele/Knobloch 2019, S. 1609–1614)

KONTENKLASSE 0	KONTENKLASSE 1	KONTENKLASSE 2
Anlagevermögen		Umlaufvermögen und aktive Rechnungsabgrenzung
Aktiva		
00 Ausstehende Einlagen	10 Frei	20 Roh-, Hilfs- und Betriebsstoffe
02 Konzessionen, gewerbliche Schutzrechte und ähnliche Rechte und Werte sowie Lizenzen an solchen Rechten und Werten	11 Anteile an verbundenen Unternehmen	21 Unfertige Erzeugnisse, unfertige Leistungen
	12 Ausleihungen an verbundene Unternehmen	22 Fertige Erzeugnisse und Waren
	13 Beteiligungen	23 Geleistete Anzahlungen auf Vorräte
	14 Ausleihungen an Unternehmen, mit denen ein Beteiligungsverhältnis besteht	24 Forderungen aus Lieferungen und Leistungen
03 Geschäfts- oder Firmenwert		25 Forderungen gegen verbundene Unternehmen und gegen Unternehmen, mit denen ein Beteiligungsverhältnis besteht
04 Frei		
05 Grundstücke, grundstücksgleiche Rechte und Bauten einschließlich Bauten auf fremden Grundstücken	15 Wertpapiere des Anlagevermögens	
	16 Sonstige Ausleihungen	26 Sonstige Vermögensgegenstände
	17 bis 19 Frei	27 Wertpapiere
06 Frei		28 Flüssige Mittel
07 Technische Anlagen und Maschinen		29 Aktive Rechnungsabgrenzung (und Bilanzfehlbetrag)
08 Andere Anlagen, Betriebs- und Geschäftsausstattung		
09 Geleistete Anzahlungen und Anlagen im Bau		

KONTENKLASSE 3	KONTENKLASSE 4
Passiva	

30	Eigenkapital/Gezeichnetes Kapital	40	Frei
	Bei Einzelkaufleuten:	41	Anleihen
		42	Verbindlichkeiten gegenüber Kreditinstituten
3000	Eigenkapital	43	Erhaltene Anzahlungen auf Bestellungen
3001	Privatkonto	44	Verbindlichkeiten aus Lieferungen und Leistungen
	Bei Personengesellschaften:	45	Wechselverbindlichkeiten
3000	Kapital Gesellschafter A	46	Verbindlichkeiten gegenüber verbundenen Unternehmen
3001	Privatkonto A		
3010	Kapital Gesellschafter B	47	Verbindlichkeiten gegenüber Unternehmen, mit denen ein Beteiligungsverhältnis besteht
3011	Privatkonto B		
3070	Kommanditkapital Gesellschafter C	48	Sonstige Verbindlichkeiten
3080	Kommanditkapital Gesellschaftter D	49	Passive Rechnungsabgrenzung
	Bei Kapitalgesellschaften		
3000	Gezeichnetes Kapital (Grundkapital, Stammkapital)		
31	Kapitalrücklage		
32	Gewinnrücklagen		
33	Ergebnisverwendung		
34	Jahresüberschuss/ Jahresfehlbetrag		
35	Frei		
36	Wertberichtigungen		
37	Rückstellungen für Pensionen und ähnliche Verpflichtungen		
38	Steuerrückstellungen		
39	Sonstige Rückstellungen		

KONTENKLASSE 5

Erträge

50 Umsatzerlöse für eigene Erzeugnisse und andere eigene Leistungen
51 Umsatzerlöse für Waren und sonstige Umsatzerlöse
52 Erhöhung oder Verminderung des Bestands an unfertigen und fertigen Erzeugnissen
53 Andere aktivierte Eigenleistungen
54 Sonstige betriebliche Erträge
55 Erträge aus Beteiligungen
56 Erträge aus anderen Wertpapieren und Ausleihungen des Finanzanlagevermögens
57 Sonstige Zinsen und ähnliche Erträge
58 Außerordentliche Erträge
59 Erträge aus Verlustübernahme

KONTENKLASSE 6

Betriebliche Aufwendungen

60 Aufwendungen für Roh-, Hilfs- und Betriebsstoffe und für bezogene Waren
61 Aufwendungen für bezogene Leistungen
62 Löhne
63 Gehälter
64 Soziale Abgaben und Aufwendungen für Altersversorgung und für Unterstützung
65 Abschreibungen
66 Sonstige Personalaufwendungen
67 Aufwendungen für die Inanspruchnahme von Rechten und Diensten
68 Aufwendungen für Kommunikation (Dokumentation, Information, Reisen, Werbung)
69 Aufwendungen für Beiträge und Sonstiges sowie Wertkorrekturen und periodenfremde Aufwendungen

KONTENKLASSE 7

Sonstige Aufwendungen

70 Betriebliche Steuern
71 bis 73 Sonstige Aufwendungen
74 Abschreibungen auf Finanzanlagen und auf Wertpapiere des Umlaufvermögens und Verluste aus entsprechenden Abgängen
75 Zinsen und ähnliche Aufwendungen
76 Außerordentliche Aufwendungen
77 Steuern vom Einkommen und vom Ertrag
78 Sonstige Steuern
79 Aufwendungen aus Gewinnabführungsvertrag

KONTENKLASSE 8	KONTENKLASSE 9
Ergebnisrechnungen	**Kosten- und Leistungsrechnung**
80 Eröffnung/Abschluss	90 Unternehmensbezogene Abgrenzungen (neutrale Aufwendungen und Erträge)
81 Herstellungskosten	
82 Vertriebskosten	
83 Allgemeine Verwaltungskosten	
84 Sonstige betriebliche Aufwendungen	91 Kostenrechnerische Korrekturen
85 Korrekturkonten zu den Erträgen der Kontenklasse 5	92 Kostenarten und Leistungsarten
	93 Kostenstellen
86 Korrekturkonten zu den Aufwendungen der Kontenklasse 6	94 Kostenträger
	95 Fertige Erzeugnisse
87 Korrekturkonten zu den Aufwendungen der Kontenklasse 7	96 Interne Lieferungen und Leistungen sowie deren Kosten
88 Gewinn- und Verlustrechnung für die Kurzfristige Erfolgsrechnung	97 Umsatzkosten
	98 Umsatzleistungen
880 Gesamtkostenverfahren	99 Erzeugnisausweise
881 Umsatzkostenverfahren	
89 Innerjährige Rechnungsabgrenzung	

Anlage III: Rechenregeln der Simplex-Methode

(1) Wahl der Pivot-Spalte[873]
Die Spalte mit dem **absoluten größten negativen Koeffizienten** in der Zielfunktionszeile wird als Pivot-Spalte gewählt.

(2) Wahl der Pivot-Zeile
Die Zeile mit dem **kleinsten Quotienten** aus der rechten Seite und **positivem Koeffizienten** wird als Pivot-Zeile gewählt. Enthält die Pivot-Spalte keinen positiven Koeffizienten, ist die Lösung unbegrenzt und die Rechnung beendet.

(3) Transformation des Pivot-Elements
Der Koeffizient, der im Schnittpunkt von Pivot-Spalte und Pivot-Zeile liegt, wird als Pivot-Element bezeichnet. Es ist nun ein **neues Tableau** anzulegen, in dem die Variable der Pivot-Spalte (Nicht-Basisvariable) gegen die Variable der Pivot-Zeile (Basisvariable) vertauscht wird. An die Stelle des Pivot-Elements tritt sein **Kehrwert**.

(4) Transformation der Pivot-Zeile
Die übrigen **Koeffizienten der Pivot-Zeile** sind nun durch das **Pivot-Element zu dividieren**.

(5) Transformation der übrigen Zeilen
Zu bzw. von den anderen Zeilen-Koeffizienten ist jeweils ein entsprechendes Vielfaches der Koeffizienten der Pivot-Zeile hinzuzuzählen bzw. abzuziehen. Der mit dem jeweiligen Koeffizienten der Pivot-Zeile zu multiplizierende Faktor ist so zu berechnen, dass die **Koeffizienten** in der **Pivot-Spalte zu Null** werden.

(6) Ende der Rechnung
Das beschriebene Verfahren wird solange wiederholt, bis die Zielfunktionszeile **keine negativen Koeffizienten** mehr enthält. In diesem Fall ist das **Optimum** der Rechnung erreicht.

---

[873] Vgl. zu Besonderheiten bezüglich der Lösung spezifischer linearer Programmansätze Corsten/Corsten/Sartor 2005, S. 70–178; Müller-Merbach 1973, S. 115–132.

Literaturverzeichnis

Adam, Dietrich (1990): Produktionsdurchführungsplanung, in: H. Jacob (Hrsg.), Industriebetriebslehre. Handbuch für Studium und Prüfung, 4. Auflage, Wiesbaden, S. 677–909.

Agthe, Klaus (1959): Stufenweise Fixkostendeckungsrechnung im System des Direct Costing, in: ZfB, 29. Jg., S. 404–418 und S. 742–748.

Albers, Sönke (1989): Ein System zur Ist-Soll-Abweichungs-Ursachenanalyse von Erlösen, in: ZfB, 59. Jg., S. 637–654.

AK CGR (Arbeitskreis Corporate Governance Reporting der Schmalenbach-Gesellschaft für Betriebswirtschaft e.V.) (2016): Weiterentwicklung der Unternehmensberichterstattung (Anm.: Erste Thesen), in: DB, 69. Jg., S. 2130–2132.

AK CGR (Arbeitskreis Corporate Governance Reporting der Schmalenbach-Gesellschaft für Betriebswirtschaft e.V.) (2018): Weiterentwicklung der Unternehmensberichterstattung. Überlegungen zur Reform des Corporate Governance Reportings und zur Einführung einer Mustergliederung, in: DB, 69. Jg., S. 2125–2128.

AK CGR (Arbeitskreis Corporate Governance Reporting der Schmalenbach-Gesellschaft für Betriebswirtschaft e.V.) (2019): Weiterentwicklung der Unternehmensberichterstattung. Gemeinsame Berichterstattung zur Corporate Governance durch Vorstand und Aufsichtsrat (§ 289f HGB, Grundsatz 17 DCGK-E), in: DB, 70. Jg., S. 317–322.

Arbeitskreis Deckungsbeitragsrechnung im Betriebswirtschaftlichen Ausschuss des Verbandes der Chemischen Industrie e.V. (1972): Zur Anwendbarkeit der Deckungsbeitragsrechnung – unter besonderer Berücksichtigung der Verhältnisse in der chemischen Industrie, in: DB, 25. Jg., Beilage Nr. 13, S. 1–14.

Arbeitskreis Diercks der Schmalenbach-Gesellschaft (1964): Der Verrechnungspreis in der Plankostenrechnung, in: ZfbF, 16. Jg., S. 613–668.

AKEIÜ (Arbeitskreis Externe und Interne Überwachung der Unternehmung der Schmalenbach-Gesellschaft für Betriebswirtschaft e.V.) (1995): Grundsätze ordnungsmäßiger Aufsichtsratstätigkeit – ein Diskussionspapier, in: DB, 48. Jg., S. 1–4.

Arbeitskreis Externe Unternehmensrechnung der Schmalenbach-Gesellschaft für Betriebswirtschaft e.V. (2002): Grundsätze für das Value Reporting, in: DB, 55. Jg., S. 2337–2340.

Arbeitskreis Finanzierung der Schmalenbach-Gesellschaft für Betriebswirtschaft e.V. (1996): Wertorientierte Unternehmenssteuerung mit differenzierten Kapitalkosten, in: ZfbF, 48. Jg., S. 543–578.

Bachem, Georg (1997): Bilanzielle Herstellungskosten des Kuppelproduktvermögens, in: BB, 52. Jg., S. 1037–1044.

Baetge, Jörg/Zülch, Henning (2003): Abschlusskennzahlen als Instrumente zur Unterstützung der Überwachungsfunktion des Aufsichtsrates, in: A. von Werder/H. Wiedmann, (Hrsg.), Internationalisierung der Rechnungslegung und Corporate Governance: Festschrift für Klaus Pohle, Stuttgart, S. 221–246.

Becker, Jörg (1990): Entwurfs- und konstruktionsbegleitende Kalkulation, in: krp, 34. Jg., S. 353–358.

Becker, Wolfgang/Ulrich, Patrick/Güler, Hasan Andaç (2016): Umsetzungsstand des Target Costing. Ergebnisse einer empirischen Erhebung, in: ZfC, 28. Jg., S. 136–143

Behrmann, Maximilian/Sassen, Remmer (2018): Anwendung ökologischer und sozialer Leistungsindikatoren in der Vorstandsvergütung und Unternehmenssteuerung, in: ZfU, 41. Jg., S. 437–467.

Berlin, Sebastian (2015): Target Costing für ökologische Produkte, in: ZfC, 27. Jg., S. 572–580.

Blay, Allen,/Douthit, Jeremy/Fulmer Bachmann (2019): Why don't people lie? Negative affect intensity and preferences for honesty in budgetary reporting, in: Management Accounting Research, 42. Jg., S. 56–65.

Bramsemann, Urs/Heineke, Carsten/Kunz, Jennifer (2004): Verhaltensorientiertes Controlling: Konturierung und Entwicklungsstand einer Forschungsperspektive, in: DBW, 64. Jg., S. 550–570.

Braun, Brigitte (2000): Innerbetriebliche Leistungsverrechnung mit Excel, in: WISU, 29. Jg., S. 683–689.

Bredt, Otto (1939): Der endgültige Ansatz der Planung (II), in: Technik und Wirtschaft, Band 32, S. 249–253.

Brühl, Rolf (2016): Controlling. Grundlagen einer erfolgsorientierten Unternehmenssteuerung, 4. Auflage, München.

Brune, Jens (2020): Kommentierung, in: J. W. Brune/D. Driesch/M. Schulz-Danso/T. Senger (Hrsg.): Beck'sches IFRS-Handbuch, 6. Auflage, München.

Buchholz, Antje/Sassen, Remmer/Jucknat, Jan (2010): Ökonomische Ineffizienzen der Prüfung und Aufsicht privater Universalbanken, in: C.-C. Freidank (Hrsg.), Rechnungslegung, Steuerung und Überwachung von Unternehmen, Berlin, S. 295–331.

Busse von Colbe, Walther (1998): Fremd- und Eigenkapitalkosten als Elemente der kalkulatorischen Zinsen, in: krp, 42. Jg., S. 99–109.

Busse von Colbe, Walther/Laßmann, Gert (1991): Betriebswirtschaftstheorie, Band 1: Grundlagen, Produktions- und Kostentheorie, 5. Auflage, Berlin/Heidelberg/New York.

Bussmann, Karl F. (1979): Industrielles Rechnungswesen, 2. Auflage, Stuttgart.

Chmielewicz, Klaus (1981): Betriebliches Rechnungswesen 2. Erfolgsrechnung, 2. Auflage, Opladen.

Coenenberg, Adolf Gerhard (1970): Zur Bedeutung der Anspruchsniveau-Theorie für die Ermittlung von Vorgabekosten, in: DB, 23. Jg., S. 1137–1141.

Coenenberg, Adolf Gerhard (1976): Ziele, Systeme und Hauptproblembereiche kosten- und leistungsorientierter Planungs- und Kontrollrechnungen, in: A.G. Coenenberg (Hrsg.), Unternehmensrechnung. Betriebliche Planungs- und Kontrollrechnungen auf der Basis von Kosten und Leistungen, München, S. 1–7.

Coenenberg, Adolf Gerhard (2003): Kostenrechnung und Kostenanalyse, 5. Auflage, Stuttgart.

Coenenberg, Adolf Gerhard/Fischer, Thomas M. (1991): Prozeßkostenrechnung. Strategische Neuorientierung in der Kostenrechnung, in: DBW, 51. Jg., S. 21–38.

Coenenberg, Adolf Gerhard/Fischer, Thomas M./Schmitz, Jochen A. (1994): Target Costing und Produkt Life Cycle Costing als Instrumente des Kostenmanagements, in: ZP, 5. Jg., S. 1–38.

Coenenberg, Adolf Gerhard/Fischer, Thomas/Günther, Thomas (2016): Kostenrechnung und Kostenanalyse, 9. Auflage, Stuttgart.

Cooper, Robin (1990): Activity-Based Costing. Was ist ein Activity-Based Cost-System?, in: krp, 34. Jg., S. 210–220.

Cooper, Robin/Kaplan, Robert S. (1987): How Cost Accounting Systematically Distorts Product Costs, in: W.J. Bruns/R.S. Kaplan (Hrsg.), Accounting and Management: Field Study Perspectives, Boston/Massachusetts, S. 204–228.

Cooper, Robin/Kaplan, Robert S. (1988): Measure Costs Right. Make the Right Decisions, in: Harvard Business Review, Vol. 66, Heft 5, S. 96–103.

Corsten, Hans/Gössinger, Ralf (2016): Produktionswirtschaft. Einführung in das industrielle Produktionsmanagement, 14. Auflage, Berlin/Boston.

Corsten, Hans/Roth, Stefan (2012): Nachhaltigkeit als integriertes Konzept, in: H. Corsten/S. Roth (Hrsg.), Nachhaltigkeit. Unternehmerisches Handeln in globaler Verantwortung, Wiesbaden, S. 1–14.

Corsten, Hans/Corsten, Hilde/Sartor, Carsten (2005): Operations Research. Eine problemorientierte Einführung, München.
Dambrowski, Jürgen (1992): Wie man mit Lean Target Costing effizient arbeiten kann, in: P. Horváth (Hrsg.), Effektives und schlankes Controlling, Stuttgart, S. 277–288.
Daxhammer, Rolf J./Facsar, Máté (2018): Behavioral Finance: Verhaltenswissenschaftliche Finanzmarktforschung im Lichte begrenzt rationaler Marktteilnehmer, Konstanz/München.
Dellmann, Klaus/Frank, Klaus-Peter (Hrsg.): (1994): Neuere Entwicklungen im Kostenmanagement, Bern/Stuttgart/Wien.
Dellmann, Klaus/Franz, Klaus-Peter (1994): Von der Kostenrechnung zum Kostenmanagement, in: K. Dellmann/K. H. Franz (Hrsg.), Neuere Entwicklungen im Kostenmanagement, Bern/Stuttgart/Wien, S. 15–30.
Deutsches Institut für Normung e.V. (2000): Umweltmanagement – Umweltleistungsbewertung – Leitlinien (DIN EN ISO 14031: 2000–02), Berlin.
Deutsches Institut für Normung e.V. (2002): DIN EN 1325, in: Deutsches Institut für Normung e.V. (Hrsg.), Value Management, Berlin et al.
Deutsche Schutzvereinigung für Wertpapierbesitz e.V./Technische Universität München (2019): Studie zur Vergütung der Vorstände in den DAX- und MDAX-Unternehmen im Geschäftsjahr 2018.
Diederich, Ralf (2005): Eigenkapitalkosten von Gasnetzbetreibern, Heidelberg/München.
Dienes, Dominik/Sassen, Remmer/Fischer, Jasmin (2016): What are the drivers of sustainability reporting? A systematic review, in: Sustainability Accounting, Management and Policy Journal. Vol. 7, Issue 2, S. 154–189.
Dierkes, Stefan/Kloock, Josef (2008): Deckungsbeitragsrechnungen und ihr Einsatz als Planungsinstrumente, in: WISU, 37. Jg., S. 1163–1170.
Dubielzig, Frank (2009): Sozio-Controlling im Unternehmen. Das Management erfolgsrelevanter sozialgesellschaftlicher Themen in der Praxis, Wiesbaden.
Earl, Michael/Khan, Bushra (1994): How New is Business Process Redesign?, in: European Management Journal, 12. Jg., S. 20–30.
Egner, Thomas (2008): Interne Revision und Enforcement, in: C.-C. Freidank/V.H. Peemöller (Hrsg.), Corporate Governance und Interne Revision. Handbuch für die Neuausrichtung des Internal Auditings, Berlin, S. 661–675.
Ehrlenspiel, Klaus/Kiewert, Alfons/Lindemann, Udo/Mörtl, Markus (2014): Kostengünstig Entwickeln und Konstruieren. Kostenmanagement bei der integrierten Produktentwicklung, 7. Auflage, Berlin/Heidelberg.
Ehrt, Robert (1967): Die Zurechenbarkeit von Kosten und Leistungen auf der Basis kausaler und finaler Beziehungen, Stuttgart.
Eiff, Wilfried von (1994): Geschäftsprozeßmanagement. Integration von Lean Management – Kultur und Business Process Reengineering, in: zfo, 63. Jg., S. 364–371.
Eisele, Wolfgang/Knobloch, Alois (2019): Technik des betrieblichen Rechnungswesens. Buchführung und Bilanzierung – Kosten- und Leistungsrechnung – Sonderbilanzen, 9. Auflage, München.
Eling, Martin/Rohleder, Andreas (2005): Deckungsbeitragsrechnung und ganzzahlige Programmierung, in: WiSt, 34. Jg., S. 709–715.
Europäische Union (2009): Verordnung (EG) Nr. 1221/2009 des Europäischen Parlaments und des Rates vom 25. November 2009 über die freiwillige Teilnahme von Organisationen an einem Gemeinschaftssystem für Umweltmanagement und Umweltbetriebsprüfung und zur Aufhebung der Verordnung (EG) Nr. 761/2001, sowie der Beschlüsse der Kommission 2001/681/EG und 2006/193/EG (abrufbar unter: http://eur-lex.europa.eu/LexUriServ/LexUriServ.do?uri=OJ:L:2009:342:0001:0045:DE:PDF, Stand: 06.08.2015).

Ewert, Ralf /Wagenhofer, Alfred (2014): Interne Unternehmensrechnung, 8. Auflage, Wiesbaden.

Fischer, Thomas M. (2000): Qualitätskosten, in T. M. Fischer (Hrsg.), Kosten-Controlling. Neue Methoden und Inhalte, Stuttgart, S. 555–589.

Fischer, Thomas M./Schmitz, Jochen A. (1998): Kapitalmarktorientierte Steuerung von Projekten im Zielkostenmanagement, HHL-Arbeitspapier Nr. 20, Leipzig.

Franz, Klaus-Peter (1990): Die Prozeßkostenrechnung. Darstellung und Vergleich mit der Plankosten- und Deckungsbeitragsrechnung, in: D. Ahlert/K.-P. Franz/H. Göppl et al. (Hrsg.), Finanz- und Rechnungswesen als Führungsinstrument, Festschrift für Herbert Vormbaum zum 65. Geburtstag, Wiesbaden, S. 109–136.

Franz, Klaus-Peter (1991): Preisbildung bei öffentlichen Aufträgen, in: WISU, 20. Jg., S. 831–895.

Franz, Klaus-Peter (1992a): Kalkulation von Selbstkosten für öffentliche Aufträge, in: WISU, 21. Jg., S. 40–45.

Franz, Klaus-Peter (1992b): Moderne Methoden der Kostenbeeinflussung, in: krp, 36. Jg., S. 127–134.

Franz, Klaus-Peter (1993): Target Costing. Konzepte und kritische Bereiche, in: ZfC, 5. Jg., S. 124–130.

Franz, Klaus-Peter/Kajüter, Peter (Hrsg.) (2002): Kostenmanagement. Wertsteigerung durch systematische Kostensteuerung, 2. Auflage, Stuttgart.

Freidank, Carl-Christian (1983): Die Abweichungsverrechnung im Fall der Ableitung von aktien- und steuerrechtlichen Herstellungskosten aus Plankostensystemen, in: DB, 36. Jg., S. 1375–1382 und S. 1454–1456.

Freidank, Carl-Christian (1984): Bilanzierungsprobleme bei unterausgelasteten Kapazitäten im handels- und steuerrechtlichen Jahresabschluss der Aktiengesellschaft, in: BB, 39. Jg., S. 29–36.

Freidank, Carl-Christian (1985): Die Analyse des Herstellungskostenbegriffs aus betriebswirtschaftlicher Sicht, in: WiSt, 14. Jg., S. 105–111.

Freidank, Carl-Christian (1989): Erfolgsrealisierung bei langfristigen Fertigungsprozessen, in: DB 42. Jg., S. 1197–1204.

Freidank, Carl-Christian (1994b): Externe Unternehmensrechnung nach dem Umsatzkostenverfahren, in: PdR, Heft 6, Gruppe 15a, S. 41–57.

Freidank, Carl-Christian (2006): Controlling und Corporate Governance, in: P. Horváth (Hrsg.), Controlling und Finance Excellence, Stuttgart, S. 173–199.

Freidank, Carl-Christian (2008a): Kostensteuern: Grundlagen, in: H. Corsten (Hrsg.), Lexikon der Betriebswirtschaftslehre, 5. Auflage, München/Wien, S. 434–440.

Freidank, Carl-Christian (2008b): Kostensteuern: Integration in das innerbetriebliche Rechnungswesen, in: H. Corsten (Hrsg.), Lexikon der Betriebswirtschaftslehre, 5. Auflage, München/Wien, S. 440–447.

Freidank, Carl-Christian (2012): Unternehmensüberwachung. Die Grundlagen betriebswirtschaftlicher Kontrolle, Prüfung und Aufsicht, München.

Freidank, Carl-Christian (2016): Entscheidungsmodelle der Rechnungslegungspolitik. Lösungsvorschläge für Kapitalgesellschaften aus betriebswirtschaftlicher, rechtlicher, mathematischer und wirtschaftsinformatischer Sicht, 2. Auflage, Wiesbaden.

Freidank, Carl-Christian (2019a): Erfolgreiche Führung und Überwachung von Unternehmen. Konzepte und praktische Anwendungen von Corporate Governance und Reporting, Wiesbaden.

Freidank, Carl-Christian (2019b): Auswirkungen der Digitalisierung auf Controlling und Reporting, in: ZCG, 14. Jg., S. 80–85 und S. 135–159.

Freidank, Carl-Christian (2019c): Aufbau und Einsatz einer Synergetic Due Diligence, in: ZCG, 14. Jg., S. 197–207.

Freidank, Carl-Christian (2019d): Steuerung von Synergieeffekten mithilfe der Balances Scorecard, in: WiSt, Heft 7/8, 48. Jg., S. 18–25.
Freidank, Carl-Christian/Ceschinski, Willi (2019): Unternehmensbewertung und Due Diligence – Teil 2, in: WiSt, Heft 5, 48. Jg., S. 4–9.
Freidank, Carl-Christian/Ceschinski, Willi (2020): Einflüsse der Langfristfertigung auf Rechnungslegung und Controlling, in: WiSt, Heft 6, 49. Jg., S. 10–16.
Freidank, Carl-Christian/Hinze, Anne-Kathrin (2014): Einordnung des Integrated Reportings in das System der unternehmerischen Berichterstattung, in: C.-C. Freidank/S. Müller/P. Velte (Hrsg.), Integrated Reporting als neue Herausforderung für die unternehmerische Steuerung, Überwachung und Berichterstattung, Berlin, S. 55–90.
Freidank, Carl-Christian/Hinze, Anne-Kathrin (2016): Integrated Balanced Scorecard zur Umsetzung einer integrierten Unternehmenssteuerung und -berichterstattung, in: ZfC, 28. Jg., S. 318–324.
Freidank, Carl-Christian/Paetzmann, Karsten (2002): Auswahl und Einsatz von Datenmaterial, Analysemethoden sowie externen Beratern zur Vorbereitung von Kreditvergabeentscheidungen, in: DB, 55. Jg., S. 1785–1789.
Freidank, Carl-Christian/Paetzmann, Karsten (2004a): Bedeutung des Controlling im Rahmen der Reformbestrebungen zur Verbesserung der Corporate Governance, in: C.-C. Freidank, (Hrsg.), Corporate Governance und Controlling, Heidelberg, S. 1–24.
Freidank, Carl-Christian/Paetzmann, Karsten (2004b): Die Wirkung von Rechtsnormen auf das Controlling: ein Analysedefizit konzeptioneller Forschung?, in: E. Scherm/G. Pietsch (Hrsg.), Controlling. Theorien und Konzeptionen, München, S. 893–919.
Freidank, Carl-Christian/Sassen, Remmer (2010): Corporate Governance und Controlling, Vortrag auf dem 25. Deutschen Controlling Congress DCC (8./9.6.2010), in: T. Reichmann, (Hrsg.), Neue Anforderungen an das Management & Controlling, Tagungsband, Dortmund, S. 263–280.
Freidank, Carl-Christian/Sassen, Remmer (2012): Regulierungstheoretischer Ansatz des Controllings: Notwendigkeit einer Weiterentwicklung von Unternehmensführung und -überwachung, in: C.-C. Freidank/P. Velte (Hrsg.), Corporate Governance, Abschlussprüfung und Compliance. Neue Entwicklungen aus nationaler und internationaler Sicht, Berlin, S. 161–189.
Freidank, Carl-Christian/Sassen, Remmer (2013a): Die Aufsichtsratsvergütung als Instrument der Corporate Governance, in: Betriebs-Berater, 68. Jg., S. 1195–1200.
Freidank, Carl-Christian/Sassen, Remmer (2013b): Die Aufsichtsratsvergütung im Spiegel der aktuellen Corporate Governance-Diskussion, in: WiSt, 42. Jg., S. 683–687.
Freidank, Carl-Christian/Sassen, Remmer (2013c): Weiterentwicklung der Betriebswirtschaftlichen Steuerlehre durch das Steuercontrolling, in: J. Lüdicke/J.M. Mössner/L. Hummel (Hrsg.), Das Steuerrecht der Unternehmen. Festschrift für Gerrit Frotscher zum 70. Geburtstag, Freiburg/München, S. 91–113.
Freidank, Carl-Christian/Sassen, Remmer (2016): Einflüsse von Corporate Governance- und nachhaltigkeitsorientierten Normen auf das Controlling, in: W. Becker/P. Ulrich (Hrsg.), Handbuch Controlling, Wiesbaden, S. 741–756.
Freidank, Carl-Christian/Sassen, Remmer (2019): Die Aufsichtsratsvergütung als Steuerungsinstrument der Unternehmensüberwachung, in: P. Ulrich/B. Balzer (Hrsg.), Festschrift zum 65. Geburtstag von Wolfgang Becker, Wiesbaden, S. 67–91.
Freidank, Carl-Christian/Velte, Patrick (2010a): Quo vadis Maßgeblichkeit? Eine Analyse aus rechtshistorischer, steuersystematischer und betriebswirtschaftlicher Sicht, in: StuW, 86. Jg., S. 185–194.
Freidank, Carl-Christian/Velte, Patrick (2010b): Wahlrechte im Rahmen der handels- und steuerrechtlichen Herstellungskosten, in: StuW, 86. Jg., S. 296–301.

Freidank, Carl-Christian/Velte, Patrick (2013): Rechnungslegung und Rechnungslegungspolitik. Eine handels-, steuerrechtliche und internationale Einführung für Einzelunternehmen sowie Personen- und Kapitalgesellschaften, 2. Auflage, München.

Freidank, Carl-Christian/Zaeh, Philipp (1997): Spezialfragen des Target Costing und des Kostenmanagements, in: C.-C. Freidank/U. Götze/B. Huch/J. Weber (Hrsg.), Kostenmanagement. Aktuelle Konzepte und Anwendungen, Berlin/Heidelberg/New York, S.233–274.

Freidank, Carl-Christan/Dürr, Barbara/Sassen, Remmer (2013): Entwicklung eines Haftungsmanagementsystems für den Aufsichtsrat, in: BB, 68. Jg., S. 2283–2288.

Freidank, Carl-Christian/Götze, Uwe/Huch, Burkhard/Weber, Jürgen (Hrsg.) (1997): Kostenmanagement. Aktuelle Konzepte und Anwendungen, Berlin/Heidelberg/New York.

Freidank, Carl-Christian/Meuthen, Mario/Sassen, Remmer (2017): Ansatzpunkte für die Einbindung des Nachhaltigkeitscontrollings in das Integrated Reporting, in: W. Funk/J. Rossmanith (Hrsg.), Internationale Rechnungslegung und Internationales Controlling. Herausforderungen – Handlungsfelder – Erfolgspotenziale, 3. Auflage, Wiesbaden, S. 567–595.

Freidank, Carl-Christian/Velte, Patrick/Weber, Stefan C. (2016): Bilanzierungs- und Bewertungskonzeptionen, in: K. Hahn/J. Poll/T. Maurer/U. Schramm (Hrsg.), Die Bilanz nach Handels- und Steuerrecht. Einzel- und Konzernabschluss nach HGB und IFRS, 10. Auflage, Stuttgart 2016, S. 81–162.

Frese, Erich (1993): Geschäftssegmentierung als organisatorisches Konzept – zur Leitbildfunktion mittelständischer Strukturen für Großunternehmungen, in: ZfbF, 45. Jg., S. 999–1024.

Friedl, Birgit (2009): Kostenmanagement, Stuttgart.

Fröhling, Oliver (1994): Dynamisches Kostenmanagement. Konzeptionelle Grundlagen und praktische Umsetzung im Rahmen eines strategischen Kosten- und Erfolgs-Controlling, München.

Gaiser, Bernd/Kieninger, Michael (1993): Fahrplan für die Einführung des Target Costing, in: P. Horváth (Hrsg.), Target Costing. Marktorientierte Zielkosten in der deutschen Praxis, Stuttgart, S. 53–73.

Glaser, Horst (1991): Prozeßkostenrechnung als Kontroll- und Entscheidungsinstrument, in: A.-W. Scheer (Hrsg.), Rechnungswesen und EDV, 12. Saarbrücker Arbeitstagung, Heidelberg, S. 222–240.

Gleißner, Werner/Sassen, Remmer/Behrmann, Maximilian (2019): Prüfung und Weiterentwicklung von Risikomanagementsystemen. Ökonomische und aktienrechtliche Anforderungen, Wiesbaden.

Götze, Uwe (2010): Kostenrechnung und Kostenmanagement, 5. Auflage, Berlin/Heidelberg/New York.

Götze, Uwe (2014): Investitionsrechnung. Modelle und Analysen zur Beurteilung von Investitionsvorhaben, 6. Auflage, Berlin/Heidelberg.

Götze, Uwe/Meyerhoff, Jens Christian (1993): Die Prozeßkostenrechnung – Stand und Entwicklungstendenzen, in: ZP, 3. Jg., S. 65–96.

Gray, Rob (2010): Is accounting for sustainability actually accounting for sustainability . . . and how would we know? An exploration of narratives of organisations and the planet, in: Accounting, Organizations and Society, Heft 1, 35. Jg., S. 47–62.

Gümbel, Rudolf (1964): Die Bedeutung der Leerkosten für die Kostentheorie, in: ZfbF, 16. Jg., S. 65–81.

Günther, Thomas (1997): Unternehmenswertorientiertes Controlling, München.

Günther, Thomas/Fuhrmann, Stephan/Günther, Edeltraud (2015): Integrated Reporting und Controlling – eine wechselseitige Beziehung, in: C.-C. Freidank/S. Müller/P. Velte (Hrsg.),

Handbuch Integrated Reporting. Herausforderung für Steuerung, Überwachung und Berichterstattung, Berlin, S. 151–181.

Gutenberg, Erich (1983): Grundlagen der Betriebswirtschaftslehre, 1. Band: Die Produktion, 24. Auflage, Berlin/Heidelberg/New York.

Haberstock, Lothar (2008): Kostenrechnung II. (Grenz-)Plankostenrechnung mit Fragen, Aufgaben und Lösungen, 10. Auflage, bearbeitet von Volker Breithecker, Berlin.

Hahn, Dietger/Hungenberg, Harald (2001): PuK, Planung und Kontrolle, Planungs- und Kontrollsysteme, Planungs- und Kontrollrechnung, wertorientierte Controllingkonzepte, 6. Auflage, Wiesbaden.

Hammer, Erwin (1977): Industriebetriebslehre, 2. Auflage, München.

Hammer, Michael (1995): Reengineering I: Der Sprung in eine andere Dimension, in: Harvard Business Manager, Vol. 17, S. 95–103.

Hansmann, Karl-Werner (2006): Industrielles Management, 8. Auflage, München/Wien.

Hartung, Werner (1997): Herstellungskosten bei Kuppelproduktion, in: BB, 52. Jg., S. 1627–1632.

Hasegawa, Takuzo (1994): Entwicklung des Management Accounting Systems und der Management Organisation in japanischen Unternehmungen, in: ZfC, 6. Jg., S. 4–11.

Hax, Herbert (1961): Preisuntergrenzen im Ein- und Mehrproduktbetrieb. Eine Anwendung der linearen Planungsrechnung, in: ZfbF, 13. Jg., S. 424–449.

Heinen, Edmund (1983): Betriebswirtschaftliche Kostenlehre. Kostentheorie und Kostenentscheidungen, 6. Auflage, Wiesbaden.

Herter, Ronald N. (1994): Benchmarking: Nur die Besten als Maßstab, in: DSWR, 23. Jg., S. 10–13.

Hensinger-Lange, Sabine (2018): Kommentierung, in: K. Bertram/R. Brinkmann/H. Kessler/ S. Müller (Hrsg.), Haufe HGB Bilanz Kommentar, 9. Auflage, Freiburg i.B.

Herzig, Norbert (1970): Zum Begriff der Herstellungskosten, in: BB, 25. Jg., S. 116–120.

Hilke, Wolfgang (1988): Zielorientierte Produktions- und Programmplanung. Betriebswirtschaftliche Planungs- und Entscheidungsverfahren, 3. Auflage, Neuwied.

Himme, Alexander (2009): Kostenmanagement. Bestandsaufnahme und kritische Beurteilung der empirischen Forschung, in: ZfB, 78. Jg., S. 1051–1098.

Hiromoto, Toshiro (1988): Another Hidden Edge – Japanese Management Accounting, in: Harvard Business Review, 66. Jg., S. 22–26.

Horváth, Péter (1994a): Zurück zur Basis – was Reengineering den Controllern lehrt, in: P. Horváth (Hrsg.), Kunden und Prozesse im Focus. Controlling und Reengineering, Stuttgart, S. 1–7.

Horváth, Péter (1994b): Kunden und Prozesse im Focus. Controlling und Reengineering, Stuttgart.

Horváth, Péter (2004): Zukunftsperspektiven der koordinationsorientierten Controllingkonzeption, in: E. Scherm/G. Pietsch (Hrsg.), Controlling. Theorien und Konzeptionen, München, S. 369–386.

Horváth, Péter/Mayer, Reinhold (1989): Prozeßkostenrechnung. Der neue Weg zu mehr Kostentransparenz und wirkungsvolleren Unternehmensstrategien, in: ZfC, 1. Jg., S. 214–219.

Horváth, Péter/Mayer, Reinhold (2011): Was ist aus der Prozesskostenrechnung geworden?, in: ZfCM, 55. Jg., Sonderheft 2, S. 5–10.

Horváth, Péter/Renner, Andreas (1990): Prozeßkostenrechnung. Konzept, Realisierungsschritte und erste Erfahrungen, in: Fortschrittliche Betriebsführung und Industrial Engineering, Heft 3, S. 100–107.

Horváth, Péter/Seidenschwarz, Werner (1992): Zielkostenmanagement, in: ZfC, 4. Jg., S. 142–150.

Horváth, Péter/Gleich, Ronald/Lamla, Joachim (1993): Kostenrechnung in flexiblen Montagesystemen bei hoher Variantenvielfalt, in: WISU, 22. Jg., S. 206–215.

Horváth, Péter/Gleich, Ronald/Seiter, Mischa (2015): Controlling, 13. Auflage, München.

Horváth, Péter/Niemand, Stefan/Wolbold, Markus (1993): Target Costing – State of the Art, in: P. Horváth (Hrsg.), Target Costing. Marktorientierte Zielkosten in der deutschen Praxis, Stuttgart, S. 1–27.

Horváth, Péter/Seidenschwarz, Werner/Sommerfeldt, Holger (1993): Von Genka Kikaku bis Kaizen. Wie japanische Unternehmen ihre Kosten im Griff haben. Erfahrungen einer Japanreise mit deutschen Managern und Controllern, in: ZfC, 5. Jg., S. 10–18.

Huch, Burkhard (1986): Einführung in die Kostenrechnung, 8. Auflage, Heidelberg.

Hülsberg, Frank M. (2007): Geschäftsführungsprüfung, in: C.-C. Freidank/L. Lachnit/J. Tesch (Hrsg.), Vahlens Großes Auditing Lexikon, München, S. 541–543.

IDW PS 200 (2000): Ziele und allgemeine Grundsätze der Durchführung von Abschlußprüfungen, in: WPg 53. Jg., S. 706–710.

IDW S 1 (2020): Grundsätze zur Durchführung von Unternehmensbewertungen (IDW S 1), in: IDW (Hrsg.), IDW Prüfungsstandards (IDW PS), IDW Stellungnahmen zur Rechnungslegung (IDW RS), IDW Standards (IDW S), IDW Prüfungs- und IDW Rechnungslegungshinweise (IDW PH und IDW RH), Band III, Düsseldorf, S. 1–41 (Loseblattsammlung, Stand: 73. Ergänzungslieferung Februar 2020).

IDW (2012): Fragen und Antworten: Zur praktischen Anwendung der Grundsätze zur Durchführung von Unternehmensbewertungen nach IDW S 1 i.d.F. 2008, in: IDW Fachnachrichten, Heft 5, S. 323–327.

Jacob, Herbert (1990): Die Planung des Produktions- und des Absatzprogramms, in: H. Jacob (Hrsg.), Industriebetriebslehre. Handbuch für Studium und Prüfung, 4. Auflage, Wiesbaden, S. 401–590.

Jehle, Egon (1992): Gemeinkostenmanagement, in: W. Männel (Hrsg.), Handbuch Kostenrechnung, Wiesbaden, S. 1506–1523.

Jensen, Michael C./Meckling, William H. (1976): Theory of the Firm. Managerial Behaviour, Agency Costs and Ownership Structure, in: JFE, Vol. 3, S. 305–360.

Johnson, H. Thomas (1988): Activity-based Information. A Blueprint for World-Class Management Accounting, in: Management Accounting (June), S. 23–30.

Johnson, H. Thomas/Kaplan, Robert S. (1987): Relevance Lost. The Rise and Fall of Management Accounting, Boston/Massachusetts.

Jonen, Andreas/Lingnau, Volker (2005): Target Costing auf der Basis der Conjoint-Analyse, in: WiSt, 34. Jg., S. 354–360.

Käfer, Karl (1964): Standard-Kostenrechnung, 2. Auflage, Zürich.

Kajüter, Peter (2000): Proaktives Kostenmanagement. Konzeptionen und Realprofile, Wiesbaden.

Kajüter, Peter (2018): Kostenrechnung aus internationaler Perspektive, in: CMR, 9. Jg., S. 24–25.

Kaplan, Robert S. (1975): The Significance and Investigation of Cost Variances. Survey and Extensions, in: JAR, S. 311–337.

Kargl, Herbert (1994): Lean Production, in: WiSt, 23. Jg., S. 176–179.

Kern, Werner (1992): Industrielle Produktionswirtschaft, 5. Auflage, Stuttgart.

Kieser, Alfred (1996): Business Process Reengineering – Neue Kleider für den Kaiser?, in: zfo, 65. Jg., S. 179–185.

Kilger, Wolfgang (1958): Produktions- und Kostentheorie, Wiesbaden.

Kilger, Wolfgang (1973): Optimale Produktions- und Absatzplanung. Entscheidungsmodelle für den Produktions- und Absatzbereich industrieller Betriebe, Opladen.

Kilger, Wolfgang (1976a): Kostentheoretische Grundlagen der Grenzplankostenrechnung, in: ZfbF, 28. Jg., S. 679–693.

Kilger, Wolfgang (1976b): Die Entstehung und Weiterentwicklung der Grenzplankostenrechnung als entscheidungsorientiertes System der Kostenrechnung, in: H. Jacob (Hrsg.), Schriften zur Unternehmensführung, Band 21: Neuere Entwicklungen in der Kostenrechnung (I), Wiesbaden, S. 9–39.

Kilger, Wolfgang (1977): Flexible Plankostenrechnung. Theorie und Praxis der Grenzplankostenrechnung und Deckungsbeitragsrechnung, 7. Auflage, Opladen.

Kilger, Wolfgang (1980): Soll- und Mindest-Deckungsbeiträge als Steuerungselemente der betrieblichen Planung, in: D. Hahn (Hrsg.), Führungsprobleme industrieller Unternehmungen, Festschrift für Friedrich Thomee zum 60. Geburtstag, Berlin/New York, S. 299–326.
Kilger, Wolfgang (1988): Flexible Plankostenrechnung und Deckungsbeitragsrechnung, 9. Auflage, Wiesbaden.
Kilger, Wolfgang (1993): Flexible Plankostenrechnung und Deckungsbeitragsrechnung, bearbeitet durch Kurt Vikas, 10. Auflage, Wiesbaden.
Kilger, Wolfgang/Pampel, Jochen/Vikas, Kurt (2012): Flexible Plankostenrechnung und Deckungsbeitragsrechnung, 13. Auflage, Wiesbaden.
Klein, Robert/Scholl, Armin (2004): Software zur Entscheidungsanalyse, in: Wirtschaftswissenschaftliche Fakultät der Friedrich-Schiller-Universität Jena (Hrsg.), Eine Marktübersicht, Jenaer Schriften zur Wirtschaftswissenschaft 19/2004, Jena, S. 1–10.
Klöpffer, Walter/Grahl, Birgit (2009): Ökobilanz (LCA): Ein Leitfaden für Ausbildung und Beruf, Weinheim.
Kloock, Josef (1987): Erfolgsrevision mit Deckungsbeitrags-Kontrollrechnungen, in: BFuP, 39. Jg., S. 109–126.
Kloock, Josef (1992): Prozeßkostenrechnung als Rückschritt und Fortschritt der Kostenrechnung (Teil 2), in: krp, 36. Jg., S. 237–245.
Kloock, Josef (1994): Neuere Entwicklungen des Kostenkontrollmanagements, in: K. Dellmann/K.-P. Franz (Hrsg.), Neuere Entwicklungen im Kostenmanagement, Bern/Stuttgart/Wien, S. 607–644.
Kloock, Josef (1998): Internes Rechnungswesen im Spiegel der wissenschaftlichen Erkenntnisse von Eugen Schmalenbach, in: BFuP, 50. Jg., S. 204–221.
Kloock, Josef/Bommes, Wolfgang (1982): Methoden der Kostenabweichungsanalyse, in: krp, 26. Jg., S. 229–237.
Kloock, Josef/Sieben, Günter/Schildbach, Thomas (1993): Kosten- und Leistungsrechnung, 7. Auflage, Düsseldorf.
Knefel, Patrick/Sassen, Remmer (2015): Nachhaltigkeitsberichterstattung deutscher und polnischer Unternehmen, in: ZfU, 38. Jg., S. 385–424.
Knief, Peter (2010): Der kalkulatorische Unternehmerlohn für Einzelunternehmer und Personengesellschafter. Eine betriebswirtschaftliche Herausforderung durch den BGH und die Reform des BewG und des ErbStG, in: DB, 63. Jg., S. 289–295.
Koch, Helmut (1958): Zur Diskussion über den Kostenbegriff, in: ZfbF, 10. Jg., S. 355–399.
Koch, Helmut (1965): Das Prinzip der traditionellen Stückkostenrechnung, in: ZfB, 35. Jg., S. 325–337.
Koch, Helmut (1966): Grundprobleme der Kostenrechnung, Köln/Opladen.
Köhler, Roland (2018): Grundzüge des Rechnungswesens als Grundlage für eine Verfahrensdokumentation. Prüfungsmöglichkeiten im Zusammenhang mit einem DV-gestützten Rechnungswesen aus Sicht der Betriebsprüfung, in: StBp, 10. Jg., S. 291–299.
Kosiol, Erich (1958): Kritische Analyse der Wesensmerkmale des Kostenbegriffs, in: E. Kosiol/F. Schlieper (Hrsg.), Betriebsökonomisierung durch Kostenanalyse, Absatzrationalisierung und Nachwuchserziehung, Festschrift für Rudolf Seyffert zu seinem 65. Geburtstag, Köln/Opladen, S. 7–37.
Kosiol, Erich (1964): Kostenrechnung, Wiesbaden.
Kosiol, Erich (1965): Typologische Gegenüberstellung von standardisierender (technisch orientierter) und prognostizierender (ökonomisch ausgerichteter) Plankostenrechnung, in: E. Kosiol (Hrsg.), Plankostenrechnung als Instrument moderner Unternehmensführung, 3. Auflage, Berlin, S. 49–76.

Kosiol, Erich (1979): Kosten- und Leistungsrechnung. Grundlagen – Verfahren – Anwendung, Berlin/New York.

Kreipl, Markus/Müller, Stefan (2018): Kommentierung, in: K. Bertram/R. Brinkmann/H. Kessler/ S. Müller (Hrsg.), Haufe HGB Bilanz Kommentar, 9. Auflage, Freiburg. i.B.

Kreyszig, Erwin (1979): Statistische Methoden und ihre Anwendung, 7. Auflage, Göttingen.

Küpper, Hans-Ulrich (1990): Verknüpfungen von Investitions- und Kostenrechnung als Kern einer umfassenden Planungs- und Kontrollrechnung, in: BFuP, 42. Jg., S. 253–267.

Küpper, Hans-Ulrich/Friedl, Gunther/Hofmann, Christian/Hofmann, Yvette/Pedell, Burkhard (2013): Controlling. Konzeption, Aufgabe, Instrumente, 6. Aufl., Stuttgart.

Kußmaul, Heinz (2016): Betriebswirtschaftslehre. Eine Einführung für Einsteiger und Existenzgründer, 7. Auflage, Berlin/Boston.

Lachnit, Laurenz/Müller, Stefan (2012): Unternehmenscontrolling. Managementunterstützung bei Erfolgs-, Finanz-, Risiko- und Erfolgspotenzialsteuerung, 2. Auflage, Wiesbaden.

Layer, Manfred (1967): Möglichkeiten und Grenzen der Anwendbarkeit der Deckungsbeitragsrechnung im Rechnungswesen der Unternehmen, Berlin.

Laßmann, Gert (1973): Gestaltungsformen der Kosten- und Erlösrechnung im Hinblick auf Planungs- und Kontrollaufgaben, in: WPg, 25. Jg., S. 4–17.

Leinen, Markus (2018): Kommentierung, in: K. Bertram/R. Brinkmann/H. Kessler/S. Müller (Hrsg.), Haufe HGB Bilanz Kommentar, 9. Auflage, Freiburg i.B.

Lentfer, Thies (2003): Die Überwachung des Risikomanagementsystems gemäß § 91 Abs. 2 AktG durch den Aufsichtsrat, Hamburg.

Lenz, Wolfgang/Arndt, Steffen/Göb, Stephan (2014): Umwelterklärung 2014. Mercedes-Benz Werk Hamburg (abrufbar unter: http://www.emas.de/fileadmin/user_upload/umwelterklaerungen/ reg/DE-131-00005_DaimlerAG-MercedesBenz-Werk-Hamburg.pdf, Stand: 05.08.2015).

Lingnau, Volker (2000): Systematik von Kostenzurechnungsprinzipien, in: WiSt, 29. Jg., S. 256–263.

Lorson, Peter (1993): Straffes Kostenmanagement und neue Technologien. Anforderungen, Instrumente und Konzepte unter besonderer Würdigung der Prozeßkostenrechnung, Berlin.

Lorson, Peter (1994a): Kostenmanagement. Kostenniveau und Kostenstrukturen strategisch beeinflussen, in: BiBu, 40. Jg., S. 178–183.

Lorson, Peter (1994b): Kostenmanagement. Produktbezogene Instrumente fordern Kosten-Nutzen-Denken, in: BiBu, 40. Jg., S. 223–226.

Lorson, Peter (1994c): Kostenmanagement. Kostenbeeinflussung durch Budgetierungsverfahren, in: BiBu, 40. Jg., S. 380–384.

Lorson, Peter (1995): Kostenmanagement. Entwicklungstendenzen im Kostenmanagement, in: BiBu, 41. Jg., S. 101–107.

Lück, Wolfgang (1998): Elemente eines Risiko-Managementsystems. Die Notwendigkeit eines Risiko-Managementsystems durch den Entwurf eines Gesetzes zur Kontrolle und Transparenz im Unternehmensbereich (KonTraG), in: DB 51. Jg., S. 8–14.

Lück, Wolfgang/Jung, Astrid (1994): Outsourcing – ein sinnvoller Ersatz für eine eigene Revisionsabteilung im Unternehmen?, in: ZIR, 29. Jg., S. 173–182.

Lücke, Wolfgang (1965): Die kalkulatorischen Zinsen im betrieblichen Rechnungswesen, in: ZfB, 35. Jg., Ergänzungsheft, S. 3–28.

Lücke, Wolfgang (1990): Arbeitsleistung, Arbeitsbewertung, Arbeitsentlohnung, in: H. Jacob (Hrsg.), Industriebetriebslehre. Handbuch für Studium und Prüfung, 4. Auflage, Wiesbaden, S. 177–317.

Lüder, Klaus (1970): Ein entscheidungsorientierter Ansatz zur Bestimmung auszuwertender Plan-Ist-Abweichungen, in: ZfbF, 22. Jg., S. 632–649.

Lülfs, Regina (2013): Nachhaltigkeit und organisationales Lernen. Eine transdisziplinäre Analyse, Wiesbaden.

Mammen, Andreas/Hinze, Anne-Kathrin (2015): Integrated Reporting und Due Diligence, in: C.-C. Freidank/S. Müller/P. Velte (Hrsg.), Handbuch Integrated Reporting. Herausforderung für Steuerung, Überwachung und Berichterstattung, Berlin, S. 561–589.
Mann, Rudolf/Mayer, Elmar (1993): Controlling für Einsteiger, 6. Auflage, Freiburg i.B.
Männel, Wolfgang (1998): Zinsen im innerbetrieblichen Rechnungswesen, in: krp, 42. Jg., S. 83–97.
Maier-Scheubeck, Nicolas (1991) Prozeßkostenrechnung – Im Westen nichts Neues, in: DBW, 51. Jg., S. 543–548.
Marettek, Alexander (1964): Typen der Budgetkostenrechnung, in: ZfB, 34. Jg., S. 408–414.
Mayer, Elmar (1979): Erfolgswirksame Preisuntergrenzen – dargestellt am Beispiel der Brot- und Backwarenindustrie, in: krp, 23. Jg., S. 7–17.
Mayer, Reinhold (1990): Prozeßkostenrechnung – Rückschritt oder neuer Weg?, in: ZfC, 2. Jg., S. 273–274.
Mayer, Reinhold (1991): Prozeßkostenrechnung und Prozeßkostenmanagement. Konzept, Vorgehensweise und Einsatzmöglichkeiten, in: IFUA Horváth & Partner GmbH (Hrsg.), Prozeßmanagement. Methodik, Implementierung, Erfahrungen, München/Stuttgart, S. 73–99.
Mayer, Reinhold (1993): Target Costing und Prozeßkostenrechnung, in: P. Horváth (Hrsg.), Target Costing. Marktorientierte Zielkosten in der deutschen Praxis, Stuttgart, S. 75–92.
Meier, Norbert (1959): Kostenprüfung, Köln/Opladen.
Mellerowicz, Konrad (1974): Kosten und Kostenrechnung II: Verfahren, 1. Teil, Allgemeine Fragen der Kostenrechnung und der Betriebsabrechnung, 5. Auflage, Berlin/New York.
Mellerowicz, Konrad (1977): Neuzeitliche Kalkulationsverfahren, 6. Auflage, Freiburg i.B.
Mellerowicz, Konrad (1978): Rechnungswesen, Göttingen.
Mellerowicz, Konrad (1980): Kosten und Kostenrechnung II: Verfahren, 2. Teil, Kalkulation und Auswertung der Kostenrechnung und Betriebsabrechnung, 5. Auflage, Berlin.
Menrad, Siegfried (1965): Der Kostenbegriff. Eine Untersuchung über den Gegenstand der Kostenrechnung, Berlin.
Menrad, Siegfried (1978): Rechnungswesen, Göttingen.
Mertens, Kai/Meyer, Matthias (2018): Wie schlimm sind Messfehler für die Kostenrechnung? in: CMR, 19. Jg., S. 28–38.
Miller, Jeffrey G./Vollmann, Thomas E. (1985): The hidden factory, in: Harvard Business Review, Vol. 55, Heft 5, S. 142–150.
Moews, Dieter (1969): Zur Aussagefähigkeit neuer Kostenrechnungsverfahren, Berlin.
Möller, Hans Peter (1985): Erfolgsabweichungsanalyse mit Erfolgsfunktionen (II), in: WISU, 15. Jg., S. 81–87.
Möller, Hans Peter/Hüfner, Bernd/Ketteniß, Holger (2011): Internes Rechnungswesen, 2. Auflage, München.
Müller, Christof (2006): Anforderungen von Sparkassen und Volksbanken an die Kosten- und Erlösrechnung ihrer mittelständischen Kreditkunden, in: DStR 26. Jg., S. 1148–1153
Müller, Stefan (2003): Management-Rechnungswesen. Ausgestaltung des externen und internen Rechnungswesens unter Konvergenzgesichtspunkten, Wiesbaden.
Müller-Merbach, Heiner (1973): Operations Research. Methoden und Modelle der Optimalplanung, 3. Auflage, München.
Münstermann, Hans (1969): Unternehmensrechnung. Untersuchungen zur Bilanz, Kalkulation, Planung mit Einführung in die Matrizenrechnung, Graphentheorie und Lineare Programmierung, Wiesbaden.
Niederhuemer, Silvia/Niedermayr, Thomas (2007): Enforcement – Überwachung der Rechnungslegungsstandards im europäischen Vergleich, in: H. Löffler (Hrsg.), Internationale und nationale Rechnungslegung am Wendepunkt, Wien, S. 299–323.

Neumayer, W.W. (1950): Berücksichtigung des „Auftrags"- und „Verfahrens"-Wechsels in der Fertigung durch „doppelt-flexible" Plankostenrechnung, in: ZfB, 20. Jg., S. 403–411.

Neumayer, W.W. (1951): „Voll-flexible" Plankostenrechnung zur Lösung der Kostenrechnungs- und Gewinnbeteiligungs-Probleme, in: ZfB, 21. Jg., S. 397–409.

Nidumolu, Ram/Prahalad, Coimbatore K./Rangaswami, Madhavan R. (2009): In fünf Schritten zum nachhaltigen Unternehmen, in: Harvard Business Manager, Heft 12, 31. Jg., S. 51–61.

Niemand, Stefan (1994): Target Costing für industrielle Dienstleistungen, in: CM, 19. Jg., S. 66–73.

Nowak, Paul (1961): Kostenrechnungssysteme in der Industrie, 2. Auflage, Köln/Opladen.

Oecking, Georg F. (1993): Strategisches und operatives Fixkostenmanagement, in: ZfC, 5. Jg., S. 82–90.

Ohse, Dietrich (2004): Mathematik für Wirtschaftswissenschaftler I. Analysis, 6. Auflage, München.

Ohse, Dietrich (2005): Mathematik für Wirtschaftswissenschaftler II. Lineare Wirtschaftsalgebra, 5. Auflage, München.

Olshagen, Christoph (1991): Prozeßkostenrechnung. Aufbau und Einsatz, Wiesbaden.

Ossadnik, Wolfgang (2009): Controlling, 4. Auflage, München/Wien.

Ossadnik, Wolfgang/Maus, Stefan (1994): Kostenabweichungsanalyse als Instrument des operativen Controlling, in: WiSt, 23. Jg., S. 446–450.

Paal, Eberhard (1977): Realisierung der sog. Teilgewinne aus langfristigen, auftragsbezogenen Leistungen im Jahresabschluss der AG, Düsseldorf.

Pampel, Jochen R. (2008): Rückkehr der Grenzplankostenrechner? Unternehmenssteuerung mit der Flexiblen Plankostenrechnung, in: C.-C. Freidank/S. Müller/I. Wulf (Hrsg.), Controlling und Rechnungslegung. Aktuelle Entwicklungen in Wissenschaft und Praxis, Festschrift für Laurenz Lachnit zum 65. Geburtstag, Wiesbaden, S. 159–186.

Pedell, Burkhard (2007): Kapitalmarktorientierte Ermittlung des Kapitalkostensatzes für Zwecke der Entgeltregulierung, in: ZP, 18. Jg., S. 35–60.

Peemöller, Volker H. (2011): Outsourcing der Internen Revision, in: C.-C. Freidank/V. H. Peemüller (Hrsg.), Kompendium der Internen Revision. Internal Auditing in Wirtschaft und Praxis, Berlin, S. 505–524.

Perridon, Louis/Steiner, Manfred/Rathgeber, Andreas (2017): Finanzwirtschaft der Unternehmen, 17. Auflage, München.

Pfaff, Dieter/Weber, Jürgen (1998): Zweck der Kostenrechnung? Eine neue Sicht auf ein altes Problem, in: DBW, 58. Jg., S. 151–165.

Pfaff, Dieter/Weißenberger, Barbara E. (2000): Institutionenökonomische Fundierung, in: T.M. Fischer (Hrsg.): Kosten-Controlling. Neue Methoden und Inhalte, Stuttgart, S. 109–163.

Pfeiffer, Werner/Weiß, Enno (1994): Lean Management. Grundlagen der Führung und Organisation lernender Unternehmen, 2. Auflage, Berlin.

Pieper, Tobias/Eisenmann, Tobias (2017): Strategisches Kostenmanagement in der Unternehmenspraxis. Eine empirische Analyse der Kostensenkungsprogramme deutscher Unternehmen, in: ZfC, 29. Jg., S. 51–56.

Plaut, Hans-Georg (1951): Die Plankostenrechnung in der Praxis des Betriebes, in: ZfB, 21. Jg., S. 531–543.

Plaut, Hans-Georg/Müller, Heinrich/Medicke, Werner (1973): Grenzplankostenrechnung und Datenverarbeitung, München.

Powelz, Herbert J.H. (1984): Gewinnung und Nutzung von Erlösinformationen, in: ZfB, 54. Jg., S. 1090–1115.

Powelz, Herbert J.H. (1985): Ansätze zum weiteren Ausbau der differenzierten Kostenabweichungsanalyse, in: krp, 29. Jg., S. 233–239.

Prammer, Heinz K. (2009): Integriertes Umweltkostenmanagement. Bezugsrahmen und Konzeption für eine ökologisch nachhaltige Unternehmensführung, Wiesbaden.

Prammer, Heinz K. (2010): Wie lässt sich die operative Umweltleistung von Unternehmen messen? Streiflichter auf ausgewählte Konzepte und Normen, in: H.K. Prammer (Hrsg.), Corporate Sustainability. Der Beitrag von Unternehmen zu einer nachhaltigen Entwicklung in Wirtschaft und Gesellschaft. Festschrift für Adolf Heinz Malinsky, Wiesbaden, S. 7–36.

REFA (REFA Verband für Arbeitsstudien und Betriebsorganisation e.V.) (1976): Methodenlehre des Arbeitsstudiums, Teil 2, Datenermittlung, 5. Auflage, München.

Reichmann, Thomas/Kißler, Martin/Baumöl, Ulrike (2017): Controlling mit Kennzahlen. Die systemgestützte Controlling-Konzeption, 9. Auflage, München.

Reichmann, Thomas/Schwellnuß, Axel G./Fröhling, Oliver (1990): Fixkostenmanagementorientierte Plankostenrechnung. Kostentransparenz und Entscheidungsrelevanz gleichermaßen sicherstellen, in: ZfC, 2. Jg., S. 60–67.

Reiß, Michael (1994): Reengineering – radikale Revolution oder realistische Reform?, in: P. Horváth (Hrsg.), Kunden und Prozesse im Focus. Controlling und Reengineering, Stuttgart, S. 9–26.

Riebel, Paul (1969): Die Fragwürdigkeit des Verursachungsprinzips im Rechnungswesen, in: M. Layer /H. Strebel (Hrsg.), Rechnungswesen und Betriebspolitik, Festschrift für Gerhard Krüger zu seinem 65. Geburtstag, Berlin, S. 49–64.

Riebel, Paul (1972): Kosten und Preise. Bei verbundener Produktion, Substitutionskonkurrenz und verbundener Nachfrage, 2. Auflage, Opladen.

Riebel, Paul (1974): Systemimmanente und anwendungsbedingte Gefahren von Differenz- und Deckungsbeitragsrechnungen, in: BFuP, 26. Jg., S. 493–529.

Riebel, Paul (1976): Das Rechnen mit Einzelkosten und Deckungsbeiträgen, in: A.G. Coenenberg (Hrsg.), Unternehmensrechnung. Betriebliche Planungs- und Kontrollrechnungen auf der Basis von Kosten und Leistungen, München, S. 24–47.

Riebel, Paul (1994): Einzelkosten- und Deckungsbeitragsrechnung. Grundfragen einer markt- und entscheidungsorientierten Unternehmensrechnung, 7. Auflage, Wiesbaden.

Riedel, Günther (1974): Bestimmung des gewinnmaximalen Fertigungsprogramms bei mehreren Engpässen durch lineare Optimierung, in: DB, 27. Jg., S. 345–350.

Riegler, Christian (2000): Zielkosten, in: T.M. Fischer (Hrsg.), Kosten-Controlling. Neue Methoden und Inhalte, Stuttgart, S. 233–263.

Rose, Gerd/Watrin, Christoph (2013): Umsatzsteuer mit Grunderwerbsteuer und kleineren Verkehrssteuern, 18. Auflage, Berlin.

Rückle, Dieter/Klein, Andreas (1994): Product-Life-Cycle-Cost-Management, in: K. Dellmann/ K.-P. Franz (Hrsg.), Neuere Entwicklungen im Kostenmanagement, Bern/Stuttgart/Wien, S. 335–367.

Rummel, Kurt (1967): Einheitliche Kostenrechnung auf der Grundlage einer vorausgesetzten Proportionalität der Kosten zu betrieblichen Größen, 3. Auflage, Düsseldorf.

Sakurai, Michikaru (1989): Target Costing and How to Use it, in: Journal of Cost Management (Summer), S. 39–50.

Sakurai, Michikaru (1990): The Influence of Factory Automation on Management Accounting Practices. A Study of Japanese Companies, in: R.S. Kaplan (Hrsg.), Measures for Manufacturing Excellence, Harvard Business School Press, Boston/Massachusetts, S. 39–62.

Sassen, Remmer (2012): Integration des Controllings in das Corporate Governance-System einer Aktiengesellschaft, in: ZfC 24. Jg., S. 323–329.

Sassen, Remmer/Behrmann, Maximilian (2016): Anforderungen an die Prüfung des Risikomanagements im Rahmen der handelsrechtlichen Abschlussprüfung, in: ZCG, 11. Jg., S. 133–137.

Sassen, Remmer/Hinze, Anne-Kathrin/Hardeck, Inga (2016): Impact of ESG factors on firm risk in Europe, in: Journal of Business Economics, 86. Jg., S. 867–904.

Sassen, Remmer/Schnier, Olaf (2013): Die Vorstandsvergütung als Steuerungsinstrument der Corporate Governance. Problembereiche und Spannungsfelder aus theoretischer und normativer Perspektive, in: C.-C. Freidank/P. Velte (Hrsg.), Unternehmenssteuerung im Umbruch. Internationale Reformen in Reporting und Corporate Governance, Berlin, S. 233–261.

Sautter, Joachim (2016): Budgetary Slack, in: ZfC, 28. Jg., S. 281–282.

Schäfer, Klaus (1985): Zur steuerlichen Bewertung von Kuppel-Nebenprodukten, in: StBp, 25. Jg., S. 43.

Schaltegger, Stefan/Windolph, Sarah E./Harms, Dorli (2010): Corporate Sustainability Barometer. Wie nachhaltig agieren Unternehmen in Deutschland?, in: PricewaterhouseCoopers (Hrsg.), Strategie, Organisation, Prozesse und Systeme, Hechingen, S. 1–85.

Scheffler, Eberhard (2007): Erste Erfahrung mit dem deutschem Enforcement, in: C.-C. Freidank/ P. Altes (Hrsg.): Rechnungslegung und Corporate Governance, Berlin, S. 205–221.

Scherrer, Gerhard (1999): Kostenrechnung, 3. Auflage, Stuttgart.

Schildbach, Thomas/Homburg, Carsten (2009): Kosten-und Leistungsrechnung, 10. Auflage, Stuttgart.

Schirmeister, Raimund (2000): Break-Even-Analyse, in: T.M. Fischer (Hrsg.): Kosten-Controlling. Neue Methoden und Inhalte, Stuttgart, S. 207–234.

Schirmeister, Raimund/Krüsmann, Kerstin (2010): Abweichungs- und Wirtschaftlichkeitsanalyse in Dienstleistungsunternehmen, in: WiSt, 7. Jg., S. 360–364.

Schlittgen, Rainer (2012): Einführung in die Statistik. Analyse und Modellierung von Daten, 12. Auflage, München.

Schmalenbach, Eugen (1919): Selbstkostenrechnung, in: ZfhF, 13. Jg., S. 257–299 und S. 321–356.

Schmalenbach, Eugen (1963): Kostenrechnung und Preispolitik, 8. Auflage, bearbeitet von Richard Bauer, Köln/Opladen.

Schneider, Dieter (1961): Kostentheorie und verursachungsgerechte Kostenrechnung, in: ZfbF, 13. Jg., S. 677–707.

Schnupp, Constantin/Fritze, Ann-Kathrin (2016): Herausforderungen bei der Anwendung von Kennzahlen im Rahmen der Unternehmenssteuerung, in: ZfC, 28. Jg., S. 274–278.

Scholz, Christian (1994): Lean Management, in: WiSt, 23. Jg., S. 180–186.

Schönfeld, Hanns-Martin/Möller, Hans Peter (1995): Kostenrechnung. Einführung in das betriebswirtschaftliche Rechnungswesen mit Erlösen und Kosten, 8. Auflage, Stuttgart.

Schröder, Regina W. (2008): Ermittlung und Darstellung von Abweichungsinterdependenzen mithilfe der differenziert-kumulativen Abweichungsanalyse, in: WiSt, 37. Jg., S. 178–183.

Schubert, Wolfgang J./Hutzler, Alexander (2018): Kommentierung, in: B. Grottel/ S. Schmidt/W. J. Schubert/U. Störk (Hrsg.), Beck'scher Bilanz-Kommentar, 12. Auflage, München.

Schubert, Wolfgang J./Gadek, Stephan (2020): Kommentierung, in: B. Grottel/ S. Schmidt/W. J. Schubert/U. Störk (Hrsg.), Beck'scher Bilanz-Kommentar, 12. Auflage, München.

Schurbohm-Ebneth, Anne/Ohmen, Philipp (2015): Implikationen von IFRS 15 für den Anlagenbau, in: KoR, 15. Jg., S. 7–14.

Schweitzer, Marcell/Küpper, Hans-Ulrich/Friedl, Gunther/Hofmann, Christian/Pedell, Burkhard (2016): Systeme der Kosten- und Erlösrechnung, 11. Auflage, München.

Schweitzer, Marcell/Küpper, Hans-Ulrich (1997): Produktions- und Kostentheorie. Grundlagen – Anwendungen, 2. Auflage, Wiesbaden.

Schwering, Anja (2016): Ehrlichkeit in der Budgetierung, Wiesbaden.

Seidenschwarz, Werner (1991a): Target Costing. Ein Japanischer Ansatz für das Kostenmanagement, in: ZfC, 3. Jg., S. 198–203.

Seidenschwarz, Werner (1991b): Target Costing. Schnittstellenbewältigung mit Zielkosten, in: P. Horváth (Hrsg.), Synergien durch Schnittstellen-Controlling, Stuttgart, S. 191–209.

Seidenschwarz, Werner (1991c): Target Costing und Prozesskostenmanagement, in: IFUA Horváth & Partner GmbH (Hrsg.), Prozesskostenmanagement. Methodik, Implementierung, Erfahrungen, Stuttgart/ München, S. 47–70.

Seidenschwarz, Werner (1993): Target Costing. Marktorientiertes Zielkostenmanagement, München.

Seidenschwarz, Werner (2008): Die zweite Welle des Target Costing. Die Renaissance einer intelligenten Entwicklungsmethodik, in: ZfC, 20. Jg., S. 617–625.

Seidenschwarz, Werner/Böhme, Holger (2010): Target Costing im Low-Price-Segment am Beispiel Dacia, in: ZfC, 22. Jg., S. 120–127.

Seidl, David (2007): Grundsätze ordnungsmäßiger Unternehmensführung, in: C-C, Freidank/ L. Lachnitt/J. Tesch (Hrsg.), Vahlens Großes Auditing Lexikon, München, S. 603–606.

Serfling, Klaus (1993): Fälle und Lösungen zur Kostenrechnung, 4. Auflage, Herne/Berlin.

Sharpe, William F. (1964): Capital Asset Prices: A Theory of Market Equilibrium and Conditions of Risk, in: JoF, Vol. 19, S. 425–442.

Stepan, Adolf/Sommersguter-Reichmann, Margit (2002): Kostentheorie, in: H.-U. Küpper/ A. Wagenhofer (Hrsg.), Handwörterbuch Unternehmensrechnung und Controlling, 4. Auflage, Stuttgart, S. 1149–1157.

Steven, Marion/Wasmuth, Katja (2008): Das klassische Losgrößenmodell und seine Erweiterungen, in: WISU, 37. Jg., S. 89–97.

Störk, Ulrich/Schellhorn, Mathias (2020): Kommentierung, in: B. Grottel/S. Schmidt/W. J. Scheibert/U. Störl (Hrsg.), Beck'scher Bilanz-Kommentar, 12. Aufl., München.

Streitferdt, Lothar (1983): Entscheidungsregeln zur Abweichungsauswertung. Ein Beitrag zur betriebswirtschaftlichen Abweichungsanalyse, Würzburg/Wien.

Striening, Hans-Dieter (1989): Prozessmanagement im indirekten Bereich. Neue Herausforderungen an die Controller, in: ZfC, 1. Jg., S. 324–339.

Strobel, Wilhelm (2000): Reform der Unternehmensüberwachung durch den Aufsichtsrat der Aktiengesellschaft, in: L.Lachnit,/C.-C. Freidank, (Hrsg.), Investororientierte Unternehmenspublizität. Neue Entwicklungen von Rechnungslegung, Prüfung und Jahresabschlussanalyse, Wiesbaden, S. 527–569.

Suhl, Leena/Kliewer, Natalia/Steinbach, Matthias (2012): Entscheidungsunterstützende Systeme, in: J. Fischer/W. Dangelmaier/L. Nastansky/L. Suhl (Hrsg.), Bausteine der Wirtschaftsinformatik. Grundlagen und Anwendungen, 5. Auflage, Berlin, S. 397–471.

Szyperski, Norbert (1962): Zur Problematik der quantitativen Terminologie in der Betriebswirtschaftslehre, Berlin.

Tanaka, Masayasu (1989): Cost Planning and Control Systems in the Design Phase of a New Product, in: Y. Monden/M. Sakurai (Hrsg.), Japanese Management Accounting. A World Class Approach to Profit Management, Cambridge/Massachusetts,S. 49–71.

Tani, Takeyuki/Kato, Yutaka (1994): Target Costing in Japan, in: K. Dellmann/K.-P. Franz (Hrsg.), Neuere Entwicklungen im Kostenmanagement, Bern/Stuttgart/Wien, S. 191–222.

Tietz, Bruno (1993): Der Handelsbetrieb. Grundlagen der Unternehmenspolitik, 2. Auflage, München.

Troßmann, Ernst (2013): Controlling als Führungsfunktion. Eine Einführung in die Mechanismen betrieblicher Koordination, München.

Umweltbundesamt (2012): Hintergrundinformation zum PRTR in Deutschland, Dessau-Roßlau 2012 (abrufbar unter: http://www.thru.de/fileadmin/SITE_MASTER/content/Dokumente/Down loads/PRTR_Deutschland.pdf, Stand: 06.08.2015).

Vanini, Ute (2011): Target Costing, in: WISU, 40. Jg., S. 347–354.

Vikas, Kurt (1996): Neue Konzepte für das Kostenmanagement. Vergleich der aktuellen Verfahren für Industrie- und Dienstleistungsunternehmen, 3. Auflage, Wiesbaden.

Wäscher, Dieter: Strategisches Gemeinkosten-Management im Material- und Logistik Bereich am Beispiel eines Maschinenbauunternehmens, in: CM, 14. Jg. 1989, S. 74–81.

Wald, Andreas/Schneider, Christoph/Gleich, Ronald/Löwer, Thomas (2012): Zum Potenzial der Gemeinkostenreduktion. Ergebnisse einer empirischen Studie, in: ZfC, 24. Jg., S. 295–401.

Wall, Friederike (1999): Planungs- und Kontrollsysteme. Informationstechnische Perspektiven für das Controlling, Grundlagen, Instrumente, Konzepte, Wiesbaden.

Wagenhofer, Alfred (2006): Zusammenwirken von Controlling und Rechnungslegung nach IFRS, in: A. Wagenhofer (Hrsg.), Controlling und IFRS-Rechnungslegung. Konzepte, Schnittstellen, Umsetzung, Berlin, S. 1–20.

Weber, Helmut Kurt/Rogler, Silvia (2006): Betriebswirtschaftliches Rechnungswesen, Band 2: Kosten- und Leistungsrechnung sowie kalkulatorische Bilanz, 4. Auflage, München.

Weber, Jürgen (2000): Logistikkosten, in: T.M. Fischer (Hrsg.), Kosten-Controlling. Neue Methoden und Inhalte, Stuttgart, S. 455–477.

Weber, Jürgen (2013): Verhaltensorientiertes Controlling. Plädoyer für eine (nicht ganz) neue Sicht auf das Controlling, in: ZfC, 25. Jg., S. 217–222.

Weber, Jürgen/Weißenberger, Barbara E. (2010): Einführung in das Rechnungswesen, 8. Auflage, Stuttgart.

Weber, Jürgen/Georg, Johannes/Janke, Robert (2010): Nachhaltigkeit: Relevant für das Controlling?, in: ZfC, Heft 6, 54. Jg., S. 395–400.

Weiß, Enno/Strubl, Christoph/Goschy, Wilhelm (2015): Lean Management. Grundlagen der Führung und Organisation lernender Unternehmen, 3. Auflage, Berlin.

Welge, Martin K./Eulerich, Marc (2014): Corporate-Governance Management. Theorie und Praxis der guten Unternehmensführung, Wiesbaden.

Weißenberger, Barbara E. (2007): Auswirkungen der IFRS auf das Controlling, in: C.-C. Freidank/J. Tanski, J. (Hrsg.), Accounting, Controlling & Finance. Management-Handbuch, Loseblattsammlung: 5. Ergänzungslieferung, Dezember 2007, München, II.4, S. 1–29.

Weißenberger, Barbara E./Maier, Michael (2006): Der Management Approach in der IFRS-Rechnungslegung. Fundierung der Finanzberichterstattung durch Informationen aus dem Controlling, in: DB, 59. Jg., S. 2077–2083.

Weltkommission für Umwelt und Entwicklung (1987): Brundtland-Bericht, in: V. Hauff (Hrsg.), Unsere gemeinsame Zukunft, Greven, S. 1–421.

Wilms, Stefan (1988): Abweichungsanalysemethoden der Kostenkontrolle, Bergisch Gladbach/Köln.

WP-Handbuch (1985): Wirtschaftsprüfer-Handbuch 1985/86, Band I, Institut der Wirtschaftsprüfer in Deutschland e.V. (Hrsg.), Düsseldorf.

Witt, Frank-Jürgen (1994): Deckungsbeitragsmanagement, München.

Wöhe, Günter/Döring, Ulrich/Brösel, Gerrit (2016): Einführung in die Allgemeine Betriebswirtschaftslehre, 26. Auflage, München.

Wohlgemuth, Michael (1970): Eignung und Verwendbarkeit der Planherstellkosten zur bilanziellen Erzeugnisbewertung, in: ZfbF, 22. Jg., S. 387–406.

Wolf, Brigitta/Sureth-Sloane, Caren/Weißenberger, Barbara (2018): BWL greift gesellschaftlichen Wandel auf, in: FAZ vom 17.12.2018, Nr. 293, Der Betriebswirt, S. 16.

Wulf, Inge/Schäfer, Björn (2010): Auswirkungen der Corporate Governance auf das Controlling: Eine Analyse auf Basis von Corporate Governance-Mechanismen und relevanten Rechtsnormen, in: ZCG, 5. Jg., S. 261–267.

Zentrum Wertanalyse der VDI-Gesellschaft Systementwicklung und Projektgestaltung (VDI-GSP) (1995): Wertanalyse. Idee – Methode – System, 5. Auflage, Berlin/Heidelberg.

Stichwortverzeichnis

Abbaufähigkeit fixer und variabler
    Kostenarten 339, 424, 468, 477, 488
ABC-Analyse 426, 488
Absatzsteuerung 207, 360
Abschlussprüfer 517, 523, 526, 530–532, 542
Abschreibungen
– außerplanmäßige 17, 19–20, 30, 130, 142
– bilanzielle 17, 20, 30, 130, 139, 142, 145,
    495, 499–500, 545
– kalkulatorische 20, 29, 129–131, 140–142,
    167, 175, 192, 203, 226, 236, 307, 487,
    495, 499–500
– Ursachen 129–130
Abschreibungsmethode 17, 131, 135–137,
    139–140
– degressive 132–134, 136–137
– Kombinationsformen 134, 137–140
– Leistungsabschreibung 285, 135–137,
    139–140
– lineare 131–132, 135, 137, 139–140
– progressive 134–135, 138
Absetzung für Abnutzung (AfA) 131, 134
Abweichungen
– höheren Grades 262, 264–267,
    269–271, 274
– in der flexiblen Plankostenrechnung auf
    Vollkostenbasis 48, 233, 239–240,
    242–244, 246–247, 251, 316
– in der Deckungsbeitragsrechnung 318,
    337, 339
– in der Grenzplankostenrechnung 346
– in der Normalkostenrechnung 228, 233, 239
– in der starren Plankostenrechnung 237–240,
    245, 315
– Interdependenzen 262, 265
– Verrechnung 228, 238, 252, 254, 256,
    262, 316
– von den vom Markt erlaubten Kosten 237
– prozessbezogene 440
– systematische 249
– zufallsbedingte 249
Abweichungsanalyse 48, 117, 160, 233,
    238–239, 248–251, 262, 264–265,
    267–274, 276–277, 282, 289, 309, 316,
    346, 469
Abzugskapital 143, 146–147, 150
Activity-based-Management 474

Äquivalenztheorie 9
Äquivalenzziffernkalkulation 179, 186
Akkordlohnsysteme 123
Akkordrichtsatz 123–125, 292
Akkordzuschlag 123
Allokationseffekt 437, 471
Allowable Costs 444, 449
Anderskosten 20, 22, 29, 113, 121, 143,
    203–204, 495
Andersleistungen 26–28, 30
Angebotspreis 108, 189, 191–193, 491
Anlastungsprinzip 223
Anpassungsprozess 65, 99–100
– intensitätsmäßiger 66, 73, 94, 100, 287,
    308, 310–311, 361, 389
– kapazitativer 440–441
– Kombinationsformen 94, 361, 389
– quantitativer 94–95, 100, 240, 242, 304,
    308, 339, 361, 389, 405
– selektiver 98
– zeitlicher 94, 361, 389
Anschaffungskosten 17, 30, 117–120, 135, 142,
    145, 148, 492, 494–495, 497–504
Antikorruptionsmaßnahmen 541
Arbeitssicherheit 539, 541
Artikel-Roherfolg 503
Aufsichtsrat 517, 523–530
Aufsichtsrats-Scorecard 528
Auftragsfertigung 5, 331, 506–507, 509, 511,
    514–515
Aufwendungen 6, 15–22, 24, 28–33, 35,
    105–107, 121, 126–127, 151, 155, 158, 200,
    203–204, 214, 231, 253, 333, 494–496,
    499–500, 505, 511, 545, 550–551
Ausführungszeit 124, 290–291
Ausgaben 6, 8, 13, 15–18, 23–25, 117, 142,
    202–203, 231, 335–337, 341, 343, 442, 489
Ausgleichsgesetz der Planung 296
Ausgliederungsstellen 175
Auszahlungen 6, 8, 15–16, 23–24, 106, 381,
    385–387, 416, 489

Balanced Scorecard 534
Barverkaufspreis 498, 500–503
Befundrechnung 114–115
Benchmarking 469, 474
Bereitschaftskosten 46, 296

Beschäftigung
- als Kosteneinflussgröße 239, 268, 305–306, 315, 317
- Beschäftigungsgrad 44–46, 49–50, 57, 67, 70–72, 86, 131, 233, 242, 304, 306–308, 326, 475
- Funktion im Rahmen der Plankostenrechnung 244, 246, 254–255, 257, 286
- kritische 81–82
- Messung 44–45
Beschäftigungsabweichung
- Begriff und Ermittlung 327, 240, 244, 271
- „echte" 244, 253, 264, 269–271, 273–276, 327
Bestandsaufnahme (s. Inventur)
Beteiligungscontrolling 534
Betriebsabrechnung 107, 111–112, 115, 120, 122–123, 126, 128, 143, 162, 175, 200, 517, 546–547
Betriebsabrechnungsbogen 112, 163, 165–166, 168–170, 172, 175, 190, 193, 209, 518
Betriebsausgabe 16, 128, 151
Betriebsbuchhaltung 20, 29, 35, 105, 107, 109, 120, 128, 142–143, 158, 163, 213–214, 219, 319
Betriebsergebnis 31–32, 35, 107, 109, 200, 207, 215, 233, 339, 344–345, 487–490, 517
Betriebsergebnisanalyse 343–345
Betriebsgröße 43, 84–88, 234, 415
Betriebsminimum 74
Betriebsmittel 40, 44–45, 51, 64–67, 73, 80, 86–87, 108, 130–131, 134, 139–141, 178, 241, 285, 287, 296, 358
betriebsnotwendiges Kapital 143, 147–148, 150, 495–496
betriebsnotwendiges Vermögen 143–144, 146–147, 149–150
Betriebsoptimum 68, 76–77, 82–83
Betriebsprüfer 517
Betriebsstoffe 48, 65, 87–88, 113, 117, 148–149, 156, 226–227, 286, 338, 403, 453, 546, 548, 550
Bewertungsvorschriften 24
- handelsrechtliche 16, 129–130
- internationale 16, 129–130
- steuerrechtliche 16, 129–130

Beziehungskennzahlen 487
Bezugsgröße
- Hierarchie 335–336, 341
- Planung 235, 243, 256, 286, 293, 296–297, 303–304, 329, 387–388
- Systematisierung 295, 334
Bezugsgrößenkalkulation 188, 193, 432, 437
Bilanzmethode 144, 151
Biodiversität 536–537
Blockverfahren 169
Bonitätsbeurteilung 506
Break-even-point 387–392, 395, 397, 420
- bei Einproduktunternehmen 396
- bei Mehrproduktunternehmen 397–398
Bruttoverkaufspreis 498, 500–501
Buchwertabschreibung (s. Abschreibungsmethode, degressive)
Budgetary Slack 280–281, 283
Budgetierungsrechnung 252, 278, 311
Budgetkostenrechnung 228
Budgetplan 280, 283
Business Value-Added Activities 474

Capital Asset Pricing Model (CAPM) 152–155
Completed Contract Methode 508, 510–511
Compliance-System 540
Compliance-Test 516
Conjoint-Analyse 456
Controller 283–284, 481, 527
Customer Value-Added Activities 474

Deckungsbeitrag 322, 328, 331, 340, 342, 343–344, 347, 351, 369, 372, 375, 398, 489
- absoluter Plan-Stückdeckungsbeitrag 349–350, 361, 363, 380, 409
- Deckungsbeitragsdiagramm 389–390
- engpassbezogener (relativer) Plan-Stückdeckungsbeitrag 351–352, 358, 361, 370–373, 375–377, 408, 420
- durchschnittlicher 397
- gesamter 343, 369
- Plan-Deckungsbeitragsvolumen 350–351, 354, 356–357, 362–363, 372–376, 378–379, 385–389, 393–394, 396–397, 409–414, 418, 420
- produktgruppenbezogener 343
- spezifischer 343, 401
- stückbezogener 388

Deckungsbeitragsrechnung
- Aufbau 337, 344
- Begriff 220, 318
- einstufige 220, 339, 344, 347, 424
- mehrstufige 220, 339, 441, 490
- relative 343, 347, 349, 351, 370, 372–373, 375, 388
Deckungsbeitragsintensität 398, 401
Deckungsbudget 343
Deckungsgrad 388
Deckungspunktanalyse 110, 349, 389, 391–392, 400–402
Deckungspunktdiagramm 389–390
Deckungsrechnung, mehrstufige 220, 339–340, 401, 424, 441, 476
Definitivsteuersatz 151
Degressionseffekt der fixen Kosten 51–52, 68, 381, 431
Deutscher Corporate Governance Kodex 524
Differenz-Kalkulation 492–493
digital-degressive Abschreibung
 (s. Abschreibungsmethode, degressive)
digital-progressive Abschreibung
 (s. Abschreibungsmethode, progressive)
Digitalisierungsstrategien 249, 272, 420, 441
Direct Costing 317, 322, 325–327, 335, 476
Diskriminierung 539, 541
Diskriminierungssachverhalte 538
Dispositionsbestimmtheit der fixen Kosten 48
dispositiver Faktor 39–40, 106
Diversifikation 87
Divisionskalkulation 178–183, 185
Doppelkalkulation (s. Parallelkalkulation)
Drifting Costs 444, 449
Dualwert 12, 378
Durchschnittsertrag 55, 57
Durchschnitts(kosten)prinzip 50, 74, 195, 198, 223, 242, 312
Durchschnittsverbrauch 55

Eco-Management and Audit Scheme 536
Economic Value Added 488, 490
Effort Expended-Methode 512
Eigenfertigung 109–110, 349, 404, 415–418
Eigenkapitalspiegel 525, 531
Eigenkapitalzinsen 21, 150, 152, 381
Einkaufskalkulation 494, 501
Einkommensteuer 127, 135, 151, 154, 204
Einkreissystem 29, 31, 213–215

Einnahmen 6, 15, 22–27, 147, 150, 202, 337, 442, 489
Einstandspreis 147, 203, 289, 494, 497–498, 501–504
Einwirkungsprinzip 10–11, 126, 128, 195–196, 222
Einzahlungen 6, 15, 23–25, 106, 381–386, 442, 489
Einzelfertigung 178–180, 188, 506
Einzelkosten
- Begriff 14, 111–112
- Perioden-Einzelkosten 336, 338
- relative 334, 336–337, 347
- Stellen-Einzelkosten 128, 164, 167
Einzelkostenabweichung 238
Einzelkostenrechnung, relative 317, 322, 334–337, 347
Einzellohnkosten 166, 188, 204, 206, 208–209, 212, 230, 248, 256, 289–292, 307, 315, 320, 323
Einzelmaterialkosten 113, 115, 166, 188, 206, 208–209, 212, 230, 248, 252–254, 256, 260, 265–267, 271, 273, 275, 287–289, 292–293, 307, 315, 320, 323, 332, 340, 425
Elementarfaktoren 39–40
Enforcement 517, 525, 532
Engpassplanung 241, 296–297
Entscheidungen, strategische 442–443
Entscheidungsmodell 12, 370
Entscheidungsrechnung 347
Entscheidungstheorie 3
Entsprechenserklärung 529
Entwicklungskosten 126, 157, 293, 336, 338, 453
Environmental Due Diligence 534
Erbschaft- und Schenkungsteuer 126
Erfolgsanalyse 200, 207, 320, 350
Erfolgsbegriffe 29, 206
Erfolgsplanung 109–110, 337, 339, 349, 387, 391, 395, 397
Erfolgspotenziale 221
Erfolgspotenziale, strategische 446
Erhaltungskonzeption, nominelle 130
Erholungszeit 124, 290–291
Erinnerungswert 142
Erklärung zur Unternehmensführung 529, 531
Erlösfunktion 76–77, 388, 394
Erlösuntergrenze 369
Ermessensspielräume 511

Ethiktraining 541
Erträge 6, 16, 24–33, 35, 64, 105–107, 128, 130, 200, 214, 499–500, 511, 513, 545, 547, 550–551
Ertragsgesetz 64, 73
Ertragsteuerbilanz (s. Jahresabschluss)
Ertragsteuern 151–152, 508
Erwartungswert 152, 249

Faktorpreise 42–43, 66, 82–83, 239, 262, 285, 315
Faktorqualität 43, 80–81, 234
Fehlentscheidungen 279, 281, 283–284, 312, 329, 334, 387, 401, 404, 414, 416, 420, 437, 441, 447, 516
Fertigungsaufträge (Construction Contracts) 110, 336, 506–511, 514
Fertigungsgemeinkosten 191–193, 205, 207–209, 212, 215, 230, 236, 245, 291, 319, 321, 323–324, 326, 425–426, 429, 432, 522
Fertigungskosten 14, 126, 164, 179, 191–193, 201, 236, 247, 253, 256, 313, 332–333, 340, 415, 423, 427, 453, 518, 521
Fertigungslöhne 54, 122, 190, 192–193, 209, 215, 229–230, 319–321, 325–326, 333, 518
Fertigungslohnschein 125
Fertigungsmaterial 10, 12, 54, 63, 113–114, 117–118, 120–121, 164, 188–196, 207, 209, 215, 229–230, 243, 252, 276, 319–321, 326, 518–519, 522
Fertigungsplanung 89, 353, 405, 434–436
Fertigungsprogramm (s. Produktionsprogramm)
Fertigungsstufen 179, 182–183
Fertigungstypen 179–180
Fertigungsvarianten 432
Fifo-Methode 119
Financial Auditing 516
Finanzbuchhaltung 20, 29, 35, 105, 109, 126–128, 142–143, 158, 488, 494–497, 502, 504, 517
Finanzierungsmaßnahmen 382–383
Finanzierungsrechnungen 404, 442
Finanzierungsrisiken 506, 514
Fixkostenanalyse 398, 401–402
Fixkostenstrukturmanagement 468, 475–476
Fixkostenverrechnung, proportionale 317

Forschung und Entwicklung 423, 428, 443, 446, 472
Fremdbezug 109–110, 116, 349, 363, 404, 415–419, 453–454
Fremdkapitalzinsen 143, 149, 495, 499–500
Fristigkeitsgrad 285–286, 325, 333, 341, 348
Führungsinformationssysteme 487
Funktionsmethode 455
Gehälter 63, 122, 125, 159, 163, 166, 168, 325, 327, 336, 338, 381, 453, 492, 546, 550
Geldakkord 123–125
Geldfaktor 123–125, 291–292
Geldvermögen 15–16, 23
Gemeinkosten
– Begriff 14, 111, 113
– Budgetierung 296
– Degressionswirkung 431
– echte und unechte 334–337
– Gruppierung 190
– Kontrolle 427
– leistungsmengeninduziert 428, 432, 434, 439, 453
– leistungsmengenneutral 428–429
– Management der 468, 476
Perioden-Gemeinkosten 337–338, 343
– primäre 163–166, 168, 172–174, 176, 188, 235, 239, 246, 295–297, 521
– Rationalisierungspotenziale 439–441, 446, 475–476
– sekundäre 163, 165, 168–169, 172, 174–176, 246–247, 295, 297, 521
– Wertanalyse 476
Gemeinkostenlöhne 122
Gemeinkostenmaterial 113, 163, 166, 168, 236, 307
Gemeinkostenstrukturmanagement 468, 475–476
Gemeinschaftskontenrahmen der Industrie 214
Gender und Diversity 540
Gesamtabweichung 240, 262, 264, 266, 268–269, 275
Gesamtkosten 41, 46, 53, 56, 58–60, 62–64, 67–69, 71–72, 74, 76, 94, 99, 102, 165, 172, 178–181, 200–201, 211, 297, 300, 305, 338, 426, 431–432, 446, 487, 489, 512
Gesamtkostenverfahren 205–209, 211, 230, 551

Geschäftskosten 492–493, 496–498, 501–503, 505
Geschäftskostenzuschlagssatz 496–497
Gewerbesteuer 16, 19, 126–127, 151, 154
Gewinnfunktion 77, 394
Gewinnmaximierung 10, 350, 358, 360, 403, 411
Gewinnmaximierungsansätze, simultane 353, 360
Gewinnmaximum 77
Gewinnschwellenanalyse
  (s. Deckungspunktanalyse)
Gewinnzuschlag 108, 189, 191, 193, 329, 491, 497–503
Gleichungssystem, simultanes 172–174
Gliederungskennzahlen 487
Grenzausgabe 11–12, 148
Grenzerlösfunktion 77
Grenzertrag 11
Grenzgewinnfunktion 77
Grenzkosten 67–68, 71–74, 76–77, 83, 101–102, 234, 286–287, 326–328, 330–333, 345–346, 363
Grenznutzen 7, 11–12, 370, 372
Grenz-Plankostenrechnung
– dynamische 334, 341
– mit stufenweiser Fixkostendeckung 340, 342, 424
– mit summarischer Fixkostendeckung 342
– Standardform 334
Grundkosten 21–22, 29, 107, 113, 206, 494, 499
Grundleistungen 28–30, 206
Grundrechnung 332, 334, 337, 341
Grundsätze ordnungsmäßiger Unternehmensführung 526
Grundsicherung 539
Grundsteuer 126
Grundzeit 124, 290–291
Gütererstellung 10, 22, 24, 26–27, 126, 202, 222
Güterverzehr 6–11, 13, 16–20, 22, 126, 129, 158, 202, 219, 222–223, 225, 494

Haftungsrisiko 150
Handelsbilanz (s. Jahresabschluss)
Handelskalkulation 5, 492–493, 498, 501–502
Handelsspanne 503–505

Hauptkostenstellen 126, 162–163, 166, 168–174, 176, 188, 190, 227, 229–230, 232–233, 328–330, 519
Hauptkostenstellenverfahren 168
Hauptprozess 434, 436, 439–441, 469, 472
Herstellkosten 14, 44, 107, 118, 164, 173, 177, 179, 182–187, 189–198, 202–207, 209–211, 213, 215, 225, 229–232, 235, 240, 252–254, 295, 315, 319–322, 324, 326, 329, 331, 423, 425, 429, 431–432, 437–438, 454, 470, 472, 487
Herstellungskosten 20, 23, 26–27, 110, 118, 130–131, 139, 141, 144, 177, 179, 181–183, 189–190, 199, 202–207, 231–232, 314, 437, 507–509, 517, 519–520, 522, 551
Hilfskostenstellen 162, 165–166, 168–171, 173–174, 176, 232, 329–330, 518, 521
Hilfslöhne 122, 163, 236, 325, 333
Hilfsstoffe 113

Identitätsprinzip 223–224, 317, 334, 343
Indifferenzkurve 356
Industrie-Kontenrahmen 214
Innovationsfähigkeit 534
Integrated Reporting 524, 530–531
Intensität 45, 65–66, 94–95, 100–101, 287, 311, 536
– Begriff 45
– Berücksichtigung im Rahmen der Kostenplanung und -kontrolle 296, 316
– Einfluss auf Kostenverläufe 66
– Intensitätsgrad 45, 65–66, 94, 96, 101–102, 241, 286–287, 296, 305, 309–310, 398
Intergenerative Gerechtigkeit 533, 540
interne Kalkulation 500–501
Interne Revision 480, 516, 525–527
Into and Out of Company 449–451
Inventur 114–115, 117, 205, 207, 211, 504, 519, 522
Iso-Gewinnlinie 356–357, 394–396
Istkosten
– Ansatz im Rahmen der Kostenkontrollrechnung 108–109, 111, 120, 160, 226–228, 238, 242, 277
– Begriff 14
– Ermittlung der Herstellungskosten 110, 199, 203, 519
Istkostenrechnung 117, 219–220, 225–227, 233, 235

Jahresabschluss 16, 18, 26–27, 105, 107,
    109–111, 130, 142, 144, 151, 175, 177, 199,
    201–204, 225, 231, 314–315, 322, 474,
    507–508, 511, 513–515, 517, 519, 525,
    530–531

Kaizen (Costing) 469
Kalkulation
– bei Automatisierung 192
– mit Abweichungsermittlung 346
– Nachkalkulation 111, 177, 225, 227, 230, 232,
    256, 332, 491–493, 496, 513
– Normalkalkulation 228, 448
– öffentlicher Aufträge 199, 328
– Parallelkalkulation 328
– Plankalkulation 241–242, 245, 254, 256, 265,
    291, 327–329, 331–334, 369, 478, 491
– Prozesskostenkalkulation 428, 431–432,
    437–438, 441, 471
– Standard-Nachkalkulation 332
– strategische 436
– Varianten 108, 471, 493
– Verfahren 108, 160, 178–180, 185–186, 195,
    203, 225, 235
– Vorkalkulation 177, 228, 256, 491–493,
    496–497, 513
– Zwischenkalkulation 177, 225, 227
Kalkulationsaufschlag 503–505
kalkulatorische Miete 158–159, 495, 499, 518
kalkulatorische Wagnisse 29, 155, 226, 495,
    497, 499–500
kalkulatorischer Unternehmerlohn 21, 29, 158,
    203, 455, 495, 499–500, 518
Kapazität 47–50, 84–85, 96, 242, 297, 359, 414
– Begriff 44
– Fehlkapazität 359–360, 416
– Grenze 93
– Maximalkapazität 45, 73, 241, 296
– Normalkapazität 296
– Optimalkapazität 45, 296, 309–310
– Planung 374, 384
– qualitative und quantitative 93
Kapitalflussrechnung 525, 531
Kapitalgesellschaft 16, 127, 148, 151–152,
    154–155, 158–159, 203, 495, 508,
    529–531, 549
Kapitalkosten 150, 452

Kapitalmarktorientierte Unternehmen 154,
    523–524
Kapitalstruktur 150
Kehrmatrix 174
Kennzahlensysteme 487, 505
Kinderarbeit 539, 541
Körperschaftsteuer 16, 127, 151
Komplexität 39, 278–279, 281–282, 423–424,
    431–432, 437, 441, 454, 471, 481, 483,
    506–507, 514, 533
Komplexitätseffekt 437, 471
Komponentenmethode 455
Kontrolle
– der Einzelkosten 248, 291, 293, 427
– der Gemeinkosten 248, 293, 300, 427
– hauptprozessorientiert 440
– Kontrolltheorie 249
Kontrollübergang (Control Approach) 510
Koordinationsfunktion 282–283
Korruption 539–541
Kosten
– abbaufähige 489
– absolutfixe 46, 53, 63, 67, 99, 286
– auflagefixe und auflageproportionale
    89–90, 92
– auftragsfixe 93
– ausgabenferne und ausgabennahe 337–338
– bestellfixe 92–93
– degressive 58, 67
– (entscheidungs-)relevante 311, 333, 365
– ersatzbedürftige 367, 381, 403–404
– fixe 14, 46–47, 49, 51, 67, 72, 84–85, 242,
    337, 342, 477–478, 489
– kalkulatorische 20–22, 31–32, 107, 163,
    166–167, 206, 215, 335, 381, 495, 520
– lineare 54, 66–67, 83, 99, 101
– nichtlineare 54, 66, 309, 367
– pagatorische 6, 13–14, 19, 21–22, 28–29,
    203, 222, 427
– programmfixe 93
– progressive 56
– projektfixe 293
– proportionale 54, 56, 68, 82, 85, 54, 300,
    306, 325–327, 340
– regressive 53, 60–64
– relevante 227, 311–312, 317, 332–334, 365
– semivariable 326

- sprungfixe 47, 51–52, 54, 99, 286, 312
- typenfixe 89–90
- variable 14, 46, 53–56, 58, 60, 67, 70, 81, 87, 93, 285–286, 317, 326, 336, 338, 475, 487, 489
- vom Markt erlaubte 444–445, 449, 463
- wertmäßige 12, 27–28, 335

Kostenartenverfahren 169
Kostenartenrechnung 111–113, 125, 140, 142, 158–159, 166, 188, 190, 214, 225, 227
Kostenauflösung 240, 297, 308, 326, 333
- mathematische 71, 297, 300–301
- planmäßige 304–305, 315

Kostenbegriffe 14, 23, 202
Kostendeterminanten 43
Kosteneinflussgrößen 42–43, 186, 226, 233–234, 239, 262, 311, 317
Kostenelastizität 53–54, 56, 477
Kostenführerschaft 449, 469
Kostenfunktion 41–42, 55, 58–62, 67–68, 72–73, 83, 91, 99, 101, 393
Kostenkontrolle 13, 115, 120, 161, 219, 226–227, 233, 238–240, 242, 248, 262, 272, 288, 294, 303–304, 306, 310, 327
Kostenmanagementkonzept 443
Kostenminimierung 85, 359, 365, 416–417
Kostenobergrenze 406
Kostenplanung
- analytisch-statistische 297–298, 303, 326
- ein- und mehrstufige 220, 304, 308, 339, 424, 441
- mit der Prozesskostenrechnung 474
- Planung der Einzelkosten 287, 293
- Planung der Gemeinkosten 303–304
- Planung des Intensitätsgrades 65, 305
- synthetische 303–304, 326
- theoretische Grundlagen 234, 285, 293
- verhaltenswissenschaftliche Aspekte 281, 285

Kostenpool 428
Kostenrechnung
- Abgrenzung und Eingliederung 3–4, 494–497
- als Entscheidungsrechnung 129, 420
- Systeme 219–221, 517
- Teilbereiche 112
- Theorie 3–5, 107, 222–223, 491
- Ziele 4, 13, 109–110, 219, 475, 518

Kostenremanenz 326, 440

Kostensenkung 441, 456, 460, 465, 467, 469–471, 474, 476, 482, 487
Kostenstellen
- Bildung 111, 294
- Gruppierung 158, 162
- kostenstellenübergreifende Wirkungen 170–172, 174, 423–424, 427, 429, 434, 436, 439, 441, 472, 474
- Umlage 112–113, 163, 165, 168, 176, 328–330, 429, 434

Kostenstellenausgleichsverfahren 169, 171, 174
Kostenstellenrechnung 5, 109, 111–112, 122, 128, 159–160, 163, 177, 181–182, 188, 190–192, 207, 214, 227–228, 234, 328, 427–428, 472, 475, 517
Kostenstellenumlageverfahren 168–169
Kostensteuern 14, 126–128, 163, 166–168, 236, 243, 293, 381
Kostenstrukturmanagement 5, 445, 468, 475–476
Kostentheorie 3–5, 39, 41–42, 285
Kostenträger 111–115, 128, 159, 161, 174, 182, 206–207, 209–210, 225–228, 233, 256, 334, 337–342, 344, 346, 439, 547
Kostenträgerstuckrechnung (s. Kalkulation)
Kostenträgerverfahren 174
Kostenträgerzeitblatt 209–210
Kostenträgerzeitrechnung (s. kurzfristige Erfolgsrechnung)
Kostentreiber 427–428, 431, 434–436, 439, 472
Kostenüberwälzung 225
Kostenverbundwirkungen 414
kritische Masse 437
Kuppelkalkulation 198, 225, 228
Kuppelproduktion 179–180, 196–198, 235
Kurzfristige Erfolgsrechnung 110–112, 200–201, 231, 260, 318, 320, 491
- Aufbau und Einsatz 111
- geschlossene und offene 318
- im System einer Deckungsbeitragsrechnung 318
- im System einer flexiblen Plankostenrechnung auf Vollkostenbasis 251
- im System einer Normalkostenrechnung 227, 230
- im System einer Prozesskostenrechnung 420

– im System einer Teilkostenrechnung 203, 314
– Verfahren 318

Lagebericht 524–525, 529–532, 542
Lastgrad 45
Lean Management 447–448, 468–469, 479, 482
Lebenszyklus 443, 447, 449, 453, 535
Leerkosten 48–50, 69–71, 85, 93, 97, 99, 204, 240–241, 253, 439–440
– Bedeutung im Rahmen der Abweichungsanalyse 48
– Begriff und Ermittlung 47–49
– „kalkulierte" 242, 245, 247
– Ursachen 204
Leistungen
– Arten 23
– Begriff 5–6, 22, 27–28
– innerbetriebliche 22–23, 171–172, 175, 227, 232, 246, 326–327
Leistungsabschreibung (s. Abschreibungsmethode)
Leistungsentsprechungsprinzip 223
Leistungsfunktion 65
Leistungsgrad 45, 100–101, 124
Leistungsmengenvariation 427
Leistungsverrechnung 170, 174
– innerbetriebliche 162, 165, 168–169, 171, 174, 243, 328–329, 423
– leistungsmengeninduzierte 434
– leistungsmengenneutrale 434
Leitsätze für die Ermittlung von Selbstkosten (LSP) 199, 314–316, 328
Lernkurve 80–81
Lifo-Methode 120–121
lineare Abschreibung (s. Abschreibungsmethode, lineare)
Listenverkaufspreis 498, 500–501
Lohngemeinkosten 122
Lohnkosten 94, 108, 123, 125, 169, 295
Lohnsysteme 123, 125, 290–291
Losgröße 90–92

Management Approach 525–526, 528–529, 532
Management Auditing 516–517
Managementleistungskennzahlen 535
Marginal Costing (s. Direct Costing)
Market-into-Company-Verfahren 443
Marktwertmethode 180, 196
Maschinenbelegung, optimale 313

Maschinenstunden 161, 164, 178, 188, 193–194, 235–236, 423, 427, 429–430, 432
Maschinenstundensatzkalkulation 161, 193
Massenfertigung 178, 180
Maßgeblichkeitsprinzip 204
Materialentnahmeschein 114, 117, 332
Materialgemeinkosten 113, 191–196, 207–209, 212, 215, 230, 319, 321, 323–324, 332, 522
Materialkosten 14, 29, 31, 108, 113, 120, 147, 191, 193, 293, 364, 453, 489
Methode der kleinsten Quadrate (s. Regressionsanalyse, mathematische)
Methodenwahlrecht 512
Miete, kalkulatorische 158–159, 495, 499, 518
Mietspiegel 159
Mindestauftragsgröße 437
Mindestgewinn 390, 393–395, 402–403
Mindestrendite 150, 452
Mitarbeiterzufriedenheit 538
Mitbestimmungsrechte 540
Mittelwerte, kalkulatorische 144

Nachfrageverbundwirkungen 414
nachhaltige Unternehmensentwicklung 528
Nachhaltigkeitsbericht 524, 530–531
Nachkalkulation (s. Kalkulation)
Nachlässe 87, 117–118, 157, 289, 389, 391, 492–493, 503
Nebenbedingungen (s. Restriktionen)
Nebenkostenstellen 162, 169
neutrale Aufwendungen 19–22, 29, 31–32, 107, 121, 214, 494–495, 500, 545, 551
neutrale Erträge 27–32, 107, 499–500
Neutrales Ergebnis 32, 34, 215
Niederstwertprinzip 17, 26
nichtfinanzielle Erklärung 530
nichtfinanzielle Leistungsindikatoren 524
Non Value-Added Activities 474
nominelle Kapitalerhaltung 495
Normalkosten 14, 228, 231–234
Normalkostenrechnung 219–220, 227–228, 230, 233–234, 239, 327, 518
Normalleistung 123–124
Normallohnsatz 123
Normalzeit 124
Nullverfahren 168

Nutzengrenze 76
Nutzenschwelle 76, 387
Nutzkosten 47, 49–50, 84–86, 93, 97, 241
Nutzungsdauer 11, 17, 86, 130–131, 133, 135, 139, 141, 144–145, 157, 496
– Fehler bei der Schätzung 142, 157
– Festlegung 226
Nutzungspotenziale, zeitungebundene 285

Operational Auditing 516–517
Opportunitätskosten 11–12, 21, 159, 249–251, 370–371, 373, 378
– Bedeutung im Rahmen der Preisobergrenzplanung 408–410, 414
– Bedeutung im Rahmen der Preisuntergrenzplanung 380
– Begriff 143, 148–149, 370
Opportunitätskostenprinzip 496
Optimierung, lineare 353, 357–358
Out of Company 449–451
Out of Competitor 449–451
Out of Standard Costs 450–451
Outsourcing 478–480

Parallelkalkulation (s. Kalkulation)
Partialkosten (s. Teilkosten)
Partialkostenrechnung (s. Teilkostenrechnung)
Percentage of Completion 510, 514
Personalkosten 14, 29, 32, 113, 122, 248, 325, 333, 341, 424, 477, 489, 494, 496, 546
Plankalkulation 241–242, 245, 254, 256, 265, 291, 331–334, 478, 491
– als Parallelkalkulation 329
– auf Grenzkostenbasis 327–329, 332, 369
– auf Vollkostenbasis 328–329
Plankostenrechnung 115, 219, 227–228, 234, 248, 285, 289, 294, 317, 336
– als relative Einzelkostenrechnung 317, 336
– auf Grenzkostenbasis 234, 312, 325–328, 334–335, 337, 340–342, 347, 353, 367, 415, 424, 441, 446
– auf Vollkostenbasis 48, 54, 219–220, 234–235, 239–240, 244, 246–247, 251, 254–255, 257, 312, 314–316, 326–328, 423, 427
– fixkostenmanagementorientierte 327, 424, 429, 477

– flexible 48, 54, 220, 234, 239, 242–244, 246–247, 251, 254–255, 257, 286–287, 297, 311–312, 315–316, 326–327, 427, 429, 475
– starre 220, 235, 237–240, 242, 245
Plankostenverrechnungssatz 328, 332
Planleistungen 348
Planleistungsrechnung 108
Planung
– des Erfolges 109–110, 337, 339, 349, 387, 391, 395, 397
– der Gemeinkosten 243, 293–294, 296–297, 299–304, 311, 315, 439
– des Produktionsprogramms 89–90, 92–93, 108, 110, 349, 351, 353, 357, 367, 376, 378, 396, 408, 412–413, 437, 481
– des Produktionsvollzuges 110, 312–313, 328, 333, 348, 358, 416
– Gesamtplanung 276
– operative 277, 349
– Planungsfehler 238, 242, 244
– Simultanplanung 353, 360–361, 363, 417
– strategische 277, 349, 442
Planungs- und Kontrollsystem 277
Platzkostenrechnung 161
Potenzialfaktoren 48, 89, 94, 96, 100, 131, 247, 285–286, 478
Prämienlohnsysteme 123, 125
Preisabweichung 240, 247–248, 256, 259–261, 263–266, 268–269, 271, 273–276, 289
– Begriff und Ermittlung 256, 261, 268
– Erfassung beim Zu- oder Abgang 256
Preisdifferenzprozentsatz 256, 258, 260–261
Preiselastizität der Nachfrage 498
Preisindizes 141
Preisobergrenze 406–408, 411–414, 489
– Begriff 403–404
– engpassbezogene 408–412
– erfolgsorientierte 405, 408
– liquiditätsorientierte 403
Preisschwankungen 120, 227, 243, 261
Preisuntergrenze 368, 369–370, 372–374, 377, 381, 387, 444
– absolute 367, 372, 375
– Begriff 366
– engpassbezogene 370, 372–373, 380
– erfolgsorientierte 366–368, 370, 373, 380, 383
– kurz- und langfristige 74, 76, 366

– liquiditätsorientierte 366, 380–383
– relative 375
Primärkosten 14, 169, 172, 332
Primärkostenrechnung 332
Principal Agent Konflikte 524
Prinzipal-Agenten Theorie 280
Process Owner 440–441
Produkt
– Funktionen 444, 455–456, 459, 474
– Komponenten 444, 455–456, 459–460, 462–465
– Konstruktions- und Entwicklungsphase 470
– Standardkosten 444–445, 449, 454, 482
– Teile 444, 455
Produktionselastizität 56
Produktionsfaktoren
– limitationale und substitutionale 64
– Systematisierung 39
Produktionsfunktion 41, 55–56, 66
– Begriff und grundlegende Formulierung 64
– linear homogene 55, 57
– vom Typ A 64
– vom Typ B 64–66, 73
Produktionskoeffizient 55, 65–66, 287
Produktkostenmanagement 467–468, 470–471
Produktionsprogramm
– als Kosteneinflussgröße 43, 89, 234
– Begriff 22, 89
– Planung (s. Planung)
– optimales 109, 351–353, 356–358, 363, 373, 375–379, 384, 396, 408–409, 411–413
Produktionstheorie 39, 41–42, 64, 66
Produktivitätsanalyse 439
Profitcenter 487
Prognoseinformationen 531
Progressionseffekt der Kosten 74, 76, 83, 102
Projekt-Controlling 512–514
Proportionalitätsprinzip 223
prospektive Kalkulation 108, 493
Prozess
– leistungsmengeninduziert 427–430, 432–434, 436, 439, 453–454, 470, 472
– leistungsmengenneutral 427–430, 434, 454, 472
Prozessanalysen 441
Prozesskostenmanagement 468, 472, 474

Prozesskostenrechnung
– Aufbau 427
– Kalkulation mit der 454
– Plan 429, 474
– Prozesskostenstellenrechnung 428
– Prozesskostensatz 428–430, 433–440, 454, 470
Prüferische Durchsicht 532
Prüfungsausschuss 527
Prüfungstechnik 505

Rabattgesetz 493
Rationalisierungspotenzial 439–441, 446, 475–476
Rationalitätssicherung 282–283
Reagibilität 427
reale Substanzerhaltung 118–119, 131, 496
Realisationsprinzip 26–27, 507–508
Reengineering 469, 478–480, 482
Regressionsanalyse, mathematische 153, 301–303
Reichsausschuß für Arbeitsvorbereitung (REFA) 124, 290
Reliance-Test 516
Responsibility Accounting 248
Restriktionen 133, 279–281, 354, 358, 360–363, 365, 373, 385–386, 417, 473
Restwert 133, 141–142, 144–146, 180, 197–198, 326
Restwertmethode 144, 146, 180, 198
retrograde Methode 115, 117, 318
– Erfassung des Materialverbrauchs 117
– im Rahmen der Deckungsbeitragsrechnung 318, 344
– im Rahmen der Kalkulation 108, 491, 502
– im Rahmen des Target Costing 443
retrograde Kalkulation 447, 493, 501
Return on Investment 451, 489–490
Risikofrüherkennungssystem 531
Risikomanagementsystem 525–527, 529
Risikozuschlag 148, 152–153
Roherfolg 502–505
Roherfolgsaufschlagssatz 504
Roherfolgssatz 504
Rohstoffe 12, 15–16, 55, 113, 120, 203, 338, 353, 405, 407, 410, 413

Rüstkosten 86, 90–91, 95, 313, 336
Rüstzeit 124, 164, 290

Sachziel, unternehmerisches 10, 19, 105, 107, 126, 144, 148, 222, 494–495, 499–500
Sammelbewertungsverfahren des Bilanzrechts 119
Schätzung des Verbrauches 117, 120
Scheingewinn 130
Scheinprodukte 354–355, 378
Schlüsselgröße 111, 113, 128, 164–165, 178–179, 188, 193, 335
Schlupfvariablen (s. Scheinprodukte)
Schrottwert 131, 133, 135, 144
schwebende Geschäfte 507
Segmentberichterstattung 525, 528–529, 531–532
Sekundärkosten 14, 165, 169–172, 226–227, 232–233, 235, 247, 328–329
Sekundärkostenverrechnung 165, 170–171, 233
– auf der Basis von Grenzplankosten 328–329
– auf Istkostenbasis 226, 232
– auf Normalkostenbasis 227, 232
– auf voller Plankostenbasis 227
– der fixen Plankosten 328–329
Selbstkostenpreis 314, 316, 497–498, 500–502
Selbstkostenrechnung (s. Kalkulation)
Sensibilitätsanalyse 377, 386, 412
Serienfertigung 166, 178, 180, 506
Shareholder Value 529, 538, 540
Sicherheitsgrad 393, 397
Simultaneous Engineering 462, 479
Simplex-Methode 353, 355, 365, 377
Skontrationsmethode 114, 117
sprungfixe Kosten 46–47, 51–52, 54, 99, 286, 312
Solidaritätszuschlag 151, 154
Soll-Ist-Vergleich 13, 108–110, 112, 120, 160, 248, 264, 440, 474–475
Sollkosten 108–109, 177, 226, 238, 240–243, 246, 262, 297, 301, 303–310, 328, 513
Sollkostenfunktion 285–287, 297–301, 303–305, 308–309
Sondereinzelkosten der Fertigung und des Vertriebes 112, 166, 188, 191–196, 204–205, 207–209, 292–293, 315, 546
– Begriff 126

– Kalkulation 194, 332
– Planung 292–293
– Verbuchung 212
Sortenfertigung 44, 178–180, 207
Sortenwechselkosten 90, 92
Sortimentssteuerung 488
Sozialkosten 88, 122–123, 236, 307, 546
Sozialschulungen 540
Spitzenkennzahlen 490
Stage of Completion 511
Stakeholder 526, 530, 533–534, 538, 540, 542
Standardkostenrechnung 228
Standard-Nachkalkulation (s. Kalkulation)
Standardzeiten 291–292
Stellen-Einzelkosten 128, 164, 167
Stellen-Gemeinkosten 128, 164
Steigungsmaß der Kosten 54, 56, 58, 60, 63, 67, 72, 94, 96, 415
Steuerbilanz (s. Jahresabschluss)
Stilllegungs- und Stillstandskosten 368–369, 406, 408, 416
Streupunktdiagramm 294–295, 297, 299, 301
Stückakkord (s. Geldakkord)
Stückliste 115–117, 287–288, 423
Stückprovision 500–501
Stufenleiterverfahren (s. Treppenverfahren)
Substanzerhaltung 118–119, 131, 496
Substanzsteuern 126
Substitution 64, 83, 87, 374, 404–405, 408–411
Systemprüfung 516–517, 531

Tagespreise 120
Target Costing (s. Zielkosten)
Target Profit 449–450, 452–455
Tax-CAPM 154
Teilkostenrechnung 5, 203, 219, 314, 317–319, 334, 343, 401, 475–476
Tragfähigkeitsprinzip 179, 196
Treppenverfahren 169–171, 232, 329

Überdeckung 228–229, 231–232, 245, 247, 368, 513–514
Überstundenzuschlag 57, 63, 83
Umsatzkostenverfahren 201, 211–213, 251, 319, 320, 344
Umsatzsteuer 118, 128, 189, 289, 493–494, 498, 500–501
Umweltbilanz 534

Umweltcontrolling 534–536, 542
Umweltkostenrechnung 534
Umweltleistungskennzahlen 535
unehrliches Verhalten 280
Ungleichungen, lineare 395–396
Unterbeschäftigungskosten (s. Leerkosten)
Unterdeckung 228–230, 232–233, 242, 245, 247, 382, 513–514
Unternehmensakquisition 534
Unternehmensbeta 153–154
Unternehmenskrise 523
Unternehmensteuern 126
Unternehmenssteuerung, wertorientierte 152
Unternehmenswagnis 155
Unternehmenswertsteigerung 276, 347, 420, 488
Unternehmerlohn, kalkulatorischer 21, 29, 158–159, 203, 381, 455, 459–500, 518
Unternehmerrisiko 497, 500

Value Analysis 460
Value Engineering 456, 460, 462, 467, 472
Variantenvielfalt 424, 431, 441
Variator 54, 305–306
Verbrauchsabweichung 115, 120, 237–238, 240, 242–244, 253–257, 263–267, 269, 271–276, 291, 310–311, 316, 346
Verbrauchsfunktion 55, 65–66, 73, 100, 234, 287
Verbrauchsteuern 126, 128
Verbundwirkungen 414
Verfahrenswahl, optimale 356, 360, 417
Verhaltensorientiertes Controlling 279, 280, 282–284
Verhaltenswissenschaftliche Ansätze 279, 281, 285
Verkäufer- oder Käufermarkt 138, 491
Verkaufskalkulation 500–501
Verkaufswertverfahren 504
Verkehrssteuern 126, 128
Verprobungsmethoden 505
Verrechnungspreise 120, 164, 227, 238, 242–243, 247, 248, 258–259, 287–289
Verschuldungsgrad 150, 489
Verteilzeit 124, 290–291
Vertriebskosten 126, 182–183, 185, 187–189, 191, 193, 204–205, 211, 296, 319, 331, 437–438, 496, 508, 518, 521, 551

Verursachungsprinzip 10, 111, 222–223, 457
Verwaltungs- und Vertriebsgemeinkosten
– Begriff 126, 192–193, 195, 210, 213, 215, 332, 423, 425
– Kalkulation 332
– Planung 332
– Verbuchung 332
Vollkosten 14, 220, 225, 239–240, 242, 311, 315, 317–318, 327, 331
Vollkostenrechnung 219, 314, 317, 319, 326–327, 367, 420, 424–425, 427, 446
Vorgabezeit 123–125, 291–292
Vorkalkulation (s. Kalkulation)
Vorräte 85, 113, 119, 144, 156, 452, 495, 507, 548
Vorsteuer 118, 128, 221, 494
Vorsteuerungsgrößen 221

Wagnisse, kalkulatorische 19–20, 29, 155, 226, 495, 497, 499–500
Warenbezugskosten 496
Wareneinsatz 497, 499, 502, 504–505
Weighted Average Cost of Capital (WACC) 150–151, 155–156, 452, 488–489
Wertanalyse 456, 460, 462, 467–468, 471–473, 476
Wertschöpfungskette 452, 479, 482
Wettbewerbsstrategie 447, 449
Wiederanlaufkosten 368–369, 406, 408, 416
Wiederbeschaffungspreise 108–112, 181, 238, 258
Wirtschaftlichkeitskoeffizient 108–109
Wirtschaftlichkeitskontrolle 108–112, 181, 238, 258

Zahlungsmittelbestand 15–17, 23–24
Zeitakkord 123–125, 291
Zeitgrad 45
Zeitlohnsystem 123, 291–292
zeitraumbezogene Übertragung der Verfügungsgewalt 510
Zeitstudien 124
Zeitwert 132, 140–141, 144–145
Zero Profit Margin 511
Zielkosten 5, 443–456, 459, 462–463, 465, 467, 469, 479–480, 482–483
– Begriff 443–444
– Index 456, 462–465

– Kontrolldiagramm 456, 463 465
– Management der 443, 447, 456, 467
– optimale 464
– Optimierung der Zielkostenindices 456, 462–464
– Spaltung 444, 455–456, 462
Zielverkaufspreis 444, 448–449, 498, 500–502
Zinsen, kalkulatorische 113, 143, 150, 307, 495, 499
Zusatzauftrag 363, 367–371, 376–377, 383, 387

Zusatzkosten 20–22, 29, 113, 126, 158, 203–204
Zusatzleistungen 27–28, 30
Zusatzlöhne 123
Zwangsarbeit 539–540
Zweckaufwendungen 21–22, 107, 126, 494, 496, 499
Zweckerträge 28–29, 107
Zweikreissystem 29, 33–34, 214
Zwischenkalkulation (s. Kalkulation)